キリスト教
教理入門

ミラード・J・エリクソン [著]
Millard J. Erickson

安黒務 [訳]

Introducing Christian Doctrine

いのちのことば社

Copyright ©1992, 2001, 2015 by Millard J. Erickson
Originally published in English under the title

Introducing Christian Doctrine

by Baker Academic,
a division of Baker Publishing Group,
Grand Rapids, Michigan, 49516, U.S.A.
All rights reserved.

スィリ・マハル・エリクソン・イノフェリオを記念して
1991年1月24日〜10月14日

イエスは言われた。「子どもたちを来させなさい。
わたしのところに来るのを邪魔してはいけません。
天の御国はこのような者たちのものなのです。」
（マタイの福音書19章14節）

目　次

序　文

第1部　導　入

第1章　神学とは何か　12
1. 神学の本質　13
2. 神学の方法　16

第2章　キリスト教のメッセージの今日化　22
1. 神学の今日的文脈　23
2. キリスト教のメッセージを今日化する取り組み　24
3. キリスト教における永続的要素　25
4. 今日化の性質　27
5. 教理における永続性の基準　27

第2部　啓　示

第3章　神の普遍的啓示　34
1. 啓示の性質　35
2. 一般啓示の様式　35
3. 一般啓示を扱う聖書箇所　36
4. 一般啓示の価値についての相違する評価　38
5. 一般啓示と人間の責任　43
6. 一般啓示が意味すること　45

第4章　神の特別啓示　47
1. 特別啓示の定義と必要性　48
2. 特別啓示の様式　49
3. 特別啓示の様態　51
4. 特別啓示 ── 命題的か人格的か　53
5. 命題か、物語か　55
6. 啓示としての聖書　55

第5章　啓示の保存 ── 霊感　57
1. 霊感の定義　58
2. 霊感の事実　58
3. 霊感についての諸説　60
4. 霊感の範囲　61
5. 霊感の強度　62
6. 霊感のモデル　63

第6章　神の言葉の信頼性 ── 無誤性　66
1. 無誤性についての多様な概念　67
2. 無誤性の重要性　68
3. 無誤性と現象面　69
4. 無誤性の定義　70
5. 付随的問題　73

第7章　神の言葉の力 ── 権威　75
1. 宗教的権威　76
2. 聖霊の内的働き　76
3. 権威の客観的構成要素と主観的構成要素　78
4. 聖書と理性　79
5. 歴史的権威と規範的権威　80

第3部　神

第8章　神についての教理　82
1. 神の内在性と超越性　83
2. 属性の性質　87
3. 属性の分類　88

第9章　神の偉大さ　89
1. 霊である　90
2. いのち　90
3. 人格的存在　91
4. 無限性　92

5. 不変性　96
 第10章　神の慈しみ深い善性　98
   1. 道徳的特質　99
   2. 神の愛と正義──緊張点？　105
 第11章　神の三一性──三位一体　107
   1. 聖書の教え　108
   2. 歴史上の諸見解　112
   3. 三位格の相対的な権威　115
   4. 三位一体の教理の本質的要素　116
   5. 類比の探究　117
 第12章　神の計画　120
   1. 鍵となる諸定義　121
   2. 聖書の教え　121
   3. 神の計画の性質　123
   4. 論理的優先性──神の計画か人間の行為か　125
   5. 穏健カルヴァン主義モデル　126
   6. 諸種の歴史理解　131
 第13章　神の原初的わざ──創造　133
   1. 創造の教理を学ぶ理由　134
   2. 創造に関する聖書の教えの諸要素　135
   3. 創造の教理の神学的な意味　137
   4. 創造の教理および科学との関係　139
   5. 創造の教理が意味すること　141
 第14章　神の継続的わざ──摂理　143
   1. 保持としての摂理　144
   2. 統治としての摂理　146
   3. 摂理と祈り　152
   4. 摂理と奇蹟　153
 第15章　悪と神の世界──特別な問題　157
   1. 問題の性質　158
   2. 諸種の解決策　159
   3. 悪の問題を扱うための諸主題　160

第16章　神の特別な代理人──天使　165
   1. 良い天使　166
   2. 悪い天使　169
   3. 天使の教理の役割　171

第4部　人 間

第17章　人間論への序論　174
   1. 人間のイメージ　175
   2. キリスト教的人間観　176
   3. 人間の創造についての聖書の説明　177
   4. 人間創造の神学的意味　179
第18章　人間の中にある神のかたち　183
   1. 関連する聖書箇所　184
   2. かたちについての諸見解　185
   3. 各見解の評価　188
   4. かたちの本質に関する結論　189
   5. この教理が意味すること　191
第19章　人間の構成の性質　193
   1. 人間の構成に関する基本的見解　194
   2. 聖書的考察　196
   3. もう一つの選択肢となるモデル──条件つき統一体　197
   4. 条件つき統一体が意味すること　198
第20章　罪の本質と根源　200
   1. 罪を議論することの難しさ　201
   2. 罪の本質に関する聖書の見方　201
   3. 罪の根源　202
第21章　罪の結果　207
   1. 神との関係に影響を与える諸結果　208
   2. 罪人への影響　214
   3. 他者との関係への影響　216

第22章　罪の重大さ　218
1. 罪の範囲　219
2. 罪の強烈さ　220
3. 原罪に関する諸説　223
4. 原罪 ── 聖書的で現代的なモデル　225

第5部　キリストの人格とわざ

第23章　キリストの神性　230
1. 聖書の教え　231
2. キリストの全き神性の信仰からの歴史における逸脱　236
3. 機能論的キリスト論　237
4. キリストの神性が意味すること　237

第24章　キリストの人性　239
1. キリストの人性の重要性　240
2. 聖書の証拠　240
3. イエスの人性に関する初期の異端　243
4. 処女降誕　244
5. イエスの無罪性　247
6. イエスの人性が意味すること　249

第25章　キリストの人格の統一性　251
1. この課題の重要性と困難　252
2. 聖書資料　252
3. 初期の誤った解釈　253
4. 問題解決のための他の試み　255
5. 一人格二性の教理の基本的理念　255

第26章　キリストのわざへの序論　260
1. キリストのわざの諸段階　261
2. キリストの諸機能　264
3. 贖罪に関する多様な説　267

第27章　贖罪の中心的主題　273
1. 背景的要因　274
2. 新約聖書の教え　276

3. 贖罪の基本的意味　279
4. 刑罰代償説への反論　281
5. 代償的贖罪が意味すること　284

第6部　聖霊

第28章　聖霊の人格　286
1. 聖霊の教理の重要性　287
2. 聖霊理解の困難な点　287
3. 聖霊の本性　288
4. 聖霊の教理が意味すること　291

第29章　聖霊の働き　293
1. 旧約聖書における聖霊のわざ　294
2. イエスの生涯における聖霊のわざ　295
3. キリスト者の生活における聖霊のわざ　297
4. 今日の奇蹟的賜物　299
5. 聖霊のわざが意味すること　304

第30章　聖霊に関する近年の諸問題　306
1. 今日における聖霊と預言　307
2. 聖霊と他の世界宗教　310
3. 聖霊と他の「霊」　313

第7部　救い

第31章　救いの諸概念　318
1. 救いの諸概念が意見を異にする点　319
2. 現代における救いの諸概念　320

第32章　救いに先立つもの ── 予定　327
1. 予定についての異なる見解　328
2. 解決案　332
3. 予定が意味すること　334

第33章　救いの始まり ―― 主観的側面　336

1. 有効召命　337
2. 回心　338
3. 再生　342
4. 有効召命、回心、再生が意味すること　344

第34章　救いの始まり ―― 客観的側面　346

1. キリストとの結合　347
2. 義認　350
3. 子とされること　356

第35章　救いの継続と完成　360

1. 聖化　361
2. 堅持　365
3. 栄化　371

第8部　教　会

第36章　教会の本質　376

1. 「教会」という用語の基本的な意味　377
2. 教会の一致　377
3. 教会の聖書的イメージ　378
4. 意味すること　383

第37章　教会の役割と政治　384

1. 教会の機能　385
2. 教会の働きの中心 ―― 福音　389
3. 教会政治の形態　391
4. 今日のための教会政治制度　393

第38章　教会の儀式 ―― バプテスマと主の晩餐　395

1. バプテスマ ―― 教会の入会儀式　396
2. 主の晩餐 ―― 教会の継続的儀式　402

第9部　最後の事柄

第39章　導入的事柄と個人終末論　410

1. 終末論への序論　411
2. 死　413
3. 中間状態　416
4. 死と中間状態の教理が意味すること　421

第40章　再臨とその結果　423

1. 再臨　424
2. 復活　429
3. 最後の審判　432
4. 再臨とその結果が意味すること　434

第41章　千年期と患難時代についての見方　435

1. 千年期についての諸見解　436
2. 患難時代についての諸見解　443

第42章　最終の状態　450

1. 義人の最終の状態　451
2. 悪人の最終の状態　455
3. 最終の状態に関する教理が意味すること　460

聖句索引　461

総索引　471

翻訳者あとがき　485

序　文

キリスト教教理とは、教会に「一度限りのかたちで賦与された」真正な信仰のあり様を熟慮研究し、それらを有機的接合性（articulate）をもって明瞭に表現せんとするものである。この意味において、教理とは変わることのない不変のものと言える。しかし、その教理に対して提起される問いや、教理が関係づけられなければならない状況というものは、時の経過とともに変化していく。幾年か前に、大学の学部課程で拙著『キリスト教神学』を教科書として用いている多くの講師から、きわめて専門的な記述を取り除いた簡略版を要望する声を耳にした。そのことの結果として、『キリスト教教理入門』の初版が出版され、講師や学生たちの好評を博した。それで、その本が真に必要にかない、それを満たしている本であることを確信させられた。時の経過とともに学生たちの関心に変化が現れ、新しい教理的問題に焦点が当てられるようになった。その時に、『キリスト教神学』および『キリスト教教理入門』の第二版が準備され、そしてさらに近年『キリスト教神学』の第三版が出版されることとなった。本書『キリスト教教理入門』第三版はこのように『キリスト教神学』において生じた改訂に対応したものである。

『キリスト教教理入門』は、『キリスト教神学』を学ぶ下準備を提供し、その後『キリスト教神学』の学びへ移行させることを意図している。様式と視点は『キリスト教神学』と一致しており、多くの文章がそこから変更せずに取られている。ここで提起されている問題のいくつか、またここで扱われていないいくつかの問題の取り扱いについて、より広範な議論を望む学生や他の人には、『キリスト教神学』を参照することをお勧めする。

クラウン大学の神学と哲学の教授であるL・アーノルド・ハスタッドは、『キリスト教神学』から精選要約した原本を作成してくれた。その彼と今回の版のために再び一緒に働くことができた。近年展開されている議論についてのハスタッドの知識と大学生教育における広範な経験は非常に貴重なものであり、彼の判断はいつも賢明なものであった。かつての私の学生および教育助手であった彼と、今同僚として共に仕事ができることは大きな喜びであった。これらの改訂を励まし、数多くの有益な助言をしてくれたベイカー・アカデミックの編集長ジム・キニー氏に感謝したい。ロバート・ハンドとアリカ・スーリ＝ヴァンダムは編集過程を通してこの企画を巧みに導いてくれた。また幾人かの講師や学生からの意見や批評についてもお礼を申し上げたい。これらはみな、本書作成上非常に有益なものとなった。

　　　　　　　　ミラード・J・エリクソン

第1部

導　入

第1章 神学とは何か

本章の目的

本章は、以下のことができるようになることを目的とする。
1. 神学を簡潔に定義する。
2. 現代社会において教理がなぜ必要なのかを立証する。
3. キリスト教教理を研究するためにほかにどのような出発点があるのかを明らかにする。
4. 適切な神学を展開するための諸段階を列挙し、説明する。

本章の概要

キリスト教神学は、聖書に啓示されている神を理解し、神が創造したものについて、とりわけ人間とその状態、そして神による贖いの働きについてキリスト教的理解を提供すること、に努めるものである。聖書を出発点として神学は、明確な方法論に従うことで最も有効なかたちで展開される。

本章のアウトライン

1. 神学の本質 13
 (1) 教理の研究としての神学 13
 (2) 教理の研究の必要性 13
 (3) 学としての神学 14
 (4) キリスト教教理研究の出発点 15

2. 神学の方法 16
 (1) 聖書の資料の収集 16
 (2) 聖書の資料の統合 17
 (3) 聖書の教えの意味の分析 17
 (4) 歴史における取り扱いの検討調査 18
 (5) 他文化のもつ視点の検討 18
 (6) 教理の本質の見きわめ 18
 (7) 聖書外の資料からの光 19
 (8) 教理の今日的な表現 19
 (9) 解釈における中心的モチーフの展開 20
 (10) 主題の層別化 20

1. 神学の本質

(1) 教理の研究としての神学

　ある読者にとって、「教理」という言葉は、少々恐怖を呼び覚ますものなのかもしれない。それは、「教理」という言葉がきわめて専門的で、難解で、抽象的なものという印象があり、そしておそらく「教理」とは独善的に提示されたもの、という情景を目の前に思い浮かべてしまうからであろう。しかし、教理とはそのようなものではない。キリスト教の教理とは、キリスト者が持っている最も基本的な信仰の所信を単純明快に言い表すものである。すなわち、神の本性、神の行為、神によって創造された我々、我々を神との関係に導き入れるために神が行ったこと、についての信仰の所信である。キリスト教の教理とは、決して無味乾燥で抽象的なものではない。そうではなく、キリスト教の教理とは、最も重要な種類の真理なのである。すなわちキリスト教教理とは、私は一体何者なのか、宇宙の究極的意味は何か、私は今どこへ向かっているのかという、生の根源的基礎をなす諸問題についての信仰の所信の表明なのである。このように定義されるとき、キリスト教教理とは、全人類が問い続けてやまない問い、しかし答えを得ることができない問いに対し、キリスト者が提供しうる解答なのである。

　教理は、神と実在の他の部分についての普遍的なあるいは時代を超えた真理を取り扱う。神がなした特定の歴史的出来事を研究するだけでなく、歴史の中で行動する神のまさにその本性を研究する。教理の研究は神学として知られている。文字通り、神学は神についての熟慮・研究である。それはキリスト教教理についての注意深い組織的な研究、分析、言明である。以下に挙げる幾つかの特徴は、この神学的営みの本質を理解する上で助けとなる。

　1. 神学は聖書的である。その主な内容は、旧新約聖書からとられている。補足的な洞察は神の被造世界、すなわち「神のわざの書」と呼ばれることのあるものの研究から得られることもある。しかし第一義的には神学の内容を構成するものは神の"言葉"である。

　2. 神学は組織的である。聖書の各書を別個の、個別のものとしては見ない。むしろ、人間の罪深さといった既定の主題について聖書全体が言っていることを一つの首尾一貫した統一体にまとめようとする。

　3. 神学は人間の文化という脈絡の中で行われる。特に、より進んだ、より専門的な意味において、神学は聖書の教えを、同じ主題の事柄を扱っている他の学問に見られるデータと関連づけなければならない。

　4. 神学は今日的なものである。神学の目標は、時間を超えた聖書の真理を今日生きている人々に理解できるかたちで言い直すことである。

　5. 神学は実際的なものである。パウロが教理を詳述したのは、単に読者がデータを増やせるよう情報を与えたのではなかった。むしろパウロは、教理が日常生活に適用されることを意図していた。確かに、キリストの再臨の教理には推測・憶測の対象となる可能性もある。すなわち人々は他の出来事との関連において再臨がいつ起こるか確定しようとする。けれどパウロは、Ⅰテサロニケ4:16-18で読者にこの真理をもって慰め合うようにと勧めている。主が戻って来て、主を信じる者すべてを復活させることは、多くの価値あるものがいずれ破滅をこうむるかに見える世界の中で、平安と励ましの源である。

(2) 教理の研究の必要性

　教理を研究することは本当に必要なのだろうか。イエスを愛しているなら、それで十分ではないのか。ある人々の見解では、教理とは不要なものであるのみならず、有

害で分裂すらもたらしかねないものである。にもかかわらず、教理の研究はなされるべきか、なさざるべきか任意に選択できるものではない理由が幾つか存在する。

　1. 正しい教理的信条は、信仰者と神との関係に不可欠のものである。一例をあげると、ヘブル人への手紙の記者は「信仰がなければ、神に喜ばれることはできません。神に近づく者は、神がおられることと、神がご自分を求める者には報いてくださる方であることを、信じなければならないのです」（ヘブル11:6）と述べている。また神との正しい関係のため重要なものとして、イエスの人性についての信仰があげられる。ヨハネは「神からの霊は、このようにして分かります。人となって来られたイエス・キリストを告白する霊はみな、神からのものです」（Ⅰヨハネ4:2）と書いている。パウロはキリストの復活への信仰の重要性を次のように強調している。「もしあなたの口でイエスを主と告白し、あなたの心で神はイエスを死者の中からよみがえらせたと信じるなら、あなたは救われるからです。人は心に信じて義と認められ、口で告白して救われるのです」（ローマ10:9-10）。

> キリスト教教理は無味乾燥で抽象的なものではない。それは、私は一体何者なのか、宇宙の究極的意味は何か、私は今どこへ向かっているのか、という、生の根源的基礎をなす諸問題を取り扱うものである。

　2. 教理は、真理と経験との結びつきのゆえに重要である。現代は直接の経験が高く評価される時代である。そのため興奮や刺激を生み出すからと薬物を利用する人も少なくない。幻想はある人々には満足させる経験をもたらす。しかし長い目で見れば、我々の経験は、事実に依存しており、現実から影響を受けるのである。高い建物の上階から落ちる人が、落下しながら、窓を通り過ぎるごとに「私は大丈夫だ」と叫んだとしよう。けれどもついには、事実がその人の経験に追いつく。イエスに良い印象を持っていることを、イエスは真に神の御子なのかという問いと切り離して別扱いすることはできない。未来についての希望は、イエスの復活が起こったのかどうか、そして我々の復活がいつの日か起こるのかどうかにかかっている。

　3. 教理の正しい理解が重要であるのは、今日、多くの世俗的また宗教的な思想体系が我々の信仰を得ようと競争しているからである。共産主義の基盤であったマルクス主義は、長らく多くの人々の忠誠を要求してきた。人気のある自己啓発の哲学や心理学もたくさんある。宗教的な選択肢の中には、多種多様なキリスト教教派に加えて、多数の分派やカルトも存在する。そして代替となる宗教は外国に見られるだけではなくなってきている。アメリカ国内でかなりの数の帰依者を惹きつけてもいる。それゆえ、ここで問題となるのは、信じるようになるかならないかではなく、いったい何を信じるのか、なのである。

　数多くの選択肢を処理する方法は、徹底的な反論と、問題点を系統立ててあばき出すことであると言われてきた。ただし、キリスト教信仰の見解を教えるという積極的なアプローチのほうが好ましいように思われる。このアプローチは、選択すべき立場がどれなのかを評価する基準を提供する。本物の商品を詳しく調べることで、偽物を識別できるようになる。同様に、キリスト教の教理を正しく理解することによって、信仰を要求する数えきれない人々によって引き起こされている混乱が解決されていく。

(3) 学としての神学

　時折、高等教育機関でキリスト教教理を学ぶことの正当性が疑問視されることがある。神学を教えるとは、単に教義を教え込むことなのではないか、というのである。

確かに公立機関でキリスト教神学を教えることには制限がある。公立機関は一定の形態の宗教と公的なつながりをもつことができないからである。しかしながら、他の諸宗教と同じくキリスト教を客観的・科学的に研究することを禁じるものはない。私立の教育機関、そして特にキリスト教に献身している教育機関では、キリスト教教理を学ぶことはきわめて適切なことである。それは他の学問と比べていかなる意味においても劣っているべきではない。

学問研究にふさわしい論題であるために、神学はある意味で学でなければならない。これは、自然科学という狭い意味における科学でなければならないと言おうとしているわけではない[1]。そうではなく、科学的知識がもつ伝統的な基準の幾つかを兼ね備えていなければならないということである。すなわち、①研究の明確な対象、②主題となる事柄を吟味し、主張の正しさを立証する方法、③研究が学習者の直接経験の外の現象を扱うものであり、それゆえ第三者による調査を利用しやすいという意味での客観性、④主題についての諸命題の中での一貫性、つまりその内容は無関係の、あるいは緩くつながった事実の羅列（られつ）ではなく明確な知識体系を構成していることである。

本書でこれから扱う神学は上記の基準を満たすものである。それはまた、他の諸科学と共通の場を占めている。①それは他の学問が受け入れているのと同じ論理のルールを受け入れる。難解な事柄と出会っても、神学は矛盾や不可解なものとして逃げない。②それは伝達可能なものである。命題的な言葉の形式で表現することができる。③ある範囲まで、他の特定の分野、特に歴史や哲学で使用されている方法を使う。④幾つかの主題を他の諸学問と共有している。したがって、神学の命題のうち幾つかは、自然科学や行動科学や歴史によって確証または反駁される可能性もある。

とはいうものの神学はそれ自身独特の立場を保持している。その主題である事柄の幾つかは、たとえば神など、特有のものである。日常的なものも扱うが、ただし独特の方法で扱う。たとえば、人々を神との関係の観点から考察する。このように、キリスト教神学またはキリスト教教理の研究は一つの学であるが、それ自身独自の立場をもつ学である。他のどんな科学にも、自然科学にも行動科学にも、還元することはできない。

(4) キリスト教教理研究の出発点

キリスト教教理を研究するとき、ただちに取り組むべき問題の一つは、知識をどの情報源から引き出すのかということである。キリスト教界においても次のような幾つかの答えが示されている。

1. **自然神学**　被造物としての宇宙は神と人間の本質について一定の真相を究明するために研究される（教理への経験に基づいたアプローチは3章で調査する）。
2. **伝承**　自らをキリスト者と認める個人や組織によって主張され、教えられてきたものについて調査がなされる。こうして、信じられてきたものが、何を信じるべきかの規範とされる。
3. **聖書**　聖書はキリスト教信仰を定義する文書また憲法であると主張される。したがって、そこには信じるべきもの、行うべきものが詳しく記されている。
4. **経験**　今日、キリスト者が経験する宗教的経験が、権威ある神の情報を供給するものとみなされる。

本書では三番目のアプローチに従うことにする。同様の実践は、その機関のあるべ

---

[1] ここでは、より広いヨーロッパ的な意味での科学のことを語っている。たとえば、ドイツ人は、*Naturwissenschaften* すなわち自然科学と、*Geisteswissenschaften* すなわち我々が行動科学と呼ぶものとだいたい同じものについて語る。

き姿と従うべき手順を定義している憲章、憲法、また定款（ていかん）を持っているさまざまな機関や組織に見られる。そのようなグループまたは運動の真の代表者であると主張する二人の間に論争がある場合、通常、法廷は基本的な憲章を遵守しているとみなされる側に有利な判決を下す。米国では憲法が拘束力を持っている。実際に、憲法と矛盾するいかなる法律も法廷で無効であると宣言される。

> 聖書はキリスト教信仰の憲法である。そこには信じるべきもの、行うべきものが詳しく記されている。

キリスト教の場合、その憲法に位置するもの、すなわち聖書を扱っている。キリスト者とは、イエス・キリストご自身が制定した教えにとどまる人々である。彼らには、イエスによって、あるいはイエスが権威を与えた者たちによって教えられ、実践されたことを否定または修正することはできない。もちろん理論上は憲法改正は可能である。しかしながら人間の関係では、そのような改正を行う資格があるのは特定の人々だけである。外部にある組織に憲法を変えることはできない。キリスト教の場合、憲法にあたる聖書はキリスト教会を構成している人間たちによって生み出されたり定式化されたりしたものではない。むしろ神ご自身を起源としている。そういうわけで、神だけが信仰と実践の基準を変える権限を持つ。聖書が守るべきガイドラインであるのは、何が正しい信仰であり、正しい実践なのかを定義する権利を保持しているからである。

これは、遠い昔からキリスト教は聖書の記述を正確にそのかたちのままで繰り返してきたし、これからも繰り返し続けるであろうと言っているわけではない。聖書の大部分は特定の事例を扱っており、歴史における特定の状況に向けて書かれたものである。同じ言葉を同じ様式で繰り返すなら、意味を歪めることになる。むしろなされるべきことは、もしイエスやパウロやイザヤが現在の状況に取り組んでいたなら、彼らが語るであろうことを、今日に向けて語ることである。これは基本的意味の改変を伴うものではなく、基本的意味の再表現と再適用に関するものである。

2. 神学の方法

先に、神学は学であると述べてきた。このことは、神学にはある程度明確な手順があることを意味する。これから説明する諸段階は、その順序に厳格に従う必要はないが、論理的な発展性があることを示している。

(1) 聖書の資料の収集

最初の段階は、研究対象である主題を扱っているすべての関連ある聖句を特定し、その後にたいへん注意深く解釈することである。これは釈義として知られているプロセスである。釈義を行う者は最良の神学的道具と方法を使用することを望む。この道具には、コンコーダンス、注解書、そして原語を知っている人にとっては聖書本文、文法書、古典語辞典（lexicons）が含まれる。

この段階であっても、使っている材料について注意深く考えることが重要である。たとえば、注解書の著者がどのような立場にあるかを考慮すべきである。自分の一般的な方向性とは矛盾する前提を無意識に取り込むことのないように、少なくとも著者の神学的視点を承知しているべきである。ここに潜んでいる問題は、航路調整のため道具を使用するとき起こるかもしれないことに似ている。羅針盤における小さな誤差が、長い距離を旅した場合は、進路をはるかに離れるという結果になりうる。それゆえ、解釈のための道具を注意深く評価する

ことが大切である。

この時点で非常に重要な検討事項は、著者が特定の聴衆に何を語っていたのかを正確に特定することである。これは聖書の背景についての研究を意味する。その結果、いわば対話の相手を理解できるようになる。聖書の一節を読むことは、電話の会話の片方のみを聞くようなものである。たとえばパウロは特定のグループに書き送り、その人々の置かれている立場に向けて語りかけている。それらの立場に通じていなければ、パウロが語っている意味を特定するのは困難である。

このような聖書の研究は聖書資料のあらゆる種類の調査を必要とする。ある場合には言葉を研究する。たとえば、ギリシア語の名詞ピスティス（*pistis*）と動詞ピステューオー（*pisteuō*）の用例すべてを研究することによって「信仰」の意味を特定できるかもしれない。聖書記者が特別の主題を率直に語っている聖書の教訓的（didactic）な箇所を吟味することは、しばしば有益な結果となる。これらの箇所の具体的な意図は教えることなので、教理上の意味はしばしばきわめて明白である。意味の特定がさらに難しく、しかしまたきわめて重要でもあるのが、物語（narrative）の箇所である。ここにあるのは、神学的な事柄についての講話というよりも、神の行為と人間の行為の記述である。それらの箇所は教理的な真理の例証としてしばしば役に立つ。ある場合には、記者が解釈または説明を提供しており、そこには教理が明らかに採（と）り入れられている。

⑵ 聖書の資料の統合

聖書の記者が、異なった状況で取り上げられた主題に関し何を語っているのかを学ぶことは重要である。しかしながら、教理とは、パウロやルカやヨハネが言ったことを単に記した以上のものである。ゆえに、これらの幾つかの証言を一貫した全体にまとめ上げなければならない。この点で、神学者が従っていく手順は、他の学問分野とまったく同じ手順に従っている。たとえば心理学では、通常、一定の学派に属する心理学者たちの間で同意されている点を最初に見て、その後に、差異のように見えるものが実際に意見の不一致であるのかどうかを確かめようとする。

もちろん、まさにこの努力は幾つかの聖書の資料や聖書の証言の間に統一性と整合性があることを前提にしている。だからと言って特有の強調点や意味の微妙な差異に対し目を閉ざすべきではない。しかし、それはもちろん、我々が不一致よりも一致を探し求めるつもりであることを意味している。ある新約聖書学者が私に解説してくれたように、「我々はそれとは反対に、共観福音書［マタイ、マルコ、ルカ］の相違している５％の資料を、むしろ明確な一致のある95％に照らして解釈する」のである。

⑶ 聖書の教えの意味の分析

教理的な資料が首尾一貫した全体にまとめられたとき、それが"真に"何を意味しているのかを問わねばならない。ここでの問題の一部は、聖書の言及に今日的な意味を読み込んでいないことをよく確認することである。会話の相手の大部分が聖書の特別な解釈に親しんできた人々であるときには、新生（しんせい）のような概念はみんなから同じ意味に理解されると単純に思い込むこともありうる。

したがって神学者は「これが真に意味していることは何なのか」と容赦なく問い詰めなければならない。もし聖書の概念を今日の形式に正確に翻訳するべきであるのならば、それがまず正しく理解されることが重要である。もし正しく理解されないなら、あいまいさが増すにつれて、プロセスの後の時点でさらに大きな不正確さがもたらされることになる。一般に言われているように、あることがもし語り手の頭の中ではっきりしていないとしたら、聞き手の頭の中ではっきりすることは絶対にない。同様に、

あることがもし釈義者としての神学者の頭の中ではっきりしていないなら、今度は釈義の結果を人に伝えようとする説教者としての神学者の頭の中ではっきりすることはない。

(4) 歴史における取り扱いの検討調査

神学の道具の一つは教会史の研究である。この研究において、個々の教理が過去にどのように考察されてきたかという脈絡の中に、我々自身の解釈を位置づけることができる。ここでの目的は、単に過去のさまざまな時点で主張されてきたものの最小公倍数を定式化することではない。我々の解釈や構成が以前のものと類似している場合が頻繁にあることを認める助けをするためである。したがって、同様の見解の過去の結果を見ることで、現代のある見解の裏の意味を見分けることができる場合がしばしばある。

歴史神学を研究することから得るもう一つの益は、他の神学者たちがしてきたことを観察することによって、神学を行うとはどういうことかを学ぶことである。アウグスティヌスやトマス・アクィナスが、キリスト教メッセージの表現を当時の特定の状況に合わせてどのように変えたかを見ていくにつれて、我々自身の時代のために同様のことをなすべきなのではないかと教えられる。

(5) 他文化のもつ視点の検討

我々は、自らの文化がもつ視点というものに気づかずに、それを教理の本質と同一視するところまで行っているかもしれない。たとえば、ある日本のバプテスト派の牧師が米国出身のバプテストの神学教授に、「万人祭司制についてのあなたの見解は、新約聖書よりもアメリカの憲法を基礎としている」と言った。この意見が正しいかどうかが問題なのではない。彼の見解は、新約聖書よりも日本の社会形態を基礎にしたものなのかもしれない。留意すべきことは、無意識のうちに、聖書に自分自身の経験を読み込んでいる可能性があるという点である。他の文化の視点との交流は、聖書の教えの本質を、その本質を一つの文化において表現したものと区別する助けとなる[2]。

(6) 教理の本質の見きわめ

聖書の教えは特別な状況に向けて書かれたものであるということ、また現代の文化的背景は聖書記者たちの場合とはある点でかなり異なっていることに留意しつつ、我々が聖書のメッセージを単に同じ形式で表現し直しているのではないことを確認すべきである。特別な表現形式の裏にある基礎的なメッセージを見つけ出さなければならない。たとえば、申命記とローマ人への手紙に見いだされる、救いについての共通の真理を突きとめなければならない。もしこれに失敗した場合、次の二つの事柄のうち一つが起こるかもしれない。一つは、教えの特定の形式を保存することを主張することである。たとえば、旧約聖書の犠牲制度を保持するべきと主張するかもしれない。もう一方の危険は、メッセージを宣言しようとする過程において、それを改変しすぎて、同じ属の中の異種というより、実際には異なる属となってしまうことである。犠牲制度の例では、永遠かつ不変であるものは犠牲の形式ではなく、人類の罪のための

---

[2] そのためには、さまざまな方法がある。一つの欠かすことのできないアプローチは、いろいろな文化出身の人々が書いた神学書を読むことである。もっとよいのは、そのようなキリスト者や神学者と個人的に交流することである。私個人にとって、世界バプテスト連盟（BWA）の「バプテスト教理と教会相互の協力についての委員会」で30年間委員を務めたことや、定期的に多民族の会衆に奉仕し、第三世界で教えたことは、非常に役に立った。他の多くの国や文化に属するキリスト者と交流することは、不快な思いをする場合もあるが、感性をとぎすましてくれる良いプロセスである。自身の知的自伝を書くことは、自分の視野の特殊性をつかむようになるもう一つの良い方法である。このプロセスをより広範に描写したものは、拙著 *Truth or Consequences: The Promise and Perils of Postmodernism* (Downers Grove, IL: InterVarsity, 2001), 241-42 を参照。

身代わりの犠牲が存在しなければならないという真理である。一時的な表現形式のうちに永遠の真理を見つけるこの務めは重要なので、この主題の扱いに次の章の大部分をあてることにする。

⑺ 聖書外の資料からの光

先に、聖書が我々の教理を構築する際の第一義的資料であると述べた。それは主要な資料であるが、ただし唯一の資料ではない。神は被造物と人間の歴史の中で、より一般的な意味でご自身を啓示しているからである。その啓示を吟味することは、聖書で我々のためにとって置かれている特別啓示をさらに十分なかたちで理解する助けとなる。

一つの例として、人間における神のかたちの問題がある。聖書は、神が人間をご自身のかたちと似姿に創造したと教えている。その性質について一般的な示唆はあるが、神のかたちとは具体的に何を意味するのかを聖書から決定することはできない。しかしながら行動科学のおかげで、多様な被造物の間で人間独自のものとは何なのかを特定できるので、神のかたちについて幾つかの洞察が得られるだろう。

聖書解釈の歴史の中で、聖書と関係のない学問分野が、時に聖書釈義家や神学者たちが認めたがらないこともあったにせよ、神学的知識に実際に貢献してきたということには、注目する価値がある。たとえば創世記1章に言及されている一日は二十四時間と考えるべきなのか、あるいはそれより長い期間、または非時間的な概念と考えるべきなのかを決定しようとする学問的取り組みは、聖書釈義に制限されてこなかった。自然科学、特に地質学は、神がなさったことについての我々の知識に貢献してきた。

ただし、聖書が我々の神学的営みにおける第一の権威であるということを確かめておく必要がある。また、聖書的材料と非聖書的資料との関係について時期尚早な結論を引き出さないようにしている必要もある。

完全に理解されたときの聖書と完全に理解されたときの被造世界とは、互いに完全に調和するはずであるが、現在はどちらについても完全な理解を手にしていないことを覚えておくべきである。それゆえ両者の取り扱いにおいて時々いくらか緊張があるのは無理もないことである。

⑻ 教理の今日的な表現

教理の永続的な本質または普遍的な内容を決定できたなら、それを我々の時代の人々に道理に従って受け入れやすい様式で表現しなければならない。それを行う方法の一つは、最初にパウル・ティリッヒにより定式化された、相関の方法として知られている。その第一段階は、我々の時代が何を問いかけているのかを調べることである。ここで言っていることには、個々人が直面する即時の実存的問題だけでなく、文化一般が実在を観察する際の見方全体も含まれる。そのとき、これらの問いはキリスト教のメッセージを提示する際の出発点となる。つまり、聖書神学の内容をそれらの問いに関係づけるのである。もちろん、議題設定を非キリスト教世界に完全に任せてはいけない。非キリスト教世界は多くの場合、もっとも重要な問いが存在することを尋ねることも、認めることもできないからである。にもかかわらず、どのようなことが問われているかを確認することはしばしば助けとなる。

メッセージの今日的表現を形成しようとするとき、その探求において有益な多くの主題が現れてくる。我々の時代はますます非人格化と孤立を特徴としているように見えるが、生の個人的次元に対する真の渇望の徴候も見られる。それは、人間一人一人を知り、気遣ってくださる神という教理こそが関わりうる次元なのである。また、現代の科学技術によって世界の問題は解決できると確信されてきた一方で、問題は理解されているよりもずっと大きく恐ろしいものであり、人類にとって最大の問題は人類

自身であることに、人々は次第に気づきはじめている。このような状況に対し、神の力と摂理は新たな適切性をもっている。

今日、メッセージの「文化脈化（contextualizing）」について語ることに人気がある。この用語が頻繁に使われるのは、宣教学の領域においてである。宣教学では、自分自身の文化から同時代の異なる文化へと概念を翻訳する必要があるからである。文化脈化のプロセスには三つの次元がある。第一は長さと呼んでもよい。これは、聖書時代から現在へメッセージを移して表現し直すことを意味している。

第二の次元は広さと呼べる。キリスト教はさまざまな文化においてさまざまな表現形式をとりうる。西欧の宣教師は、自分たちの文化を世界の他の地域に運ぶだけということにはならないよう注意しなければならない。尖塔をもつ小さな白い礼拝堂がアフリカでキリスト教の礼拝のためにときどき建てられてきた。この問題が起こるのは教会建築の領域だけではない。たとえば、種々の文化の哲学的な特徴をぜひとも見つけなければならない。第三世界が際立った存在となっていくにしたがい、文化的に最も重要な相違は、東西よりも南北の間に観察されるようになっている。我々は罪とか贖いのような概念を文化的に適切な方法で表現する能力を開発しなければならない。なぜなら、それらの概念はキリスト教のメッセージの本質を構成しているのだから。

また高さの次元もある。メッセージは複雑さと精巧さにおけるさまざまなレベルで表現することができる。これは単純に聞き手の年齢に関わることかもしれない。たとえば、キリスト教のメッセージを、大学教授に伝えるのと同じ形式で子どもに伝えるべきではない。そのうえ、聖書的概念と神学的概念における背景という問題もある。よくあることだが、学生たちが読む専門的著作の著者は、学生たちが真理について証しをする相手の人々よりも、はるかに進んだレベルにある専門家である。聖書の真理をさまざまな時と場所で、さまざまな聴衆に合わせて表現する能力は、欠かすことはできない。

⑼ 解釈における中心的モチーフの展開

自らの神学の基本的中心的な特徴を系統立てて述べることは、個々のキリスト者には必ずしも必要なことではない。しかしながら、そうすることはしばしば助けとなる。このモチーフがその人の所属教派を反映している場合もある。たとえば、改革派の伝統にある人々の中には神の主権を強調する人々もいる。一方、ルター派の中には神の恵みと信仰の役割とを強調する人々もいる。我々が神学にどのような特徴を与えるのかは、我々自身の人格と背景に関連がある場合が多い。聖書の真理を我々自身の生活に組み込む際、必要に応じかみ合うようにひと工夫することで、それがより実用的なものとなる。

⑽ 主題の層別化

神学において何が主要な論争点であり、何が副次的なポイント、また副次的な論争点であるかを決定することは重要である。所定の論点が、重要なものであればあるほど、その論点はその重要度にふさわしく主張されるべきである。こういうわけで、教会がこの世から取り去られるのが大患難の前か後かに関する合意を、他の信仰者との交わりの条件にすることはないかもしれない。しかしキリストが再臨するかどうかに関しては同意が必要である。ある部分では、これは単に自分たちの神学の概略をまとめるということである。その結果、主要なポイント、副次的なポイント、副次的ポイントに従属する主題は何かを決定できる。

けれども、こう述べた後で、主要教理の間に順序・等級づけがあることを認める必要がある。たとえば、すべての教理についての我々の理解は聖書に由来するのだから、聖書の教理は基盤を構成している。さらに神の教理は神学的構築すべての、まさに骨

組みを提供するゆえに基本である。また、ある特定の時代に特定の問題や主題が、我々が取り組んでいる世界で非難を浴びたり特別な取り扱いを受けたりしているゆえに、より注意を向けられることが求められる場合もあるかもしれない。明らかに、神学的主題の相対的重要性を注意深く考察することは、欠かすことができないのである。

研究課題

- 神学の定義の五つの側面とは何か。
- なぜ神学を一つの学と考えてよいのか。
- キリスト教教理にとって潜在的な資料源とは何か。またこれを問うことはなぜ重要なのか。
- 神学をする過程にはどのような段階が含まれるのか。それはどのように行うべきか説明せよ。
- 神学は倫理的なジレンマを解決する際にどのように重要性をもちうるか。

第1部　導　入

第 2 章 キリスト教のメッセージの今日化

本章の目的

1. 今日の神学的環境の複雑さを認識する。
2. キリスト教の中で永遠・不変の諸要素を明らかにし、それらを時代に合わせた諸表現と対比する。
3. 神学を今日化するさまざまな取り組みを比較対照し、それぞれの価値観を区別する。

本章の概要

　変化の加速や、情報の爆発と断片化は、ゆっくりと進んでいた過去数世紀の場合よりも、今日の世界で神学をすることをより難しくしている。重要なことは、21世紀において理解される用語で福音のメッセージを述べることである。そうするときに、神学者の中には表現の形式だけでなく、内容えをも変える者もいた。キリスト教のメッセージを今日化する目標は、内容と聖書的教理を保持しつつ、メッセージを今日においてより理解しやすくすることである。そのメッセージの健全性を評価するために五つの基準が提示されている。

本章のアウトライン

1. 神学の今日的文脈　23
2. キリスト教のメッセージを今日化する取り組み　24
3. キリスト教における永続的要素　25
4. 今日化の性質　27
5. 教理における永続性の基準　27

1. 神学の今日的文脈

　神学をする方法には、教会の歴史を通じてかなりの変化が見られた。神学の内部にかなりの統一性があり、それに伴い方法論も統一されている時期もあった。ローマ・カトリックのスコラ主義の時代はその実例である。プロテスタントの神学も、時折同様の均質性を示してきた。ルター主義では宗教改革のすぐあとの時代がそのような時であった。しかしながら、今日は、かなりの多様性がある。

　神学の寿命が相対的に短いというのが、我々の時代の一つの特徴である。ある意味で、アウグスティヌスによって構築された大いなる神学の綜合は、おおよそ800年間継続した。トマス・アクィナスが系統立てた神学体系と方法論は、250年間（そしてカトリック内では700年もの間）持ちこたえた。ジャン・カルヴァンの神学は、ほぼ300年間有力であった。しかしながらフリードリッヒ・シュライエルマッハーとなると、彼がもたらした自由主義神学は100年そこそこしか続かなかった。カール・バルトの神学が最高の地位にあったのはほぼ25年間にすぎない。そしてルドルフ・ブルトマンの非神話化論の場合は約12年間だけだった。

　今日の神学的環境には、偉大な神学学派の衰微（すいび）というさらに進んだ局面がある。1950年代には、神学者たちを新正統主義にせよ新自由主義にせよブルトマン学派にせよその他のグループにせよ、特定の陣営に属しているものとみなすことができた。けれども今は、個々の神学者と個々の神学だけが存在するということがしばしばである。全体的な合意とか類似する思想の集まりは見られるかもしれないが、そのようなものとしての思想体系への強烈な献身は存在しない。こういうわけで、単純に既存の体系を支持すると決めることはもはやできない。

　この衰微と同時に起こっているのは、神学的に優れた巨人の死去である。20世紀の初期には、カール・バルト、パウル・ティリッヒ、ラインホルド・ニーバーの思想が特筆された。しかしながら近年、彼らの思想に匹敵（ひってき）するものはほとんどない。また彼らのように支持者を集めている者もいない。たいていの場合、神学者一人一人の味方はその神学者自身だけなのである。

　かなりの程度まで福音主義的または保守的な神学は衰微を避けてきた。福音主義はその源が聖書であるということが明らかであるため、経験や伝統が占める相対的な場所についての意見が変動しても害を受けることはない。また宗教の第一の関心は感情にあるのか倫理的活動にあるのかと論争することもない。何世紀かにわたって神学的取り組みには重要かつ微妙な差異が存在してきたが、福音派の関心は単純に、聖書が与えられた主題に関し何を語っているのかを研究し、それをある種の一貫した全体としてまとめることにある。この章で支持されている方法論は、この基本的立場を保持している。

　今日の神学的環境を以上のようにざっと眺めることで、いくつかの教訓を得ることができる。まず第一に、今日の文化と過度に一体化しないよう注意するべきだということである。文化は知識の爆発や社会的要因の移行とともに非常に速く変化するため、今日の発展とあまりに親密に結びついている神学は、おそらく時代遅れになってしまう。ここで機械の部品にたとえて説明することができる。一方では、擦（す）り減らないようにするため、あまりゆるみがあってはいけない。他方、きつく締めつけ過ぎるなら、その部品は圧力で壊れてしまう。それと同様に、キリスト教教理の時代を超越した本質を明言することと、それを特定の状況に文化脈化することとを両立させることが重要である。我々の試みにおいて、

どちらか一つを大事にせざるを得ない場合は、前者を選ぶことになる。

今日の状況から教えられる第二の事柄は、神学をすることにおいて、ある程度の折衷（せっちゅう）主義は可能であるということである。これは、さまざまな神学から首尾一貫しない要素を集めて無批判に結合することを勧めているのではない。そうではなく、教理という市場では独占コーナーを持っている神学体系は一つもなく、したがって幾つかの相違する神学から学ぶことは可能なのである。

第三に教えられることは、特定の神学者の思想を学ぶときには、ある程度の独立性を維持することの重要さである。だれかの弟子となることには、少なくともある程度までは価値があるが、神学の師の言うことを何でも無批判に受け入れる弟子に陥ってはならない。無批判の受容は、実は、自分の信仰を他者の信仰に依存させることになる。自分が最も親密に合意している人々の場合（そして多分そのような場合は特に）でも、読んでいるものに対して問いを発することは欠かせない。偉大な巨人たちの衰微は必ずや、創造的で独立的な思考に貢献するはずである。このことは神学的営みを幾分難しいものにもするけれど、その奮闘には価値がある。

2. キリスト教のメッセージを今日化する取り組み

現在の世界と聖書時代の世界を比較すると、幾つかの重要な相違に気づく。たとえば輸送手段は驚異的な変化を遂げてきた。聖書時代には、歩くか、馬やロバに乗るのが普通のことであった。したがって、遠距離旅行は前例のないことであった。地中海の至るところを巡ったパウロの旅行は、同等のものが非常に少ない経験であった。ほとんどの人は生まれた場所から歩ける距離の中で生活し、死んでいった。けれども今日は、一日のうちに数千マイル離れたまま会合をもつことが可能である。宇宙旅行は成し遂げられ、限界線はさらに広がりつつある。通信も同様に、世界の反対側で起こっていることをまさにその瞬間に衛星テレビ放送を通して観察できるという点で、革命的である。一方聖書時代にはローマからパレスチナにメッセージを伝えるため、数週間ないし数か月はかかった。

文化の他の側面もまた大きく変化してきた。今日はさまざまな概念が聖書時代とずいぶん違ったものとして理解されている。たとえば聖書時代には、天国と地獄は上下の見地から考えられていた。天は地よりはるか高いところにある場所であった。今日、上下の方向性は相対的なものと理解されている。我々は天の下方にある平らな地に生きているのではない。むしろ我々は「天」という用語を、神が我々とは異なっていて、非空間的な意味で我々からはるかに離れていることを暗示するものとして理解している。

問題は、聖書の真理を今日意味をなすイメージでどのように表現するのかである。幾つかの事例では、その作業はそう難しいものではない。たとえば羊飼いと羊のイメージをよく知らない人々が理解できる、現代の同等物を提供することは容易である。しかしながら、病気をバクテリアやウイルスという観点からのみ考え、目に見えない霊的存在を思い描くことが全くできない人々に悪霊つきを理解できるようにするのは、より困難なことである。

メッセージを今日化することは、文化脈化のプロセスの一つの側面である。キリスト教のメッセージの今日化という務めを達成するためにさまざまなタイプのアプローチが存在する。まず、移植者（transplanters）と呼べる人々がいて、聖書の概念を聖書の用語で提示するべきであると単純に主張する。彼らによると、メッセージを理解しやすいものにしようとすることは、キリスト教説教者の務めではない。それは聖

第2章　キリスト教のメッセージの今日化

霊の働きである。したがって、メッセージを今日的な表現に翻訳したり解釈したりする必要はない。特にキリスト者以外の人と現代の精神は超自然的なものには反対しているのだから。そのような人々にとってメッセージを分かりやすく受け入れやすいものにすることは、メッセージを歪めてしまうことになるという。

これとは対照的な極端は、キリスト教のメッセージの改変者（transformers）と呼ばれることもあるグループによるアプローチである。この人々は、聖書の見方のかなりの部分が時代遅れのものであり、それゆえ取り除かなければならない、と言う。人間が無知であった初期の時代から引き継がれた思想を今日の人々に分かりやすくする方法などない。たとえば、近代の科学技術に基づいて生きている人に対し、祈りには超自然的な答えがあると信じよと要求することはできない。それを信じるには知性を犠牲にしなければならない。そういうわけで、キリスト教のメッセージのある部分は破棄されなければならない。天使や悪魔や地獄といった時代遅れの観念を信じる信仰は捨て去らねばならない。キリスト教のメッセージを主張し直すプロセスでは、ときには本質的要素を改変する必要もありうるという。

第三の立場は、前述の二つの中間にある。それはキリスト教のメッセージの翻訳者（translators）の立場である。この人々は、聖書の教えの本質的内容を保持することを願っているという点では基本的に保守的である。しかしながら同時に、それをより現代的な概念に言い換えまたは翻訳すること、聖書時代から引き出される概念と同等のものを今日の概念に見つけることを願っている。翻訳者たちは、聖書のメッセージを現代人のものの見方で理解できるものにしようと努力するが、必ず現代的立場に基づいて受け入れられるものにできるとか、受け入れられるようにするべきだとかは考えない。そうすることは、メッセージのまさに本質を変えてしまうことになる。というのは、そこにはもともと、罪深い人間の感情を常に害する原因となる次元が備わっているからである[1]。

3. キリスト教における永続的要素

今我々は、キリスト教における不変の要素を識別する努力を求められている。いろいろな説が提唱されてきた。

ある説では、永遠的な要素とは制度に関するものであると主張されている。これはローマ・カトリック教会の立場である。時を超えて永続的で継続するものは、カトリック教会という制度である。したがって、その教えは維持されるべきものである。カトリックの見解では、使徒たちに由来する口頭伝承がカトリック教会に委託されてきた。教会はその歴史を通じて、その伝承の内部に暗に示されているものを明らかにし、教理として広めてきたのであるという。カトリック以外の者には、これは新しい考えを唱えているように見える。しかしカトリック教会によれば、実はこれらの教理は初めから伝承の内部に存在していた。そしてそれらの真実性は、キリスト教の歴史のまさに初めから存在してきた制度的教会との結びつきによって立証されるのである。

第二の説では、キリスト教における永続的要素とは経験であると主張する。ハリー・エマーソン・フォスディックは、本質においてキリスト教とは、変化するカテゴリーにおいて表現されている変わることのない経験であると提案する。したがって、たとえばキリストの再臨を信じる必要はなくなる。キリストの再臨とは、神の究極的勝利に対する確信を表現するために使われ

---

1 改変者と翻訳者との違いについて論じたものは、William Hordern, *New Directions in Theology Today*, vol. 1, *Introduction* (Philadelphia: Westminster, 1966), 141–54 を見よ（W・ホーダーン『転換期に立つ神学』現代神学の潮流 I、斎藤正彦訳、新教出版社、1969年）。

た、一時的なカテゴリーにすぎないからである。究極的勝利に対する確信と同じ経験を適切に表現または呼び起こす現代のカテゴリーはあるだろうか。フォスディックはあると信じている。それはすなわち、進歩の概念である。彼が意味しているのは必ずしも自動的または不変の進歩ではなく、単に前進はこの世の内側でなされているという思想である。初代のキリスト者の希望に似た、未来についてのこの希望をもっている人は、教理またはカテゴリーは大きく変化したとはいえ、キリスト教の本質的要素を保っているのだと言う[2]。

第三のアプローチは、ある行動やあるタイプの生き方が永続的要素を構成すると主張している。この見解を保持していたのはウォルター・ラウシェンブッシュで、おそらく社会的福音の最も有名な主唱者である。ラウシェンブッシュは、終わることのない永続的な要素を構成するのは倫理的生活と神の国に関するイエスの教えであると主張する[3]。重大な問いは、イエスが保持していた神、世界、来世という特定の概念をたまたま保持しているかどうかではない。むしろイエスの道徳的な教えに従っているか、イエスや彼の弟子たちが生きたように生きているかどうかなのである。それゆえイエスの教えの永続的な要素は「わたしが行って、あなたがたに場所を用意したら、また来て、あなたがたをわたしのもとに迎えます」ということにではなく、「あなたの隣人を自分自身のように愛しなさい」に見いだされるべきなのである。

最後に、永続的な要素は教理に見いだされるべきであると主張する人々がいる。

J・グレッサム・メイチェンは力強くこの立場を主張し、イエスの道徳的な教えを採り入れるだけでは不十分だと指摘した。たとえば黄金律をとりあげてみよう。それは実際には善のために働かず悪のために働くかもしれない。一例として、アルコール依存症から回復しようとしている人に、もし以前の飲み仲間たちが、自分たちにしてもらいたいことをするとすれば、その人にもう一杯飲ませてやるだろう。このように黄金律の効果は、それを実行する人の道徳的、霊的性格に左右される[4]。

同様に、イエスの教理的教えから道徳的行為を切り離そうとすることには他の問題もある。一つは、イエスが倫理についての見解を、自身についての教えと事実上切り離せないようなかたちで教えたということである。もし我々が、イエスは神の子ではなく単なる道徳の教師であったと主張するなら、我々のところにいるのは、自分について偽りを語ったか、あるいは精神的に錯乱した人物である。どちらの場合でも、その倫理的教えに従う理由はほとんどなくなる。

同様の問題は、教理と無関係な経験をキリスト教における永続的な要素とみなすときに起こってくる。最初に（14頁を見よ）、経験は教理とたいへん強く結びつけられていることを指摘した。さらに、主の再臨によって神の王国が超自然的なかたちで創設されるという信仰から、人間の進歩に対する信仰へと変化する過程では、実は経験が改変されている。後者の場合、我々の確信は人間の能力に対する評価を基盤としており、前者の場合、神の超自然的な働きを基礎としている。明らかに、教理はキリスト教内部で永続的要素のすべてではないけれど、その不可欠な部分なのである。

---

[2] Harry Fosdick, *The Modern Use of the Bible* (New York: Macmillan, 1933), p. 104-10（抄訳はフオスヂツク『現代の聖書観梗概』栗原基訳、開拓社、1925年）。

[3] Walter Rauschenbusch, *Christianizing the Social Order* (New York: Macmillan, 1919), p. 48-68.

[4] J. Gresham Machen, *Christianity and Liberalism* (Grand Rapids: Eerdmans, 1923), 34-38（J・G・メイチェン『キリスト教とは何か』吉岡繁訳、聖書図書刊行会、1976年）。

4. 今日化の性質

　教理がキリスト教における不変の要素であると我々が決定したことから、翻訳者アプローチを支持することが明らかである。最終的に聖書の真理に関する理解や確信を与える方は神であり、聖霊の働きを通してそのことをなされるということは正しい。しかしながらこのことは、可能な限り理解できるかたちで意味を伝達しようとする我々の営みを神が用いられないという意味ではない。それゆえ我々は、今日の状況に適用しつつ、聖書の教えの本質的意味を保たなければならない。これは教えの内容を変えるのではなく、形式を変えるということである。

> 我々は、今日の状況に適用しつつ、聖書の教えの本質的意味を保たなければならない。

　しかしながらそのことをなす過程は、1世紀の概念と同等のものを21世紀において見つけるという、単純なことではない。むしろ、まず1世紀の教理の本質を決定しなければならない。そのときには、言語教育でよく用いられる方法に従うことになる。一つのやり方は、一つの言語の中のどの単語がもう一方の言語の中のある単語に相当するかを教えることである。たとえば、ドイツ語を学んでいる英語圏の人たちは、*der Stuhl* とは "the chair" を意味すると教えられる。しかしながらそのような教え方では実は、生徒は他の言語で考えるようにはならない。これより良いのは、同じ言語を話せない生徒の集まる講座で用いられている教え方である。教師は椅子を指し示して *der Stuhl* と言い、それから壁にさわって *die Wand* と言う。その目標は、生徒が椅子 (a chair) を見るとき *der Stuhl* と思うようになることである。つまり、すべての言語に存在する共通の意味に、焦点が当てられている。

　同様に、ある概念の永続的または変わることのない本質と、一時的な表現形式を区別しなければならない。前に引用した例を使うと、神が天に住んでおられるという概念の永続的本質は、神の超越性である。つまり神は多くの点で我々とは別個の、我々よりすぐれた存在であるということである。このことは、聖書時代から今日まで保持しなければならない真理である。神が空間的に我々のはるか上におられるというのは、この思想がかつて表現された形式にすぎない。

5. 教理における永続性の基準

　最後に、教理の永続的で時を超えた内容また本質と、それの一時的な表現また形式とを識別する上で助けとなるどんな基準があるかと自問しなければならない。ある場合には、この識別はあまり困難ではない。というのは本質をなす教理は教訓的な箇所で明白に記されており、そこにおいて永続性が強調されているからである。たとえばそれは詩篇100:5に見られる。

> 主はいつくしみ深く
> その恵みはとこしえまで
> その真実は代々に至る。

　ここには、我々が扱っているのは神の本性と働きの時を超えた側面であるということが示唆されている。しかし他の場合は、識別の任務はもっと難しいかもしれない。それは、物語の箇所から、あるいは特定のグループや個人に対して書かれ、特別な問題を扱っている教えから時を超えた真理を抽出することを意味しているかもしれないからである。そのような場合、永続的要素

を識別する助けとなる幾つかの基準また尺度がある。

1. **諸文化を超えた恒常性（こうじょうせい）** 我々は、今日存在する文化の多様性、また今日の時代と聖書の時代との間に文化の違いがあることにもたいていの場合気づいている。しかしながら聖書が書かれた時代の中に、多様な時代的、地理的、言語的、文化的背景が存在していたことをつい忘れてしまう。そこには均一で一様な文化というものはない。旧約聖書の最初の書巻の執筆と新約聖書の最後の書巻の執筆との間には、何世紀もの隔たりがある。地理的、文化的状況は、古代パレスチナの牧歌（ぼっか）的環境からローマ帝国の都会的環境まで広範囲にわたっている。時おり誇張されることはあるにしても、ヘブルとギリシアの文化間、言語間の相違は確かに存在する。それゆえ、もしそれらの背景の幾つかに見いだされる要素を特定できるのなら、我々はそのメッセージの中にある永続的、また不変的な要素を取り扱っているのかもしれない。

諸文化を超えたそのような恒常性の一つの例は、犠牲による贖いの原則およびそれに伴うあらゆる種類の行為義認の拒絶である。この原則は、旧約聖書のいけにえの制度に、そして新約聖書ではキリストの贖いの死に関する教えに見られる。もう一つの例はイエス・キリストへの信仰の中心性であり、これはユダヤ人に関する文脈でも異邦人に関する文脈でも強調されている。たとえば、ペテロは、ペンテコステのときにエルサレムで、さまざまな文化出身のユダヤ人にそれを説教した。パウロはそれを、異邦人の環境の中でピリピの看守に宣言した（使徒16:31）。

2. **普遍的背景** 教理の中には、それが普遍的に当てはまることを明らかにするようなかたちで教えられているものもある。その一つの例は、バプテスマである。もちろんバプテスマが授けられる個別の状況に言及する聖書箇所には多様性がある。しかし同時にバプテスマは大宣教命令という普遍的背景の中で重要な役割を担っている。「わたしには天においても地においても、すべての権威が与えられています。ですから、あなたがたは行って、あらゆる国の人々を弟子としなさい。父、子、聖霊の名において彼らにバプテスマを授け、わたしがあなたがたに命じておいた、すべてのことを守るように教えなさい。見よ。わたしは世の終わりまで、いつもあなたがたとともにいます」（マタイ28:18-20）。

これを普遍的背景とみなす以下の三つの点に留意する。すなわち、①"すべての"権威を与えられたというイエスの主張は、弟子たちに権威を委託するときに、無制限に遂行されるべき任務を心に抱いていることを示唆している。②「あらゆる国の人々」とは場所と文化の普遍性を示唆している（使徒1:8の宣教命令、「あなたがたは……地の果てまで、わたしの証人となります」を参照）。③イエスは世の終わりまでさえも、いつも彼らとともにいる。このことは、宣教命令が永続的に適用されるべきことを示唆している。以上の考察を基盤として、バプテスマの実践は少数の特定の時代や場所に限られていたものではなく、普遍的適用性を持っていたと結論してよいだろう。

同様の永続性と普遍性をもつとみなされることのあるもう一つの実践は、ヨハネの福音書13章に記述されている洗足である。しかしながらそこには一般的または普遍的な言及がないことに留意すべきである。イエスは「あなたがたもまた、互いに足を洗い合わなければなりません」（14節）と確かに言ったけれども、それを実践し続ける期間のことは語っていない。自分は弟子たちに模範を与えた、「わたしがあなたがたにしたとおりに、あなたがたもする」（15節）べきだと確かに言ったけれど、イエスの行為の基礎をなす理由は、しもべは主人より偉いものではない（16節）という主張に示唆されている。イエスが教え込むこと

を意図していたものは、へりくだって、喜んで自分を他者よりも下位に置く態度であった。この特定の文化では、他者の足を洗うことはそのような態度を象徴していた。別の文化では、ほかのものが謙遜をもっと効果的に表現したかもしれない。聖書には洗足に触れずに謙遜を教えているほかの箇所がある（マタイ20：27、23：10-12、ピリピ2：3）。それゆえ我々は、洗足という特別な行為ではなく、謙遜の態度こそがイエスの教えの中の永続的要素であると結論する。

3. 基盤として認められた永続的要素　ある特定の教えが永続的要素と認められているものを基盤としている場合がある。これはその特定の教え自体の永続性を主張していることになるだろう。たとえばイエスは結婚について教えるとき、神が人を男と女に造り、彼らを一体であると宣言した事実を教えの基礎とする（マタイ19：4-6。創世2：24を引用）。神のこの行為は、一度限りの出来事であった。男と女が一つとなることについての宣言は、普遍的な効力をもつことが意図されていた。神の行為と宣言を引用することによって、イエスは結婚関係が永続的なものであることを宣言している。

もう一つの例は、万人祭司制の教理である。ヘブル人への手紙の記者は、我々の偉大な大祭司が一度限り「もろもろの天を通られた」という事実をその基盤としている。それゆえ我々は、「大胆に恵みの御座に近づく」ことができる（ヘブル4：14-16）。イエスがなさったことは、一度限りなされた。したがってその過程が逆転することはないし、更新する必要もない。さらにイエスが永遠に大祭司であるゆえに（ヘブル7：21、24）、イエスを通して神に近づく者はみな救われるということはいつも事実である（25節）。

4. 本質的な経験との確固とした結びつき　ルドルフ・ブルトマンは復活を扱う際に、イエスが事実よみがえったのかどうかという問いを、希望の刷新と未来へ心が開かれるというキリスト者の経験から切り離そうと試みた。しかしながらパウロはⅠコリント15：17で、その経験をキリストの復活から独立させて保持することは不可能であると語っている。「もしキリストがよみがえらなかったとしたら、あなたがたの信仰は空しく、あなたがたは今もなお自分の罪の中にいます」と。しかし、もし我々の復活の経験が現実であり永続的であるのなら、キリストの復活も事実であり、永続的、普遍的でなければならない。この教理のいかなる改変も、経験に同様の変化をもたらすことになる。

5. 漸進的啓示の中での最終的位置　幾つかの表現形式が置き換えられた理由の一つは、それらが新約聖書時代に、あるいは新しい契約のもとで神によってなされる最終的わざを予期するものとしては不完全であったからである。神がご自身をより完全なかたちで啓示したとき、後者の形式はより初期の表現を詳しく述べ、それを超えて発展した。こうして、たとえばイエスはしばしば「……と言われていたのを、あなたがたは聞いています。しかし、わたしはあなたがたに言います。……」と言った。これらの場合、以前に不完全なかたちで述べられた真理に対し、イエスは最終的な表現を与えているのである。

もう一つの例は、キリストの犠牲のわざに関係している。旧約聖書では中庭で継続的に犠牲がささげられ、一日に二度、外側の幕屋で香がささげられ、内側の場所である至聖所では大祭司が年に一度の犠牲をささげていたが（ヘブル9：1-10）、キリストはこのプロセスを成就することによってそれに終止符を打った（12節）。イエスがご自身の血をささげたのは、ただ一度限りであった。ここでの永続的な要素とは、犠牲による贖いの必要性と、キリストの死を通してその必要が満たされたということである。より初期の形態は、まだ到来していなかったものの予期また反映にすぎなかった。

ある教理の本質が聖書時代にははっきり認められていなかった場合もある。本質に

より近づいていただけであった。たとえば社会における女性の地位はイエスによって劇的に高められた。同様にパウロは奴隷に異例の立場を認めた。それでも女性と奴隷の立場は、本来あるべき状態までには改善しなかった。だから、そのような人たちが本来いかに扱われるべきかの本質を見いだすためには、彼らが聖書時代に実際どう扱われたのかの記述に注意を向けるのではなく、彼らの立場に関し主張され、また暗示されている原則に注意を向けなければならない。

我々は、すべての啓示には必ず主眼点があることを認め、メッセージの基本的本質を把握しようと試みている。時々このプロセスは穀物の実と殻を分けることと比較されてきた。アドルフ・フォン・ハルナックは、殻から実を分け、そののち殻を捨てることを提唱した。ハルナックとは異なり、我々は表現の形式でさえ何か重要な意味を伝達していると主張する。人類学的志向のある一部の聖書解釈者が言う、「文化的行李（こうり）を捨てる」ことについて語っているのではない。我々が言っているのは、所与の聖書の部分が基礎を置いている本質的霊的真理を見つけること、そしてそれを今日の状況に適用することである。我々の目的は、聖書のある部分を削除することではなく、聖書のすべての意味を発見することなのである。

個人的ディボーションのために聖書の系図の方を向くキリスト者はほとんどいないということは（間違いなく）普通に見られることである。しかしそれらの部分も、何か重要な意味をもっているに違いない。「系図は何を意味したのか」から「それは何を意味しているのか」へと直進しようとすることは、おそらく挫折感をもたらす。そうではなく「その基礎となっている真理は何か」を問うべきである。幾つかの可能性が思い浮かぶ。①我々は皆、人類の遺産をもっており、今の自分は大部分そこに由来している。②我々は皆、家系という長い経過を通して、神から生を受けている。③神は人間の歴史の中に摂理をもって働いておられ、もしその歴史と人間に対する神の取り扱いを研究するなら、その事実にはっきりと気づく。以上の点は今日の我々の状況に意味を持っていると言える。同様に、公衆衛生に関する旧約聖書の規則は、人間の健康と福祉に対する神の関心について、そしてその福祉を保持するための手段をとることの重要性を我々に語っている。環境汚染防止と賢い食習慣は、基礎となっている真理の現代的な適用になる。ある解釈者には、これは寓意（ぐうい）的解釈に聞こえるだろう。しかし我々は、象徴、すなわち文学的言及に隠された霊的意味を探しているのではない。むしろ、キリスト者は特定の言明が語られたあるいは書かれた本当の理由を自分に問うべきだと主張しているのである。

以上のすべてを行うとき、自分の理解と解釈とが、歴史の中で自分が置かれている環境から影響を受けていることを考えて注意しなければならない。聖書の教えを述べる形式を、教えの永続的な本質と同一視してしまわないためである。もしこれを認めることに失敗するなら、自分の形式を絶対視することになり、状況が変化するときにそれを更新できなくなる。私はかつて、ローマ・カトリックの神学者が啓示の教理の定式化という歴史をたどって話すのを聞いたことがある。それから彼はその教理の永続的な本質を描こうとした。そして明瞭かつ正確に述べたのは、20世紀の新正統主義の、実存主義的傾向の啓示観であった！

変わることのない本質を見つけるとは、ある教理のさまざまな定式化から最小公倍数を抽出（ちゅうしゅつ）するために歴史神学を研究することではない。そのことに留意することは重要であるが、同時に歴史神学は、聖書以後の定式化がどれも条件付きのものであることを指摘している。すなわち、我々が本質を引き出さなければならないのは、聖書の言明そのものからなので

ある。そしてその言明は、その本質の有効性を計る基準であり続けている。

研究課題

- 今日の神学の環境について学ぶべき三つの教訓とは何か。そしてそれぞれの意義とは何か。
- キリスト教の永続的要素の内容について、著者が述べている諸説を説明せよ。
- 今日、神学を今日化することについて、移植者、改変者、翻訳者の見方はどのような点で似ているか。またどのような点で異なっているか。
- 教理の本質を見分けるために使われる基準とは何か。
- あなたが最も慣れ親しんでいる文化の中でキリスト教のメッセージをどのように文化脈化するか。

第 2 部

啓 示

第 3 章 神の普遍的啓示

本章の目的

1. 啓示の性質を認識し、一般啓示と特別啓示を区別する。
2. 一般啓示の様式を明らかにする。
3. 一般啓示の重要性を理解する。
4. 一般啓示に対して個々人が負う応答責任性の意義を認識する。
5. 一般啓示が意味することについて理解を深める。

本章の概要

人間に対する神の自己啓示についての研究は、二つに分類されてきた。それは一般啓示と特別啓示である。神の一般啓示は、自然、歴史、人間の三つの領域に見いだされる。一般啓示の包括性に関心を持つ神学者たちは、自然神学と呼ばれるものを展開してきた。自然神学は、聖書以外の資料を通して、特に理性を用いて、神の存在を知る方法を研究する。自然神学なしの一般啓示もあるが、罪の影響によって、信仰のない者が神を知るに至ることはない。個々人が神の一般啓示によって救われるかということは、ただ信仰によってのみ計られる。

本章のアウトライン

1. 啓示の性質 35
2. 一般啓示の様式 35
3. 一般啓示を扱う聖書箇所 36
4. 一般啓示の価値についての相違する評価 38
   (1) 自然神学 38
   (2) 一般啓示の否定 40
   (3) これら二つの見方に対する評価 41
   (4) 自然神学なしでの一般啓示 42
5. 一般啓示と人間の責任 43
6. 一般啓示が意味すること 45

1. 啓示の性質

人間は有限であり、神は無限である。それゆえ、人間が神を知るにあたっては、神が主導権をもってご自身を知らせることが必須である。啓示は基本的に二種類に分けられる。一つは一般啓示で、これは、あらゆる時代の、あらゆる場所にいる、あらゆる人間に対し、神がご自身を知らせることである。もう一つは特別啓示で、これは、特定の時間の、特定の人々に対し、神が特定の方法でご自身を知らせ、明らかにすることであり、現在ではある聖典を調べることによってしか得られない意志疎通と顕現である。

一般啓示とは、自然、歴史、人間の内的あり様を通しての神の自己顕現を指す。それは二つの点で一般的である。すなわち、普遍的な入手の可能性（あらゆる時代の、あらゆる人々が得ることができる）と、メッセージの内容（特別啓示ほど特定されておらず、また詳細でもない）においてである。一般啓示については、伝統的に多くの問いが投げかけられてきた。その一つは啓示の純粋性に関するものである。啓示なるものは本当にあるのか。もし存在するとすれば、その啓示から何を構成することができるのか。自然から知りうる神知識としての「自然神学」を構成することは可能なのか。特別啓示を受けたことのない人が、一般啓示だけを通して救いに至るかたちで神と関わりを持つことはあり得るのか。

> 人間は有限であり、神は無限である。それゆえ、人間が神を知るにあたっては、神が主導権をもってご自身を知らせることが必須である。

21世紀に一般啓示は特に重要である。宗教面で多元性を増す今日の世界ではそれぞれの宗教が、それぞれの、しばしば文書化された権威の源に訴える。一般啓示は諸宗教間の対話の基盤として経験の共通の源を供給するかもしれない。さらに、政教分離を行っているアメリカなどの国では公共政策に関する問題は、単一の宗教に特有の考慮事項に訴えることによって解決することはできない。救いに関するより包括的な見解の台頭は、福音派の人々の間でさえ見られ、一般啓示の有効性に対する信仰を基礎としているが、このことはこの問題の注意深い検討を迫っている。世界で高まっている環境問題への認識だけでなく、西欧と北米英語圏以外のキリスト者が抱いている自然への敬意は、神とのコミュニケーションにおける自然の機能に着目している。

2. 一般啓示の様式

一般啓示の伝統的な様式は三つある。自然、歴史、人間存在の構成である。聖書自体が、創造された物理的秩序を通して神についての知識が得られると言っている。詩篇記者は「天は神の栄光を語り告げ」（詩篇19:1）と語っている。そしてパウロは、「神の、目に見えない性質、すなわち神の永遠の力と神性は、世界が創造されたときから被造物を通して知られ、はっきりと認められるので、彼らに弁解の余地はありません」（ローマ1:20）と語っている。これ以外にも「自然詩篇」（nature psalms）など多くの聖書箇所から、神自らが創造した世界の中に、ご自身についての証拠を残しているということが見てとれる。日没の美しさを眺める人や複雑な有機体を解剖する生物学の学生は、神の偉大さの証しに触れている。

一般啓示の第二の様式は歴史である。もし神がこの世界で働いていて、ある目標に向かって動いているとしたら、歴史の一部として起こる諸々の出来事の中に、神がど

のように働いているかを発見することができるはずである。歴史における神の啓示の例としてよく引用されるのが、イスラエルの民の保護である。この小さな国は、基本的に敵対的な環境の中で、しばしば激しい対立に直面しながらも、何世紀もの間生き延びてきた。歴史の記録を研究する者は皆、一つの驚くべきパターンを見いだす。しかし、そのためには歴史的事実を入手することが求められる。それよりも一般的なのは、通常の自然の推移を通じての神からの絶え間ない供給である。それは、パウロが使徒14：15-17で述べているように、「天からの雨と実りの季節」を生じさせている。

一般啓示の第三の様式は、地上における神の最高の創造物、人間である。神の一般啓示は人間の身体的構造や精神的な能力に見られると考える者もいる。しかし神の特質が最もよく認められるのは、人間の道徳的、霊的資質においてである。人間は道徳的判断、つまり何が正しく何が間違っているかについて判断を下す。そこには個人的な好き嫌いを超えたもの、単なる便宜以上の何かがある。自分の利益になるかどうかとは関係なく、これをしなければならないとか、自分が個人的に好まないことでも、他人にはそれをする権利があると感じることはよくある。

一般啓示はまた、人間の宗教的性質にも見られる。いつの時代でもどんな地域でも、すべての文化において、人間は自分よりも高次の実在があることを、さらには全人類より高次のものがあることを信じてきた。信仰や礼拝の実践の性質は、厳密に言えば宗教によってかなり多様性があるものの、聖なるものの礼拝へと向かうこの普遍的な傾向に、神についての過去の知識の顕現を見る人は少なくない。それは神的存在についての内なる感覚であり、たとえ損なわれ、歪められてしまっているとしても、いまだ人間の経験のうちに存在し、機能し続けている。

3. 一般啓示を扱う聖書箇所

旧約聖書には宇宙を通してのすべての人に対する神の証しを指し示している箇所の中に自然詩篇がある。その中で最も明快なものは19篇である。

> 天は神の栄光を語り告げ、
> 大空は御手のわざを告げ知らせる。
> 昼は昼へ話を伝え
> 夜は夜へ知識を示す。
> 話しもせず　語りもせず
> その声も聞こえない。
> しかし　その光芒は全地に
> そのことばは世界の果てまで届いた。
> 　　　　　　　　　　　　　（1-4節）

ここで詩篇記者は、天がどのようにして神の栄光を語り告げているかを語っている。詩篇104篇はこれとは対照的に、幾分異なった強調をしている。この詩篇は神が行ったことすべての列挙から成る。詩篇記者はここで、創造者について被造物が行う証しを強調するのではなく、観察者たる記者にこれらのわざが与えた影響を強調している。

しかしながら、詩篇記者が信仰者であったということは注目に値する。おそらく彼はすでに、今日特別啓示と呼ばれているものの結果として神を知るようになっていた。詩篇19篇や104篇は、被造物のうちに客観的に証しが存在することをほのめかしてはいるが、神の特別啓示の働きに触れていない人たちにその証しが主への信仰をもたらすかどうかは示していない。

パウロの書いた文書を見ると、神の一般啓示の位置づけについて、より直接的な示唆がある。パウロのローマ人への手紙の最初の章、特に18-32節で、その箇所全体の枠組みが事物の客観的性質であることは注目に値する。ウィリアム・バークレーは、パウロは神が怒っていることについてでは

なく、事実としての神の怒りについて語っていることに気づいている[1]。これに対応するのは、神についての証しが、それに対する人間の応答から離れて、客観的に存在していることである。

パウロは、その証しの現実と明瞭さを強調しているように思われる。したがって、知ることに失敗したとしても、問題は証しそのものにあるのではないと思われる。ローマ2:14-16では位置づけは全く異なっている。1章では被造物世界という外部に位置づけられていたのに対して、パウロはここでは人間の心を強調する。律法、おそらく旧約聖書に啓示された律法を持っていない人々に言及し、パウロはそれにもかかわらず律法が要求することを行う人々について語る（14節）。そうすることによって、彼らは「律法の命じる行いが自分の心に記されている」（15節）ことを示していると言う。神が人間の道徳的性質のうちに人間に要求することについての証しを残したと、パウロは断言しているかのように思われる。

考慮するべき他の箇所は物語であり、人物描写や、彼らが前もって特別啓示に触れることなしに手にしていたかもしれない類の信仰の描写の箇所である。しかしながらそれらの例は、我々が望むほどには一般啓示の範囲と有効性を理解する助けにならない。

たとえば、創世記でメルキゼデクはイスラエルの契約共同体の外からやってくるのに、まことの祭司である。しかるにアブラハムは彼に戦利品の十分の一を献げることによってそのことを認めた（ヘブル7:1-11）。問題は、メルキゼデクと主との関係の基礎であるものを知ろうとしても、我々は彼のことを十分には知らないことである。神は特別啓示によってメルキゼデクに現れたが、我々のためには聖書に記録されなかったということかもしれない。別の例はコルネリウスである。彼は、異邦人であり「神を恐れる者」で、ある人々の判断では、ペテロのもとに来たときすでに救われていた（使徒10章）[2]。コルネリウスの事例はあまり印象的ではない。ペテロは、おそらくコルネリウスが話してくれたことによって情報を得て、天使の語ったことを詳しく話したとき、「その人は、御使いが自分の家の中に立っているのを見たこと、そして次のように語ったことを私たちに話してくれました。『ヤッファに人を遣わして、ペテロと呼ばれるシモンを招きなさい。その人が、あなたとあなたの家の者たち全員を救うことばを、あなたに話してくれます』」（使徒11:13-14）と言った。このことは、ペテロがコルネリウスに福音を伝えるまで、コルネリウスは救いを経験していなかったことを示しているように思われる。さらに、天使の顕現は一般的な啓示ではなく特別な啓示であることにも留意すべきである。

おそらく、それより有用なのはある人が特別な啓示を与えられて、これは真の神であると認めるという事例である。このような事例の中には、ファラオ（創世41:37-39）、ネブカデネツァル（ダニエル2:47、3:26）、ヨナが乗った船の船員たち（ヨナ1:3-16）を含めることができよう。これらの例は、契約共同体の外部出身のこれらの人たちが一般啓示のみに基づいて主を知っていたという証拠は提供してはいないけれど、一般啓示が彼らに自身を特別に啓示した神が本物であることを認めさせた可能性を証言している。物語についての考察の最後は、以前から神について幾らか知っていることを話し手が前提としているように思われる者たちのことである。使徒14:15-17でリステラの人々がパウロとバルナバを神であると考えて拝みはじめると、人々からこのような考えを奪うため、パウロは次の

---

[1] William Barclay, *The Letter to the Romans* (Philadelphia: Westminster, 1975), 24–28.

[2] Clark Pinnock, *A Wideness in God's Mercy: The Finality of Jesus Christ in a World of Religions* (Grand Rapids: Zondervan, 1992), 175–76; John Sanders, *No Other Name: An Investigation of the Destiny of the Unevangelized* (Grand Rapids: Eerdmans, 1992), 222.

ようなことを指摘した。神は国々の民が自分の道を歩むことを許しておく一方で、自身を証しするものをすべての人に残してきた。それは、恵みを与え、雨と実りの季節をもたらし、食物と喜びで彼らの心を満たすことによってであると。要するに、神は被造物を慈悲深くも保持することによって、自身を証ししてきた。ここで展開されているのは、自然における、また（たぶんなおさら色濃く現れるものとしての）歴史における神の自己証言に関する議論のようである。

我々の目的にとって、特に重要性をもつ最後の箇所は使徒17:22-31である。この箇所でパウロはアレオパゴスで、アテネ哲学学会とでも呼ぶべき哲学者の一団の前に登場する。パウロの演説では、二つの点が特に重要である。第一に、パウロはアテネ人の礼拝場所に「知られていない神に」ささげた祭壇があることに注目する。続いて、この神が誰であるかを彼らに示す。彼らが特別啓示なしに、思索によって感じ取った神は、パウロが特別な顕現によって知っている神と同じだというのである。第二に、パウロはアテネ人の詩を引用する（28節）。ここで重要な事柄は、異教徒の詩人が神の特別啓示なしに一つの霊的真理に達することができていたことである。

4. 一般啓示の価値についての相違する評価

(1) 自然神学

一般啓示の性質や範囲や有効性に関してはかなり対照的な見解もある。キリスト教内部で長期の際立った歴史を持つ一つの立場がある。その立場が主張しているのは、自然や歴史や人間の人格などの領域に神の有効で客観的な啓示があるということだけではない。これらの領域から、神について、ある種の真の知識を得ることが実際にでき

る、つまり、聖書から離れた有効な神学を構築することができると主張しているのである。

この見方には、幾つかの前提がある。一つは、神は実際に自然において自身を知らせており、たとえこの啓示を認識し、理解し、受け入れる人がいなくても、そのような意味のパターンが客観的に存在しているということである。さらに、自然は基本的に無傷であり、創造以降の出来事によって実質的には歪められてはいない。要するに、我々を取り巻く世界は基本的に神の創造の御手から出てきたとおりの世界、また意図されていたとおりの世界なのである。

自然神学の第二の主要な前提は、被造世界から感知し認識する人間自身は信頼できる状態にあることである。人間の生来もっている限界も、罪と堕落の影響も、人間が創造者の御手のわざを認識し正しく解釈する妨げとはならないとする。

もう一つの前提は、人間の知性と我々を取り巻く被造世界とが適合しあっていることである。その思考過程の構造はそれが知っているものの構造と一致しているので、心はそれが知覚するデータから推論を引き出すことができる。また論理法則の有効性も前提とされている。自然神学者たちは熱心に、逆説や論理的矛盾を避ける。逆説を知的な消化不良のしるしとみなし、もっとよく咀嚼すれば、消滅していたはずだと言う。

自然神学の核心にあるのは、あらかじめキリスト教の信仰箇条を信じることなく、制度（教会）や文書（聖書）といった特別な権威に頼ることなく、理性のみを基盤として神についての純粋な知識にたどり着くことが可能だとする思想である。ここで言う理性とは、真理を発見し、理解し、解釈し、評価する人間の能力のことである。

教会史における自然神学の傑出した例は、トマス・アクィナスの膨大な取り組みである。トマスによれば、すべての真理は二つの領域のどちらかに属している。低いほう

の領域は自然的領域、高いほうの領域は恩恵の領域である。高いほうの領域に関連する主張は権威に基づいて受け入れられ、低いほうの領域に関連する主張は理性によって認識される。

トマスは、神の存在、人間の霊魂の不死、カトリック教会の超自然的起源などの信条は、純粋な理性によって証明できると主張した。一方、それより特殊な、神の三位一体的性質のような教理の諸要素は、助けを受けずに理性のみによって知ることはできず、権威に基づいて受け入れなければならない。それらは啓示の真理であり、理性の真理ではない。理性は低いほうのレベルを支配する。高いほうのレベルにある真理は、信仰の事柄である。

神存在に関する伝統的な議論の一つに、"宇宙論的"証明がある。トマスはこの証明を三つ、あるいはおそらく四つの方法で行っている。その議論は以下のように進められる。我々の経験の領域においては、我々が知っていることはすべて、別のことによって引き起こされている。しかし、原因を無限にさかのぼっていくことはできない。もし無限にさかのぼることができるとしたら、原因と結果の連鎖が始まることなど、決してなかったはずだからである。それゆえ、ある独立自存の原因（不動の動者）、あるいは必然的存在があるに違いない。そしてこれを我々（あるいはすべての人）は神と呼ぶわけである。証拠を正直に見つめるなら、誰もがこの結論に達するに違いない。

しばしば用いられ、トマスの著作に見られる、もう一つの方法は、"目的論的"証明である。これは特に、宇宙の中の秩序だった諸現象、あるいは宇宙に目的があるように見えることに焦点を合わせる。トマスは、宇宙のさまざまな部分が、適応性のある動き、あるいは望ましい目的をもたらす助けとなる動きを示しているのを見て取る。もし人間がそのような行動をとっているのなら、それを意識的にしようと志し、その目的に向かっているのだと認識される。しかし、宇宙には、自ら目的をもって計画を立てることなどできないものもある。岩石や環境は明らかに、自らの選択によって現在の状態になったわけではない。岩石や環境に目的または設計に従った秩序があるのは、他の何かから来ているはずである。したがって、何か知的な存在が、今ある望ましい形態へと物事を秩序づけたに違いない。そしてこの存在を我々は神と呼ぶ、とトマスは言うのである。

以上の二つの主要な証明に加えて、哲学と神学の歴史には、ほかに二つの証明が出てくるが、おそらく宇宙論的証明と目的論的証明ほど際立ったものとは言えない。それは人間論的証明と存在論的証明である。"人間論的"証明では、人間の本質には神を啓示する側面があると見る。イマヌエル・カントによる定式（『実践理性批判』における）では、以下のような筋道をたどっているようである。我々は皆、道徳的衝動または定言命法を有している。しかし、この衝動に従って道徳的に行動しても、この世では十分な報酬を得ることはあまりない。善人であることは報われるとはかぎらない！　それなら、なぜ道徳的でなければならないのか。そこから、倫理と道徳性を基礎づけるもの、何らかの報いが存在するに違いないということになる。続いてその報いの要素として挙げられるのが、不死性と不滅の霊魂、来るべきさばきの時であり、さらには、価値を設定し支持する神、善に報い悪を罰する神である。このように、道徳律（自然の秩序と対照的なものとしての）は神の存在を必要とする。

以上はいずれも経験に基づく議論であり、感覚的経験によって宇宙を観察するところから進められていく。一方、先験（せんけん）的（ア・プリオリ）または理性主義的な主な証明は"存在論的"証明である。これは「純思考」タイプの証明であり、思考の外側に出ることを必要としない。アンセルムスは『プロスロギオン』において、こ

の証明で疑いなく最も有名な記述を次のように定式化している。神は考えうるあらゆる存在のうち、最も偉大な存在である。さて、存在しないものが考えうるあらゆる存在のうちで最も偉大であることはありえない（というのは、実在はしていないが我々の考えの中で最も偉大な存在が、もし存在という"属性"を持つならば、最も偉大なものとなるからである）。それゆえ、この定義により、神は存在しなければならない。

これに対してはさまざまな反応があったが、その多くはカントの主張に沿ったものである。カントの主張は要するに、存在は属性ではないということである。実在する存在が、実在しない類似の存在には欠けている属性や質をもっているということはない。もし私が1ドルを想像して、本物の1ドルと比べたとすると、それが"何であるか"ということについて本質的な相違はない。唯一の違いは、それが存在するかどうかだけである。「神は善なる（あるいは愛情深い、聖い、義なる）存在である」という文章と「神は存在する」という文章の間には、論理的な相違がある。前者は神の特質を述べるものであり、後者は存在についての言明である。ここでの論点は、考えうるあらゆる存在のうちで最も偉大な存在について述べる文章に、それが存在するという叙述は必要ではないことである。そのような存在は実在するかもしれないし、実在しないかもしれない。どちらであっても、本質は同じなのである。

有能なキリスト教哲学者の増加に伴い、有神論的議論の系統的論述の復興のようなものが見られる。この中には明らかな福音主義に立つ人たちによって提唱されているものもある。これらは特別啓示を信じる強い信念と連携して進められている[3]。

(2) 一般啓示の否定

カール・バルトは、聖書をあまり真剣に受け取らず、その主張の多くをある種の自然神学に頼っている自由主義のもとで教育を受けたが、20世紀の前半、自然神学と一般啓示の両方を拒絶するに至った[4]。啓示についてのバルトの理解が重要であるのは、バルトにとって啓示とは本来贖罪的（redemptive）なものだからである。神を知ること、神についての正しい知識をもつことは、救いの経験において神に関係づけられる。バルトは他の多くの神学者に反対して、ローマ1：18-32からは「神との自然的結合や、人間自身の側の神知識やそのようなもの」に関するいかなる言明も導き出すことはできないと注釈している[5]。

人間にはキリストにおける啓示から離れて神を知る力があるということを、バルトは疑っている。それは、神の恵みとあわれみについて何も知ることなしに、神の存在や本質を知ることができることを意味するからである。それは、神の豊かな活動から神の存在を取り出すことになるので、神の統一性を損なうことにもなる[6]。イエス・キリストにおける啓示を離れて神についての知識を得ることができるとしたら、ほんのわずかであったとしても自分の救いや神との霊的関係に何か貢献をしていることになる。「恵みのみ」の原則は損なわれてしまうのである。

バルトにとって啓示は常に、イエス・キリストにおける神の啓示に限られる。すなわち、言葉は肉体となったのであり[7]、受

---

3 優れた実例として、Douglas Groothuis, *Christian Apologetics: A Comprehensive Case for Biblical Faith* (Downers Grove, IL: IVP Academic, 2011), part 2 がある。

4 バルトは、*The Humanity of God* (Richmond: John Knox, 1960), 14 の中で、自由主義に対する彼の幻想について説明している（井上良雄訳「神の人間性」[『カール・バルト戦後神学論集1946-1957』、新教出版社、1989収録]）。

5 Karl Barth, *Church Dogmatics II/1* (Edinburgh: T&T Clark, 1957), 121（K・バルト『教会教義学』全34巻、井上良雄他訳、新教出版社、1959年―）。

6 Ibid., 93.

7 Karl Barth, *Revelation*, ed. John Baillie and Hugh

肉を離れて啓示は存在しない。バルトは、幾つかの聖書箇所（たとえば詩篇19篇、ローマ1章）が自然神学に携わる理由として伝統的に引用されてきたことは認識している。けれども詩篇19篇の解釈でバルトは、3節の「話しもせず　語りもせず／その声も聞かれない」は、1節と2節で詩篇記者が断言しているように見えるものを否定していると理解する。またバルトは、1-6節は7-14節をもとにして理解すべきであると主張する。すなわち、人間が宇宙に見る証しは「独立してもたらされるものではなく、イスラエルの人々のうちで、また彼らの間でなされた神の語りかけや行為〔主の律法と主の証し〕と完全に調和し、また、それに従属するものである[8]」。バルトは、ローマ1：18-32については、人間が神知識をもっていると明確に述べたものであることを認める。しかし、その神知識が福音による神の啓示から独立していることは否定する。むしろ、神の示された啓示がすでに与えられている人々をパウロは読者として想定しているのだと言う[9]。

『教会教義学』の後半で、バルトは自らの立場を幾分か修正しているようである。そこでは、イエス・キリストが唯一の「言葉」、「生命の光」であるが、被造世界も、その光よりは弱いが数多くの光を発し、神の栄光を顕していることを認めている。もっとも、それらを啓示として語ってはいない。彼にとって、啓示とはもっぱら「言葉」（the Word）を表すものなので、「諸々の光」（lights）という表現を残している。また、注目すべきことに、バルトは後に彼の思想を要約して著した『福音主義神学入門』では、創造の秩序を通しての啓示について、一切記していない[10]。したがって、一般啓示がバルトの神学に実際に及ぼした影響は、ほとんど、あるいは全くなかったようである。

自然神学に対するバルトの反論は、特にある人々による自然神学の適用のしかたについての彼の経験、また彼が議論に持ち込んでいると思われる次のような前提を考えれば、もっともなことである。

1. 神の啓示は、イエス・キリストのうちにのみある。
2. 真正の啓示は、無視されたり拒否されたりすることはなく、常に肯定的に受け入れられる。
3. 神についての知識は、本質において、常に贖罪的または救済的である。

(3) これら二つの見方に対する評価

以上二つの正反対の見方を見ると、それぞれが説得力のある考察を活用しているように見えるが、それぞれの欠点は明らかである。多くの場合、自然神学の議論は、過去において普遍的なものとみなされていた前提に依拠していたが、その前提は今日もはやそうではない。たとえば、トマスの論証においては、原因の無限遡及（そきゅう）はありえないということをすべての人が当然と考えていたが、今日は全員が同意するわけではない。さらに、トマスは運動（広義における活動）には原因があるに違いないと仮定している。しかし、多くの哲学者、特にプロセス指向の哲学者や今日のある物理学者たちは、運動や活動を単純に宇宙に存在することと考えているので、説明や原因を持つ必要はない。さらに、釣り合いのとれた因果関係という問題がある。もし何かが原因を必要とするとしたら、その原因とは神であるに違いないとトマスは仮定している。問題は、有限の結果を説明するために無限の原因を提示する必要はないことである。たとえ私が20キロの重さを

Martin (New York: Macmillan, 1937), 49.

8 Barth, *Church Dogmatics II/1*, 108（バルト『教会教義学』）。

9 Ibid., 119.

10 Karl Barth, *Evangelical Theology: An Introduction* (New York: Holt, Rinehart & Winston, 1963)（K・バルト『福音主義神学入門』カール・バルト著作集10、加藤常昭訳、新教出版社、1968年）。

持ち上げたとしても、30キロ持ち上げることができる証拠にはならない。仮定する必要があるのは、結果を生み出すのに十分な原因だけである。同様に、もし有限な結果（有限な宇宙）をもたらすために神が必要とされるとしても、それをもってこの神が、概してキリスト教が神の本性として主張しているように、全能の存在であると立証されるわけではない。おそらくこれは、神にはそれを行う力があるというのと同じなのである。

こうして、たとえ議論が、神の存在を証明することに成功したとしても、これをキリスト教の神、またさらに善良で賢明な神がいることの証拠と考えるべきなのかという問題が残っている。これでは最低限の有神論にすぎない。これが独特の属性を保有するキリスト教の神であることを立証するには、さらなる論証が求められる。そしてトマスの四重の証拠の場合は、不動の動者、第一原因、設計者のすべてが同じ神であることを証明する必要が残されている。目的論的証明は、過去1世紀半の間に、ある特殊な批判にさらされることになった。批判の一つは、世界に秩序があるように見えることについての代わりの説明を提示した進化論者によってもたらされた。進化論者の説によれば、世界に秩序があるのは、全知全能の存在が被造物に秩序を組み込んだからではなく、生き残ることを可能にする生理学的または心理学的な資質を持たない種類は生き残らず、それらの資質を所有するものが生き残ったゆえである。

もっと最近では、少なくとも自然神学の諸要素に関して、構築への新たな努力がなされてきた。これらの一つはプロセス神学者による働きである[11]。また、もう一つはインテリジェント・デザイン運動で、進化論の自然淘汰（とうた）議論に代替案を提案するため、特に数学的な確率理論と提携

している[12]。非宗教的な学科にもキリスト者の哲学者が増えたことで、神存在に賛成する議論が成長しつつある[13]。最後に、物理学者が、特に量子力学において宇宙論の問題の議論にかなり寄与している。いずれにせよ、これらはそれぞれ、ここに書かれた欠点、またそれ自身の体系に特有の問題を有している。

同様に、バルトに見られるような一般啓示に対する強い拒絶にも問題がある。前に引用した聖書箇所を、被造世界の中で神の客観的な顕現を示すものとして理解しないようにすることは困難だからである。詩篇19篇の場合、「話しもせず」についてのバルトの解釈は、その箇所の不正確な釈義と思われる。バルトの前提がその箇所のかなり明確な教えを圧倒したようにも見える。一般啓示の拒絶の他のいくつかの形式は、神に関するどのような知識でも人が特別啓示と無関係に持つとしたら、それは人の業績となることを前提としているようである。しかし、一般啓示があるとしたら、それは特別啓示の場合とまさに同じく、神の主導権によるものなのである。特別啓示の独自性を保護したいという願望は賞賛に値する。しかし、特別啓示が一般啓示の存在を証言しているなら、我々は前者を尊重するために後者を否定することはしない。

(4) 自然神学なしでの一般啓示

カルヴァンの立場は、トマスやバルトの立場よりも聖書資料や哲学的な考察に調和しているように見える。これは基本的に、神が自然や歴史や人間の人格において、ご自身についての客観的で正当な合理的啓示を与えているという見方である。しかし、パウロは一般啓示によって神を明確に認識することはできないと断言する（ローマ1：

---

[11] John B. Cobb, *A Christian Natural Theology: Based on the Thought of Alfred North Whitehead* (Louisville: Westminster John Knox, 2007).

[12] William A. Dembski, *Intelligent Design: The Bridge Between Science and Theology* (Downers Grove, IL: InterVarsity, 1999).

[13] たとえば、William Lane Craig, *The Kalam Cosmological Argument* (London: Macmillan, 1979).

21-23)。罪（ここでは人類の堕落と我々がなし続ける悪い行いの両方を指す）は一般啓示の有効性に二重の影響を与えている。まず、罪は一般啓示による証言を台なしにした。創造の秩序は今では呪いの下にある（創世3：16-19）。それが神の創造によるものであることには変わりはなく、神を証言し続けているが、造り主についての証言はぼやけてしまっている。

ただし、罪と堕落のより深刻な影響は人間の上にある。聖書は幾つかの箇所で、人間が正確にはっきりと理解できない者であると語っている。ローマ1：21でパウロは、人間が神を知っていながらその知識を否定し、その結果目が見えなくなってしまったと語っている。Ⅱコリント4：4では、この目の見えない状態をサタンのしわざとしている。パウロがここで言っているのは、福音の光を見る能力であるが、この能力の欠如が被造物の中に神を見る能力にも影響していることは疑いえない。

神は自然や歴史や人間の人格において、ご自身についての客観的で正当な合理的啓示を与えている。しかし、パウロは一般啓示によって神を明確に認識することはできないと断言する。

明らかに、信仰のない者が一般啓示によって神知識に到達するようになることは普通はない。一般啓示についてパウロが語っていること（ローマ1-2章）は、パウロが人間の罪深さ（ローマ3章——すべての人が罪の力の下にあり、義人は誰もいない）とキリストを宣べ伝えることの緊急性（10：14）について語っていることをもとにして考えなければならない。「しかし、信じたことのない方を、どのようにして呼び求めるのでしょうか。聞いたことのない方を、どのようにして信じるのでしょうか。宣べ伝える人がいなければ、どのようにして聞くのでしょうか」。このように、パウロの頭の中では、完全な形での自然神学を構築できる可能性はきわめて問題、とされていると思われる。

それで、ここで必要なのは、カルヴァンが「信仰の眼鏡（めがね）」と呼ぶものである。カルヴァンは、罪人の状態を視力に問題のある人にたとえている[14]。そのような人は物を見ても、はっきりとは見えない。眼鏡をかけると視界がはっきりする。同様に、罪人は被造物のうちに神を認識することができない。しかし、信仰という眼鏡をかければ、霊的な視力は改善され、創造のわざのうちに神を見ることができる。

人が福音のうちに見いだされる特別啓示に触れてそれに応答するとき、再生（さいせい）の効果によって知性は明晰にされ、そこにあるものをはっきりと見ることができるようになる。すると、特別啓示においてはっきりと見えるものを、それよりあいまいな形ではあるが、自然のうちに認めることができるようになる。

聖書には、一般啓示の内部にある証拠から神存在の正式な証明を構築することは何も含まれていない。神をそのわざにおいて見ることができると主張しても、それは神存在の正式な証拠としてほとんど認められない。したがって、客観的な一般啓示は存在するが、それによって自然神学を構築することはできないというのが、この主題に関する聖書の十分なデータと最も合う結論と考えられる。

5. 一般啓示と人間の責任

しかし、ローマ1-2章でパウロが語っている、人間へのさばきについてはどうなの

---

[14] John Calvin, *Institutes of the Christian Religion*, ed. John T. McNeill, trans. Ford Lewis Battles (Philadelphia: Westminster, 1960), 1.6.1（J・カルヴァン『キリスト教綱要 改訳版 第1篇・第2篇』、渡辺信夫訳、新教出版社、2007年）。

だろう。もし、神が人間を罪に定めることが正当なことで、人間が神の特別啓示を知ることのないまま有罪となることがありうるとしたら、特別啓示を受けない人間が有罪宣告を回避するために何かを行うことは可能だ、ということになるのだろうか。パウロはローマ2:14でこう言っている。「律法を持たない異邦人が、生まれつきのままで律法の命じることを行う場合は、律法を持たなくても、自分自身が自分に対する律法なのです」と。パウロは、異邦人も律法の要求を満足させることができると言おうとしているのか。しかし、それは律法をもっている人々にさえ起こらないことである（ローマ3章およびガラテヤ3:10-11を見よ）。パウロはまたガラテヤ3:23-24で、律法は我々を義とする手段ではなく、我々の罪に気づかせ、キリストのもとへ連れて行くことで信仰に至らせる案内役だということを明らかにしている。

さて、信仰のない者が持っている内的律法は、ユダヤ人が持っている律法とほぼ同じ機能を果たす。自然における啓示（ローマ1章）から、人間は、力をもった永遠の神が存在すると結論を出すはずである。そして、内面でなされる啓示（ローマ2章）から、自分がその基準に従って生きていないことを認識すべきである。文化的状況によって道徳律の内容は異なるが、すべての人間のうちには、何かを順守しなければならないという衝動がある。そして、その基準に達していないという結論に皆が達すべきである。言い換えれば、すべての人間がもっている神知識は、人がそれを抑え込まないかぎり、神との関係において自分が罪ある者であるという結論に至らせるはずである。

それで、もし誰かが自らを神のあわれみに、それが何を基盤にもたらされたのかを知らずにゆだねるとしたらどうだろう。そのような人はある意味で、旧約聖書の信仰者と同じ状況にあるということにならないだろうか。キリストとその贖いのわざについての教理は、これらの人々には十分に啓示されてはいなかった。それでも彼らは、罪の赦しが提供されていることや、自分の行いの功績によっては受け入れてもらうことができないことは知っていた。内容は十分でなくても、福音の原型をもっていた。そして彼らは救いを得た。ところで、もし自然をとおして知られる神が、アブラハム、イサク、ヤコブの神と同じである（パウロは使徒17:23でそう主張しているようである）としたら、どうだろう。それなら、唯一の力ある神の存在を信じるようになる人、この聖なる神を喜ばせるための行為義認について絶望する人、この善なる神のあわれみに自らをゆだねる人は、旧約聖書の信仰者が受け入れられたように受け入れられる、と考えられる。誰かが受け入れられるのは、自分が救われる準備がどのようになされたのかを本人が気づいていないとしても、それはイエス・キリストのわざに基づくものである[15]。救いの基盤は、新約聖書でも旧約聖書でも明らかに同じであることに留意すべきである。救いは常に、信仰がひとり占めしてきたものであり（ガラテヤ3:6-9）、この救いはキリストが律法から我々を解放したことに基づくものである（3:10-14、19-29）。

それでは、ローマ2:1-16でパウロが述べていることから、どのような推論を導き出すべきだろうか。特別啓示を受けることなしに信仰によって救われるということは考えられるだろうか。パウロは、この可能性は未解決のまま残しているようである。しかし、特別啓示を受けることなしに救いを経験する人が、もしいるとしたら、実際どれくらいいるかについては、聖書には何も記されていない。パウロはローマ3章で、そういう人は誰もいないと言っているよう

---

[15] この可能性について、詳しくは以下を見よ。Millard J. Erickson, *How Shall They Be Saved? The Destiny of Those Who Do Not Hear of Jesus* (Grand Rapids: Baker, 1996). また Erickson, *Christian Theology*, 3rd ed. (Grand Rapids: Baker Academic, 2013), 138-41 を見よ。

に思われる。また10章では、人々を信仰に導くために福音を宣べ伝えること（特別啓示）の必要性を力説している。したがって、自分たちが持っている一般啓示の光に応答しない場合、その責任が全面的に人間にあることは明らかである。本当は神を知っていながら、故意にその真理を押しやっているからである。

6. 一般啓示が意味すること

　一般啓示には以下のような意味合いが含まれている。

　1. 信仰者と信仰のない者の間、また福音と信仰のない者の思考の間には、接点となる共通の基盤がある。すべての人には、神についての知識がある。意識しない、あるいは認知できない状態にまで押し込められているかもしれないが、それがあることに変わりはない。このように、感覚にはメッセージが効果的に向けられ、そこが出発点となる領域がある。

　2. 一般啓示を研究することで、特別に啓示された真理について、よりよく理解できることもある。ただしこれは、特別啓示の代わりではなく、補足と考えるべきである。一般啓示についての人間の理解は罪によって歪められており、その歪みは、神と人間の関係に関するものほど大きくなる。すなわち、物理的な事柄についての理解が罪の影響によってあいまいになることは比較的少ないが、心理学や社会学に関する事柄には、影響は大きい。しかし、歪みの可能性が最も大きいそれらの場所においてこそ、最も完全な理解が必要なのである。

　3. 神が、十分で正式な意味で福音を一度も聞いたことのない人々を罪に定めるのは正しい。完全に機会がないという人はいない。すべての人は神を知っている。神を適切に認識したことがないとすれば、それは真理を押しやってきたからである。したがって、すべての人は責任を負っている。こ れによって、宣教に従事する動機づけは強化される。罪のない者は誰一人存在しないからである。

　4. 一般啓示は、宗教と諸宗教という世界的な現象を説明する助けになる。すべての人は宗教的な存在である。誰でも、何らかの神知識をもっている。このあいまいで、おそらく認識さえできない啓示をもとに、不幸にも真の聖書的宗教が歪められたものとしての諸宗教が形成されたのである。

　5. 被造物と福音は両方とも、理解可能で一貫性をもった神の啓示であるため、両者の間には調和があり、相互に補完しあっている。聖書の啓示は、自然界から知られるものと完全に区別されてはいない。

　6. 多元的社会、特に公式な政教分離がある米国などでは、倫理と政治の問題に関する論争で宗教的源に訴えることはないかもしれない。一般啓示は、より広い基盤に立ってこれらを議論する可能性を提供する。たとえば、中絶などの問題において、公式な教会教義を採り入れることはできないけれど、胎児が生きた人体であるという科学的な証拠は採り入れられるだろう。

　7. 第三世界の教会が成長し続けるにつれて、我々は、自然とそれに関連する事柄にもっと大きな関心が寄せられるようになることを期待するかもしれない。ただしこのことが正式な議論のかたちをとるのは、自然に対する直接的な関係や感謝としてというより、神の活動の場所としてであるだろう。

　8. 信仰をもたない人のうちにある（信仰をもつ人と同様の）真の知識と真の道徳性は、自ら達成したものではない。特別啓示を離れて到達する真理も、やはり神の真理である。知識と道徳性は、発見するもの（discovery）というより、神が全宇宙に組み込んだ物理的および道徳的真理が「開示されたもの」（uncovery）なのである。

研究課題

- 神の一般啓示は、どのような領域に見いだされるか。
- 自然神学の前提を挙げ、それを評価せよ。
- 自然神学が、キリスト教のメッセージを信仰のない者に伝える上で効果がないのはなぜか。
- 特別啓示の外側で一般啓示と人間との間には、どのような関わりがあるのか。
- 一般啓示についての理解は、キリストの福音を人々に伝える重要性についてのあなたの見解にどのように影響するか。

第4章 神の特別啓示

本章の目的

1. 人間に対する神の特別啓示の必要性を明らかにする。
2. 特別啓示の三つの特徴、すなわち、人格的特徴、人間的特徴、類比的特徴を明らかにする。
3. 歴史的出来事、神の語りかけ、キリストにおける神の臨在を通してなされる神の特別啓示のそれぞれの様態を理解し、説明する。
4. 命題的啓示と人格的啓示を区別し、それぞれの意義を明確にする。
5. 人間に対する神の特別啓示としての聖書の重要性を確認する。

本章の概要

人には、自然と一般の歴史を通して神を理解するだけでなく、さらに優れた人格的な神理解が必要である。神はご自身について特別な啓示を提供している。神が用いる様式には、歴史的出来事、神の語りかけ、キリストにおける神の受肉などがある。特別啓示が命題的なものであるか人格的なものであるかについて、神学者の意見は一致していない。聖書は、神についての知的知識と情緒的知識の両方を提供している。

本章のアウトライン

1. 特別啓示の定義と必要性　48

2. 特別啓示の様式　49
   (1) 特別啓示の人格的性質　49
   (2) 特別啓示の人間的性質　49
   (3) 特別啓示の類比的性質　50

3. 特別啓示の様態　51
   (1) 歴史的出来事　51
   (2) 神の語りかけ　52
   (3) 受肉　53

4. 特別啓示 ── 命題的か人格的か　53

5. 命題か、物語か　55

6. 啓示としての聖書　55

1. 特別啓示の定義と必要性

本書で特別啓示とは、限定された時代と場所にいる特定の個々人に対し、神がご自身を顕現することを意味する。それによって人々は神との贖罪的関係に入ることが可能となる。「啓示する」を意味するヘブル語はガーラー（galah）である。「啓示する」という意味のギリシア語でよく使われるのはアポカリュプトー（apokaluptō）である。両方とも、隠されていたものの覆（おお）いを取りのけるという意味を表している。特に顕現という概念を表すファネロオー（phaneroō）というギリシア語もしばしば使用される。

特別啓示が必要であったのは、人間が堕落以前にもっていた神との親しい関係を失ってしまったからである。もし交わりの条件を再び満たすのならば、十分な方法で神を知るようになることが必要であった。そのような知識は、最初の啓示やまだ得ることのできる一般啓示以上のものでなければならなかった。なぜなら、今や有限であるという人間生来の制約に加えて、罪深さという道徳上の制約も存在しているからである。堕落後、人間は神に背を向け、神に反逆する者となり、霊的な事柄についての理解はあいまいになった。そのため人間の状況は原初の状態より複雑なものとなり、その結果、より徹底したかたちでの教示が必要となった。

> 特別啓示が必要であったのは、人間が堕落以前にもっていた神との親しい関係を失ってしまったからである。

特別啓示の目標が関係に関するものであったことに留意しなければならない。特別啓示の第一義的な目的は、一般的な知識の幅を広げることではなかった。"……について"知ること（knowledge *about*）の目的は、"……を（人格的に）"知ること（knowledge *of*）なのである。情報は面識を得るためのものである。その結果、啓示された情報は、あらゆることに関するものではなく、しばしば選択的なものである。たとえば、イエスについて、伝記的な観点からわかることは比較的少ない。イエスの容姿や特徴的な振舞い、興味や嗜好については何もわからない。通常伝記に見られるような詳細な記述は省略されている。それは信仰にとって重要なものではないからである。神の特別啓示は、単なる好奇心にこたえるためになされたわけではない。

特別啓示の、一般啓示との関係について、前置きの言葉がさらに必要である。特別啓示とは堕落後の現象であって人間の罪深さによって必然化したということが一般の前提となっている。これは治療的（*remedial*）なものと考えられることが非常に多い[1]。堕落以前に神と人間がどのようであったかは、もちろん正確に知ることはできない。それについてはあまり知らされていない。アダムとエバは、神を非常にはっきりと意識していて、内的経験においても自然を知覚するときも、どこでも常に神を覚えているほどだったかもしれない。しかし、そうであったと示唆する箇所はない。アダムとエバが罪を犯した後、神が園で彼らを捜した記事（創世3:8）からは、それまでに何回かの特別な出会いがあって、これはその一連の出会いの一つであるという印象を受ける。さらに、被造世界における人類の場所と活動についての指示（創世1:28）は、創造者から被造物への特別な意志疎通であると思われる。そうだとすれば、特別啓示は堕落以前にさかのぼることになる。

---

1 Benjamin B. Warfield, "The Biblical Idea of Revelation," in *The Inspiration and Authority of the Bible*, ed. Samuel G. Craig (London: Marshall, Morgan and Scott, 1951), 74（B・B・ウォーフィールド『聖書の霊感と権威』日本カルヴィニスト協会訳、小峯書店、1973年）。

第4章　神の特別啓示

しかし、罪が人類に入ったとき、特別啓示の必要性はより切実なものとなった。特別啓示の最も直接的で完全な形態である、神の直接的臨在は失われた。さらに、神はそれまでは取り扱う必要のなかった事柄について語らなければならなくなった。すなわち、罪や罪責（ざいせき）や堕落の問題が解決されなければならなくなり、ひいては、償（つぐな）い、贖い、和解の手段が供給されなければならなくなった。そして今や、罪によって一般啓示についての人間の理解力は低下し、一般啓示の有効性も減少していった。したがって、特別啓示は、人が神を知ることと神との関係の両方に関して治療的なものになる必要があった。

扱い方の明瞭さにおいても考察される主題の範囲においても、一般啓示は特別啓示より劣るものであると一般に指摘されている。したがって、一般啓示では不十分であるために特別啓示が必要とされる。しかしながら、特別啓示も一般啓示を必要としている[2]。一般啓示がなければ、人間は特別啓示の神を知り理解することを可能にする概念をもつことはできない。特別啓示は一般啓示をもとに成り立っている。両者の間に何らかの矛盾が見られるとすれば、それは両者が互いに独立して展開している場合のみである。両者は共通の主題と視点を持ち、互いに調和し、相補的な理解をもたらす。

2. 特別啓示の様式

(1) 特別啓示の人格的性質

特別啓示の様式、つまり性質や種類について述べる必要がある。まず何よりも、特別啓示は人格的なものである。人格的な神が自身を個人に提示する。これにはさまざまな方法がある。たとえば、神は自らの名を告げることによって、自身を啓示している。名前以上に人格的なものはない。モーセが、誰が自分をイスラエルの民に遣わしたと言えばよいかと尋ねると、主はご自身の名を与えることで答える。「わたしは、『わたしはある』という者である」と（出エジプト3:14）。さらに神は、個人（ノアやアブラハム）と、そしてイスラエルという国と人格的な契約を結んだ。詩篇には、神を人格的に経験したという多くの証しが収められている。また、パウロの人生の目標は、神との個人的で直接的な知識を得ることであった。「キリストとその復活の力を知り、またキリストの苦しみにあずかることも知って、キリストの死と同じ状態になり」たいとパウロは言っている（ピリピ3:10）。

聖書を貫いている特質は、人格的である。聖書には、ユークリッド幾何学の公理のような普遍的真理が収められているのではなく、具体的な出来事や事実についての特別な、特定の言明がまとめられている。また聖書は、神学の教科書に見られるような主張と反論を伴う系統的な神学的提示でもない。信条的宣言が体系化されているわけでもない。信条的断言の要素はあるが、キリスト教の信条を知的に説明し尽くそうとはしていない。

聖書はまた、神の贖いのわざや、神と人間との関係に直接かかわりのない事柄についての思索はほとんどない。たとえば、宇宙論については、他の宗教に時々見られるのとは違って精密に調査されていない。単なる歴史的関心に関する事柄へとそれてしまうこともない。歴史の空白部分を補うものではない。それゆえ個人史についても、詳述はなされない。神が啓示するのは第一に人格としての神自身である。特に、信仰にとって重要性をもつ次元が啓示されている。

(2) 特別啓示の人間的性質

しかし、啓示の対象である神は我々の感

---

2 Ibid., 75.

覚的経験の領域を超えた、超越的存在である。聖書は、神が知識と力において無限であると言っている。すなわち、神は空間と時間に縛られない。したがって、神の側からのへりくだりがなければ、啓示は不可能である。我々人間は神について調べることのできるレベルに達することはできないし、たとえできたとしても、神を理解しようとはしない。そのため、神は"人間的な"形式における啓示によって、自身を啓示する。これは神人同形論のようなものとして考えるべきではなく、人間の言語で、思考と行動という人間のカテゴリーを用いて与えられる啓示と考えるべきである[3]。

啓示の人間的な性質とは、その時代に共通して使われていた人間の言語を用いることを意味している。コイネー・ギリシア語は、古典ギリシア語との違いが著しいため、神が創造した特別な言語と信じられていたことがあった。もちろん現在では、日常語であったにすぎないことが判明している。当時使われていた慣用句が聖書に出てくる。自然描写や、時間や距離の測り方なども通常の方法でなされている[4]。

啓示はまた、普通の日常的な人間の経験の一部という形でもたらされることがよくあったという意味でも人間的である。たとえば、神はしばしば、夢を用いてご自身を啓示した。ただし、夢を見るのは、ごく普通の経験である。啓示が通常の、自然な経験と区別されるのは、特殊な経験を通してなされるからではない。それは、顕された内容が独特なのであり、夢という経験が独特な方法で用いられたゆえである。受肉についても同じことが言える。神は人類にアピールする際、普通の人間という様態を用いた。一見したところ、イエスには、目に見える独自性のしるしはなかった。たいていの人はイエスを、普通の平均的な人間、大工ヨセフの息子として扱った。イエスは一人の人間として来たのであり、御使いや、神であることがはっきりと見て取れる存在として来たのではない。

もちろん、典型的な経験を明らかに破る啓示がなされたことも確かである。天から語る父なる神の声（ヨハネ12：28）は、その一つである。奇蹟も、その効果からして際立ったものであった。ただし、大部分の啓示は自然の出来事というかたちをとってなされた。

(3) 特別啓示の類比的性質

我々の知識の範囲内には、神の領域における真理に似たものとして利用でき、またその真理を部分的に伝達する要素があり、神はそれらの要素を利用する。神の啓示は類比的な言語を用いてなされる。一つの用語が二つの節において類比的に使われるとき、いつも少なくとも一義的（すなわち、その用語の意味は両方の節で少なくとも一つの同じ意味である）な要素が存在する。しかし「マラソンランナーが走る」と言うときと「列車がシカゴとデトロイトの間を走る」と言うときのように、違いもまた存在する。

神が自身を啓示するときはいつでも、神の領域と我々の領域のどちらにおいても一義的である要素を選んでいる。ランドン・ギルキーの指摘によれば、正統的見解において神が行動すると言う場合、人間が行動すると言うときとまさに同じ意味で捉えている[5]。神がヨルダン川を止めたと言うとき、我々は、陸軍工兵隊が川の流れを止めると言う場合と全く同じことを考える。神の行為は、時間と空間をもった宇宙の内部での出来事なのである。イエスの死も、ヤコブやヨハネ、ペテロ、アンデレなどの人間の死と同じように見える出来事であった。また、神が愛すると聖書が語るとき、人間が（アガペー〔agapē〕の意味において）

---

[3] Bernard Ramm, *Special Revelation and the Word of God* (Grand Rapids: Eerdmans, 1961), 36–37.

[4] Ibid., 39.

[5] Langdon Gilkey, "Cosmology, Ontology, and the Travail of Biblical Language," *Journal of Religion* 41 (1961): 196.

愛する場合とちょうど同じ質、つまり他の人の幸福に対する利己的でないしっかりした関心が意味されている。

　ここで言われている「類比的」とは、「質的に同じ」ことを意味している。言い換えれば、両者の違いは種類の違いではなく、程度の違いなのである。神は人間が力強いのと同様に力強いが、人間よりはるかに力強い。神は知っていると言うとき、我々は、人間が知っていると言うときと同じ意味を考えている。しかし、人間は知っていることがあるという程度だが、神はすべてを知っている。神が所有しているこれらの特質一つ一つが我々の特質よりどれほど大きいものなのか、また神は人間たちの知識を無限に増幅したものを持っているとはどういう意味なのか、我々には把握できない。有限なかたちしか見たことがないので、無限の概念を把握することができない。この意味において、神はいつまでも"計り知りつくしがたい"存在でありつづける。しかしそれは、神についての知識がないとか、しかも真の知識はないということではない。むしろ短所は、我々の知識の範囲内に神を取り込むことができないところにある。我々が神について知っていること自体は、神が自身についてもっている知識と同じであるが、我々の知識の度合いははるかに及ばない。

　このように神を類比的に知ることが可能なのは、神が用いる要素を神が選ぶからである。神は人間とは違い、類比の両側をよく知っている。人間が生まれつきの理性のみによって、神と人間についての類比を構成し、神を理解しようとしても、それは実質的には未知数が二つある方程式に取り組んでいるのであり、ある種の難問ができあがるだけである。たとえば、神の愛と人間の愛との関係は、神の存在と人間の存在との関係と同じであると論じることは、$y/5 = x/2$ と言っているのと等しい。神の存在（あるいは性質、本質）と人間の存在との関係がわからないため、人間には意味のある類比を構成することができない。しかし神は、すべてを完全に知っている。それゆえ、人間が知り、経験する事柄のうち、どれが十分に神の真理に類似していて、意味のある類比を作るために役立つかを神は知っている。

3. 特別啓示の様態

　今度は、神がご自身を啓示するために用いてきた実際の様態または手段または様式を見てみたい。すなわち歴史的出来事、神の語りかけ、受肉である。

(1) 歴史的出来事

　聖書では、神が自身を知らせた一連の神的出来事が強調されている。イスラエルの民の視点から見るなら、最初の出来事は、彼らが民族の父祖として頼りにしたアブラハムの召命である。全く不可能と思われる状況で、主がイサクという跡継ぎを与えたことも、もう一つの重要な神の行為であった。ヨセフの時代、神が飢饉のただ中で食糧を供給したことは、アブラハムの子孫だけでなく、その地域全体の居住者の益となった。おそらくイスラエルにとって大きな出来事は、過越で頂点に達する一連の災いと葦の海を渡ることをとおしての、エジプトからの解放であろう。ユダヤ人は今なお、それを祝っている。約束の地の征服や捕囚からの帰還、さらには捕囚自体も、神の自己顕現であった。イエスの誕生と驚くべき行為とその死は、特に復活は、神が働いていた。神は、教会の創造と展開においても働いて、ご自身の民を生み出していった。

　以上はすべて神の行為であり、したがって、神の本質の啓示である。ここに引用したのは目を見張らせる、あるいは奇蹟的な出来事である。しかし、神のわざはそのような出来事に限定されるわけではない。神は、神の民の歴史の、より日常的な出来事の中でも働いてきた。

(2) 神の語りかけ

啓示の主要な様式の第二は、神の語りかけである。聖書では、特に旧約聖書に「私に次のような主のことばがあった」(たとえばエレミヤ18:1、エゼキエル12:1、8、17、21、26、ホセア1:1、ヨエル1:1、アモス3:1) という表現がよく見られる。預言者には、自らのメッセージが自分で作ったものではなく、神からのものという意識があった。ヨハネはヨハネの黙示録を書く際に、神のメッセージを伝えようとしている。ヘブル人への手紙の記者は、神は過去において何度も語ってきたが、今は御子をとおして特別に語ったと述べている (ヘブル1:1-2)。神は、ご自身がどのような存在であるかを行動をとおして明かすだけではない。神は語ってもおり、自身について、計画について、意思について、我々に告げる。

我々は、神の語りかけは本当は啓示の一様式などではないと考えてしまうかもしれない。そこからはあまりに直接的な印象を受ける。しかし神の語りかけは常に、人間の言語によってすなわち、ヘブル語であってもアラム語であってもギリシア語であっても、預言者の言葉や使徒の言葉によってもたらされる。それでも、おそらく神には話すとき使う言語などというものはない。したがって、言語を使用することからすると、神の語りかけは直接の啓示というより言語に媒介されたものであることがわかる[6]。

神の語りかけには、いくつかの形式が考えられる[7]。耳に聞こえる語りかけもあるだろうし、沈黙のうちに、心の中で神からのメッセージを聞く場合もあるだろう。これは、本をじっくり読む人が行っている、声に出さずに言葉にする過程 (読んでいる言葉を頭の中で「聞く」) に似ている。語りかけの多くが、この様態でなされると思われる。この耳に聞こえない語りかけは、夢や幻など別の様式の一部であることもしばしばあった。このような場合、預言者は主が自分に語っておられるのを聞いたが、当時居合わせた人々にはおそらく何も聞こえなかった。最後に、「協同的 (あるいは同流的)」霊感 ("concursive" inspiration) というものもある。これは啓示と霊感が渾然一体 (こんぜんいったい) となったものである。聖書記者が書くときに、神が伝えたい思いを彼らの心の内に置いた。これは、メッセージがすでに啓示されていて、聖霊が単にそれらの事柄を思い出させたり、記者を既知の思想へと導いたりする場合とは異なる。記者たちが執筆する際、神が記者たちの心の内に思いを創造した。記者には、何が起きているのか気づいている場合も、気づいていない場合もあっただろう。後者の場合、その思想を単なるひらめきと感じたかもしれない。パウロは時折、自分は神の御霊をもっていると「思う」と言うが (たとえばⅠコリント7:40)、主からのメッセージを受け取ったと、より確信していることもある (たとえばⅠコリント11:23)。また、神に導かれて記述していることは間違いないのに、パウロがそれを意識しているようには見えない場合もある (たとえばピレモンへの手紙)。

非常に多く見られるのが、神の語った言葉が出来事の解釈である場合である。この出来事は、通常は記述された解釈より過去か同時代に起こったことであったが、予告的な預言として、解釈が出来事より前になされる場合もあった。最近は強力な異論もあるが、出来事だけでなく解釈も神からの啓示であったというのが我々の主張である。すなわち、解釈は単なる聖書記者の洞察や熟考の産物ではない。この特別に啓示された解釈がなければ、多くの場合、出来事は不明瞭で、そのため何のメッセージも発しないことになる。そこではさまざまな解釈がなされ、聖書の説明は人間の誤りを含む推測にすぎないことになってしまうかもし

---

6 Ramm, *Special Revelation*, 54.

7 Ibid., 59–60.

れない。そのような中心的な出来事がイエスの死であると考えてみよう。それが起きたことはわかっていても、その意味が神から啓示されていなかったとしたら、幅広いさまざまな理解が生まれたり、謎のままになったりするかもしれない。敗北であるとか、道徳的な勝利のようなもの、主義主張を貫くための殉教と考えられるかもしれない。しかし、啓示された説明の言葉が、イエスの死は贖いのいけにえであったと述べている。我々は、特定の出来事の解釈は歴史における神の行為の解釈と同じくらい真正な啓示の様式であると結論しなければならない。

⑶ 受肉

啓示の最も完全な様式は受肉である。受肉において主張されるのは、イエスの生涯と言葉が神の特別啓示であったことである。これについても我々は、それは啓示の一様式などではない、神は仲介なしの形式で直接臨在したのだと考えがちである。けれども、神は人間のかたちをとらないのだから、人間としてのキリストは神の啓示を媒介するものであるはずである。これは、キリストが人間であることで啓示が覆い隠されたり、不明瞭になったりすると言っているわけではない。むしろ、それは神の啓示を伝達する手段であった。聖書ははっきりと、神が御子をとおし、また御子において語ったと述べている。ヘブル1:1-2ではこのことが、それ以前の啓示のかたちと対比され、受肉のほうが優れた啓示であることが示されている。

受肉においては出来事としての啓示が最も十分な形で起こっている。イエスの生涯において、神の行為は頂点に達した。イエスの奇蹟と死と復活には、贖いの歴史が凝縮され、集約されている。ここには神の語りかけとしての啓示もある。というのは、イエスのメッセージは預言者や使徒たちのメッセージに勝るからである。イエスは、自身のメッセージを聖書に記されたことと対比させることさえした。聖書に記されたことに矛盾するものとしてではなく、それを超え、あるいは成就するものとしてである（マタイ5:17）。預言者たちは、神からの、神についてのメッセージを運ぶ者として語った。イエスが語ったときは、それは神ご自身が語っていた。

啓示はまた、イエスの人格が文字どおり完全であることによってもなされた。イエスの中には、神の似姿が明確に認められた。ここにおいて神が実際に人間たちの間に住み、自身の属性を明示していた。イエスの行動や態度や愛情は、単に御父を反映したものではなく、神の実際の臨在であった。十字架刑で人が死ぬのを何度も見ていたであろう百人隊長は、カルバリで、他の者とは異なる何かをイエスのうちに認めたようである。そのため、「この方は本当に神の子であった」（マタイ27:54）と叫んだ。ペテロは奇蹟的な大漁の後、ひれ伏して言った。「主よ、私から離れてください。私は罪深い人間ですから」（ルカ5:8）。これらの人々は、イエスのうちに御父が啓示されているのに気づいた。

受肉においては、行為としての啓示と言葉としての啓示が同時になされた。イエスは御父の言葉を話すと同時に、御父の属性を顕した。イエスが最も完全な神の啓示であったのは、イエス自身が神だったからである。ヨハネは「初めからあったもの、私たちが聞いたもの、自分の目で見たもの、じっと見つめ、自分の手でさわったもの、すなわち、いのちのことばについて」（Ⅰヨハネ1:1）という驚くべき言葉を記すことができた。また、イエスは、「わたしを見た者は、父を見たのです」（ヨハネ14:9）と言うことができた。

4. 特別啓示 ── 命題的か人格的か

この時点で、啓示を情報（あるいは命題）の伝達ではなく、神によるご自身の提

示であると見る新正統主義について手短に話しておく必要がある。新正統主義によれば、神はご自身についての情報を我々に何も告げない。我々は出会いを通して神を知るだけである。だとすると、啓示とは命題的なものではなく、人格的なものであることになる。信仰をどのようなものとして見るかは、かなりの程度、啓示をどのように理解するかによって決まる[8]。もし啓示を命題的な真理を伝えるものと考えるなら、信仰は同意の反応、伝えられた真理を信じる反応とみなされるだろう。これに対し、啓示を人格の提示と考えるなら、信仰はそれに対応して、人格的な信頼や献身の行為とみなされるだろう。後者の見解によれば、神学とは啓示された教理ではない。それは神の自己啓示に見いだされることを表現しようとする教会の試みである。

> 啓示は人格的でもあり命題的でもある。神が第一義的にすることは、自身を啓示することである。ただし、その啓示は、少なくともある部分は、自身について語ることによってなされる。

新正統主義のアプローチは少なくとも二、三の問題を提示している。第一は、信仰が依拠できる基盤の確立についてである。啓示が人格的であるという見方と、啓示は命題的であるという見方の、どちらを主張する人も、信仰には何か基盤が必要であることは認めている。問題は、啓示を非命題的なものとする見解によって、信仰にとって十分な基盤が得られるのかどうかである。この見解を支持する人々は、自分が出会っているのは本当にアブラハムの神、イサクの神、ヤコブの神であると確信できるのだろうか。だれかを信頼するためには、その

---

[8] John Baillie, *The Idea of Revelation in Recent Thought* (New York: Columbia University Press, 1956), 85–108.

人についてある程度知ることが必須である。

信頼できるようになる前に、まず信じなければならないことは、我々自身の経験から明らかである。たとえば、私は現金を銀行に預けたいが、行くことができないとする。代わりに銀行に行ってくれるように誰かに頼む必要がある。さて、誰に頼むか。誰に自分自身を、あるいは少なくとも財産の一部を任せるのだろうか。私は、自分が正直であると信じる人に自分自身を委託する。その人"を"信用することは、その人"について"の何かを信じていることによっている。私が友人として選ぶのは、疑いなく誠実であると判断できる人物だろう。同様に、もし神が、ご自身が誰であり、どのような存在であるかを教えないかkとしたら、我々が出会っているのがキリスト教の神であるということを、どのようにして信じられるのか。

もう一つの問題は、神学それ自身の問題である。啓示とは人格的なものであると主張する人々も、信じていることを正確に定義することや、教理的理解を正確に述べることに大きな関心を寄せ、同時に信仰は教理的命題を信じることではないと主張している。たとえば、カール・バルトとエミール・ブルンナーは処女降誕や空の墓のほかに、人間における神のかたちの性質と状態のような問題について議論した。おそらく、両者とも、こういった領域で真の教理を構築しようとしていると思っていたことだろう。しかし、それらの教理的命題は非命題的啓示とどのように関係しているのか。また、非命題的啓示からどのようにして導き出されるのか。ここに問題がある。

これは、非命題的啓示と真理についての命題との間には、どのようなつながりもありえないと言っているのではない。新正統主義はこのつながりを、適切な仕方で詳しく説明してこなかった。問題は、命題的啓示と人格的啓示を分離することから生じている。啓示は人格的"であるか"命題的"であるかのどちらか"ではなく、"両方"

である。神が第一義的にすることは、"自身を"啓示することである。ただし、その啓示は、少なくともある部分は、自身"について"語ることによってなされる。

5. 命題か、物語か

近年、ある人々は、啓示とは命題的というよりも、形式において物語的であるという捉え方を好むと表明している[9]。そして、命題的神学への反対の一部は、それが聖書のさまざまなジャンルを認知的命題的形式に変換しているというものである。物語の強調は主としてポストモダン認識論の結果である[10]。聖書の多くが物語形式であるのは確かにその通りである。たとえば、イエスはたとえ話を広範囲に使った。さらに、詩篇記者や預言者は論点を伝えるために頻繁に例証や比喩（ひゆ）を使った。しかし、イエスが弟子たちにたとえ話の命題的解釈も与えたことは注目すべきである。この事例は聖書の他の箇所にも見られる。たとえばルツ4:7では、物語の説明がなされており、それなしでは物語を理解できない。

かなり多くの本が、物語の神学の使用を支持して書かれている[11]。しかし興味深いことに、それらはほぼ例外なく、物語や話による解説によって補われた、物語神学についての命題的または非物анной的な議論である。これは、命題的啓示と神学に対する反論が間違った場所に置かれていること、また命題と物語が、互いに排他的であるというよりも、命題的であることを第一として補足的な関係となりうることを示唆している。

6. 啓示としての聖書

啓示が命題的真理を含むものであるならば、保存できるという性質をもっていることになる。すなわち、書き留める、または"文書化"できるということである。そしてこの書き記された記録もまた、もとの啓示をどれくらい正確に再現できているかに応じて、由来からして啓示であり、啓示と呼ばれる資格をもつ。

ここで、啓示を定義することが必要となる。もし、実際に起こる事象、あるいは過程、"啓示されていること"のみを啓示と定義するなら、聖書は啓示ではない。啓示とははるか昔に起こったものである。しかし、啓示が生み出されたもの、あるいは結果、"啓示されたもの"でもあるなら、聖書も啓示と呼ぶことができるだろう。

啓示が命題的であるとしたら、保存ができる。その場合、聖書はこの由来的な意味で啓示なのかどうかという問いは、聖書は霊感されたものなのか、啓示されたものを本当に保存しているのかという問いとなる。これについては次章で扱うことにする。

この啓示が"漸進的"であることにも留意すべきである。この語を使う際には、段階的進化という考え方を表すために使われることもあるので、いくらか注意が必要である。この段階的進化というアプローチは、自由主義的な研究のもとで盛んになったもので、旧約聖書の各部分を事実上時代遅れで誤ったものと見た。真理に近いにしては

---

[9] Ronald F. Thiemann, *Revelation and Theology: The Gospel as Narrated Promise* (Notre Dame, IN: University of Notre Dame Press, 1985).

[10] George Lindbeck, *The Nature of Doctrine: Religion and Theology in a Postliberal Age* (Philadelphia: Westminster, 1984), 78. Kevin J. Vanhoozer, *The Drama of Doctrine: A Canonical Linguistic Approach to Christian Theology* (Louisville: Westminster John Knox, 2005), 77–112 も見よ。

[11] Terrence Tilley, *Story Theology* (Wilmington, DE: Michael Glazier, 1985); George W. Stroup, *The Promise of Narrative Theology: Recovering the Gospel in the Church* (Atlanta: John Knox, 1981); Darrell Jodock, "Story and Scripture," *Word and World* 1, no. 2 (Spring 1981): 128–39; John H. Sailhamer, *The Pentateuch as Narrative: A Biblical-Theological Commentary* (Grand Rapids: Zondervan, 1992); Stanley J. Grenz, *Renewing the Center: Evangelical Theology in a Post-Theological Era*, 2nd ed. (Grand Rapids: Baker Academic, 2006); Vanhoozer, *Drama of Doctrine*.

あまりにも不完全なものと考えた。しかしながら、本書がここで提案しようとしている考え方は、後からなされた啓示は、先になされた啓示の上に築かれて、先になされた啓示を否定するのではなく、補完し補足するというものである。イエスが律法の教えを拡張し、発展させ、内面化することによって高めた方法を見てみよう。イエスは、その教えの前置きとして「……と言われていたのを、あなたがたは聞いています。しかし、わたしはあなたがたに言います。……」と頻繁に述べた。同様に、ヘブル人への手紙の記者は、神が過去において預言者たちによって語り、この終わりの時には御子によって語っていることを指摘した。御子は神の栄光を反映し、神の本性の刻印を帯びていると（ヘブル1：1-3）。啓示は、贖いがそうであるように、過程であった。さらに完全なかたちへと向かう過程なのである[12]。

以上のように、神は主導権をとり、一般啓示よりもさらに完全な方法で、我々にご自身を知らせてきた。そしてそれは、我々の理解に合わせた方法でなされた。これが意味しているのは、失われた罪深い人間たちも、神を知るようになって、神が神の子たちに何を期待し、何を約束しているかをますます理解するようになることが可能であることである。この啓示には、神の人格的な臨在も真理についての情報も含まれている。そのため我々は、神が誰であるかを知り、神についての事柄を理解して、他の人々に神を指し示すことができる。

についての理解にどのように役立つか。
- 受肉が特別啓示の最も完全な様式であるのはなぜか。
- あなたは人格的啓示と命題的啓示を、どのように比較対照するか。
- 人格的啓示と命題的啓示のうちどちらのほうが重要であると分かるか。その理由は何か。

研究課題

- 特別啓示の三つの特徴を記述せよ。それぞれは、特別啓示についての理解にどのように役立つか。
- 神がご自身を啓示するために選んだ三つの手段とは何か。それぞれは、特別啓示についての理解にどのように役立つか。

---

12 Ramm, *Special Revelation*, 161–87.

第5章 啓示の保存 ── 霊感

本章の目的

1. 聖書の霊感とそのプロセスに対する聖霊の関係を定義する。
2. 聖書の霊感の性質を聖書がどのような方法で指し示しているかを精査する。
3. 霊感についての諸説を比較対照する。
4. 聖書における霊感の範囲を明らかにする。
5. 聖書における霊感の強度を分析する。
6. 聖書の教えの部分と聖書自体の現象面の両方を統合する霊感のモデルを構成する。

本章のアウトライン

1. 霊感の定義　58
2. 霊感の事実　58
3. 霊感についての諸説　60
4. 霊感の範囲　61
5. 霊感の強度　62
6. 霊感のモデル　63

本章の概要

　今日、激しく議論されている論題の一つは、聖書が神によって霊感されている範囲である。霊感がなぜ必要かと言えば、それは、聖書を通しての神の特別啓示の性質を確かなものにするためである。聖書神学の重要な部分は、聖書が霊感されている範囲に関する理論を組織立てて論述することである。さまざまな理論が詳細に調べられ、評価される。霊感は本来の意味では記者のうちになされるものであるが、派生的な意味で、書かれたもの自身も霊感されていると言って差し支えない。

1. 霊感の定義

本書で聖書の霊感とは、聖書記者たちに対する聖霊の超自然的影響を意味する。その影響を通して彼らの文書は啓示の正確な記録となった。すなわち彼らの書いたものが実際神の言葉であるように結実させた。

啓示はそれを直接受け取る者の益になるが、その価値は、啓示が直接与えられる領域の外にいる者に対しては失われたものとなっているかもしれない。神が個々人に繰り返し啓示することは普通ないので、啓示を保存する方法が必要となる。もちろん、それは口頭での再話によって、あるいは明確な伝承に凝縮することによって保存することができた。そして、この方法が、ある場合には最初の啓示の出来事とそれの文書化との間の期間に機能していたのは確かである。しかしながら、このことにはいくつかの問題が伴う。数百年、さらには数千年を経る間に、口伝は腐蝕や変更にさらされる恐れがあるからである。噂が広まる様子を観察したことのある人ならだれでも、口伝をどれほど簡単に改悪できるか分かるだろう。口頭での再話以上の何かが必要とされるのは明らかである。

啓示は神から人間への神の真理の伝達であるが、霊感は、その真理を最初の受取人（たち）から他の人々へ、その時にせよ後になってにせよ、中継することのほうに関係している。したがって、啓示は垂直的な行為、霊感は水平的な事柄と考えてよいかもしれない。啓示と霊感は通常一緒に考えられるが、一方だけということもありうる。啓示のない霊感という場合がある。ある場合に聖霊は聖書記者を導いて、信仰のない者の言葉、つまり明らかに神が啓示したものではない言葉を記録させた。聖書にある情報の中には、探り求めるなら誰でも容易に手に入る情報もある。旧約聖書でも新約聖書でも系図（後者はイエスの家系図）は、この特徴を表しているようである。また、霊感を伴わない啓示もあった。すなわち、聖霊が誰にも書き留めるように導かなかったので記録されなかった啓示の例である。ヨハネはヨハネ21：25でまさにこのことを主張して、もしイエスが行ったことすべてを書き留めるなら、「世界もその書かれた書物を収められないと、私は思う」と言っている。御霊は、聖書記者たちを霊感して記録させる事柄を非常に細かく選択したと言える。

2. 霊感の事実

聖書全体を通して、聖書が神的起源をもつこと、あるいは聖書が主の実際の語りかけと同等のものであると主張され、また前提とさえされている。この論点は、時に、循環論法であることを根拠にして拒否されることもある。どんな神学（あるいはこの事柄に関する他の思想体系）も、その基礎となる権威を扱うときにはジレンマに直面する。出発点をそれ自身に置くか、それとも、他のすべての項目が依拠しているものではない他の土台に依拠するのか、というジレンマである。前者の場合は循環論法に陥るし、後者の場合は一貫性に欠けるという責めを負うことになる。しかし、循環論法に陥るのは、聖書の証言が問題の解決として扱われるときだけである。といっても確かに、聖書記者自身の主張は、聖書の性質についての我々の仮説を定式化する際の過程の一部として考慮に入れなければならない。他の考えももちろん、その仮説を評価するために調べられる。我々がここで行っているのは、法廷の審理のようなものである。被告人は、自分のために証言することが許されている。しかしながら、この証言で事件解決とはならない。つまり「自分は無罪である」という被告人の弁論を聞いた後、裁判官がすぐに「被告は無罪である」と判決を下すことはない。被告人の証

言の信憑性（しんぴょうせい）を確かめるために、さらなる証言が求められ吟味される。とはいえ被告人の証言は認められる。

循環論法であるという非難にこたえるために、もう一つ考察すべきことがある。記者たちの聖書観を確認するために聖書を調べる際、必ずしも霊感を前提としていない。聖書記者たちがそれを霊感された神の言葉であると考えていたことを知らせる、単なる歴史的な文書として調べるからである。この場合には、聖書をそれ自身の出発点とは見ていない。循環論法となるのは、聖書の霊感という前提をもって始め、そしてその次に、霊感されているという聖書の主張の真理性を保証するものとしてこの前提を使用するときである。聖書を歴史的文書として使用し、同時に聖書の自己弁護を認めることは許される。

聖書は、自身の神的起源をいくつかの方法で証言している。その一つは、今日旧約聖書と呼ばれる、当時の聖書に対する新約聖書記者の見方である。Ⅱペテロ1：20-21は、極めて重要な事例である。「ただし、聖書のどんな預言も勝手に解釈するものではないことを、まず心得ておきなさい。預言は、決して人間の意志によってもたらされたものではなく、聖霊に動かされた人たちが神から受けて語ったものです」。ここでペテロは、旧約聖書の預言は人間を起源としていないと断言している。それを著すように導いた感動は聖霊からのものであった。

第二の箇所は、Ⅱテモテ3：16にあるパウロの言葉である。「聖書はすべて神の霊感によるもので、教えと戒めと矯正と義の訓練のために有益です」。この箇所でパウロはテモテを、自分が受けてきた教えにとどまるようにと励ましている。パウロは、テモテが当然、「聖書」に親しんでいると思っており（15節）、聖書にとどまるように勧めるが、それは聖書が神に霊感されている（より正確には「神が息を吹き込んだ」）からである。ここでは、神が人間に生命の息を吹き込んだのとちょうど同じように（創世2：7）、聖書が神によって生み出されたものであるという印象を受ける。それゆえ聖書は、「すべての良い働きにふさわしく、十分に整えられた」（Ⅱテモテ3：17）者となるために、信仰者を鍛え上げていくだけの価値をもっている。

聖書全体を通して、聖書が主の実際の語りかけと同等のものであることが前提とされている。

初代教会の説教に目を向けると、旧約聖書に対する同様の理解が見られる。使徒1：16でペテロは「兄弟たち。……聖霊がダビデの口を通して前もって語った聖書のことばが、成就しなければなりませんでした」と言い、その後続いて、ユダの破滅に関して詩篇69：25と109：8から引用している。ペテロはダビデの言葉を権威あるものと見ているだけでなく、ダビデの口を使って神が語ったと事実上断言している。ダビデはいわば神の「代弁者」であったのである。神が預言者の口を用いて語ったという同じ思想は、使徒3：18、21、4：25に見られる。だとすると、教会の最初期の説教は「聖書に書かれている」ということを「神が語られた」と同一視しているわけである。

これは、預言者たち自身の証言とぴったり合う。何度も何度も、彼らは「主はこう言われる」と宣言する。エレミヤは「主がイスラエルとユダについて語られたことばは次のとおりである」（30：4）と言う。アモスは「イスラエルの子らよ、聞け。主があなたがたについて告げた、このことばを」（3：1）と宣言する。そしてダビデは、「主の霊は私を通して語り、そのことばは私の舌の上にある」と言う（Ⅱサムエル23：2）。こういった主張は預言書に繰り返し出てくるが、彼らが「聖霊に動かされ」（Ⅱペテロ1：21）ていることに気づいてい

たことを示している。

最後に、主ご自身が旧約聖書の各書をどのように見ているかに注目しておく。主の聖書観は、論争相手のパリサイ人たちが主張する聖書観との関わり合い方から、部分的には推論することができる。主は、パリサイ人の誤った聖書理解や聖書解釈を正すことは躊躇しなかったが、聖書の性質に対する彼らの見方に疑問を呈したり、それを正したりはしなかった。パリサイ人たちの聖書解釈や聖書の内容につけ加えた言い伝えに、異を唱えただけである。主は、敵との議論や論争において繰り返し聖書から引用した。荒野での三つの誘惑のときも、そのたびに旧約聖書から引用してサタンに応えた。聖書の権威や永遠性について、「聖書が廃棄されることはあり得ない」(ヨハネ10:35)、「天地が消え去るまで、律法の一点一画も決して消え去ることはありません。全部が実現します」(マタイ5:18) と話した。イエスの時代のイスラエルで聖なるものとみなされていたものが二つあった。それは、神殿と聖書である。イエスは、神殿が一時的なものであることをためらわず指摘した。一個の石でもくずされずに、ほかの石の上に残ることは決してないからである(マタイ24:2)。したがって、主の、聖書に対する態度と神殿に対する態度との間には著しい違いがある[1]。明らかに主は、聖書を霊感されたもの、権威あるもの、そして破壊できないものとみなしていた。

3. 霊感についての諸説

以上のことから、聖書記者たちは一貫して、聖書が神を起源としており、人類への神のメッセージであると証言していると結論してよい。これが聖書の霊感の事実なのである。今度は、それが何を意味するのかを問わなければならない。霊感の性質に関してはいくつかの見解が生まれてきている。

1. 直感説(*intuition* theory)は、霊感の大部分は高度な洞察力とする。この説によると霊感とは、特別な賜物が機能することであり、その賜物は芸術家の才能といったようなものであるが、さしずめ生来の資質、生涯もっているものである。聖書記者たちは宗教的天才であった。しかし聖書記者たちの霊感は、プラトンや仏陀のような、他の偉大な宗教的、哲学的思想家の霊感と本質的に違いのないものとされる。そうすると聖書は、ヘブル人の霊的経験を映し出した偉大な宗教的文学ということになる[2]。

2. 照明説(*illumination* theory)は、聖書記者たちの上に聖霊の影響があったと主張するが、それは単に、通常の能力の高まり、霊的な事柄に関して感受性と知覚力が増幅されることを意味するにすぎない。それは、意識を強めたり心理作用を増幅したりするために学生が時々用いる興奮剤の効き目に似ているようなものであった。したがって霊感の働きは、すべての信仰者に与えられる御霊の働きとは程度の相違があるだけで、種類の相違はない。このタイプの霊感は結果として、真理を発見する能力を増し加える[3]。

3. 動態説(*dynamic* theory)は、霊感の過程と聖書の著述の過程における、神的要素と人間的要素の組み合わせを強調するものである。神の御霊の働きは、記者を持つべき思想や概念に導き、記者自身の人格的特色が言葉と表現の選択において活動し始めることを許すことである。それゆえ、記者は自分の個性に基づいた方法で、神的に導かれた思想を表現する[4]。

4. 言語説(*verbal* theory)は、聖霊の影響は思想を導くことを超えて、メッセージ

---

[1] Abraham Kuyper, *Principles of Sacred Theology* (Grand Rapids: Eerdmans, 1954), 441.

[2] James Martineau, *A Study of Religion: Its Sources and Contents* (Oxford: Clarendon, 1889), 168–71.

[3] Auguste Sabatier, *Outlines of a Philosophy of Religion* (New York: James Pott, 1916), 90.

[4] Augustus H. Strong, *Systematic Theology* (Westwood, NJ: Revell, 1907), 211–22.

を伝達するために使用される言葉の選択にまで及んでいると主張する。聖霊の働きは強烈なものなので、どの語も、メッセージを表現するためにその時点で使うことを神が望んだまさにその語である、と。しかしながら、通常、これは口述筆記ではないということに大きな注意が払われている[5]。

5. 口述筆記説（*dictation* theory）は、実際に神が記者たちに聖書を口述して書き取らせた、と教える。御霊が記者に書くべきことを正確に告げている様子が描かれている箇所を、聖書全体に当てはまるものとみなしている。さまざまな記者がさまざまなスタイルで聖書を記述したのではないとされる。口述筆記説をとる人々と関係を絶つため、言語説の支持者のほとんどは大変な苦労をしている。ただし、この口述説を自らの見解の名称として受け入れる人たちもいる[6]。

4. 霊感の範囲

ここで問うべきことは、霊感の問題、またいくぶん違った言い方では、どこが霊感されているのかについて、である。聖書全体がそのようにみなされるべきなのか、それともある部分だけなのか。

一つの簡単な解決は、Ⅱテモテ3:16「聖書はすべて神の霊感によるもので……有益です」を引用することだろう。しかしながら、この節の最初の部分があいまいであるゆえに問題が一つある。ギリシア語本文は、「聖書はすべて神の息を吹きかけられたもので有益である」あるいは「すべて神の息を吹きかけられた聖書はまた有益である」と訳すことができる。前者の訳を採用するなら、全聖書の霊感が断言されることになる。もし後者に従うならば、その文は、すべて神の息を吹きかけられている聖書の有益性を強調していることになる。しかしながら、この文脈からは、パウロが何を伝達しようとしていたのかを実際に決定することはできない（文脈からわかるのは、テモテが幼いころから知っていた明確なひとまとまりの文書のことをパウロが考えていたらしいということである。パウロがこのひとまとまりの文書の中で、霊感された聖書と霊感されていない聖書との区別をしようとしていたということはありそうにない）。

前に引用した二つのテキスト（Ⅱペテロ1:19-21とヨハネ10:34-35）に、この問題についてさらなる助けを見つけることができるだろうか。一見したところ、前者は預言に、後者は律法に特に言及しているので、これはうまくいくように思えない。しかしながら、「モーセやすべての預言者たち」は「聖書全体」と等しいことがルカ24:25-27からわかり、「モーセの律法と預言者たちの書と詩篇」は「聖書」と等しいことがルカ24:44-45からわかる。ヨハネ10:34でイエスは律法に言及したとき、実際は詩篇82:6から引用している。そしてペテロは、当時一般に受け入れられていたひとまとまりの諸文書全体を考えていると我々に信じさせるような仕方で「預言のみことば」（Ⅱペテロ1:19）と「聖書の……預言」すべて（20節）に言及している。「律法」と「預言」はしばしばヘブル語聖書の全体を表して用いられていたようである。

霊感についてのこうした理解は、新約聖書の諸文書にも及ぼすことができるのだろうか。この問題はそう簡単に解決できるものではない。新約聖書の記者たちがしていることは旧約聖書の記者たちがしたことと同じ性質をもっていると信じられていたというしるしがいくつかある。新約聖書の一人の記者が、明らかにもう一人の記者の書

---

[5] J. I. Packer, *Fundamentalism and the Word of God* (Grand Rapids: Eerdmans, 1958), 79（J・I・パッカー『福音的キリスト教と聖書』岡田稔訳、いのちのことば社、1963年）。

[6] John R. Rice, *Our God-breathed Book— The Bible* (Murfreesboro, TN: Sword of the Lord, 1969), 192, 261-91. ライスは「口述筆記」（dictation）という語は受け入れるが、「機械的口述筆記」（mechanical dictation）という表現は否定する。

いたものに言及している箇所は、Ⅱペテロ3:16である。ここでペテロはパウロの文書に言及し、その中に理解しにくいところがあることをほのめかして、「無知な、心の定まらない人たちは、"聖書の他の箇所と同様"、それらを曲解（きょっかい）して」と言っている。したがって、ペテロはパウロの文書を、おそらく読者たちがよく知っていた、聖書とみなされていた他の書物と一緒にしているのである。さらにヨハネは、「私たちは神から出た者です。神を知っている者は私たちの言うことを聞き、神から出ていない者は私たちの言うことを聞きません。それによって私たちは、真理の霊と偽りの霊を見分けます」（Ⅰヨハネ4:6）と言って、自分の書いているものを神の言葉と同一視している。自分の言葉を判断の基準としているのである。パウロは、テサロニケ人が受け取った福音は聖霊によってもたらされたものであり（Ⅰテサロニケ1:5）、彼らもそれを事実その通り神の言葉として受け入れた（2:13）と書いた。これら新約聖書の記者たちが聖書を、預言者の時代から自分たちの時代まで及ぶものと考えていたのは明らかであるはずである。

5. 霊感の強度

霊感はどれくらい徹底したものであったのか。概念をほのめかす程度の、一般的な影響にとどまるものだったのか、それとも、言葉の選択にまで神の意図が反映するほど徹底したものだったのか。

新約聖書の記者が旧約聖書をどのように使用しているかを調べてみると、一つ興味深い特徴が見えてくる。新約聖書の記者たちが一つ一つの単語、音節、句読点を重要なものと考えていたという徴候を示唆する箇所がある。時として記者たちの議論全体が、扱っているテキストの細かな点に依存している。たとえば、マタイ22:32でイエスは出エジプト3:6を引用して、「わたしはアブラハムの神、イサクの神、ヤコブの神である」と言うが、論点は動詞の時制に依存しており、そこからイエスは「神は死んだ者の神ではなく、生きている者の神です」という結論を引き出している。44節では、議論の要点は「主は、"私の"主に言われた」という所有格の接尾辞に依存している。この場合イエスは、ダビデがその言葉を語ったときは「御霊によって……言っている」とはっきりと述べている（43-44節）。「"私の"主」における所有格といった詳細な点に至るまで、ダビデは御霊によって特別な形を用いるように導かれて実際にそうしたのであると考えられる。

> イエスと新約聖書の記者たちは、旧約聖書の一つ一つの単語、音節、句読点を重要なものと考えていた。

霊感の強度に関するもう一つの議論は、新約聖書の記者たちが、旧約聖書のもとのかたちでは神が語ったと明確に述べられていない言明を、神のものとしていることである。注目に値する例はマタイ19:4-5で、そこでイエスはこう尋ねている。「あなたがたは読んだことがないのですか。創造者ははじめの時から『男と女に彼らを創造され』ました。そして、『……』と言われました」と。その時イエスは続いて創世2:24から引用している。しかしながら、その言明はもともと神からのものではない。それは、男から女が創造されるという出来事の注釈にすぎない。しかし創世記の言葉は、神が語ったものとしてイエスによって引用されている。イエスはこれらの言葉を直接引用の形で提示さえしている。明らかに、イエスの考えでは、旧約聖書が断言していることはすべて神が語ったものであった。

以上の具体的な言及に加えて、イエスがしばしば「……と書いてある」という定型句で旧約聖書の引用を始めたことに注目す

第5章　啓示の保存——霊感

るべきである。イエスは、聖書が語っていることすべてに、神ご自身の語りかけの力があると見ていた。それには権威があったのである。もちろんこのことは、聖霊の霊感の働きは言葉の選択にまで及んでいるのかという問いに対して具体的なことを述べているわけではない。しかし旧約聖書の文書を神の言葉と徹底的に同一視していることを示している。ある人は、聖書の霊感は非常に強いものなので、個々の言葉の選択にまで及んだと結論する。

6. 霊感のモデル

霊感についての説を組織立てていく場合、使用できる二つの基本的な方法を認識することが必要である。第一の方法は教訓的アプローチで、聖書記者が聖書について実際に語っていることと、聖書の用い方に表されている彼らの聖書観に第一義的な強調を置く。この方法は、ベンジャミン・B・ウォーフィールドと「プリンストン学派」の神学の著作に表現されている[7]。第二のアプローチは、記者たちが出来事を報告している多様な方法を分析し、並行記事を比較して、聖書がどのようなものであるのかを見ることである。これは、聖書の事象を第一義的に基盤として霊感の理論を発展させた、デューイ・ビーグルの方法を特徴づけている[8]。

二種類の素材を両方とも保持し、そして統合することはできるのか。本書では教訓的な素材を第一に考慮する。これは、霊感が言葉の選択にまで及んでいる（すなわち言語霊感）と結論づけていることを意味し

ている。ただし、言葉の選択ということの正確な意味は、その事象を吟味することによって決定される。

本書で提案しているのは、御霊が行うのは聖書記者の思想を導くことであるということである。ただしその導きは、きわめて正確なものである。それゆえ、記者の語彙の中で一つの言葉が、神が伝えようとしている思想を最も適切に伝達することになる（その言葉はそれ自体では不適当な場合もあるが）。思想を創造し、聖書記者の理解を刺激することによって、御霊は聖書記者がほかの言葉よりも一つの特別な言葉を使うように事実上導いている。

神は、記者がある思想を表現するために（精度を求めて）特定の言葉を使うように導くが、その思想自体はきわめて一般的かもしれないし、かなり特別かもしれない。これは言語学者のケネス・パイクが「倍率の次元（dimension of magnification）」と呼んでいるものである[9]。聖書における表示が常に最大倍率であること、あるいはきわめて詳細であることは期待できない。むしろ、ちょうど神が意図している程度までの詳細さや特殊性を表現し、そして倍率のそのレベルで、神が意図する概念をちょうど表現している。このことは、聖書は時に我々が期待したり望んだりするほどには詳細でないという事実を説明する。実際、新たな状況の目的に合うように、聖霊が聖書記者を動かして、ある概念をもともとの形よりも具体的なかたちに表現し直させる場合もあった。

図1（次頁）は、我々が考えているものが何かを説明するのに役立つ。この図は、特殊性や詳細さや倍率のさまざまなレベルを描いている。特殊性の次元は図表の垂直の運動を意味する。検討中の概念を赤という色であると仮定しよう。この考えは、それ以上でもそれ以下でもない、ある一定の

---

[7] Benjamin B. Warfield, "The Biblical Idea of Inspiration," in *The Inspiration and Authority of the Bible*, ed. Samuel G. Craig (London: Marshall, Morgan and Scott, 1951), 131–65（B・B・ウォーフィールド『聖書の霊感と権威』日本カルヴィニスト協会訳、小峯書店、1973年）。

[8] Dewey Beegle, *Scripture, Tradition, and Infallibility* (Grand Rapids: Eerdmans, 1973), 175–97.

[9] Kenneth L. Pike, "Language and Meaning: Strange Dimensions of Truth," *Christianity Today*, May 8, 1961, 28.

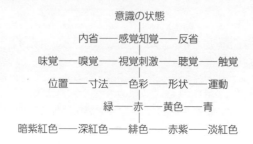

図1 特殊性のレベル

程度の特殊性を有している。それよりも特殊性が強かったり（たとえば緋色）、特殊性が弱かったり（色彩）することはない。垂直的には一般性／特殊性という軸にそって、同時に、水平的には特殊性のある特定のレベルで（すなわち、黄色や緑に対する赤）、図表のある位置に現れる。もう一つの例は、絵における詳細さの程度（パイクの用語で「倍率の程度」）、および焦点のシャープさと甘さである。もちろん、焦点があまり正確でない場合、詳細さはあいまいになったり、失われてしまったりする。しかしながら、この二つの次元（詳細さと焦点）を混同すべきではない。考えが十分正確であるなら、所与の言語や所与の著者の語彙の中にあるただ一つの言葉だけで、意味を適切に伝え、表現することができる。

ここで主張したいのは、霊感とは神が記者の思想を導くことであり、その結果、それはまさしく神が表現したかった思想であることである。それらの思想は時には非常に特殊なものであり、時にはより一般的なものであった。本書では、霊感は言葉の選択にまで及ぶ言語的なものであると結論した。しかしながら、それは言語的であることにとどまらない。時には、利用できる言葉よりも思想のほうが正確である場合もある。たとえば、ヨハネの黙示録を生み出したパトモス島でのヨハネの幻の場合は、そのようなものであった。

この時点で、霊感が言葉の選択にまで及んでいるとすれば、必然的に口述となるのではないかという反論が普通提起される。この非難に答えるためには、霊感のプロセスを理論化しなければならない。ここで注意しなければならないのは、聖書記者たちは、少なくともその身元がわかる場合はすべてにおいて、信仰の初心者ではなかったことである。彼らは神を知っていたし、神から学び、ある期間霊的生活を実践していた。したがって神はある期間彼らの生活の中で働き、非常に多様な家庭、社会、教育、宗教上の経験を通して彼らが遂行すべき任務を果たせるように整えてきた。実際、パウロは自分が誕生前にさえ選ばれていたと述べている（ガラテヤ1:15）。神は、人生のすべてを通して働き、聖書記者一人一人を形づくり、成長させようとしていた。そのため例えば、漁師ペテロの経験や医者ルカの経験は、後に聖書の著述に生かされるような個性と世界観を創造していた。このことは、三位一体の教理を論じるときに、霊感の最終的な働きは、聖霊が第一義的な役割を果たした働きであったが、霊感には三位全体の働きであるという意味があることを覚えておくべきことを意味している。本書の後の章で見るように、三位のうちの一位に帰されている神の働きさえ、実際には三位一体的活動であり、三位のうちの一位格が全体としての神を代表として行動する[10]。

それゆえ、新しい方向性の示唆だけを受

けたが、長期間神を知っていた聖書記者が「神の思いを思う」ことは可能であった。個人的な例を挙げると、長年ある教会に属していた秘書がいた。私は、そこで牧会を始めたころ、この人に手紙を口述した。1年ほど経つと、私は彼女に自分の考えの概要を伝えることができ、彼女は私の文体を用いて私の手紙を書くことができた。3年もするころには、私が受け取った手紙を手渡して返事をしてほしいと頼むだけでよかった。教会にかかわるさまざまな課題についてすでに話し合っていたので、秘書は課題のほとんどについて私の考えを実際に知っていたからである。もう一人が語りたいことを知ることは口述なしで可能なのである。ただし、このことは親密な関係と長期にわたる交わりを前提としていることに留意しなければならない。そういうわけで、今まで述べてきた状況を考慮すると、聖書記者は、神が記録させたいとちょうど望んだとおりに神のメッセージを書くことができた。

ここで霊感は、記者と著述の双方にあてはまるものと考えられている。第一義的意味では、霊感の対象とは聖書記者である。けれども、記者がみことばを書くときには、霊感されるという性質は書物にも同様に伝えられる。それは派生的な意味で霊感されている[11]。このことは、啓示とは「啓示されていること」と「啓示されたこと」の両方であるとする定義（55頁を見よ）とよく似ている。我々は、霊感が、長期間にわたって記者とともに働く神のわざを前提にしていることを見てきた。これは、記者の準備を意味するだけでなく、ここで用いられる資料の準備をも意味している。厳密な意味での霊感はおそらく、この資料の保存や伝達にはあてはまらないだろうが、この経過を導く摂理の働きは看過すべきではない。

聖書は霊感されているゆえに、我々は神の教えを手にしていると確信することができる。啓示的出来事と啓示的教えが最初に与えられたとき、我々はそこにいなかったという事実によって、我々は霊的にあるいは神学的に貧しいままでいるということはない。我々には信頼できるガイドブックがある。そして、そのメッセージは真に我々に対する神の言葉であるゆえに、我々はそれを徹底的に学ぶよう動機づけられている。

研究課題

- 聖書の権威にとって、なぜ霊感はそれほど重要なのか。
- 聖書は自らの神的起源をどのように証言しているのか。
- 霊感についての五つの説の似ている点と違っている点は何か。
- 霊感についての適切なモデルに含まれているべき特徴を、あなたはどのように要約するか。
- 霊感についてのあなたの見解は個人的な聖書の読み方にどのように影響するか。

---

[10] 霊感についての三位一体的教理のより詳しく展開された理論は、Jeremy Begbie, "Who Is This God? Biblical Inspiration Revisited," *Tyndale Bulletin* 43, no. 2 (1992): 275–82 を見よ。

[11] Ⅱペテロ1:20–21は記者を指し、Ⅱテモテ3:16は彼らが書いたものを指していることに注意すべきである。したがって、霊感が記者に関係するのか、それとも記述に関係するのかというジレンマは、真の問題ではないことが明らかにされている。

第 6 章 神の言葉の信頼性 ── 無誤性

本章の目的

1. 無誤性に関する多様な概念を列挙し、それぞれの視点の意味を把握する。
2. 教会との関連で、神学を展開させる際に無誤性のもつ価値を評価する。
3. 無誤性との関連で聖書の現象面にまつわる諸問題の解決策を探求する。
4. 無誤性を定義する諸原則と実例を示す。
5. 無誤性をめぐって発展してきた諸課題の特徴を述べる。

本章のアウトライン

1. 無誤性についての多様な概念　67

2. 無誤性の重要性　68
   (1) 神学的重要性　68
   (2) 歴史的重要性　68
   (3) 認識論的重要性　69

3. 無誤性と現象面　69

4. 無誤性の定義　70

5. 付随的問題　73

本章の概要

　無誤性とは、聖書は、その教えのすべてにおいて十分に信頼できるという教理である。神学者たちは、聖書がどの程度無誤であるかについて議論してきた。聖書が無誤でないとしたら、我々のもつ神についての知識は不正確で信頼できないものとなる。無誤性は聖書の十全霊感の結果として導き出される。聖書に詳細な科学的記述や数学的に正確な記述を求めることはできない。しかし、無誤性は、聖書がその時代の用法から判断して、いかなる誤りもなく真理を教えていることを意味している。

第6章　神の言葉の信頼性――無誤性

聖書の無誤性とは、聖書がその教えのすべてにおいて十分に信頼できるという教理である。多くの福音主義者は無誤性を、きわめて重要かつ、重大な問題と考えている。それゆえ、注意深く検証することが求められている。聖書論は無誤性によって、真の意味で完成を見るといえる。なぜなら、もし神がご自身について特別啓示を与え、しもべたちを霊感してそれを記録させたのなら、聖書が本当にその啓示の信頼できる情報源であるとの確証を我々は欲するからである。

1. 無誤性についての多様な概念

「無誤性」という語の意味は、人によって異なり、その呼称がどのような立場を表すとするのが適切なのかについて、議論がある。それゆえ、無誤性という事柄に関する最近の立場を簡単にまとめておく[1]。

1. **絶対的無誤性**（*absolute inerrancy*）では、聖書は、科学的事柄と歴史的事柄両方のかなり詳しい取り扱いも含めて完全に正しいと主張する。この説は、聖書記者は、かなりの量の正確な科学的、歴史的データを提供しようとしていたとの印象を与える。したがって、一見、矛盾と思われるものは説明をつけることができ、また説明をつけなければならない。たとえば、Ⅱ歴代4:2には鋳物の海について、直径は10キュビトで、円周は30キュビトと記されている。しかし、もちろん、円周は直径×円周率（3.14159）である。この聖書本文にあるとおり、鋳物の海が円形だったとしたら、ここには矛盾があり、説明をつける必要が出てくる[2]。

2. **全的無誤性**（*full inerrancy*）でも、聖書は完全に正しいと主張する。ただ、聖書は科学的、歴史的データを提供することを第一義的目的とするものではないけれど、聖書にあるような科学的、歴史的主張は十分に正しいものであるとされる。宗教的・神学的・霊的メッセージの見方に関しては、この立場と絶対的無誤性との間に本質的な相違はない。しかし、科学的、歴史的記述の理解はかなり異なる。全的無誤性はそういった記述を現象的なものと見ている。つまり、人間の目にどのように見えるのかというあり様が報告されているという。つまり、正確さが求められているわけではない。むしろ一般的な表現をとり、おおまかな記述や概算値が用いられる。それらはそのようであっても正しい。それらが教えている内容は、教えている方法において、本質的に正しい[3]。

3. **限定的無誤性**（*limited inerrancy*）も、救いの教理に関する記述において、聖書は誤りがなく無謬であると見る。しかし、非経験的な啓示された事柄と、経験的な自然的記述とを、明確に区別する。聖書における科学的、歴史的記述は、それが記された時代において一般的だった理解を反映している。聖書記者たちは時代の制約の中にいた。啓示と霊感を受けても、通常以上の知識が与えられたわけではない。神は彼らに科学や歴史を啓示したわけではない。その結果として、聖書の中にこういった領域において現代なら誤りと呼ばれる記述があるとしても、それは当然である。しかしなが

---

[1] マイケル・バウマン（Michael Baumann）は、公正に聴くことを妨げる戦術的な誤りを避けるために、無誤性の教理を述べる際のいくつかの有益なガイドラインを提示している（" Why the Non-inerrantists Are Not Listening: Six Tactical Errors Evangelicals Commit," *Journal of the Evangelical Theological Society* 29, no. 3 [September 1986]: 317–24）。この教理についてのより一般的な誤解や誤った表現に対して無誤性を信じることの合理性を哲学者が弁護したものは、J. P. Moreland, "The Rationality of Belief in Inerrancy," *Trinity Journal* 7, no. 1 (Spring 1986): 76–86 を見よ。

[2] Harold Lindsell, *The Battle for the Bible* (Grand Rapids: Zondervan, 1976), 165–66.

[3] Roger Nicole, "The Nature of Inerrancy," in *Inerrancy and Common Sense*, ed. Roger Nicole and J. Ramsey Michaels (Grand Rapids: Baker, 1980), 71–95.

ら、これは大した問題ではない。聖書は科学や歴史を教えると主張しているわけではない。聖書はそれが与えられた目的に関しては、十分に正しく誤りがない[4]。

2. 無誤性の重要性

そもそも、教会はなぜ無誤性に関心をもつべきなのか。無誤性は不適切で、偽りの、混乱を引き起こす問題であると示唆する人々もいる。一つには、「無誤性」とは否定的な用語である。聖書について述べるのであれば、肯定的な言葉を使用したほうがはるかによい。さらに、無誤性とは聖書的な概念ではない。聖書において、誤りを犯すとは知的な事柄というよりも霊的、道徳的事柄である。無誤性は、聖書が神との関係について何を言おうとしているかという適切な問題から我々の注意をそらせる。最後に、無誤性の問題は教会に害を及ぼし、数多くの共通点をもつ者たちの間に不一致をもたらしている。つまり、些細な事柄のはずのものから、大きな問題を作り出している[5]。

以上の考察の視点から言えば、無誤性の問題は無視して「今ある問題でやっていく」ほうがよいのではないだろうか。答えとして我々は、無誤性に関する多くの議論の根底に、きわめて実際的な関心があることに注目する。田舎の小教会の学生牧師が会衆のもつ関心を、次のように巧みに要約している。「教会の人たちから、『もし聖書がそう言っているのなら、私はそれを信じていいのでしょうか』と聞かれます」。確かに、聖書が十分に信頼できるかどうかは、神学的、歴史的、認識論的に重要な事柄で

ある。

(1) 神学的重要性

イエスやパウロなど新約聖書の主要人物は、聖書の詳細を権威あるものとみなして用いた。このことによって、聖書は本文内部における詳細の選択に至るまで、神によって完全に霊感されたものであるという聖書の見方が支持される。もしそうであるなら、そこには、次のような意味合いが含まれている。もし神が全知であるなら、すべてのことを知っているはずだ。どんなことでも知らないということはないし、誤ることもない。さらに、もし神が全能であるなら、最終的な創作品に一切の誤りが入りこまないよう、聖書記者の執筆に作用することができるはずだ。そして真実で正確な存在なので、自身のこれらの能力を用いて、人間が聖書によって誤った方向に行かないようにすることを確かに望むだろう。このように、霊感に関する我々の見解は、論理的に、聖書の無誤性を伴う。無誤性は、十全霊感の教理から必然的に導き出される結論である。したがって、万が一聖書が十分に真実ではないことが示されるならば、霊感についての我々の見解も、危険にさらされることになる。

(2) 歴史的重要性

歴史的に言えば、教会は聖書の無誤性を主張してきた。明確に述べられた理論は近代までなかったけれど、聖書が完全に信頼できるものであるという信仰は、教会史を貫いて一般に認められてきた。このことが、今日の無誤性論者が「無誤性」という用語によって意味しているものと同じであるかどうかは、すぐにはわからない。いずれにせよ、無誤性についての一般的な理解が、近年になって発展したものでないことは明らかである。

ここで、聖書の無誤性が破棄されるとき、教理の他の領域にとって、それがどのような意味をもち、どのような影響を及ぼして

---

[4] Daniel P. Fuller, "Benjamin B. Warfield's View of Faith and History," *Bulletin of the Evangelical Theological Society* 11 (1968): 75–83.

[5] David Hubbard, "The Irrelevancy of Inerrancy," in *Biblical Authority*, ed. Jack Rogers (Waco: Word, 1977), 151–81.

第6章　神の言葉の信頼性——無誤性

きたのかも見ておきたい。聖書の無誤性を周辺的または省略可能な事柄とみなすことから始めて、神学者あるいは学派や運動がこの教理を破棄するところでは、続いて、キリストの神性や三位一体など教会がふつう主要な教理と考えてきた教理も破棄または変更することが多いことが証明されている。歴史は神学がその思想を試す実験室である。それゆえ、聖書は完全に信頼できるという信仰からの逸脱（いつだつ）は、きわめて重大な一歩を踏み出すことであると結論しなければならない。そのことは無誤性という一つの教理についてだけでなく、結果として他の教理に起こる問題についても同様である[6]。

> 明確に述べられた理論は近代までなかったけれど、聖書が完全に信頼できるものであるという信仰は、教会史を貫いて一般に認められてきた。

⑶ 認識論的重要性

　認識論的な問いとは、単純に、どのようにしてそれを知るのか、である。ある神学的命題を真理であると主張するための我々の基盤は、聖書がそれを教えていることである。それゆえ、聖書はその主張のすべてにおいて真実であるとの確認は、最も重要である。もしも聖書が教えるある命題（歴史的または科学的な）が正しくないという結論が出るとしたら、神学的命題にとってそのことが含む意味合いは広範囲に及ぶ。聖書が教え断言していることはすべて真実であるという立場を福音主義者が破棄する範囲に応じて、教理を立証する他の基盤が必要になる。それは、宗教哲学の再興によるかもしれない、また最近の「関係論的」

方向づけがより多く与えられるものによるのかもしれない。後者の場合、神学を宗教心理学などの行動科学に基づかせることになる。しかし、代わりの根拠づけがどのような形をとるにせよ、掲げられる信仰箇条のリストは縮小されていくこととなる。なぜなら、三位一体やキリストの処女降誕を、哲学的な議論や対人関係の力学を根拠にして立証することは困難だからである。

3. 無誤性と現象面

　聖書の無誤性を信じる信仰は、聖書全体の性質の検討を基礎としているわけではない。それは聖書の霊感に関する聖書記者たちの教えを基礎としている。その教えは、聖書が完全に真実であることのみを示している。聖書の無誤性の性質とは何か、またその誤りのなさとは一体どのようなものなのか、ということは正確にはわからない。それを知るためには、聖書の実際の諸現象を見なければならない。

　多くの種類の問題ある箇所が存在する。たとえば、聖書の説明は世俗の歴史に関する言及や科学の主張と矛盾していると見えるものを含んでいる。また聖書において旧約のサムエル記、列王記、歴代誌、新約の福音書などでは、並行箇所との間に矛盾が存在する。これらの矛盾には年代、数、その他の細目の事柄が含まれている。さらにはいくつかの点で倫理的な矛盾と見えるものすらある。多様な種類の問題についての考えは、マルコ6:8をマタイ10:9-10およびルカ9:3と比較し、使徒7:6を出エジプト12:40-41と、Ⅱサムエル10:18をⅠ歴代19:18と、Ⅱサムエル24:1をⅠ歴代21:1と、ヤコブ1:13をⅠサムエル18:10と比較することで得られる。

　これらの問題はどのように扱うべきか。ここではいくつかの異なるアプローチが取られてきた。中でもベンジャミン・B・ウォーフィールドは、聖書の無誤性という教

---

[6] Richard Lovelace, "Inerrancy: Some Historical Perspectives," in Nicole and Michaels, *Inerrancy and Common Sense*, 26–36.

理的教えはそれ自体で、事実上事象を無視できるほどに強力な考慮すべき事項であると主張している[7]。デューイ・ビーグル等の神学者たちは、問題のある事象が聖書の無誤性への信仰を破棄するよう我々に求めていると主張している[8]。それに対してルイ・ゴーセン等の神学者たちは、すべての相違を調和させることで面倒な事象を解消させようと試みている[9]。ただしそれらの説明の幾つかはかなり人為的なものと思われる。

これらのうちのどのアプローチも十分満足いく解決ではない。むしろ、穏健な調和という道に従うことが最も賢明ではないか[10]。そのようなアプローチでは、入手できる情報がもっともな説明をもたらすとき、その問題は解決される。ただし問題の幾つかに関しては、完全に理解するのに十分な情報がない。それでも、我々がすべてのデータを持ったなら、それらの問題は消えうせるはずであると分かっているので、なお聖書自身の主張を基盤に無誤性を主張し続けることができる。

4. 無誤性の定義

ここで、本書が無誤性をどのように理解するかを述べておく。聖書は、それが書かれた時代に文化と意思伝達の手段がどれくらい発達していたかを踏まえて、またそれが与えられた目的を考えて、正しく解釈するなら、それが断言しているすべてにおいて完全に真実である。この定義は、先に全的無誤性と名づけた立場を反映している。以下、いくつかの原則と実例を述べつつ、この定義について詳述しておく。これらの原則と実例は、無誤性をより明確に定義し、困難をいくつか解決する助けとなる。

1. 無誤性は、単なる報告に関連するというより、主張あるいは断言されているものに関連する。聖書は不敬虔な人々による誤った発言を報告している。そのような発言は聖書にあるからといって真実であるわけではない。それが正しく記録されていることが保証されているだけである。敬虔な人物の発言についても、聖霊の霊感を受けて発言しているのでなければ同様の判断ができる。使徒7章での演説においてステパノは、聖霊に満たされていたけれども、霊感されてはいなかったかもしれない。そうだとしたら、6節の年代についての発言は、誤っていても不思議ではない。パウロやペテロでさえ、時折不正確な発言をしているように見える。けれども、聖書記者が、どのような資料からでも何かを取り出して、それを単なる報告ではなく断言として自分のメッセージに組み込むなら、それは真実なものと判断すべきである。ただしそのことで、引用された書物の正典性が保証されるわけではない。信仰をもたず、特別啓示や霊感を受けていない者であっても、真理をもっている可能性がある。聖書の中にあることはすべて真理であるが、すべての真理が聖書の中にあると考える必要はない。そういうわけで、ユダの手紙に正典ではない二つの書物への言及があること（9、14-15節）は、必ずしも問題とはならない。このことを理由に、ユダが誤ったことを主張したと考える必要はないし、『エノク書』と『モーセの昇天』が神の霊感を受けた書物で、旧約聖書正典に数えられるべきであると考える必要もない。

ここで起きてくるのが、無誤性は直説法以外の叙法にも当てはまるのかという疑問

---

[7] Benjamin B. Warfield, "The Real Problem of Inspiration," in *The Inspiration and Authority of the Bible*, ed. Samuel G. Craig (London: Marshall, Morgan and Scott, 1951), 219–20（B・B・ウォーフィールド『聖書の霊感と権威』日本カルヴィニスト協会訳、小峯書店、1973年）。

[8] Dewey Beegle, *Scripture, Tradition, and Infallibility* (Grand Rapids: Eerdmans, 1973), 195–97.

[9] Louis Gaussen, *The Inspiration of the Holy Scriptures* (Chicago: Moody, 1949).

[10] Everett Harrison, "The Phenomena of Scripture," in *Revelation and the Bible*, ed. Carl Henry (Grand Rapids: Baker, 1959), 237–50.

である。聖書には主張に加えて、問いかけや願望や命令が含まれている。しかし、それらは通常、真実か偽りかを判断することはできない。したがって無誤性は当てはまらないように思われる。しかし、聖書には、誰かがこのような問いかけをしたとか、このような願望を表したとか、このような命令を発したという事実が断言または主張されている（はっきりと、あるいは間接的に）。「自分の敵を愛せ」という言明は、真実であるとも偽りであるとも言うことはできないが、「イエスは『自分の敵を愛せ』と言った」という主張は、真実か偽りかを判断することができる。そして、それは聖書の主張であるから、無誤ということになる。

2. 聖書の真実性の判断は、その発言がなされた文化的背景において、それがどのような意味をもっていたかという観点からなされなければならない。たとえば、紀元1世紀にも、引用は一字一句正確にという基準があったと考えるべきではない。それは印刷出版と大量配布の今の時代に常識とされていることにすぎない。古代においては、数が象徴的に使用されることが多かったことも知っておいたほうがよい。それは、今日の文化に当てはまるよりもはるかに多かった。親が子どもにつける名前にも、特別な意味があった。今日では、それほどの意味が込められることはない。我々の言語や文化では「子」という言葉には基本的に一つの意味しかない。しかし、聖書時代には幅広い意味があり、ほとんど「子孫」という言葉と等しかった。このように、我々の文化と聖書時代の文化との間にはかなりの相違がある。無誤性について語る場合、その時代の文化の観点からいって、聖書が主張していることは完全に正しいということを意味している。

3. 聖書の主張は、それが書かれた目的に照らして判断されるとき、完全に真実である。ここで「正確さ」は、資料をどのような意図で用いたかによってさまざまに異なることになる。聖書に、9,476人の兵士による戦いが記されていると仮定してみよう。その場合、正しい（あるいは無謬の）報告とは何だろうか。10,000人というのは正確と言えるのか。9,000人、9,500人、9,480人、9,475人はどうか。あるいは9,476人だけが正確な報告なのだろうか。答えは、どのような目的で書かれたかである。もしその報告が、将校が上司に提出する公式の軍事文書であるとしたら、数字は正確でなければならない。それが脱走兵がいるかどうかを確かめる唯一の方法となる。一方、記述の意図が戦いの規模について何らかのイメージを与えることだけなら、10,000というような概数で十分であり、この状況では正確と認められる。これは、Ⅱ歴代4：2に記された鋳物の海にもあてはまる。寸法を示す目的が、正確な複製を組み立てるための設計図を作成することであるとしたら、直径10キュビトで作るのか、円周30キュビトで作るのか知ることが重要である。しかし、大きさのイメージを伝えることだけが目的なら、歴代誌記者が記した概数で充分であり、完全に正しいと判断される。聖書にはそのような概数が多く見られる。

> 聖書の主張は、それが書かれた目的に照らして判断されるとき、完全に真実である。

現代文化においても、概数を使うことは普通にある。私の昨年の実際の総収入が80,154.78ドルであったとしよう（数字はまったくの仮定である）。そして、昨年の実収入を聞かれ、私が「8万ドル」と答えたとする。私は真実を語ったのか、そうでないのか。それは状況と背景による。もし、生活費について友人とおしゃべりをしていて聞かれたのであれば、私は真実を語ったことになる。しかし、監査を行っている税務署員から聞かれたのだとしたら、私は真

実を話していないことになる。

あることが真実であるかを判断する場合は、それを書いた目的が考慮されなければならない。このことは、数字の使い方だけではなく、歴史的叙述における時系列のような問題にも当てはめられる。時系列は福音書で時々修正されている。ある箇所では、違う人々に同じ意味を伝達するために、言葉を置き換えることが必要であった。ルカには「栄光がいと高き所にあるように」、マタイとマルコには「ホサナ。いと高き所に」と記されているのは、そういった理由による。「栄光がいと高き所にあるように」は、ルカの読者である異邦人にとって「ホサナ。いと高き所に」よりわかりやすい。今日の説教者は、言葉を加え詳述したり要約したりしても、聖書本文に不忠実であるとの非難を受けることはない。聖書記者も同じことをしていた。

4. 歴史的な出来事や科学的な事象の報告は、学問的言語によってではなく、現象的言語によってなされる。それは、記者が報告するのは物事がその目にどう見えるかである。この例としてよく言及されるのは、日の出に関する事柄である。夜のニュースで気象予報士が、明日の日の出は6時37分ですと言う。厳密に学問的な見地からすれば、これは誤りである。コペルニクスの時代以来、動いているのは太陽ではなく地球であるとわかっている。しかし、一般的な言い方として問題はない。それどころか、「日の出」という言葉は、科学者同士の間でも慣用句のようになっている。ただし、普通に使っているからといって、文字どおりにとっているわけではない。聖書の報告も同じように、科学的に正確であろうとはしていない。たとえば、エリコの城壁が崩れたり、ヨルダン川が堰き止められたり、斧の頭が浮かんだりしたときに、実際に起こったことを理論づけようとはしない。聖書記者は、何が見えたか、それが目にどのように映ったかを報告しただけであった。

5. 聖書本文を説明する上でのさまざまな困難を、誤りのしるしであると性急に判断すべきではない。すべてのデータが入手できれば問題は解決されると確信しつつ、残りのデータが入って来るのを待つほうがよい。データが決して入って来ない場合もある。しかし、データが増えれば増えるほど、困難が解決の方向へ向かうことは心強い。イザヤ書に出てくる（20:1）サルゴンとは誰かという問題等、1世紀前には難問とされていたことの一部も、現在では無理なこじつけをしなくても満足のいく説明ができるようになっている。イスカリオテのユダの死に関する謎も、現在では以下のように、納得のいく理性的な解明がなされている。

マタイ27:5によれば、ユダは首をつって自殺した。しかしながら、使徒1:18には、「真っ逆さまに落ちて、からだが真っ二つに裂け、はらわたがすべて飛び出してしまった」と述べられている。ユダの死に関して問題を引き起こした使徒の働きの特別なギリシア語はプレーネース（*prēnēs*）である。長い間、この語には「真っ逆さまに落ちる」という意味しかないと理解されていた。しかし、20世紀における古代パピルス写本の研究の結果、コイネー・ギリシア語では別の意味もあることが明らかになった。それには「膨張する」という意味もある[11]。これで、ユダの最後について、すべてのデータを収容する仮説を立てることが可能となった。すなわち、ユダは首を吊って死んだ後、しばらくの間発見されなかった。そのような状況で、まず内臓が腐敗し、それによって腹が膨張してくる。それは、適切な防腐処理が施されていない死体の特徴である。それで、「膨張して、からだが真っ二つに裂け、はらわたがすべて飛び出してしまった」。これが実際に起こったのかどうかを知るすべはないが、困難な聖書箇所に対する納得のゆく適切な解釈と思われる。聖書を理解する上で妨げとなる問題については、それが解決されるよう努め続けるべ

---

11 G. Abbott-Smith, *A Manual Greek Lexicon of the New Testament* (Edinburgh: T&T Clark, 1937), 377.

きである。

5. 付随的問題

1.「無誤性」は適切な用語だろうか。あるいは、使うべきではないのだろうか。この用語にはいくつかの問題が付随する。その一つは、極端な特異性という印象を与えやすいことである。それは、「正しさ」、「真実さ」、「信用性」、「信頼性」、あるいはそれほどではないにしても「正確さ」というような言葉では表せない特異性である。しかしながら、「無誤性」という言葉はどこでも通用するようになっているので、それを使うのは賢明である。しかし、ただ使うだけでは不十分である。なぜなら、これまで見てきたように、人によってこの語の意味するところがずいぶん異なるからである。ここでウィリアム・ホーダーンの次の主張は警告としてふさわしい。「ファンダメンタリストにとっても非保守主義者にとっても、新保守主義者は次のように言おうとしていると思われることがしばしばある。『聖書は無誤であるが、このことはもちろん、それに誤りがないという意味ではない』[12]」。無誤性という言葉を使う際には、それをどういう意味で使っているのかを、誤解のないよう丁寧に説明しなければならない。

2.「誤り」という言葉の意味も定義しておく必要がある。そうしないと、無誤性の意味は失われてしまう。もし「言語の弾力性という無限係数」があるとしたら、「真実さ」という語は少しまた少しと引き伸ばされて、ついには、すべてを含むことになってしまう。それは、真実さなど何もないということに等しい。そうだとすると我々は、何が誤りと考えられるのかを示す準備をしなければならない。明らかに事実に反する記述が聖書にあれば、それは誤りであると考えなければならない。もしイエスが十字架上で死んだのでないのなら、湖上で嵐を静めたのでないのなら、エリコの城壁が崩れたのでないのなら、イスラエルの民がエジプトでの苦役を離れず、約束の地へと出発しなかったのなら、聖書には誤りがあることになる。

3. 無誤性の教理は、厳密な意味では原典のみに適用され、写本や翻訳には派生的な意味で、すなわち、原典をどれくらい反映しているかという程度に応じて、適用される。この見解はごまかしに過ぎないと嘲笑されることが多く、無誤の原典など誰も見たことがないと指摘される[13]。一方、カール・ヘンリーが指摘しているように、誤りのある原典を見たことがある人も誰もいない[14]。我々は、原典のメッセージをどれだけ保存しているかという程度に応じて、写本と翻訳もまた神の言葉であるという価値を再確認しなければならない。写本と翻訳もまた神の言葉であると言う場合、それはもちろん、原典を執筆した聖書記者たちに臨んだ霊感のプロセスを考えているわけではない。むしろ、生み出されたものに付随する派生的な意味において神の言葉であるということである。それゆえ、パウロが聖書と言っているものは間違いなく写本であり、また、おそらく翻訳（七十人訳）であったにもかかわらず、テモテに宛てて、聖書はすべて霊感されていると書き送ることができた。

多くの誤った概念や多くの見解があふれている世界において、聖書は確実な人生の手引きである。それは、聖書の教えが正しく解釈されるとき、それが教えているすべてにおいて十分信頼できるものだからであ

---

12 William Hordern, *New Directions in Theology Today*, vol. 1, Introduction (Philadelphia: Westminster, 1966), 83（W・ホーダーン『転換期に立つ神学』現代神学の潮流Ⅰ、斎藤正彦訳、新教出版社、1969年）。

13 Beegle, *Scripture, Tradition, and Infallibility*, 156–59.

14 Harrison, "Phenomena of Scripture," 239 に報告されている。

る。つまるところ、聖書は確実で、頼りになる、信頼に値する権威なのである。

研究課題

- 絶対的無誤性、全的無誤性、限定的無誤性とは、何を意味しているのか。
- 無誤性の認識論的重要性とは何か。
- 聖書の並行記事における相互の食い違いを考慮すると、無誤性を全く否定してしまう理由はあるのだろうか。
- 無誤性に関する三つの問題とは何か。それらに対して筆者はどのように答えているか。
- どのような方法で、無誤性は聖書の権威に対するあなたの信頼を認めているか。

第7章 神の言葉の力 ── 権威

本章の目的

1 「権威」という言葉を定義し、宗教的観点から権威の定義を言い換える。
2 聖霊による神的起源と著作性を通して聖書の意味が確定される方法を把握する。
3 権威の客観的構成要素と主観的構成要素とを区別する。
4 聖書と理性の間の関係について、それが持つ意味と関連して説明する。
5 聖書に関する、歴史的権威と規範的権威の二つを比較する。

本章のアウトライン

1. 宗教的権威　76

2. 聖霊の内的働き　76

3. 権威の客観的構成要素と主観的構成要素　78

4. 聖書と理性　79

5. 歴史的権威と規範的権威　80

本章の概要

　すべての真理の創造者であり源である神には、すべての人間に信仰と従順を要求する権利がある。神は直接権利を行使する場合もあるが、通常は、人間にメッセージを伝えるなど別の手段を用いる。このことは聖書を用いて起こる。聖霊は、聖書の教えを明るく照らし出し、人間の理解力と心の両方に適用する。聖書はすべて、歴史的に権威がある。すなわち、特定の時代と場所で何が起こったか、また特定の時代と場所で特定の人々に神が何を期待したかを正しく伝える。また、聖書には規範的に権威をもつ部分もある。したがって、そのような箇所には、最初に与えられたのと同じ仕方で適用し、従う必要がある。

1. 宗教的権威

　本書で言う権威とは、信条と行動の双方またはどちらかを命じる権利のことである。これは今日の社会においてかなりの論争を起こしている主題である。最終的判断を自分で行いたいと思っているので、外的な権威を認めそれに従うことは拒否される。これは幾つかの種類のポストモダニズムでは極端なかたちをとる。そこでは、すべての意見は他のすべての意見と同等の価値をもつのであり、ある意見が他の意見よりも客観的により適切であると示唆することは不寛容だとされる。宗教の領域には体制的なものに対する強い反感さえあり、個人の判断が強調されることが多い。たとえば、多くのローマ・カトリックの信者の中には、教皇の権威は無謬であるという伝統的な見解に疑念を抱いている人も少なくない。

　宗教的権威という領域で、非常に重要な問いが発せられている。宗教的事柄において、信条と行動を規定する権利を有する人や組織や文書は存在するのか、という問いである。究極的な意味で、もし人間や創造の秩序の中にいる他のものよりも上の至高の存在がいるとしたら、そのような人格は我々が何を信じ、どのように生きるべきかを決定する権利をもっている。本書は、神こそが宗教的な事柄において究極的権威であると明示している。神は、その存在とわざの両方のゆえに、信条と実践の基準を定める権利をもっている。けれども、主要な問題に関しては通常、直接的なかたちで権威を行使することはない。むしろ聖書という書物を作り、そこにその権威を委ねた。聖書は神のメッセージを伝えるものであるゆえ、もし神が我々に個人的に語るとしたら同じことを命じるだろうという重みをもっている。

2. 聖霊の内的働き

　啓示とは、神がご自身についての真理を人間に知らせることである。霊感は、もし神が直接に語ったとしたらまさしく神が語るであろうことが聖書に記されていることを保証する。しかしこのつながりには、もう一つの要素が必要とされている。すなわち、神が語っているかのように聖書が機能するために、聖書を読む者には聖書の意味を理解することと、その神的起源と著作性を確信することが必要である。このことは、聖霊の内的働きによって達成される。聖霊は聖書を聞く者あるいは読む者の理解力を明るく照らし、意味が理解できるようにし、聖書の真理と神的起源を確信させる。

聖書は神のメッセージを伝えるものであるゆえ、もし神が我々に個人的に語るとしたら同じことを命じるだろうという重みをもっている。

　もし人が聖書の意味を理解し、その真理を確信するべきであるなら、なぜ聖霊の照明や証しが必要なのか。それにはいくつか理由がある。まず、神と人間との間には存在論的な違いが存在する。神は超越的な存在であり、我々の理解のカテゴリーを超えている。我々の有限な概念の内部に、あるいは我々人間の語彙によって神を十分に把握することは決してできない。神を理解することはできても、それは包括的な理解ではない。人間であるとは、こういった限界をもつことである。それらは堕落や個々人の罪の結果によるものではなく、創造者と被造物の関係に由来する。

　聖霊の特別な働きが必要とされる第二の理由は、人間には神の事柄に関して確信が必要だからである。ここで我々は、(霊的

な永遠の）生命と死という事柄に関心を持っているのであり、可能性があるというだけでは不十分である。確かさが必要とされる度合いは、問題となっている事柄がどれほど重要であるかに直接比例している。永遠にわたる結果に関しては、人間理性には提供できない確かさが必要である。どの車を買うかとか、どのような種類のペンキを家に塗るかを決めるときは、たいていの場合は、それぞれの選択肢の利点を列挙すれば事足りる。しかし、問題が、自分の永遠の運命に関して誰を、または何を信じるべきかということだとしたら、確実なことを知る必要性の度合いははるかに大きなものとなる。

聖霊の内的働きが必要とされる第三の理由は、人間の個人的な、そして人類全体としての罪深さから生じる制限のゆえである。イエスはマタイ13:13-15とマルコ8:18で、聞くけれども決して理解せず、見るけれども決して気づかない人々について語っている。そのような人々のあり様は、新約聖書の至るところに迫真の描写をもって描かれている。彼らの心は鈍くなっており、耳は遠く、目は閉じている（マタイ13:15）。神を知っているが、その神を神としてあがめないので、その思いはむなしくなり、その鈍い心は暗くなっている（ローマ1:21）。ローマ11:8では、そのような状態は神によるものとされている。神が「彼らに鈍い心と見ない目と聞かない耳を与えられた」と。その結果「彼らの目が暗く」（10節）なった。その他のたくさんの暗示とともに以上の言及から、人間に認識や理解力を増し加える御霊の特別な働きが必要であることがわかる。

Ⅰコリント2:14でパウロは、生まれながらの人（認識も理解もしない人）は、神の御霊の賜物を受けたことがないと言っている。原語ではデコマイ（*dechomai*）という語が使われているが、これは何かを受動的に「受け取る」ということだけではなく、賜物であれ思想であれ、それを「受け入れる」、歓迎することを意味する[1]。生まれながらの人は、神の知恵を愚かなものと考えるので、御霊の賜物を受け入れない。またそれは霊的に識別または吟味されるべきものであるので、それを理解することができない。そうであるなら、問題は、単に生まれつきの状態の人々が神の賜物と知恵を受け入れようとは思わないことだけではない。聖霊の助けなしには、神の賜物と知恵を理解することができないことが問題なのである。

Ⅰコリント2:14の文脈には、御霊の助けなしには人間には理解することができないことを裏づける証拠が含まれている。11節には、神の御霊だけが神の思いを知っていると言われている。パウロは1:20-21でも、世はその知恵によって神を知ることはできない、神がこの世の知恵を愚かとされたから、と言っている。まさに、この世の知恵は神にとっては愚かなのである（3:19）。御霊の賜物は、人間の知恵によって教えられた言葉ではなく御霊によって教えられた言葉によって授けられる（2:13）。以上の考察から、パウロは、霊的でない人は理解してもそれを受け入れないと言っているのではないと思われる。むしろ、彼らが受け入れない理由は、少なくとも幾分かは、理解しないからである。

しかし、この状態は、聖霊が我々の中で働きを始めるとき克服される。パウロは、心の目がはっきり見えるようにされることについて語っている。ここで使われている動詞は、あることがすでになされ、引き続き有効であることを示唆している（エペソ1:18）。Ⅱコリント3章では、心の覆いが取り除かれて（16節）主の栄光を見るようになる（18節）ことを語っている。新約聖書は、この「はっきりと見えるようになること」に、そのほかさまざまなかたちで言及している。すなわち、心の割礼（ローマ

---

[1] William F. Arndt and F. Wilbur Gingrich, eds., *A Greek-English Lexicon of the New Testament*, 4th ed. (Chicago: University of Chicago Press, 1957), 176.

2:29)、霊的な知恵と理解力で満たされること（コロサイ1:9)、イエス・キリストを知る理解力の賜物（Ⅰヨハネ5:20)、神の御子の声を聞くこと（ヨハネ10:3）である。以前は愚かなこと（Ⅰコリント1:18、2:14)、つまずきの石（Ⅰコリント1:23）に見えたものが、信じる者にとっては今や神の力（Ⅰコリント1:18)、神の奥義と隠された知恵（1:24、2:7)、キリストの心（2:16）に見える。

ここで説明してきたのは、御霊の一度きりのわざ「再生」である。これは信仰者と信仰のない者との間に明確な区別を導入する。ただし聖霊の働きには、信仰者の生活においてなされる継続的な働きがある。この働きについては特に、イエスがヨハネ14-16章で弟子たちに対するメッセージで次のように詳しく語っている。

1. 聖霊は信仰者にすべてのことを教え、イエスが彼らに語ったすべてのことを思い起こさせる（14:26)。
2. 聖霊はイエスについて証言する。弟子たちは初めからイエスとともにいたので、彼らもまた、イエスの証人となる（15:26-27)。
3. 聖霊は罪と義とさばきについて、世に有罪を宣告する（16:8)。「有罪を宣告する」（訳注・新改訳2017では「誤りを認めさせる」）と訳されるエレンコー（*elenchō*）は、確信をもたらすようなやり方で叱責することを意味し、不当な叱責（マタイ16:22）や効果の見込めない叱責（ルカ23:40）を示唆するエピティマオー（*epitimaō*）と対照的である[2]。
4. 聖霊は信仰者をすべての真理に導く。自身の権威によって語るのではなく、何であれ聞くことを語る（ヨハネ16:13)。その過程でイエスに栄光をもたらすことにもなる（16:14)。

「真理の御霊」という聖霊の呼称（14:17）に、特に注目したい。ヨハネの記述によると、イエスは聖霊を真の御霊ではなく、真理の御霊と呼ぶ。これはアラム語の表現をギリシア語にそのまま置き換えただけなのかもしれないが、御霊の本質が真理であることを意味している可能性が高い。聖霊は真理を伝達する。世は、聖霊を受け入れる（受け入れるを意味するデコマイ［*dechomai*］ではなく、単に受け取ることを意味するランバノー［*lambanō*]）ことができない。聖霊を見ることが決してなく、知ることもないからである。しかし信仰者は聖霊を知っている。聖霊が彼らとともに住んでおり、彼らの内にいるからである。

ヨハネ14-16章に描かれている御霊の役割をまとめておこう。聖霊は真理へと導き、イエスの言葉を思い出させ、自分ひとりで話すのではなく自分が聞くことを話し、確信をもたらし、キリストについて証言する。この働きは新しい働き、あるいは以前は知らされていなかった新しい真理の追加というより、すでに啓示されてきた真理との関係における聖霊の働きであるように思われる。したがって聖霊の働きとは、真理を明らかにし、信仰を与え、説得し、確信させることであり、新しい啓示をもたらすことではない。

3. 権威の客観的構成要素と主観的構成要素

すると、図2で描かれているような、バーナード・ラムが権威の"パターン"と呼ぶもの[3]が存在することになる。客観的な「ことば」すなわち書かれた聖書が、主観的な言葉、すなわち聖霊の内的照明および確信と一緒になって、キリスト者にとっての権威が構成される。

---

[2] Richard Trench, *Synonyms of the New Testament* (Grand Rapids: Eerdmans, 1953), 3–15.

[3] Bernard Ramm, *The Pattern of Religious Authority* (Grand Rapids: Eerdmans, 1968).

図2 権威のパターン

17世紀のスコラ的正統主義は、権威とは聖書のみであると事実上主張していた。これはある場合には、20世紀のアメリカにおける根本主義（Fundamentalism。「原理主義」という訳語もある——訳注）の立場でもあった。この立場を主張する人々は、聖書の中に、読む人を自動的に神との出会いに導く客観的な特質を見る。

毎日聖書を読むことは、それ自体が価値をもたらすと考えられている。「一日一個のリンゴで医者いらず」という古い諺を神学にあてはめて言えば「一日一章で悪魔いらず」となる。ここには、聖書がほとんど崇拝の対象になってしまう危険性が潜んでいる[4]。

> 客観的な「ことば」すなわち書かれた聖書が、主観的な言葉、すなわち聖霊の内的照明および確信と一緒になって、キリスト者にとっての権威が構成される。

ただし、聖霊をキリスト者にとって主要な権威と見るグループもある。たとえば、あるカリスマ的なグループは、今日特別な預言が起こっていると信じている。神からの新しいメッセージが聖霊によって与えられているという。たいていの場合、それらのメッセージは聖書の真の意味を説明するものとみなされている。このように、聖書は権威をもつものであるが、実際にその意味は、聖霊による特別な行動がなければわからないことが多い、と主張される[5]。

実のところ、権威は、これら二つの要素が結合して構成されている。両方が必要である。一方では、正しく解釈された、書かれた「ことば」が権威の客観的基礎である。他方では、聖霊による内的な照明と説得の働きが主観的な側面である。両者はともに、キリスト者生活に必要な成熟をもたらす。それは、（冷たい心と熱い頭ではなく）冷たい頭と温かい心である。ある牧師は、このことをやや粗野な表現で、こう言っている。「御霊なしに聖書をもつなら干上がってしまう。聖書なしに御霊をもつなら吹き飛ばされてしまう。しかし、聖書と御霊の両方を一緒に保有するなら成長する」と。

4. 聖書と理性

この時点で出てくるのが、聖書の権威と理性はどのような関係にあるのかという問いである。ここに衝突はないのだろうか。表向きの権威は聖書にある。しかし、その意味を引き出すために聖書に向けられる解釈の手段はさまざまである。もし理性が解釈の手段であるなら、本当の権威は聖書で

---

4 A. C. McGiffert, *Protestant Thought before Kant* (New York: Harper, 1961), 146.

5 ある教会で、新しい礼拝堂について提案されている二つの計画のうち、どちらかに決めなければならなかった。一人の教会員は、より大きな教会堂という計画を採択するよう、主が自分にお語りになったと主張した。その根拠は、大きいほうの計画と小さいほうの計画の座席数の比率が5対3であるということにあった。これはまさに、エリシャが言ったヨアシュが矢で地面を打つべき回数と、実際に打った回数の比率と同じではないかというのである（II列王13:18-19）。教会は、この問題や同じような問題をめぐって、ついには分裂してしまった。

はなく理性であることにならないだろうか。理性は実質的に、優越した位置から聖書に向かうのだから。

ここで、立法的権威と司法的権威とを明確に区別するべきである。アメリカ合衆国の連邦政府では、議会が法律を作る。しかし、その法律の意味を解釈するのは裁判所（最終的には最高裁）である。両者はそれぞれ政府の独立した機関であり、自らに適した権威をもっている。並列構造は他の民主主義国にも見られる。

これを、聖書と理性との関係にあてはめてみよう。聖書は我々にとって立法者として至高の権威である。そこには、我々の信仰の内容と、行動や実践の規定の内容が定められている。理性は、信仰の内容を教えるものではなく、真理を発見するものでもない。ただし、メッセージの意味を確定するところまで来たとき、またさらに次の段階でその真理を評価するときには、論理的思考の力を用いなければならない。そこでは解釈あるいは解釈学の最善の方法を使用すべきである。そのあと、証拠を理性的に評価検討することにより、キリスト教信仰の体系が真実であるかどうか判断する。これを「弁証論」と呼ぶ。聖書の内部はそれ自体で明白な側面もあるが、聖書だけでは聖書の意味はわからない。したがって、何を信じ何をすべきかを告げているという意味で聖書を至高の権威とみなすことと、解釈学や釈義のさまざまな方法を用いて聖書の意味を確定することとの間に矛盾はない。

5. 歴史的権威と規範的権威

もう一つの区別について詳述する必要がある。それは、聖書はどのような意味で権威があるのかに関係がある。聖書時代のある個人や集団についての神の意思を教えてくれることにおいて、聖書は確かに権威がある。ここで考えたいのは、その人々に対して拘束力のあったことは、我々に対しても拘束力があるのかという問題である。

これについては、歴史的な権威と規範的な権威という二種類を区別することが必要である。聖書は、神が聖書時代にいる人々に何を命じたか、そして我々には何を期待しているかを知らせている。聖書時代にどんなことが起こり、人々には何が命じられたのか教えている意味において、聖書には歴史的権威がある。では、規範的権威についてはどうか。当時の人々に期待されたのと同じ行為を、我々も実行する義務があるのか。ここで注意すべきなのは、その人々についての神のみ旨を、我々についての神のみ旨と性急に同一視しないことである。メッセージの不変の本質と、一時的な表現形態とを区別することが大切である。メッセージのうちには、歴史的権威だけがあって規範的権威はないものがある。

研究課題

- 聖書を理解し、その真理の確かさを理解するために、聖霊が必要とされるのにはどんな理由があるか。
- 聖霊との関係でⅠコリント2:14にはどのような重要性があるか。
- 権威の客観的構成要素と主観的構成要素を比較対照せよ。
- 聖書解釈と弁証論は、聖書と理性との関係にどのように関与しているか。
- あなたはどのような場合に、聖書を理解することにおいて聖霊の照明を経験したか。

第3部

神

第3部　神

第8章 神についての教理

本章の目的

1. 神の内在性と超越性の聖書的基盤を略述する。
2. 我々の理解と実践に影響を及ぼす、内在性についての聖書的見方の少なくとも五つの意味合いを明らかにする。
3. 我々の信仰と実践に影響を及ぼす、超越性についての聖書の見方から六つの意味合いを明らかにする。
4. 神の属性と三位一体の位格の特性とを区別する。
5. 神の属性を神の行為と区別する。
6. 神の属性を神の偉大さと道徳的特質とに分類する。

本章のアウトライン

1. **神の内在性と超越性**　83
   (1) 内在性の意味すること　85
   (2) 超越性の意味すること　86

2. **属性の性質**　87

3. **属性の分類**　88

本章の概要

聖書は、神が内在的であり、同時に超越的であると教えている。神は被造世界の中に存在し活動している。しかし、自身が創造したいかなるものよりも優れていて、それから独立している。この聖書的思想のバランスを保たなければならない。どちらか一方を強調しようとするなら、神についての誤った概念をもたらす。神の属性または特質を分類するために、いくつかの方法が用いられてきた。本書では、神の偉大さと善良さとを区別する分類方法に従う。

第8章 神についての教理

神についての教理は、神学の他の多くの領域にとって中心的な位置を占めている。神をどのように見るかは、各自の神学を構築し、人生を生き、奉仕・使命を遂行する上で全体的な枠組みを提供すると考えてよい。さて、二つのレベルでの問題また困難が、神についての正しい理解の必要を明らかにしている。一つは、一般的あるいは実際的なレベルである。J・B・フィリップスは『あなたの神は小さ過ぎる』という著書の中で、神についてのよくある歪んだ理解を指摘している[1]。ある人々は神を、過ちを犯して道をさまよっている人々に襲い掛かる機会をうかがう、天の警察官のような存在と考えている。あるカントリー・ソングが、この見方を明確に述べている。「神はそのことであなたを捕らえようとしている。神はそのことであなたを捕らえようとしている。走って隠れても無駄だ。神はあなたがどこにいるか知っているから」と。保険会社は、「神の行為（予知・予防が不可能な天災のこと──訳注）」──いつも破局的な出来事である──に言及することで、力強くて邪悪な存在を念頭においている。また反対に、神はおじいさんのようだという見方も一般的である。その場合、神は寛大な優しい老紳士と考えられていて、人間が人生を楽しむことについて、とやかく言うことは決して望まない。しかし我々が真の意味と深さをもつ霊的生活を経験したいのなら、神に関するこうした多くの誤った概念が正される必要がある。

より知的なレベルでの問題も、正しい神観が必要であることを指摘している。聖書に基づく神理解は、これまで問題になることがしばしばあった。初代教会においては三位一体の教理が特別な緊張と論争を生み出した。三位一体にまつわる問題は完全には解決していない。その一方で、我々の時代には他の問題が顕著なものとなっている。その一つは、神と被造物との関係に関するものである。神は被造物からあまりに離れ隔たっているので、被造物を通して働くことはなく、それゆえ被造物から神について何かを知ることはできないのか（超越性）。あるいは、神は人間社会や自然の作用の中に見いだされるべきであるのか（内在性）。これらの他の問題もまた、神理解について明白な思索と注意深い言明を求めている。

神を理解しようとする試みにおいて、多くの誤りが犯されてきた。その中には、本質的に正反対のものもある。あるものは過度に分析的で、神が実質的に解剖に付されるほどである。神の属性は、解剖学の教科書でなされる研究方法と同様のやり方で配列され分類されている[2]。神に関する研究を、過度に思索的な事柄とすることは可能である。そしてその場合は、神とのより親密な関係の代わりに、思索的な結論そのものが目標となる。だが、そうであるべきではない。むしろ、神の本性に関する研究は、神についてのより正確な理解と、それに基づく神とのより親密な人格的関係に導く手段と見られるべきである。

1. 神の内在性と超越性

我々が保持している、確かめなければならない重要な一対の概念がある。それは、神は被造世界に内在しているという教理と、神は被造世界を超越しているという教理である。聖書には両方の真理が教えられている。たとえばエレミヤ23:24は、宇宙全体に神が臨在していることを強調している。

> 人が隠れ場に身を隠したら、
> わたしはその人を見ることができないのか。
> ──主のことば──

---

[1] J. B. Phillips, *Your God Is Too Small* (New York: Macmillan, 1961)（J・B・フィリップス『あなたの神は小さ過ぎる』清水氾訳、小峰書店、1971年）。

[2] たとえば Stephen Charnock, *Discourses upon the Existence and Attributes of God* (Grand Rapids: Baker, 1979).

天にも地にも、わたしは満ちているではないか。
　——主のことば。

しかし、まさにこのテキストにおいて内在性と超越性の両方が現れている。

わたしは近くにいれば、神なのか。
　——主のことば——
遠くにいれば、神ではないのか。(23節)

パウロは、アテネのアレオパゴスで哲学者たちにこう言っている。「確かに、神は私たち一人ひとりから遠く離れてはおられません。『私たちは神の中に生き、動き、存在している』のです。あなたがたのうちのある詩人たちも、『私たちもまた、その子孫である』と言ったとおりです」(使徒17:27-28)と。

他方、イザヤ55:8-9には、神の思いが我々の思いを超越していることが書かれている。

わたしの思いは、
　あなたがたの思いと異なり、
あなたがたの道は、
　わたしの道と異なるからだ。
　——主のことば——
天が地よりも高いように、
わたしの道は、
　あなたがたの道よりも高く、
わたしの思いは、
　あなたがたの思いよりも高い。

6:1-5には、主が「高くあげられた御座に着いて」いるものとして描かれている。セラフィムは神の超越性を示して「聖なる、聖なる、聖なる、万軍の主」と叫び、それから「その栄光は全地に満ちる」と内在性に関する言及を付け加える。

内在性の意味は、神は被造世界のうちに、そして人類のうちに、神の存在を信じないあるいは神に従わない人々のうちにさえ、臨在し活動していることである。神の影響力はあらゆるところにある。神は自然のプロセスのうちに臨在し、またそれを通して働いている。一方、超越性の意味は、神が単に自然の、また人間の特質ではないということである。神は単に最高レベルの人間ということではない。神は我々の理解力に制限されるお方ではない。神の聖さと慈しみ深い善性は、我々の聖さと善性をはるかに超え、無限に超越している。そしてこのことは神の知識や力においても真実である。

神の聖さと慈しみ深い善性は、我々の聖さと善性をはるかに超え、無限に超越している。そしてこのことは神の知識や力においても真実である。

この二つの教理の両方を保持することが重要であるが、そうすることは必ずしも簡単なことではない。どのような視点から考察するのかに問題がある。神の超越性について考える場合の伝統的なやり方は、本来、空間的なものであった。神は天にいまし、世界のはるか高みにおられると。これは聖書の中に見つかる描写であるが、宇宙の内部の特定の場所に位置づけられることのない霊的存在に「上」とか「下」ということは実際には当てはまらない。このことは、現代では自明の事柄である。さらに、地球は球体であるという我々の理解において「上」と「下」は意味をなす用語ではない。では、神の超越性と内在性という真理を正確に伝達するために使うことのできるイメージは他にあるのだろうか。

私は、実在におけるさまざまなレベルまたは領域という概念が助けになると思う。たとえば、いくつかの実在が同じ空間の中に共存し、しかも互いにアクセスできない状態で独立しているということはありえる。それでもなお同じ一般的なタイプの現実のいくつかの異なる実体は、特定の方法で互

いに分離することができる。物理学者たちによると、同じ空間を複数の宇宙が占有している可能性がある。別の説明は音という現象である。我々には聞こえないが存在（内在）しているさまざまな音がある。その理由は、そのような音は非常に周波数の高い搬送波（はんそうは）によって運ばれるため、人間の耳は助けなしでは探知できないからである。しかし、無線周波数搬送波から可聴（かちょう）周波数波を「分離」できるラジオ受信機を持っているなら、これらの音を聴くことができる。同様に、テレビジョン受像機を持っていない限り、多くの視覚的画像は存在するが見ることができない。神は被造世界の内部に存在し、活動している。しかしまったく異なったタイプの存在であるゆえ、被造世界を超越してもいる。彼は神なのである。

　本書では両面の強調を維持することの重要性に留意してきた。内在性は、神が自然の手段を通してたくさんの働きをしていることを意味している。神の働きは奇蹟に限定されない。キュロスのような普通の、神を信じない人間をも用いる。キュロスは神の「牧者」、神によって「油注がれた者」（イザヤ44:28、45:1）として描かれている。神は科学技術、人間の熟練、学問をも用いる。しかし同時に、神は超越的な存在であるという真理を覚えておくことは重要である。神はいかなる自然の出来事も人間的出来事も無限に超えている。しかし反対に、もし内在性を強調しすぎるなら、起こることすべてを神の意志や働きと同一視してしまう。それは1930年代にアドルフ・ヒトラーの政策を世界における神の働きと考えたドイツのキリスト者たちと同様である。神の聖さと世界で起こっている多くのこととの間には区別があることを覚えておかなければならない。しかし、もし超越性を強調しすぎるなら、神の側では我々の努力を通して働くことを意図しているかもしれないのに、我々はあらゆるときに神が奇蹟を起こすことを期待するようになってしまう。

第8章　神についての教理

神自身がそこに臨在し活動していることを忘れ、被造物を酷使することになりやすい。神がキリスト者でない者のうちに働き、彼らに接触していることを忘れて、キリスト者でない者が行うことの価値や、福音のメッセージに対してある程度の感受性を保有していることを低く見てしまうかもしれない。

(1) 内在性の意味すること

　聖書で教えられている、ある限定をもった神の内在性には、以下のようないくつかの意味合いがある。

　1. 神はご自身の目的を達成するために直接に働くとは限らない。神の民が祈って奇蹟的な癒やしが起こるとき、それが神の働きであることは明白であるが、医師が医学の知識と技術を応用して病気を防いだり患者の健康回復に成功するとき、それもまた神の働きである。医学は神の一般啓示の一部分であり、医師の働きは神の活動の通路である。

　2. 神は明らかにキリスト教とは無縁の、人や組織を用いるかもしれない。聖書の時代、神はご自身の働きを、イスラエルの契約の民を通してだけ、また教会を通してだけに制限しなかった。イスラエルを懲らしめるために異教の国であるアッシリアさえ用いた。神は世俗的な、あるいは名前だけのキリスト教の組織を用いることができる。キリスト者でない人々でも、真に善良で立派な働きをすることがある。

　3. 我々は、神が創造したすべてのものの価値を認めるべきである。世界は神のものであり、神がその中に存在し、活動している。自然が人間に与えられているのは人間の正当な必要を満たすために使われるためであるが、人間自身の快楽や欲望のために搾取すべきではない。したがって神の内在性の教理は、環境保護に適用される。それはまた、仲間の人間に対する我々の態度に関する意味合いももっている。神はすべての人のうちに紛れもなく臨在している（キ

リスト者に内住するという特別な意味ではないが)。それゆえ、人は軽蔑や非礼な扱いを受けるべきではない。

4. 我々は被造物から神について学ぶことができる。存在するすべてのものは神によって存在するようになったのであり、さらに、そこに神が活動しながら内住している。したがって、創造された宇宙の動きを観察することで、神がどのような方かについて手がかりを見いだす。たとえば、被造世界の中には明確な論理のパターンが当てはまるように見える。そこには秩序の正しさ、規則の正しさがある。神はもともと散発的あるいは勝手、気まぐれであり、その行為は逆説的であり、さらには矛盾をもって特徴づけられていると信じている人々は、世界の動きをしっかり観察したことがないか、あるいは神はいかなる意味でも世界の中で働いていないと思い込んでいる。

5. 神の内在性は、福音が信仰のない者と接触しうる地点があることを意味する。もし神がある範囲まで被造世界全体のうちに内在し活動しているのなら、自らの生涯を神にささげていない人間のうちにも関与し活動している。したがって、彼らが福音のメッセージの真理に敏感になる地点、神の働きに対する接触点がある。伝道はそのような地点を見つけ、福音のメッセージをそこへ方向づけることを目指している。

(2) 超越性の意味すること

超越性の教理には、他の信条と実践に影響を与えるいくつかの意味合いがある。

1. 人間よりも高度なものがある。善と真理と価値は、この世の移り変わりゆく流れや人間の意見によって決定されるものではない。上から我々に価値を与える何かがある。

2. 神を人間の概念で完全に捉えることは決してできない。これはつまり、我々の教理的な考えのすべては、有用で基本的に正しいかもしれないが、それによって神の性質を述べ尽くすことはできない、という意味である。神は、神についての我々の理解によって制限を受けない。

3. 我々の救いは我々の功績ではない。我々に対する神の基準を満たすことで神の水準に自らを引き上げることはできない。たとえできたとしても、それはやはり我々の業績ではない。神が我々に何を期待しているかを我々が知っているという事実自体が、神の自己啓示によるものであり、我々の発見したものではない。だとすると、罪というさらなる問題を別にしても、神との交わりは、厳密には神から我々への賜物である。

4. 神と人間との間には、いつも違いが存在する。この隔たりは、堕落に起因する道徳的・霊的な格差・相違だけではない。それは形而上学的なものであって、創造に由来する。贖われ、栄化されてもなお、我々は新たにされた人間である。決して神にはならない。

5. 神との関係において崇敬の念はふさわしいものである。礼拝の中で、愛情深い天の父との関係において信仰者がもつ喜びと信頼が強調されることは当然であるが、ある礼拝はその地点を超え極端な馴れ馴れしさへと進み、神を人間と等しい者とし、ひどい場合には召使いのように扱っている。けれど、神の超越性という事実を把握していたなら、このようなことは起こらない。熱意が表現され、時にはほとばしりあふれる余地と必要があるが、それが敬意の欠如につながってはならない。我々の祈りも崇敬によって特徴づけられる。要求する祈りよりも、イエスが祈ったように、「私の願いではなく、みこころがなりますように」との祈りが大切である。

6. 我々は神による真に超越的な働きを期待する。したがって、自然の手段によって達成できる事柄を期待するだけではない。我々は神の目標を達成するため現代の学問から入手できる、有益な、あらゆる技術を用いるが、神の働きに頼ることは決してやめない。神の導きや特別な介入を求める祈

第8章　神についての教理

りをおろそかにはしない。

　神の内在性と同様に、神の超越性においても行き過ぎた強調をしないよう警戒しなければならない。我々は宗教的なことや敬虔なことにおいてだけ神に期待するのではない。人生の「世俗的な」側面においても神に期待する。奇蹟だけを期待するのではないが、奇蹟を無視することもしない。聖さ、永遠性、全能性といった属性は、神の超越的な性格を表している。遍在性など他の属性は内在性を際立たせる。神の本性のこのような側面すべてに、聖書が割り当てているのと同じ強調と注意が与えられるなら、神についての十分バランスのとれた理解ができあがる。とはいえ、神は我々の思想や形式をはるかに超えているから、完全に把握することは決してできない。しかし我々が頼るとき、いつも応じてくださる方である。

2. 属性の性質

　我々が被造物に対する神の関係を理解しようとするとき、神の本性を理解することが重要である。神の属性について話すとき、我々は、神がどのような存在であるかを構成する特質、神の本性のまさに特徴に言及しようとしている。ここでは、創造、導き、維持・保護といった神の行為や、それに対応する創造者、導き手、維持・保護者という役割にも、言及しようとしていない。

　属性（attributes）とは、全体としての神の特質（qualities）である。それらを"特性"（properties）と混同してはならない。特性は、専門的に言えば、三位一体の各位格に特有の特徴である。特性とは、神の個々の位格の（一般的には）機能、（もう少し厳密に言えば）活動、（もっと厳密に言えば）行為である。

　属性は、不変・固有の特質であり、手に入れたり失ったりすることはできない。したがって聖さは、この意味において、アダムの属性（不変かつ不可分の特徴）ではなく、神の属性である。神の属性は、神のまさに本性の、本質的かつ固有の特徴である。神についての我々の理解が、我々自身の知的枠組みというフィルターを通ったものであることは疑いないが、神の属性は、神に投影した我々の概念ではない。それらは神の本性の客観的な特徴である。

　属性は、神の存在または本質から分離することはできない。初期の神学者の中には、属性とは基礎をなす実体や存在や本質に、なんらかの形で付属するもの、あるいは、少なくともある方法で区別されるものと考える者もいた[3]。多くの場合、この考えは、実体と属性というアリストテレス的な概念を基盤としている。他の神学者の中には、逆の極端に進んで、神が本質をもっていることを事実上否定する者もいた。ここでは、属性は特質の集まりのようなもの、神の断片的部分または切片として描かれている[4]。神の属性は、別々の部分の集まりや、神の本性に付け加えられるものとしてではなく、神の本性として考えるほうがよい。このようにして、神は愛、聖さ、力ある方ということになる。それらは統一された存在としての神を異なった方向から眺めただけのことである。神は豊かにして複合性を持ったお方である。それゆえこれらの概念は、神の存在の相異なる客観的な側面または相を把握しようとする試みなのである。

　だとすると、神は計り知れない（incomprehesible）お方であると言うとき、それは、神の属性を超えたところ、あるいはその背後に、未知の存在または本質があることを意味しているのではない。むしろ、神の特質や本性を、完全かつ余すところなく知っているわけではないことを意味している。我々が神を知るのは、神がご自身を啓示するときだけである。神の自己啓示は神の十分な本性に間違いなく一致しており、正確

---

3 William G. T. Shedd, *Dogmatic Theology* (Grand Rapids: Zondervan, 1971), 1: 158.

4 Charnock, *Existence and Attributes of God*.

第3部　神

である。そうとはいえ、余すところなく啓示されたわけではない。さらに、神がご自身を啓示したことを、我々は完全には理解していないし、包括的にわかっているのでもない。したがって、神に関しては神秘に包まれた要素があり、それはいつまでもなくなるということはない。

3. 属性の分類

神をより一層理解しようとする中で、神の属性を分類する種々の体系が考案されてきた。いくらか修正を加え、本書に採用したのは本性的属性と道徳的属性の分類である。道徳的属性とは、人間に当てはめるならば、義（悪と対立するものとしての）の概念に関係するものである。聖さ、愛、あわれみ、誠実さがその例である。本性的属性とは神の知識や力のような、道徳とは無関係な神の無比・完全さである[5]。これらのことを踏まえつつ、本性的属性と道徳的属性という用語に代えて、"偉大さ"（*greatness*）の属性と"善良さ"（*goodness*）の属性に分類し、語るつもりである。次の章では、まず、霊性、人格、いのち、無限、不変を含んだ偉大さという特質を取り上げる。

研究課題

- 神についての正しい理解の必要を明らかにする問題また歪曲にはどのようなものがあるか。
- 内在性と超越性のどちらかを過度に強調すると、どのような困難が生じるか。
- 我々は、神の属性と神の行為をどのように混同しているか。幾つか例をあげよ。
- 神の本性と神の属性にはどのような関係があるか。
- もし神が超越性のみの神、あるいは内在性のみの神であったとしたら、あなたと神との関係はどのように違ってくるか。

---

[5] Edgar Y. Mullins, *The Christian Religion in Its Doctrinal Expression* (Philadelphia: Judson, 1927), 222.

第9章 神の偉大さ

本章の目的

1. 霊である、人格的存在、いのち、無限性、不変性という、神の偉大さに関する属性をあげ、それぞれの本質を述べる。
2. 神はどのようなかたちで無限であるのかを説明する。
3. 神の全能性への確信を養う。

本章の概要

神に関し、ある属性は神の偉大さを表している。本章では、神が人格的存在であり、全能であり、永遠であり、霊であり、被造世界の中のあらゆるところに存在し、その完全さにおいて不変であることに、焦点を絞る。

本章のアウトライン

1. 霊である　90

2. いのち　90

3. 人格的存在　91

4. 無限性　92
   (1) 空間　92
   (2) 時間　93
   (3) 知識　94
   (4) 力　95

5. 不変性　96

1. 霊である

偉大さについての神の属性について最も基本的な事柄の中に、神は霊であるという事実がある。つまり、神は物質から構成されているわけではなく、ゆえに物理的性質も所有していない。このことは、イエスがヨハネ4:24で「神は霊ですから、神を礼拝する人は、御霊と真理によって礼拝しなければなりません」ときわめて明確に述べている。また神が目に見えないことは、さまざまな箇所に暗示されている（ヨハネ1:18、Ⅰテモテ1:17、6:15-16）。

神が霊であることから導き出される一つの結論は、神には肉体に伴う制限がないことである。一例を挙げると、神は特定の地理的または空間的な位置に限定されない。このことは「この山でもなく、エルサレムでもないところで、あなたがたが父を礼拝する時が来ます」（ヨハネ4:21）というイエスの言葉に暗に語られている。また、使徒17:24の次のようなパウロの陳述を考えてみよう。「この世界とその中にあるすべてのものをお造りになった神は、天地の主ですから、手で造られた宮にお住みにはなりません」。さらに、物質的性質をもつものとは異なり、神を破壊することもできない。

もちろん、神が手や足のような身体的特質をもっていることを示唆する多くの聖書箇所がある。これらの箇所は、神についての真理を人間の類比を通して表現しようとする神人同形論として扱うことが最も助けになる。また、特に旧約聖書において、神の顕現、あるいは一時的な自己顕示として、神が肉体を取って現れる場合もある。神が霊であること、神が目に見えないことについての明快な陳述を額面通りに受け取り、それらに照らして神人同形論と神の顕現を解釈することが、最も良い。まさにイエス自身が霊には肉や骨はないと明確に述べている通りである（ルカ24:39）。

聖書時代には、神が霊であるという教理は、偶像礼拝や自然崇拝を行うことに対抗するものであった。霊である神は、物質的な対象や肖像によって表現することができない。神が地理的な位置に限定されないことは、神を何かに封じ込めて管理することができるという考えに対抗するものでもあった。現代はモルモン教徒が、聖霊は肉体をもっていないが、子なる神も父なる神も肉体をもっていると主張している。モルモン教では非物質的な体は存在しないと強く主張する[1]。これは明らかに、神が霊であることに関する聖書の教えに矛盾している。

2. いのち

神には、いのちという特徴がある。これは、聖書にいくつかの異なったかたちで確言されている。それは、神が"存在している"という主張に見いだされる。神の、まさにその名前である「わたしはある」（出エジプト3:14）は、神が生きている神であることを指し示している。聖書は神の存在を論証しようとしない。あっさり肯定する、あるいは単に当然のこととしている場合が多い。ヘブル11:6には、「神に近づく者は、神がおられることと、神がご自分を求める者には報いてくださる方であることを、信じなければならない」とある。したがって、存在は神の本性の最も根本的な側面と考えられる。

生ける神はしばしば、金属や石など生命のない物体である他の神々と対照されている。エレミヤ10:10は自然を支配するまことの神、生ける神に言及するが、一方「天と地を造らなかった神々は、地からも、この天の下からも滅びる」（11節）。Ⅰテサロニケ1:9は、テサロニケ人が離れた偶像と

---

1 James E. Talmage, *A Study of the Articles of Faith*, 36th ed. (Salt Lake City: Church of Jesus Christ of Latter-day Saints, 1957), 48.

「生けるまことの神」とを同様に対比している。

この神のもっているいのちは、他のすべての生き物のいのちとは異なっている。他の存在はすべて神にあっていのちをもっているが、神はいかなる外部の源からもいのちを得ていない。神が存在するようになったとは、決して描かれていない。ヨハネ5:26は、神はご自身のうちにいのちをもっていると語っている。「永遠の」という形容語句がしばしば神に用いられるが、これは、神が存在しなかったときは決してなかったことを示している。さらに、何か他のものが存在するようになる前の「はじめに」、神がすでに存在していたと語られている（創世1:1）。したがって、神が何か他のものから自身の存在を得たということはありえない。また、神は自己原因というより何らかの原因があって存在したのではない存在であると呼ぶほうが好ましい。まさに神の本質が存在することなのである。神は存在しようと思う必要はない。存在しない神というのは論理的な矛盾だからである。

さらに、神の存在が継続することは、神の外にある何かに依存していない。他のすべての存在は生きているかぎり、その生命を維持するために栄養、暖かさ、保護など何かを必要とする。しかしながら、神にはそのような必要はない。パウロは、神が何かを必要としたり、人間の手によって仕えられたりすることを否定している（使徒17:25）。

神は、その存在のためにほかのものを必要としないという意味では独立しているが、これは、神が超然として、冷淡で無関心だということではない。神は我々と関わりをもつが、それはご自身の選択によってであって、何らかの必要からの強制のゆえではない。神は、必要に迫られてというよりも、利他的なアガペー（*agapē*）の愛から行動し、行動し続けている。

神の本性のこの側面を適切に理解することで、神は我々を必要としているという考えから我々は解放される。神は目的を達成するために我々を用いることを選んだ。その意味において、神は、今、我々を必要としている。とはいえ神は我々を無視するという選択肢もあった。我々が神を知り、仕えることを神が容認しているのは、我々の益のためである。もしその機会を受け入れないとしたら、それは我々の損失である。

3. 人格的存在

霊であり、生きていることに加えて、神は人格的存在である。個としての存在であり、自己意識と意思をもち、感じたり、選択したり、他の人格的・社会的存在と相互関係をもったりすることができる。

聖書には、神が人格的存在であることが何通りかの方法で示されている。一つは、神ご自身に割り当てた名前があり、それによって自身を啓示することである。聖書時代、名前は一人の人を他の人から区別する単なるラベルではなかった。現代の非人格的な社会では、意味を考えて名前をつけることはほとんどない。むしろ親は、たまたま気に入ったとか、最近人気があるという理由で、その名前を選ぶ。しかしながら、ヘブル人は決してそのような名づけ方をしなかった。名前はきわめて注意深く、意味に注意して選ばれた[2]。モーセが、イスラエル人から彼を遣わした神の名前を聞かれたらどう答えるべきかと思案していると、神は「わたしはある」または「わたしはなる」（ヤーウェ、主——出エジプト3:14）と名乗った。これによって、ご自身が抽象的な未知の存在でも、無名の諸力でもないことを明らかに示した。この名前は、神に言及したり神を表現したりするためにだけ使われるのではなく、神に話しかけるためにも使われる。創世4:26は、人間が主の名を呼ぶことを始めたと述べている。詩篇20

---

[2] Walther Eichrodt, *Theology of the Old Testament* (Philadelphia: Westminster, 1967), 2: 40–45.

篇は、主の名前を誇り（7節［新改訳第三版参照——訳注］）、主を呼ぶ（9節）ことについて語っている。出エジプト20:7によれば、その名前は敬意をもって語られ扱われるべきである。

さらに、神の人格的性質が示されているのは、その活動である。聖書で神は、個々の人間を知り、交わりをもっている姿が描かれている。神と人間との関係の最初の描写（創世3章）では、神がアダムとエバのところに来て話しかけているが、それは日常的な習慣であった。神をこのように表現するのは疑いなく神人同形論であるが、にもかかわらず、神が人格をもって人間と関係をもつ人格的存在であることを教えている。神は、人格に関連する能力のすべて——知り、感じ、意図し、行為する——をもっている。

このことにはいくつかの意味合いが伴う。神は人格的存在であるので、我々と神との関係には、思いやりと共感の次元がある。神は、人々に必要なものを自動的に供給する機械やコンピュータではない。人を知り、愛している、良き父である。

さらに、我々と神との関係は、単なる一方通行ではない。我々のほうから神に近づくこともできる。我々が神に話しかけることができるし、続いて神が語る。神は、我々が提供するものを単に受け取って受け入れるだけのお方ではない。生きていて応答する存在である。我々が耳にするだけの相手ではない。我々が出会い、知る相手である。神は、使用されたり操られたりする物体や力としてではなく、存在として扱われるべきである。

神はご自身が目的であって、目的のための手段ではない。我々にとって神に価値があるのは、神ご自身のあり方のゆえであり、単に何かを"して"くれることのゆえではない。第一戒「あなたには、わたし以外に、ほかの神があってはならない」（出エジプト20:3）の理論的根拠は、先行する節「わたしは、あなたをエジプトの国、奴隷の家から導き出したあなたの神、主である」の中で与えられている。もしこの箇所を、イスラエル人は神がしてくださったことのゆえに神を第一とするべきである——感謝の念から、神を自分たちの唯一の神とするべきである——という意味に解釈するなら、この聖句を読み違えている。むしろ、神が行ってきたことは、神がどのような者であるかの証拠である。神が、最高に、そして排他的に愛され、仕えられるべきなのは、神がそのような存在であるゆえである。

4. 無限性

神は無限である。これは、単に神には限界がないということだけではなく、制限することができないことを意味している。この点で、神は我々が経験するどのようなこととも違う。かつては常識として、無限あるいは限りがないと言われていたものでも、今では限界があるものと見られている。かつて、エネルギーは無尽蔵だと思われていた。近年、通常のエネルギー源にはかなり厳しい限界があることに我々は気づいており、想像していたよりかなり速くこれらの限度に近づきつつある。しかしながら、神の無限性は、限りのない存在について語っているのである。

(1) 空間

神の無限性は、いくつかの点から考えることができる。まず空間という観点から、伝統的に広大さと遍在性と呼ばれてきたものについて考える。神は空間の制限に縛られない。こう言ったのは、特定の場所にいるという制限——一つの所にあるものは別の場所に存在することはできないということ——を単に意味しているのではない。むしろ、神が空間の中に存在すると考えるのが不適切である。有限なものには、すべて位置あるいは所在がある。それらはどこかにある。すると必然的に、それらが他の場

第9章　神の偉大さ

所にあることは妨げられる。しかしながら神には、場所や所在の問題を適用することはできない。神が空間（および時間）を存在させた。神は空間が存在する以前に存在していた。それゆえ、神が特定の地点にとどまっていることはありえない。神は天地の主であるから人の造った宮には住まない、神が世界とその中にあるすべてのものを造った、というパウロの陳述（使徒17：24-25）をここで考慮すべきである。

　空間の見地から見た神の無限性のもう一つの側面は、神が見いだされない場所はないということである。ここで我々は、神の内在性（あらゆるところにいる）と超越性（どこにもいない）の間の緊張に直面している。ここでの論点は、被造世界の中に、神に近づくことのできない場所はないということである。エレミヤは、「わたしは近くにいれば、神なのか。……遠くにいれば、神ではないのか」という神の言葉を引用している（エレミヤ23：23）。これは、神が近くにいることは、遠く離れてもいることの妨げとはならないという意味を含んでいる。神は、天地全体に満ちている（24節）。したがって、我々には見られることのない「秘密の所」に隠れることはできない。詩篇の記者は神の臨在から身を避けることはできないことを悟った。彼がどこへ行っても神はそこにいると（詩篇139：7-12）。イエスはこの概念をさらに一歩推し進めた。大宣教命令を与えたとき、イエスは弟子たちに、地の果てまでもあらゆるところに証人として出かけて行くように命じ、そして世の終わりまで彼らとともにいると語った（マタイ28：19-20、使徒1：8）。このように、自身が実質的に空間や時間のどちらにも制限されないことを事実上述べたのである。

(2) 時間

　神はまた、時間に関して無限である。時間が始まる前に存在し、終わりがない。「神は何歳か」という問いは全く不適切である。神は今、1年前より年を取っているのではない。というのは、無限に1を加えても、無限に変わりはないからである。

神は空間、時間、知識、力という観点から限界がなく、制限することができない。

　神は常に存在している。昔いたし、今いて、将来もいる。詩篇90：1-2には以下のようにある。

　　主よ　代々にわたって
　　あなたは私たちの住まいです。
　　山々が生まれる前から
　　地と世界を　あなたが生み出す前から
　　とこしえからとこしえまで
　　あなたは神です。

　ユダ25節には「私たちの救い主である唯一の神に、私たちの主イエス・キリストを通して、栄光、威厳、支配、権威が、永遠の昔も今も、世々限りなくありますように」とある。同様の思想はエペソ3：21にも見いだされる。また、「初めであり、終わりである」「アルファであり、オメガである」というような表現を用いることは、同様の思想を伝えるのに役立っている（イザヤ44：6、黙示録1：8、21：6、22：13）。

　神は時間的存在（時間の内部で無限に伸びる、または絶え間なく続く）なのか、それとも非時間的存在（時間の外部、または永遠）なのかについて、鋭い哲学的な論争があった。時間主義者による非時間的立場に対する標準的な批判の一つは、もし神が時間の外部にいるなら神の本性のうちに瞬間や出来事の連続というものはないことになり、したがって地上の時間のその時点で何が起こっているのか神には分からない、地上で何時なのか知らないのだから、というものである。もちろん、この議論は、神が時間の内部か外部にいるはずということ

を仮定している。しかし科学は現在、この問題への洞察を提供しているかもしれない。

アルベルト・アインシュタインは、実在を空間の三次元プラス時間として見るのではなく、時間と空間が一体化して関係する四次元の時空宇宙とみなすべきだと主張した[3]。その場合、神と時間との関係は、少なくとも我々が経験するように、空間との関係と並行するものとして理解されるべきである。神は空間の中で単に無限に遠く離れているのではなく、実在の全く異なる次元にいるので、時間の「外」（明らかに空間的な隠喩ではあるが）にいるものとして理解されることになる。この並行関係は、神を存在論的には無時間的だが、同時に時間の内部に影響力をもって存在するものと見ることを求めている。

神は時間におけるそれぞれの時点で、起こりつつあること、起こったこと、これから起こることを知っている。それだけではなく、時間の中のどの特定の時点でも、今起こっているものと、起こったもの、そしてこれから起こるものとの間の相違にも気づいている[4]。

(3) 知識

神の無限性はまた、知識の対象との関連でも考慮されよう。神の理解力を測ることはできない（詩篇147:5）。イエスは、一羽の雀も御父の意思なしには地に落ちることはできず（マタイ10:29）、また弟子たちの頭の毛さえすべて数えられていると言った（30節）。我々は、神の前で完全に見透かされている（ヘブル4:13）。神は我々のことごとく見て、知っている。そして真の可能性を、それらが数において無限であるように思われるときでさえ、すべて知っている。

広く議論されてきた神の知識の一側面は、神の予知である。過去と現在だけでなく、未来も神が知っていることは、少なくとも二つの方法で聖書で教えられている。一つは、未来を知っているという直接的な主張であり、主が神を主張する他のものから自らを区別すると宣言する特徴である（イザヤ44:8）。この主題はイザヤ42-48章で数回繰り返されている。さらに、この予知は、与えられて実現した預言によって繰り返し実証されている。これに対して、神が知らなかった何かを発見しているように見える箇所や（「今わたしは、あなたが神を恐れていることがよく分かった。あなたは、自分の子、自分のひとり子さえ惜しむことがなかった」〔創世22:12〕）、考えを変える箇所（「主は、地上に人を造ったことを悔やみ、心を痛められた」〔創世6:6〕）がある。これらはおそらく、文字通りの記述ではなく、神を人間のように描いたもの（神人同形論と神人同感論）と理解するのが最良である[5]。

この知識に照らして考えると、さらなる要素は神の知恵である。神の知恵とは、神が事実と正しい価値のすべてを考慮に入れて行動することを意味している。すべてを知っている神は、何が善であるかを知っている。ローマ11:33でパウロは以下のように、神の知識と知恵を雄弁に評価している。

> ああ、神の知恵と知識の富は、なんと深いことでしょう。神のさばきはなんと知り尽くしがたく、神の道はなんと極めがたいことでしょう。

詩篇の記者は神のわざを、すべて知恵を

---

[3] Albert Einstein, *The Meaning of Relativity*, 5th ed. (Princeton: Princeton University Press, 1956), 31（アインシュタイン『相対論の意味』矢野健太郎訳、岩波書店、2015年）．

[4] James Barr, *Biblical Words for Time* (Naperville, IL: Alec R. Allenson, 1962) を、特に彼の Oscar Cullmann, *Christ and Time: The Primitive Christian Conception of Time and History* (Philadelphia: Westminster, 1950)（O・クルマン『キリストと時』前田護郎訳、岩波書店、1954年）に対する批評を見よ。

[5] 拙著 *What Does God Know and When Does He Know It?* (Grand Rapids: Zondervan, 2003) において、神の予知の問題をはるかに深く論じてある。

もって造られたものとして描いている（詩篇104:24）。

　神はすべての情報を入手している。それゆえ、賢明な判断がなされる。追加の情報によって判断を訂正する必要は決してない。神はすべてのことを適切な視点で見る。それゆえ、高すぎる評価も、低すぎる評価もしない。したがって、神は善でない何かを与えることはないと知って、我々は確信をもって祈ることができる。

(4) 力

　最後に、神の無限性はまた、伝統的に神の全能性（omnipotence）と呼ばれるものとの関係で考察することができる。これは、正しい意味で神の力の対象であるすべてのことをなし得ることを意味している。このことは、聖書でいくつかの方法で教えられている。神の無限の力の証拠は、エル・シャダイという神の名前の一つにある。神が契約を再確認するためにアブラハムに現れたとき、「わたしは全能の神である」（創世17:1）と言うことでご自身を明らかにした。また、一見したところ乗り越えることのできない問題に神が打ち勝つことに、神の全能性が見られる。ユダで再び土地が売買されるというエレミヤ32:15の約束は、エルサレムが今にもバビロン人の手に落ちようとしていることを考慮すれば、信じられないことに思われる。しかしながら、エレミヤの信仰は「ああ、神、主よ。……あなたにとって不可能なことは一つもありません」（17節）と言うほど強いものであった。またイエスは、金持ちが神の国に入ることがどれほど難しいかを語った後、それでは誰が救われることができるのかと質問する弟子たちに「それは人にはできないことですが、神にはどんなことでもできます」（マタイ19:26）と答えた。

　この神の力は、いくつかの異なった方法で明らかにされている。自然の上にある神の力への言及は、特に詩篇によく見られ、しばしば神が全宇宙を創造したという記述を伴う。神の力はまた、歴史の進路を導くことにおいても明らかである。パウロは神が、すべての民族のために「それぞれに決められた時代と、住まいの境をお定めになりました」と語っている（使徒17:26）。多くの方法のうちでおそらく最も驚くべきものは、人間の生活と人格に働く神の力である。神の力の真の尺度は、創造したり大きな岩を持ち上げたりする神の能力ではない。いろいろな意味で、人間の人格を変え、罪人を救いへ方向転換させるのははるかに困難なことである。

　しかしながら、この神の全能の特質にはある種の制限がある。神には、我々に考えつくどんなことでも勝手に実行できるわけではない。神の力を受けるにふさわしいことだけができる。したがって、論理的に不合理なことや、矛盾することはできない。正方形の丸とか、四つの角をもつ三角形をつくることはできない。過去に起こったものは、その結果や記憶までも拭い去るかもしれないが、取り消すことはできない。その本性に反することはできない。つまり残酷であったり、無関心であったりすることはできない。ご自身が約束したことを果たし損ねることはできない。ヘブル人への手紙の記者は、神が約束をし、誓いをもってそれを裏づけたことに言及する中で、「それは……私たちが……変わらない二つのものによって、力強い励ましを受けるためです。その二つについて、神が偽ることはあり得ません」と語っている（ヘブル6:18）。しかしながら、これらの「できないこと」はすべて、弱さではなく強さである。悪や嘘や失敗ができないことは、弱点というよりも積極的な力のしるしである。

　神の力のもう一つの側面は、自由であることである。神には約束を守る義務があるが、最初にそれらの約束をするようにとの強制の下に置かれたわけではない。反対に聖書は、特にパウロは、神の決定や行為をしばしば「みこころの良しとするところ」に帰している。神の決定や行為は、神の外

側の要素を考慮に入れて決められるのではない。単にご自身の自由な選択の事柄なのである。

5. 不変性

聖書のいくつかの箇所に、神は変わらないものと描写されている。詩篇102篇で詩篇の記者は神の本性を天地と対照している。

> これらのものは滅びます。……
> それらはすっかり変えられます。
> しかし　あなたは変わることがなく
> あなたの年は尽きることがありません。
> 　　　　　　　　　　(26-27節)

また神ご自身は、神の民は神のおきてから逸脱していったが「主であるわたしは変わることがない」(マラキ3:6) と語っている。ヤコブは、神には「移り変わりや、天体の運行によって生じる影のようなものはありません」(ヤコブ1:17) と記している。

この神の不変性には、いくつかの側面が含まれている。第一に、量的な変化はないということである。神は、すでに完全であるゆえに、何かにおいて増加することはありえない。減少することもありえない。もし減少するとしたら、神ではなくなる。また質的な変化もない。神の本性が変更を経験することはない。それゆえ、神は思い、計画、行動を変えない。それらは、たとえ何が起ころうとも不変である神の本性に基盤を置いているからである。それどころか民数23:19には、神は人間ではないからその行為は変更できないと主張されている。さらに、ただ神の意思が不変であるゆえに、神の計画と同様に、神の意図もいつも一貫している。一つ例証をあげれば神は、アブラハムとの契約にいつも忠実であった。

それでは、神が思いを変えたり、したことを後悔したりしているように思われる箇所をどのように解釈すべきなのか。それらの箇所はいくつかの方法で説明できる。

1. そのいくつかは、神人同形論や神人同感論として理解するべきである。それらは単に人間の用語で、人間の観点から、神の行為や感情を描写している。痛みや悔悟を経験するものとして神を表現することが、ここに含まれる。

2. 思いを変えたように思われるかもしれないものは、実際に神の計画を遂行する上での新しい段階であることもある。一例は、異邦人への救いの提供である。それは神の元々の計画の一部分であるが、それまでとは明らかに一線を画すものとして描かれている。

3. 思いを変えたと見られるものの中には、人間が神との異なる関係に入った結果としての方向づけの変化もある。神はアダムが罪を犯したときに変わらなかった。むしろ、人間が神の不興の中へと移動したのである。逆のケースもある。ニネベの場合を考えてみよう。神は事実上、「"もし悔い改めないなら"、あと四十日すると、ニネベは滅びる」と語っている。ニネベは悔い改め、そして滅びを免れた。変化したのは人間であって、神の計画ではない。

不変と表現されている神の不変性の教理の解釈の中には、実際には不動性や不毛性というギリシア思想に強く依拠してきたものもある。これでは神が活動していないことになってしまう。しかし聖書の見方は、神が静的ではなく、ゆるぎないお方であることである。神は活動的で動的である。しかし、それは安定し、本性と相反しない形においてである。ここで扱っているものは、神の信頼性である。神は、明日も今日と同じ方である。約束したように行動する。ご自身の約束を果たされる。信仰者はそれを頼みにすることができる (哀歌3:22-23、Ⅰヨハネ1:9)。

神は偉大な神である。この事実を覚えることは、詩篇記者などの聖書の記者を奮い立たせた。そしてこの認識は、今日の信仰

者をも奮い立たせ、作詞者とともに以下の宣言に加わらせる（教会福音讃美歌21番および讃美歌21の226番の1節の原詩の英訳――訳注）。

　　わが神、主よ、畏敬に満ちた驚きのうちに
　　御手が造った万物を考えるとき
　　我は星々を見、雷のとどろきを聞く
　　宇宙中に示されたなんじの力を！

　　それゆえ救い主なる神よ、なんじに向かってわが魂は歌う、
　　なんじはいかに偉大なるかな、なんじはいかに偉大なるかな！
　　それゆえわが救い主なる神よ、なんじに向かってわが魂は歌う、
　　なんじはいかに偉大なるかな、なんじはいかに偉大なるかな！[6]

研究課題

- 神の偉大さに関する属性を挙げ、それぞれを説明せよ。
- 空間の観点からの神の無限性が、なぜ神の内在性と超越性の間の緊張となるのか。
- 神の全能の特質の条件とは何か。そしてそれらはなぜ重要なのか。
- 神は自由であるというのは、どのような意味か。
- 神の無限の知識について、あなたを最も安心させてくれることは何か。

---

6 Stuart K. Hine, "How Great Thou Art" (Stanford, Valencia, CA: Manna Music, 1953). © Copyright 1953 renewed 1981 by MANNA MUSIC, INC., 25510 Ave., Stanford, Valencia, CA 91355. International Copyright Secured. All Rights Reserved. Used by Permission.

第10章 神の慈しみ深い善性

本章の目的

1. 神の道徳的純潔さ、誠実さ、愛を構成している神の属性のそれぞれを想起し、述べる。
2. 神の諸種の道徳的特質の間にある関係と、それらの特質の間に存在する調和を理解する。
3. 神の愛と正義との関係を正確に評価し、両方の属性がどのように互いに調和しているかを示す。
4. あわれみ深く愛に満ちた神に対する信頼、愛、献身を増し加えるよう導く理解を養う。

本章の概要

　神の慈しみ深い善性は、被造物との関係のすべてに見いだされる。それが最も効果的に表されるのは、純潔と誠実という道徳的属性において、そして神の愛として認識される特徴が複合する全体においてである。これらの属性は、正義と愛の場合のように、互いに対立するものと見られることもある。しかし正確に見れば、そうでないことが分かる。

本章のアウトライン

1. 道徳的特質　99
　(1) 道徳的純粋さ　99
　　① 聖さ　99
　　② 義　99
　　③ 正義　100
　(2) 誠実さ　101
　　① 真性さ　101
　　② 正直さ　101
　　③ 忠実さ　102
　(3) 愛　102
　　① 慈しみ深さ　103
　　② 恵み　104
　　③ あわれみ　104
　　④ 忍耐　105

2. 神の愛と正義――緊張点？　105

1. 道徳的特質

前章で取り上げた偉大さの特質が神の唯一の属性であったとしたら、神は気まぐれな、あるいは残酷でさえある形で力や知識を行使する、不道徳な、あるいは道徳観念のない存在であったかもしれない。しかし、神は偉大であると同時に慈しみ深く善良であるゆえに、信頼され、愛されうる。この章では、神の道徳的特質、つまり道徳的存在としての神の特徴を考察する。学びの便宜上、神の基本的な道徳的属性を、純粋さ、誠実さ、愛に分類することにする。

(1) 道徳的純粋さ

道徳的純粋さという言葉で述べようとしているのは、神はよこしまなものや邪悪なものから全く自由であるということである。神の道徳的純粋さには、聖さ（holiness）、義（righteousness）、正義（justice）という次元が含まれる。

① 聖さ

神の聖さには二つの基本的な側面がある。第一は神の独比性（どくひせい）（uniqueness）である。神はすべての被造物からすっかり隔てられている。これはルイス・ベルコフが神の「威厳ある聖さ」と呼んでいるものである[1]。神の独比性は、出エジプト15:11に以下のように断言されている。

> 主よ、神々のうちに、
> だれかあなたのような方がいるでしょうか。
> だれかあなたのように、聖であって輝き、
> たたえられつつ恐れられ、
> 奇しいわざを行う方がいるでしょうか。

イザヤは、主が「高く上げられた御座に着いておられる」のを見た。敷居の基はゆれ、宮は煙で満たされた。セラフィムが「聖なる、聖なる、聖なる、万軍の主」と叫んだ（イザヤ6:1-4）。「聖い」を表すヘブル語（カードーシュ [qadosh]）は、「区別された」また「一般の、通常の使用から取りのけられた」ことを意味する。もとになっている動詞は、「切り離す」あるいは「分離する」ことを意味している。イスラエルの周囲の諸民族の宗教では「聖い」という形容詞は、礼拝に関係する物、行為、人員に自由に当てはめられたのに対し、イスラエルの契約においては、民自身も聖くあるべきであった。神は、ご自身が道徳的不正や悪から自由であるだけではなく、その存在を許容することができない。いわば、神は罪と悪に対してアレルギーを起こす。イザヤは神を見たとき、自らが汚れていることを強く認識した。「ああ、私は滅んでしまう。この私は唇の汚れた者で、唇の汚れた民の間に住んでいる。しかも、万軍の主である王をこの目で見たのだから」（イザヤ6:5）と絶望した。同様に、ペテロは奇蹟的な大漁のとき、イエスがどなたであり、どのようなお方であるのかを悟って「主よ、私から離れてください。私は罪深い人間ですから」（ルカ5:8）と言った。自分の聖さを、自分の基準や他の人間の基準と比べるのではなく、神と比べるとき、道徳的そして霊的な状態の完全な変化の必要が明らかとなる。

> 神は偉大であると同時に慈しみ深く善良であるゆえに、信頼され、愛されうる。

② 義

神の道徳的純粋さの第二の次元は義である。これは、いわば、他者との関係に適用された神の聖さである。神の義とはまず第

---

[1] Louis *Berkhof, Systematic Theology* (Grand Rapids: Eerdmans, 1953), 73.

一に、神の本性の真の表現である神の律法が、神と同様に完全であることを意味する。詩篇19:7-9は、こういう言い方をしている。

> 主のおしえは完全で
> たましいを生き返らせ
> 主の証しは確かで
> 浅はかな者を賢くする。
> 主の戒めは真っ直ぐで
> 人の心を喜ばせ
> 主の仰せは清らかで
> 人の目を明るくする。
> 主からの恐れはきよく
> とこしえまでも変わらない。
> 主のさばきはまことであり
> ことごとく正しい。

言い換えれば、神が命じるのは正しいことのみである。それゆえ、従う信仰者に建設的な影響をもたらす。

神の義はまた、神の行為がご自身の制定した律法に一致することを意味する。神は他者に要求するものをその行為によって表現している。たとえば、アブラハムはヤーウェに「正しい者を悪い者とともに殺し、そのため正しい者と悪い者が同じようになる、というようなことを、あなたがなさることは絶対にありません。そんなことは絶対にあり得ないことです。全地をさばくお方は、公正を行うべきではありませんか」(創世18:25)と言っている。神は、ご自身の法の基準に達する義なる方であるゆえに、我々は神を信頼することができる。神は正直な取引をされる。

キリスト教思想史を通じて議論の的となってきた問題は、何がある行為を正しいとし、他の行為を悪とするのか、である。中世の一学派であった実在論者たちは、神が正しいことを選択するのはそれが正しいことであるからだと主張した[2]。神が善と呼ぶものが別の名で呼ばれていたはずがない。というのは、親切さには善が内在し、残酷さには悪が本来備わっているからである。また、別の学派である唯名論者(ゆいめいろんしゃ)たちは、ある行為を正しいとするのは神の選択であると主張した。神には別の選択もできた。もし神がそうしていたなら、善は今とはずいぶん異なったものとなっていた[3]。とはいえ、より正確な聖書の立場は実在論と唯名論の中間に位置する。正しさとは恣意的なものではない。ただ、もし神が宣言していたなら、残酷さや殺人も善となっていた。しかし決定を下す場合、神は善悪の客観的な基準に従う。そしてその基準は、実在の構造そのものの一部である。されど、神が固く守るその基準は、神の外側のものではない。それはご自身の性質なのである。

③ 正義

神はご自身の法に一致して行動するだけでなく、それに従ってご自身の国を治める。つまり、他の者たちに律法に従うことを要求する。前項で述べた義は、神ご自身の個人的な正しさである。神の正義とは、神の公的な正しさであり、他の道徳的主体にも同様にその基準の遵守を求める。言い換えれば、神は、一個人としては社会の法律を遵守し、また公の立場ではその同じ法律を執行し他の人にそれを適用する、裁判官のような存在である。

聖書は、罪には遅かれ早かれ結局起こる明確な結果があることを明らかにしている。創世2:17に、アダムとエバに対する神の警告が書かれている。「善悪の知識の木からは、食べてはならない。その木から食べるとき、あなたは必ず死ぬ」。同様の警告は、聖書の至るところに繰り返されている。「罪の報酬は死です」(ローマ6:23)というパウロの言葉もその一つである。罪は本質的に罰せられるに値する。それゆえ、神は

---

[2] たとえば、Anselm, *Cur Deus homo?* 1.12 (聖アンセルムス『クール・デウス・ホモ』長沢信寿訳、岩波書店、1948年)。

[3] William of Ockham, *Reportatio* 3.13C, 12CCC.

いつかは罪を罰する。

神の正義は、神が偏愛やえこひいきを示すことなく、神の法を公平に施行することを意味する。結果あるいは報酬割り当ての際に考慮されるのは、その人が人生において獲得した地位ではなく、その人がなした行為のみである。それで神は、神の代理人となる務めを受けていながら賄賂を受け取って判決を曲げた、聖書時代の裁判官（たとえばⅠサムエル8：3、アモス5：12）を非難した。彼らが非難されたのは、正しい方である神ご自身が、ご自身の律法を執行するべき人々に、同様の振舞いを期待したゆえである。

聖さに関する場合と同様、神はご自身に従う者たちに神の義と正義に倣うことを期待している。我々は、神の律法と教えを我々の基準として採用すべきである。他の人々を公平かつ公正に扱うべきである（アモス5：15、24、ヤコブ2：9）。それこそ、神自身がしていることだからである。

(2) 誠実さ

我々がここで誠実さ（integrity）に分類している一群の属性は、真理（truth）の問題と関わるものである。真実（truthfulness）には、真性さ（genuineness）——真実であること、正直さ（veracity）——真実を告げること、忠実さ（faithfulness）——真実を立証すること、の三つの次元がある。我々は真実を告げることとおもに考えるが、真性さこそが真実の最も基本的な次元である。他の二つはそこから派生する。

① 真性さ

神の真性さとは、神が真の神であることを意味する。イスラエル人が遭遇した偽りのあるいは偽物の多くの神々とは対照的に、イスラエルの主は「まこと」の神である。エレミヤ10章でこの預言者は、ある人たちが拝んでいる対象をかなりの風刺をもって描いている。彼らは自分の手で偶像を組み立て、その後、話すことも歩くこともでき

ない、これらの対象物を礼拝する（5節）。しかしながら、主については以下のように語られている。

> しかし、主はまことの神、
> 生ける神、とこしえの王。 （10節）

ヨハネ17：3でイエスは御父に唯一のまことの神と呼びかけている。類似の言及はⅠテサロニケ1：9、Ⅰヨハネ5：20、黙示録3：7、6：10に見られる。

神は実在の神である。神を自称する他のものとは違い、模造されたり組み立てられたりしていない。神は見えるとおりのお方である。このことは神の真実の大きな部分である。あるキリスト教大学の広報担当の副学長は次のように言っていた。「広報活動においては、あなたがそうであると受け止めているものの十分の九を語り、十分の一は控えめに語るよう心掛けることが大切である」。神は、我々が吟味している偉大さと慈しみ深い善性という特質を具現しているように見えるだけではない。実際に、これらの属性そのもののお方である。

② 正直さ

神の正直さとは、神が物事を実際のとおりに述べることを意味する。サムエルはサウルに「イスラエルの栄光である方は、偽ることもなく、悔やむこともない。この方は人間ではないので、悔やむことがない」（Ⅰサムエル15：29）と言う。パウロは「偽ることのない」神について語る（テトス1：2）。そしてヘブル6：18には、神が約束に誓いを加えたとき、それらは「変わらない二つのもの」であり、「その二つについて、神が偽ることはあり得ません」とある。以上の聖書箇所が断言していることは、神は嘘をつかない、あるいはつく気がないということだけではないことに注目しよう。神には嘘をつくことが"できない"。というのは、嘘は神の真の性質に反するからである。

神はご自身の民に、公に断言するときも、ほのめかすときも、あらゆる状況において正直であるよう訴えてきた。したがって、たとえば、イスラエル人は買うとき用の重り石と売るとき用の重り石を持つのではなく、袋に一組の重り石のみを持つべきであった（申命25:13-15）。同様に神の民は福音のメッセージの提示においても完全に正直であるべきである。ある人は重要な目的のためには誤った提示の仕方をしてもよいと正当化するかもしれないが、パウロは「恥となるような隠し事を捨て、ずる賢い歩みをせず、神のことばを曲げず、真理を明らかにすることで、神の御前で自分自身をすべての人の良心に推薦しています」（Ⅱコリント4:2）とはっきり述べている。真理の神に最良の形で仕えるとは、真理の提示によって仕えることである。

③ 忠実さ

神の真性さとは神が真実であることであり、正直さとは神が真実を告げることであるとしたら、神の忠実さとは、神の真実性が証明されることを意味する。神はすべての約束を守る。バラムがバラクに以下のように語る通りである。

> 神は人ではないから、偽りを言うことがない。
> 人の子ではないから、悔いることがない。
> 神が仰せられたら、実行されないだろうか。
> 語られたら、成し遂げられないだろうか。
> （民数23:19）

パウロはもっと簡潔に、「あなたがたを召された方は真実ですから、そのようにしてくださいます」（Ⅰテサロニケ5:24）と述べている。神は忠実な方であるという同様の記述は、Ⅰコリント1:9、Ⅱコリント1:18-22、Ⅱテモテ2:13、Ⅰペテロ4:19に見いだされる。

神の忠実さは聖書の至るところで繰り返し証明されている。アブラハムに息子が生まれるという約束は、アブラハムとサラがそれぞれ75歳と65歳のときに与えられた。サラはすでに子を宿す年齢を過ぎ、不妊であることが明らかになっていた。しかし神は、忠実さを証明した —— 神が約束した息子（イサク）が生まれた。

他の道徳的属性の場合と同様に、主は信仰者に、ご自身の忠実さに倣うことを期待している。神の民は軽率に約束すべきではない。そして約束するときは、約束に忠実であり続けるべきである（伝道者5:4-5）。神にした約束を守らなければならないだけでなく（詩篇61:5、8、66:13）、仲間にした約束をも守らなければならない（ヨシュア9:16-21）。

神は真実な方であり、真実を告げられる。そして、神の真実性が証明される。

⑶ 愛

神の道徳的属性という観点から考えるとき、おそらく最初に思い浮かぶものは、ここで愛として分類している一群の属性である。それを基本的な属性、あるいは神の真の本性または定義とみなす人は少なくない[4]。このことに関する聖書的基盤がいくつか存在する。たとえば、Ⅰヨハネ4章には、以下のように書いてある。

> 愛のない者は神を知りません。
> 神は愛だからです。　　　　（8節）
>
> 私たちは自分たちに対する神の愛を知り、また信じています。
> 神は愛です。愛のうちにとどまる人は神のうちにとどまり、神もその人のうち

---

[4] たとえば、Eberhard Jüngel, *God as the Mystery of the World*, trans. Darrell L. Guder (Grand Rapids: Eerdmans, 1983), 314.

にとどまっておられます。　　（16節）

　一般的に、神の愛はご自身を永遠に与えること、あるいは分かち合うことと考えられるかもしれない。愛はそのようなものとして、創造された存在がある前にさえ、常に三位一体の位格の間に存在していた。イエスは、聖霊が来るのは「わたしが父を愛していて、父が命じられたとおりに行っていることを、世が知るためです」（ヨハネ14：31）と言った。神の三位一体は、神の愛が永遠に行使されてきたことを意味する。我々に対する神の愛の基本的な側面は、慈しみ深さ（benevolence）、恵み（grace）、あわれみ（mercy）、忍耐（persistence）である。

　① 慈しみ深さ
　本書で慈しみ深さとは、神が愛している人々の幸福に対する神の関心を意味している。神は利他的に我々の至福を求めている。聖書にあるたくさんの参照箇所のうち、おそらくヨハネ3：16が最も有名である。神の慈しみ深さについての記述は、新約聖書に限ったものではない。たとえば、申命7：7-8には「主があなたがたを慕い、あなたがたを選ばれたのは、あなたがたがどの民よりも数が多かったからではない。事実あなたがたは、あらゆる民のうちで最も数が少なかった。しかし、主があなたがたを愛されたから、またあなたがたの父祖たちに誓った誓いを守られたから、主は力強い御手をもってあなたがたを導き出……されたのである」とある。

　神の愛は、我々のための我々に対する利他的な関心である。それは、エロス（$er\bar{o}s$）ではなくアガペー（$agap\bar{e}$）の愛である。ヨハネ15章でイエスは、主人としもべ（あるいは雇用主と従業員）の関係と、友と友の関係とを区別している。信仰者と救い主を特徴づけるのは後者の種類の関係である。救い主が我々の益になることに関心をもっているのは、我々から何かを得ることができるからではなく、我々自身のためである。神は我々を必要とはしない。神は、我々を通して働くことを選択しているが、我々なしでも望んでいることを達成することができる。

　神の愛の、この自己犠牲的で利他的な特質は、神が行ったわざのうちに見られる。我々の代わりに死ぬために御子を遣わした神の愛は、先に神に対する我々の愛があったことが動機なのではない。使徒ヨハネは「私たちが神を愛したのではなく、神が私たちを愛し、私たちの罪のために、宥めのささげ物としての御子を遣わされました。ここに愛があるのです」と語っている（Ⅰヨハネ4：10）。ローマ5：6-10全体は、同じ主題を詳しく述べている。特に8節（「しかし、私たちがまだ罪人であったとき、キリストが私たちのために死なれたことによって、神は私たちに対するご自分の愛を明らかにしておられます」）と10節（「敵であった私たちが、御子の死によって神と和解させていただいた」）に注目しよう。この神の愛は、イエス・キリストを遣わすことで率先して救いの基盤を創造しただけではなく、絶えず我々を捜し求めてもいる。ルカ15章にあるイエスの三つのたとえ話は、このことを強く強調している。

　神の慈しみ深さ、つまり愛している者たちを実際に世話し養うことは、いろいろな形で見られる。神は人間以外の被造物さえ世話し養う。イエスは、御父が空の鳥を養い、野の百合を着飾ると教えた（マタイ6：26、28。詩篇145：16も見よ）。神が慈しみ深く供給・保護するという原則が、人間である神の子たちにも及んでいる（マタイ6：25、30-33）。これらの約束は我々信仰者に対するものであるといくぶん排他的に受け取られる傾向があるかもしれないが、聖書は、神が全人類に対して慈しみ深い方であることを示唆している。神は「ご自分の太陽を悪人にも善人にも昇らせ、正しい者にも正しくない者にも雨を降らせてくださる」（マタイ5：45）。神は本質的に、自らの

愛の対象に特別に積極的な思いを寄せるだけでなく、彼らの幸福のために活動する。愛とは活動的な事柄である。

愛を神の属性と考えるべきなのかと問う人もいる。ヨハネが「神は愛です」（Ⅰヨハネ4:8、16）と書いているので、愛はむしろ神の定義ではないか、と問うのである。もしそうであるなら、神について言われたすべてが愛の観点から解釈されることになる。しかし、このように主語と述語が同等のものに見えるかたちで文法上表現されている特質は、愛だけではない。たとえば、イエスはサマリア人の女に「神は霊です」（ヨハネ4:24）と語り、ヨハネは「神は光であり」と言う（Ⅰヨハネ1:5）。これは、定義ではなく、一つの特質の一つの属性として理解すべきである。このように、これは神を愛と同一視しているのではなく、神は愛にあふれた方であると述べたものと理解される。

② 恵み

恵みは、神の愛の多様性の一部である、もう一つの属性である。本書で恵みは、神がご自身の民を、その長所や価値、何に値するかに基づいてではなく、単に彼らの必要に応じて扱うことを意味する。言い換えれば、神はご自身の慈しみ深い善性と寛容さを基盤として民を扱う。この恵みは、先ほど述べた慈しみ深さ（利他性）とは区別すべきである。慈しみ深さとは単に、神がご自身の幸福ではなく他者の幸福を求めるという考えである。その場合、神が、他者への関心をもって利他的に愛し、それでも、この愛にはそれだけの価値があると主張しうる可能性がある。こうして、受けた好意に見合うように、あるいは好意を受けるために、何かをしたりささげたりすることを、一人一人に求めることになる。しかしながら、恵みとは、我々には受けるに値しない好意を神が提供することを意味する。神は我々には何も要求しない。

もちろん、神の恵み深さは新約聖書では顕著であるが、旧約聖書に描かれている神はずいぶん違うと言う人もいる。しかしながら、旧約聖書の数多くの箇所で、神の恵み深さが語られている。たとえば出エジプト34:6で、神はご自身について「主、主は、あわれみ深く、情け深い神。怒るのに遅く、恵みとまことに富み」と語る。また新約聖書には、救いを神の恵みという途方もない賜物と明白に関連づけている箇所がある。たとえば、パウロはエペソ2:8-9で「この恵みのゆえに、あなたがたは信仰によって救われたのです。それはあなたがたから出たことではなく、神の賜物です。行いによるのではありません。だれも誇ることのないためです」と語っている（参照テトス2:11、3:4-7）。救いはまことに神の賜物である。この神の恵みを受け取る人もいれば、受け取らない人もいるという理由で神の正義はときどき非難される。しかしながら、少しでも救われる人がいるということが驚くべきことである。もし神がすべての人に受けるに値するものしか与えないとしたら、救われる人は一人もいない。

③ あわれみ

神のあわれみは、神の民に対する心優しく愛にあふれた思いやりである。貧しい者に対する神の心の優しさである。恵みが人間を、罪深く罪過があり、有罪を宣告された者と考えているとしたら、あわれみは、悲惨で貧しい者と見ている。

詩篇の記者はこう言った。

**父がその子をあわれむように
主は　ご自分を恐れる者をあわれまれる。**
(詩篇103:13)

同様の考えは申命5:10、詩篇57:10、86:5に見られる。あわれみという属性は、肉体の病気に苦しんでいる人々がイエスのもとに来たときに、イエスが感じた同情に見られる（マルコ1:41）。彼らの霊的状態も彼を動揺させた（マタイ9:36）。両方の種

類の必要が関係している場合もある。そういうわけで、同じ出来事を描写していても、マタイはイエスが同情して、病人を癒やしたことについて語り（マタイ14:14）、マルコはイエスが同情して、多くのことを教えたと語る（マルコ6:34）。マタイは、他の箇所ではその二つの考えを結合している。イエスは、群衆が羊飼いのいない羊のように無力であるのを見て、同情を寄せた。それで、歩き回って「会堂で教え、御国の福音を宣べ伝え、あらゆる病気、あらゆるわずらいを癒やされた」（マタイ9:35）。

④ 忍耐

神の愛の最後の側面は忍耐である。神の忍耐については詩篇86:15、ローマ2:4、9:22、Ⅰペテロ3:20、Ⅱペテロ3:15に書かれている。これらの箇所すべてにおいて神は、さばきを差し控え、救いと恵みを長期間にわたって提供し続けるお方として描かれている。

神の忍苦（long-suffering）は、特にイスラエルに対してあふれ出る、彼らに対する忠実さに明らかに見られる。イスラエルの民はヤーウェにくり返し反逆して、エジプトへ帰ることを望み、モーセの指導を拒否し、礼拝のために偶像を立て、周辺民族の習慣に陥り、彼らと互いに結婚した。主がこの民を捨ててしまいたいようなときが何度かあったに違いない。洪水というやり方でイスラエルが大規模に滅亡するのが最も適切であっただろう。それでも主はイスラエルを見捨てなかった。

けれども神の忍耐は、イスラエルの扱いだけに限定されない。さらに、ペテロは、最終的には滅ぼされた者たちに救いのチャンスを提供するために洪水ができるだけ遅らされたと示唆している（Ⅰペテロ3:20を見よ）。ペテロはまた、未来の大きな破壊の日について話すときに、神の忍耐のゆえに再臨は遅延されていると示唆している。神は「だれも滅びることがなく、すべての人が悔い改めに進むこと」を願っている（Ⅱペテロ3:9）。

あるときペテロはイエスのもとに来て（疑いなく、弟子たちを代表してであった）、自分に罪を犯した兄弟を何回赦すべきか、七回までかと尋ねた。ペテロに対するイエスの返答は、「七十七回」が最もよい訳で（新改訳2017は「七回を七十倍」──訳注）、主の弟子の特徴であるべき愛の永続的で執拗な性質を示している（マタイ18:21-22）。イエスご自身がペテロに、そのような永続的な愛を実証した。ペテロは、イエスを一度だけでなく三度も否定したけれど、イエスはペテロの他の多くの欠点と同じようにペテロを赦し受け入れた。事実、墓で天使は3人の女性に、イエスはガリラヤに行かれる、そこで会えると"弟子たちとペテロ"のところへ行って告げよと指示した（マルコ16:7）。神の忠実さと忍耐は、罪を犯し裏切った──モーセ、ダビデ、ソロモン、そしてさらに多くの──他の信仰者たちを見捨てなかったことにおいても明らかである。

2. 神の愛と正義 ── 緊張点？

神の多くの特徴を見てきたが、どのようにしてもそれらを研究し尽くすことはできない。しかし、それらの相互関係はどうなのか。おそらく、神は統一ある統合された存在で、その人格は全体的に調和している。それなら、これらの属性の間に緊張はあってはならない。しかし、本当に緊張はないのか。

緊張が存在する可能性があるとして通常指摘される一つの点は、神の愛と正義との関係である。一方で神の正義は罪を犯す者に死を要求する大変厳格なものに思われる。これは荒々しく、厳しい神である。もう一方で神はあわれみ深く、恵み深く、赦しと忍耐に富む。この二つの特徴は互いに矛盾するのではないのか。そうであるなら、神の本性には内的な緊張があるのではない

か[5]。

　神が統一ある存在であり、神の属性は調和しているという仮定から出発するのなら、両者を照らし合わせて属性を定義することになる。こうして、神の正義は愛のある正義であり、神の愛は正しい愛であるということになる。これらの属性が衝突しているという考えは、互いに孤立した形で定義した結果かもしれない。たとえば、正義から離れた愛という概念は、外部の情報源から導かれることはあっても、聖書の教えではない。ここで言っているのは、正義を含むことなしには、愛は十分に理解されないことである。もし愛が正義を含まないとしたら、それは単なる感傷にすぎないものとなる。

　実際、愛と正義は神が人類を扱う上で一緒に働いてきた。神の正義は、罪には罰の支払いがなければならないとする。しかし神の愛は、人間が神との関係の中に回復されることを望む。罪の贖いとしてイエス・キリストがささげられたことは、神の正義と愛の両方が維持されていることを意味する。そして、そのときには本当に両者の間に緊張は存在しない。緊張が存在するのは、その人の愛についての見方が、刑罰を受けることなく神が罪を赦してくれることを求めるときのみである。しかし、それは神を、本当の姿と異なった方として捉えることである。さらに、キリストが贖いとしてささげられたことは、大目に手ぬるく扱うことで罪の結果から人々を解放するよりも、大きな神の側の愛を明らかにしている。

　神の法の正しい執行の実現のための、神の愛は御子を我々に与えるほどに大きいものであった。愛と正義は、互いに競合する別々の二つの属性ではない。神は義なる方であるとともに愛に満ちた方であり、自らが要求するものをご自身で与えてきた[6]。

研究課題

- 神の道徳的特性とは何か。また、なぜそれらが神の真の性質の適切な理解に必要なのか。
- 神の聖さの重要性とは何か。また、なぜ人間には神の本性のこの側面を理解するのがこれほど困難なのか。
- 我々のイエスについての理解は、特に神の愛を理解する上でどのような助けとなるのか。
- ある人々は、神の正義と神の愛との間に緊張が存在すると主張してきた。このような非難にあなたならどう答えるか。
- 神の慈しみ深い善性の研究からあなた自身の道徳的責任について何を学んだか。

---

[5] Nels Ferré, *The Christian Understanding of God* (New York: Harper and Bros., 1951), 227–28.

[6] William G. T. Shedd, *Dogmatic Theology* (Grand Rapids: Zondervan, 1971), 1: 377–78.

第11章 神の三一性 ── 三位一体

本章の目的

1. 三位一体に関する聖書の教えを、神の唯一性、三位格の神性、三一性（three-in-oneness）という三つの側面から理解し、説明する。
2. 「経綸的（けいりんてき）」見方、勢力的モナルキア主義（勢力的独裁論）、様態的モナルキア主義（様態的独裁論）、正統的見方といった三位一体の歴史的解釈を列挙し、説明する。
3. 福音主義者の中で、三位一体間の権威について漸次的見方を主張する人々と同等の権威を主張する人々との間にある議論を説明する。
4. 三位一体の教理の本質を描写し、それらがなぜキリスト教信仰にとって必要不可欠であるかを説明する。
5. 三位一体の教理を描写また明らかにするために用いられた多様な類比を明確に述べる。

本章のアウトライン

1. 聖書の教え　108
   (1) 神の唯一性　108
   (2) 三位格の神性　109
   (3) 三一性　110

2. 歴史上の諸見解　112
   (1) 三位一体の「経綸的」見方　112
   (2) 勢力的モナルキア主義　113
   (3) 様態的モナルキア主義　113
   (4) 正統的な定式化　114

3. 三位格の相対的な権威　115

4. 三位一体の教理の本質的要素　116

5. 類比の探究　117

本章の概要

聖書は神を三位一体の存在とする見方を明白な形で教えていない。しかし、神が唯一であり、三つの位格（persons）をもっているという聖書の教えは、明らかにこの見方を含んでいる。この教理を理解するために数多くの試みがなされ、中にはこの深遠な真理の歪曲に導くものもあった。我々がこの難しい教理を完全に理解することは決してないかもしれないが、よりよく理解するために役立つ類比はある。

第3部 神

我々は三位一体の教理において、真にキリスト教特有の教理の一つに出会う。神が唯一であり、しかも神である三位格が存在すると主張する点で、キリスト教信仰は世界の宗教の中で独特である。この教理は表面上は自己矛盾を起こしているように見え、聖書の中で公然とあるいは明白に言明されているわけでもない。けれども、敬虔な頭脳が聖書の証しを公正に評価しようと努めたときに到達したものである。

三位一体の教理は、キリスト教にとってきわめて重要である。神とは誰であり、どのような存在で、どのように働くのか、そしてどのようにして接触するべきなのかということと関係がある。さらに、イエス・キリストの神性の問題は、歴史的に大きな緊張のポイントとなってきたが、それは三位一体の理解においてきわめて優れたかたちにまとめ上げられている。

三位一体に関して我々がとる立場は、実際的な性質をもついくつかの問いに対する答えにもなる。我々は誰を礼拝すべきか──その対象は御父だけか、それとも御子なのか、聖霊なのか、三位一体の神に対してなのか。誰に祈るべきか。それぞれの働きは他の位格の働きと分離して考えるべきなのか、それともイエスの贖いの死を何らかの形で御父のわざでもあると考えてよいのか。御子は本質的に御父と同じと考えるべきなのか、あるいは少し格下げすべきか。

> 神が唯一であり、しかも神である三位格が存在すると主張する点で、キリスト教信仰は独特である。

この教理の聖書的基盤を吟味することから三位一体の研究を始める。なぜなら、これは本書で行うすべてのことにとって根本である。それから、我々は、正統的定式化を含む、聖書のデータを扱う初期の様々な試みを検討する。最後に、我々は、この教理の本質的な要素に注目し、それを幾分より良く理解する助けとなる類比を探す。

1. 聖書の教え

聖書には三種類の別々の、ただし相互に関連のある証拠がある。神はひとりであるという神の統一性の証拠、神である三つの位格があるという証拠、そして最後に、三一性の示唆あるいは少なくとも暗示である。

(1) 神の唯一性

古代ヘブル人の宗教は、今日のユダヤ人の宗教と同じく、厳格な唯一神信仰であった。神の唯一性は、いくつかの異なった時代に、多様な方法でイスラエルに啓示された。たとえば、十戒は「わたしは、あなたをエジプトの地、奴隷の家から導き出したあなたの神、主である。あなたには、わたし以外に［あるいは、わたしの前に］、ほかの神があってはならない」（出エジプト20:2-3）という言葉で始まる。

第二戒の偶像崇拝禁止（4節）もヤーウェの独比性に基づいている。神は、ご自身のみが神であるゆえに、人間が作ったものに対するいかなる礼拝も許さない。多神教の否定は旧約聖書を貫いている。神は、神であると主張する他の存在よりもご自身が優れていることを繰り返し立証している。

神の唯一性をもっともはっきり示しているのは、申命6章の「シェマー」である。その中にある真理をイスラエルの民は身につけ、子どもたちに繰り返し教えるように命令された。彼らは、それらの教えについて熟考するべきであった（「これらのことばを心にとどめなさい」6節）。家でも道でも、寝るときも起きるときも、それについて語るべきであった（7節）。それへの注意を促（うなが）すために、視覚教材を用いるべきであった。すなわち、それを手や額につけ、家のドアの枠と門に書き記した（8-9節）。これらの偉大な真理の一つは、

「主は私たちの神。主は唯一である」（4節）という直説的で宣言的な主張である。イスラエルが学び、教えることを神が望んだ第二の偉大な真理は、ご自身の独比性を基盤にした戒めである。「心を尽くし、いのちを尽くし、力を尽くして、あなたの神、主を愛しなさい」（5節）と。神はひとりであるのだから、イスラエルの献身の対象が分かれていてはならない。

神の唯一性は、旧約聖書で教えられているだけではない。ヤコブ2:19も、それだけでは義と認められるには不十分であると注意しながらも、唯一の神を信じることを勧めている。パウロも、偶像にささげた肉を食べることについて論じる際に、こう書いている。「『世の偶像の神は実際には存在せず、唯一の神以外には神は存在しない』ことを私たちは知っています。……父なる唯一の神がおられるだけで、この神からすべてのものは発し、この神に私たちは至るからです。また、唯一の主なるイエス・キリストがおられるだけで、この主によってすべてのものは存在し、この主によって私たちも存在するからです」（Ⅰコリント8:4、6）。ここでパウロは、モーセの律法と同様に、唯一の神のみが存在するとの基盤に立って偶像礼拝を排除している。

(2) 三位格の神性

これらすべての証拠を、もしそれだけで解釈するなら、唯一神論を基本とする信仰に至ることは疑いない。それでは、この証拠を超えたところへ教会を動かしたものは何か。それは、三位格が神であるという趣旨の聖書の追加の証言だった。第一位格の神、御父についてはほとんど論争の余地はない。Ⅰコリント8:4、6、Ⅰテモテ2:5-6での言及に加えて、イエスが御父を神と呼んでいる事例に注目してもよい。たとえばマタイ6:26では、「あなたがたの天の父は〔空の鳥を〕養っていてくださいます」と示し、そのすぐ後に続く類似の記事で「野の草さえ、神はこのように装ってくださ

る」（30節）と述べている。イエスにとって、「神」と「あなたがたの天の父」という表現が互いに交換可能なことは明らかである。そして神に言及する他の多くの箇所で、イエスは明らかに御父を念頭に置いている（たとえばマタイ19:23-26、27:46、マルコ12:17、24-27）。

神としてのイエスの立場は、幾分問題を引き起こす場合もあるのだが、それでも聖書は彼を神と同一視している。キリスト・イエスの神性への重要な言及は、ピリピ2章に見いだされる。5-11節で、パウロはおそらく初代教会の賛美歌であったものを取り上げ、読者に謙遜を実践するよう訴える根拠として用いている。彼はキリスト・イエスについて以下のように述べる。

> キリストは、神の御姿であられるのに、神としてのあり方を捨てられないとは考えず、　　　　　　　　　　　　　（6節）

ここで「御姿」と訳されている言葉はモルフェー（*morphē*）である。この用語は聖書ギリシア語と同様、古典ギリシア語でも「物事を構成する一組の特徴、あり様」を意味する。それは物事の真の性質を表す。

もう一つ重要な聖句はヘブル1章である。我々にとってこの記者の正体は不明だが、記者はヘブル人キリスト者のグループに書き送っている。彼（あるいは彼女）は御子の全き神性を強く暗示する、いくつかの主張をしている。最初の節で記者は、御子が天使よりも優っていると論じながら、神が御子を通して語り、御子を万物の相続者に任命し、御子を通して宇宙を造ったことに注目する（2節）。それから、3節で御子を「神の栄光の輝き」さらに「彼の本質の完全な現れ」と述べる。この箇所で断言されているのは、御子が"神である"ことではなく、神が御子を通してご自身を啓示したということである、と主張することはおそらく可能である。しかし前後関係はそうでないことを示唆している。神は、ご自身

が子と呼ぶ相手の父とご自身を同一視する（5節）ことに加えて、引用されている8節（詩篇45:6より）で御子を「神」と呼び、10節（詩篇102:25より）では「主」と呼んでいる。記者は、神が御子に「わたしの右の座に着いていなさい」（13節。詩篇110:1より）と言ったことに注目し話を締めくくっている。聖書記者が、間違いなく唯一神論に浸っていたヘブル人キリスト者に、イエスの神性と御父との同等性を明白に断言する形で語りかけていることに留意することは、重要である。

最後に考慮すべきことは、イエスご自身の自己意識である。イエスがご自身の神性を決して直接主張しなかったことに注目すべきである。イエスが単に「わたしは神である」と言うことは決してなかった。それでも、ご自身を実のところそのように理解していたことを示す糸口はいくつかある。イエスは、神にのみ属することがふさわしいものをご自身のものと主張した。神の御使いたち（ルカ12:8-9、15:10）をご自身の御使いたち（マタイ13:41）として話した。神の国（マタイ12:28、19:14、24、21:31、43）と神の選んだ者たち（マルコ13:20）をご自身のものとみなした。さらに、罪を赦す権威を主張した（マルコ2:8-10）。ユダヤ人は、神のみが罪を赦すことができると理解していたので、その結果、イエスを神への冒瀆で告発した。彼は、世をさばき（マタイ25:31-33）、支配する（マタイ24:30、マルコ14:62）権力も主張した。

聖霊を神と同一視する聖書箇所もある。ここでは、聖霊への言及が神への言及と交換可能な形でなされる箇所に注目できる。一例は使徒5:3-4である。アナニアとサッピラは、地所の代金の一部を隠し、使徒の足もとに置いたのが全額であると見せかけた。ここでは、聖霊を欺くこと（3節）が神を欺くこと（4節）と同じである。聖霊はまた、神の特質をもち、神のわざを行う者として描かれている。聖霊は人々に罪と義とさばきについて自覚させ（ヨハネ16:8-11）、再生させる、すなわち新しいいのちを与える（ヨハネ3:8）。Ⅰコリント12:4-11には、教会に賜物を与え、それらの賜物を受け取る人々に主権を行使するのは御霊であると書かれている。加えて、御霊は神のために取っておかれる栄誉と栄光を受ける。御霊に対する冒瀆は非常に深刻な罪である（マルコ3:29）。

Ⅰコリント3:16-17で、パウロは信仰者たちに、彼らが神の宮であり、神の御霊が彼らのうちに住んでいることを思い起こさせ、6章では、彼らのからだは彼らのうちにいる聖霊の宮であると言っている（19-20節）。「神」と「聖霊」は交換可能な表現であるように見える。また、いくつかの箇所では、聖霊が神と同等の立場に置かれている。一つは、マタイ28:19のバプテスマの定式文である。二つ目は、Ⅱコリント13:13のパウロの祝祷である。最後に、Ⅰペテロ1:2でペテロが「父なる神の予知のままに、御霊による聖別によって、イエス・キリストに従うように、またその血の注ぎかけを受けるように選ばれた人たち」と読者に呼びかけている。

(3) 三一性

外見上、神の唯一性と三位性についての二系列の証拠は矛盾しているように見える。教会が教理的課題を熟考し始めたとき、神は一における三として、言い換えれば三位一体として理解されるべきだと結論づけた。この時点で次のことを問わなければならない。すなわち、この教理が聖書で明白に教えられているものなのか、それとも聖書に暗示されているだけなのか、あるいは聖書の他の教えから引き出された推論にすぎないのかをである。

伝統的に三位一体を立証するものとされてきた聖句はⅠヨハネ5:7であるが、ただし、英欽定訳（えいきんていやく）(KJV)のような初期の翻訳に見られるかたちである。KJVではこうなっている。「天におい

てあかしするものが三つあります。御父とみことばと聖霊です。そしてこの三つは一つです」。ここには見たところ、三一性の明瞭で簡潔な陳述がある。しかし、残念ながら本文としての基盤はきわめて弱い。それゆえ、最近の翻訳では、この陳述は脚注にイタリック体で入れられているだけであり（たとえばNIV）、あるいは全く省いているもの（たとえば米標準改訳訳［RSV］〔日本語聖書の文語訳、新改訳、口語訳、新共同訳も同様──訳注〕）もある。もし三位一体の聖書的基盤が存在するとしたら、それは他のところに求めなければならない。

イスラエルの神を意味する名詞エローヒーム（'elohim）が複数形であることが、三位一体論的見解を示すものとみなされるときもある。これは他の神々を指すときにも用いられる一般的名称である。イスラエルの神を指して使われるときには、いつもではないがたいてい、複数形である。ここに神の複数的性質が暗示されていると主張する人もいる。

他にも複数形はある。創世1:26で神は、「人をわれわれのかたちとして……造ろう」と述べている。ここでは、「（われわれは）造ろう」という動詞と「われわれの」という所有格接尾辞の両方に複数形が見られる。イザヤは召命を受けたとき、主が「だれを、わたしは遣わそう。だれが、われわれのために行くだろうか」（イザヤ6:8）と述べるのを聞いた。論理的分析という立場から重要であるのは、単数から複数への移行が見られることである。創世1:26は実際に、「神は仰せられた〔単数形〕。『さあ、人をわれわれの〔複数形〕かたちとして……造ろう〔複数形〕』」となっている。神がご自身について複数形の動詞を使っているのが引用されている。同様に、イザヤ6:8には「だれを、わたしは遣わそう〔単数形〕。だれが、われわれ〔複数形〕のために行くだろうか」とある。

人間の中の神のかたちに関する教えもまた、三位一体を暗示するものと見られてきた。創世1:27には次のようにある。

神は人をご自身のかたちとして創造された。
神のかたちとして彼を創造し、
男と女に彼らを創造された。

(NIV1986年版)

ここでは、最初の2行だけでなく、3行全部に並行法が用いられていると主張する人もいる。そういうわけで、「男と女とに彼らを創造された」は、「神は人をご自身のかたちとして創造された」と「神のかたちとして彼を創造し」とに相当する。このことを基盤として、人（総称）における神のかたちは、人が男と女（つまり複数）に創造されたという事実に見いだされるべきである[1]。このことは、神のかたちが複数の中の統一性にあるべきことを意味している。そして複数の中の統一性は複製と原型の両方の特徴である、創世2:24によれば、男と女は一つ（エハッド〔'ehad〕）となるべきである。これには、二つの別々の本質の統合が必要である。同じ言葉がシェマーで神について用いられていることは重要である。すなわち、「主は私たちの神。主は唯一（エハッド）である」（申命6:4）。ここで神の本性に関して何かが主張されているように思われる。神は有機的組織体、つまり異なる部分を統一したものであると。

聖書のいくつかの箇所で、三位格が統一的に、そして見たところ同等に結び合わされている。その一つは、大宣教命令（マタイ28:19-20）で定められているバプテスマの定式文である。父と子と聖霊の名によって（または、の中へ）バプテスマを授けなさい、とある。三位格が含まれているにもかかわらず、「名」が単数であることに注

---

1 Paul King Jewett, *Man as Male and Female* (Grand Rapids: Eerdmans, 1975), 33-40, 43-48; Karl Barth, *Church Dogmatics* III/1 (Edinburgh: T&T Clark, 1958). 183-201（K・バルト『教会教義学』全34巻、井上良雄他訳、新教出版社、1959年-）。

目しよう。三つの名前が統一的に、そして見たところ同等に直接つながっている、さらにもう一つの箇所は、Ⅱコリント13:13のパウロの祝祷である。「主イエス・キリストの恵み、神の愛、聖霊の交わりが、あなたがたすべてとともにありますように」。三位一体が同格であることの最も力強い証拠が含まれるのは、第四福音書である。三重の定型文は1:33-34、14:16、26、15:26、16:7、13-15、20:21-22（参照Ⅰヨハネ4:2、13-14）と何度も現れる。三位格の間の相互的作用（interdynamics）がくり返し現れる[2]。御子は御父によって遣わされ（ヨハネ14:24）、御父から出る（16:28）。御霊は御父によって与えられ（14:16）、御父から遣わされ（14:26）、御父から出る（15:26）。それでも御子は御霊の降臨と密接に関係している。御子は御霊の降臨を祈り求める（14:16）。御父は御子の名によって御霊を遣わす（14:26）。御子は御父のもとから御霊を送る（15:26）。御子は自らが御霊を遣わすことができるように去っていかなければならない（16:7）。御霊の働きは、御子の働きの継続および綿密な仕上げであると理解される。御霊は、御子が語ったことを思い起こさせる（14:26）。御子を証しする（15:26）。御子から聞いたことを宣言し、そのようにして御子の栄光を現す（16:13-14）。

この福音書の序言の部分も、三位一体の教理にとって意義深い題材を含んでいる。ヨハネはその書の最初の一節で、こう語っている。「ことばは神とともにあった。ことばは神であった」。ここには「ことば」の神性が示唆されている。ここにもまた、御子は御父と別の存在でありながら、その間には交わりが存在するという思想が見いだされる。前置詞プロス（*pros*「とともに」）が、御父と物理的に近いことを意味するだけでなく、交わりの親密さも意味するからである。

この福音書は、御父と御子との親密さと統一性を別の形で強調している。イエスは「わたしと父とは一つです」（10:30）、「わたしを見た人は、父を見たのです」（14:9）と言う。自分と御父が一つであるように、弟子たちが一つになるようにと祈っている（17:21）。

ここまで吟味してきたデータからの結論は、以下のとおりである。三位一体の教理は明白には主張されていないが、聖書、特に新約聖書は、三位格の神性と唯一性を示唆する非常に多くの箇所を含んでいる。それゆえ、教会がその教理を定式化し、そうすることが正しいと結論づけた理由を理解することができる。

2. 歴史上の諸見解

紀元後最初の2世紀間には、三位一体の教理と今日呼ばれているものについての神学的、哲学的な問題点と意識的に取り組もうとすることは比較的少なかった。ユスティノスやタティアノスのような思想家は、「ことば」と御父との本質における統一性を強調し、光をその源である太陽から分離することは不可能であるという比喩を使った。このようにして彼らは、「ことば」と御父は別個でありながら、分割することも分離することもできないと説明した[3]。

(1) 三位一体の「経綸的」見方

ヒッポリュトスとテルトゥリアヌスは、三位格の間の永遠の関係を探究しようとはほとんどしなかった。むしろ、三位（Triad）が創造と贖罪においてどのように明らかにされているかに集中した。これは、「内在的（immanent）」三位一体（存在論的な三位の神のあり様）に対して「経綸的（economic）」三位一体（活動・みわざにおける三位の神の顕現のあり様）、と呼ばれ

---

[2] George S. Hendry, *The Holy Spirit in Christian Theology* (Philadelphia: Westminster, 1956), 31.

[3] Justin Martyr, *Dialogue with Trypho* 61.2; 128.3 (ユスティノス『トリュフォンとの対話』)。

ることもある。創造と贖罪は、御子と御霊が御父以外の存在であることを明らかにしているが、御子と御霊は永遠の存在において御父と一つであり、切り離すことができないともみなされた。人間の精神的機能と同じように、神の理性、すなわち「ことば」は、内在的に神と不可分な存在とみなされた。

手短に評価すると、以上の三位一体の見方にはある種のあいまいさが存在することに注意すべきである。ただ、それが何を意味しているかをもっと正確に理解しようと努めても、失望に終わることになる。

(2) 勢力的モナルキア主義

2世紀末と3世紀に、キリストと神との関係をより厳密に定義しようとする試みが二つ登場した。どちらの見解も神の独比性と統一性を強調したため、モナルキア（原語を直訳すると「唯一の主権」）主義と呼ばれてきたが、ただし、その名称は統一性のみに基づくものである。

勢力的モナルキア主義（勢力的独裁論）は、神が人間イエスの生涯に動的に存在していたと主張した。人間イエスの上に、中に、あるいは彼を通して、神の働きや力が存在したが、イエスのうちに真に神が実在していたのではない、と。勢力的モナルキア主義の創始者テオドトスは、バプテスマ以前のイエスは完全な徳をもつ者ではあったが、普通の人間であったと主張した。イエスがバプテスマを受けたときに御霊あるいはキリストが下り、そのときからイエスは神の奇蹟的なわざを行ったという。勢力的モナルキア主義は、広く人気のある運動となることは決してなかった[4]。

(3) 様態的モナルキア主義

それに比べて、様態的モナルキア主義（様態的独裁論）はより影響力のある教えであった。勢力的モナルキア主義が三位一体の教理を否定しているように思われたのに対し、様態的モナルキア主義はその教理を肯定しているように見えた。どちらの種類のモナルキア主義も、神の統一性の教理を保つことを望んでいた。しかしながら様態論は、イエスの完全な神性を非常に重視するものでもあった。「御父」という語は一般に三位一体の神ご自身を意味するものとみなされていたので、「ことば」あるいは御子が御父以外の存在であると示唆することは、様態的モナルキア主義者には二人の神を信じる二神論に思えた。

この学派の本質的な考えは、唯一の神が存在するが、その神は御父、あるいは御子、御霊として、さまざまに呼ばれるというものである。御父、御子、御霊という語は、真の相違を表しているのではなく、その時々に当てはまるふさわしい名称にすぎない。御父、御子、御霊は同一であり、同じ人格の一連の啓示とされる。そういうわけで、三性と一性という矛盾に対する様態論の解決は、三つの位格ではなく、異なる三つの名前、または役割、活動をもつ一つの人格というものであった[5]。

様態的モナルキア主義はまことに独特で、独創的で、創造的な概念であり、ある意味で見事な打開策である。神の統一性と御父、御子、御霊の三位格の神性との両方が保たれている。けれども、この神学を評価した教会は、いくつかの重要な点が欠けていると考えた。特に、聖書の啓示の場面でしばしば三位格が同時に現れるという事実は、この見方にとって大きな障害となった。御父が御子に語りかけ、御霊が御子に下ったバプテスマの場面は、その一例である。先

---

4 Athanasius, *On the Decrees of the Nicene Synod (Defense of the Nicene Council)* 5.24（アタナシウス『ニカイア教会会議の教令について（ニカイア会議の弁明）』）; *On the Councils of Ariminum and Seleucia* 2.26（『アリミヌムとセレウキアの会議について』）; Eusebius, *Ecclesiastical History* 7.30（エウセビオス『教会史』）。

5 Athanasius, *Four Discourses against the Arians* 3.23.4（アタナシウス『アリウス派に対する四つの講話』）。

に注目した三位一体を示す聖句のいくつかが、困難を引き起こすとわかったのである。御父が御子に話し、御霊が御子に降るバプテスマの場面は一例である。そのほか、イエスが御霊の到来を話し、御父について、あるいは御父に話す箇所もある。

(4) 正統的な定式化

三位一体の正統的な教理は、一連の討議と教会会議の中で宣言された。それらの討議と会議の大部分は、モナルキア主義やアリウス主義などの運動が引き金となった論争によって促されたものである。コンスタンティノポリス会議（381年）は、教会がそれまで暗黙のうちに保っていた信仰を明らかにする決定的な声明を定式化した。それを支配していたのは基本的にはアタナシウス（293-373年）の見解であり、それをカパドキアの神学者――バシリウス、ナジアンゾスのグレゴリオス、ニュッサのグレゴリオス――が練り上げ、まとめた。

コンスタンティノポリス会議の立場を表現する定式は、「三つのヒュポスタシス（hypostases）〔位格〕における一つのウーシア（ousia）〔実体〕」である。強調点は、定式の前半に置かれているように思われることがしばしばある。つまり、ひとりの不可分の神よりも三位格の区別された存在のほうが強調されているようである。ひとりの神が、存在あるいは位格において三つの様式で同時に存在する。神は「分けられている位格において不可分に」存在する。三つの位格には「本性の同一性」が存在する。

カパドキアの神学者たちは、共通の実体と複数の区別された位格という概念を、一つの普遍とその特殊という類比によって詳しく説明しようとした。個々の人間が普遍的な人類（あるいは人間性）に関係しているのと同じように、三位一体の個々の位格は神の実体に関係している。個々の人間が、自らを他の個々人と区別する独自の特徴をもっているのと同じく、個々の位格はそれぞれ、神独自の特徴あるいは特性によって区別された神のウーシア（ousia）である。バシリウスによれば、これらの神の位格それぞれの特性は、父性、子性、きよめる力あるいは聖化である[6]。

正統的定式が、様態論の危険から三位一体の教理を守っているのは明らかである。しかしながら、そうすることによって、反対側の誤りである三神論に陥ってしまったのか。表面上、その危険はかなりのものに思われる。ただし、三神論から三位一体の教理を保護するために、二つの点が主張された。

第一に、もし三位のどの位格においても全く違わない、御父、御子、聖霊の単一の活動を見いだせるのなら、一つの全く同じ実体のみが関わっていると結論しなければならない、という点が注目された。そしてそのような統一性は、啓示による神の活動に見られた。啓示は御父において始められ、御子を通して進められ、御霊において完成される。それは三つの行為ではなく、三位格すべてが関係する一つの行為である。

第二に、神的実体の具体性と不可分性が主張された。カパドキアの神学者たちによる三位一体論に対する批判の多くは、それ自体が具体的に表れている普遍性の類比に焦点を当てていた。人類のうちに多数の人間が存在するように神のうちに多数の神が存在する、という結論を避けるために、ニュッサのグレゴリオスは次のように提案した。厳密に言えば、多数の人間について語るべきではなく、一つの普遍的な人間存在の多様性について語るべきである、と。こうしてカパドキアの神学者たちは、三位一体の三つの位格は位格において数として区別できるが、その本質、あるいは実体においては区別できないと強調しつづけた。位格としては区別できるが、存在においては一つであり分離できないのである。

ここで、ウーシア（ousia）とは抽象的なものではなく、具体的な実在であること

---

[6] Basil, *Letters* 38.5; 214.4; 236.6（バシリウス『書簡』）。

をくり返すべきである。さらに、この本質は単一かつ不可分である。物質であるもののみが量的に分けることができるというアリストテレス学派の教えに従って、カパドキアの神学者たちはときどき、数という範疇（はんちゅう）を神に適用できるということを事実上否定している。神は単一であり、複合的ではない。それゆえ、位格はそれぞれ一つであるが、合計三つの本質とすることはできない。

3. 三位格の相対的な権威

21世紀初めに福音主義者の間でかなりの論争となった一つの問題は、三位一体の三位格の相対的な権威である。私が漸次的（ぜんじてき）権威（gradational authority）と呼んでいる一つの立場は、本質あるいは存在において、その"ある"さまにおいて、三位格は完全に等しいと主張する。けれどもこの見解を支持する者は、御父は三位一体の最高のメンバーであり、御子と御霊は永遠にそして本質的に御父に従属していると主張する。三位格はそれぞれ果たす役割が異なり、これらの役割は三者間の関係の違いに基づいている。権威に関しては度合いがあり、この区別は三位一体の中で永遠であり、内在している。

この漸次主義者の立場を支持するものには、以下のことを示唆する多くの聖書箇所が含まれる。御父は予定（ローマ8:29）などの選択を行う方である。御父は御子を地上に送った（ヨハネ3:16、8:29）。父は御座に座し、御子はその右にいる（マタイ26:64、使徒2:33）。この権威と従属は、過去に永遠に存在しただけでなく、来る永遠にも続く（Ⅰコリント15:24-28）。「父」と「子」というまさにその名前は、人間関係と同様に、御父が命じ御子が従うという立場の区別を示している[7]。漸次主義者はま

た、神学の歴史は、この命令と従順の構造が三位一体の中に存在するという考えを広範に支持していると信じている。最後に、漸次主義者はそのようなものとして識別していないが、重要な哲学的原則がそれを必要としている。この役割の区別がなければ、そしてそれゆえに権威の区別がなければ、位格を互いに区別する根拠はなく、真の三位は単に人物Aと人物Aと人物Aに崩壊することになる[8]。これらの関係の正しい理解は、御父に、御子の名前で、御霊の力によって祈る特定の方法を暗示していると主張する漸次主義者もいる[9]。

三位を同等の権威（equivalent authority）とする別の見方では、御子が御父に、御霊が御父と御子の両方に機能に関し従属していることは、御子が地上での生涯で負った特別な任務を達成するための一時的なものであり、御霊は救いとの関係で役割を果たすと主張する。ピリピ2:5-11やヘブル5:8のような文章は、受肉にあたりイエスが御父と平等であることを断念して、従順になった、あるいは服従することを学んだと断言している。この見方ではまた、御父と御子という言葉の意味にも疑問を呈する。聖書において子であることは、従属ではなく類似を表すために使われたと主張し、三位の位格を表すためにこれらの名前だけが使われているわけではなく、またそれらが並べられる順序は一定ではないと述べる。漸次主義者と同じく同等主義者は、教会の歴史が三位格の同等の権威という自分たちの見方を支持していると主張する[10]。それだけではなく、漸次主義者は機能と存在の間に区別を設けるが、同等主義者はその区別

---

7 Wayne Grudem, *Evangelical Feminism and Biblical Truth: An Analysis of More Than 100 Disputed Questions* (Sisters, OR: Multnomah, 2004), 413.

8 Ibid., 433.

9 Bruce Ware, *Father, Son, and Holy Spirit: Relationships, Roles, and Relevance* (Wheaton: Crossway, 2005), 18.

10 Kevin Giles, *Jesus and the Father: Modern Evangelicals Reinvent the Doctrine of the Trinity* (Grand Rapids: Zondervan, 2006).

は維持できないと主張する。もし誰かが他の人に対していつも権威的である必要があるのなら、その差異は機能から存在にまで広がっているに違いないと[11]。

また、興味深いことに、漸次主義者が御父の優位性を示すと考える機能の多くが、御子にも、場合によっては御霊にも帰せられていることを観察できる。御子は人を救いに（マタイ11:27、ヨハネ5:21）、また奉仕のために選び（ヨハネ6:70）、御霊は誰にどの賜物を与えるかを選ぶ（Ⅰコリント12:11）。御父（ヨハネ14:16、26）と御子（ヨハネ15:26、16:7）の両方が聖霊を遣わす。信仰者に内住するのは御霊（ヨハネ14:17）、御子（Ⅱコリント13:5）、そしておそらくは御父も（ヨハネ14:23、Ⅰコリント3:16）である。御霊と同様に（ヨハネ6:63）、御子と御父の両方がいのちを与える（ヨハネ5:21）。

一つの実際的な問題は祈りである。現実に、新約聖書には御子に向けられた祈りがある（使徒7:59-60、Ⅱコリント12:8-9、黙示録22:20）。これらは真の祈りのように見えるし、神は決して否認しなかった。もし御父への祈りのみが漸次主義の見解によって実際に暗示されているのなら、これらの祈りの合法性は、漸次主義の見解の誤りを暗示していることになる。祈りをそのように制限しない漸次主義者もいるが、彼らは一貫していないといえるかもしれない。というのは、最初に御父だけの意志に従って御子が来たのなら、二度目に来てくださいと御子に祈ることは矛盾するように思えるからである。

より深刻なのは、同等の本質と同等でない役割との区別という哲学的問題である。御子と御霊に対する御父の権威と、御子と御霊による御父への従属が三位一体の構造のまさに一部であるとしたら、そしてその結果他のかたちはありえないのなら、この優位性と従属性は、付随的なものではなく各位格の必然的な特徴となる。つまり、それらは偶発的ではなく本質的な特質であり、御子の本質は御父の本質とは異なり、それより劣っていることになる。言い換えれば、権威における不変で必然的な違いは、機能的な従属性だけでなく、存在論的な従属性を暗示する。

したがって、アウグスティヌス[12]とカルヴァン[13]の両方が唱える立場が最も有益であると思われる。それによると、三位一体の位格内の一位格の行為は、実際には三位格すべてが参加する行為である。これは、御子がやって来てなした御父の意思は、実際には三位格の意思であること、御子が来たるべき者となるという決定に御子が参与したことを意味する。

聖書的および歴史的な考察事項に加えて、漸次主義的見方には、同等の権威という見方よりも適切でないものにするだけの困難が伴っている。したがって、三位格の永遠に同等な権威を維持することが最善と思われる[14]。

4. 三位一体の教理の本質的要素

ここで立ち止まって、三位一体の教理に含まれるべき目立った要素に注目することが大切である。

1. 神の統一性は基本である。神は唯一であり、多数ではない。神の統一性は、夫と

---

[11] Thomas H. McCall, *Which Trinity? Whose Monotheism? Philosophical and Systematic Theologians on the Metaphysics of Trinitarian Theology* (Grand Rapids: Eerdmans, 2010), 179–83.

[12] Augustine, *On the Trinity* 1.9.19（アウグスティヌス『三位一体論』中沢宣夫訳、東京大学出版会、1975年）。

[13] John Calvin, *Institutes of the Christian Religion*, ed. John T. McNeill, trans. Ford Lewis Battles (Philadelphia: Westminster, 1960), 2.12.2（J・カルヴァン『キリスト教綱要 改訳版 第1篇・第2篇』、渡辺信夫訳、新教出版社、2007年）。

[14] この論争のより詳しい分析は、拙著 *Who's Tampering with the Trinity? An Assessment of the Subordination Debate* (Grand Rapids: Kregel, 2009) を見よ。

第11章　神の三一性——三位一体

妻の一体性と比較できるかもしれないが、我々が扱っているのは唯一の神についてであり、別々の実体を結合したものではないことを心に留めなければならない。

2. 御父、御子、御霊の、三位格それぞれの神性を肯定しなければならない。それぞれは同質である。御子は御父と同じあり方で、同じ程度に神である。そしてこのことは聖霊にも当てはまる。

3. 神の三性と唯一性とは、同じ観点から見たものではない。三位一体の正統的解釈（神は一にして三である）は矛盾しているように思われるが、そのように見えるだけで、実際は矛盾ではない。矛盾が存在するのは、何かが同じ時に同じ点において a であり、かつ a でない場合である。正統主義が主張するのは、神が時間のすべての瞬間に三位格であること、しかし神が三であるあり方が、一つであるあり方とはいくつかの点で異なっていることである。

4. 三位一体は永遠である。御父、御子、御霊の三つがいつも存在し、すべて、いつも神である。その中に、ある時点で存在するようになったものはなく、ある時点で神となったものもない。三一の神は常に存在してきたとおりに存在し、これからも存在し続ける。

5. 三位一体の一つの位格の機能が、しばらくの間、他の一つあるいは二つの位格に従属することはあるかもしれない。しかしそれは、本質において劣っていることを意味するのではない。三位一体の三位格のそれぞれは、一時期、自分だけの独自の機能をもっていた。このことは、地位や本質における変化ではなく、与えられた目標を達成するための一時的な役割として理解されるべきである。人間の経験においても、機能的従属はある。ビジネスや事業において同等の幾人かの人が仲間のうち一人を選び、身分は変えないで、与えられた期間、特別調査団の長や委員会の議長として働かせるかもしれない。それと同じように、御子は地上での受肉の期間、御父より劣った存在になったのではない。しかし機能上、御父の意思にご自身を従属させた。同様に、御霊は今、御父の意思にも、御子の働きにも従属させられている（ヨハネ14-16章を見よ）。しかし、このことは御霊が御父や御子より劣っていることを意味しない。

6. 三位一体は理解不能である。その奥義を完全に理解することはできない。いつの日か神と会うとき、我々はありのままの神を見、今よりももっと神を理解するだろう。しかし、そのときでさえ、神を完全には理解できない。

5. 類比の探究

三位一体の教理の主張を構成する上での問題は、用語を理解することだけではない。すなわち、用語を理解すること自体がきわめて困難なのである。たとえば、この文脈で「位格（person）」とは何を意味するかを知るのは難しい。しかし、さらに難しいのは三位一体の位格間の相互関係を理解することである。そこで、人間の知性は、この努力に役立つ類比を探し求める。

> 我々はいつの日か、今よりももっと神を理解するだろう。しかし、そのときでさえ、神を完全には理解できない。

大衆的なレベルでは、物理的性質から引き出される類比がしばしば利用されてきた。たとえば、広く用いられてきた類比は卵である。それは黄身、白身、殻からなり、そのすべてが一緒になって、1個の卵全体を形成する。もう一つの人気のある類比は水である。それは固体、液体、気体のかたちで見いだされる。ある牧師は、若い洗礼志願者たちを教えるときに、「ズボンは単数か、複数か」と質問することで、三つでありつつ一つであることを明らかにしよう

試みた。彼によると、答えは、ズボンの上のほうは単数、下のほうは複数である。

物質的領域から引き出した類比のほとんどは、その意味合いにおいて三神論か様態論のどちらかに傾きやすい。卵やズボンに関する類比は、御父、御子、聖霊が神の本性の別々の部分であることを示唆しているように見える。一方、水の多様な形態に関する類比には様態論的な含みがある。氷、液体の水、蒸気というのは存在の様式だからである。一定量の水は、三つすべての状態で同時に存在することはない。

キリスト教神学の歴史において最も創造的な知性の持ち主の一人はアウグスティヌスである。『三位一体論』において彼は、人間は三位一体の神のかたちに造られているので、人間の本性の分析を通して、どんなにかすかであっても、神の三位一体の反映が見つかると期待することは理にかなっていると主張した。このことを念頭において、人間経験の領域から引き出される二つの類比を調べてみることにしよう。

第一の類比は、個々の人間の心理の領域から引き出されたものである。自己意識をもつ人間として、私は自分自身と内なる対話をするかもしれない。また、自分に対していろいろな立場をとったり、自分と論争さえするかもしれない。さらに、私は動的な相互作用において多様な役割や責任をもつ、複雑な人間である。与えられた状況で何をなすべきかと考えるとき、ともに私を構成している夫、父親、神学校教授、アメリカ合衆国市民という自分が、互いにやりとりをするかもしれない。

この類比で問題になるのは、人間の経験の中でこの類比が最も明確に見られるのは、個人の多様な立場と役割の中に調和よりも緊張や競争が存在する状況であるということである。けれどもそれとは対照的に、神には完全な調和、対話、愛が常にある。

もう一つの類比は、個人間の関係の領域からのものである。一卵性双生児の場合を考えてみよう。二人は遺伝的性質が同一であるゆえに、ある意味で本質が同じである。一方から一方への臓器移植は比較的容易に行える。移植を受ける側の肉体が提供者の臓器を異物として拒絶しないからである。一卵性双生児は興味や嗜好が似ている場合が多い。配偶者や雇い主は別だが、緊密な絆が彼らを一つに結びつけている。それでも、彼らは同じ人格ではない。二人であって、一人ではない。

以上の二つの類比は、三位一体の教理の異なる側面を強調している。前者は一体性をおもに強調し、後者は三性をより明確に説明している。三位一体の教理は、我々の信仰に欠かすことのできない構成要素である。三位一体の神が礼拝されるべきであるのと同じように、三位格のそれぞれが礼拝されるべきである。そして、それぞれの独特の働きに留意しながら、三位一体のすべてに対してひとまとめに祈るとともに、それぞれの位格に向けて感謝と願いの祈りをささげるのは適切なことである。さらに、神のうちにある完全な愛と統一性は、我々にとって一致と愛のひな型である。一致と愛が、キリストのからだの中での人間関係の特徴となるべきなのである。

三位一体の教理は人間によって構成されるのではなく、神によって啓示されなければならないとテルトゥリアヌスが主張したのは、正しかったようである。人間の観点からは非常に不合理なもので、誰もそれを創案したことがない。我々が三位一体の教理を保っているのは、それが自明だから、あるいは論理的に説得力があるからではない。ご自身はこのようであると神自ら啓示したゆえに、それを保つのである。ある人がこの教理について、次のように語ったとおりである。それを説明しようとすれば、知性を失う。しかし、それを否定しようとすれば、魂を失う。

研究課題

● 聖書にある、三位の神性の証拠は何か。

- 三位一体の種々の歴史的見解をどのように論じるのがよいか。
- 三位一体の教理の本質的要素とは何か。それはどのように我々の理解を助け、信仰を深めるのに役立つか。
- 諸種の類比は、我々の理解にとってどのような助けとなるか。
- 三位一体の神の間の相互作用の研究は、我々お互いの関係のあり方について何を教えてくれるか。

第12章 神の計画

本章の目的

1. 神の計画で鍵となる用語と、それらの用語を定義する方法を理解する。
2. 旧新約聖書双方から神の計画に関する聖書の教えを説明する。
3. 神の計画の一般的な特徴を特定し、説明する。
4. カルヴァン主義とアルミニウス主義の歴史的見解を吟味することによって、神の計画と人間の行為のどちらが論理的に優先されるかを明らかにする。
5. 神の計画に関する穏健カルヴァン主義的モデルを描写し、それがアルミニウス主義の見解よりも聖書的な基盤をもっている理由を示す。
6. 歴史における神のわざとキリストを信じるすべての者に及ぶその効果について他の人々に確信をもたせる。

本章のアウトライン

1. 鍵となる諸定義　121

2. 聖書の教え　121
   (1) 旧約聖書の教え　121
   (2) 新約聖書の教え　122

3. 神の計画の性質　123

4. 論理的優先性 ── 神の計画か人間の行為か　125

5. 穏健カルヴァン主義モデル　126
   (1) 神の計画の無条件的性質　126
   (2) 人間の自由の意味　127
   (3) 神の意志と人間の自由　128
   (4) 神の願いと神の意志　130
   (5) 神の意志と人間の行為の必要　130

6. 諸種の歴史理解　131

本章の概要

神は歴史について明確な計画をもっている。神の計画に言及する聖書箇所から引き出される結論が少なくとも九つある。カルヴァン主義とアルミニウス主義は、神の計画と人間の行為のどちらが論理的に先かという問題に異なった解決を提示している。本書の分析によると、穏健カルヴァン主義の立場が最も聖書的な根拠をもっていると結論づけられる。最後に、歴史に関してはさまざまな見解があるが、聖書的見解は、神がご自身の目標に向かって歴史を導いていると断言し、もし我々が神の目的と提携するなら、歴史の確実な結果に向かって進んでいると確信できると断言している。

第12章 神の計画

歴史はどこへ向かっているのか、そしてそれはなぜか。歴史のパターンを今あるように発展させているものがもし存在するとすれば、それはいかなるものなのか。これらは、理性ある人間としての我々が直面する問いであり、我々の生き方に決定的な影響を与える。キリスト教の答えは、神は起こるすべてを含む計画を持っており、そして今その計画を実行している、ということである。

1. 鍵となる諸定義

神の計画（しばしば神の聖定（せいてい）[decree]と呼ばれる）とは、起こりくるすべての事柄を確かなものにする、神の永遠の決定であると定義してよい。必ずしも十分ではないものの、この概念を理解するのに、類比が助けとなる。神の計画は建築家の設計のようなものである。最初は心の中に描かれ、次に意図とデザインにしたがって紙の上に描かれ、その後初めて実際の建築において実行される。

この時点で、用語を明確にすることが必要である。「予定する（predestinate）」と「運命を定める（foreordain）」という用語を事実上同じ意味で使っている神学者は少なくない。しかしながら本書の目的のために、いくぶん異なる使い方をする。「予定する」は、「運命を定める」よりもいくらか狭い意味合いを伝えている。「予定する」は、文字通りには誰か、あるいは何かの運命を示唆しているので、道徳的主体の永遠の状態に特に関係する場合の神の計画について使うのが最善である。「運命を定める」という用語は、より広い意味で使用し、宇宙の歴史の領域内の事柄についての神の決定を指すものとする。「予定」は、永遠の救いあるいは永遠の断罪の問題のために取っておくことにする。予定の中で「選び（election）」は、個々人、国民、グループに対する、永遠のいのちと神との交わりへの、神の肯定的な選択を意味して使用される。一方、「遺棄（いき）」（reprobation）は、否定的な予定、すなわち神がある者を永遠の断罪または喪失に選ぶことである。このように、運命を定める（foreordination）は、ここでは予定よりも広い範囲の意味で使用される。

2. 聖書の教え

(1) 旧約聖書の教え

旧約聖書の説明では、神が計画し定める働きは、主がその民と結んだ契約ときわめて密接に結びつけられている。神がご自身の民を選び、個人的に世話をする中で行ったすべてのことについて読むと、神について二つの真理が際立っている。すなわち、一方で、神にはこの上ない力があり、万物の創造者、維持者である。もう一方では、神は愛と配慮に満ちた、人格的な存在である。単なる抽象的な力ではなく、愛に満ちた人格である[1]。

神は今、ご自身の計画を実行している。それは永遠のものであり、起こるすべてを含む。

旧約聖書の記者たちにとって、神の意志や働きとは無関係に何かが起こることは、事実上考えられなかった。その証拠として、「雨が降った」（"It rained"）というようなよくある非人格的表現が、旧約聖書にはないことを考えてみよう。ヘブル人にとって、ただ雨が降るなどということはなく、神が雨を送るのであった。彼らは神を、起こることすべてを決定する全能者と考えた。た

---

[1] Benjamin B. Warfield, "Predestination," in *Biblical Doctrines* (New York: Oxford University Press, 1929), 7–8.

とえばアッシリアの王によってもたらされた破壊に関して、神ご自身が次のように解説している。

> おまえは聞かなかったのか。
> 遠い昔に、わたしがそれをなし、
> 大昔に、わたしがそれを計画し、
> 今、それを果たしたことを。
> それで、おまえは城壁のある町々を荒らして
> 廃墟の石くれの山としたのだ。
> 　　　　　　　　　　　（イザヤ37：26）

貯水池の建造のようなささいに見えることでも、ずっと以前に計画されていたものとして描いている（イザヤ22：11）。さらに神の計画のうちには、イスラエルの国家と神の子一人一人の繁栄に対する関心がある（詩篇27：10-11、37篇、65：3、91篇、121篇、139：16、ダニエル12：1、ヨナ4：11）。

旧約聖書はまた、神がその計画のうちにあることすべてを確実に実際に発生させるという信念を明確に述べている。イザヤ14：27には次のようにある。

> 万軍の主が計画されたことを、
> だれがくつがえせるだろうか。
> 御手が伸ばされている。
> だれがそれを押し戻せるだろうか[2]。

特に知恵文学と預言書では、全包括的な神の目的という考え方が最も目立つ[3]。

> すべてのものを、主はご自分の目的のために造り、
> 悪しき者さえ、わざわいの日のために造られた。　　（箴言16：4）[4]

我々人間はヨブと同じく、神が我々の生活において目的を成し遂げておられるのを常に理解しているわけではないかもしれない。

> 「知識もなしに摂理をおおい隠す者はだれか」と。
> 確かに私は、
> 自分の理解できないことを告げてしまいました。
> 自分では知り得ない、あまりにも不思議なことを。　　　　　（ヨブ42：3）

このように、旧約聖書の信仰者から見れば、神は世界を創造し、歴史を導いていた。歴史とは、永遠において準備され、神の民との交わりという神の意図に関連する計画を展開するものであった。

(2) 新約聖書の教え

神の計画と目的は、新約聖書においても目立っている。イエスは、神がエルサレムの陥落と破壊（ルカ21：20-22）のような大きくて複雑な出来事だけでなく、ユダの背教と裏切りや残った弟子たちの忠誠（マタイ26：24、マルコ14：21、ルカ22：22、ヨハネ17：12、18：9）のような細かいことも計画していたと主張した。神の計画と旧約聖書の預言との成就は、マタイ（1：22、2：15、23、4：14、8：17、12：17、13：35、21：4、26：56）とヨハネ（12：38、19：24、28、36）の書にはっきりと現れる主題である。批評家たちは、それらの預言の中には、その預言について知っており、その成就を見ることに強い関心があった人々によって実現したものがあると異議を唱えるかもしれない（たとえば、イエスは「わたしは渇く」〔ヨハネ19：28〕と言うことで詩篇69：21を成就した）。けれども他の預言が、その成就を願わず、おそらくそれらについて知ってすらいなかった人々、すなわちイエスの衣をくじ引きにし、彼の骨を折らなかったローマの兵士などによって成就された

---

[2] 参照ヨブ42：2、エレミヤ23：20、ゼカリヤ1：6。
[3] Warfield, "Predestination," 15.
[4] 参照3：19-20、ヨブ38章、特に4節、イザヤ40：12；エレミヤ10：12-13。

ということは、注目に値する[5]。成就されるべき特定の預言のないところでも、イエスは未来の出来事に関して、そうならなければならないという必然性の感覚を伝えた。たとえば弟子たちにこう言った。

> 戦争や戦争のうわさを聞いても、うろたえてはいけません。そういうことは必ず起こりますが、まだ終わりではありません。……
>
> ……まず福音が、すべての民族に宣べ伝えられなければなりません。
>
> （マルコ13：7、10）

使徒たちも神の目的を強調した。ペテロはペンテコステのときのメッセージで、「神が定めた計画と神の予知によって引き渡されたこのイエスを、あなたがたは律法を持たない人々の手によって十字架につけて殺した」（使徒2：23）と言った。使徒ヨハネによって書かれた黙示録は、神の計画の有効性に対する信頼の、特に際立った実例を示している。

パウロの書いたものには、すべてが神の計画に従って起こるということが最も明らかに示されている（Ⅰコリント12：18、15：38、コロサイ1：19）。国々の運命さえも、神によって決められる（使徒17：26）。このことは、神の贖いのわざ（ガラテヤ3：8、4：4-5）、個々人および民族の選び（ローマ9-11章）、生まれる前からパウロが選ばれていたことを含んでいる（ガラテヤ1：15）。陶器師と土のかたまりのイメージは、特定の、幾分か狭い意味で使用されているが（ローマ9：20-23）、パウロの歴史哲学全体を表すものである。彼は生じること「すべて」を、神の子どもたちのための神の意図の一部（エペソ1：11-12）とみなしている。それゆえ、「神を愛する人たち、すなわち、神のご計画にしたがって召された人たちのためには、すべてのことがともに働いて益

となる」（ローマ8：28）のであり、神のご計画とは我々が「御子のかたちと同じ姿に」（29節）されることである。

3. 神の計画の性質

今、これらの数多くの多様な聖書箇所から神の計画の一般的特徴をまとめ、神に期待しうるものをより完全に理解できるようにする必要がある。

1. 神の計画は永遠の昔からのものである。神が我々の日のすべてをそれらがまだ存在しないうちに計画したと詩篇の記者は語った（詩篇139：16）。パウロはエペソ人への手紙において、神が「世界の基が据えられる前から、この方〔キリスト〕にあって私たちを選」んだことを示した（1：4）。これらの決定は、歴史が展開し、出来事が起こるにつれてなされるのではない。神は歴史の中でその目的を明らかにしている（Ⅱテモテ1：10）。しかしそれらは、永遠の昔から、時の始まる以前から、常に神の計画であった（イザヤ22：11も見よ）。

永遠であるので、神の計画にはいかなる年代的順序もない。永遠の内部には以前も以後も存在しない。もちろん、論理的な順序（たとえば、十字架上でイエスを死なせる決定は、論理的に、彼を地上に送る決定の後に続く）は存在するし、聖定されていた出来事をなすにあたっては時間的な順序が存在する。しかし、神の意思に時間的な順序は存在しない。それは一つの首尾一貫した同時的な決定である。

2. 神の計画とそこに含まれている決定は、神の自由に属している。このことは、「みこころの良しとするところ」のような表現に含意されている。また、誰も神に助言したことがない（さらに言えば、誰も神に助言"できない"）という事実にも暗示されている。イザヤ40：13-14には、こうある。

> だれが主の霊を推し量り、

---

[5] Bernard Ramm, *Protestant Christian Evidences* (Chicago: Moody, 1953), 88.

主の助言者として主に教えたのか。
主はだれと相談して悟りを得られたのか。
だれが公正の道筋を主に教えて、
知識を授け、英知の道を知らせたのか。

　パウロは、神のわざにおける主権と不可思議さに関する偉大な主張を締めくくるにあたって、まさにこの箇所を引用している（ローマ11:34）。
　神の決定は、外的な決定から生じるのではないだけでなく、内的に強制されるものでもない。つまり、神の決定と行為は、神の本性ときわめて合致しているが、神の本性に束縛されるわけではない。神は行うことすべてにおいて愛に満ちた聖いかたちで行動しなければならなかったが、創造せよと要求されたわけではない。神は、我々には知らされていない理由で、創造することを自由な立場で選択した。
　3. 究極的な意味では、神の計画の目的は神の栄光である。パウロは、神はキリストにあって我々を選び、我々を「みこころの良しとするところにしたがって……恵みの栄光が、ほめたたえられる」（エペソ1:5-6）ように定めたことを示唆している。神の行うことは、ご自身の名のためになされる（イザヤ48:11、エゼキエル20:9）。イエスは、ご自身に従う者たちは自分たちの光を輝かせて、人々が彼らの良い行いを見て、天におられる彼らの父をあがめるようにするべきであると述べた（マタイ5:16、参照ヨハネ15:8）。
　以上は、神の計画とその結果生じる行為の背後に二次的な動機づけが存在しないということではない。神は、人類に対するご自身の愛と人類の幸福に対する関心を充足させるために、救いの諸手段を提供した。しかしながら、これは最終目的ではなく、より偉大な目的である神ご自身の栄光に達する手段にすぎない。
　4. 神の計画はすべてのことを含んでいる。このことは、聖書に神の計画の一部として多種多様な事項が述べられていることに示

唆されている。ただし、それ以上に、神の計画の範囲についてはっきりと述べられている。パウロは神を、「すべてをみこころによる計画のままに行う」（エペソ1:11）方であると語る。詩篇の記者は「万物はあなたのしもべ」（詩篇119:91）と言う。すべての目標は神の計画の一部であるが、すべての手段も同様である。神の観点からは、人生に聖なる領域と俗なる領域という区別は存在しない。いかなる領域も、神の関心と決断の範囲から外れることはない。
　5. 神の計画は有効である。永遠の昔から神が意図していたことは、確実に起こる。主は次のように言う。

> 万軍の主は誓って言われた。
> 「必ず、
> 　わたしの考えたとおりに事は成り、
> 　わたしの図ったとおりに成就する。」
> ……
> 万軍の主が計画されたことを、
> だれがくつがえせるだろうか。
> 御手が伸ばされている。
> だれがそれを押し戻せるだろうか。
> 　　　　　　　　（イザヤ14:24、27）

神が思いを変えることはないし、それまで知られていなかった考慮事項を見つけたので意図を変える、ということもない。
　6. 神の計画は、神の本性よりも行為に関係する。つまり人格的属性にではなく、なそうとすることに関する決定に関係する。たとえば、神は、愛と力にあふれる者であろうと決心することはない。神が愛と力にあふれているのは、単に神であることによるのである[6]。
　7. 神の計画は、第一義的には、神ご自身が創造、保持、導き、贖いに関して行うことに関係している。それはまた、人間の意志と行為も含むが、二義的な意味においてにすぎない。すなわち、神が意図する目標

---

[6] Augustus H. Strong, *Systematic Theology* (Westwood, NJ: Revell, 1907), 353–54.

に達する手段として、あるいは神が取る行為の結果として含むのである。ここでの神の役割が、ある方法で行動せよと命令を下すことではなく、ある事柄が我々の生活の中で起こると決定することである点に注目しよう。神の計画は人間に特定の方法で行動することを強いるのではなく、人間がそれらの方法で"自由に"行動することを確かなものとする。

8. したがって、神の計画は第一義的には神の行うことに関係するが、人間の行為もそこに含まれる。たとえば、イエスはご自身のメッセージに対する個々人の反応が御父の決定の結果であることに言及した（ヨハネ6：37、44。参照17：2、6、9）。ルカは使徒13：48で、「永遠のいのちにあずかるように定められていた人たちはみな、信仰に入った」と述べている。

> 神の計画は人間に特定の方法で行動することを強いるのではなく、人間がそれらの方法で"自由に"行動することを確かなものとする。

一方で神の計画には、我々が通常善行と呼ぶものが含まれている。もう一方で、神の律法と道徳的意図に反する人間の悪しき行いもまた、聖書の中に神の計画の一部、神によってあらかじめ定められたものとして見られる。イエスに対する裏切り、有罪判決、十字架刑は、この最たる例である（ルカ22：22、使徒2：23、4：27-28）。

9. 神の計画は、その詳細において不変である。特定の決定に関して神は思いを変えず、決定を変えない。これは、ニネベに関して神が意図を変更したように見えること（ヨナ書）や、人間を造ったことを後悔しているように見えること（創世6：6）を考えると、奇妙に思えるかもしれない。しかしながら、創世記6章の記述は神人同形論または神人同感論とみなすべきである。そして、もうすぐ滅ぼされるというヨナの告知は、ニネベに対する神の実際の計画を成し遂げるために用いられた警告と見るべきである。ここで、不変性が神の偉大さについての属性の一つであることに留意しなければならない。

4. 論理的優先性 ── 神の計画か人間の行為か

今度は、神の計画と人間の行為のどちらが論理的に先に来るかを考慮しなければならない。カルヴァン主義者とアルミニウス主義者は、人間の行為が神の計画に含まれていることには同意するが、どちらが原因であり、どちらが結果かについては意見を異にする。人が今していることをするのは、まさにこの通りに行動するのだと、神が決定したからなのか。それとも、神はまず人がしようとすることを予見し、それからそれをもとにして、何が起こるかに関し決定するのか。

1. カルヴァン主義者のほうは、神の計画が論理的に先であり、人間の決定や行為は結果であると信じている。救いを受け入れるか、拒否するかという特別な事柄に関して、神はその計画の中で、ある者が信じ、その結果永遠のいのちを受け入れることを選んだ。神は起こるべきことを決定したゆえに、これから起こることを予知している。このことは、人間の他のすべての決定や行為に関しても当てはまる。神は人間の決定に依存しない。それゆえ、神は、人間がしようとすることが実現すると決定するということはない。また、ご自身を信じるようになると予見した人々を永遠のいのちに選ぶということもない。むしろ、神の決定は、個々人が特定の方法で行動することを確実にするということである[7]。

---

[7] J. Gresham Machen, *The Christian View of Man* (Grand Rapids: Eerdmans, 1947), 78（抄訳はJ・G・メイチェン『神と人間 ── キリスト教の人間観

2. 一方、アルミニウス主義者は、人間の自由をより強調する。それによると、神は、人間が与えられた意志を行使することを許し、また期待している。もしそうでなかったなら、神を選ぶようにという聖書の招き、「すべて疲れた人、重荷を負っている人はわたしのもとに来なさい。わたしがあなたがたを休ませてあげます」(マタイ11:28)などの「……しようとする者はだれでも」という聖句は見つからないことになる。そのような招きが差し出されていること自体、聞き手がそれを受け入れるか拒否することができることを示している。ただしこのことは、神の決定が未来を確実なものにしているという立場と相反するように思われる。もし神の決定が未来を確実にするのなら、人間に対する招きには意味がない。何が起こるかという神の決定は、人間がすることと無関係に実現することになるからである。したがってアルミニウス主義者は神の決定に関して他の見方を探し求める。

鍵は、神の計画の形成と遂行における、神の予知の役割を理解することにある。ローマ8:29でパウロは、「神は、あらかじめ知っている人たちを……あらかじめ定められたからです」と言っている。この節からアルミニウス主義者は、個人それぞれの運命に関する神の選択あるいは決定は予知の結果であるという結論を引き出す。したがって、信じるようになるとあらかじめ神が知っていた人々こそ、神が救おうと決定した人なのである。同様の主張が、人間のあらゆる行為、さらに言えば、生のあらゆる側面についてなされうる。神は、我々すべてが何をしようとしているかを知っている。それゆえ、起こると予見していることを意図する[8]。それゆえ、次のように言えるかもしれない。アルミニウス主義者の見方によれば、神の計画とこの側面は人間の決定を条件にしており、カルヴァン主義者の見方によれば、神の計画は無条件である、と。

5. 穏健カルヴァン主義モデル

(1) 神の計画の無条件的性質

神の主権を人間の自由と関係づけることには困難があるが、それでも我々は、神の計画が人間の選択を条件としているというよりも無条件であるという、聖書を基盤とする結論に行き着く。人間が自分でしようとしていることのゆえに神が人間を選ぶ、という示唆は聖書の中にない。アルミニウス主義者の予知(プログノーシス [prognōsis])という概念は、興味をそそるものであるが、聖書の裏づけはない。この語は、起こるべきことに関する前もっての知識または事前の認識をもっていること以上を意味する。この語の背景には、ヤーダ (yada') というヘブル語の概念があるように見える。ヤーダは、単に気づいていること以上を意味する場合がしばしばあった。ある種の親密な関係における知識を示唆し、性的交渉について用いられることもあった[9]。神はイスラエルの人々をあらかじめ知っていたとパウロが語るとき、神が前もって持っていた知識を指しているだけではない。事実、神がイスラエルを選んだのは、彼らの側の好意的な反応を前もって知っていたことに基づくのではない。そのような反応を予想していたのなら、神は確かに間違っていた。ローマ11:2でパウロが「神は、前から知っていたご自分の民を退けられたのではありません」と述べていること、その後にイスラエルの不信仰について論じていることに注目しよう。確かにこの箇所で

角田桂嶽訳、吉岡繁編集、聖書図書刊行会、1963年)。

8 Henry C. Thiessen, *Introductory Lectures in Systematic Theology* (Grand Rapids: Eerdmans, 1949), 157 (H・シーセン『組織神学』島田福安訳、聖書図書刊行会、1961年)。

9 Francis Brown, S. R. Driver, and Charles A. Briggs, *Hebrew and English Lexicon of the Old Testament* (New York: Oxford University Press, 1955), 393–95.

は、予知は前もっての知識以上のものを意味しているに違いない。使徒2:23では、予知は神の意志と結びつけられている。さらに、Ⅰペテロ1章には、選ばれた者たちは神の予知によって選ばれたこと（2節）、そしてキリストは世界の基の前から知られていたこと（20節）が書かれている。ここで言われている予知とは前もって知識があることを意味するにすぎないというならば、これらの節から真の意味を事実上取り除いてしまう。ローマ8:29で言われているような予知は、前もっての知識とともに、好意的な処置または選びという思想を伝えていると結論づけなければならない。

さらに、神の選びの計画には無条件の性質があることを、きわめて明白に述べている箇所がある。このことは、エサウよりヤコブが選ばれたことに関してパウロが述べているところに見られる。「その子どもたちがまだ生まれもせず、善も悪も行わないうちに、選びによる神のご計画が、行いによるのではなく、召してくださる方によって進められるために、『兄が弟に仕える』と彼女〔リベカ〕に告げられました。『わたしはヤコブを愛し、エサウを憎んだ』と書かれているとおりです」（ローマ9:11-13）。パウロは、神がヤコブを選んだことが不相応または無条件の選びであったことを強調するために、大いに骨を折っているように思われる。同じ章の後のほうでパウロは注釈している。「ですから、神は人をみこころのままにあわれみ、またみこころのままに頑なにされるのです」（18節）。その後に続く、陶器師と土のかたまりのイメージの重要性も、見逃せない（20-24節）。同様に、イエスは弟子たちに言われた。「あなたがたがわたしを選んだのではなく、わたしがあなたがたを選び、あなたがたを任命しました。それは、あなたがたが行って実を結び、その実が残るようになるため……です」（ヨハネ15:16）。以上のような考察により、神の計画は、予見された人間の行為を条件とするというよりは、無条件であると結論づけなければならない。

(2) 人間の自由の意味

この時点で一つの問いを提起しなければならない。神が真に自由な存在を創造すると同時に、それらの存在の自由な決断や行為も含めて、起こるべきすべてのことを確かにすることができるのかという問いである。緊張を緩和する一つの手段は、何かを確かにすることと、それを必要とすることとを区別することである。前者は、あることが起こる"だろう"（Something *will* happen）という神の決定に関する事柄であり、後者は、あることが起こらなければ"ならない"（it *must* happen）という神の聖定に関する事柄である。前者の場合、人間は、神が選んだ行動方針に反する形で行動しようとはしない。後者の場合は、人間は神が選んだことに反するようには行動できない。つまり、違う形で行動することができる（あるいは、行動することができた）人が、実際には一つの特定の方法（神が意図する方法）で行動することを、神が確かにするということである[10]。

私は自由であると言う場合、それは何を意味しているのか。それは、私が強制のもとにはいないことを意味する。したがって私は、気に入ることはなんでも自由にすることができる。しかし、何を気に入り、何を気に入らないかについては自由なのか。別の言い方をしてみよう。他の行為ではなくある行為を選択するのは、それが私にとって魅力があるからかもしれない。しかし、それらの行為の一つ一つが私にとって有する魅力を、私が十分にコントロールしているとは言えない。それは全く別の事柄である。私は自分で決定をするが、その決定の

---

[10] この見解は、人間の自由は、生起するすべての物事を神が確かなものとしたことと（この場合）矛盾しないとする、「両立可能な自由」（compatibilistic freedom）として知られているものを基盤としている。Antony Flew, "Compatibilism, Free Will, and God," *Philosophy* 48 (1973): 231-32 を見よ。

大部分は、自分の選択では変えることのできない、自分自身のある特徴に影響を受けている。たとえば、夕食にレバーを選ぶか、あるいはそれ以外の"どのような"料理でも選んでよいと言われたとき、レバーを選ぶことは全く自由である。けれども、私はそうしようと思わない。レバーが嫌いだということを自分の意識でコントロールできない。それは、私という存在に伴う既成の事実なのである。その点で私の自由は制限されている。レバーが嫌いなのは遺伝によるものなのか周囲の環境によるものなのかは知らない。しかし、単なる意志の力で自分のこの特徴を変えることができないことは明らかである。私は望むように自由に行えるだろうか。はい、確かに。しかし私は望むように自由に望むことができるか。それはかなり違った問いである。

それなら、私が何者であり、何を願い、何を意図するのかに関しては、制限があることになる。確かに、私の遺伝子を選んだのは私ではない。つまり、私は誕生に際して、両親や正確な地理的場所や文化的背景を選択することはなかった。それゆえ、私の自由はこれらの制限の中にある。そして、ここで「誰がこれらの要素を設定したのか」という疑問が起こる。有神論者の答えは「神が聖定した」である。

私には多様な選択肢から選ぶ自由がある。しかし私の選択は、私がどのような者であるかによって影響される。それゆえ、私の自由とは、私がどのような者であるかに照らして、選択肢の中から選ぶ能力であると理解しなければならない。そして、私がどのような者であるかは、神の決定と活動の結果である。神は、人生における私の状況に関わる環境のすべてを支配している。神は、特定の選択肢に私が興味をもつような、力強く引かれさえするような要素をもたらす（あるいは、もたらすことを許容する）かもしれない。過去に私が経験したすべての要素を通して、神は私が今のような人間になるように影響を与えてきた。それどころか、神は、生まれてくるのが私であると意図することによって、生じた事柄に影響を与えた。

子どもが母の胎に宿るときはいつでも、無限の数の可能性がある。精子と卵子の結合から、遺伝的な組み合わせに無限の多様性が生じる。なぜ特定の組み合わせが結果として実際に生じるのかはわからない。しかしここで、議論のために、遺伝的な組み合わせが私自身に限りなく近い仮説上の人間を考えてみよう。彼はすべての点で私と同じである。生活のすべての状況で、私と同じように反応する。しかし、ある特定の状況では、彼は私とは異なる方法で特定の刺激に反応する。神が存在をもたらすことを選択された世界は、私が存在する世界であって、私の相手が存在する世界ではない。

(3) 神の意志と人間の自由

神が人間の決断と行為を確かなものにしたことは、人間の自由と両立するのだろうか。どう答えるかは、自由をどう理解するかにかかっている。本書が支持する立場によれば、「個人には異なった選択をすることができたのか」という問いに対する答えは、しかりである。一方、「しかし、異なった選択をしていたか」という問いに対する答えは、否である。本書の理解では、人間の自由が存在するためには、第一の問いだけに肯定的に答える必要がある。けれども、人間の自由が存在するのは、二つの問いに肯定的に答えることができるときのみ、つまり、個々人に異なった選択ができただけではなく、異なった選択を望むこともできた場合のみである、と主張する者もいる。この見解によれば、自由とは自発性、あるいは任意の選択さえ意味する。そのような人たちに対しては、人間の決定や行為に関しては、完全に自発的あるいは任意のものなど何もないことを指摘したい。人間の行為は、ある程度は予測可能である。ある人を知れば知るほど、その人の反応をより予測できるようになる。たとえば、親友や親

戚から、「あなたがそれを言おうとしていたのは知っていた」と言われるかもしれない。もし自由が任意の選択を意味するのなら、人間の自由は実質上あり得ないという結論になる。しかし、自由が選択肢の中から選ぶ能力を意味するのなら、人間の自由は存在し、神が我々の決心や行為を確かなものにしたことと両立する。

これに加えて、非威圧的（ひいあつてき）な仕方で我々の決定を生じさせる神の働きという考えがある。神は我々に力ずくで、つまり外的強制によって無理強いしたりしない。また、脅迫と操作、つまり内的強制によって無理強いすることもない。むしろ、神はその選択を魅力的にして、我々がほかよりそれを選択するようにする。ジョン・ファインバーグは、クラスの中のある学生を説明に用いている。その学生がクラスの邪魔をしているので、教師としてファインバーグは、その学生は教室を出て行くべきだと判断する。もし教師に十分力があれば、学生をつかんでドアの外に運び、そこに放り出してドアに鍵をかけることができる。それは外的強制である。あるいは、教師が学生を脅し、おそらく銃器を使っていのちを奪うと脅迫することもできる。それは内的強制である。第三の選択肢は、学生が教室を去ることの利点と残ることの不利益を指摘し、学生を説得することである。これは学生自身の決定となる[11]。

この第三の考え方は、我々が提唱している神の主権のモデルに最も近い。足をばたばたさせて泣き叫ぶ人々を神が神の国へと引きずり込み、その間人々はずっと抵抗しているという、カルヴァン主義の風刺画（時にはふさわしい絵である）のことをときどき耳にする。確かに、神が人に従うよう強いるときがある。しかし、ほとんどの場合、ふさわしいのはむしろ、ご自身の意志を説得力と魅力のあるものにする神の姿である。その結果人々が進んで、しかも喜んでそれを受け入れて実行するようになる。

もし結果の確かさが自由と相反するのなら、アルミニウス主義者の理解による神の予知は、神が運命を定めることと同様に、人間の自由に多くの困難をもたらすことになる。この点に注目すべきである。というのは、もし私がしようとしていることを神が知っているとしたら、私がそれをすることは確実であるに違いない。確実でないなら、神はそれを知っていないことになる。すなわち、神は間違うかもしれない（私が神の期待と別の行動をとるかもしれない）。しかし、もし私がしようとしていることが確かであるなら、自分が何をしようとしているか知っているかどうかは別にして、確かにそれをするのである。そうなるのだ！しかしそのとき、私は自由であると言えるのか。自由とは、特定の出来事が起こると確信することはできないという意味合いを必然的に伴うものであると定義する人々の見方では、おそらく私は自由ではない。彼らの見解では、神が運命を定めることが人間の自由と両立しないのとちょうど同じように、神の予知は人間の自由と両立しない。

今まで主張してきた神の選びは、アルミニウス主義者による予知の考えと同じものと思えるかもしれない。しかしながら、重大な相違がある。アルミニウス主義者の理解によれば、そこにあるのは、実際に存在する実在についての予知である。神は、いわば、現実の個々人が決定して行うと予見していることを確証することを選ぶだけである。しかしながら、我々の見地では、神は可能性も予知している。神は、存在しうるものが時間と空間におけるその点に存在するすべての影響とともにある特定の環境に置かれたときに、存在しうるものが何を行うかを予見する[12]。このことを基盤にし

---

[11] John Feinberg, *No One Like Him* (Wheaton: Crossway, 2001), 638–39.

[12] これはしばしば「中間知識」(middle knowledge) すなわちすべての可能性の知識と呼ばれるものである。これはカルヴァン主義の代替案と見られることもあり、それに依存しないカルヴァン主義の形態もあるが、穏健なカルヴァン主義にうまく組み込むことができる。本書の見解が裸の中

て、存在しうる個々人のうちどちらかが現実となり、どちらの状況と影響が存在するかを選択する。神は、これらの個人が自由に行動することを予知する。神は、彼らが生まれ出ることを選ぶことによって、事実上その決定を行ったからである。

(4) 神の願いと神の意志

神は起こるすべてのことを確かにするという我々の立場は、もう一つの疑問を提起する。神が命令し望んでいると言うことと、実際に意図していることとの間に、ある点で矛盾が生じないのかという疑問である。たとえば、罪は普遍的に禁じられているが、神は罪が起こることを意図しているように見える。確かに、殺人は聖書で禁じられているが、しかしイエスの処刑死は神が意図したもののように見える（ルカ22：22、使徒2：23）。さらに、神は一人も滅びることを望んでいないと告げている（Ⅱペテロ3：9）が、すべての人が救われるわけではないのだから、神はすべての者が救われることを実際は意図していないように見える。これらの一見矛盾している検討材料を、どのように調整すべきか。

神の意志について二つの相異なる意味を区別しなければならない。それは、神の「願い」（意志1）と神の「意志」（意志2）である。前者は、神の一般的な意図、神が喜ぶ価値観である。後者は、ある状況における神の特別な意図、実際に起きると決定したことである。神が本当は望んでいないことを許し、それによってそのことが起こるように意図するときが多くある。罪がその例である。神は罪が犯されることを望んでいない。しかしながら、神が事実上、「それでよし」とだけ言って、人間に罪深い道を自由に選ぶことを許す場合がある。

親が時おり子どもを扱うやり方と似ていなくもない。母親は、息子が特定の行動を避けることを望み、避けるように言うかもしれない。しかし、息子が禁じられている行為をしているのを母親が息子に気づかれずに見ているが、それをやめさせるために介入することを選ばない、という場合もある。これは、その子がある行為に携わらないことを親が明らかに願っているが、彼がしようとしていることをなすように親が意図しているケースである。その行為をやめさせるために介入しないことを選ぶことで、母親は事実上、それがなされることを意図しているのである。ヨセフに対する兄弟たちの扱いは、おそらくこのように理解すべきである。それは神を喜ばせるものではなかった。神がどのようなお方であるのかと一致するものではない。しかしながら神は、それを許容することを意図した。それを防ぐために介入することはなかったのである。そして、まことに興味深いことに、彼らの行為が妨げようとした、まさにそのことを生み出すために、神はその行為を用いた。すなわち、ヨセフを支配者として立てたのである。

(5) 神の意志と人間の行為の必要

もう一つ検討すべき問題がある。神の計画はあらゆるものを包括しているという我々の見解が、我々の側の活動の動機を取り去るのかどうかについてである。神が起こるべきことをすでに確実なものとしているのなら、我々が神の意志を成し遂げようと努めることに意味があるのか。我々のすることが、起こることにどんな違いを生み出すというのか。この問題は、特に福音宣教と関係している。もし救われる人と救われない人を神がすでに選んでいるのなら、我々が（さらに、他の誰かも含めて）福音宣教に励んだ場合と励まなかった場合との間にどんな違いがあるのか。選ばれた者は救われ、選ばれていない者は救われない、という事実を変えることができるものはない。

答えとして次の二点を主張するべきであ

間知識観と異なるのは、創造の後に神が人間に関して行う「説得的（suasive）」な働きにおいてである。

る。一つは、もし神が目標を確かにしているのなら、神の計画は、その目標に達する手段も含むということである。我々の証しが、選ばれた人が救いの信仰に至る手段となることを神の計画は含んでいるかもしれない。もう一つ考えるべきことは、神の計画の詳細を我々は知らないということである。それゆえ我々は、神がご自身の願いについて啓示したものを基盤として進まなければならない。したがって、証しをしなければならない。これは、我々の時間のいくらかを、最終的には天の御国に入らない誰かのために費やすことを意味しているかもしれない。しかし、それは時間を浪費したことを意味しない。神の計画の別の部分を満たす手段であったかもしれないからである。そして、最終的には、成功ではなく誠実さこそが、我々の奉仕を測る神の物差しなのである。

6. 諸種の歴史理解

この章の最初で注目したように、神の計画に関するキリスト教の教理は、歴史はどこへ向かっているのか、何が歴史を動かしているのかという問いに具体的に答えるものである。歴史の動きに関する理解には、このことに全く否定的なものもある。これは循環的な見方に特に言えることである。循環的見方では、歴史を進歩するものとしてではなく、いくぶん異なった形であっても同じパターンの単なる繰り返しと見る。東洋の宗教、特に生まれ変わりを強調するヒンズー教はこのタイプの傾向がある。それによると、人間は、死と再生の循環を通って行き、それぞれの転生における生の状態は、前世における行いによって大部分が決定される。救いは、もしそれをそのように呼べるのなら、くり返しのプロセスから逃れることを意味する解脱にある。

破滅の哲学は、我々の時代にあふれている。歴史は経済的破局、あるいは大規模な環境汚染を含む生態学的危機、核戦争の勃発のどれかの結果として、まもなく悲惨な終わりを迎えると信じられている[13]。人類は、世界を賢明に管理することに失敗しているゆえに、破滅を運命づけられていると。

20世紀に際だっていたもう一つの悲観的哲学は、実存主義である。世界の不条理、現実における矛盾と皮肉、起こることの中の多くの目的のない偶然性という思想は、絶望をもたらす。歴史の出来事を識別するパターンがないので、人は自由意志の意識的な行為によって自分自身の意味を創造しなければならないことになる。

一方、特に19世紀後半には、きわめて楽観的な見方も多く存在した。ダーウィニズムは生物学の領域から他の領域、特に社会へと広げられた。ハーバート・スペンサーの思想では、それは現実全体の成長と進歩と発展を必然的に伴う、あらゆるものを包括する哲学となった。この見解はかなり非現実的であることが証明されたが、全盛期にはかなり影響を及ぼした。もっと近年になると、行動科学の方法を用いたユートピア主義が社会の、あるいは少なくとも個人の生活の再構築を探求した[14]。

最近まで、最も強烈な歴史哲学は弁証法的唯物論、すなわち共産主義が基盤とする哲学であった。カール・マルクスはゲオルク・ヘーゲルの哲学を改変し、その観念論的形而上学を唯物論的な見解に置き換えた。それによると、唯物的現実の諸力が歴史を目標に向けて駆り立てている。一連の段階を通して、経済的秩序は変えられつつある。発展のそれぞれの段階は、二つの正反対の

---

[13] たとえば、Barry Commoner, *The Closing Circle* (New York: Alfred A. Knopf, 1971)（B・コモナー『なにが環境の危機を招いたか』安部喜也・半谷高久訳、講談社ブルーバックス、1972年）。Paul R. Ehrlich, *The Population Bomb* (New York: Ballantine, 1976)..

[14] たとえば、B. F. Skinner, *Walden Two* (New York: Macmillan, 1948)（B・F・スキナー『心理学的ユートピア』宇津木保・うつきただし訳、誠信書房、1969年）。

集団または運動の衝突によって特徴づけられる。一般で用いられている生産手段は、封建主義から資本主義へ、そして私的所有が存在しない最終的な社会主義の段階へと変化していく。階級のない社会では、定立・反定立・総合というリズミカルな過程によって歴史を動かしていた弁証法は終わり、すべての悪は衰退するだろう。これは非人格的な力に対する信頼であるゆえに、共産主義下の多くの人々にとって、そこには個人的な満足も社会的な有効性もなかった。

最後に、神の計画というキリスト教の教理がある。それは、全知全能で慈しみ深い善なる神が、何が起こるかを永遠の昔から計画し、歴史は神の意図を遂行していると主張する。歴史がそこに向かって進展していく明白な目標がある。だとすると歴史は、たまたま起こることや、非人格的な原子や、無目的な宿命によって動かされているのではない。むしろ、その背後にある力は愛に満ちた神であり、我々が人格的な関係をもつことができる方である。それゆえ、我々は確信をもって宇宙の究極の目的への到達を期待し、待つことができる。そして、歴史の確かな結果に我々の生活を合わせることができる。

研究課題

- 「運命を定める（foreordain）」と「予定する（predestinate）」という用語の意味は何か。
- 神の計画について旧新約聖書双方の教えから、何を学ぶことができるか。
- 神の計画の一般的特徴とは何か。
- 穏健カルヴァン主義的モデルにおいて人間の自由とは何を意味するか。
- もし神がすでに人々を選んだのであれば、福音を宣べ伝えることに参与する必要があるのはなぜだと思うか。

第13章 神の原初的わざ ── 創造

本章の目的

1. 創造の教理を学ぶ理由を理解する。
2. 創造に関する聖書の教えの諸要素を明らかにし、定義する。
3. 創造の教理の神学的意味を論じる。
4. 創造の教理と科学の関係を理解し、説明する。
5. 創造の教理に含まれる意味合いを明らかにし、記述する。

本章の概要

　神は、既存の材料を用いることなく、すべてのものを創造した。創造に関する聖書の教えには少なくとも四つの要素があり、その聖書の教えから、少なくとも九つの神学的結論を導き出すことが可能である。創造の年代と、被造世界内での発達を調和させるために、いくつかの説が提起されてきた。最も妥当と思われる立場において、神の創造行為はしばしば漸進的創造と呼ばれるものを通して長い期間を含んでいたと主張されている。キリスト者は、宇宙とその中にあるすべてのものを神が創造したことのうちに、神の偉大さを確信することができる。

本章のアウトライン

1. 創造の教理を学ぶ理由　134

2. 創造に関する聖書の教えの諸要素　135
　(1) 無からの創造　135
　(2) その全包括的性質　136
　(3) 三位一体の神によるわざ　136
　(4) その目的 ── 神の栄光　137

3. 創造の教理の神学的な意味　137

4. 創造の教理および科学との関係　139
　(1) 科学と聖書　139
　(2) 地球の年齢と発展　139
　(3) インテリジェント・デザイン　141

5. 創造の教理が意味すること　141

神の計画とは、構築する建物のための建築家による計画や設計図のようなものと考えられるかもしれない。しかしこの計画は、神の思いの中での企画にとどまらなかった。神の行動によって現実のものとされたのである。神の働きについての本書の議論では、独占的に帰されるのではないが、特に父なる神のわざに帰される働きに集中することにする。その第一のものは創造である。本書で言う創造とは、いかなる既存の材料も使わずにすべてのものを生じさせた、神のわざを意味する。

1. 創造の教理を学ぶ理由

注意深く創造の教理を学ぶことには、いくつかの理由がある。

1. 第一に、聖書がそのことに大きな意味を認めている。聖書がまさに最初に述べるのは、「はじめに神が天と地を創造された」（創世1:1）である。創造は、新約聖書の福音書の中で最も神学的傾向の強いヨハネの福音書でも同様に、最初の主張の一つである（ヨハネ1:1-3）。神の創造のわざは、神に関する聖書の記述で重要な役を演じている。

2. 創造の教理は、今日まで教会の信仰の重要な部分であり、その教えと説教のきわめて重要な側面であった。使徒信条の第一項は、「我は天地の造り主、全能の父なる神を信ず」である。この特別な要素（すなわち、創造に触れた句）は、信条の最初期にはなく、いくらか後に加えられたものである。それにもかかわらず、使徒信条のような簡潔な定式文の中で、創造がかなり早くからそこに含まれるだけの重要性をもつものと考えられていたことの意義は大きい。

3. 創造の教理に関する理解は、他の教理の理解に及ぼす影響のゆえに重要である。人間は、神から流出したのではなく、別個の存在として神によって創造された。自然のすべては神によって創造され、神によって良いと宣言されたのであるから、霊的なことはもちろん物質的なもののうちに生来の悪は存在しない。創造の教理のこうした多様な要因は、人間の状態について多くのことを教えてくれる。さらに、宇宙は単なる偶然の出来事ではなく神の行いであるから、創造を調査することで、自然と神の御心とに関して大切なことを見分けることができる。何らかの点で創造の教理を変えるなら、キリスト教教理のこういった他の側面も変えることになる。

4. 創造の教理は、他の宗教や世界観からキリスト教を区別するのに役立つ。たとえば、キリスト教とヒンズー教は根本的には類似性があると考える人たちがいるかもしれないが、厳密に研究すれば、キリスト教の神と創造の教理は、ヒンズー教のブラフマン-アートマンの教えとずいぶん異なっていることが、明らかになる。

5. 創造の教理に関する研究は、キリスト教と自然科学との対話の論点の一つとなる可能性を秘めている。時には、その対話はかなり激烈なものとなった。20世紀初めにおける進化論に関わる大論争（たとえば1925年の米国におけるスコープス裁判を参照——訳注）は、次のことを明らかにしている。すなわち、ほとんどの場合、神学と科学が共通の主題で交差することなく平行線をたどるなかで、世界の起源という課題が互いの対立点であることである。キリスト教的で聖書的な立場がこの主題に関しどのようなものであり、何が問題となっているのかを理解することは重要である。

6. キリスト教界のうちに厳しい不一致が存在するときもあった。20世紀初めのモダニスト（近代主義者）対ファンダメンタリスト（根本主義者）論争においては、その争いは進化論対創造論という大規模なものであった。それとは対照的に今日では、福音派内部で、漸進的創造論と、地球の年齢はほんの数千歳であるという見方との間で、内部抗争がなされているように思われる。聖書がこの主題に関して何と教えているか

を正確につかむために、注意深い考察を行わなければならない。

2. 創造に関する聖書の教えの諸要素

(1) 無からの創造

創造の教理の研究を、創造が既存の材料を使用するのでない、無から（エクス・ニヒロ〔ex nihilo〕）の創造である点に注目することから始める。このことは、神の創造のわざのすべてが、まさに時間の最初に起こった、直接的で即座のものであったという意味ではない。間接的または派生的な創造、すなわち最初に存在に至らしめたものを続いて発展させたり造り変えたりする神の働きもあったのである。ここで主張しているのは、今存在しているもの全体が、神がそれらを存在に至らしめた行為から始まったということである。神は、ご自身と無関係にすでに存在していた何ものかを変形させたり作り直したりはしなかった。

> 今存在しているもの全体が、神がそれらを存在に至らしめた行為から始まった。神は、ご自身と無関係にすでに存在していた何ものかを変形させたり作り直したりはしなかった。

旧約聖書の言語は決定的証拠とまではいえないが、新約聖書の多くの箇所に「無から（ex nihilo）の創造」の思想が見られる。それらの箇所は、創造の性質についての主張を第一の目的としているわけではない。特に、世界の始まり、あるいは創造の始まりについての言及は数多い。

「世界の基が据えられたときから〔据えられる前から〕」（マタイ13:35、25:34、ルカ11:50、ヨハネ17:24、エペソ1:4、ヘブル4:3、9:26、Ⅰペテロ1:20、黙示録13:8、17:8）

「はじめの時〔初め〕から」（マタイ19:4、8、ヨハネ8:44、Ⅱテサロニケ2:13〔NIV1986年版〕、Ⅰヨハネ1:1、2:13-14、3:8）

「世の始まりから」（マタイ24:21）

「創造のはじめから」（マルコ10:6、Ⅱペテロ3:4）

「神が創造された被造世界のはじめから」（マルコ13:19）

「世界が創造されたときから」（ローマ1:20）

「主よ。あなたははじめに地の基を据えられました」（ヘブル1:10）

「神の創造の始まり」（黙示録3:14 RSV）

これらいくつかの表現に関して、ヴェルナー・フェルスターはこう語っている。「これらの箇所は、創造は世界の存在の起源を意味すること、したがってそれ以前の素材は考えられないことを示す[1]」。

新約聖書で、無からの創造という考えについて、さらに明白ないくつかの表現を見いだすことができる。神はその言葉によって物事を存在へと呼び出す。パウロは、神が「無いものを有るものとして召される」（ローマ4:17）と言っている。神は「闇の中から光が輝き出よ」（Ⅱコリント4:6）と言った。これは、既存の原因となるいかなる材料をも使用せずに生じた結果であることを示唆している。神は、その言葉によって世界を創造したので、「その結果、見えるもの」は「目に見えるものからできたのではない」（ヘブル11:3）。

以上の聖書における言及からいくつかの結論を引き出すことができる。一つには、

---

[1] Werner Foerster, "κτίζω," in *Theological Dictionary of the New Testament*, ed. Gerhard Kittel, trans. and ed. Geoffrey W. Bromiley (Grand Rapids: Eerdmans, 1965), 3: 1029（G・キッテル編、G・クヴェル他著『キッテル新約聖書神学辞典』1–5巻、秋田稔他訳、教文館、1970–77年）。

神には状況を存在させるようにする力があり、状況は即座に神が意図したとおりに実現する。第二に、創造は神の意志による行為であり、神の外のいかなる力や考えによっても強制されていない。さらに、神はそのプロセスに、ご自身の存在を含めていない。創造は神の一部分ではないし、神の実在から流出したものではない。

(2) その全包括的性質

神が単に実在のある部分だけを創造し、残りは他の源に帰することができるというのではない。神は実在のすべてを造ったのである。創世記の初めの言葉（「はじめに神が天と地を創造された」）において、「天と地」という表現は、ただ天と地のみを示すことを意図されているのではない。存在するすべてを指す熟語である。宇宙全体が神のこの行為によって生まれた。ヨハネ1:3は同じ点を、肯定的言葉でも否定的言葉でも最も強調して明白に述べている。「すべてのものは、この方によって造られた。造られたもので、この方によらずにできたものは一つもなかった」と。ここでは、すべてのものが被造物であることが肯定され、神以外の誰かや何かによって何かが作られたかもしれないという考えを拒絶している。

(3) 三位一体の神によるわざ

創造は、三位一体の神のわざである。創造の行為にふれた旧約聖書の箇所の多くは、三位一体の違いがまだ十分に啓示されていなかったゆえに、創造の行為を御父、御子、御霊よりも、単に神に帰している（たとえば創世1:1、詩篇96:5、イザヤ37:16、44:24、45:12、エレミヤ10:11-12）。しかしながら、新約聖書には、その区別が見られる。パウロが偶像にささげられていた食物を食べることは妥当かを論じている箇所の中に出てくるⅠコリント8:6は、特に有益である。神を偶像と対照させて、パウロはこう語っている。「私たちには、父なる唯一の神がおられるだけで、この神からすべてのものは発し、この神に私たちは至るからです。また、唯一の主なるイエス・キリストがおられるだけで、この主によってすべてのものは存在し、この主によって私たちも存在するからです」。パウロは創造の行為に御父と御子の両方を含めているが、それでも互いに区別もしている。御父は見たところ、より重要な役割を担っている。すべてのものを生み出した源だからである。御子はすべての存在の手段、あるいは代理人である。ヨハネ1:3とヘブル1:10に同様の主張がある。また、神の御霊が創造においても活動していたことを示していると思われる箇所もある。創世1:2、ヨブ26:13、33:4、詩篇104:30、イザヤ40:12-13である。しかしながら、この中には、聖霊に言及しているのか、ご自身の息を用いた神の働きに言及しているのか決定しがたい場合もある。ルアハ（*ruah*）というヘブル語は、霊と息のどちらの意味にも使えるからである。

創造を御父、御子、御霊に帰することと、三位一体のそれぞれの位格にはそれぞれ特有の働きがあると主張することの間には、矛盾があるように思われるかもしれない。しかし、因果関係には一つの形式のみが存在すると考えるのでなければ、これは問題ではない。家を建てるとき、実際にそれを建てるのは誰なのか。ある意味では、それをデザインし、建築計画をつくる建築家である。別の意味では、実際に計画を遂行する建設業者である。しかし、実際に家を建てるのは建設作業員である。けれども、所有者たちがいる。彼らは釘一本打ち込まないかもしれないが、その建築を認可する法律文書にサインし、月々の住宅ローンの支払いをするので、ある意味でその家を建てた者である。それぞれが独自の方法で、家の大本となっている。同様のことが創造についても言える。創造された宇宙を存在に至らしめたのが御父であったことは、聖書から明らかである。しかし、それを形づくり、デザインを詳細に仕上げたのは、御霊であり御子であった。創造は御父からのも

のであるが、それは御子と御霊を通してなされるのである。

(4) その目的 —— 神の栄光

神は創造する"義務"を負っていたわけではないが、そうするだけの十分な良い理由があり、そして創造はその目的を達成した。特に、創造は神の意思を実行することで、神に栄光を帰している。いのちのない被造物（詩篇19:1）も、いのちのある被造物も神に栄光を帰する。ヨナの物語では、このことがかなり鮮やかな形で見られる。（最初はヨナ以外の）すべての人とすべてのものが、神の意志と計画に従った。すなわち嵐、小石（くじ）、船員、大きな魚、ニネベの人々、東風、とうごま、虫である。それぞれの被造物は、被造物に対する神の目的を達成することができる。しかし、従い方はそれぞれである。いのちのない被造物は、物質世界を支配する自然法則に従って、機械的にそうする。いのちある被造物は、内なる衝動に反応して、本能的にそうする。ただ人間と天使だけが意識的に進んで神に従い、そうすることで最も完全な形で神に栄光を帰すことができる。

3. 創造の教理の神学的な意味

次に、創造の教理の神学的な意味の考察に取り組みたい。この教えによって、実際には何が主張されているのか。また、我々の目的にとってはおそらく同様に重要なことだが、拒否または反論されていることは何か。

1. 創造の教理では最初に、そしてかなり明白なかたちで神以外には究極的な実在はないという主張がなされている。二元論の余地はない。二元論によると、二つの究極の原理がある。二元論の一つの形式では、主、創造者、造り手の存在があり、そして創造者が利用するもの、あるいは働きかけるもの、創造する際に用いる材料が存在する。しかし、これはキリスト教の教理が主張しているものではない。神はすでに存在していた何かを用いて働いたのではない。用いる原材料そのものを生じさせたのである。もしそうでなかったとしたら、神は実際には無限の存在ではない。

2. 神の創造の原初的行為は、独特無比である。それは、手元にある材料を使って形造ることを意味する、人間の「創造的」行為とは違う。芸術作品を制作する場合、芸術家は使用される媒体の限界、たとえば油絵具の反射特性の中で作業しなければならない。さらに、芸術家が表現する概念も、以前の経験次第である。その作品は直接に経験した思想の表現であるか、以前に経験した要素を結びつけて新しい全体にするかのどちらかである。純粋に、全く新しく新鮮な、新奇なアイデアというものは滅多にない。しかしながら、神はご自身の外にある何ものにも縛られない。神の唯一の限界は、ご自身の本性とご自身のなした選択によるものだけである。

3. 創造の教理はまた、本来悪として造られたものは全くないことを意味する。すべてのものは神から来ており、そして創造物語は、神がそれを良しと見たと五回語っている（創世1:10、12、18、21、25節）。それから、人間の創造が完結したとき、神が造ったすべてのものを見ると、それは非常によかった（31節）とある。神の原初の創造のうちには悪しきものは何もなかった。

これとは対照的に、どのような種類でも二元論には、高い原則と低い原則、あるいは高い要素と低い要素の間に、道徳的違いが生じる傾向がある[2]。高いほうの領域は神のものであり、低いほうの領域はそうではないから、前者のほうが後者より実在的だと考えられている。その結果、この形而上学的（けいじじょうがくてき）相違が道徳的相違でもあるとみなされる傾向があり、高いものは善、低いものは悪、とされ

---

[2] Langdon Gilkey, *Maker of Heaven and Earth* (Garden City, NY: Doubleday, 1965), 48.

やすい。しかしながら、実在の全体がその存在を神に負っており、神が造ったものは徹頭徹尾「良い」ものであったのなら、生来的に悪である物事を考えることはできない[3]。

4. 創造の教理はまた、人類に責任を課す。人間は、物質の悪しき領域のせいにすることによって、自分たちの悪しき振舞いを正当化することはできない。物質界は本質的に悪ではないからである。人間の罪は、人間が自由を行使した結果にほかならない。また、社会のせいにすることもできない。人間社会は神が造ったものの一部でもあり、そして神が造ったものは非常に良いものであった。それゆえ、社会を罪の原因とみなすことは、不正確で人を誤らせる策略である。

5. 創造の教理はまた、キリストの受肉の価値を下げることを防ぐ。もし物質世界が何らかの形で本質的に悪であったとしたら、三位一体の第二位格が肉体を含めて人間のかたちをとったという事実を受け入れることはきわめて難しくなる。一方、神が造ったものは良かったと、創造の教理を正しく理解するならば、人間の性質すべてをまとったという、イエス・キリストの受肉の全き意味を主張できる。

6. 創造の教理はまた、禁欲主義に陥らないようにさせる。物質の性質は悪であると信じることで、キリスト者も含むある人々は、人間の肉体やあらゆる肉体的満足を避けている。彼らにとって、霊はより神的であり、善人や敬虔な人にふさわしい領域である。したがって、瞑想が追求され、禁欲的な規定食を食し、性交を断つことが霊的であることの条件とみなされる。しかし、創造の教理は、神が存在するすべてを造り、良いものに造ったのであるから、それらは贖い出すことができると主張する。救いと霊性は、物質的な領域から逃げたり、それを避けたりすることによってではなく、それを聖くすることによって見いだされるべきである。

7. もし創造のすべてが神によってなされたのだとしたら、そのさまざまな部分の間にはつながりや親密な関係がある。私は、他のすべての人間と兄弟姉妹である。同じ神が我々を造り、我々みんなを見守っておられるからである。いのちのない物質もまた神から出たものであり、我々は同じ家族の一員であるので、要するに私は自然と一体なのである。

8. 創造の教理はいかなる二元論も排除するが、また、世界を神から流失あるいは放出したもの、いわば神の本質から分離した神の一部とみなす、ある種の一元論をも排除する。流出をなお神とみなす傾向がある。それゆえ、この見解の最終結果はいつも汎神論（はんしんろん）である。「創造」とは、存在の始まりというよりも、むしろ状態の変化となる。無からの創造というキリスト教の教理は、このすべてを拒否する。世界の個々の要素は、その創造者である神に依存する真の被造物である。

9. さらに、創造の教理は、被造物の生来の限界を指摘している。これまで、どのような被造物あるいは被造物同士の組み合わせも、神と等しくなることはできなかったし、これからも神となることは決してない。したがって、偶像礼拝には、すなわち自然を崇拝したり人間を崇敬したりすることには、どんな基盤も存在しない。神には独自の地位があり、それゆえ神のみが礼拝されるべきである（出エジプト20:2-3）。

我々は宇宙における形而上学的な大きな隔たりを、人類と他の被造物との間にある、一つの量的な隔たりと考えることがある。しかし現実には、量的にも質的にも、より大きな形而上学的な隔たりが、神とその他すべてのものの間にある[4]。神は礼拝、賛

---

[3] Ibid., 58–59.

[4] Francis Schaeffer, *The God Who Is There* (Downers Grove, IL: InterVarsity, 1968), 94–95（F・シェーファー『そこに存在する神』多井一雄訳、いのちのことば社、1977年）。

美、従順の対象である。その他すべての存在は、神にそれらの従順の行為をささげる、臣下である。

4. 創造の教理および科学との関係

(1) 科学と聖書

長年にわたって、神学は「科学の女王」であった。西欧における権威の第一の源であり、聖書と教会の教えは真実であるという主張を測定する基準だった。しかし近代は、科学の台頭により神学と科学の間に摩擦が生じた。キリスト者は、聖書は霊感を与えられ権威があり、神が世界を創造し、それに秩序と意味を与えたと完全に信じていた。そのようなキリスト者は、どちらも神に由来するので、神学と科学が相互に関連し合うのを見たいという自然な願望を持っていた。しかしその代わりに、公然かつ暴力的な論争が時折勃発した。初期の段階では、神学の論争は主に自然科学に対してであった。後に行動科学が大きな問題を提起するようになった。

より大きな形而上学的な隔たりが、神とその他すべてのものの間にある。

近年、論争は進化論の教えか創造論の教えかを決定する裁判事件とともに、激しさを増していった。この論争は多くの人々を一方か他方の極端に導いた。進化の科学的証拠と創造に関する聖書の教えとの間に妥協できない葛藤があると考えて、キリスト教に対する信仰を放棄（ほうき）した人もいる。科学的方法に対する信頼を事実上放棄して、それは誤った仮定に依拠していると信じている人もいる。しかし、多くの場合彼らは、科学が発展を助けた現代技術を使い続けている。

関連する不一致の領域は聖書の性質である。聖書には、宇宙と人生と人類の起源といった科学的事柄について多くのことが述べられていると信じている人もいる。また、聖書は科学の教科書ではないと主張し、科学的な事柄と全く無関係なものとして扱い、聖書のメッセージは純粋に宗教的であると主張している人もいる。どちらの概念も間違っている。一方では、聖書は、人間が救済的に神に関係することを可能にするという、その目的に照らして理解されなければならない。聖書が与えられたのは、我々の好奇心を満足させたり、神の被造物、つまり我々に対する一般的な啓示を研究することで得られるかもしれない情報を供給するためではない。聖書は自然の事柄を、科学者が使用する技術用語によってではなく、世界がどのように目に見えるかを反映する通常の会話の言語によって記述している。一方、ある本がある特定の主題に関する正式なテキストではない（そのような本はほとんどない）という事実は、それがその主題に関して何も言わないということを意味しない。現実には聖書は、自然および自然に対する神の関係について主張や肯定をしており、その関係は科学にも影響を及ぼす。科学にとって、その宗教的な肯定は、場合によっては、自然についての声明と結びついていて分離できないものである。我々は、神の書物のどちらをも真剣に受けとめなければならない。神の言葉の書物と神のわざの書物とをである。

(2) 地球の年齢と発展

人間の起源や性質に特に関係のある問題は別として、二つの問題が長年にわたって関心を呼び起こしている。それは地球の年代と創造の中での発展である。地球の年齢に関する論争は、神が約6,000年前（ジェームス・アッシャー大主教が行った計算では正確には前4004年）にすべてのものを創造したと聖書が教えているという理解を、地球は数十億歳であるという地質学が示し

ていることと戦わせた。試みられている解決案は、通常、科学が示す年代と聖書が示す年齢のどちらか、場合によっては両方の調整という形をとっている。

一方で、地球の年齢は比較的若いと主張する者たちは、科学的な年代測定方法、特に放射性物質を含む方法の妥当性に頻繁に異議を申し立てる。彼らの中には、洪水の時に地球が異常な地質的力を受けて変化したため、実際よりもずっと古いように見えるのだと主張する者もいる。一つの巧妙な理論では、神は6,000年前に世界を創造したが、すでに数十億年を経たものであるかのように創造したと考える。一方、地球を何十億年も前からのものと信じる人は、聖書で系図は時間の始まりを計算するために使われることを全く意図されていないと指摘する。さらに、創世記1章の「日」と翻訳されたヘブル語は、長い期間を含むいくつかの意味を持つことができる。「日々」とは時の期間ではなく、単なる比喩であると主張する人もいる。私にとって最も満足のいくアプローチは、神が長期に関わる一連の行為で創造し、それが無限の昔に起こったということである。これは、科学的なデータと聖書的なデータの両方を正当に取り扱っている。

創造と科学に関するもう一つの大きな問題は、発展の問題である。進化論者は、生命は一連の偶然の要素によって最初生まれ、自然淘汰として知られる過程を通して、現在存在するすべての種は一つの単純な生物に由来すると考えている。命令創造論者たちは、神が存在するすべての種を最初に直接創造し、進化は起こっていないと主張する。有神論的進化論者は、神が最初の生物を創造し、その後生命が科学的法則に従って発展する過程を宇宙の中に置き、おそらくある時点で神の介入（たとえば、より高い霊長類を最初の人間に変える）による補助があった、と考える。

自然発達によって新しい種が生じることを支持する重要な証拠に注目するべきである。それは、いくつかの異なる形態の類似性と、いくつかの移行形態の存在、ある特定の種が孤立した地域に制限されていること（たとえばオーストラリア）、痕跡器官（たとえば人間の尾てい骨）の存在である。しかし、聖書の記録は、本書で賛同する霊感と権威の観点から理解すると、神が一連の行為で創造したと教えているようである。これらの考察の最良の組み合わせは、時に漸進的創造論と呼ばれるものに見られる。これは、創世記1章の「種類」と訳されたヘブル語が、それ以上特定の意味をもったものになりえないことに留意する。それは単に区分を表す言葉であり、神がすべての種を直接創造したという解釈を必要としない。この見解によれば、神は被造物のある集団の最初の構成員（たとえば、一番目の馬）を創造する。長期間かけて、密接に関連した他の形態がそれらから進化した。それから神は、本来まったく違う、ほかの種類を造った。そのため、たとえば、鳥は魚から進化しなかった。このことは聖書のデータと科学的データの両方によく合致する。というのは、意義深いことに、化石記録には系統的な欠如があるからである。であるから、科学と神学の両方を真剣に受けとめることができる。

時にはキリスト者は、進化の理論に脅威を感じ、それは多くのデータを基礎にしているものの、単なる理論であることを忘れている。しかし、科学が事実を説明することを超えて、宇宙の全体的な説明を与えるために特定の出来事についての説明を提供するとき、それは力量を超えている。さらにまた、この理論は、哲学、特にいまや宇宙論ともなっている。これが知的誠実さを求められるものであることを鑑みれば、他の説明理論が存在することを指摘せずに提示されるべきでない。選択肢の中には当然のこととして、すべてを存在に至らしめたより高い存在があるという見解も含まれる。

(3) インテリジェント・デザイン

20世紀後半に、自然主義的進化に対する新たな、そしてかなり激しい挑戦が展開し始めた。インテリジェント・デザインとして知られるこの新しい運動の最初の声と組織力となったのは、カリフォルニア大学バークレー校のフィリップ・ジョンソン法学部教授であった。法と議論の権威としてジョンソンは、ダーウィニズム擁護のために一般に広められていた事例に、法的な議論を扱うのと同じように取り組んだ。彼は、その事例にはいくつかの点で欠けているところがあると判断した。彼の議論が経験的データに関してではなく、そのデータから導き出された推論に関するものであったことに留意すべきである[5]。

おそらく主要な唱道者として登場したのは、数学と哲学の両方で博士号を取得しているウィリアム・デムスキーである。議論に対するデムスキーの最大の貢献は、進化論的議論に統計学の評価を適用した点である。基本的に彼の主張は、現在見られる自然の複雑さが純粋に偶然に生じた可能性は非常に低いということである[6]。むしろ、宇宙の発達の状態、特に宇宙のある種の要素の状態は、知的活動の存在を通常認識させるような種類の特徴を示している。マイケル・ベーエは還元不能な複雑性という考えを発展させた。標準的な進化論が一連の小さな変化に賛成してきたのに対し、ベーエは我々が持っているものは非常に複雑なシステムであり、その中のどの部分でも存在しなければ、全体の機能が不可能になってしまうと主張する[7]。

生物学の分野の大多数からの反応は、これが適切な科学ではなく、むしろ科学に変装した宗教であるというものである。それは科学の特性を示していないと[8]。しかし、インテリジェント・デザインの学者は、これは創造の教理ではないと主張する。彼らの多くは福音派のキリスト者であるが、創造者の存在を立証しようとすることを意図するものではないと主張している。単にダーウィン主義の理論の不十分さを指摘しようとしているだけであるというのである。デムスキーはまた、彼が進めているのは単に標準的なデザイン"議論"の変形ではなく、むしろ一つのデザイン"推論"と呼ばれるべきものであると主張する。議論から明らかになるのは、絶対的なデザイナーが存在するという結論ではなく、むしろ知性それ自体の存在である[9]。

これは、少なくとも部分的には、科学哲学と科学的方法の論理に関する論争であると思われる。キリスト教の創造論はインテリジェント・デザインの確立には依存しない。インテリジェント・デザインの支持者が提供する種類の議論は、確かに創造の立場を支持し、より可能性を高めるが、知性の存在は必ずしもキリスト教の神を必要としない。しかし、この理論が不十分であると証明されたとしても、創造の教理がそれによって価値を落とすことはない。

5. 創造の教理が意味すること

創造を信じることにはどのような意味合いがあるのか。この教理は、我々が生命と

---

[5] Philip E. Johnson, *Darwin on Trial* (Downers Grove, IL: InterVarsity, 1991).

[6] William A. Dembski, *The Design Inference: Eliminating Chance through Small Probabilities*, Cambridge Studies in Probability, Induction and Decision Theory (New York: Cambridge University Press, 1998).

[7] Michael J. Behe, *Darwin's Black Box: The Biochemical Challenge to Evolution* (New York: Free Press, 1996) (マイケル・J・ベーエ『ダーウィンのブラックボックス』長野敬訳、青土社、1998年)。

[8] Stuart Kauffman, "Intelligent Design, Science or Not?," in *Intelligent Thought: Science versus the Intelligent Design Movement*, ed. John Brockman (New York: Vintage, 2006), 169–78.

[9] William A. Dembski, *The Design Revolution: Answering the Tough Questions about Intelligent Design* (Downers Grove, IL: InterVarsity, 2004), 77.

世界をどのように見、どのように扱うかに、重大な影響を及ぼす。

1. 存在するすべてのものには価値がある。神がそれらを造ったのは、そうすることを喜んだからであり、それらは神の目に良かった。それぞれの部分には、神が意図した役割がある。神は、被造物のある部分だけではなく、そのすべてを愛している。したがって我々も、神が造ったものを保護し、守り、発展させるために、それに関心をもつべきである。

2. 神による創造の活動は、最初の創造の働きだけではなく、その後の間接的な働きも含む。創造は世界内での発達を除外するものではなく、それらをも含んでいる。こうして、神の計画は被造世界での遺伝的改良における人間の技術と知識の最良のものを含み、用いている。そのような企ては、創造の継続的働きにおける神と我々の協働である。しかし、もちろん、それらの活動に用いる材料や真理は神から来る、ということには注意しなければならない。

3. 被造世界を科学的に調査することには正当な理由がある。科学は、被造物のうちに発見可能な、ある種の秩序やパターンが存在することを前提としている。もし宇宙がでたらめで、その結果、科学者が宇宙に関して集めた事実のすべてが単なる偶然の集合であったとしたら、自然を真に理解することは不可能である。けれども創造の教理は、すべてのものが論理的なパターンと一致して造られたと主張することによって、科学の前提を実証している。歴史的に科学はヨーロッパ文化において最も早く、最も急速に発展したということは重要である。相争う活動に従事するいくつかの神々への信仰があったいくつかの他の文化よりも、ヨーロッパ文化には、合理的な計画に従って創造した単一の神への信仰があった[10]。

宇宙に知的なパターンが存在することを知って、キリスト者はそれを探究するように動機づけられるのである。

4. 神以外に、自己充足的あるいは永遠の存在はない。他のすべてのもの、すべての物体、すべての存在は、神からその存在を得ている。それらは神の意志を行うために存在する。被造物は神によって造られたものであるゆえに、我々は大いに敬意を払うが、いつも神と被造物の明確な違いを保持する。

研究課題

- 創造の聖書的理解の諸要素とは何か。
- 創造の教理の神学的意味とは何か。
- 創造の教理は現代科学とどのように関連するのか。
- 地球の見かけ上の年代を聖書資料と調和させるために、どのような試みがなされてきたのか。またそれらは何を示唆しているか。
- 創造の教理を研究するために与えられた理由のうち、あなたにとって最も重要なのはどれか。リストに追加する他の理由はあるか。

---

10 Alfred North Whitehead, *Science and the Modern World* (New York: Macmillan, 1925), 12（A・N・ホワイトヘッド『科学と近代世界』ホワイトヘッド著作集第6巻、上田泰治・村上至孝訳、松籟社、1981年）。

第14章 神の継続的わざ ── 摂理

本章の目的

1. 神の摂理の一部は、保持を通して被造物を維持することであると認識する。
2. 摂理のもう一つの部分は、神の統治的活動であることを理解する。
3. 祈りには摂理に対する人間のふさわしい応答を呼び起こす役割があることを認識する。
4. 奇蹟や特に超自然的な働きが、摂理の重要な側面であることを理解する。

本章の概要

保持としての神の摂理とは、神が存在に至らしめた被造物を維持することを意味する。統治としての摂理は、神が被造物の中でご自身の目的を達成することに積極的に関わっていること、罪がそれらの目的を妨げることはできないことを意味する。祈りは神を変えることはできないが、キリスト者は祈りによって神の目的に一致させられ、こうして神はそれらの目的を達成できるようになる。神は目的を達成するために、時に自然法則に逆らうことを選択する。これは奇蹟において起こる。信仰者にとって、神は常に臨在し、積極的に世話をしてくださる方である。

本章のアウトライン

1. **保持としての摂理** 144
   (1) 保持に関する聖書の教え 144
   (2) 保持の神学的側面 145

2. **統治としての摂理** 146
   (1) 神の統治的活動の範囲 146
   (2) 摂理 ── 全般的か個別的か 148
   (3) 神の統治的活動と罪との関係 149
   (4) 神の統治的活動の主要な特徴と意味 150

3. **摂理と祈り** 152

4. **摂理と奇蹟** 153

創造が宇宙に対する神の原初的わざであるのに対して、摂理（providence）は神が宇宙との関係を継続することである。本書でいう摂理とは、神が存在に至らしめた被造物を存在の中に保ち、そのために意図した目的に導く、神の継続的な行為のことである。それゆえ、生活の日々の原動力という観点から見ると、摂理は創造の教理よりも、いろいろな意味でより実際的な必要との関連がある。この providence という語は、ラテン語 *providere* に由来する。この *providere* は、文字どおりには「予知する」ことを意味する。しかし、単に未来について知る以上の意味を含んでいる。慎重に行動する、あるいは未来に向けて準備するという含みもある。

摂理はある意味で、キリスト者生活の営みにとって中心的なものである。それは、神は我々の生活の中に臨在し、活動していると確信して生きていけることを意味している。我々は神の世話のうちにあるので、物事は偶然に起こるのではないと知って、確信をもって未来に向かうことができる。また、神が我々の祈りを聞いて行動してくださると知って、祈ることができる。神が気づかないことや関わっていないことはないと知って危険に直面していくことができる。

摂理には、二つの側面があると考えられるかもしれない。一つは、現存する被造物を保持し、維持し、支える、神の働きである。これは一般的に、保持（preservation）とか維持（sustenance）と呼ばれる。もう一つは、目的を達成するために出来事を導き、方向づける神の活動である。これは統治（government）、あるいは厳密な意味での摂理と呼ばれる。摂理と統治は、別個の神の行為としてではなく、一体的な働きの区別されうる側面として考えるべきである。

1. 保持としての摂理

保持とは、神が現存する被造物を維持することである。それは神が被造物を危害や破壊から守り、その諸要素あるいはそれを構成するものの必要に備えることを意味する。

(1) 保持に関する聖書の教え

数多くの聖書箇所が、神が被造物を全体として保持することについて語っている。ネヘミヤ9:6でエズラは、「ただ、あなただけが主です。あなたは天と、天の天と、その万象を、地とその上のすべてのものを、海とその中にあるすべてのものを造られました。あなたはそのすべてを生かしておられます。天の万象はあなたを伏し拝んでいます」と語っている（エズラが作成した信仰告白文を、レビ人に導かれ、全会衆が唱和した――訳注）。パウロは、創造におけるキリストの役割について述べたあと、「御子は万物に先立って存在し、万物は御子にあって成り立っています」（コロサイ1:17）と、被造物の継続にも結びつけている。

聖書記者たちは、至るところに神の保持の御手を見る。特に、詩篇作者による賛美歌（たとえば詩篇104篇）は、自然の中の至るところでの神の保持の働きを強調している。このような箇所が意味するのは、被造世界のいかなる部分も自給自足してはいないということである。神の臨在は、特にイスラエルが民族として保持されたことにおいて明白である。たとえば、神の手は、大飢饉のときに民に必要なものを与えたことに表された。神は欠乏の時に民を養う備えをするため、すでにヨセフをエジプトに送っていた。モーセの時代に民が救い出されたことは、特に注目すべきである。イスラエルの子らは葦の海の乾いた土の上を渡って行くことができたが、追跡してきたエ

ジプト人は流れに巻き込まれて溺れ死んだ。荒野を放浪していたとき、神の選民は奇蹟的な供給を受け取り、自分たちに約束された地を取ろうとしたときは、強敵を向こうに回すこともあったが、戦いにおいて勝利を与えられた。

　ダニエル書においても、神の保持のわざは非常に印象的である。シャデラク、メシャク、アベデ・ネゴは、火で焼かれる刑に定められたが、無傷で炉から出てきた。一方、彼らを投げ込んだ人々は熱で死んだ。ダニエルは自分の神に祈ったゆえに、ライオンの穴に放り込まれたが、やはり無傷で出てきた。

　イエスも、御父の保持のわざに関して明確に教えている。弟子たちは、生活の必要について、何を食べようか、何を着ようかと心配していた。神は被造物世界のうちのより小さな一員をすら養うと教えたあと、イエスの主張は人間に向けられる。人間は鳥（マタイ6:26）や花（30節）よりも値打ちがある。それゆえ、人間は食べ物や衣服のことを心配する必要はない。神の国と義を求めるなら、すべてのものは加えて与えられるからである（31-33節）。これは神の供給への言及である。同様の教えがマタイ10:28-32にも出てくる。

(2) 保持の神学的側面

　イエスの教えでもパウロの教えでも強調されている重要な点は、神の愛と保護から神の子たちを引き離すことはできないということである。ヨハネ10章でイエスは、ご自身の羊と不信者とを区別している。イエスの羊は彼の声を聞き分け、応答する。彼らは決して滅びることがない。イエスの手から彼らを奪い去る者はいないし、誰も御父の手から彼らを奪い去ることはできない（27-30節）。パウロは同様のことを表現して、「だれが、私たちをキリストの愛から引き離すのですか」（ローマ8:35）と問う。そして要約してこう言う。「私はこう確信しています。死も、いのちも、御使いたち

も、支配者たちも、今あるものも、後に来るものも、力あるものも、高いところにあるものも、深いところにあるものも、そのほかのどんな被造物も、私たちの主キリスト・イエスにある神の愛から、私たちを引き離すことはできません」（38-39節）。

　神の保持の目立った側面は、信仰者は危険や試みを免れるというのではなく、その中にあって守られるということである。迫害や苦難が訪れないという約束はなく、それらに打ち負かされないという約束がある。パウロは、神がキリスト・イエスにあるご自身の栄光の富にしたがって我々の必要をすべて満たしてくださると書いた（ピリピ4:19）。パウロは獄中からそれらの言葉を書き送りながら、どんな境遇にいても満ち足りることを学んだと示した（11節）。彼は、飽くことと富むことに、あるいは飢えることと乏しいことに立ち向かう秘訣を学んでいた（12節）。彼を強くしてくださる主によって、どんなこともできた（13節）。

神の子たちを神の愛と保護から引き離すことはできない。彼らは試みや危険を免れるのではないが、その中にあって守られる。

　保持という神の働きに関する聖書の教えは、二つの正反対の思想を排除する。その一つは理神論的考えで、神は世界を造り、それぞれの被造物が必要とするものは自動的に供給されるように世界の行為のパターンを確立しただけで、あとは世界が好きなように働き続けることを許したというものである[1]。このモデルを考慮すると、神がそれを終わらせるように行動しなければ、被造物はそのままであり続けることになる。しかしながら聖書的モデルでは、創造は、

---

1 G. C. Joyce, "Deism," in *Encyclopedia of Religion and Ethics*, ed. James Hastings (New York: Scribner, 1955), 4: 5–11.

それを存続することを神が意図し続けなければ終わる。神の保持のわざを正しく理解するのに役立つイメージは、電動工具の世界から持ってくることができる。スイッチを入れて電動ドリルを始動させ、その次にロック装置を作動させると、ロックを解除するための明確な行為がなされるまで作動し続ける。これは神の保持のわざの理神論的見方に似ている。けれども、ほかに、ロック装置を内蔵しない、電動のこぎりのような道具もある。そのような道具は、鉄道機関車の「デッドマンズ・スイッチ」のように、スイッチを押し続ける必要がある。そのような機械は、保持の聖書的見方の隠喩として用いることができる。

保持または維持について、もう一つ避けなければならない考えがある。神とは天の修理工のようであるという考えである。被造世界は確立され、通常は神の意図通りに機能している。しかしながら、何か不都合が起こる前に調整するために、あるいは何か故障した後に修理をするために、ときどき神の介入が必要であるというものである。この見方では、すべてがうまくいっているときは神は必要とされない。神は満足気に見守っているだけである。しかしながら聖書が描いているのは、神がもっと活動的に継続して関わっている姿である[2]。神はご自身が創造したものがそのままであることを絶えず意図しながら、その中で働いている。

神の保持のわざを理解した聖書の記者たちは、はっきりとした確信をもっていた。たとえば詩篇91篇は、主を我々の避け所および砦として描いている。詩篇記者は、後にイエスが弟子たちに教えた、からだは殺せても魂に触れることはできない者たちを恐れてはならないという教訓を学んでいた（マタイ10：28）。これは、死は信仰者に触れることができないと信じることではない。死はすべての人に訪れる（ヘブル9：27）か

---

[2] G. C. Berkouwer, *The Providence of God* (Grand Rapids: Eerdmans, 1952), 74.

らである。むしろ、我々を神の愛から引き離すことさえできないのだから、肉体の死は最も重要な要素ではないという確信である。神の保持のわざについての教理は、無謀さや軽率さを正当化するものではなく、恐怖、さらには不安に対する防護である。

保持という神のわざはまた、我々が創造された世界の規則性を信頼することができ、それに従って生活の計画を立て、遂行できることも意味する。我々はこの事実を当然のことと受け取っているが、そのためには世界のうちにあらゆる種類の合理的機能が欠かせない。キリスト者の信仰は、実在の物質的または非人格的基盤のうちにはない。自ら創造したものの存在を意図し続ける、理知的で慈しみと善とに満ち、目的をもつ存在のうちにある。その結果、通常は思いもよらない突然の出来事は起こらない。

2. 統治としての摂理

(1) 神の統治的活動の範囲

本書でいう神の統治とは、すべての出来事が宇宙に対する神の計画を成就するための、宇宙における神の活動のことである。そのようなものとして、神の統治的活動はもちろん、保持として言及してきた事柄を広く含む。しかしながらここでは、実在のすべてを、そして歴史の進路を、神の意図する目標へと目的をもって方向づけることに強調点が置かれている。それは、永遠において考察された神の計画が、時間の中で実際に遂行されることである。

神の統治的活動は幅広い領域に及んでいる。神は自然を支配する者として描かれている。時に、自然に対する神の力の劇的な証拠は、エリヤの場合に見ることができる。エリヤは、神の言葉によらなければ雨は降らないとアハブに告げ、そして三年半の間雨は降らず、天から火を下してくださいとカルメル山で神に祈ると、そのことがなさ

第14章 神の継続的わざ——摂理

れた（Ⅰ列王17-18章）。自然を支配するイエスの力は、彼を神であると弟子たちが認めた原因の一部であった（マルコ4:39-41）。（自然の諸力に対する主の統治の同様の表現は、ヨブ9:5-9、37章、詩篇104:14、147:8-15、マタイ6:25-30を見よ。）

聖書は、神が動物を導き、方向づけると告げている。詩篇104:21-29には、若い獅子から数知れない海の生き物まで、獣が神の意思を実行し、神に食べ物を依存している様子が描かれている。意識的な選択ができない動物たちは、本能的に神の要求に従う。

さらに、神の統治は、人間の歴史と国々の運命を含んでいる。このことを特に鮮明に表現したものは、ダニエル2:21に見られる。

> 神は季節と時を変え、
> 王を廃し、王を立てる。

また、ダニエル4:24-25にはネブカドネツァルに関する劇的な例証がある。（人間の歴史を神が導くことの同様の表現は、ヨブ12:23、詩篇47:7-8、66:7、イザヤ10:5-12を見よ。）

主はまた、個々人の生活の環境においても主権をもっている。ハンナは、息子（サムエル）を求める祈りが奇蹟的に応えられたことに霊感を受け、以下のように賛美した

> 主は殺し、また生かします。
> よみに下し、また引き上げます。
> 主は貧しくし、また富ませ、
> 低くし、また高くします。
> 　　　　　　（Ⅰサムエル2:6-7）

パウロは、生まれる前から神が自分をその仕事のために取り分けていた、と主張している（ガラテヤ1:15-16）。ダビデは、神が自分の生涯の中で主権を持っているという事実に慰めを見いだした。

> しかし　主よ　私はあなたに信頼します。
> 私は告白します。
> 「あなたこそ私の神です。」
> 私の時は御手の中にあります。
> 私を救い出してください。
> 敵の手から　追い迫る者の手から。
> 　　　　　　（詩篇31:14-15）

主の主権は、人生における偶然の出来事と考えられるものをも含んでいる。箴言16:33にはこうある。

> くじは膝に投げられるが、
> そのすべての決定は主から来る。

初期の信仰者たちが、使徒たちの輪の中でユダに代わる者を探し求めたとき、実際に候補者を二名挙げ、それからバルサバとマッティアの二人のうちどちらを選んだかを示してくださるよう神に祈った。その後にくじを引き、くじがマッティアに当たると、十一人の使徒に彼を加えた（使徒1:23-26）。

神の統治的活動は、可能な限り広範な状況で考慮されるべきである。詩篇記者はこう言っている。

> 主は　天にご自分の王座を堅く立て
> その王国は　すべてを統べ治める。
> 　　　　　　（詩篇103:19）

それから詩篇記者は20-22節で、すべての御使い、主のすべての軍勢、主の御心を行う者たち、すべての造られた者たちに、主が治めるすべてのところで主をほめたたえるように呼びかける。人間の自由な行動も神の統治的働きの一部である。エズラが神殿の備品を再び整えるとき、ペルシアのアルタクセルクセス王は国の基金から費用を提供した。エズラは「私たちの父祖の神、主がほめたたえられますように。主はエルサレムにある主の宮に栄光を与えるために、

このようなことを王の心に起こさせ」てくださった（エズラ7:27）と注釈している。人間の罪深い行為さえも、神の摂理的働きの一部分である。おそらく、このことの最も顕著な例は、イエスの十字架刑である。ペテロはこれを、神と罪深い人々の双方に帰している。「神が定めた計画と神の予知によって引き渡されたこのイエスを、あなたがたは律法を持たない人々の手によって十字架につけて殺したのです」（使徒2:23）と。

(2) 摂理 ―― 全般的か個別的か

教会の歴史を通して議論されてきた一つの問題は、神の摂理は全般的であるか個別的であるかということである。全般的摂理の見解では、神にはご自身が意図し実際に達成する全般的な目標があるが、具体的な細部に関してはかなりの自由度を許して、人間の選択の余地を残していると考えている。個別的摂理の見解は、神が究極的には計画の詳細も決定し、最終的にはご自身が意図したとおりになることを確実にしているというものである。

どちらの見解にもさまざまな変形がある。全般的摂理支持者の中には伝統的なアルミニウス主義者がおり、神の予知は徹底しているが、人間には自由意志があると主張する。彼らの言う自由意志とは、自由主義的または非両立主義的自由である。彼らが強調するのは、神にはすべての細部が決定された世界を創造することができたが、その代わりにご自身を制限することを選択したということである。そのことを説明する一つの大きな例は、受肉に見られるという。彼らは、人間の自由と責任を教える多くの聖書箇所を、起こることの詳細の多くを人間が決定する証拠と見ている[3]。また、ある人々は、神は本当にすべてのものを支配する主権を持ち、人間は自由主義的な自由意志を持っていると考えているが、これら二つの要素の関係は最終的に逆説的であると考えている。最後に、「開かれた神論」の立場のような、もっと極端なアルミニウス主義者は、神を危険を冒す者とみなす。神には物事をどのようにして生じさせるかについて計画があるかもしれないが、自由で道徳的な主体の将来の行動を知らないので、神は予見していない発展を考慮して自らの計画を頻繁に変えなければならないという。

全般的主権の立場の神学者は、人々が選択をしたり選択肢に直面したりしている様子を描写する聖書本文を重んじる。エデンの園でのアダムとエバの状況はこれらの一つであり、罪人に対するイエス・キリストを受け入れるようにという呼びかけは、別の主要なグループを構成する。この神学者たちはまた、人間の行動によって神の意図が挫折していると思われる場面に注目する。

個別的主権、あるいは時に「綿密な摂理」と呼ばれるものを固守する者は、聖書は起こるすべてのことに対する神の主権を教えていると主張する。聖書は、人間の自由が両立主義的か非両立主義的かを判断するのに十分なほど明確には教えていないため、その選択は、どちらの見解が聖書の他の教えに適合しているかによって行う必要がある。神の完全な主権を印象的に語っている聖書箇所もある。最も強力な箇所の一つはエペソ1:11である。「またキリストにあって、私たちは御国を受け継ぐ者となりました。すべてをみこころによる計画のままに行う方の目的にしたがい、あらかじめそのように定められていたのです」。一見ささいな事柄も神の意志に服していることを示す箇所もある。「二羽の雀は一アサリオンで売られているではありませんか。そんな雀の一羽でさえ、あなたがたの父の許しなしに地に落ちることはありません。あなたがたの髪の毛さえも、すべて数えられています。ですから恐れてはいけません。あなたがたは多くの雀よりも価値があるの

---

3 Jack Cottrell, "The Nature of the Divine Sovereignty," in *The Grace of God and the Will of Man*, ed. Clark Pinnock (Grand Rapids: Zondervan, 1989).

です」(マタイ10:29-31)。詩篇記者は次のように記した。

> あなたの書物にすべてが記されました。
> 私のために作られた日々が
> しかも　その一日もないうちに。
> (詩篇139:16)

　全般的主権モデルでは、以上のような聖書箇所を扱うのが難しい。場合によっては、単純に無視する[4]。「開かれた神論」を支持するジョン・サンダースは、エペソ1:11に言及さえしない。他の場合には、説明はかなりぎこちなくなっている[5]。それでサンダースは、創世記45章での兄弟たちに対するヨセフの主張を心理学的に分析し[6]、またペテロが自分を三度拒否するというイエスの予告を、ペテロに一つのことを学ばせるために神が状況を操作する事例とみなす[7]。これらは、釈義が他の、聖書以外の考察の影響を受けるかもしれないことを示している。物語の聖書箇所が、教訓的な箇所より優先されているが、それは疑問の余地のある解釈学的方策である。個別的主権の立場の神学者のほうは、このような物語の箇所に訴えることは少なく、神がすべてのものをもたらすと教えているように見える教訓的な箇所により多く訴える。

　私の判断では、個別的主権の議論のほうが全体として強い立場にある。個別的主権モデルは、他のモデルよりも歪みの少ない、より広い範囲の聖書の教えを扱っていると思われる。両立主義的自由という見解は実行可能な選択肢であるため、個別的主権モデルは擁護でき、好ましいものである。前に言った、神の願いと神の意志との区別を念頭に置くことも助けになる。

(3) 神の統治的活動と罪との関係

　この時点で、神の働きと、人間の罪深い行為との関係という困難な問題に取り組まなければならない。人間の行動に関連する神の通常の働きと、罪深い行為に関連する神の働きとを区別することが必要である。聖書は、神が罪の原因でないことをきわめて明らかにしている(ヤコブ1:14)。しかし、もし罪深い行動が神によって引き起こされるのでないなら、それらが神の統治的活動のうちにあるということは、何を意味しているのか。神は以下の幾つかの方法で罪と関わることができ、実際に関わっている。神は罪を①阻止する、あるいは②許容する、③方向づける、④制限する、ことができる[8]。いずれの場合も、神は人間の罪の原因ではなく、罪との関係の中で行動することに留意しよう。

　1. 神は罪を阻止することができる。ときには、ある罪深い行為を行わないように人々を思いとどまらせたり、妨害したりする。ダビデは、神が自分を罪から守ってくださることを祈った。

> あなたのしもべを
> 　傲慢から守ってください。
> それらが私を支配しないように
> 　してください。　　(詩篇19:13)

　2. 神はいつも罪を阻止するわけではない。

---

[4] 人間の働きと神の働きがさらに同一の広がりをもっていると語っているように思われる箇所は、通常にして取り扱われない。たとえば Pinnock, *The Grace of God and the Will of Man* では、ピリピ2:12-13に言及する際に、カルヴァンがそれに訴えていることを簡潔に述べているだけである (Bruce R. Reichenbach, "Freedom, Justice, and Moral Responsibility," 289)。

[5] 「先に論じたさまざまな聖書テキストの説明は、ぎこちなくて説得力のないもの」と考える人もいるだろうことをジョン・サンダース (John Sanders) は認めている (*The God Who Risks: A Theology of Divine Providence*, 2nd ed. [Downers Grove, IL: InterVarsity, 2007], 139) が、それでもそれらの説明を提示する。サンダースが述べているのは徹底した予知 (foreknowledge) の支持者のことであるが、読者は彼の説明の妥当性を自ら判断してよい。

[6] Ibid., 84–85.

[7] Ibid., 138.

[8] Augustus H. Strong, *Systematic Theology* (Westwood, NJ: Revell, 1907), 423–25.

ときには、ただそれを許容しようとする。それが起こることを望んでいるのではないが、黙認する。我々が犯そうとする罪を阻止しないことで、神は我々がまさにそれを犯すことを"確かな"ものとする。しかし、神が我々に罪を犯させるのではないし、我々がこの方法で行動することを"必要な"ことにするのでもない。主はこのことをおそらく、詩篇81:12-13で、最も明白に述べている。

> それでわたしは　彼らを頑なな心のままに任せ
> 自分たちのはかりごとのままに歩ませた。
> ああ　ただ　わたしの民がわたしに聞き従い
> イスラエルがわたしの道を歩んでいたなら。

3. 神はまた、罪を方向づけることができる。つまり、ある罪がなされることを許すが、それにもかかわらず神は、それらから良いことが出てくるような方法で、それらを方向づける。ペテロは、神がイエスの十字架刑を良いことのために用いたことを知った。「ですから、イスラエルの全家は、このことをはっきりと知らなければなりません。神が今や主ともキリストともされたこのイエスを、あなたがたは十字架につけたのです」(使徒2:36。ローマ11:13-15、25も見よ)。罪深い人間とサタンの悪しき努力の向きを変えて、良いことの手段とする、まさに柔道の達人のようである。

4. 最後に、神は罪を制限することができる。神は悪しき行為を阻止しないときもあるが、それにもかかわらず、悪しき人間と悪魔と悪霊たちになしうることの範囲や影響を抑制する。第一の例はヨブである。神はサタンの活動を許容したが、サタンのなしうることを制限した。「では、彼の財産をすべておまえの手に任せる。ただし、彼自身には手を伸ばしてはならない」(ヨブ1:12)。「では、彼をおまえの手に任せる。

ただ、彼のいのちには触れるな」(2:6)。

(4) 神の統治的活動の主要な特徴と意味

ここで、神の統治という教理の主要な特徴と意味を要約することが必要である。

1. 神の統治的活動は普遍的である。明らかに善であること、さらには一見善でないことにも、すべての事柄に及ぶ。パウロはこう書いている。「神を愛する人たち、すなわち、神のご計画に従って召された人たちのためには、神がすべてのことを働かせて益としてくださることを、私たちは知っています」(ローマ8:28欄外注参照)。

2. 神の摂理は神の民にのみ及ぶものではない。信仰者に対する特別な関心がある一方で、神はその他の人々に対して、その慈しみ深い善性を差し控えるわけではない。イエスはマタイ5:45で、このことをきわめて率直に語った。「父はご自分の太陽を悪人にも善人にも上らせ、正しい者にも正しくない者にも雨を降らせてくださる」と。これは、あるキリスト者たちがもっている意見とは正反対である。その意見は、数年前に「牧師様 (The Reverend)」というタイトルのコマ割漫画にユーモラスに表現されていた。ある日、聖職者用の服装で牧師が休暇に出かけようとしている。隣人が、彼の留守の間、この家の芝生に水をやりましょうと申し出る。「お心遣いを感謝します。しかし、ほかに手配をしてありましてね」と牧師は言う。最後のコマでは、雨が牧師の芝生には降り注いでいるが、隣接する庭には降っていない。イエスは言っているが、それは神が通常働くやり方では"ない"。信仰のない者も信仰者も御父の慈しみ深さの恩恵を受ける。私の父はキリスト者だった。我々の農場の隣の農場の男性はキリスト者ではなく、一週間に七日働いていた。しかし雨が降るときは、通常、両方の農場に同じように降った。

3. 神はその統治において慈しみ深く善なるお方である。神は善なることのために働き、時には直接善をもたらし、時には善に

第14章　神の継続的わざ──摂理

対する悪しき人間の努力に対抗したりそれを歪めたりする。神がその統治において善であるのだから、信仰者は、人生の出来事の最終的な結果について確信を持つべきである。神は物事を支配しているだけではない。ご自身の性格である善良さと慈悲深さによって、物事を導いてもいる。

4. 神はご自身のものである人々に、個人的に関心を寄せている。失われた一匹の羊のことを心配する（ルカ15：3-7）。神の統治のこのような人格的面は、今日の状況に大いに語りかけている。増大する自動化とコンピュータ化の進展に伴い、非人格化も促進されてきた。我々は機械の歯車の単なる歯、あるいは顔のないロボット、ファイル上の数字、コンピュータ・ディスクのデジタル記録、テープに記録された事項となった。神の摂理の教理は、神にとって我々との人格的関係が重要であることを証ししている。神は我々一人一人を知っており、一人一人が神にとって重要である。

5. 我々の活動と神の活動は、相容れないものではない。神がその目標を達成するために働いているという事実に直面すると、我々がだらしなくしたり、無関心になったり、あきらめたりする根拠はない。すでに見たように、神の摂理は人間の行動をも含む。人間は、イエスが御父の意思を行わなければならないと言ったとき（たとえばマタイ26：42）のように、自らの行動が神の意図を成し遂げつつあることを意識している場合もある。別のときには、知らないうちに神の計画を遂行している。皇帝アウグストゥスは勅命を出したとき（ルカ2：1）、自分の命じている人口調査が、メシアがベツレヘムで生まれるという預言の成就を可能にすることをほとんど知らなかった。しかし、その成就を助けた。

今日、神の目覚ましい介入の必要が少なくなったというだけで、神の摂理への信仰を失うべきではない。我々は何が人間を病気にするのか（少なくとも多くの場合）を知っており、医学は病気を予防あるいは治癒することができる。癒やしを求める祈りは（重態の、あるいは望みのない場合を除いて）不適切であるようにも思われる。神の摂理は我々とは無縁の概念のように思える[9]。しかし本書では、摂理が神の内在的な働きを含んでいることを見てきた。したがって、神は奇蹟的な癒やしにおけるのと同様、医師による治療においても、摂理をもって働いている。

我々には、神が何かをするなら、それは明らかに超自然的な手段を通してでなければならないと思う傾向がある。ハリケーン・カトリーナがニューオーリンズを襲ったとき（2005年8月──訳注）、洪水はニューオーリンズ・バプテスト神学校のキャンパスまで到達した。神学校の治安関係者がキャンパスから避難する準備をしていたときに、略奪の機会を狙う者たちが結集しようとしていた。彼らは自然の力によってもたらされるものより、さらに大きな被害をキャンパスに与える者たちであった。まさにその時に州兵の部隊が到着し、キャンパスでの野営の許可を求めて承諾された。その結果、学校は破壊行為の被害を免れた。これは、まるでキャンパスを守るために天使の一団が派遣されたかのような、神の保持しようとする摂理と言えるものではないだろうか。

> 神は物事を支配しているだけではない。ご自身の性格である善良さと慈悲深さによって、物事を導いてもいる。

このことは、神が今日奇蹟を起こさないことを意味すると解釈されるべきではない。第三世界でのキリスト教の成長に伴い、医学や他の形態の技術が先進国のようにはまだ利用できない場合、神の超自然的な働きがより広範に広がっていることが明らかに

---

9 Karl Heim, *Christian Faith and Natural Science* (New York: Harper & Row, 1957), 15.

なりつつある。

6. 神はその統治において主権を持っている。これは、神のみが計画を決定し、神の行動それぞれの重要性を知っていることを意味する。我々にとって、神がどこへ導いているかを知ることは必要ではない。だから、我々に導きを与えるためには何をすべきかを神に指示するということは、注意深く避ける必要がある。ときどきキリスト者は、神に「もし私がAをすることをお望みなら、Xをなさることによってお示しください」と言うよう誘惑される。ギデオンの羊の毛（士師6:36-40）にもかかわらず、神のわざの意義について神に明らかにしていただく——もし神が望むなら、望む範囲で——だけなら、そのほうがはるかに良いだろう。我々には神の導きすべての意義を理解することができるはずだ、と仮定することは、敬虔さよりも迷信につながる。

7. 何を神の摂理と同一視するかについては、注意する必要がある。歴史的出来事をあまりに拙速に神の意思とみなした最も顕著な例はおそらく、1934年にアドルフ・ヒトラーの行動を、歴史における神の働きとして承認した「ドイツ・キリスト者」である。彼らの声明文は、今それを読む我々をはっとさせる。「我々は、アドルフ・ヒトラーを我々の指導者、また数々の困難からの救助者として与えてくださった、歴史の主としての神に対する感謝であふれている。肉体と魂とをもって我々がドイツ国家とその総統に結びつけられ、ささげられていることを認める。この拘束と義務は、福音的キリスト者としての我々にとって、神の命令に対する服従において、最も深く、最も聖なる意義を含んでいる[10]」。我々の視点からは、このような声明の愚かさは明らかに思われる。しかし、ことによると我々は今日、これから数十年後の人々から同様の過ちと見られる宣言をしてはいないだろうか。歴史の発展を基盤とする自然神学を拒絶したカール・バルトと同じくらい進む必要はないが、ドイツ・キリスト者の行動に対する彼の非難の中には、我々への教訓となる警告の言葉がある。

3. 摂理と祈り

摂理の性質を考えるとき、思慮深いキリスト者が関与してきた一つの問題は、祈りの役割である。祈りは実際何を達成するのかという問題からジレンマが生じる。一方で、もし起こることに祈りがなんらかの影響を与えているとしたら、神の計画はそもそも確定されていなかったように思われる。摂理はある意味で、誰かが祈るかどうか、そしてどのくらい祈るかにかかっており、それによって変更される。他方、もし神の計画が確立されており、神がしようとしていることをするつもりであるなら、我々が祈るかどうかは問題となるのか。

これは人間の努力と神の摂理との関係というさらに大きな問題の、一つの特殊な形式にすぎないことに留意すべきである。次の二つの事実に注目する必要がある。①聖書の教えでは、神の計画は明確で確定されている。すなわち、修正されることはない。②我々は祈るように命じられ、祈りには価値があると教えられている（ヤコブ5:16）。しかし、この二つの事実は、互いにどのように関係しているのか。

聖書から見ると、多くの場合、神は人間とのある種の協力関係の中で働いている。もし人間が自分の側の役割を果たさなければ、神は行動しない。こうして、イエスは故郷ナザレで宣教したときは、大きな奇蹟は何も行わなかった。せいぜい少数を癒やしただけだった。イエスが「彼らの不信仰に驚かれた」（マルコ6:6）というのは、ナザレの人々が、自分たちの中の困っている人々をイエスのもとへ癒やしてもらいに全く連れてこようとはしなかったことを示している。多くの場合、神が行動するには信

---

[10] Berkouwer, *Providence of God*, 162–63 に引用。

仰の行為が必要であったことは明らかである。そしてそのような信仰がナザレには欠けていた。他方、イエスが水の上を歩いたとき（マタイ14:22-33）、ペテロは水の上をイエスのところまで行くよう命じてほしいと頼み、そして行くことができた。おそらく、イエスはその日、すべての弟子に水の上を歩かせることができたであろう。しかし、ペテロだけが求めたので、ペテロだけが水の上を歩くことができた。しもべの癒やしを願いに来た百人隊長（マタイ8:5-13）やイエスの着物をつかんだ長血の女（マタイ9:20-22）は、嘆願において実証されている、神のわざを結果としてもたらした信仰の実例である。神はその目標（これらの場合は癒やし）を意図するとき、手段（癒やしてほしいという依頼を含むが、これは今度は信仰を前提とする）をも意図する。したがって、祈りは神が行うことを目的としていることを変えるのではない。それは、神が目標を達成する手段である。そういうわけで、祈りが発せられるのは、きわめて重大なことである。それがなければ望む結果は起こらないからである。

これは、祈りが自己刺激にまさるものであることを意味する。それは、行われてほしいと求めてきたことをなすことができるように積極的な心的態度を我々のうちに作り出す方法ではない。むしろ、祈りは大部分、神の意志に関する正しい態度を我々自身のうちに作り出すことである。イエスは弟子たちに ── そして我々に ──「私たちの日ごとの糧を、今日もお与えください」と祈る前に「御国が来ますように。みこころが……行われますように」と祈るよう教えた。祈りとは、我々の意志を神に行わせることではなく、我々が神の意思がなされることに神と同じくらい関心をもっていると表明することである。さらに、イエスは我々に根気強く祈るようにと教えた（ルカ11:9-10。原語ギリシア語で使われている文法形式が、求め続ける、探し続ける、たたき続けるという継続的行為を示唆していることに注意）。一度何かについて祈り、その後やめるなら、信仰も献身も努力も、ほとんど必要ではない。執拗な祈りは、我々の懇願が神にとって重要であると同様に、我々にとっても重要であることを明らかにする。

求めるものを、いつも受け取るわけではない。イエスは杯（十字架による死）が取り除かれることを三度願った。パウロは肉体のとげが取り除かれることを三度祈り求めた。それぞれの場合に、もっと必要なものが与えられた（たとえばⅡコリント12:9-10）。信仰者は、賢明で慈しみ深く善なる我々の神がくださるものは、必ずしも我々が求めるものではないが、最良のものであることを知って、確信をもって祈ることができる。それは詩篇の記者が以下のように書いているとおりである。

> 主は……
> 誠実に歩む者に良いものを拒まれません。
> （詩篇84:11）

4. 摂理と奇蹟

これまで考察してきたのは、普通または通常の摂理の問題である。それらは起源においては超自然的であるが、比較的よくあるもので、それゆえ、あまり目立つものでも華々しいものでもない。しかし、我々は、もう一つの摂理の種類、すなわち奇蹟、明らかに超自然的である、神による驚くべきあるいは変わった働きに注目しなければならない。神の摂理には、自然の通常のパターンを基盤にしては説明できない、特別で超自然的なわざが存在する。

奇蹟に関する一つの重要な問題は、自然の諸法則との関係に関わるものである。ある人々にとって、奇蹟とは信仰への手助けではなく、障害であった。奇蹟が出来事の通常のパターンにあまりにも反しているので、ありそうもなく、信じがたくさえ思え

るからである。したがって、それらの出来事を自然法則との関係でどのように考えるべきかという問題は、際立って重要である。奇蹟と自然法則との関係については三つの古典的な見解がある。

第一の考え方は、奇蹟とは実際には、ほとんど知られていない、あるいは事実上未知の自然法則の現れであるというものである。もし自然を十分に知り、理解していたなら、これらの出来事を理解し、さらには予期すらできた、と考える。奇蹟を生み出すまれな状況が、その特定の組み合わせにおいて再現されるときはいつでも、奇蹟が再び起こることになる[11]。聖書の中のある例は、このパターンに適合しているように思われる。たとえば、ルカ5章の奇蹟的な大漁である。この見方によれば、キリストはその機会のために魚を創造したのではなく、なんらかの方法で魚を、湖内の居場所から網を下そうとする地点へと追いやったのでもない。そうではなく、普通でない条件が存在していたので、その結果、魚はいつもなら予想されない場所に集まっていたのである。したがって、イエスの奇蹟は全能性の問題ではなく、むしろ全知性の問題であった。奇蹟は、魚がどこにいるかを知ることで生じた。イエスの癒やしのいくつかは、心因性の癒やし、あるいは、力強い暗示でヒステリー症状が取り除かれたケースであった可能性も高い。つまり、イエスがそれらの癒やしをなすために、精神身体医学についての驚くほどの知識を利用しただけであった。

この見方には多くの魅力がある。特に、いくつかの聖書の奇蹟はこの図式にかなりうまく合う。おそらくそれらのいくつかはこの性質のものだろう。しかしながら、この見方を全包括的な説明として採用するにはある問題がある。この見方で説明することがかなり難しい奇蹟もある。たとえば、生まれつきの目の不自由な人の例（ヨハネ9章）は、先天的な心因性の視力障害のケースだったのだろうか。もちろん、我々の知らないどのような法則がそこにあったのかは、誰も知らない。しかし、それらの未知の法則とは何なのかという、少なくともヒントがあると仮定することは、理にかなっている。この理論がかなりあいまいであることは、強さでもあり、弱さでもある。我々の知らない自然法則が存在するとさらなる議論なしで言うことは、決して確定することも反駁することもできない。

二つめの考え方は、奇蹟は自然法則を破るというものである。たとえば斧の頭を浮かばせた場合（II列王6:6）は、この理論によると、約30センチ四方の水の中で、短時間、重力の法則が休止させられた。事実上、神は斧の頭が回収されるまで重力の法則を消した、あるいは斧の頭か水の密度を変えたことになる。奇蹟に関するこの見方は、前述のものよりかなり超自然的に見えるという長所をもっている。ただし、ある欠点が付随している。一つには、自然法則を休止あるいは破るようなことは、埋め合わせのために全体的な一連の奇蹟が必要になるという、複雑さへと通常つながる。たとえば、ヨシュアの長い一日の物語（ヨシュア10:12-14）では、もし神が実際に地球の自転を止めるなら、物語には暗示されていない数多くの調節が必要となる。これを行うことは全能の神には確かに可能であるが、天文学上のデータにそれを示唆するものはない[12]。ほかにも二つ問題があり、一つは心理学的な、もう一つは神学的な問題である。心理学的な面では、奇蹟とは自然法則を妨害するものという見方が無秩序と見えるものを自然の中に導入したため、科学者たちに奇蹟に対する不必要な反感を抱かせている。実際、この定義を厳密な基盤

---

[11] Patrick Nowell-Smith, "Miracles," in *New Essays in Philosophical Theology*, ed. Antony Flew and Alasdair MacIntyre (New York: Macmillan, 1955), 245–48.

[12] Bernard Ramm, *The Christian View of Science and Scripture* (Grand Rapids: Eerdmans, 1954), 156–61. もっと単純な説明は、屈折作用に奇蹟が起こり、その結果、光が延長したというものである。

として、奇蹟をきっぱりと拒否する人々がいる[13]。また神学的には、この見方は、神をご自身に逆らって働かせ、こうして自己矛盾の形式を導き入れているように思われる。

三つめの考え方は、奇蹟が起こると自然の力は超自然の力によって相殺されるというものである。この見方によれば、自然法則は中断させられていない。機能し続けているのだが、超自然的な力が導き入れられ、自然法則の影響を打ち消している[14]。たとえば斧の頭の場合、重力の法則は斧の頭の付近で機能し続けたが、神の見えざる手がその下にあり、人間の手が持ち上げているかのように、それを支えていたというのである。この見方には、奇蹟を真に超自然的あるいは自然外のものとみなしながらも、二つ目の見方のように反自然的とは見ないという利点がある。確かに、魚の場合、魚をそこにいさせたのは水の中の条件であったのかもしれない。しかし、もし神が水の流れや温度のような要素に影響を及ぼさなかったなら、それらの条件は存在しなかった。そして時には、5千人の給食の場合のような創造の行為もあったかもしれない。

この時点で奇蹟の目的に言及すべきである。それは少なくとも三つある。最も重要なものは神に栄光を帰すことである。これは、奇蹟が今日起こった場合、その奇蹟を、経路としての人間という代理人ではなく、奇蹟の源である神に帰すべきであることを意味する。聖書の時代、奇蹟の第二の目的は、啓示の超自然的基盤を確立することであり、啓示は奇蹟をしばしば伴った。奇蹟を表す用語として新約聖書に頻繁に出てくるギリシア語セーメイア（*sēmeia*「しるし」）は、この側面を強調している。奇蹟がしばしば、特に強い啓示のときにもたらされたことにも注目しよう。これは主の宣教に見られる（たとえばルカ5:24-26で主は罪を赦す権威を明らかにする）。最後に、奇蹟は人間の必要を満たすために起こる。われらの主は、ご自身のもとに来た、貧しく傷ついた者への同情に動かされるお方としてしばしば描かれている（たとえばマタイ14:14）。主は、盲目、ツァラアト、長血のような疾患が引き起こす苦しみを和（やわ）らげるために彼らを癒やした。力の誇示という利己的な目的で奇蹟を行ったことは決してない。

摂理の教理が抽象的な概念ではないことを見てきた。世界でその目的を達成する、慈しみ深く善なる、賢明で力強い神の御手のうちに自分があるということこそ、信仰者の確信である。

　何が起ころうと狼狽するな、
　　神はあなたを守ってくださる。
　愛の御翼の下にとどまれ、
　　神はあなたを守ってくださる。

　心くじける労苦の日々の間中、
　　神はあなたを守ってくださる。
　危険があなたの道を荒々しく攻撃するとき、
　　神はあなたを守ってくださる。

　どんな試みがあっても、
　　神はあなたを守ってくださる。
　疲れ切った者よ、御胸にもたれかかれ。
　　神はあなたを守ってくださる。

　　神があなたを守ってくださる、
　　　すべての日々、すべての道を超えて。
　　あなたを守ってくださる、
　　　神があなたを守ってくださる。
(Civilla Durfee Martin, "God Will Take Care of You," 1904 ［聖歌347番の原詞――訳注］)

---

13 たとえば、David Hume, *An Enquiry concerning Human Understanding* 10.1 (D・ヒューム『人間知性の研究』渡部峻明訳、晢書房、1990年）。

14 C. S. Lewis, *Miracles* (New York: Macmillan, 1947), 59–61. (C・S・ルイス『奇跡』柳生直行訳、みくに書店、1965年）。

研究課題

- 摂理のキリスト教的理解にとって重要な二つの側面とは何か。そしてそれらは聖書にどのように示されているか。
- 神の統治的活動の範囲とは何か。
- 神が罪と関わる方法とはどのようなものか。
- 奇蹟は、神の摂理とどのように関係しているのか。
- あなたが祈るとき、どのような方法で神の摂理を考慮に入れるか。

第15章 悪と神の世界 ── 特別な問題

本章の目的

1. 悪の問題の性質を定義し、理解する。
2. この問題に関わりのある神学的主題と、解決に役立つ神学的主題を説明する。
3. 信仰者の信仰を強め、キリスト教信仰を批判する者に応答できるようにする。

本章の概要

キリスト教信仰に対しておそらく最も難しい知的な挑戦は、この世の悪という問題である。神が全能で全き愛の方なら、なぜ世界に悪が存在できるのか。この地上の生涯では、この問題は決して十分には解決できないが、問題を解決するのに役立つ聖書の教えがある。

本章のアウトライン

1. 問題の性質　158

2. 諸種の解決策　159

3. 悪の問題を扱うための諸主題　160
   (1) 人類の創造に必然的に付随するものとしての悪　160
   (2) 善と悪を構成するものの再評価　161
   (3) 一般的罪の結果としての一般的悪　162
   (4) 特定の罪の結果としての特定の悪　162
   (5) 悪の犠牲としての神　163
   (6) 死後のいのち　163

1. 問題の性質

我々は神の摂理の性質について語り、そしてそれが普遍的なものであることに留意してきた。すなわち、神は起こることすべてを支配している。全宇宙、そしてあらゆる時代のための計画をもち、その良い計画を成し遂げるために働いている。しかし、この慰めとなる教理に影を落としているものがある。それは悪の問題である。

その問題は、単純な形で、あるいはより複雑な形で主張することができよう。デイヴィッド・ヒュームは、神について書いたとき、簡潔に述べている。「神には悪を阻止する意志はあるが、できないのか。とすれば神は能力がない。できるのに意志がないのか。とすれば悪意がある。できるし、意志もあるのか。とすればどこから悪が生じるのか」と[1]。また、悪の存在は、多くの子どもが教わってきた、「神は偉大なお方、神は慈しみ深く善良なお方。私たちの食べ物のゆえに、神に感謝しよう」という食前の祈りに対して問題を提起していると思われる。というのは、もし神が偉大であるなら、悪が起こるのを妨げることができる。もし神が慈しみ深く善良であるなら、悪が起こることを望まない。ところが悪は我々のただ中に明白に存在している。それゆえ悪の問題は、神の力、神の慈しみ深い善性、世界における悪の存在、という三つの概念を含む葛藤と考えることができるかもしれない。このジレンマを引き起こす悪は、一般的に二つの種類に分類される。第一の種類の、自然的悪は、人間の意志や行為を必要とせず、自然の一つの側面にすぎない。人間の幸福を妨げて働いているように思われる側面である。ハリケーン、地震、竜巻など、自然には破壊的な力がある。また、がん、嚢胞性繊維症（のうほうせいせんいしょう）、多発性硬化症のような病気によって、多くの苦しみや人命の損失が引き起こされる。二つ目の種類の悪は道徳的悪と呼ばれ、もとをたどると自由で道徳的な主体の選択や行動に行き着く。ここで見いだすのは、戦争、犯罪、残虐、階級闘争、差別、奴隷制、数え切れないほどの不正義である。道徳的悪はある程度までは、人間の自由意志の行使によるものとして、ここでの考察から外すことができる。けれども、自然的悪をそのように片づけることはできない。

悪の問題はいろいろな形をとる。一般に、悪の問題に宗教的な形が生じるのは、人の経験の特定の面において神の偉大さや慈しみ深い善性に疑いが差しはさまれ、そのために信仰者と神との関係がおびやかされるときである。この問題の神学的な形は、悪一般と関係している。それは、神がどんなお方で何をなさるかを考慮して、特定の具体的状況がどのようにして存在しうるのかという問いではなく、そのような問題がいったい存在しうるのかという問いである。これらの区別に留意することが重要である。というのは、ある特定の悪によって宗教的な困難を提起されている人は、知的問題を解決する助けよりも、牧会的な配慮を必要としているかもしれないからである[2]。同様に、純粋に知的な葛藤を単なる感情の問題として扱うことは、あまり助けとならない。悪の問題の宗教的な形を認識しないなら、無神経に見える。神学的な形を扱わないなら、知的面での侮辱に見える。特に、この二つが一緒に見つかるところでは、それぞれの構成内容を認識、区別することが重要である。

---

[1] David Hume, *Dialogues concerning Natural Religion*, part 10（D・ヒューム『自然宗教に関する対話』ヒューム宗教論集Ⅱ、福鎌忠恕・齋藤繁雄訳、法政大学出版局、1975年）。

[2] Alvin Plantinga, *God, Freedom, and Evil* (New York: Harper & Row, 1974), 63-64（A・プランティンガ『神と自由と悪と』星川啓慈訳、勁草書房、1995年）。

2. 諸種の解決策

多くの異なったタイプの神義論（しんぎろん）が存在してきた。神義論とは、神が悪の責任を負わないことを示す試みである。大部分は（本書のここでの分析はいくぶん単純化しすぎではある）、こうした解決の試みは、緊張を緩和しようとして、その組み合わせがジレンマを引き起こしてきた三つの要素、すなわち神の偉大さ、神の慈しみ深い善性、悪の存在のうち、一つかそれ以上を修正している。

今まで描いてきた問題の緊張を解決する一つの方法は、神の全能性という思想を放棄することである。このアプローチは「有限論」と呼ばれ、ゾロアスター教やマニ教のような二元論によく見られる。これらの二元論は、宇宙には二つの究極的原理、すなわち神と悪の力が存在すると提唱する。神は悪に打ち勝とうと試みていて、できればそうしたいのだが、ただ勝つことができない。

この問題における緊張を少なくする第二の方法は、神の慈しみ深い善性という思想を修正することである。自分自身をキリスト者と自称する者に、神の慈しみ深い善性を否定する者はほとんどいない。しかし、少なくとも暗黙のうちに、善が通常の意味とは多少異なる意味で理解されなければならないことを示唆する人はいる。この部類に属する一人がゴードン・H・クラークである。

忠実なカルヴァン主義者としてクラークは、神が人間の行為を含むすべての事柄を引き起こすことを表現するのに、ためらわずに「決定論」という用語を使う。人間の邪悪なある行為に対する神の関係を描く際に、「私は、ある男が酔って家族を撃った場合、彼がそれをするべきだとしたのは神の意志であった、と主張することを率直かつ明白に望む[3]」と主張している。神はすべてのものの唯一の究極の原因であり、神が原因となっているものはすべて良いものなのだから、酔っ払った男が家族を撃つというような悪い行為を神が（究極的に）引き起こすのは良いことであり正しいことであるとクラークは結論づける。ただし神は罪を犯さず、この罪深い行為に責任を負わないと言う。しかし、悪の問題に対するこの解決策では、「善」という言葉は、神の慈しみ深い善性によって通常意味されるものとはかなり異なるような変化を受けている。

悪の問題に関して提示される第三の解決策は、悪の実在を否定して、悪が全能かつ慈しみ深く善なる神とどのようにして共存できるのかについての説明を不要とすることである。この見方はさまざまな形の汎神論に見られる。たとえば、ベネディクトゥス・スピノザの哲学は、ただ一つの実体が存在し、すべての区別できるものはその実体の様式あるいは属性であると主張する。すべてのものは決定論的に引き起こされ、神はすべての物事を最も完全な状態で存在に至らせると[4]。悪の問題に対するこの解決策を、より広く主張しているが、あまり思想性をもたない形にしたものが、クリスチャン・サイエンスに見られる。そこでは悪一般は、特に病気は錯覚であり、実在しないと断言されている[5]。

---

[3] Gordon H. Clark, *Religion, Reason, and Revelation* (Philadelphia: Presbyterian and Reformed, 1961), 221; クラークの議論は221-41頁を見よ。

[4] Benedict Spinoza, *Ethics* 1.33.2（スピノザ『エチカ』上・下、畠中尚志訳、岩波書店、1975・1973年）。

[5] Mary Baker Eddy, *Science and Health with Key to the Scriptures* (Boston: Trustees under the will of Mary Baker Eddy, 1934), 348（M・B・エディ『科学と健康　付聖書の鍵』The First Church of Christ, Scientist, in Boston, Massachusetts, U.S.A., 1976年）。

3. 悪の問題を扱うための諸主題

悪の問題を全面的に解決することは人間の能力を超えている。したがって、ここでしようとするのは、組み合わせることでこの問題を扱うのに役立つ、いくつかの主題を提示することである。これらの主題は、本書が支持している神学の基本的信条と合致するものである。この神学は、神の主権を第一のものとしつつ、それを人間の自由および個別性と肯定的なかたちで関係させることを求める、穏やかなカルヴァン主義として特徴づけることができる。この神学は、第二の要素が第一の要素に付随する、あるいはそこから派生しているという意味で、一つの二元論である。すなわち、神とは別個の、それ自身まことにして善なる実在をもつが、その存在を究極的には創造（流出ではなく）によって神から得た諸実在があると考えるのである。また、この神学が断言するのは、人間の罪と堕落、そしてその結果である人間一人一人の罪深さ、悪の存在と悪魔に率いられる人格的な悪霊の存在の現実性、人間の罪のための犠牲の贖いとなった三位一体の第二位格の受肉、死を超えた永遠のいのちである。この神学的構成の脈絡の中で、以下の主題が悪の問題を扱う際の助けとして提示される。

(1) 人類の創造に必然的に付随するものとしての悪

神にはすることのできない事柄がいくつかある。残酷さは神の本性に反しているから、神は残酷であることはできない。嘘をつくことができない。約束を破ることができない。ほかにも、ある必然的な結果を伴うことなしに神にはすることのできない事柄もある。たとえば、神は中心から等距離にある円周上のすべての点なしに円を、本物の円を描くことはできない。同様に、神は、ある特徴が付随することなしに人間を創造することができない。

人間は、自由意志がなければ真に人間であることはできなかった。人間がアルミニウス主義者が前提としている意味で自由であろうと、何が起こるかを神が確かなことにしていることと矛盾しない意味で自由であろうと、神が人間を目的通りに創造したということは、次のことを意味する。すなわち、人間には、悪の可能性が全くなかったら十分に行使できない一定の能力（たとえば、望む能力および行動する能力）があるということである。神が悪を防ぐためには、今存在しているのとは別の人間を造らなければならなかった。真の人間には、神の意図に反するものを得たり行ったりすることを願う能力が欠かせない。悪の可能性とは、人間を全き人間にするという神の計画にとって、必要な同伴者であった。

この主題のもう一つの側面として、神が物理世界を今あるように造ることには特定のことが付随する必要があった。明らかに、人間が真の道徳的選択を持つことには、不従順のために真の刑罰を受ける可能性も伴うとしたら、死ぬ可能性も意味した。さらに、生命の維持には死に至る可能性もある条件が必要であった。そのため、たとえば、我々が生きるために必要とする同じ水が、他の状況では溺死に至らせることもある。

> 悪の問題を全面的に解決することは人間の能力を超えているけれど、悪は、人間を全き人間にするという神の計画にとって、必要な同伴者かもしれない。

この時点で、「神には悪の可能性が付随することなしに世界を創造することができなかったのなら、いったいなぜ創造したのか。あるいはなぜ人間なしの世界を創造しなかったのか」と質問する人がいるかもしれない。我々は神ではないのだから、ある意味では、その問いに答えることはできな

い。ただし、ここで以下の点に留意するのは適切なことである。すなわち、神が究極的に意図しているものという見地から言うと、創造しないよりも創造するほうが明らかに良いことであった。また、たとえ他のことをしたほうがよいという誘惑に直面するとしても、ご自身との交わりをもち従順を示すことができる存在を創造するほうが良いことであった。これが、神の意志に反する願いを抱く論理上の可能性さえ除外した、完全に無菌の環境に「人間」を入れるよりもはるかに良いことであったのは明らかである。

⑵ 善と悪を構成するものの再評価

我々が善や悪と考えるものには、実際はそうでないものがあるかもしれない、現在の自分たちにとって喜ばしいものは何でも善と同一視し、個人的に不愉快なもの、心地よくないもの、心をかき乱すものは悪と同一視する傾向がある。しかし、聖書は物事をいくぶん異なって描いている。

第一に、神の次元を考慮しなければならない。善は、人間に個人的な楽しみを直接的にもたらすものと定義されるべきではない。神の意志や存在との関係の中で定義されるべきである。善とは、神に栄光を帰し、神の意志を達成し、神の本性と一致するものである。ローマ8:28の約束を、キリスト者はかなり気安く引用することがある。「神を愛する人たち、すなわち、神のご計画に従って召された人たちの善となるために、神がすべてのことのうちで働いてくださることを、私たちは知っています」（NIV訳注）。しかし、ここで言われている善とは何か。パウロは29節で答えてくれる。「神は、あらかじめ知っている人たちを、御子のかたちと同じ姿にあらかじめ定められたのです。それは、多くの兄弟たちの中で御子が長子となるためです」。そうすると、善とは次のものである。すなわち、個人的な富や健康ではなく、神の御子のかたちと同じ姿にされること、短期間の安楽ではなく、長期にわたる祝福である。

第二に、時間あるいは継続期間という次元を考慮しなければならない。経験する悪の中には、実際、短期的にはずいぶん心をかき乱すが、長い期間で見れば非常に大きな善をもたらすものもある。歯科医のドリルによる痛みと手術後の回復の苦しみは、きわめて厳しい悪のように思われるかもしれない。しかし、それらから生じる長期的な結果から考えれば、実際にはかなり小さなことである。聖書は、一時的な苦しみを永遠という光のもとで評価するようにと、我々を励ます。パウロは言う。「今の時の苦難は、やがて私たちに啓示される栄光に比べれば、取るに足りないと私は考えます」（ローマ8:18、Ⅱコリント4:17、ヘブル12:2、Ⅰペテロ1:6-7も見よ）。問題が我々の近くにあることで拡大されることが多く、そのため他の関連する問題とは不釣り合いになってしまうことがしばしばある。悪と見えることに関して質問してみると良いことは、「今から１年後、これは私にどれくらい重要と思えるだろうか。5年後は？　100万年後は？」というものである。

第三に、悪の範囲に関する問いがある。我々は善悪を評価する上で、非常に個人主義的になりやすい。しかし、この世界は大きく複雑であり、神には世話すべき多くの人間がいる。家族のピクニックやゴルフの一ラウンドを台なしにする土曜日の雨は、私には悪に思えるだろう。しかし、ゴルフ・コースや公園の周囲に乾ききった田畑をもつ農夫たちにとっては、そして最終的には農夫たちの作物に依存するさらに多くの人々にとっては、はるかに大きな善であるかもしれない。作物の価格は豊作か不作かによって影響されるからである。

ここで述べていることの一部は、悪であるように見えるものが、実際は、ある場合にはより大きな善のための手段であるかもしれないということである。我々はそれらを理解していないかもしれないが、神の計画と行為は常に善であり、いつも良い結果

をもたらす。神の計画と行為が、結果によって善とされるということではない。神の計画と行為を善とするのは、神がそれらを意図したという事実である。

(3) 一般的罪の結果としての一般的悪

本書で展開している神学上の主要教理は、種族的罪（racial sin）の事実である。これは人種（race）と人種の間の罪のことではなく、人類という種（human race）全体が罪を犯し、今もまた罪深いものであり続けていることを意味する。かしらであるアダムにあって、全人類は神の意志にそむき、神が人類を創造した、罪のない状態から堕落した。その結果、我々はすべて、罪へ向かう自然の傾向をもって人生を始める。聖書は、堕落つまり最初の罪によって、根本的な変化が宇宙の中に起こったと告げている。死が人間にもたらされた（創世2:17、3:2-3、19）。神は人類に呪いを宣言し、その呪いはある具体的な形で表されている。つまり、出産の苦しみ（3:16）、妻に対する夫の支配（16節）、苦しい労働（17節）、茨とあざみ（18節）である。これらはおそらく、被造世界への実際的な影響の見本にすぎない。ローマ8章でパウロは、被造物全体が人間の罪によって影響を受け、今や滅びの束縛の中にあると述べている（19-23節）。被造物はこの束縛からの贖いを渇望している。それゆえ、数多くの自然的悪も、人間の罪の結果として生じたものと考えられる。

しかしながら、それよりも重大かつ明白なのは、道徳的悪、つまり人間の意図や行為に関係する悪に、堕落が貢献していることである。確かに、人間の痛みや不幸の多くは、社会の中の構造的な悪の結果である。たとえば、権力は他の人々を搾取するためにそれを用いる、ほんの一握りの人の手に握られているかもしれない。集団的規模での自己中心性が、特定の社会階層や人種集団を、つらいあるいは貧しい状態に閉じ込めているかもしれない。

無視できない重要な問いは、罪はそもそもどのようにして起こりえたのか、である。答えの一部は、人間が真に自由であるためには、選択肢がなければならない、ということである。その選択とは、神に従うか、それとも従わないかである。アダムとエバの場合、善悪の知識の木がその選択を象徴していた（創世2:17）。彼らが神に従わなかったとき、神との関係は歪められ、罪は現実となった。人間は罪によって大きく影響を受けている。態度、価値観、人間関係が変化した。

そうであるなら、神が罪を創造したのではない。神は、人間の自由に必要な選択肢、罪という結果をもたらしうる選択肢を提供しただけである。罪を犯したのは人間であり、神ではない。

(4) 特定の罪の結果としての特定の悪

特定の悪の中には、特定の罪、あるいは少なくとも軽率さの結果であるものもある。人生における悪しき出来事のいくつかは、他人の罪深い行為によって引き起こされる。殺人、幼児虐待、窃盗、レイプは、罪深い個人が罪深い選択を実行したことの結果としてもたらされる悪である。犠牲者にその悪が起こったことの責任がない場合もあるが、悪しき行為の一因であったり、誘発していたりする場合もある。

かなり多くの場合、我々は自分の罪深い、あるいは賢明でない行為によって、身に悪を招く。この原則を適用するときは十分に注意しなければならない。ヨブの友人たちは、彼の不幸をただ彼の罪のせいにしがちであった（たとえばヨブ22章）。しかし、イエスは悲劇が必ずしも特定の罪の結果ではないことを示した。弟子たちが生まれつき目の不自由な男性について「先生。この人が盲目で生まれたのは、だれが罪を犯したからですか。この人ですか。両親ですか」と尋ねたとき、イエスは、「この人が罪を犯したのでもなく、両親でもありません。この人に神のわざが現れるためです」

と答えた（ヨハネ9:2-3）。イエスは、その男性と両親が罪を犯したことがないと言ったのではない。ただ、目が不自由であることは特定の罪の結果であるという考えに異議を唱えていたのである。不幸を自動的に本人の罪に帰するのは、浅はかである。

しかし、この警告を受けた後でも、罪が個々の罪人に不幸な結果をもたらす事例があることには注意する必要がある。適切な例がダビデである。バテ・シェバとの罪と、ウリヤの殺害は、バテ・シェバとの間の子どもの死、およびダビデ自身の家庭内での争いという結果をもたらした。これはおそらく、神からの刑罰という視点よりも、ある行為の影響という視点から考えるべきである。何が関わっていたかはわからないが、姦淫の行為のときに関連するある状態が、その子に遺伝的な欠陥をもたらしたのかもしれない。またはダビデの罪責感が、わが子を甘やかすことにつながり、そのことが子どもたちを罪に導いたのかもしれない。聖書に詳しく語られている悪の多くは、本人あるいは親密な誰かの罪の結果として、人々に降りかかっている。

パウロは言った。「思い違いをしてはいけません。神は侮られるような方ではありません。人は種を蒔けば、刈り取りもすることになります。自分の肉に蒔く者は、肉から滅びを刈り取り、御霊に蒔く者は、御霊から永遠のいのちを刈り取るのです」（ガラテヤ6:7-8）。おそらく、パウロは第一義的に、罪の結果の永遠の次元を考えていたのだが、文脈（6章の前の部分）を見ると、一時的作用も念頭に置いていたことが示唆されている。姦淫を禁じる律法（出エジプト20:14）を破ることは、配偶者との信頼関係だけでなく、子どもたちとの信頼関係も破壊する結果になる。習慣的な飲酒は、おそらく肝硬変によって健康を害する。神が酒飲みを攻撃しているのではなく、むしろ酒飲みの行為が病気を引き起こすのである。しかしながら、これは、神が人々を懲らしめるのに罪の自然な結果を用いる

ことはないということではない。

⑸ 悪の犠牲としての神

神が罪とその悪しき結果の責任を引き受けたということは、悪の問題の解決のためのキリスト教教理独自の貢献である[6]。ご自身が罪の結果としてもたらされる悪の主要な犠牲となることを知りつつ、いずれにせよ罪が起こることを神が許容したということは、驚くべきことである。聖書は、神が人間の罪深さを深く悲しんだと告げている（創世6:6）。ここには確かに神人同形論が存在するが、それでも、人間の罪が神にとって痛みや傷を与えることが示されている。しかし、さらに適切なのは受肉の事実である。三位一体の神は、第二位格が地上に下り、たくさんの悪――空腹、疲労、裏切り、あざけり、拒絶、苦しみ、死――の支配下に置かれることを知っていた。神は罪を無効にし、そのようにしてその悪い結果をも無効にするためにこのことをなした。神は、この世界で悪による苦しみを我々と共に経験し、その結果、我々を悪から解放することができる。これは、なんという大きな愛であろうか。罪とその結果としての悪が起こることを許す神の慈しみ深い善性に異議を唱える者は、よく考えなければならない。神ご自身が悪の犠牲になり、その結果神と我々が悪に対する勝利者となるという聖書の教えに反対することの意味を。

⑹ 死後のいのち

人生には、不公平や、罪なき者の苦しみのかなりはっきりした実例があることに疑問の余地はない。もしこの人生が存在するすべてであるのなら、確かに悪の問題は解決できない。しかし、死後のいのちについてのキリスト教の教理は、大いなるさばきの時があると教えている。そのとき、すべ

---

[6] C. S. Lewis, *The Problem of Pain* (New York: Macmillan, 1962), 119–20（C・S・ルイス『痛みの問題』C・S・ルイス宗教著作集 3、中村妙子訳、新教出版社、1976年）。

ての罪が確認され、敬虔な者もまた明らかにされる。悪に対する刑罰が正しく執行され、永遠のいのちの最終的な局面が、神の愛のこもった申し出に応じたすべての人に授けられる。こうして、どうして悪しき者が繁栄し、正しい者が苦しむのかという詩篇の記者の苦情は、死後のいのちという観点から考えることで納得させられる。

研究課題

- 悪の問題に対する三つの解決策とは何か。
- 人間の自由は悪の問題に対して、どのように影響を及ぼすか。
- 「善」と「悪」という用語をどのように定義するか。
- 一般的な罪と特定の罪は、悪に対してどのように影響するか。
- もし神が良い計画をもたらすために働いているのなら、なぜ悪い人に良いことが起こるのだろうか。

第16章 神の特別な代理人 — 天使

本章の目的

1. 良い天使とそのユニークな特徴を確認し、理解する。
2. 悪い天使を、その特徴と行動を通して確認し、理解する。
3. 過度に魅惑されることなく、神の天使への信頼を作り出す。
4. 悪い天使に対する、恐れでも魅惑でもない、健全な関心を作り出す。
5. 神の計画遂行における天使の教理の役割を発見する。
6. サタンとその手下たちの限界と、最終的な運命を理解する。

本章のアウトライン

1. **良い天使** 166
   (1) 用語 166
   (2) 起源、性質、地位 166
   (3) 能力と権力 167
   (4) 活動 167

2. **悪い天使** 169
   (1) 悪霊の起源 169
   (2) 悪霊のかしら 169
   (3) 悪霊の活動 170
   (4) 悪霊つき 170

3. **天使の教理の役割** 171

本章の概要

　人間の歴史の中で働いている、人間を超える（神ではないが）存在がある。これらの存在の中には、神に忠実であり続け、神のわざを実行している者もいる。創造された聖い状態から堕落し、神と神の子たちに敵対して生きている者もいる。被造物に対する神の世話と関心は、良い天使たちの奉仕において明らかである。それとは対照的に、サタンとその子分たちは神の目的を妨害しようとしている。しかし、神は彼らの力を制限している。

第3部　神

天使に関する議論に取り組むとき、ある意味で、すべての神学のうちで最も例外的で困惑させる主題に入ろうとしている。近年の神学の教科書の中でその主題を最も広範に扱ったカール・バルトは、天使という話題を「すべての中で最も注目すべき、困難なもの」[1]と述べた。それゆえ、それは省略あるいは無視したくなる主題である。しかし、聖書が教えているのは、神がこれらの霊的存在を創造し、彼らを通してわざの多くを実行することを選んだということである。それゆえ、もし誠実な聖書研究者であろうとするなら、天使について語る以外に選択の余地はない。

本書で言う天使とは、神が人間よりも高度なものとして創造した霊的存在のことで、その一部は常に神に従順で神の意志を実行し、残りは不従順でその聖なる立場を失い、今は神のわざに敵対し、それを妨げている。

この主題が難しい一つの理由は、聖書には天使への言及が豊富にあるが、それらは天使自身を扱っているのではないからである。天使にふれている場合はいつも、神について、神が何を行い、そしてどのようにそれを行うのかについて、さらに知らせるためである。

1. 良い天使

(1) 用語

天使を指して最もよく使われるヘブル語はマラク (*malak*) で、対応するギリシア語はアンゲロス (*angelos*) である。どちらの場合も、人間か天使かは別にして、基本的な意味は「使者」である。これらの用語が天使という意味で使われる場合は、メッセージを運んでいく役割が強調されている。旧約聖書で天使を指す他の用語は、「聖なる者」(詩篇89:5、7) と「見張りの者」(ダニエル4:13、17、23) である。集合としては「会合」(詩篇89:7)、「集い」(詩篇89:5) と呼ばれている。また、イザヤ書だけでも六十回以上見られる「万軍の主 (あるいは万軍の神、主)」という非常によく使われる表現の中などで、「軍勢、軍」または「万軍」と呼ばれている。新約聖書で天使を指していると信じられている表現は、「天の軍勢」(ルカ2:13)、「霊」(ヘブル1:14)、そしていろいろな組み合わせがある「主権」「権力」「王座」「支配」「権威」である (特にコロサイ1:16を見よ。また、ローマ8:38、Ⅰコリント15:24、エペソ6:12、コロサイ2:15も見よ)。「御使いのかしら」という用語がⅠテサロニケ4:16とユダ9節の二箇所に出てくる。後者では、ミカエルが御使いのかしらと呼ばれている。

(2) 起源、性質、地位

聖書には、天使が創造されたと明確に述べられてはいないし、創造の記事 (創世1-2章) でも天使には言及していない。しかしながら、天使が創造されたことは、詩篇148:2、5にはっきりと示されている。

> 主をほめたたえよ　すべての御使いよ。
> 主をほめたたえよ　主の万軍よ。……
> 主の御名をほめたたえよ。
> 主が命じて　それらは創造されたのだ。

ユダヤ人とキリスト者は、天使を非物質的または霊的な存在であると長く信じ、教えてきた。しかし現在のところ、天使の創造の問題と同様に、明白な証拠はあまりない。天使は霊的な存在の一部なのかもしれないが、使徒23:8-9では天使と霊は互いに区別されている、と結論づけることが確かにできるかもしれない。天使の霊的性質に関する最も明確な記述はヘブル1:14に見られ、そこで記者は明らかに天使に言及して (5、13節を見よ)、こう言っている。「御使いはみな、奉仕する霊であって、救いを

---

[1] Karl Barth, *Church Dogmatics* III/ 3 (Edinburgh: T & T Clark, 1961), 369 (K・バルト『教会教義学』全34巻、井上良雄他訳、新教出版社、1959年-)。

受け継ぐことになる人々に仕えるために遣わされているのではありませんか」。天使とは霊的な存在であると結論して差し支えないと思われる。すなわち、天使に肉体的あるいは物質的なからだはないと。聖書に記録されている身体的な顕現は、そのときのための見かけ上の現れ（天使の顕現〔angelophanies〕）とみなすべきである。

神だけにささげるべき礼拝と崇敬を天使にささげて、彼らの地位を過度に引き上げる傾向が時に見られてきた。しかしながら、天使に関して最も詳しく述べているヘブル1：5-2：9は、キリストが天使よりもまさっていることを特に主張している。キリストは短い間、天使たちよりも少し低くされたが、すべての点で彼らにまさっている。そして天使は能力や資質の多くの点で人間にまさっているが、創造されたものの一部であり、したがって限りある存在である。彼らがいつ創造されたのか、正確にはわからない。

膨大な数の天使が存在している。聖書はさまざまな表現で、その数を示唆している。「幾万」（申命33：2）、「幾千万」（詩篇68：17）、「十二軍団」（36,000人から72,000人——ローマの軍団の規模は3,000人から6,000人までさまざまであった。マタイ26：53）、「何千に次ぐ何千もの御使いたちの喜びの集い」（ヘブル12：22〔NIV訳注〕）、「万の幾万倍、千の幾千倍」（黙示録5：11）。特に、使用されている数（12と1,000）の象徴的な意義を考えると、これらの数字を正確な数とする理由はないが、天使たちがたいへん大きな集団であることは明らかである。

(3) 能力と権力

天使は、人格的な存在として描かれている。彼らは互いに影響し合うことができる。知性と意志をもっている（Ⅱサムエル14：20、黙示録22：9）。彼らは道徳的な被造物であり、ある者は聖なるものとしての特徴を備えているが（マタイ25：31、マルコ8：38、ルカ1：26、使徒10：22、黙示録14：10）、堕落してしまった他の者は、嘘をつき、罪を犯す者として描かれている（ヨハネ8：44、Ⅰヨハネ3：8-10）。

マタイ24：36でイエスは、天使たちが人間を超えた知識をもっていることをほのめかしているが、同時に、この知識には制限があることを明確に主張している。「その日、その時がいつなのかは、だれも知りません。天の御使いたちも子も知りません。ただ父だけが知っておられます」。天使は、優れた知識を所有しているが全知ではなく、それと同様に、超人的な優れた力をもっているが全能ではない。その優れた力は神から得られるものであり、天使はそれを行使するために神の好意的な意志にいつも従っている。神が許容する範囲内で行動するように制限されている。このことはサタンにさえ当てはまる。サタンがヨブを苦しめる能力は、主の意志によって限界を定められた（ヨブ1：12、2：6）。神の御使いは、自主的にではなく、神の命令を実行するためにのみ行動する。ただ神だけが奇蹟的なことを行う（詩篇72：18）。天使は被造物として、それに由来するすべての限界に服属している。

(4) 活動

1. 天使たちは、絶えず神を賛美し、神に栄光を帰している（ヨブ38：7、詩篇103：20、148：2、黙示録5：11-12、7：11、8：1-4）。この活動はいつもは神の前でなされているが、少なくとも一回は地上でなされた。「いと高き所で、栄光が神にあるように」（ルカ2：13-14）と天使が歌った、イエス誕生のときである。

2. 天使たちは、神のメッセージを人間に啓示し、伝達する。この活動は「天使」（angel）という言葉の根源的意味と最も一致している。天使たちは特に、律法の仲介者として関わった（使徒7：53、ガラテヤ3：19、ヘブル2：2）。出エジプト19章に天使への言及はないが、申命33：2では「主は……

幾万もの聖なる者たちとともに来られた」(NIV訳注) と語られている。このあいまいな箇所は、天使たちの仲介を暗示しているのかもしれない。新しい契約に関しても同様の機能を果たしたとは言われていないが、新約聖書はしばしば天使を神からのメッセージの伝達者として描いている。ガブリエルはザカリヤ (ルカ1:13-20) とマリア (ルカ1:26-38) に現れた。天使たちはまた、ピリポ (使徒8:26)、コルネリウス (使徒10:3-7)、ペテロ (使徒11:12、12:7-11)、パウロに (使徒27:23) 語りかけた。

良い天使たちは神を絶えず賛美し、神のメッセージを我々に啓示し、我々に仕え、神の敵にさばきを執行し、再臨に参与する。

3. 天使たちは信仰者に仕える。これは、信仰者を危害から守ることを含む。初代教会において、使徒たちを (使徒5:19)、そして後にはペテロを (使徒12:6-11) 牢獄から解放したのは、天使であった。詩篇の記者たちは天使の保護を経験した (詩篇34:7、91:11)。しかしながら、天使の主な奉仕は霊的必要に向けられている。天使たちは信仰者の霊的繁栄に大きな関心を払い、彼らの回心を喜び (ルカ15:10)、彼らが困窮しているとき彼らに仕える (ヘブル1:14)。天使たちは、我々の人生を見つめ (Ⅰコリント4:9、Ⅰテモテ5:21)、教会のうちに存在している (Ⅰコリント11:10)。信仰者が死ぬ際、彼らを祝福の場所へ運ぶ (ルカ16:22)。

4. 天使たちは、神の敵にさばきを執行する。主の使いはアッシリア人18万5,000人に (Ⅱ列王19:35)、そして主がエルサレムでその手を引くよう告げるまでイスラエルの子らに (Ⅱサムエル24:16)、死をもたらした。ヘロデを殺したのは主の使いだった (使徒12:23)。ヨハネの黙示録は、天使が執行するさばきに関する預言で満ちている (8:6-9:21、16:1-17、19:11-14)。

5. 天使たちは、再臨に関与する。誕生、誘惑、復活を含む、イエスの生涯の他の重要な出来事に居合わせたのと同じように、主が戻って来るときに随行する (マタイ25:31)。彼らは毒麦と小麦を分ける (マタイ13:39-42)。キリストは、四方から選ばれた者たちを集めるために、大きなラッパの響きとともに天使たちを遣わす (マタイ24:31。Ⅰテサロニケ4:16-17も見よ)。

守護天使という概念についてはどうなのか。これは、一人一人の人間、少なくとも一人一人の信仰者には、人生においてその人を世話し同行する特定の天使がいるという考えである。この考えはキリストの時代におけるユダヤ人の一般的な信仰の一部分であり、あるキリスト者の思想に継承された[2]。二つの聖書箇所が、守護天使のいる証拠として引用される。イエスは一人の子どもを呼びよせ、弟子たちの真中に立たせて、「あなたがたは、この小さい者たちの一人を軽んじたりしないように気をつけなさい。あなたがたに言いますが、天にいる、彼らの御使いたちは、天におられるわたしの父の御顔をいつも見ているからです」と言った (マタイ18:10)。お手伝いのロデが家の中にいる人たちに、ペテロが門のところにいると告げると、彼らは「それはペテロの御使いだ」と言った (使徒12:15)。これらの箇所は、天使が個々人を特別に担当していることを示唆しているように思われる。

しかしながら、聖書の他の箇所では、一人だけではなく多くの天使が信仰者に同伴し、保護し、養ったとある。エリシャは多くの火の馬と戦車に取り巻かれ、囲まれる (Ⅱ列王6:17)。イエスは十二軍団の天使を呼ぶことができた (マタイ26:53)。幾人かの天使がラザロの魂をアブラハムの懐に運

---

2 A. J. Maclean, "Angels," in *Dictionary of the Apostolic Church*, ed. James Hastings (New York: Scribner, 1916), 1: 60.

んでいる（ルカ16:22）。さらに、小さい者たちの天使に関してイエスは、天使たちが御父の前にいると明確に述べている。このことは、彼らがこの世で個々人を世話する天使というより、神の前で礼拝する天使であることを示唆している。ロデへの応答は、守護天使は担当する人間に似ているというユダヤ人の伝承を反映している。しかし、守護天使を信じる弟子たちがいたことを示す記録が、その信仰に権威を与えるわけではない。キリスト者の中には、種々の主題に関してなお信仰を誤解し、混乱している者もいた。明確な教えを与える資料がないのだから、守護天使という概念に関する証拠は不十分であると結論づけなければならない。

2. 悪い天使

(1) 悪霊の起源

聖書は、悪い天使がどのようにして現在のような道徳上の性格をもつようになったのかについてほとんど語っていない。彼らの起源についてはなおさらである。彼らの道徳的性質について言われていることから、起源について何かわかるかもしれない。密接に関連している二つの聖書箇所が、悪い天使の堕落に関する情報を提供している。Ⅱペテロ2:4は、こう語っている。「神は、罪を犯した御使いたちを放置せず、地獄に投げ入れ、暗闇の縄目につないで、さばきの日まで閉じ込められました」。ユダ6節は、「イエスは、自分の領分を守らずに自分のいるべき所を捨てた御使いたちを、大いなる日のさばきのために、永遠の鎖につないで暗闇の下に閉じ込められました」と語っている。この二つの箇所に描かれた存在は、罪を犯してさばきに定められている天使と、明らかに同一視される。彼らは、他のすべての天使と同じく、創造された存在であるに違いない。

これらの箇所が提示する問題は、悪い天使が地獄の暗闇に投げ込まれてさばきのときまで閉じ込められていると言われていることである。このことから、堕落した天使には、投獄されている者と、世界の中で悪を自由に遂行している者との2種類がいると理論づけた者もいる。もう一つの可能性は、この二つの箇所はすべての悪霊の状態を描いているということである。後者が正しいことは、Ⅱペテロ2章の残りの部分で示唆されている。9節でペテロはこう語っている。「主はこのようにされたのですから、敬虔な者たちを誘惑から救い出し、正しくない者たちを処罰し、さばきの日まで閉じ込めておくことを、心得ておられるのです」。ここの言葉は、4節で使用されているものとほぼ同じである。この章の残り（10-22節）が、刑罰のもとに置かれているこれらの人々が罪深い活動を続けている様子を描写していることに注目しよう。それと同様に、堕落した天使たちは地獄の暗闇に投げ込まれたが、悪い活動を遂行するのに十分な自由はもっていると結論づけることができる。

そういうわけで、悪霊は神によって創造された天使であり、それゆえもとは良いものであったが、罪を犯し、その結果、悪いものとなったのである。この反逆がいつ起こったかはわからないが、神が創造を完了し、そのすべてを「非常に良い」と宣言したときと、人間の誘惑と堕落（創世3章）との間に起こったに違いない。

(2) 悪霊のかしら

悪魔とは、堕落したこれらの天使のかしらに、聖書が与えている名称である。サタンとしても知られており、この名は敵対者であること、あるいは敵対者として行動することを意味する[3]。悪魔を表す最も一般的なギリシア語はディアボロス（*diabolos*

---

[3] Francis Brown, S. R. Driver, and Charles A. Briggs, *Hebrew and English Lexicon of the Old Testament* (New York: Oxford University Press, 1955), 966.

「悪魔、敵対者、告発者」）である。あまり頻繁にではないが、他にもいくつかの語が使われている。誘惑する者（マタイ4:3、Iテサロニケ3:5〔NIV訳注〕）、ベルゼブル（マタイ12:24、27、マルコ3:22、ルカ11:15、19）、敵（マタイ13:39）、悪い者（マタイ13:19、38、Iヨハネ2:13、3:12、5:18）、ベリアル（IIコリント6:15）、敵対者（Iペテロ5:8〔NIV訳注〕）、惑わす者（黙示録12:9）、大きな竜（黙示録12:3）、偽りの父（ヨハネ8:44）、人殺し（ヨハネ8:44）、罪を犯している者（Iヨハネ3:8）。これらはすべて、悪魔の性格や活動について何かを伝えている。

その名が示すように、悪魔は神とキリストのわざに反対することに従事している。これを特に人間を誘惑することで行う。このことは、イエスの誘惑、毒麦のたとえ話（マタイ13:24-30）、ユダの罪（ルカ22:3）に示されている[4]。

サタンが使う主な手段の一つは欺きである。パウロは、サタンは光の天使に変装し、そのしもべども義のしもべに変装すると告げる（IIコリント11:14-15）。サタンが欺きを用いることは、黙示録12:9と20:8、10でも述べられている。彼は「信じない者たちの思いを暗くし、神のかたちであるキリストの栄光に関わる福音の光を、輝かせないようにしている」（IIコリント4:4）。また、奉仕をするキリスト者に敵対、妨害し（Iテサロニケ2:18）、そのために肉体的病を使いさえする（おそらくIIコリント12:7がそう）。

ヨブの場合に示されているように、サタンはその力にもかかわらず、制限を受けている。うまく抵抗することは可能であり、そうすれば逃げ去る（ヤコブ4:7。エペソ4:27も見よ）。しかしながら、我々の強さによってではなく、聖霊の力によってのみ、敗走させることができる（ローマ8:26、Iコリント3:16）。

(3) 悪霊の活動

悪霊たちはサタンの臣下として、世界でサタンの働きを実行している。それゆえ、サタンが使うあらゆる形の誘惑と欺きに従事していると想定してよい。悪霊たちは、ものが言えない（マルコ9:17）、耳が聞こえずものが言えない（マルコ9:25）、目が見えず口もきけない（マタイ12:22）、引きつけ（マルコ1:26、9:20、ルカ9:39）、体のまひや足の不自由（使徒8:7）などの病気を起こす。そして、とりわけ、神の民の霊的進歩に反対する（エペソ6:12）。

(4) 悪霊つき

聖書の記事において、悪霊つきの出来事には大きな関心が払われている。この専門的表現は、「悪霊を宿す」こと、あるいは「悪霊にとりつかれる」ことである。「邪悪な霊」というような表現もときどき見られる（使徒8:7、19:12）。

悪霊つきは多種多様な形で現れる。悪霊が肉体に負わせる病気のいくつかにはすでに注目した。つかれた人間は、並外れた力をもったり（マルコ5:2-4）、服を着ずに、家より墓場に住むといった異様な行動をとったり（ルカ8:27）、また自己破壊的な行動に携わったり（マタイ17:15、マルコ5:5）するかもしれない。イエスが、「出かけて行って、自分よりも悪い、七つのほかの霊を連れて来」る悪霊について話した（マタイ12:45）ので、明らかに苦しめることには度合いがある。これらすべての場合に共通する要素は、関係する人が、肉体的、あるいは情緒的、あるいは霊的に破壊されているということである。悪霊は、おそらくつかれている人間の発声器官を使って話すことができたようである（たとえばマタイ8:29、31）。また、動物の中にも居住できるようである（豚に関する事件の並行記事、マタイ8章、マルコ5章、ルカ8章を見よ）。

聖書の記者が、すべての病気を悪霊つき

---

[4] 使徒5:3、Iコリント7:5、IIコリント2:11、エペソ6:11、IIテモテ2:26も見よ。

のせいにしていないことには注目すべきである。ルカは、イエスが2種類の癒やしを区別したことを報告している。「わたしは今日と明日、悪霊どもを追い出し、癒やしを行」う（ルカ13:32）とあるからである。また、てんかんが悪霊つきと間違われることもなかった。マタイ17:15-18でイエスはてんかんの人から悪霊を追い出したが、マタイ4:24では（中風の人と同様に）てんかんの人は悪霊つきと区別されている。数多くの癒やしにおいて、悪霊について言及がない。たとえばマタイの福音書で、百人隊長のしもべ（8:5-13）や12年の間長血をわずらっている女性（9:19-20）の癒やしの場合、悪霊の追い出しには触れられていない。

　イエスは、入念に作り上げられた定式文なしに悪霊を追い出した。ただ出て行くように命じただけである（マルコ1:25、9:25）。悪霊を追い出すことを神の御霊（マタイ12:28）あるいは神の指（ルカ11:20）によることであるとした。イエスは弟子たちに悪霊を追い出す権威を授けた（マタイ10:1）。しかし、弟子たちが成功するには信仰が必要だった（マタイ17:19-20）。祈りもまた、悪霊を追い出すために必要な条件として挙げられている（マルコ9:29）。第三者の側の信仰が必要とされることもあった（マルコ9:23-24。6:5-6参照）。時には、癒やされることを望まないと言った人から悪霊が追い出されることもあった。

　悪霊つきを過去に限定されるものと信じる理由はない。発展途上の文化においては特に見受けられる。ただ発展途上の文化においてのみにではなく、このことを基盤にしてしか説明できないと思われる場合も存在する。キリスト者は、今日も悪霊つきが起こる可能性を警戒すべきである。同時に、肉体的・精神的に異常な現象を、あまりにもすぐに悪霊つきのせいにすべきではない。イエスや聖書記者たちがしたのと同じように、我々も霊を試し、悪霊つきの事例を他の病気と区別すべきである。

　近年、悪霊つきの現象に対する関心が燃え上がっている。その結果、あるキリスト者はこれを悪の力の主たる現れとみなすようになるかもしれない。しかしむしろ、大いなる惑わす者サタンが、キリスト者が他のもっととらえにくい形での悪の力の影響に不注意になることを願って、悪霊つきへの興味をかき立てている可能性もあるのである。

3. 天使の教理の役割

　このように良い天使と悪い天使の存在を信じることは、ある人々にとってはあいまいで奇妙に思えるかもしれないが、キリスト者生活において重大な役割を果たす。この話題についての本書の学びから、いくつかの利点が引き出される。

　1. 難局にあたって助けとなる、力強くて数多い、目に見えない代理人がいると気づくことは、我々にとって慰め、また励ましである。信仰の目は、信仰者のために、天使たちの姿がエリシャのしもべのためにしたこと（Ⅱ列王6:17）をなす。

　2. 神に対する天使の賛美と奉仕は、我々は今どのように行動すべきか、そして我々の活動が神の前で死後どうなるのかについて、模範を示す。

　3. 神の近くにいた天使さえ誘惑に屈して堕落したことを理解することは、我々の目を覚まさせる。これは「倒れないように気をつけなさい」（Ⅰコリント10:12）ということを思い起こさせるものである。

　4. 悪い天使について知ることで、悪魔的な諸力から来ることが予想できる誘惑の危険と巧妙さについて警戒する助けとなり、悪魔の働き方について洞察を得させる。二つの極端を警戒する必要がある。危険を無視しないために、悪魔をあまりにも軽く見るべきではない。ただし、過度の関心をもつべきでもない。

　5. いかに悪魔とその仲間たちが力をもつ

ていても、彼らにできることには明確な限界があることを知って、我々は確信をもつことができる。それゆえ、神の恵みによって、悪魔にうまく対抗できる。そして、悪魔の最終的な敗北が確実であると知ることができる。サタンと彼の天使たちは、永遠に火と硫黄の池に投げ込まれるからである（マタイ25:41、黙示録20:10）。

研究課題

- 天使を研究し、神学の学びに含めることが、なぜ必要なのか。
- 神の計画において、天使の役割と責任とは何か。
- 良い天使と悪い天使を、どのように比較対照するか。
- サタンとその使いたちには、どのような制限が課されているか。
- あなたの生活で良い天使の果たす役割によって、どのようにして神への信頼が呼び起こされるか。

第4部

人　間

第17章 人間論への序論

本章の目的

1. 現代の、人間に関する三つのイメージを明らかにし、理解する。
2. これら、人間に関する三つのイメージを、キリスト教が教える人間についての教理と比較対照する。
3. 人間の起源についての進化論的な説明と神による直接の創造の相違を認識し、評価する。
4. 人間の創造の神学的な意味と、それがキリスト教的世界観に対してもつ重要性を説明する。

本章のアウトライン

1. **人間のイメージ** 175
   (1) 機械としての人間 175
   (2) 動物としての人間 175
   (3) 宇宙の駒としての人間 176

2. **キリスト教的人間観** 176

3. **人間の創造についての聖書の説明** 177
   (1) 聖書における直接の人間創造 177
   (2) 直接の人間創造と科学 178

4. **人間創造の神学的意味** 179

本章の概要

キリスト教的人間観は、人間が神の被造物であり、神のかたちに造られたものであるという立場に立っている。これは、現代の三つの人間観と対照的である。神による直接の人間創造は、進化論的な説明よりも満足のいく説明を提供している。さらに、漸進的創造論は聖書と科学双方のデータに基づく最も優れた解釈を示している。最後に、創造の神学的意味について七つの結論に導かれる。

1. 人間のイメージ

非キリスト教世界と対話するために、人間論は我々が学び、用いるのに特に適した教理である。それは現代の文化が絶えず問い続けている領域であり、同時にキリスト教のメッセージが答えを提供することができる領域だからである。非常に多くの異なった学問分野で人間の本質が扱われており、多くの異なったイメージが存在する。キリスト教の神学的概念を発展させる上で、少なくとも三つのより一般的な概念を知っておくことは有益である。

(1) 機械としての人間

これらの見方の一つは、人間には何ができるかに関するものである。たとえば雇用主は、人間がもっている強さやエネルギー、技量、能力に関心を抱く。これを基にして、雇用主は従業員から一日に何時間かを「賃貸する」のである。人間が時には機械として考えられるということは、自動化が進んだ場合、従業員が仕事を失うときに特に明らかになる。人間より正確で首尾一貫して働くロボットは、しばしば人間よりうまく作業をする。そのうえ、そんなに気遣う必要もなく、賃金値上げを要求することもなく、病気で休むこともない。

人間をこのように考える者の主要な関心は、効率よく働いてもらうために、人間（機械）の必要を満たすことにある。労働者の健康に関心を払うのは、病気でその人が苦しまないためではなく、効率よく仕事をしてもらうためである。もし、機械またはより進歩した技術を導入することによって作業の能率が上がるならば、そうした手段を採り入れるのに全くためらわない。仕事こそ第一の目標であり、関心だからである。それに加えて、従業員には仕事を完遂するために最低限必要な賃金が支払われる[1]。

このアプローチでは、人は基本的に物として見られている。人の中に目的があるというよりは、目的のための手段とみなされている。人は、有用であるかぎりにおいて価値があるのである。ある大きな企業が人事を管理するように、意図した目的を達成するために必要ならば、人々は、チェスの駒のようにあちこちに移動させられるかもしれない。

(2) 動物としての人間

もう一つの見方は、人間を第一義的に動物王国の一員とみなし、より高度な形態の動物から派生したものと見る。それによると、人間は他の動物がたどったのと同じような過程を経て生まれ、似たような結末を迎える。動物と人間との間に質的相違はない。唯一の相違は程度の差にすぎない。

このような人間観は、行動心理学の中でおそらく最も展開してきた。そこでは人間の動機は、第一義的に生物学的衝動という観点から理解される。人間についての知識は内省からではなく、動物実験によって得られる[2]。

人間の行動は、動物に使用されたのと似たような手順によって影響されうる。パブロフの犬が、ベルが鳴ると唾液を出すことを学習したように、人間もある形で反応するように条件づけることができる。積極的な強化（報酬）と、あまり好ましくはないが、否定的な強化（罰）が、制御と訓練の手段である。

---

[1] Brendan Lynch, "Man vs. Machine," *Boston Herald*, October 26, 2011, 4.

[2] 行動主義的心理学については、たとえばPaul Young, *Motivation of Behavior: The Fundamental Determinants of Human and Animal Activity* (New York: John Wiley and Sons, 1936) を見よ。行動主義的条件づけの使用の上に構築された理想社会を描いた小説は、B. F. Skinner, *Walden Two* (New York: Macmillan, 1948) (B・F・スキナー『心理学的ユートピア』宇津木保・うつきただし訳、誠信書房、1969年) を見よ。

(3) 宇宙の駒としての人間

　特定の実存主義者の中でも、またより広い範囲の社会においても、人間は自分たちの運命を支配しているが、彼らには本当の関心事を持っていない世界の力のなすがままになっている、という考えが存在する。それらの力は人間の運命を支配するが、人間に対して全く配慮がない。これらは多くの場合、無目的に働く諸力（blind forces）、偶然に働く力として見られている。時には人格的な力であるが、その場合でも政治的な超権力など、個人が影響を及ぼすことのできない力である。これは基本的に悲観的な見解であり、人間を世界によって押しつぶされている者として描く。そしてその世界は、人間の幸福と必要に対して敵対しているか、よくても無関心なのである。その結果として、無力さ、むなしさの感覚が生じる。

　アルベール・カミュも、古典的なシジフォスの神話を書き改めた作品の中で、この一般的な概念を捉えている。シジフォスは死んで黄泉に行った。ところが地上に戻されたのであった。再び黄泉に呼び返されたとき、彼は帰ることを拒んだ。人生の快楽を満喫したからである。罰として彼は連れ戻され、丘の頂まで大きな岩を押し上げる刑を宣告された。しかし岩をそこまで押し上げると、転げ落ちてしまう。彼は丘のふもとまで重い足取りで降りていき、もう一度岩を押し上げるが、再び転げ落ちるだけであった。彼はこのプロセスを果てしなく繰り返すように運命づけられたのである。彼の努力は、永続する結果を全く生み出さなかった[3]。死や来るべき宇宙の自然消滅、核による破壊という恐ろしい考えに浸っているとしても、あるいは政治・経済上の力を握る者たちに対する戦いに没頭しているだけだとしても、人間とは基本的には宇宙のなすがままになっているチェスの駒である、という見解をもつ者はみな、似たような無力さとあきらめの感覚に捕らえられている。

2. キリスト教的人間観

　対照的に、キリスト教的人間観では、人間は神の被造物であり、神のかたちに造られたものである。これが意味することは、第一に、人類は進化の偶然な過程を経て生まれたのではなく、知性を備え、無限である存在者による意識的な、目的をもった活動によって生まれたと理解されるべきである、ということである。人間が存在する理由は、至高の存在（the Supreme Being）の意図の中にある。第二に、神のかたちとは、人間に固有かつ不可欠のものである、ということである。他のすべての被造物から人間を分かつものが何であれ、人間だけが創造者なる神と意識的・人格的な関係をもち、神に応答することができる。

　人間はまた永遠という次元をもっている。時間における限定された始点（beginning）には、永遠の神による創造のわざがある。この神が人間に永遠という未来を与えた。それゆえ、人間にとって善とは何かを問うとき、一時的な幸福や物質的な快楽という観点からのみで答えを出してはならない。別の（多くの場合、より重要な）側面が満たされなければならない。とはいうものの、人間は物質的な被造物の一部であり、動物王国の一員でもあるゆえに、グループの他の構成員と同じ必要をもっている。我々の物質的幸福は重要である。神がそのことに関心を寄せておられるのだから、我々も関心を寄せるべきである。

　自分や自分の幸福をすべての価値の中で最高の価値あるものとみなすことで自分の真の意味を発見することはできない。また、幸福や自己実現や満足は、直接に探求しても見つけることはできない。我々の価値は、

---

[3] Albert Camus, "The Myth of Sisyphus," in *Existentialism from Dostoevsky to Sartre*, ed. Walter Kaufmann (Cleveland: World, 1956), 312–15.

より高い源から与えられる。つまり、そのより高い存在に仕え、愛するときにのみ我々は満たされるのである。

現代の文化が直接あるいは間接的に投げかけている質問の多くに、キリスト教的人間観が答えを提供する。それに加えて、この見解は、個人にアイデンティティの意味を与える。機械という人間のイメージは、我々は無意味な歯車、気づかれない、重要でないものであるという感じを与える。しかし聖書は、すべての人には価値があり、神に知られていると語る。我々の髪の毛一本一本が数えられていると（マタイ10：28-31）。この人間のイメージが、他のどの見解よりも完全で歪みの少ない形で人間の現象の領域全体を説明している。そしてこの見解は、他のどのような人生へのアプローチよりも長期的に満足のいく方法で機能する、ことを可能にしてくれる。

3. 人間の創造についての聖書の説明

我々が人間の起源（origin）について語るとき、単なる始まり（beginning）以上のものに言及している。すなわち「始まり」とは、ただ単に存在するようになったという事実のみを指している。しかし、神学は、人間が地球上にどうやって存在するようになったかを単に尋ねるだけでなく、なぜ、あるいはどのような目的がその存在の背後にあるのかを問う。聖書の描写によれば、全能であり、慈しみに満ちた善なる神が人間を創造した。人間が神を愛し奉仕し、そして神との関係を楽しむためである。

創世記には、神による人間の創造の記事が二つある。第一は1：26-27で、①神がご自身のかたちに、ご自身に似せて人間を創造しようと決定した、②この決定を神が実行に移した、このことを記録しているだけである。用いた材料あるいは方法については何も述べられていない。第一の記事は、人間の創造の目的または理由のほうに強調が置かれている。すなわち、彼らは生み、増え（28節）、地を支配するべきであった。第二の記事、2：7はかなり異なっている。「神である主は、その大地のちりで人を形造り、その鼻にいのちの息を吹き込まれた。それで人は生きるものとなった」。ここでは神が創造した方法に強調が置かれているように見える。

(1) 聖書における直接の人間創造

神が人類を創造したという聖書の描写は、確かに、自然の力の働きによって人間は存在するようになったという進化論と大きく矛盾しているようである。事実、進化論をめぐって教会と科学との間に起こった論争は、主に人類の起源に中心を置いていた。おそらく、ここで最も関連する問題は、どの範囲まで人間の創造は直接行われたとみなすかである。神は肉体的にも精神的にも、アダムの構造全体を直接造ったのか、あるいは単にある既存の高等霊長類を取り上げてそれを改変し、神のかたちを与えて生きた人間になるようにしたのか。この問題では、有神論的進化論（神が最初の生物を創造し、進化のプロセスの中で働きつつも、時には介入して、現れつつあるものを改変した［たとえば、人間の魂を以前から存在した物質的な形に注入する］）が、命令創造論（神が短期間にすべての種を創造した）と漸進的（ぜんしんてき）創造論（人間を含むさまざまな「種類」のそれぞれを神が直接造り出し、これらの別々の創造物は長期間にわたって一連の段階を成していった）から区分される。

> 我々は神の創造物であり、神のかたちに造られたものである。

人間の性質のすべてが「新たな（de novo）」創造であったのか、それともその一部が進化の過程から生じたのかと

いう疑問に対する我々の答えを決定するおもな要素は、創世記の冒頭の章でどのような解釈学的アプローチをとるのかにかかっている。一つのアプローチによれば、その聖書箇所は人間の起源について科学的な疑問に関係するような具体的なことは何もいっていないと主張している。これは、過度に極端で不当なように見える。より合理的なアプローチは、創世記の最初の3章において、我々はどのような種類の文学的資料を扱っているのかと問うことである。

確かに、創世記1-3章では、個々のものが単にそのものとして理解されるべきではないようである。たとえば、アダムとエバが食べることが禁じられた木は単なる木ではなく、「善悪の知識の木」である。蛇は単にしゃべる蛇ではなく、それ自身邪悪な者であったようである。それゆえ、アダム（創世2:7）を形造るために用いられた「ちり」が、物理的な土の粒子以上のものであることは、おそらく可能ではないか。有機物とそれに由来する生命体が生まれる素になった無生物の素材を表すか、それともそのようなものを象徴しているのか。あるいは、有神論的進化論者が示唆しているように、それは人類になる前の生命体を表しているのか。

直面する一つの問いは、象徴が首尾一貫して用いられているかどうか、である。「ちり（dust）」という語は、創世記2:7だけでなく3:19にも登場する。

> あなたは土のちりだから、
> 　土のちりに帰るのだ。

もし2:7にあるちりを既存の被造物を表すものと理解するのなら、次の二つのうちどちらかを選ばなければならないことになる。3:19（3:14も同様）では言葉の意味が違うととるか、それとも、死に臨んで人はまず動物に逆戻りすると考えるこっけいな立場をとるか、である。人が実質的に人間以下の存在になってしまうという非常に退化する場合には、この変化は実際に死ぬより前に起きる、ということに注意すべきである。そうだとすると、3:19のちりについての言及（よりはっきりしている）によって2:7（ややはっきりしない）のちりを解釈したほうがよい。

有神論的進化論者にとって第二の問題となるのは、「それで人は生きるものとなった」（創世2:7）という表現である。「生きるもの」と訳されている語は、神が先に創造した他の被造物（1:20, 21, 24）を示すのにも用いられた表現である。ここでは、2:7の時点で神が行った特別な活動によって、アダムは生きるものとなったと示しているようである。それではアダムがすでにこの時点以前には生きていた（別の種類のものではあるが）という有神論的進化論の見解と矛盾する。このような考察に照らして、聖書のデータは、人間が神によって完全に直接創造されたという見解を支持していると我々は結論づける。

(2) 直接の人間創造と科学

しかし、科学的なデータとは何なのか。それらは漸進的創造論にどのように適合するのか。科学的なデータは直接創造を排除するのか。進化論者は長い間、人間と最高の霊長類との間の失われた環（ミッシングリンク）を探し求めてきたことに気づかされる。しかし、そのようなものと明確に識別できるものは何も見つかっていない。いや実のところ、そのようなつながりが証明されることはまずないだろう。したがって、漸進的創造論は、聖書的なデータと科学的なデータの双方にとって最良の解釈と思われる。

頻繁に提起される質問の一つは、アダムは化石記録のどこに収まるのかである。あるキリスト者の人類学者は、この質問に半分ふざけて「アダムがどのように見えたかをちゃんと教えてくれたら、教えてあげます」とよく答えていた。このことは、アダムの身体的特徴についてはほとんど詳しく

述べられていないことを示している。また、肉体的な外観は人類の主要な判断基準ではないという事実を強調している。だからこの質問に答えるためには、神学的にではなくまず人類学的に何をもって人類だと定義するのかを問わなければならない。

人類の顕著な痕跡を示唆するものには、道具作り、死者の埋葬、複雑な象徴の使用、より具体的には言語の使用がある。しかし、チンパンジーの間では、初歩的な形の道具作りが見られる。ジェームズ・マークは、死者の埋葬は未知のものに対する恐怖のみを前提とすると主張しているが、それでは今度は想像力だけを前提とすることになり、道徳的な感覚は前提とはしないことになる[4]。三番目の示唆としての言語の使用は、あまり難しい問題ではないようである。これはアダム（つまり、人類の始まり）を、クロマニヨン人が生きていた時代である約３万～４万年前に起こった文化の大爆発と関連づける。しかし、この年代にはいくつかの困難がある。特に、創世記４章にある新石器時代の要素（たとえば農業）を考えると困難である。新石器時代は約１万～８千年前に始まったので、これでは二つの世代の間に２万年の間隙があるという問題が生じてしまう。この問題に対しては、いくつかの可能な解決案が提案されてきた。しかし、これは、断定的な陳述を行うためにはデータが不十分な領域である。それは多くの追加の研究を必要とする。

4. 人間創造の神学的意味

人間の創造論について基本的内容を論じてきたので、そろそろその教理の神学的意味を確定しなければならない。いくつかの点に対して特別な注意と解釈が必要である。

1. 人間が創造されたということは、人間が独立自存の存在ではないことを意味する。神が人間を存在すべきであると意図し、そして人間を存在させ保持するために行動を起こしたのである。そうなると我々は自分たちがなぜ存在するのか、その理由を尋ねるべきである。神はなぜ我々をここに置いたのか、そしてその目的を考えに入れて我々は何をなすべきなのか。我々は神のためにのみ生きているのだから、もっているものすべて、その存在のすべては神から来ている。それゆえスチュワードシップとは、自分が持っているものの一部、いくらかの時間やお金を神にささげることではない。人生のすべては我々が用いるようにと我々にゆだねられたのだが、人生はなお神に属するのだから、人生は神に仕え、神をあがめるために用いられるべきである。

このことはまた、人間のアイデンティティを確立する助けともなる。もし我々は何者かということが、少なくとも部分的には、我々がどこから来たのかということと相関関係にあるなら、アイデンティティへの鍵は、神が我々を創造されたという事実に見いだされる。我々は単に人間の両親の子孫なのではなく、世界に働いている偶然の諸要素の結果なのでもない。人間は、ある一つの知的な存在が意識的に意図し計画した結果、存在するようになったのだから、我々のアイデンティティは、少なくとも部分的には、その神の計画を成就することにある。

2. 人間は被造物全体の一部である。神の創造した他の存在と異なってはいるが、それらとはまったく関係がないかのように鋭く区別されているわけではない。他の被造物と同じように、人間は聖書が語っている創造の六日間のうちに存在するようになったのである。その起源を創造の日々のある一日にさかのぼる人間は、創造をなさった神と結びついているよりはるかに密接に他の被造物と結ばれているのである。我々と他の被造物との間には、お互いに調和があるべきである。

---

[4] James W. Murk, "Evidence for a Late Pleistocene Creation of Man," *Journal of the American Scientific Affiliation* 17, no. 2 (June 1965): 37–49.

第4部　人間

他の被造物との親族関係は、真剣に考えると、決定的な影響を与える。エコロジー（ecology）という語は「家」を意味するギリシア語オイコス（*oikos*）に由来し、それゆえ一つの大きな家族が存在するという思想を指し示している。人間が家族の一部になすことは、他の部分にも影響を与えることになる。環境汚染が人間の生命を害し、また自然の中のある捕食（ほしょく）動物が滅びることで害虫類がその分増え広がるチャンスを得るのを見るにつれ、この真理はますます明らかになってきている。

> 我々の起源のゆえに、我々は神の他の創造物と、特に人類全体と親族関係にある。

3. しかしながら、人間は被造世界においてユニークな立場を占めている。我々には被造物であるという立場がありながらも、他の被造物とは著しく異なるユニークな要素がある。他の被造物はみな、「種類ごとに」造られたと言われている。一方人間は、神のかたちに、神に似せて造られた者として描かれている。人間は、他の被造物を治めるために彼らの上に置かれた。これはまた、人間は動物的必要をすべて満たされていても、それで満足するものではないという意味である。人間をユニークな存在として描き、多種多様な他の被造物からはっきりと区別することによって示された超越的な要素があることを、我々は心に留めておかなければならない。

4. 人類は相互に親族関係の中にある。創造の教理と、全人類は最初の一組の夫婦から出て来たという教理とは、我々は皆、互いに関係し合っていることを意味する。我々が共通の先祖をもっていることの否定的な面は、生来の状態ではすべての人が天の父に反逆する子どもであり、したがって天の父、およびお互いから引き離されている

ということである。我々はみな、放蕩息子のようである。しかし普遍的な兄弟関係という真理が、もし十分に理解されて行動に移されるなら、他の人間に対する配慮と共感を生み出すはずである。それゆえ、たとえ相手が仲間のキリスト者でなくても、喜ぶ者と一緒に喜び、泣く者と一緒に泣くのである（ローマ12:15）。

5. 人間には、はっきりとした限界もある。人間は被造物であって、有限な存在であることによる限界がある。我々の有限性は、我々の知識が常に不完全で誤りに陥りやすいことを意味する。このことは、多く蓄えた事実がどんなに強い印象を与えたとしても、我々はそれでも間違うことがあるかもしれないと認識するにつれ、我々のすべての判断にある種の謙遜が備わるであろう。有限性はまた、我々のいのちに関係している。人間は、生来的に不死ではない。だから、人間の構造からして、死に直面しなければならない（ヘブル9:27）。人間の原初の状態においてさえ、永遠に生きられる可能性は神に依存していた。神だけが本質的に永遠であり、他のものはみな死ぬのである。

有限であるからには、我々のなし遂げることすべてには、実際上の制限があることを意味する。人間は物質的な業績においてはすばらしい進歩を見せたが、その進歩は無制限ではない。現在、ある人は走り高跳びで2メートル40センチ跳べるかもしれないが、大気圏の中で人工的な推進装置の助けなしに誰もが300メートルも跳べるということにはおそらくならない。他の領域での業績は、知的な領域であれ身体的な領域であれ何の領域であれ、同様の実際上の制限がある。

6. 有限性は本来、悪ではない。人間が有限であるという事実を嘆く傾向がある。ある者たちは、これが人間の罪の原因であると実際に主張する。もし我々が制限を受けていなければ、何が正しいかを常に知り、そのとおり行っていたであろう、と。しか

し、聖書の示すところによれば、神は人間を被造物に伴う制限をもつものとして造った後、被造物を見て「非常に良い」と宣言されたのである（創世1:31）。もし我々が限界を受け入れ、それに応じて生きていくことができないなら、有限性は我々を罪へと導くであろう。しかし、我々に限界があるという単なる事実が必然的に罪を生み出すわけではない。むしろ、その限界に対する不適切な応答が、罪を構成するか、あるいは結果として罪になるのである。

ある者たちは、人間の罪深さは進化の初期の段階からもち越されたものであり、徐々に後に置いていかれつつあると思っている。知識と能力が増すにつれ、罪深さは解消されていくと。しかし、それは実証されていない。実際のところ、知的に洗練されてくると、その代わりに巧妙な手段で罪を犯す機会が人間に与えられるように思われる。たとえばコンピュータ技術の驚くべき発展は、人間の多くの基本的問題を解決し、結果としてより正しい人間を生み出す、と考える人がいるかもしれない。確かにこのような技術は利益をもたらす目的のためにしばしば使われるが、一方、人間は貪欲（どんよく）であるため、コンピュータを用いて金銭と情報の両方を盗む新しい巧妙な方法を考え出したりするようになる。それゆえ、我々の限界が減ったからといって、必ずしもより良い人間になるわけではない。また、人間の有限性はそれ自体では悪ではない。

7. にもかかわらず、人間は素晴らしい存在である。人間は被造物ではあるが、被造物の中で最高のものであり、神のかたちに造られた唯一のものである。我々は無計画に動く機械によって偶然に生み出された産物ではなく、何かよりよいものを製造する過程で投げ捨てられた副産物やスクラップでもなく、神が特別に設計なさった産物なのである。

キリスト者はときおり、神にもっと栄光を帰するためには人間の能力や業績を過小評価しなければならないと思ってきた。確かに、人間の業績は神との関係でふさわしい文脈に置かなければならない。しかし、神を神の最高の被造物との競争から守る必要はない。人間の偉大さは、神の栄光をますます現すことができる。

人間は偉大であるが、偉大であるのは、神が創造したからである。ストラディバリという名前は、そのヴァイオリンが素晴らしい優良品であることを物語っている。その製作者は名人であった。我々は楽器を賞賛しているまさにそのとき、製作者の技量をさらに賞賛しているのである。人間は、すべての存在の中で最もすばらしく最も賢いお方である神によって造られた。人間のようなすばらしい被造物を造ることのできた神は、確かに偉大な神である。

> 知れ。主こそ神。
> 主が　私たちを造られた。
> 私たちは主のもの　主の民
> 　その牧場の羊。
> 感謝しつつ　主の門に
> 賛美しつつ　その大庭に入れ。
> 主に感謝し　御名をほめたたえよ。
> 主はいつくしみ深く
> その恵みはとこしえまで
> その真実は代々に至る。
>
> 　　　　　　　　　　（詩篇100:3-5）

研究課題

- 現代の三つの人間のイメージとは何か。
- これらのイメージは、人間の本質に関する社会の視点にどのような影響を与えてきたか。
- どのような問題が、人間の起源に関する進化論的な説明を、神による直接的な人間の創造を肯定する見方から分離しているのか。
- 人間創造の意味についての七つの結論とは何か。
- それらの結論は、神の創造物としての

第4部 人間

我々自身をよりよく理解するためにどのような助けとなるか。

第18章 人間の中にある神のかたち

本章の目的

1. 人間の中にある神のかたち（image）に関係する聖書の関連箇所を挙げ、説明する。
2. 神のかたちに関する三つの異なった見解を区別し、それぞれを説明する。
3. 神のかたちに関する聖書的見解から引き出される六つの推論を挙げる。
4. 神のかたちに造られたことから生じる六つの特別な意味を明らかにする。

本章の概要

人間の中にある神のかたちは、我々を人間たらしめているものが何であるかを理解するうえで重要である。神のかたちに対する実体的、関係的、機能的見解は、完全に満足のいく説明ではない。我々は聖書的データから推論して、神のかたちに関する結論に達しなければならない。神のかたちの意味は我々を鼓舞激励（こぶげきれい）し、人類すべてをどう見るかについての基本事項を設定する。

本章のアウトライン

1. 関連する聖書箇所　184
2. かたちについての諸見解　185
   (1) 実体的見解　185
   (2) 関係的見解　186
   (3) 機能的見解　187
3. 各見解の評価　188
4. かたちの本質に関する結論　189
5. この教理が意味すること　191

「人類はどこから来たのか」という問いにどう答えるかは、人間のアイデンティティを理解するうえで重要であるが、それに対する答えだけでは、神が人間を創造されたときに何を生じさせたのか、そのすべてを知ることはできない。

人間についての聖書の記述を調べると、今日の人々は実際には異常な状態にあることがわかる。本当の人間とは、今日の人間社会で見いだされるものではなく、神の御手によって造られた、罪と堕落によって汚されていない存在なのである。真の意味において、唯一の本当の人類とは、堕落前のアダムとエバ、それからイエスだけである。他はすべて、ひねくれ、歪められ、腐敗した人類の実例である。したがって、人間であることの意味を正しく評価しようとするなら、原初の人間の状態を調べ、キリストを見ることが必要である。

鍵となるのは、神が人間をご自身のかたちに、ご自身に似せて創造された、という表現である。これが人間を他のすべての被造物から区別する。この表現は人間のみに使われているからである。この問題については多くの議論がなされてきたが、神のかたちが人間を人間にするものであるため、この概念は重要である[1]。

本章ではそれらの目立った聖書箇所を個別に調べることにする。それから「神のかたち」という表現の代表的な解釈をいくつか見る。これらのことは、聖書のいくつかの箇所を一つの構成概念にまとめることを意図している。終わりに聖書の証言にまったく忠実である理解を作り上げ、その概念の現代的意義を詳細に説明することを試みる。

1. 関連する聖書箇所

聖書のいくつかの箇所が神のかたちについて述べている。最もよく知られているのはたぶん、創世1:26-27である。

> 神は仰せられた。「さあ、人をわれわれのかたちとして、われわれの似姿に造ろう。こうして彼らが、海の魚、空の鳥、家畜、地のすべてのもの、地の上を這うすべてのものを支配するようにしよう。」神は人をご自身のかたちとして創造された。神のかたちとして人を創造し、男と女に彼らを創造された。

26節は神の意図の宣言である。ツェレム(*tselem*)とデムート(*demut*)という語を含んでおり、それぞれ「かたち(image)」と「似姿(likeness)」と訳されている。ツェレムは27節で二回繰り返されている。創世5:1には神がなさったことの要約がある。「神は、人を創造したとき、神の似姿(likeness)として人を造り」。2節で記者は「男と女に彼らを創造された。彼らが創造された日に、神は彼らを祝福して、彼らの名を『人』と呼ばれた」と付け加えている。ここで用いられている語はデムートである。創世9:6では、人間が神のかたち(image)に造られたことを根拠にして殺人が禁止されている。

> 人の血を流す者は、
> 人によって血を流される。
> 神は人を神のかたちとして
> 造ったからである。

この箇所は、人間が今でも神のかたちを帯びているとはっきりとは言っていないが、神の以前なさったことが、堕落後のこの時点ですらも何らかの関係または影響を残していることは明らかである。新約聖書の二

---

[1] Gerhard von Rad, "εἰκών," in *Theological Dictionary of the New Testament*, ed. Gerhard Kittel, trans. and ed. Geoffrey W. Bromiley (Grand Rapids: Eerdmans, 1964), 2: 390-92(抄訳はG・キッテル編、G・クヴェル他著『キッテル新約聖書神学事典』1-5巻、秋田稔他訳、教文館、1970-77年);Walther Eichrodt, *Theology of the Old Testament* (Philadelphia: Westminster, 1967), 2:122.

つの箇所が、神のかたちを人間の創造と結びつけて言及している。Ⅰコリント11:7でパウロは「男は神のかたちであり、神の栄光の現れなので、頭にかぶり物を着けるべきではありません。一方、女は男の栄光の現れです」と言う。パウロは、女が神のかたちであるとは言わず、男が神の栄光であるように女は男の栄光である、と指摘するだけである。そしてヤコブ3:9では、記者は人間が神の似姿に造られていることを根拠として、人間を呪うために舌を用いることを責める。「私たちは、舌で、主であり父である方をほめたたえ、同じ舌で、神の似姿に造られた人間を呪います」。使徒17:28にも、神のかたちという用語は使われていないとはいえ、神のかたちを示唆しているところがある。「『私たちは神の中に生き、動き、存在している』のです。あなたがたのうちのある詩人たちも、『私たちもまた、その子孫である』と言ったとおりです」。

これに加えて、新約のいくつかの箇所は、信仰者が救いの過程を通して神のかたちになることを述べている。ローマ8:29は、信仰者が御子のかたちと同じ姿にされつつあることに言及している。「神は、あらかじめ知っている人たちを、御子のかたちと同じ姿にあらかじめ定められたのです。それは、多くの兄弟たちの中で御子が長子となるためです」。Ⅱコリント3:18には「私たちはみな、覆いを取り除かれた顔に、鏡のように主の栄光を映しつつ、栄光から栄光へと、主と同じかたちに姿を変えられていきます。これはまさに、御霊なる主の働きによるのです」(エペソ4:23-24、コロサイ3:10も見よ) とある。

2. かたちについての諸見解

それでは神のかたちとは何か。明確な定義をするためには、個々の参照箇所を解釈することと、聖書におけるさまざまな間接的言及はもちろん、いくつかの明白な言明を統合することの両方が必要であろう。神のかたちの本質をどのようなものと見るかについては、おもに三つの方法がある。ある者たちは神のかたちを、物質的であれ心理学的であれ霊的であれ、人間の性質そのものの内部にあるいくつかの特徴によって構成されていると考える。この見解を、神のかたちの"実体的"見解と呼ぶことにしよう。他の者たちは、神のかたちとは、人間の中に本来的にもしくは内在的に存在するものではなく、人間と神との間の、あるいは二人以上の人間の間の関係を経験することであるとみなす。これは"関係的"見解である。最後に、神のかたちとは、人間が何であるとか、何を経験するかではなく、人間がなすことであると考える者たちもいる。これが"機能的"見解である。

神のかたちは人間を他のすべての被造物から区別する。それは我々を人間にするものである。

---

(1) 実体的見解

実体的見解は、キリスト教神学の歴史の中で代表的な見解であった。この見解にはいくつかの変種があるが、共通する要素は、神のかたちを、人間を構成するある一定の特徴または資質とみなすことである。ある者は、神のかたちを我々の物質的または肉体的な構造の一側面と考えてきた。このような見方は広く普及したことはないが、今日まで存続している。これはヘブル語ツェレム (*tselem*) の字義 (じぎ) どおりの読み方に根拠を置いているようである。その最も具体的な意味は「像 (statue)」または「形 (form)」である[2]。この読み方では、創世1:26は実際のところ「われわれと同じように見える人間を造ろう」という意味に

---

[2] Charles Ryder Smith, *The Bible Doctrine of Man* (London: Epworth, 1956), 29–30, 94–95.

なる。おそらくモルモン教徒は、神のかたちとは物質的なものであるという立場を現代最もはっきりと主張する人々である。

神のかたちについてのより一般的な実体的見解では、人間の本質の中にある、ある種の心理的あるいは霊的な資質、特に理性という点から神のかたちを取り上げている。実際、人間という種は生物学上、ホモ・サピエンス（Homo sapiens）すなわち考える存在として分類されている。

神学者たちが、理性を人間の本質の最も意義のある側面として注目することは驚くにあたらない。神学者とは教会において、自分たちの信仰を合理的に説明したり熟考したりする役目を負う者だからである。しかしながら、彼らはそうすることで、考察のために人間の本性のある一側面だけを分離し孤立させてしまっただけでなく、神の本性のただ一局面のみに注意を集中させてしまった。これは誤解を生み出しかねない。全知と知恵が神の本性の意義ある側面を構成することは確かであるが、それらは決して神性の本質そのものではない。

実質的見解では、神のかたちの本質をどのように捉えるかについてはさまざまであるが、神のかたちはどこに所在するのかという特定の一点においてはみな一致している。すなわち神のかたちとは、内在する資質または能力として、人間の内部に置かれているのである。

(2) 関係的見解

現代の神学者の多くは、神のかたちを人間の本質の中にあるものとは考えていない。実のところ、人間とは何かとか、人間はどのような性質をもっているのか、といったことは通常問わない。むしろ神のかたちを関係を経験することだとみなしている。人間は、特定の関係にあるときに神のかたちの中にいる、または神のかたちを現しているといえるのであり、まさにそれこそが神のかたちなのであると。

20世紀において、新正統主義の神学は、神のかたちをよりダイナミックな仕方で理解する方向に焦点をかなりシフトさせた。カール・バルトとエミール・ブルンナーの間にはいくつかの点で不一致があり、時には断固として譲らなかった。しかし、それでも二人はいくつかの基本的信条を共有するようになった。

1. 神のかたちと人間の本質は、人間の性質自体の研究ではなく、イエスの人格を研究することによって最もよく理解される。
2. このかたちについての理解は神の啓示から得る。
3. 神のかたちは、人間の中にある構成要素としての資質という点から理解されるべきではない。それは人間が何であるかとか、何を所有しているかということではない。つまり、神のかたちにおいては、神に対して人間がどのような関係にあるかが問題となる。それは人間が経験する何かである。それゆえ、静的ではなくダイナミックなものである。
4. 神に対する人間の関係は、神のかたちを構成するものであるが、人間同士の関係と並行している。バルトは男女の関係（the male-female relationship）のほうを重んじ、ブルンナーは人間関係のより大きな輪、すなわち社会を強調する傾向がある。
5. 神のかたちは普遍的であり、あらゆる時代と場所のすべての人間の中に見いだされる。それゆえ罪深い人間の中にも存在する。肯定的なものであれ否定的なものであれ、そこには常に関係が存在する。
6. そのような関係をもつための能力を形成するうえで、何が人間の性質の中にあるのかについて結論を引き出すことはできない。また、そうする必要もない。ブルンナーとバルトは、人間の中に神のかたちが存在するために、構造的なかたちで何かが必要であるかどう

か、とは決して問わない。

したがって、ブルンナーとバルトにとって、神のかたちとは我々が所有する実体ではなく、関係が活発であるときに経験するものである。

近年、ポストモダニズムが影響力をもった結果、人間と神との関係よりも、社会的次元、つまり人間と人間との関わりのほうがさらに強調されるようになった。ポストモダニズムでは、実在する本質や独立して存在する真理と同様に、個の存在が溶解する傾向がある。それ以上に、ポストモダニズムが共同体を強調するのは、人間は社会関係にあるときだけ完全に人間であることを意味している。したがって、ポストモダン的なキリスト教の観点から見ると、終末論的な次元においても現在進行中の現実の中においても、神のかたちであるのは、個人ではなく集合した人間なのである[3]。

(3) 機能的見解

かたちについての第三の見解は、長い歴史をもっており、最近人気を増してきている。それは、神のかたちとは人間の性質の中にあるものではなく、神との関係や人間同士の関係を経験することでもなく、人間が行うことの中にあるという考え方である。それは人間が果たす機能であり、被造世界に対する統治支配権の行使であるといわれることが最も多い。

創世1:26の「さあ、人をわれわれのかたちとして、われわれの似姿に造ろう」のすぐあとに、「こうして彼らが、海の魚……を支配するようにしよう」が続く。これら二つの概念の密接な結びつきは、神が創造の意図を明らかにされたこの節だけでなく、27-28節にも見られる。そこでは事実神が、神のかたちに人間を創造し、彼らに統治支配を命じられたとある[4]。ある者はこれら二つの概念の並置を偶然以上のものとみなす。統治支配権の行使が神のかたちの内容であると考えるのである。

人間の中にある神のかたちと人間による統治支配権の行使との密接な結びつきに触れている第二の聖句は、詩篇8:5-6である。

> あなたは　人を御使いより
> わずかに欠けがあるものとし
> これに栄光と誉れの冠を
> かぶらせてくださいました。
> あなたの御手のわざを人に治めさせ
> 万物を彼の足の下に置かれました。

「注解者たちは概して、詩篇8篇が主として創世記1章に依拠していると確信している[5]」。その証拠の一つは、詩篇8:7-8にある野の獣、空の鳥、海の魚という被造物の目録である[6]。それゆえ、5節は人間が神のかたちに創造されたという創世1章の宣言と同等である、という結論が引き出される。

神のかたちは人間の統治支配権の行使であるとするもう一つの広い解釈は、レナード・ヴァーデュインの著書『神よりいくらか劣る』に見られる。「ここでも統治支配権を所有するという思想が中心的特徴として目立っている。人間が統治支配権をもつために造られた被造物であることと、そのようなものとして人間は創造者のかたちを有していること、これが『起源の書』である創世記の中にある創造の記事の要点である。これがこの出来事の記者が示したかった中心点なのである[7]」。

統治支配権の行使が神のかたちの本質そ

---

[3] Stanley J. Grenz, "The Social God and the Relational Self: Toward a Theology of the *Imago Dei* in the Postmodern Context," in *Personal Identity in Theological Perspective*, ed. Richard Lints, Michael S. Horton, and Mark R. Talbot (Grand Rapids: Eerdmans, 2006), 92.

[4] Leonard Verduin, *Somewhat Less Than God: The Biblical View of Man* (Grand Rapids: Eerdmans, 1970), 27.

[5] Norman Snaith, "The Image of God," *Expository Times* 86, no. 1 (October 1974): 24.

[6] Ibid.

[7] Verduin, *Somewhat Less Than God*, 27.

のものであるという視点は、改革派の中でときどき「文化命令」と呼ばれるものを大いに強調するもとになっている。イエスが使徒たちを世界に派遣して、すべての人を弟子にする権限を委ねたように、神はご自身の最高の被造物である人間を被造世界へ送り、その世界を支配する権限を委ねた。この委託では、人間が自らの能力を十分に用いて全被造物について学ぶべきことが示唆されている。なぜなら、人間が被造世界を理解するならば、世界の行動を予想し、コントロールできるようになるからである。これらの活動はしてもしなくてもいいようなものではなく、神の最高の被造物に伴う責任の一部である。

3. 各見解の評価

　ここで神のかたちに関する三つの主な見解を評価する必要がある。あまり伝統的ではない関係的見解と機能的見解から始めることにしよう。

　関係的見解は、すべての被造物の中で人間のみが神を知り、意識的に神との関係をもつという真理を正しくとらえている。エデンの園におけるアダムとエバの描写は、神と彼らが習慣的に交わりをもっていたことを示唆している。旧約聖書の律法（出エジプト20章の十戒）においても、二つの偉大な戒めについてのイエスの宣言（マタイ22:36-40、マルコ12:28-31、ルカ10:26-27）においても、人間に対する神のみこころの真意が神と他者とに対する関係と関わっていることには意義がある。

　しかしながら、神のかたちを全面的に関係的な事柄とする見解にはある種の問題がある。その一つは、かたちの普遍性である。神に対してまったく無関心で生きている、あるいは敵意をもって反抗さえして生きている者たちさえもが神のかたちである（あるいは神のかたちを有している）などと、どのような意味においていえるのか。もう一つの問題は、他の被造物にはもつことのできないこの関係を人間がもてるようにするものは何か、と問うときに表面化する。もしも関係が生じるというなら、前もって必要ないくつかの要素があるはずである。

　我々は、バルトとブルンナーは、実存主義から生まれ、彼らが心から支持している反実体論的諸前提により本筋からそれてしまったと結論しなければならない。これは、人間の独自性が実質的なものではなく、外形的なものでなければならないという見解につながっていく。ところが、関係をもつことができる存在としての人間の外形的構造の正確な根拠は、決して明確には述べられていない。

　機能的見解に目を向けると、ここでも、聖書が描く神のかたちの主要な諸要素の一つを洞察力をもってとらえている。すなわち、人間創造という神の行為のすぐ後に、支配せよとの命令が続く。少なくとも、神のかたちと統治支配権の行使との間には非常に密接な関係があることは確かである。また、創世1章と詩篇8篇の間に（すなわち、人間が統治支配権をもつべき領域の描写に）並行関係があることも確かである。とはいっても、この見解にも問題がある。

　一つの問題は、詩篇8篇と創世1章の結びつきに関わる。「かたち」と「似姿」は詩篇8篇には出てこない。創世1章にはかたちについての具体的な言及が確かに見られるが、もし詩篇8篇が創世1章に依拠しているのなら、もちろん、これは沈黙からの議論ということになるのだが、もしこの詩篇の7-8節に述べられている被造物への支配権の行使がまさしく神のかたちを構成するのなら、この箇所にもかたちについて何か具体的な言及があると、期待してよいのではないか。

　さらに、創世1章には神のかたちと統治支配権の行使とを明白に同一視する箇所はない。反対に、両者が区別できることを示唆している箇所がいくつかある。神はご自身のかたちに人間を創造する、と言われて

いる。それから神は支配せよとの命令を与えているのだと。言い換えると、人間は、統治支配権の行使を命じられる前に、神のかたちを有する存在であると語られているのである。26節における二つの勧告的表現の使用「さあ、人をわれわれのかたちとして、われわれの似姿に造ろう」と「彼らが……支配するように」は、二つの概念を区別しているように思われる。ワルター・アイヒロットは、人間が創造されるとき祝福が与えられるが、被造物に対して統治支配権を行使できるようになる前に第二の祝福が必要であることを指摘している[8]。そうすると、機能的見解は、かたちの結果を取り上げて、それをかたち自体と同一視してしまったのかもしれない。

今度は実体的または構造的見解を注意深く見なければならない。人間の中にあるどの資質が神のかたちであるのかを、聖書本文自体が決して明らかにしていないことは意義深い。そのような資質をはっきりさせようという誤った試みをしたために、多くの構造的見解の提唱者が実際は非聖書的な概念（たとえば古代ギリシアの理性概念）を提案しているという批判は、正当なものである[9]。さらにまた、構造的見解はしばしば、人間の本質の一側面に、特に知的次元へと視野を狭めてしまう。その次に、この神のかたちは人間それぞれによって異なるとほのめかす。人が知的であればあるほど、神のかたちもより大きな範囲に表れるというのである。それから、アダムとエバが罪に陥ったときに、いったい何が起きたのかを決定するという問題が加わる。堕落が知性一般または理性一般に影響を与えたことはないように思われる。その上、信仰をもたない人たちの中には、高度にきよめられたキリスト者たちよりもはるかに知的で洞察力のある人々がいる、ということである。

---

8 Eichrodt, *Theology of the Old Testament*, 2: 127.

9 David Cairns, *The Image of God in Man* (New York: Philosophical Library, 1953), 57.

4. かたちの本質に関する結論

広く提唱されている諸見解のそれぞれが問題点をもっていることに注目した今、神のかたちとは何であるかについて、いくつかの結論を出すことを試みなければならない。解釈に幅広い多様性が存在することは、聖書にこの問題を解決する直接的な言明がないことを示唆している。それゆえ我々の結論は、この主題に関して聖書がわずかしかふれていないところから引き出された、合理的な推論であるべきである。

1. 神のかたちは、人類のうちにあって普遍的なものである。人類の単なる一部分ではなく、最初のそして普遍的な人間であるアダムが、神のかたちに造られたことに注目したい。

2. 神のかたちは、罪の結果としては、具体的にいうなら堕落の結果としては、失われていない。これが本当だとすれば、神のかたちは人間の本質にとって付随的なものや外的なものではない。それは人間性と不可分に結びついている。

3. 神のかたちが、ある人には他の人よりも優れた程度で備わっている、ということを示すものはない。高い知能など生まれつきの優れた資質は、神のかたちの存在やその程度を示す証拠とならない。

4. 神のかたちは、移ろいやすいものといっさい関連していない。たとえば、神のかたちは人間関係の発展と関連していると直接示す言明はないし、神のかたちは支配権の行使にかかっているという言明もない。創世1章の言明は、神がご自身のかたちに人間を創造しようと決意し、そのようにされた、と述べているだけである。これは人間のどんな活動よりも時間的に先であると思われる。

5. 上記の考察に照らして、神のかたちは、第一義的には実体的あるいは構造的なものと考えるべきである。このかたちは、人間

のまさに本質の中にあるもの、人間が造られた方法の中にある何かである。それは人間が"もっている"(has) または"する"(does) ことより、むしろ人間"である"(is) ことに関連している。これとは対照的に、関係的および機能的見解は、実は神のかたち自体よりも神のかたちの結果または適用に焦点を当てる。関係を経験することと支配権を行使することとは神のかたちに密接に結びついているとはいえ、それ自体は神のかたちではない[10]。それでも、そのかたちが静的ではなく、活動的であるときに、その人が神のかたちを最も完全に担っているのだという事実は考慮しなければならない。

> 神のかたちは人格 (personality) に伴う諸々の力が含まれていて、それが人間を神のように、他の人々と相互関係をもったり、考えたり反省したり、自由に主体的に行動したりできるようにする。

6. 神のかたちは、人間を構成する要素の中で、人間としての宿命を成し遂げる諸要素と関わっている。このかたちは人格 (personality) に伴う諸々の力が含まれていて、それが人間を神のように、他の人々と相互関係をもったり、考えたり反省したり、自由に主体的に行動したりできるようにする。

神の創造のみわざには明確な目的があった。人間は神を知り、愛し、従い、そしてカインとアベルの物語が示唆しているように、他の人間と調和して生きるはずであった。人間が地上に置かれたのは確かに、他

の被造物を統治し、支配権を行使するためである。しかし、これらの関係とこの機能は、何か別のものを前提としている。人間が最も人間らしくなるのは、これらの関係の中で活動し、この機能を果たす中で、自らの究極の目的、人間に対する神の目的を実現するときである。ところが、これらは神のかたちの結果または適用である。かたち自体は、これらの関係や機能が起きるために求められる諸資質の組み合わせである。

神のかたちはどんな要素から成るのかという問題以上に、なぜ人間は神のかたちに創造されたのかを尋ねなければならない。人間の人生における神の意図は何か。ここで神のかたちについての他の諸見解が、我々にとって特別な助けとなる。それらは神のかたちの結果や現れに集中して取り組んでいる。イエスの人格と行動は、このことに関して特別な導き手となる。イエスは本来意図された人間の本質がどのようなものであるかの、完璧な実例である。

1. イエスは父なる神と完全な交わりをもった。地上にいる間、御父と交わりをもち、しばしば御父に語りかけた。御父とイエスの交わりは、ヨハネ17章の大祭司の祈りに最もはっきりと見られる。イエスはご自身と御父がどのように一つであるかを語った (21-22節)。彼は今まで御父の栄光を現したし、これからも御父の栄光を現す (1、4節)。そして御父は今まで彼の栄光を現してきたが、これからも彼の栄光を現す (1、5、22、24節)。

2. イエスは御父の意志に完全に従った。ゲツセマネの園でイエスは「父よ、みこころなら、この杯をわたしから取り去ってください。しかし、わたしの願いではなく、みこころがなりますように」(ルカ22:42) と祈った。まさに公生涯を通じて、彼の意志は御父に従属していた (ヨハネ4:34、5:30、6:38)。

3. イエスは、常に人間に対する強い愛を示した。たとえば、イスラエルの失われた羊への配慮 (マタイ9:36、10:6)、病人

---

[10] チャールズ・シャーロック (Charles Sherlock) は、聖書が教えるのはそのかたちとは何"であるか"よりも何"を含むか"であると主張する。「こうして、神のかたちは我々がそれを実践する際にのみ見ることができる」(The Doctrine of Humanity [Downers Grove, IL: InterVarsity, 1996], 41)。

第18章　人間の中にある神のかたち

（マルコ1:41）と悲しむ者（ルカ7:13）への思いやり、失敗した者たち（たとえばペテロ）に対する忍耐と赦しに注目しよう。

神の意図は、以上と似たような感じの交わりと従順と愛が、人間の側からの神に対する関わり方を特徴づけることであり、また人間が愛のうちに互いに結びつけられることである。これらの特徴を現すときにのみ、我々は真の意味で人間なのである。

5. この教理が意味すること

人間が神のかたちに造られていることには、以下のような意味がある。

1. 我々は神に属するものである。「神のかたち」という表現は出てこないが、マルコ12:13-17を十分に理解するために、この表現は重要である[11]。そこで問題になっていたのは、カエサルに税金を納めるべきか否かであった。銀貨が一枚持ってこられると、イエスは誰の肖像がそこにあるかと尋ねた。パリサイ人とヘロデ党の者は、「カエサルのです」と正しく答えた。するとイエスは、「カエサルのものはカエサルに、神のものは神に返しなさい」と言われた。「神のもの」とは何であろうか。おそらく、何であれ、神のかたち（image）を帯びたものである。そうなるとイエスはこう言っておられるのである。「あなたがたのお金をカエサルに返しなさい。そこにはカエサルの肖像があり、それゆえカエサルに属するものであるから。しかし、あなたがた自身は神に返しなさい。あなたがたは神のかたちを帯びているので、神に属するものであるから」。神への献身、信仰、愛、忠誠、奉仕、これらはすべて、神のかたちを帯びている者たちにふさわしい応答なのである。

2. 神のかたちの完全な現れであるイエスを、我々の模範とすべきである。イエスは神の全きかたちであり、人間性が一度も罪に汚されなかった唯一のお方である（ヘブル4:15）。

3. 神とふさわしい関係にあるときにのみ、我々は全き人間性を経験する。どんなに教養があり品が良くても、神に贖われた弟子でないかぎり、人間として十分ではない。それゆえ、我々の神学にはヒューマニズムの入る余地がある。すなわち、他の者を神とのふさわしい関係に導き入れることに心を配るキリスト教的、聖書的ヒューマニズムである。新約聖書は、破損したかたちを神が回復し、おそらくそれをもとにして、さらなることをなさることを明らかにしている（Ⅱコリント3:18）。

4. 学習と労働は善なるものである。統治支配権の行使は神のかたちの結果である。人間は、自分自身の人格と潜在能力とを治めるのと同様に、被造世界を理解し支配すべきである。統治支配権の行使が人間に対する神の元来の意図の一部であったことに注目しよう。それは堕落に先行したのである。それゆえ、労働は呪いではなく、神の良き計画の一部分である。

5. 人間には価値がある。人間のいのちは神聖であるということは、神による物事の秩序の中で非常に大切な原則である。堕落後であっても殺人は禁止された。罪人になってしまっても、人間は神のかたちに創造されている（創世9:6）ということが、その理由であった。

6. 神のかたちは人類に普遍的なものである。そのかたちが与えられたのはアダム、つまり人類にである。アダムを最初の人間とみなすとしても、代表的もしくは象徴的存在として見なすとしても、「アダム」は全人類であり、「エバ」はすべて生きているものの母であった（創世3:20）。創世1:27と5:1-2の両方が、神のかたちを男女両性が帯びていたことを明らかにしている。

神のかたちが普遍的であるとは、人間であることには尊厳があることを意味する。神が本来人間に意図しておられたものが歪曲されてしまった姿であるとはいえ、誰に

---

[11] Dorothy Sayers, *The Man Born to Be King* (New York: Harper, 1943), 225; Cairns, *Image of God*, 30.

もある種の美しさがある。

　神のかたちが普遍的であることはまた、すべての人が霊的な事柄に敏感な接触点をもっていることを意味する。これらの点は奥深く隠されていてどこにあるか指摘するのが困難な場合もあるだろうが、誰でも神と交わりをもつ可能性をもっており、その交わりが実現するまでは、人として不完全なのである。

　すべての人が神のかたちのうちにあるのだから、他人の正当な統治支配権の行使を侵害するべきではない。自由を乱用したために自由を剥奪された人間（これには殺人者、泥棒なども含まれる）以外から、この権利を取り上げてはならない。これが、奴隷制度が不当であることを意味しているのは明らかに明白である。しかしそれ以上に、誰かの自由を不法な手段や巧妙な操作や脅迫で奪うことがあってはならないことを意味する。すべての人が統治支配権を行使する権利をもっているのであり、その権利を失うのは、他の人が統治支配権を行使する権利を自分が侵害しようとするときのみである。

　もう一つの影響力の大きい、特に倫理学にとって影響力の大きい問題は、生まれていない子どもの立場、具体的には母親の胎内にまだいる胎児の立場である。胎児は、人間とみなされるべきなのか、それとも単に母親の体内にある組織の塊とみなされるべきなのであろうか。もし前者であるなら、人工妊娠中絶とは人間のいのちを奪うことであり、道徳上深刻な結果をもたらす。もし後者であるなら、人工中絶は、嚢腫（のうしゅ）や腫瘍のような好ましくない細胞の増殖を取り除く外科手術にすぎない。

　確かに、今まで検証してきた聖書箇所には、神の目から見て胎児が人間であると決定的に示すものはない。にもかかわらず、全体的に見ると、その結論はもっともなものと解釈できるだけの証拠を提供している（たとえば詩篇139:13-15、ルカ1:41-44、ヘブル7:9-10）。また、人間のいのちを滅ぼす可能性のある重要な問題を取り扱うときは、保守的な方針に従う慎重さが要求される。ドライブをしていて、道にぼろきれのかたまりか子どもかもしれないものが横たわっているのを見たなら、それはきっと人間であると思う。そして良心的なキリスト者は胎児を人間として扱う。なぜなら神が胎児を、人間が創造された目的を持つ、すなわち神との交わりをもつ能力（少なくともその可能性）を備えた人間とみなしておられる可能性が非常に高いからである。

　すべての人間は、神ご自身のかたちに造られた神の被造物である。神は我々一人一人にご自身を礼拝し、ご自身に仕えることを可能にする人格に伴う諸力を授けた。これらの諸力をその本来の目的に用いるとき、我々は神が意図されていたものと完全に一致し、そして最も完全に人間となる。

研究課題

● 神のかたちを理解することに関連する聖書箇所から、どのようなことが観察できるか。

● 神のかたちについての実体的、関係的、機能的見解は、どのように異なっているか。それぞれの見解にはどのような問題があるか。

● 神のかたちに関係する聖書資料からどのような推論が引き出されるか。

● 聖書資料から、神のかたちの性質についてどのような結論を引き出すことができるか。そしてこれらの結論は、真の人間性をより良く理解するために、どのような助けを与えるか。

● この教理に含まれるさまざまな示唆の中で、どれがあなたにとって最も意義深いか。またそれはなぜか。

第19章 人間の構成の性質

本章の目的

1. 人間の構成に関する基本的見解を三分説、二分説、一元論として列挙し、再表現する。
2. 人間の構成に関する三つの基本的見解のそれぞれと聖書に基づく考察の間の関連を示す。
3. 条件つき統一体に基づく代替モデルを比較対照する。
4. 条件つき統一体において含まれている意味を把握し、応用する。

本章の概要

人間の構成に関しては三分説、二分説、一元論の三つの伝統的な見解がある。聖書からもたらされる考察を注意深く検討すると、三つの伝統的見解を採用することは困難と判断される。これらの代替モデルとして、人間の条件つき統一体を提示する。これには、五つの意味が含まれている。

本章のアウトライン

1. 人間の構成に関する基本的見解 194
   (1) 三分説 194
   (2) 二分説 194
   (3) 一元論 195

2. 聖書的考察 196

3. もう一つの選択肢となるモデル
   ——条件つき統一体 197

4. 条件つき統一体が意味すること 198

第4部 人間

人間とは何かと問うとき、我々はいくつかの異なった問いを発している。一つは、すでに見たように、起源に関する問いである。それはまた、我々を人間の究極の運命の問題に導くかもしれない。そこから人間の究極的な運命に関する問いへと至るかもしれない。人間とは何かという問いによって提起されるもう一つの問題は、人間はどのように構成されているのかという問いである。人間は統一的全体なのか、それとも二つ以上の要素から構成されているのか。そして、複数の要素から構成されているとしたら、それらはどのような構成なのか。

1. 人間の構成に関する基本的見解

(1) 三分説

保守的なプロテスタントの間に広まっている一つの見解は、「三分説」と名づけられている。それによると、人間は三つの要素で構成されている。第一の要素は物質的なからだ(body)で、人間が動物や植物と共通してもつものである。人間のほうがより複雑な肉体的構造をもっているという点で、程度の違いはある。人間の第二の部分は魂(soul)である。これは理性、感情、社会的な相互関係などの基礎となる心理学的な要素である。動物は初歩的な魂をもっていると考えられている。魂を所有することが、人間と動物を植物から区別している。人間を動物と真に区別するものは、より複雑で高度な魂ではなく、第三の要素、すなわち霊(spirit)である。この宗教的要素によって人間は霊的な事柄を認識することができ、霊的な刺激に応答することができる。人格的特徴が魂のうちに住んでいるのに対して、霊は個人の霊的な資質の座である[1]。

三分説の主要な根拠とされているものは、人間の本質の三つの構成要素を列挙し、また魂と霊とを区別する聖書の特定の箇所である。基本となるテキストはⅠテサロニケ5:23である。「平和の神ご自身が、あなたがたを完全に聖なるものとしてくださいますように。あなたがたの霊、たましい、からだのすべてが、私たちの主イエス・キリストの来臨のときに、責められるところのないものとして保たれていますように」(ヘブル4:12も見よ)。そのほかに、Ⅰコリント2:14-3:4において三重の区別が示唆されているように思われる。ここでパウロは人間を、「肉に属する」(of the flesh、サルキコス〔sarkikos〕)人、「生まれながらの」(プシュキコス〔psuchikos〕——字義どおりには「魂の」of the soul)人、「御霊に属する」(spritual、プニューマティコス〔pneumatikos〕)人に分類している。これらの用語は、もし人間の異なった構成要素に言及しているのでないとすると、異なった機能あるいは傾向に言及しているように思われる。

三分説は、アレクサンドリアのクレメンスやオリゲネス、ニュッサのグレゴリオスのようなキリスト教会の初期のアレクサンドリア教父の間で人気を博した。三分説を用いてアポリナリオスが独自のキリスト論を構築し、教会から異端と断定された後では、三分説はかなりの不評を買うこととなった。東方教父のうちのある者たちでは保持され続けたものの、19世紀に英国とドイツの神学者たちによって復興するまで、一般にその評判は衰えたままだった[2]。

(2) 二分説

キリスト教思想史のほとんどを通じて、おそらく最も広く支持されているのは、人間は二つの要素、すなわち物質的な面(からだ)と非物質的な面(魂または霊)から構成されるという見解である。二分説は、

---

[1] Franz Delitzsch, *A System of Biblical Psychology* (Grand Rapids: Baker, 1966), 116–17.

[2] Louis Berkhof, *Systematic Theology* (Grand Rapids: Eerdmans, 1953), 191–92.

キリスト教思想の最も早い時代から一般に支持されてきた。特に、381年のコンスタンティノポリス会議以降、人気が増し、実質的に教会の普遍的信条となった。

最近の形態の二分説の主張するところによれば、旧約聖書では人間の本質を統一的なものと見る見解をとっている。ところが新約聖書になると、この統一的な見方は、人間はからだと魂から構成されているという二元論に置き換えられている、という。からだは人間の物質的な部分、死ぬ部分である。他方、魂は人間の非物質的な部分、死なずに生き延びる部分である。この不死の性質が、人間を他の被造物から分けている[3]。

二分説に賛成する議論の多くは、本質的には三分説的概念に対する反論である。二分説を唱える者は、三分説に次のような根拠から反対する。Ⅰテサロニケ5:23のような箇所で分けて言及されているものが、それぞれ別の実体を表すという原則にもし従うなら、他のテキストで困難を生じることになる。たとえば、ルカ10:27（NIV 訳注）に「心を尽くし、たましいを尽くし、力を尽くし、知性を尽くして、あなたの神である主を愛せよ」とある。ここでは三つではなく四つの実体が挙げられており、この四つはⅠテサロニケ5:23の三つとほとんど対応しない。同じなのはそのうちの一つ、つまり魂だけである。さらに、動物の創造には「魂」だけでなく「霊」も使用されている。例を挙げると、伝道者3:21は動物の霊にふれている。「魂」と「霊」の用語が交換可能なものとして使われていると思われる場合がしばしばある。たとえば、ルカ1:46-47に注目しよう。この箇所は多分並行法の一例である。

  私のたましいは主をあがめ、
  私の霊は
   私の救い主である神をたたえます。

ここでは「たましい」と「霊」の二つは実質上同義語と思われる。ほかにも数々の例が挙げられる。人間の根本的な構成要素は、マタイ6:25と10:28では、からだと魂だといわれているが、伝道者12:7とⅠコリント5:3、5では、からだと霊である。死は、魂を明け渡すこと（創世35:18、Ⅰ列王17:21〔KJV 訳注〕、使徒15:26）、および霊を明け渡すこと（詩篇31:5、ルカ23:46）として描かれている。ときに「魂」という語は、自己または自分のいのちの同義語として用いられる。「人は、たとえ全世界を手に入れても、自分の魂を失ったら何の益があるでしょうか」（マタイ16:26〔NIV 訳注〕）。霊が悩まされること（創世41:8〔KJV 訳注〕、ヨハネ13:21）と魂が悩まされること（詩篇42:6、ヨハネ12:27〔KJV 訳注〕）に言及した箇所もある。

自由主義神学では、魂とからだとを事実上二つの異なる実体として、かなり明確に区別した。そのうちのある人たち、特にハリー・エマーソン・フォスディックは、身体が復活するという伝統的な教義を魂の不死性に置き換えてしまった。保守主義者は、これほどまでの二元論的見解はとっていない。魂が死後も存続でき、肉体から分離した状態で生き続けると信じる一方で、未来の復活を待ち望んでもいる。それはからだの復活対魂の生存という問題ではない[4]。そうではなく、むしろ、その両者ともが人間の将来における別々の段階としてあるのである。

(3) 一元論

三分説と二分説との間の一致点は、相違点よりも多い。両者とも、人間が分離できる部分からできた複雑もしくは複合的なものであることに同意している。対照的に、一元論は、人間はいかなる意味においても、部分あるいは分離した実体から構成されて

---

[3] Ibid., 192–95.

[4] Augustus H. Strong, *Systematic Theology* (Westwood, NJ: Revell, 1907), 998–1003, 1015–23.

いると考えてはならず、むしろ、徹底した統一体として考えられるべきであると主張する。一元論の理解によると、聖書は、人間をからだと魂と霊とみなすのではなく、単に自身そのものと見ている。人間の各部分を区別するためにときおり使われる用語は、実際には、基本的に同義語ととるべきである。

一元論によると、人間であるとは、存在することまたはからだをもつことである。からだから離れて人間が存在できるなどと考えることはできない。したがって、肉体のない状態で死後の存在があるという可能性はない。からだの復活から離れた未来の生の可能性がないばかりか、死と復活の間のいかなるたぐいの中間状態も同様に不可能となる。

一元論は、部分的には自由主義における魂の不死という考え方への対抗として起こったものであり、新正統主義と聖書神学運動において広く注目された。彼らのアプローチは主として語彙研究を通してのものであった。一つの顕著な例は、ジョン・A・T・ロビンソンのパウロ神学の研究書、『からだの神学』である[5]。この著作は、人間と人間の本質に関する旧約聖書の用語に関するH・ホイーラー・ロビンソンの議論に依拠している。「からだと魂」という表現は、この二つの間の相違点を指摘するもの、または人間を構成要素に区分するものとして理解するべきではない。むしろ、人間の人格を余すところなく描写しているものと考えるべきである。旧約聖書の概念では、人間は精神的・物質的統一体、魂によって生命を吹き込まれた肉である。現在では古典的な文章となっているH・ホイーラー・ロビンソンの一節にあるように、「人格に関するヘブル的概念は、生命を吹き込まれたからだであって、受肉した魂ではない[6]」。

人間をこのように統一したものと見ていたので、ヘブル語ではからだを表す明白な用語はない。「からだが人であるかぎり、そのような用語は決して必要なかった[7]」。

近代の一元論的議論を要約すると、次のとおりである。聖書から得られる情報では、人間は統一的な存在として描かれている。ヘブル人は、人間の人格を内部で区分して考えようとは思いもしなかった。からだと魂とは対立し合う用語ではなく、交換可能な同義語である。

2. 聖書的考察

我々は今や聖書の情報全体に照らして、一元論を評価しなければならない。人間の構成に関する絶対的な一元的な見方は重要なデータのいくつかを見逃しているか、あいまいにしているように思われる。

すなわち、ある聖書箇所は、死と復活との間の中間状態、つまり個人が意識のある人格的存在として生き続けている状態があることを指しているように見える。これらの箇所の一つは、十字架上の強盗に対するイエスの次の言葉である。「まことに、あなたに言います。あなたは今日、わたしとともにパラダイスにいます」（ルカ23:43）。もう一つは金持ちとラザロのたとえ話である（ルカ16:19-31）。ある者たちはこれをたとえ話ではなく、実際にあった出来事の記録と考えてきた。物語の中で登場人物の一人の名が挙げられているという点で、たとえ話の中でも例のないものである。金持ちも貧しい人も死んだとある。金持ちはハデスへ行って炎の中で苦しみ、貧しい人ラザロはアブラハムのふところに連れていかれた。両者とも意識のある状態であった。中間状態を指し示している第三の考察すべき箇所は、肉体を離れて主のみもとにいる

---

5 John A. T. Robinson, *The Body* (London: SCM, 1952)（J・A・T・ロビンソン『〈からだ〉の神学』山形孝夫訳、日本基督教団出版局、1964年）。

6 H. Wheeler Robinson, "Hebrew Psychology," in *The People and the Book*, ed. Arthur S. Peake (Oxford: Clarendon, 1925), 362.

7 Ibid., 366.

第19章 人間の構成の性質

ことについて述べるパウロの言及（Ⅱコリント5:8）である。使徒は、この裸の状態の恐ろしさを言い表し（3-4節）、むしろその上に着せられることを願っている（4節）。最後に、聖書にはからだと魂との区別を忘れ去るのが困難な箇所がいくつかある。際だった例は、マタイ10:28のイエスの言葉である。「からだを殺しても、たましいを殺せない者たちを恐れてはいけません。むしろ、たましいもからだもゲヘナで滅ぼすことができる方を恐れなさい」。

以上の考察から、人間の本質に関する聖書の教えは、人間の構成の中で、ある種の複合的な性格、あるいは少なくともある種の可分性の可能性を排除するものではないと思われる。

3. もう一つの選択肢となるモデル ― 条件つき統一体

今我々は、いくつかの結論を集めて有効なモデルを形成することを試みなければならない[8]。旧約聖書において人間が統一体とみなされていることは、すでに注目した。新約聖書には、からだと魂に関わる用語が出てくるが、そうした用語を、からだと魂とが合体した存在、あるいはからだと魂とが分離した存在というように、概念を正確に相互に関係させることはできない。からだと魂は、ときおり対照されるが（マタイ10:28のイエスの言葉のように）、いつもそのようにはっきり区別されているわけではない。さらにまた、聖書の中の人間の描写は、多くの場合、人間を統一的な存在とみなしているようである。からだから独立して、あるいは分離して霊的性質が語られることはめったにない。

しかしながら、このように述べたあと、引用した聖書箇所も思い出さなければならない。それらの箇所は、物質的存在から分離した人間の非物質的な面を指し示している。死と復活との間に、意識をもつ人格的な存在を含む中間状態があることが聖書には示されている。この中間状態の概念は、復活の教理と矛盾しない。中間（すなわち、非物質的あるいは肉体から分離した）状態は、明らかに不十分なあるいは異常な状態であるからである（Ⅱコリント5:2-4）。来るべき復活のときには（Ⅰコリント15章）、人は新しい、もしくは完全なからだを受けるのである。

聖書の情報は、「条件つき統一体」と呼ぶ以下の見解にもっとも良い形ですべて盛り込むことができる。この見解によると、人間の通常の状態とは物質化された統一体的存在である。聖書において、からだが本質的に邪悪なものであるかのように、からだから逃避せよと勧めていないことは重要である。しかし、この一元論的な状況は壊れうるし、死において壊れる。その結果、人間の非物質的な側面は、物質的面が分解してもなお生き続ける。ただし復活において、物質的または肉体を伴った状況へ回帰する。そのとき人は、古いからだといくつかの点で継続性をもち、しかも新しい、または再構成された、または霊的なからだを着るのである。とすれば、聖書の証言のさまざまなデータを正しく取り扱う術は、霊魂の不死か、肉体の復活かの"二者択一"ではない。教会の正統的な伝統と一致するのは、"両者保持"なのである。

---

[8] クーパー（Cooper）が「ホリスティック二元論 (holistic dualism)」と呼んでいることを支持する聖書的、哲学的、科学的考察を組み合わせた最も完全な最近の研究は、John W. Cooper, *Body, Soul, and Life Everlasting: Biblical Anthropology and the Monism-Dualism Debate* (Grand Rapids: Eerdmans, 2000). J. P. Moreland と Scott B. Rae は、ここで説明したような二元論の事例を調べ、「形而上学と道徳は密接に関連しており、身体と魂の二元論的見解は人間の人格とその道徳的次元について、最も説得力のある説明を提供する」と主張する（*Body and Soul: Human Nature and the Crisis in Ethics* [Downers Grove, IL: InterVarsity, 2000], 10）。同じ見解の簡潔な記述は、J. P. Moreland, "A Defense of a Substance Dualist View of the Soul," in J. P. Moreland and David M. Ciocchi, *Christian Perspectives on Being Human: A Multidisciplinary Approach to Integration* (Grand Rapids: Baker, 1993), 55–79.

この複雑な理念を理解するために、どのような類比を用いることができるだろうか。ときどき使用される類比は、諸元素の混合物と対照される化学的化合物である。混合物においては、各元素の原子は固有の特徴を保っている。両者はそれぞれ別々のアイデンティティをもち続けている。もし人間の本質が混合物であるとしたら、霊的な特質と物質的な特質は区別できる。また、その人は霊的存在かまたは物質的存在として行動できるようになる。一方、化合物においては、関係するすべての元素の原子は新たな結合を結んで分子を形成する。これらの分子は、それらを構成しているどの元素とも似ていない特徴や特質をもっている。たとえば単なる食卓塩（塩化ナトリウム化合物）の場合、誰もナトリウムまたは塩素の特徴を検出できない。しかし、この化合物を分解することは可能である。その場合もまた、その個別の特徴をもった元の元素を再び得ることができる。これらの特徴には塩素の毒性も含まれているが、そこからできる化合物は無毒である。

> 我々は統一体として存在しているゆえに、我々の霊的状態は、肉体的・心理的状況から独立させて取り扱うことはできず、その逆も言える。

我々は、人間を物質と非物質的要素の単一の複合物と考えることができる。その場合、霊的な要素と肉体的な要素は、必ずしも区別可能ではない。なぜなら、人間は単一の対象なのだから。物質的性質と非物質的性質との間に葛藤はない。ただし、この複合物は分解されうるものであり、死において分解が起きる。復活において、複合物が再び形成され、魂（そう呼ぶことを選ぶなら）はもう一度からだと不可分的に結びつくことになる。

4. 条件つき統一体が意味すること

条件つき一元論、すなわち、人間の本質は条件つき統一体であるという見解は、何を意味しているのか。

1. 人間は統一体として取り扱われるべきである。霊的状態は、肉体的・心理的状況から独立させて取り扱うことはできず、その逆も言える。精神身体医学（psychosomatic medicine）は適切なものである。それゆえ、精神身体学的伝道（それとも霊的精神身体学的伝道と名づけるべきであろうか）もそうである。霊的に健康でありたいと願うキリスト者は、食事・休息・運動のような事柄に注意を払うべきである。人々の霊的状態を肉体の状態や精神的・情緒的状況から離して取り扱おうと試みても、部分的にしか成功しない。神との関係を離れて人間の感情を取り扱おうと試みる場合と同じである。

2. 人間は複雑な存在であり、その性質は決して単一の原則に還元できるものではない。

3. 人間の本質の異なった各側面は、すべて注目され尊重されるべきものである。からだ・感情・知性を軽視するべきではない。福音は、その人の存在全体に訴えかけるものである。イエスが受肉において完全な人となったことは重要である。我々の存在全体を贖うために来られたからである。

4. 宗教的な成長もしくは成熟は、人間の本質のある部分を他の部分に従属させることによるのではない。人間の構成部分で、それ自体悪であるものはない。全的堕落（total depravity）とは、罪がからだや心や感情だけでなく、人間全体に影響を与えているという意味である。それゆえ、キリスト者は肉体（多くの人は誤って人間の本質の唯一の悪の部分であるとみなしている）を魂の支配下に置くことを目指してはいない。同様に、聖化は人間の本質の一部にの

み関わると考えるべきではない。人のどの部分も、善または義の独占的な座ではないからである。神は我々の全存在を更新するために働いておられる。それゆえに、肉体の自然な欲求それ自体を否定するという意味で禁欲主義を実践すべきではない。

5. 我々が終末論の扱いで見るように、この人間の本質は、死と復活の間の人格的・意識的存在に関する聖書の教えと矛盾しない。

研究課題

- 人間の構成に関し、どのような伝統的見解が主張されてきたか。
- 人間の構成に関する伝統的見解のそれぞれに対し、どのような聖書の支持、また反対を見いだすか。
- 条件つき統一体は、人間の本質に関する見解にどのように影響するか。
- 人間の構成に関する見解として、条件つき統一体を受け入れると、どのような意味がもたらされるか。
- 人間を統一体として見ると、人に対するあなたの道徳的義務にどのような影響を与えるか。

第4部　人間

第20章 罪の本質と根源

本章の目的

1. 現代社会では、なぜ罪について議論するのが難しいのか説明する。
2. 罪の本質に関する五つの聖書の見方を明らかにし、説明する。
3. 罪の根源についての諸概念を明らかにする。
4. 罪の根源についての聖書的教えを関係づけ、表現する。

本章のアウトライン

1. **罪を議論することの難しさ** 201

2. **罪の本質に関する聖書の見方** 201

3. **罪の根源** 202
   (1) 種々の概念　202
   (2) 聖書の教え　203

本章の概要

聖書の資料を分析することで、罪の性質、根源、そして影響について最もよく理解することができる。罪は神に反抗する悪しき行為または悪しき動機である。簡単に言うと、罪とは、神をして神たらしめることに失敗することであり、神にふさわしい卓越した場所に他の何かを、あるいは誰かを置くことである。

人は善良な人とみなされる。

1. 罪を議論することの難しさ

　罪の教理は重要ではあるが、いくつかの理由から、今日たやすく議論される主題ではない。理由の一つは、罪は死と同じように心地よい主題ではないことである。我々は自分を悪しき人間と考えることを好まない。ところがこの教理は、これが我々の生来の姿であることを教える。我々の社会は、肯定的な精神的態度をとることを強調する。このような態度はほとんど、新しいタイプの律法主義となっている。そのおもな禁止令は「否定的なことは何も語ってはならない」ということである[1]。

　罪を論じることが難しいもう一つの理由は、多くの人にとって、罪がなじみのない概念であることである。社会の諸問題を人間の罪深さよりも不健全な環境のせいにすることで、客観的な罪意識は、ある人々の間では相対的に稀なものとなっている。罪意識とは、人がもつべきではない非合理的な感情であると理解されている。超越的で有神論的な基準点がなければ、自分や他の人間以外に、人が応答や説明責任を負う相手はいない。したがって、もし自分の行動がどの人にも害を与えないのなら、罪責を感じる理由はないことになる[2]。

　さらに、多くの人は"罪"（sin）という概念を、内にある力、生来の状態、自分を支配する力としてとらえることができない。今日では、"数々の罪"（sins）すなわち個々の間違った行為という点から考えるほうが多い。数々の罪とは外的で具体的なものであり、論理の上では個人から分離している。これに基づいて、悪いこと（一般的に外的な行為とみなされている）をしない

2. 罪の本質に関する聖書の見方

　今日の多くの人々は、罪の話題について無知であるか、あるいは不快感をあらわすが、我々がこの教理について話すことは不可欠である。聖書は、罪の本質に関するいくつかの視点を提示している。

　1. 罪は内側に潜む傾向である。罪とは、悪しき行為や思いであるだけではなく、罪深さでもある。悪しき行為や思いへと向かわせる生来の内なる傾向である。ここでの動機は、行為と同じくらい重要である。そこで、イエスは実際の殺人と姦通を非難されたように、怒りと欲望を激しく非難された（マタイ5:21-22、27-28）。単に我々が罪を犯すので、罪人であるというのではない。我々が罪人なので罪を犯すのである。そこで我々は次のような罪の定義を提示する。罪とは、能動的にであれ受動的にであれ、神の道徳律に一致しないことである。これは行為、思い、内的傾向や状態に関する事柄であるかもしれない。罪とは、神が期待しておられることに、行為や思いや存在において達していないことである。

　2. 罪は反逆であり、不従順である。聖書は、すべての人が神の真理と関わりがあると主張する。特別啓示を所有していなくても、神の律法が心の中に記されている異邦人さえもそうである、とパウロは書き記している（ローマ2:14-15）。特に公然と特別に提示されたときに、そのメッセージを信じることができなければ、神に対する不従順であり、反逆とみなされる。最初の実例はアダムとエバの罪である。彼らはエデンの園においてどの木からでも食べることを許されていたが、善悪の知識の木からだけは食べてはならないと神に命じられていた（創世記2:16-17）。何が善であり悪であるのかを語られる神の大権に従うことを、アダムとエバは拒否した。彼らは神の権威に

---

[1] Robert H. Schuller, *Self-Esteem: The New Reformation* (Waco: Word, 1982).

[2] 罪責感の喪失に関しては、たとえば Karl Menninger, *Whatever Became of Sin?* (New York: Hawthorn, 1973) を見よ。

反抗し、従わなかった。

3. 罪は霊的な障害をもたらす。それは、我々の内的状態、つまり性格を変える。罪を犯す中で、我々はいわば捻じ曲げられた者となり、我々が創造されたときの神のかたちは、乱されてしまう。ローマ人への手紙1章で、パウロはこのプロセスを描写している。神を知ることを拒むとき、罪人の思いは空しくなり、無感覚になった知性は暗くなる（21節）。神は彼らを下劣な思い、実際に不適切でよくない思いに引き渡される（28節）。放っておかれるとき、人間の思いは正しく情報を発信したり、行動を方向づけたりできなくなる[3]。この霊的障害の結果が、29–31節に列挙されている罪である。ただ神による思いの刷新を通してのみ、個々人はまともにされ、霊的に健全な状態に回復される（ローマ12:2）。

4. 罪とは、神の基準に完全には達していない状態をいう。聖書は罪のさまざまな特徴を描いているが、そこに共通する考え方は、罪人は神の律法を成就することに失敗した、ということである。我々が義についての神の基準を満たすことに失敗するその形は多種多様である。基準に全く達しない、あるいは神が命じ期待されることを何もできないこともある。サウルは、アマレクと彼らが所有しているすべてのものを聖絶するようにとの神の命令に従い通すことに失敗した。サウルは、アガグ王と最良の家畜類を惜しんだゆえ、神はサウルをイスラエルの王から退けられた（Ⅰサムエル15:23）。ときどき、我々は、正しいことをするかもしれないが、その理由が間違っているため、成就するのは律法の文字であり、律法の精神ではなくなる。マタイ6章においてイエスは、神を喜ばせるよりもまず他の人々の称賛を得るためになされる善行を非難した（2、5、16節）。

5. 罪とは神を排除すること（displacement of God）である。それは神のものである最高の座に、何であれほかのものを置くことである。神を差し置いて何か有限な対象物を選ぶことは、その行為がどんなに無私無欲にかかわらず間違いである。この主張は、旧新両約聖書の主要なテキストによって支持されている。十戒は、神には神にふさわしい場所を提供せよとの命令で始まる。「あなたには、わたし以外に、ほかの神々があってはならない」（エジプト20:3）は、十戒の第一の禁止命令である。同様にイエスも、一番大切な戒めは「心を尽くし、いのちを尽くし、知性を尽くし、力を尽くして、あなたの神、主を愛しなさい」であると断言した（マルコ12:30）。神をふさわしく認めることが第一である。高慢ではなく、いかなる形であっても偶像礼拝こそ罪の本質である。

3. 罪の根源

(1) 種々の概念

罪に関するいくつかの聖書の見解を見てきた。今度は罪の根源、罪に至る原因あるいは誘因について問う必要がある。それが非常に重要であるのは、罪を処置するためには、罪の原因を突き止め、原因を排除することが必要になってくるからである。

フレデリック・テナントは、罪の原因は人間の動物的性質にあると主張した。罪とは、人間が道徳的意識を獲得した時代になっても、動物の祖先から受け継いだ普通の本能と行動パターンとを継続していることである[4]。この場合、治療は初期の無邪気な段階へ単純に戻してやることではない。むしろ、その治療はこうした古い本能から我々を完全に解放するか、あるいはこうした本能を適切に制御し指導することを学ぶことである。このような罪に対する治療の

---

3 James D. G. Dunn, *Romans 1–8, Word Biblical Commentary* 38 (Waco: Word, 1988), 75.

4 Frederick R. Tennant, *The Origin and Propagation of Sin* (Cambridge: Cambridge University Press, 1902), 90–91.

考え方には、進化論的プロセスが人類を正しい方向に導いているという楽観的な確信が含まれている。

> 罪とは、能動的にであれ受動的にであれ、神の道徳律に一致しないことである。これは行為、思い、内的傾向や状態に関する事柄であるかもしれない。

ラインホルド・ニーバーの見解では、罪の原因は、人間の有限性によって引き起こされる不安、自らの努力によって自分の限界と自分の願望との間の緊張を克服しようとする試みにある[5]。これを治療するためには、自分の限界を受け入れ、神に信頼する必要がある。しかし、この治療法は、我々の態度を変えはするが、真の回心にはならない。

パウル・ティリッヒは、生き物に自然に伴ってる状態として、すべての存在の基盤（ティリッヒによる神の定義）、他者、そして自分自身から実存的に疎外（そがい）されていることに、罪を関係づけている[6]。ここでもまた、基本的な治療は人の態度を変えることであり、真の回心ではない。解決は、人間が存在の一部であるという事実をますます知るようになり、また存在の基盤と関係するようになることを必要とする。結果は、存在の基盤、他者、自身との疎外を終わらせることである。

解放の神学は、罪を経済的闘争から生じてくるものと理解する[7]。解決は、抑圧を除去すること、また財産や権力における不平等を除去することにある。解放の神学者は、個人の伝道ではなく、罪を取り除く手段として社会の構造を変えることを目的とした経済的・政治的行動を追求する。

ハリソン・サケット・エリオットは、個人主義的競争が罪の根源であると考えた。罪は教育と社会的条件とを通して習得されるのだから、罪を除去するときも同じようにしなければならない[8]。解毒剤は、共通の目標を目指して競争せずに努力することを強調する教育である。

(2) 聖書の教え

福音主義の観点からすると、問題は堕落以降の人間が本質的に罪深いものであり、強力な力が彼らを罪に誘うことを求めている世界に住んでいるという事実にある。罪は神によって引き起こされるのではないことに注目することがまず重要である。おそらくある人々にはかなり魅力的なこの考え方を、ヤコブはすばやく処理する。「だれでも誘惑されているとき、神に誘惑されていると言ってはいけません。神は悪に誘惑されることのない方であり、ご自分でだれかを誘惑することもありません」（ヤコブ1:13）。このことは、罪は実在世界の構造そのものから生じる避けられない結果である、という考え方に対していかなる支持もしない。むしろ罪に対する責任はまさに人間自身にかかっている。「人が誘惑にあうのは、それぞれ自分の欲に引かれ、誘われるからです。そして、欲がはらんで罪を生み、罪が熟して死を生みます」（ヤコブ1:14-15）。

人間はいくらかの欲求をもっている。こ

---

[5] Reinhold Niebuhr, *The Nature and Destiny of Man* (New York: Scribner, 1941), 1: 180–82（R・ニーバー『キリスト教人間観 第一部 人間の本性』武田清子訳、新教出版社、1951年）。

[6] Paul Tillich, *Systematic Theology* (Chicago: University of Chicago Press, 1957), 2: 44（P・ティリッヒ『組織神学』第2巻、谷口美智雄訳、新教出版社、1969年）。

[7] Gustavo Gutierrez, *A Theology of Liberation*, trans. Sister Caridad Inda and John Eagleson (Maryknoll, NY: Orbis, 1973)（G・グティエレス『解放の神学』関望他訳、岩波書店、2000年）; James H. Cone, *A Black Theology of Liberation* (Philadelphia: Lippincott, 1970)（J・H・コーン『解放の神学 黒人神学の展開』梶原寿訳、新教出版社、1973年）を見よ。

[8] Harrison S. Elliott, *Can Religious Education Be Christian?* (New York: Macmillan, 1940) を見よ。

れらは根本において正当なものである。多くの場合、それらを満足させることは個人または種族の存続のために不可欠である。たとえば、飢えは食物への欲求である。この欲求または衝動を満足させなければ餓死するであろう。同様に性的衝動も欲求の充足を求める。それが満たされなければ、人間の繁殖はなく、したがって人類が保持されることもない。これらの衝動は神によって与えられたものであり、それらの満足は許されるだけではなく、おそらく義務的でさえある状況があると主張しうる。

さらに、我々は人間の能力にも注目する。人間は、すぐそばにない選択肢も含めて、いくつもの選択肢の中から選ぶことができる。すべての被造物の中で人間だけが時間と空間の中で自分のいる場所を超越することができる。記憶を通じて過去を再現することができ、それを受け入れるか否定するかできる。期待をもって未来に関するシナリオをいくつも描くことができ、その中から選択できる。想像力を使って、自分が社会で別の立場に就いていたり、違う伴侶と結婚していたりすることを想像することができる。このようにして、実際に手に入るものだけでなく、不適切なあるいは合法でないものを望むかもしれない。このような能力は、罪深い行為か罪深い思いの可能性、あるいは両方の可能性を著しく拡大する[9]。

自然の欲求の多くは、それ自体は良いものであるが、誘惑を受け罪を犯す可能性をもつ領域である[10]。

1. 物事を楽しみたいという欲求　神は我々一人一人にある種の欲求を植えつけられた。これらの欲求を満足させることは必須であるだけでなく、楽しみももたらすことができる。例を挙げると、飲食の必要は満たされなければならない。それなしに生きることはできないからである。同時に、飲食は楽しみの源として正当に望まれるべきである。しかし、単に消費する喜びのためだけに、そして必要よりも多く飲食を求めるとき、暴飲暴食の罪を犯しているのである。性的衝動は、個人の生命の保持には必要ではないが、人類の維持と継続にとっては非常に重要である。そのことは本質的なことであり、同時に喜びをももたらすので、我々は合法的にこの欲求を満たすことを望みうる。けれども、衝動が自然でふさわしい限界を超えた方法で充足させられるとき（すなわち、結婚外で満足させられるとき）は、罪の基礎となる。自然の衝動を不適切な形で満足させることは、「罪深い人間の切望するもの」（Ⅰヨハネ2:16 [NIV訳注]）の一例である。

2. 物を手に入れたいという欲求　神の摂理において所有物の獲得には役割がある。このことは、地を支配せよという命令（創世1:28）と管理責任のたとえ話（たとえばマタイ25:14-30）にほのめかされている。さらにまた、物質的な所有は勤勉を促進する正当な刺激とみなされている。しかし、この世の物を得たいという欲求が非常に強くなり、それを満たすためには他者から搾取するか盗みすら働いて、何でもするとなると、「目の欲」（Ⅰヨハネ2:16）へと変質していくのである。

3. 物事をしたいという欲求　管理責任のたとえ話はこの欲求を自然かつ適切なものとして描いている。これは神が人類に期待しておられることの一部である。しかし、この強い衝動がふさわしい限界を超え、他の人間を犠牲としてまで追求されるとき、「自分の持っているものとすることの自慢」（Ⅰヨハネ2:16 [NIV訳注]）へと変質していく。

これらの欲求のそれぞれを満たすための適切な方法があり、また神が課した限界がある。これらの欲求を神によって構成されているものとして受け入れないこと、そし

---

[9] Reinhold Niebuhr, *The Self and the Dramas of History* (London: Faber, 1956), 35-37 (R・ニーバー『自我と歴史の対話』O・ケーリ訳、未来社、1964年).

[10] M. G. Kyle, "Temptation, Psychology of," in *International Standard Bible Encyclopedia*, ed. James Orr (Grand Rapids: Eerdmans, 1952), 5: 2944–2944B.

第20章　罪の本質と根源

てその結果として神の支配に服従しないことが罪なのである。このような場合、この欲求は神に起源があるという文脈の中では見られず、神を喜ばせるという目的のための手段としても見られていない。かえって、それら自体が目的として見られている。

イエスを誘惑するときに、サタンが正当な欲求に訴えたことに注目しよう。ぜひとも実現させるようにとサタンがイエスに促した欲求は、それら自体は悪いものではない。むしろ、それらを実現するために提案された時期と方法が悪かったのである。イエスは40日40夜断食し、その結果空腹であった。生命を保とうとするなら、これは満足させるべき自然の欲求である。イエスにとって食物が与えられるのは正しいことであったが、奇蹟を用いて食糧を調達すること、そしておそらく試練が完結する前にそうするのは正しくなかった。イエスにとって神殿の高い頂から無事に降りてくるのを望むことは適切であったが、奇蹟の力を見せびらかすように御父に要求することは適切でなかった。イエスにとって地のすべての国々に対する所有権を主張するのは正しいことであった。それらは彼のものだったからである。イエスがそれらを創造したのであり（ヨハネ1：3）、そして今でも支えているのである（コロサイ1：17）。しかし、悪の軍勢の大将を拝むことでこの要求を確立しようとするのは正しくなかった。

誘惑は、しばしば外からの誘因を含む。これはイエスの場合にもそうであった。アダムとエバの場合は、蛇は禁断の木から食べるようにと直接勧めたのではない。むしろ、すべての木の実が二人にとって禁止されているのかという問いを発したのである。それから、「あなたがたは決して死にません……〔しかし〕神のようにな」ります（創世3：4-5）と断言した。その木から食べたいとか、神のようになりたいという欲求は自然にあったかもしれないが、ここではサタンに起源をもつ外的誘因もあった。別の人間が、神が課した境界線を越えて行動するようにと誰かをそそのかす場合もある。しかし最終的には、罪はそれを犯す人間の選択である。なされたことをしたいという欲求は自然に存在するかもしれないし、外的誘因もあるかもしれない。しかし、究極的な責任は本人にある。アダムとエバは衝動とほのめかしに基づいて行動することを選び、イエスはそうしないことを選ばれた。

自然な欲求と誘惑に加えて、もちろん、罪を犯す機会もある。初めは、アダムが妻を裏切るように誘惑されることはありえなかったし、エバが他の女性に嫉妬心を抱くこともありえなかった。堕落後に生きており、そしてイエスではない我々には、事をさらに複雑にする要素がある。「肉」と呼ばれるものがあり、我々の行うことに強い影響を与えているのである。パウロは「肉」について数多くの箇所で述べている。たとえば、ローマ7：18で「私は、自分のうちに、すなわち、自分の肉のうちに善が住んでいないことを知っています。私には良いことをしたいという願いがいつもあるのに、実行できないからです」、ガラテヤ5：16-24で彼は肉と御霊の対立と、悪の目録全体を形成する肉の働きについて鮮やかに語っている。「肉」とパウロが言うとき、人間の肉体的性質を意味してはいない。人間の身体的構成に固有な悪というものはない。むしろ、肉という用語は自己中心の生活、神の存在の否定また拒絶を指す。これは人間の本性の一部となったもので、罪のほうへ向かい、神のみこころを行うことから離れる傾向また偏向である。したがって、我々はアダムとエバのもともとの状態よりも、正しいことを選ぶ能力が少ない。さらに、人間の自然の欲求は、それ自体は良いものであっても、変質させられているのであろうと考えられる。

罪の原因に関する聖書の教えは、その治療について何を教えているのか。すなわち、罪の治療法は、超自然的に人間の本性の変革が生み出されることを通して、また誘惑の力に立ち向かう神による助けによっても

第4部　人間

たらされる。人を変革し、神との関係に入らせるものは個人の回心と新生であり、この神との関係が、成功したキリスト者生活を可能にする。

研究課題

- 現代文化の中に生きている人々にとって、罪という概念を論じることさえ難しいのはなぜか。
- 罪は、神をして神たらしめることに失敗することであると述べられてきた。この描写に同意するか。あなたの答えの根拠となるいくつかの例を挙げよ。
- 罪の源となっているのは動物の性質であるという概念は、私たちの人間観にどのように影響しているか。
- 自然な願望と罪との関係はどのようなものであるか。
- あなたの生活は罪の影響をどのように受けているか。個人的な罪は他人の生活にどのように影響するのであろうか。いくつかの例を挙げよ。

第21章 罪の結果

本章の目的

1. 人間の神との関係に関する罪の諸結果を概説する。
2. 罪の重大さを表現する。
3. 罪が罪人に及ぼす具体的な影響を明らかにし、説明する。
4. 人間関係に対する罪の影響を説明する。

本章の概要

　罪は、罪人と神との関係に非常に深刻な結果をもたらす。この結果には、神に嫌われること、罪責、刑罰、死が含まれる。罪はまた、個人としての罪人に影響を与える諸結果をもたらす。これらには、奴隷状態、現実逃避、罪の否定、自己欺瞞（ぎまん）、無感覚、自己中心、不安が含まれる。罪人へのこれらの影響はまた、競争、共感する能力の欠如、権威の否定、愛する能力の欠如という社会的側面をもつ。

本章のアウトライン

1. 神との関係に影響を与える諸結果　208
   (1) 神の嫌悪　208
   (2) 罪責　209
   (3) 刑罰　210
   (4) 死　212
      ① 肉体の死　212
      ② 霊的な死　214
      ③ 永遠の死　214

2. 罪人への影響　214
   (1) 奴隷状態　214
   (2) 現実逃避　215
   (3) 罪の否定　215
   (4) 自己欺瞞　215
   (5) 無感覚　215
   (6) 自己中心　215
   (7) 不安　216

3. 他者との関係への影響　216
   (1) 競争、張り合うこと　216
   (2) 共感する能力の欠如　216
   (3) 権威の否定　216
   (4) 愛する能力の欠如　216

旧新約聖書を貫く一つの強調点は、罪が広範囲にわたって永続的結果をもたらす、非常に深刻な事柄である、ということである。次章で罪の集団的影響、すなわちアダムの罪が子孫全体に与えた衝撃について見る。しかし本章では、聖書(特にアダムとエバの記事)に説明されており、また我々自身の経験に見られる、罪の個々の影響に注目する。

罪の衝撃にはいくつかの側面がある。それは罪人自身にはもちろん、神との関係や隣人たちとの関係にも影響を及ぼしている。罪の結果のうちあるものは「当然の結果」と呼べるものかもしれない。すなわち、事実上、自然の成り行きからもたらされる因果の連鎖として罪から生じるものである。その他のものは、罪への刑罰として神によって特別に定められ、割り当てられる。

1. 神との関係に影響を与える諸結果

罪は、アダムとエバの、神との関係を直ちに変質させた。ふたりは、明らかに神と親密な関係にあった。彼らは神に信頼し従っていた。そして創世3:8に基づいて、習慣的に神と交わりをもっていたと結論づけることができる。さて、彼らは神の信頼と命令に違反したので、彼らは神の不興を買う側に身を置き、事実上神の敵になってしまった。変わったり動いたりしたのは神ではなく、アダムとエバであった。

(1) 神の嫌悪

罪と罪人に対する神の関係を、聖書がどのように特徴づけているかは注目に値する。旧約聖書の二つの例において、神は罪深いイスラエルを憎むといわれている。ホセア9:15で神は仰せられる。

> 彼らのすべての悪はギルガルにある。
> わたしはそこで彼らを憎んだのだ。
> 彼らの悪い行いのゆえに、
> わたしは彼らをわたしの宮から追い出し、
> もはや彼らを愛さない。
> その首長たちはみな頑迷な者だ。

これは非常に強い表現である。同じような感情がエレミヤ12:8に表現されている。他の二つの箇所で、神は悪しき者を憎むといわれている(詩篇5:5、11:5)。ただし、神が悪を憎むという箇所のほうが頻繁に出てくる(たとえば箴言6:16-17、ゼカリヤ8:17)。けれども、憎しみが神の側に一方的に存在するのではなく、悪しき者も神を憎む者として(出エジプト20:5、申命7:10)、また、より一般的には義人を憎む者として描かれている(詩篇18:40、69:4、箴言29:10)。神は悪しき者を憎むといわれている数箇所において、悪しき者のほうからこの神と人との関係に変化を起こしたことは明らかである。

神はある者たちには好意を示し、他の者たちには敵意または怒りを見せる。またときにはイスラエルを愛する方として、他の場合には彼らを憎む方として述べられている。このことは神の側の変化や首尾一貫性のなさや気まぐれの徴候ではない。罪深い行動に断固として反対することは神の聖なる本性の一部である。我々がそのような行動に陥るとき、神が嫌悪される領域へと移っている。旧約聖書は、罪を犯し神の律法を破った人びとのことをたびたび神の敵として描いている。とはいえ、聖書が神を彼らの敵として語ることは非常にまれである(出エジプト23:22、イザヤ63:10、哀歌2:4-5)。チャールズ・ライダー・スミスは次のように注釈する。「旧約聖書で『敵意』は、憎しみと同様、神にはまれであるが、人間には一般的である」[1]。神に対して反逆することによって、関係を破壊したのは神ではなく、人間である。

新約聖書では、神と神の民に向けられる

---

[1] Charles Ryder Smith, *The Bible Doctrine of Sin and of the Ways of God with Sinners* (London: Epworth, 1953), 43.

不信者とこの世の敵意と憎しみに特別な焦点が置かれている。罪を犯すとは、自分を神の敵とすることである。ローマ8:7とコロサイ1:21でパウロは、肉に据えつけられた心を「神に対して反抗」するもの、あるいは神から疎遠なものとされることとして描いている。ヤコブ4:4には、「世を愛することは神に敵対することだ」とある。しかしながら、神は誰の敵でもない。すべての者を愛し、誰も憎まない。我々がまだ罪人であったとき、神と敵対関係にあったときに、我々の身代わりとして死ぬため御子を送るほど我々を愛された（ローマ5:8-10）。神はご自身の命じることの良い例である。すなわち、自らの敵を愛するのである。

罪を犯すことによって、我々は神の不興を買う側に身を置き、事実上神の敵になってしまった。

神は罪人の敵でもなく、彼らを憎んでもいないが、神が罪に対して怒っていることもまた明らかである。聖書は罪に対する神の現在の反応に言及するだけでなく、来るべきある種の神的行為をも示唆している。例を挙げると、ヨハネ3:36でイエスは「御子を信じる者は永遠のいのちを持っているが、御子に聞き従わない者はいのちを見ることがなく、神の怒りがその上にとどまる」と語っている。ローマ1:18は「というのは、不義によって真理を阻んでいる人々のあらゆる不敬虔と不義に対して、神の怒りが天から啓示されている」と教え、ローマ2:5はさばきの日のために「怒りを……蓄え」ることについて語っている。神の怒りは非常に現実的で現在の問題であるが、後のある時点まで完全には明らかにされない、あるいは行動に移されることはない。

以上のことから、神が罪に対して嫌悪感を抱いているように見え、また実際に罪が神に怒りあるいは不快感を与えることは明らかである。ただし、二つの意見を付け加えるべきである。第一点、怒りは、神がたまたま抱いた感情ではない。神が罪を承認しないというのは恣意的に決めたことではない。というのは、神の本性そのものが聖であり、聖は自動的に罪を拒否するからである。第二点、神の怒りを極端に情緒的なものと考えることは避けなければならない。神が怒りで煮えくりかえり、感情が制御できないほど揺らいでいるようだということではない。神は忍耐と寛容を発揮する力をもっておられ、また実際にそうしておられる。神を我々の罪にいらだつ方と考えるべきではない。神の反応の特徴をより正確に表現する言葉は、失望であろう。

(2) 罪責

神と我々との関係は罪責（guilt）によってもまた影響を受ける。この語には注意深い説明が必要である。今日の世界では、この用語が通常意味するのは罪責感、または罪責の主観的な（subjective）面である。これらの感情はしばしば不合理なものと考えられており、事実、そうである場合がある。すなわち、客観的に見て、刑罰に値するような悪いことをしていないのに、このような感情をいだくことがある。しかし、ここで言っているのは、人が神の意図されたことに違反し、したがって罰を受けなければならない、という客観的な（objective）状態である。「罪責」の意味をはっきりさせるために、人が罪を定義する際に使うかもしれない言葉、すなわち「悪い」と「誤っている」の二つについて短くコメントすることは有用である。一方において、罪を本質的に良いものではなく悪いものと定義することができる。それは不純で、嫌悪させるものであり、善の反対であるというそれだけの理由で神に憎まれている。ただし、ここには問題が生じる。罪は悪いという言明は、審美的な（aesthetic）点からのみ理解されるかもしれない。罪とは、神が意図した完全な基準に到達しない醜い、

歪んだ、損なわれた行為であると。

しかし、もう一方においては、罪を悪だけでなく、誤りをも伴うものと定義するかもしれない。前者の場合、罪は健康な人々がおびえて避ける不潔な病気にたとえられるかもしれない。しかし後者の場合は、罪を単なる完全性や完璧性の欠如としてではなく、倫理的に誤ったものとして、つまり神の戒めを意図的に犯し、したがって刑罰に値するものとして考えるのである。

この区別を知るために、運転しづらく燃費が悪く動きの悪い自動車、またはひどい傷がついていて目障りな車をイメージすることで説明できる。このような車は持ち主にとって耐えがたいものであり、うんざりさせられるが、ヘッドライト、方向指示器および他の安全装置が適切に機能し、排気ガスも基準内にとどまり、認可を受け保険もついているなら、車は何ら違反していない。しかし、もし限度を大幅に超えて環境汚染排気ガスを出していたり、安全装置のあるものがうまく機能していなかったりしたら、法律に違反しているのであり、刑罰を科せられるのは当然である。今我々が罪責について語るとき、それは罪人が、法的な安全基準を満たしていない車のように、法を犯しており、したがって刑罰に値することを意味している。

この時点で、我々は罪と罪責とが神と人間との間に生じさせた関係崩壊の正確な性質を調べなければならない。神は、全能で永遠な方であり、唯一の自立した、また何にも依存しない実在である。存在するものすべてはその存在を神に由来する。被造物の中で最高の存在である人間は、ただ神の慈しみ深い善性と恵みのゆえに、いのちと人格という賜物をもっている。所有者である神は、人間に被造物の世話をする責任を与え、被造物を支配するよう命じられた（創世1:28）。全能かつ全き聖なる方として、神は我々に対して賜物の返礼として礼拝と従順を求めた。ところが、我々は神の命令に従わなかった。被造物のすべての富を委託されると、横領する者のように、自分の目的のために使い込んだ。それに加えて、君主や選ばれた高官、英雄や偉大な功績のある人を軽蔑する人民のように、最高の存在に敬意を表さなかった。さらに、神が我々のためになし、与えてくださったすべてのことについて感謝していない（ローマ1:21）。そして遂には神からの友情と愛の申し出を、そして最も極端な場合は、神の御子の死によって成し遂げられた救いをはねつけた。これらの無礼は、神が全能の創造者であり、我々を無限に超えた方であるゆえに、重大なものとなる。被造物が創造主からふさわしいものを奪うときはいつも、神は尊敬されず、従われていないので、バランスは崩れてしまう。このような混乱が正されないままなら、神は事実上、神であることに終止符を打たれる。したがって、罪と罪人は罰せられるに値するし、罰せられなければならない。

(3) 刑罰

以上のように、神の刑罰に対する責任は、我々の罪のもう一つの結果である。ここで、罪人に対する神の刑罰の基本的性質と意図を確かめることは、我々にとって重要である。それは罪人の矯正を意図した救済（remedial）なのか。罪が行き着く結果を指摘し、それによって他の者たちに悪しき行為への注意を促す抑止（deterrent）なのか。それとも報復、すなわちただ単に、罪人にその犯した罪にふさわしい報いを与えることなのか。

今日、罪人に対する神の刑罰は報復（retribution）であるという考え方に反対する、かなり広範囲にわたる反対意見がある。報復とは原始的で残酷で、敵意と復讐心の象徴であり、地上の子どもたちの父である愛なる神にはきわめて不適切とみなされている[2]。このような感情は、父親とは愛情深

---

2 Nels Ferré, *The Christian Understanding of God* (New York: Harper & Bros., 1951), 228（N・フェレー『キリスト教の神』杉瀬祐訳、新教出版社、

いものだと考える寛大な社会の概念を反映しているかもしれない。しかしそれにもかかわらず、聖書、特に旧約においては、神による報復という側面が明らかに存在する。確かに死刑は最終的な決着であり、更生は意図されていなかった。そして抑止的な効果もあった一方で、明らかに犠牲者にしたことは加害者になされるべきという直接的なつながりがあった。このことは創世9：6のような箇所に特に見られる。

> 人の血を流す者は、
> 人によって血を流される。
> 神は人を神のかたちとして
> 造ったからである。

報復という思想はまた、ナーカム（naqam）というヘブル語にかなり明確に見られる。この単語は（派生語を含めて）旧約聖書に約八十回登場するが、しばしば「かたきを取る、仕返しする、復讐する」と訳されている。「仕返し（vengeance）」と「復讐（revenge）」という用語は、隣国に対するイスラエルの行動を示すにはふさわしい一方、神の行為に当てはめるには不適切なところがある[3]。さらに、「仕返し」または「復讐」は、正義を得て執行するという観念よりも、なされたことを償わせて満足を得る（心理学的に）、という仕返しの観念を伝えている。しかしながら、神の関心は、正義を維持することにある。それゆえ、罪人に対する神の刑罰に関しては、「仕返し」より「報復」のほうがよい訳である。

罪人に対する神の罰の報復的側面への言及は数多く、特に大預言書に多い。その例はイザヤ1：24、61：2、63：4、エレミヤ46：10、エゼキエル25：14に見いだされる。詩篇94：1では神は「復讐の神」と語られている。旧約のほとんどの場合がそうであるように、これらの章節で思い描かれている刑罰は、未来のある状況下でというよりもむしろ、歴史の時間の内側で起きるとされている。報復の観念は、数多くの物語の箇所にも見いだされる。たとえば洪水（創世6章）は、誰かが罪を犯すのを思いとどまらせるために送られたのではない。唯一生き残ったノア一家は、すでに正しい人々であった。そして悪しき者はすべて滅ぼされた。だから、洪水は誰かを矯正したり回復させたりする理由で送られたはずがない。

旧約ほど頻繁ではないけれど、正義のための報復という観念は新約にも見いだされる。ここでは、特定の時期のさばきよりも未来を指している。申命32：35を言い換えたものが、ローマ12：19にもヘブル10：30にも見いだされる。「復讐はわたしのもの、わたしが報復する」。

刑罰には、さらに二つの側面また機能があることを見過ごすべきではない。アカンとその家族が石打ちの刑にあったこと（ヨシュア7章）は、部分的には彼のしたことに対する報復であるが、同様の道をたどらないように他の者たちをいさめる手段でもあった。このような理由から、悪事を行う者への刑罰はしばしば公の場で執行された。

刑罰には訓練的（disciplinary）効果もある。刑罰は、罪人に彼らの行いの誤りを悟らせ、そこから離れさせるために執行された。詩篇107：10-16は、主がイスラエルをその罪のゆえに罰し、その結果、彼らが少なくとも一時的には悪事から離れたことを示唆している。ヘブル人への手紙の記者は、「主はその愛する者を訓練し、受け入れるすべての子に、むちを加えられる」（ヘブル12：6）と告げる。旧約聖書には、刑罰を通して罪からきよめられるという思想さえ幾分かある。このことは、少なくともイザヤ10：20-21にほのめかされている。神はご自身の民を罰するためにアッシリアを用い、この経験の結果として、イスラエルの残りの者は主に頼ることを学ぶという。

1962年）。

3 Smith, *Doctrine of Sin*, 47.

残りの者、ヤコブの残りの者は、力ある神に立ち返る。

(4) 死

罪の最も明白な結果の一つは死である。この真理は、アダムとエバに善悪の知識の木の実を食べることを禁じる神の言葉の中で最初に指摘されている。「その木から食べるとき、あなたは必ず死ぬ」(創世2:17)。またローマ6:23にも、明らかに教えの形で見いだされる。「罪の報酬は死です」。パウロの論点は、死は労働の報酬のように、我々のしたことへのふさわしいお返し、正当な報いであるということである。我々が受けるに値するこの死には、いくつかの異なった局面がある。①肉体の死、②霊的な死、③永遠の死である。

① 肉体の死

すべての人間が死を免れないということは、明白な事実であり、聖書が教えている真理である。ヘブル9:27は「人間には、一度死ぬことと死後にさばきを受けることが定まっている」と述べる。ローマ5:12でパウロは、死をアダムの原罪に帰している。しかし、死はアダムの罪を通して世に入ったとはいえ、それが全人類に広まったのはすべての人が罪を犯したからである。

このことから、人間は死すべきものとして創造されたのか、それとも不死のものとして創造されたのかという疑問が生じる。もし人間が罪を犯さなかったとしても、死んだのだろうか。基本的に、カルヴァン主義者は死ななかったという立場を取り、肉体の死は呪いとともに入ったと論じる(創世3:19)[4]。一方、ペラギウス主義の見解では、人間は死すべきものとして創造された。死と腐敗の原則は、被造世界全体の一部である[5]。ペラギウス主義者は、もしカルヴァン主義者の見解が正しいのなら、正しかったのは蛇であり、神である主が「その木から食べるとき、あなたは必ず死ぬ」と言ったのは間違いであると指摘する[6]。つまり、アダムとエバは罪を犯して直ちに死んだわけではないから。これに比して、ペラギウス主義の見解によると、肉体の死は人間であることに自然に付随することである。聖書が死を罪の結果であると述べているのは、肉体の死のことではなく、むしろ神からの分離としての霊的な死を指していると理解するべきであるという。

> 「罪からの報酬は」肉体の、霊的な、そして永遠の「死である」。

問題は、最初に思ったほど単純ではない。死は堕落とともに始まり、ローマ5:12やそれと同様の新約聖書における死への言及は肉体の死への言及として理解するべきであるという仮定は、正当化されないかもしれない。肉体の死は罪の結果であるという考えの障害となるのは、イエスの場合である。彼は罪を犯さなかっただけでなく(ヘブル4:15)、アダムの堕落した本性による影響も受けなかった。ところが死んだのである。霊的な意味で、堕落以前にアダムとエバがいた場所に立っていた者に、死すべき運命がどうして影響を及ぼせるのか。これは謎である。ここでは事実が対立している。この袋小路から抜け出すことはできるのか。

第一に、肉体の死が何らかの明白な形で堕落とつながっていることを見なければならない。創世3:19は、今ある実情、そして

---

[4] Louis Berkhof, *Systematic Theology* (Grand Rapids: Eerdmans, 1953), 260. アルミニウス主義者は一般に、この点ではペラギウス主義者よりカルヴァン主義者に同意する傾向がある。H. Orton Wiley, *Christian Theology* (Kansas City, MO: Beacon Hill, 1958), 1: 34–37, 91–95 を見よ。

[5] Augustine, *A Treatise on the Merits and Forgiveness of Sins, and the Baptism of Infants* 1.2 (アウグスティヌス『罪の功績と赦し、および幼児の洗礼についての論文』)を見よ。

[6] Dale Moody, *The Word of Truth: A Summary of Christian Doctrine Based on Biblical Revelation* (Grand Rapids: Eerdmans, 1981), 295.

それは創造のときからずっとそうであった実情が何であるのか、を述べているのではなく、新しい状況を言い表していると思われる。

> あなたは、顔に汗を流して糧を得、
> ついにはその大地に帰る。
> あなたはそこから取られたのだから。
> あなたは土のちりだから、
> 土のちりに帰るのだ。

さらに、パウロの書いたもの、特にⅠコリント15章では、肉体の死と霊的な死を分離することは困難と思われる。パウロの主題は、肉体の死はキリストの復活によって打ち破られたということである。人間は今でも死ぬが、死の究極性は取り去られた。パウロは、復活のないところで、肉体の死がもつ力を罪に帰す。しかし、肉体の死にキリストが勝ったことにより、罪自体（そしてそれゆえに霊的な死）は打ち破られた（55-56節）。肉体の死からのキリストの復活を離れるなら、我々は自分の罪のうちにとどまることになる。すなわち、霊的に死んだままである（17節）。「我々の間ではきわめてありふれた肉体の死、霊の死、永遠の死という区別は、聖書の知るところではない。聖書は死に関して総合的な見解をもち、死を神からの分離とみなす[7]」とルイス・ベルコフが言うのは正しいと思われる。

その一方で、アダムとエバは、罪を犯した瞬間あるいはその日に、肉体においてではなく霊において死んだ、また罪のないキリストでさえ死ぬことができた、という考慮すべき事柄がある。どのようにして、これらのもつれた事柄のすべてを解くことができるのか。

私は、堕落前のアダムの状態として条件つき不死性をもっていたという概念を提案したい。アダムは生来的に永遠に生きることができたのではないが、死ぬ必要があったのでもない、ということである[8]。適切な条件が備わっていれば、永遠に生きることができた。これが、神がアダムとエバをエデンの園といのちの木から追放することを決意したときの言葉の意味であろう。「人がその手を伸ばして、いのちの木からも取って食べ、永遠に生きることがないようにしよう」（3:22）。ここから、堕落後でも、いのちの木の実を食べたなら、アダムとエバは永遠に生きることができたという印象を受ける。エデンの園から追放されたときに起きたことは、以前は永遠に生きるか死ぬかができた人間は、今や永遠のいのちを可能とする状態から分離され、そのため死ぬことを避けられないようになった。それまでは死ぬ"ことができた"のが、今や死ぬ"ことになった"。これはまた、イエスが死に服する肉体をもって生まれたことを意味する。イエスも生きるために食べなければならなかった。もし食べなければ飢え死にした。

罪の結果として、他の変化もあったことに注目すべきである。エデンの園で人間は病気になりうるからだをもっていた。堕落後、彼らのかかる病気が存在するようになった。人類に死が訪れることも含む呪いは、死に至らしめるたくさんの病も含んでいた。パウロは、いつの日かこうした状況が取り去られ、被造物全体がこの「滅びの束縛」から解放される（ローマ8:18-23）と告げている。

要約すると、こうである。被造世界のうちには死の可能性が初めからあったが、永遠のいのちの可能性も同様であった。アダムと我々一人一人の場合、罪の存在は、死がもはや単なる可能性ではなく、現実であることを意味する。

---

[7] Berkhof, *Systematic Theology*, 258–59.

[8] アウグスティヌスは「死ぬべき運命に」あることと「死に服して」いることを区別することにおいて同様の主張をしている（*Merits and Forgiveness of Sins* 1.3 〔『罪の功績と赦し』〕）。

② 霊的な死

霊的な死は、肉体の死と結びついており、同時にそれから区別されている。それはその人全体の、神からの分離である。神は完全に聖なる存在として、罪を見逃したり、その存在を大目に見たりはできない。罪は、こうして神と人間との関係の障壁となり、人間を神のさばきと判決の下に置く。

霊的な死のこの客観的な側面に加えて、主観的な側面もある。キリストから離れている人々は罪と咎のうちに死んでいると聖書はしばしば主張する。これは、少なくとも部分的には霊的事柄に対する感受性と霊的に行動し応答する能力、良いことをする能力が欠けている、またはひどく損なわれていることを意味している。キリストの復活を通し、バプテスマに象徴され、今や我々のものとなった新しいいのち（ローマ6:4）は、肉体の死を排除しないとはいえ、もはや罪が我々を支配しないことを意味する。我々は新しい霊的感受性と活力をもつ。

③ 永遠の死

永遠の死は、まさしく本当の意味で霊的な死の拡張そして完結である。人が霊的に死んだままで、すなわち神と分離したままで肉体の死を迎えるなら、その状態は永続的なものとなる。永遠のいのちが我々の現在のいのちと質的に異なり、かつ終わりのないものであるように、永遠の死は神からの分離であり、その分離は肉体の死と質的に異なり、かつ永続的である。

最後の審判において、神のさばきの座の前に出る人は、二つのグループに分けられる。義とされた者は永遠のいのちへと送られ（マタイ25:34-40、46b）、不義とされた者は永遠のさばき、または永遠の火へと送られる（41-46a節）。黙示録20章でヨハネは「第二の死」について書いている。第一の死は肉体の死であり、復活は我々をそこから解放するが、死を免除しない。すべての者はやがて第一の死を経験するが、重要な問いは、各個人が第二の死を克服しているかである。第一の復活にあずかった人々は「幸いな者、聖なる者」と呼ばれる。これらに対しては第二の死は何の力もない、といわれる（6節）。この章の後半で、死とハデスは火の池に投げ込まれる（13-14節）。そこには獣と偽預言者が先に投げ込まれる（19:20）。これが第二の死として語られている（20:14）。いのちの書に名を記されていない者は、火の池に投げ込まれる。これこそ罪人が人生において選んだものの永久の状態である。

罪が人間と神との関係に及ぼす結果について吟味してきた。大人同士の同意によってなされ、誰も傷つかないなら、それらの行為は罪とはならないという議論は、次の事実、罪は第一義的に神に対する誤りであり、罪人と神との関係に第一義的に影響を及ぼすものであるという事実を無視している。

2. 罪人への影響

(1) 奴隷状態

罪は、罪を犯す人にも内的な結果を及ぼす。これらの影響はさまざまで複雑である。その一つは、奴隷とする力である。罪は習慣そして中毒にさえなる。一つの罪は他の罪へとつながる。たとえば、カインはアベルを殺した後、弟の所在を神に聞かれたとき、嘘をつくよう追い込まれた。

ある人たちが罪を犯す自由、つまり神の意志に従うという制限からの自由と考えているものは、実際には罪が生み出す奴隷状態である。ある場合には、罪は人が逃れられないほどの支配力と権力をもつ。パウロはローマのキリスト者に「かつては罪の奴隷」であったことを思い起こさせる（ローマ6:17）。しかし、人をつかむ罪の手は、キリストのみわざによって緩められる。「キリスト・イエスにあるいのちの御霊の律法が、罪と死の律法からあなたを解放し

たからです」（ローマ8:2）

(2) 現実逃避

罪はまた現実に直面しようとしなくなるという結果を生む。それは人生の厳しい局面、特に自分の罪の結果と現実的に向き合わせない。具体的は、死の赤裸々な事実（ヘブル9:27）に対してである。死について考えることを避けさせる多くの試みの根底には、死が罪の報酬である（ローマ6:23）という認識が抑圧された形で存在している。

(3) 罪の否定

死の否定に伴うのは、さまざまな形での罪の否定である。罪のラベルを貼り替え、罪としては全く認められないようにすることもある。病気や欠乏、無知、最悪の場合には社会的不適応に関するものとみなされたりもする。

罪を否定するもう一つの方法は、自分の行動が悪かったことは認めるが、その責任をとるのを拒否することである。このような力強い力が、人類最初の罪の事例のうちに作用しているのを見る。「あなたが裸であることを、だれがあなたに告げたのか。あなたは、食べてはならない、とわたしが命じた木から食べたのか」（創世3:11）という主の問いに直面すると、アダムは責任転嫁（てんか）という手段を用いて応答した。「私のそばにいるようにとあなたが与えてくださったこの女が、あの木から取って私にくれたので、私は食べたのです」（12節）。アダムの即座の反応は個人的責任の否定であった。そして、アダムはエバに誘われて食べただけだと、神にまで責任を転嫁しようとしたことに注目すべきである。

自分の責任を転嫁しようとする試みは、一般によく見られるものである。心の奥底にはしばしば罪責感があり、人はそれを何としても根絶したいと願う。ところが、責任転嫁を試みると罪を悪化させ、悔い改めは困難になる。自分の行動についての弁解や説明はすべて、我々の罪の深さのしるしである。

(4) 自己欺瞞

自己欺瞞は、我々が罪を否定するときに根底に潜んでいる問題である。エレミヤは記している。

> 心は何ものよりも欺瞞に満ち〔あてにならない、曲がっている〕、手の施しようがない。だれがそれを理解できよう。
> （エレミヤ17:9〔NIV 訳注〕）

イエスがしばしば話題にした偽善者たちは、おそらく他者を欺く前に自らを欺いていた。イエスは自己欺瞞がどれほどばかげたところまで行くか指摘した。「あなたは、兄弟の目にあるちりは見えるのに、自分の目にある梁には、なぜ気がつかないのですか」（マタイ7:3）。

(5) 無感覚

罪はまた無感覚を生じる。罪を犯し続け、神の警告と非難を拒否し続けるにつれて良心の促しや御言葉や御霊による示しに対してますます鈍感になっていく。いずれは、大きな罪であっても平気で犯すことができるようになる。イエスの宣教の中での最も明らかな実例は、おそらくパリサイ人である。彼らはイエスの奇蹟を見、教えを聞いていたにもかかわらず、聖霊の働きであったものを、悪魔の王であるベルゼブルに帰した（マタイ12:24）。

(6) 自己中心

自己中心性の高まりも罪から生じる。多くの面で、罪とは自己への方向転換であり、それは実践によって確立されていく。自分自身や自分の長所、功績に注目してもらい、自分の短所は最小限に評価するようになる。人生において特別な愛顧と機会を求め、他の人にはないちょっとした特別な優遇措置を期待する。他人の欲求と要求は無視する

一方で、自分の欲求と要求についてはある特別な敏感さをもって反応する。

(7) 不安

最後に、罪はしばしば不安をもたらす。罪にはある飽くことを知らない性質がある。完全な満足というものは決してもたらされない。しばらくの間は比較的平穏で安定の中にいる罪人もいるかもしれないが、罪は最終的に満足させる力を失わせる。「人を満足させるためにはどのくらい金銭がいるか」という質問への答えとして、ジョン・D・ロックフェラーは「あとほんの少し」と応答したといわれている。

3. 他者との関係への影響

(1) 競争、張り合うこと

罪は対人関係にも重大な影響を与える。その中で最も重要なものの一つは、競争の激増である。人は罪によって次第に自己中心的で自己志向的になるため、必然的に他者と争うようになる。我々は他の人と同じ地位や同じ結婚相手、同じ不動産を望む。誰かが勝てば、必ず他の人は負ける。人間の競争が最も極端で大規模になると戦争という形をとり、財産と人命の大量破壊を伴う。ヤコブは戦争に至るおもな要因についてはっきりと述べている。「あなたがたの間の戦いや争いは、どこから出て来るのでしょうか。ここから、すなわち、あなたがたのからだの中で戦う欲望から出て来るのではありませんか。あなたがたは、欲しても自分のものにならないと、人殺しをします。熱望しても手に入れることができないと、争ったり戦ったりします」(ヤコブ4:1-2)

(2) 共感する能力の欠如

他人と共感できないことは罪の重大な結果である。個人的欲望、評判、見解を気にしているために、自分の観点からだけで、物事を見ようとする。これはパウロが読者たちに推奨したことと正反対である。「何事も利己的な思いや虚栄からするのではなく、へりくだって、互いに人を自分よりすぐれた者と思いなさい。それぞれ、自分のことだけでなく、ほかの人のことも顧みなさい。キリスト・イエスのうちにあるこの思いを、あなたがたの間でも抱きなさい」(ピリピ2:3-5)

(3) 権威の否定

権威の否定は、しばしば罪から派生する社会的問題である。もし自分の所有物と業績に安全を求めるなら、外にあるいかなる権威も脅威となる。その権威は自分がしたいと思うことに制限を加えるので、抵抗し、無視しなければならない。もちろんその過程で、他の多くの人たちの権利が踏みにじられる可能性がある。

(4) 愛する能力の欠如

最後に、罪は愛することを不可能にする。我々の目的が自己満足であるならば、我々の邪魔をする人々は競争と我々への脅威を表し、したがって我々は他人の究極の幸福のために行動できない。猜疑心・葛藤・辛辣、および憎悪さえもが、自我没頭もしくは有限な価値観の追求から生じてくる。この有限な価値観が罪人の生活の中心において神に取って代わる。

罪は深刻な事柄であり、神との関係、自己との関係、他の人間との関係に広範囲にわたる影響を及ぼす。したがって、同じように広範囲な効果をもつ治療法を必要とする。

研究課題

- 旧約聖書と新約聖書は、罪とその影響についての理解においてどのように比較されるか。
- 罪は死とどのような関係にあるか。

- 罪人にはどのような罪の影響が明らかであるか。
- 他の人間たちとの関係において、罪の影響は何か。
- もしあなたが罪に関する説教か授業の原稿を書いているとしたら、どのようにして聴衆に罪の深刻さを印象づけるか。

第4部 人間

第22章 罪の重大さ

本章の目的

1. 罪の範囲に関する旧新約聖書の教えを、罪のより十分な理解と関連づける。
2. 罪の強烈さに関する旧新約聖書の教えを、罪の蔓延に関する広範な理解と関連づける。
3. 原罪に関する三つの伝統的な説、ペラギウス主義、アルミニウス主義、カルヴァン主義を明らかにし、説明する。
4. これらの諸理論から聖書的に適切な概念を推論し、原罪の聖書的で現代的なモデルを考案する。

本章の概要

罪に関する旧新約聖書双方の説明から、罪が普遍的なものであることは明らかである。さらに旧約も新約も、すべての人間の中における罪の深さと広さを断言している。全的に堕落しているという概念は、正しく理解されていれば、罪人の状態を説明するのに役立つ。原罪に関する三つの歴史的見解には、ペラギウス主義、アルミニウス主義、カルヴァン主義があげられる。罪の重大性の今日的理解には、聖書全体からの見方とこれらの伝統的諸見解のうちの最良の要素とが統合されている。

本章のアウトライン

1. 罪の範囲 219
  (1) 旧約聖書の教え 219
  (2) 新約聖書の教え 219

2. 罪の強烈さ 220
  (1) 旧約聖書の教え 220
  (2) 新約聖書の教え 221
  (3) 罪と全的堕落 221

3. 原罪に関する諸説 223
  (1) ペラギウス主義 223
  (2) アルミニウス主義 224
  (3) カルヴァン主義 224

4. 原罪——聖書的で現代的なモデル 225

第22章　罪の重大さ

罪の本質、その根源とその影響についていくらか見てきたところで、今度はその重大さについて問わなければならない。この問いには次の二つの側面がある。①罪はどれほど広範囲にあり、どれほど一般的か。②どれほど激烈で、どれほど根源的か。

1. 罪の範囲

誰が罪を犯すのかという問いに対する答えは明白である。すなわち、罪は普遍的なものである。少数の孤立した個人だけではなく、人類の大多数でさえなく、すべての人間が例外なく罪人である。

(1) 旧約聖書の教え

罪の普遍性は、聖書の中でいくつかの方法で教えられている。旧約聖書で、我々はすべての人についての一般的な言明をいつも見いだすわけではないが、その時代に生きている人々について書かれているものを見ることができる。ノアの時代には人類の罪が非常に大きく広範囲に及んでいたので、神はすべて（ノアとその家族、箱舟に入れられた動物を除く）を滅ぼすと決意された。その描写は生き生きとしている。「主は、地上に人の悪が増大し、その心に図ることがみな、いつも悪に傾くのをご覧になった」（創世6：5）。神は人類を造ったことを後悔し、腐敗が全世界的であったため、人類のすべてを他のすべての生物とともに消滅させる決心をした。

大洪水が地上の悪しき者を滅ぼしたのちも、神はなお「人の心が思い図ることは、幼いときから悪である」（創世8：21）とみなされた。人間の罪深さについての断定的な主張がⅠ列王8：46に見いだされる。「罪に陥らない人は一人もいません」（ローマ3：23参照）。ダビデも神のあわれみを求めたとき、同様の主張をしている。

> あなたのしもべをさばきにかけないでください。
> 生ける者はだれ一人
> あなたの前に正しいと認められないからです[1]。　　　（詩篇143：2）

人類の普遍的罪深さに関するこれらの主張は、全き人または潔白な人についての聖書の言及（たとえば詩篇37：37、箴言11：5）すべてを限定するものとみなされるべきである。完全であると明確にいわれている人々でさえ、欠点がある。ダビデは神ご自身の心にかなう人であった（Ⅰサムエル13：14）。それでも彼の罪は非常に重いものであり、偉大な悔い改めの詩篇（51篇）を書く機会となった。イザヤ53：6は罪人の比喩的な描写を普遍化するために苦心している。

> 私たちはみな、羊のようにさまよい、
> それぞれ自分勝手な道に向かって行った。
> しかし、主は私たちすべての者の咎を
> 彼に負わせた。

(2) 新約聖書の教え

新約聖書は罪の普遍性についてさらに明確に述べている。最もよく知られている箇所はもちろんローマ3章で、そこでパウロは詩篇14篇と53篇、および5：9、140：3、10：7、36：1、イザヤ59：7-8を引用し、詳しく述べている。「ユダヤ人もギリシア人も、すべての人が罪の下にある」（9節）と主張し、さらに、いくつかの記述を引用して積み重ねていく。その引用は以下のように始まっている。

> 義人はいない。一人もいない。
> 悟る者はいない。
> 神を求める者はいない。
> すべての者が離れて行き、
> だれもかれも無用の者となった。

---

1 詩篇130：3、伝道者7：20も見よ。

善を行う者はいない。
だれ一人いない。　　　　　(10-12節)

　律法の行いによっては誰一人義と認められない（20節）。その理由は明らかである。「すべての人は罪を犯して、神の栄光を受けることができ」ないからである（23節）。パウロはまた、キリスト教信仰の外にいる不信者のことだけを語っているのではなく、自分も含めた信仰者についても語っていることを明らかにしている（エペソ2:3）。この普遍的原理に例外がないことは明らかである。

　聖書は、すべての人が罪人であるとしばしば断言しているだけでなく、すべての人が罪人であることをあらゆる箇所で前提としている。たとえば、悔い改めよとの命令がすべての者と結びついていることに注目するべきである。アレオパゴスの丘での演説でパウロは、「神はそのような無知の時代を見過ごしておられましたが、今はどこででも、すべての人に悔い改めを命じておられます」（使徒17:30）と語った。新約聖書では明らかに、一人一人が、人間であるということによって、悔い改めと新生を必要とする罪人であるとみなされている。罪は普遍的なものである。チャールズ・ライダー・スミスが説明しているように、「罪の普遍性は事実とされている。調べてみると、それは使徒の働き中のすべての話に、ステパノによる話にさえ見いだされ、どの使徒書簡も人がみな罪を犯したことを前提にしている。これはまた、共観福音書におけるイエスの前提であり……イエスは『ここに罪人がいる』という前提に基づいて皆を取り扱う[2]」。

　罪の普遍性に付け加えられる証拠は、すべての人が罪の刑罰、すなわち死の支配下にあることである。キリストの再臨の際に生きている者を除いて、すべての人は死に服する。ローマ3:23（「すべての人は罪を犯して、神の栄光を受けることができず」）と6:23（「罪の報酬は死です」）は、相互に関連している。後者で語られている死の普遍性は、前者の聖句が述べている罪の普遍性の証拠である。この二箇所の間に来るのがローマ5:12である。「こういうわけで、ちょうど一人の人によって罪が世界に入り、罪によって死が入り、こうして、すべての人が罪を犯したので、死がすべての人に広がった」。ここでも罪は普遍的なものとみなされている。

2. 罪の強烈さ

　罪の範囲が普遍的なものであることを見てきたので、今度は罪の強烈さの問題に移る。罪人はどれほど罪深いのか。我々の罪はどれだけ底深いのか。我々は基本的にはきよく、善へと積極的に向かう傾向をもっているのか、あるいは全的かつ絶対的に腐敗しているのか。聖書資料を注意深く見、そののちそれらを解釈し、統合しなければならない。

(1) 旧約聖書の教え

　旧約聖書の大半は、罪深さよりも個々の罪について語り、罪を状態や性癖（せいへき）としてよりも行為として語っている。それでも、関係する動機に基づいて罪の間に区別がなされている。故意にではなく偶発的に殺人を犯した者のためには避難所に逃げ込む権利が取って置かれた（申命4:42）。動機は、行為自体と同じくらい重要だった。さらに、内なる思考と意図したことは、外部の行為とは全く別のものとして非難された。一例は貪欲の罪で、意識的に選択された内的な欲望である[3]。

　旧約聖書の罪理解はさらに一歩進んでいる。特にエレミヤとエゼキエルが書いたも

---

[2] Charles Ryder Smith, *The Bible Doctrine of Sin and of the Ways of God with Sinners* (London: Epworth, 1953), 159–60.

[3] Ibid., 34.

のにおいて、罪は心を苦しめる霊的病として描かれている。我々の心は悪いものであり、変えられなければならない、あるいは交換されなければならない。我々は単に悪を行うだけではない。我々の内的傾向そのものが悪なのである。

> 心は何ものよりも欺瞞に満ち、手の施しようがない。だれがそれを理解できよう。　　（エレミヤ17:9〔NIV 訳注〕）

エゼキエル書で神は、民の心は変えられる必要があると主張している。「わたしは彼らに一つの心を与え、あなたがたのうちに新しい霊を与える。わたしは彼らのからだから石の心を取り除き、彼らに肉の心を与える」（エゼキエル11:19）

偉大な悔い改めの詩篇である51篇は、罪深さあるいは罪深い性質という考え方を最大限表現している。ここでは、罪とは内なる状態もしくは性癖であるという考え方と、内なる人格のきよめの必要性とが強調されていることを見いだす。ダビデは、自分が咎のうちに生まれただけでなく、罪のうちにみごもられたと述べ（5節）、主が心のうちに真実を望まれること、心の奥に知恵を教えられる必要性について語る（6節）。この詩篇の記者は、洗われ、きよめられること（2節）を祈り、自分のうちにきよい心を造り、新しくて正しい（もしくはゆるがない）霊を内側に置いてくださいと神に求める（10節）。詩篇の記者が、自分自身を罪を犯す者として考えているだけではなく、罪深い個人としても考えていることは明らかである。

(2) 新約聖書の教え

新約聖書は、これらの事柄に関しより明確であり、さらに強調している。イエスは内的な性質を悪として語った。殺人を犯さないだけでは不十分である。兄弟に腹を立てる者は裁判を受けなければならない（マタイ5:21-22）。姦淫を犯さないだけでは不十分である。もし男が女に情欲をいだくなら、すでに心の中で彼女と姦淫を犯したのである（マタイ5:27-28）。

パウロ自身の自己証言も、人間の本性の腐敗が個々の罪を生み出すという強力な主張となっている。彼は、「私たちが肉にあったときは、律法によって目覚めた罪の欲情が私たちのからだの中に働いて、死のために実を結」んだ（ローマ7:5）ことを想起する。「私のからだには異なる律法があって、それが私の心の律法に対して戦いを挑み、私を、からだにある罪の律法のうちにとりこにしている」（23節）と見る。それゆえパウロの考えでは、イエスのように罪とは人間本性の結果である。すべての人間には悪へと向かう強い傾向、明らかな結果を伴う性癖がある。

(3) 罪と全的堕落

堕落という概念には、しばしば「全的（total）」という形容詞が結びつけられている。聖書のまさに最初の箇所で「主は、地上に人の悪が増大し、その心に図ることがみな、いつも悪に傾くのをご覧になった」（創世6:5）とある。しかし、「全的堕落」という表現は、慎重に使用しなければならない。なぜなら、それは時々人間の性質の誤った理解を伝えるものとして解釈されてきたからである[4]。

我々のいう全的堕落とは、再生していない人は善悪についての良心の感覚が全く麻痺している、ということではない。パウロはローマ2:15で、異邦人にもその心に律法が書かれており、「彼らの良心も証しして いて、彼らの心の思いは互いに責め合ったり、また弁明し合ったりさえするのです」と言っている。さらに、全的堕落とは、罪深い人間は極限まで罪深いということではない。新生していないが純粋に利他的な

---

[4] Augustus H. Strong, *Systematic Theology* (Westwood, NJ: Revell, 1907), 637–38; Louis Berkhof, *Systematic Theology* (Grand Rapids: Eerdmans, 1953), 246.

人々もいる。他者に対して親切で寛容で、愛を示す人々であり、善良で献身的な配偶者や親である。終わりに、全的堕落の教理とは、罪人が考えられうる限りのあらゆる悪行に走るということではない。

> 全的堕落とは、罪が人のあらゆる側面に影響を与えていることである。つまり、我々の良い行いは神への愛から完全に行われておらず、また、この罪深い状態から自らを救い出すことは絶対にできないことを意味する。

それでは、全的堕落という概念は、決定的に何を意味しているのか。第一に、罪はその人の全存在に関わる事柄であるということである[5]。罪の座は、肉体や理性といった人格の単なる一側面ではない。確かに、いくつかの聖書箇所から、肉体が影響を受けることははっきりしている（たとえば、ローマ6:6、12、7:24、8:10、13）。他の箇所は、心または理性が関わっている（たとえば、ローマ1:21、Ⅱコリント3:14-15、4:4）。また感情が関係している（たとえば、ローマ1:26-27、ガラテヤ5:24、Ⅱテモテ3:2-4。そこでは不敬虔な者が、神を愛するより自己と快楽を愛する者として描かれている）。最後に、意志も影響を受けている。新生していない人は、真の自由意志をもっておらず、罪の奴隷である（ローマ6:17）。

さらに、全的堕落は、再生していない人はその利他主義にさえ常に不適切な動機の要素を含んでいることを意味する。その良い行いは完全には行われておらず、第一義的に神への完全な愛から行われているのでもない。それぞれの場合にもう一つの要素、すなわち、自分自身の自己利益の優先か、それとも神よりも他の何らかの目的の優先

かということが含まれているのである。イエスとしばしば対話をしたパリサイ人たちは多くの良いことをしたが（マタイ23:23）、神への真の愛はなかった。それで主は彼らに言われた。

> あなたがたは、聖書の中に永遠のいのちがあると思って、聖書を調べています。その聖書は、わたしについて証ししているものです。それなのに、あなたがたは、いのちを得るためにわたしのもとに来ようとはしません。わたしは人からの栄誉は受けません。しかし、わたしは知っています。あなたがたのうちに神への愛がないことを。　　（ヨハネ5:39-42）

最後に、全的堕落とは、罪人が罪深い状況から自らを救い出すことは絶対にできない、ことを意味する[6]。彼らのなす善行が神への完全な愛より低いもので汚染されているということは別にしても、合法的な良い行為が常に一貫性を保つことはできない。罪人は、決断や意志の力や改革によって自分の生活を変えることはできない。罪から逃れることはできない。この事実は、聖書が罪人を「霊的に死んだ者」と頻繁に呼ぶことの中に現れている（エペソ2:1-2、5）。これらのさまざまな表現は、罪人が霊的な感受性において全く無感覚で無反応であるといっているのではない。むしろ、なすべきことができないという意味である。新生していない人には、悪を償う純粋な善行を行うことはできない。そのなすことは何であれ、神との関係においては死んだもの、効果がないものである。行いによる救いは全く不可能である（エペソ2:8-9）。

自分の力で完璧な生活をしようとした者は誰でも、ここでパウロが語っていることに気づいている。そのような努力の結末は、よくても挫折で終わる。ある神学校の教授が個人的な試みについて述べている。彼は

---

[5] Berkhof, *Systematic Theology*, 247.

[6] Strong, *Systematic Theology*, 640–46.

第22章　罪の重大さ

キリスト者生活の特徴を三十項目挙げた。そしてその一つ一つを一か月の一日ずつに割りふった。第一日目、彼は最初の項目に懸命に取り組んだ。非常に集中して、その目標を一日中実践することがなんとかできた。その月の二日目には、第二の領域に切り替えてそれを修得した。次に他の領域に移り、順にそれぞれを達成した。最終日には、その日に割り当てられた特徴を完璧に成し遂げた。しかし勝利を喜んでいるまさにそのときに、第一日目の目標を振り返って、それをどうしているのか考えてみた。残念なことに、最初の日の目標のことを完全に忘れていたことに気づいた。そして二日目、三日目、四日目の目標も。彼の経験は、聖書が我々に教えていることに関する実証的研究である。「善を行う者はいない。／だれ一人いない」（詩篇14：3b、53：3b、ローマ3：12）。聖書はまた、その理由を述べている。「すべての者が離れて行き／だれもかれも無用の者となった［堕落している］」（詩篇14：3a、53：3a）。神の好意を得る資格を得るのに十分な、真に功績のある行いをすることは全くできない。

3. 原罪に関する諸説

明らかに例外なしに我々すべてが罪人である。これが意味していることは、我々すべてが罪を犯すということだけではない。我々すべてが堕落した、あるいは腐敗した本性をもっており、その本性が我々を事実上避けがたいほどの罪に向かわせるということである。どうしてこのようなことがありうるのか。この驚くべき事実の基底となっているものは何であろうか。我々すべての者の中に共通した要素が働いているに違いない。しかし、しばしば原罪と呼ばれるこの共通の要素とは何であろうか[7]。それはどこに由来し、どのように伝達されるのか。

我々はその答えをローマ5章に見いだす。「こういうわけで、ちょうど一人の人によって罪が世界に入り、罪によって死が入り、こうして、すべての人が罪を犯したので、死がすべての人に広がった」（12節）。この思想は、後に続く聖句でも、いくつかの異なった形で繰り返される（15-19節）。パウロは、アダムがしたことと、歴史を通してのすべての人々の罪深さとの間に、ある種の因果関係を見ている。しかし、アダムからすべての人間に及ぼされるこの影響の性質はいったい何か。そしてそれはどのような手段によって作用するのであろうか。

このアダムの影響を理解し、解明するために多くの試みがなされてきた。以下において、それらの取り組みのいくつかを調べ、評価する。それから聖書の証言のさまざまな側面を正しく扱い、現代の文脈において理解できるモデルを構築する。

(1) ペラギウス主義

個々の人間とアダムの最初の罪との関係についての見解で、最初のものは、ペラギウスの見解である。彼は英国の修道士で、教師となるためにローマへ移ったと考えられている[8]。ペラギウスは道徳主義者であった。第一の関心事は、人々が善良で慎み深い生活を送ることであった。彼にとって、人間の本性を過度に否定的に見ることは、人間の行動に悪影響を及ぼすように思えた。人間は罪深いという評価を神の主権の強調と結びつけるならば、正しい生活を送るための動機づけをすべて取り除いてしまうように思えた[9]。

これらの傾向に反対して、ペラギウスは人間の自由意志を強調した。人間は他の被造物と異なり、宇宙のもつ支配的な影響か

---

[7]「原罪」で我々が意味するものは、我々がそれとともに生を開始する罪の次元、あるいはアダムの罪が人生の前提条件として我々に及ぼす影響のことである。

[8] John Ferguson, *Pelagius* (Cambridge: W. Heffer, 1956), 40.

[9] Ibid., 47.

ら自由な存在として造られた。さらに彼は、今日の人間は堕落の決定的な影響からも自由であると主張した。霊魂の起源に関して霊魂創造説の立場をとるペラギウスは、神が人間一人一人のために特別に創造した霊魂は、推定される腐敗や罪責のいかなる影響をも受けていないとした[10]。アダムが子孫に及ぼした影響とは、仮にそれがあるとするなら、悪い手本を与えたにすぎない。

もしアダムの罪が人間各自に直接影響を及ぼさないのであれば、各人の心の中で神の恵みが特別に働く必要はない。むしろ神の恵みは、単にどこにでも、いつでも存在するものである[11]。我々は自分の努力により、罪を犯すことなく神の戒めを実現できる[12]。それによると生命の始まりにおいて、罪へと向かう生まれつきの傾向はない。罪への後天的な傾向は、悪い習慣の積み重ねを通してのみ生じる。こうして、行いによる救いは、その呼称に誤りのようなものがあるとはいえ、かなり実現可能なものとなる。我々は本当は罪深くなく、有罪でなく、とがめられることもないのだから、この過程は現在我々を束縛している何かからの救いではない。それはむしろ我々の正しい立場と良い状態の保持または維持である。我々は自分自身の功績を重ねることにおいて、罪深い状態に陥ることを避ける。

(2) アルミニウス主義

これより穏健な見解はアルミニウス主義である。オランダ改革派の牧師であり神学者であったヤコブス・アルミニウスは、自分の教育された神学的立場をかなり修正した[13]。アルミニウス主義では、我々はアダムから腐敗した本性を受け継いだと主張する。人生は義なしで始まるのであると。こうして、すべての人は、神の特別な助けがなければ神の霊的な戒めを守り通すことはできない。だが、この無能性は、肉体と知性におけるものであり、意志には関係がない。

あるアルミニウス主義者は「罪責」も原罪の一部であるというが、それは実際に有罪であるというのではなく、刑罰に服すべきものであることを意味するだけである。なぜなら、アダムの罪を通して我々にとって有罪性や罪の宣告が増大しているとしても、それらは先行的恩寵によって取り除かれているからである。オートン・ワイリーはいう。「堕落が罪の本質であるとはいえ、いまや人は、自分自身の本性の堕落のゆえに罪を宣告されるのではない。我々の主張では、その有罪性は、キリストの無償の賜物によって除去されている」。この先行的恩恵（せんこうてきおんけい）はすべての人に及び、その効果は、アダムから受け継いだ腐敗を無力化する[14]。

(3) カルヴァン主義

カルヴァン主義者は原罪という問題に、神学上、他の大半の学派よりも多く注目してきた。一般的にいって、この事項に関してカルヴァン主義は、アダムの罪とあらゆる時代のすべての人との間にはっきりした結びつきがあるという立場をとる。それによると、ある意味でアダムの罪は単なる孤立した一個人の罪でなく、我々の罪でもある。我々はその罪にあずかっているゆえに、みなが生命の始まり、つまりおそらくは受胎の瞬間から、堕落した性質を受け取り、その結果罪へと向かう傾向を一緒に受け継

---

[10] Robert F. Evans, *Pelagius: Inquiries and Reappraisals* (New York: Seabury, 1968), 82–83.

[11] Augustine, *On the Grace of Christ and on Original Sin* 1.3（アウグスティヌス『キリストの恵みについて、および原罪について』）.

[12] Augustine, *On the Proceedings of Pelagius* 16（アウグスティヌス『ペラギウスの行状について』）.

[13] アルミニウスが確信に満ちたカルヴァン主義者で、改革派信仰を擁護する仕事を任され、「擁護する」過程で正反対の見解に転向したという伝承は、非常に疑わしい。Carl Bangs, *Arminius: A Study in the Dutch Reformation* (Nashville: Abingdon, 1971), 138–41 を見よ。

[14] H. Orton Wiley, *Christian Theology* (Kansas City, MO: Beacon Hill, 1958), 2: 121–28. 引用は p. 135 から。

第22章　罪の重大さ

ぐ。さらにまた、すべての人はアダムの罪責を負っている。罪への刑罰である死は、アダムからすべての人類に伝達された。この死がすべての人が罪責を負っている証拠である。このように、神は人類に対して堕落した性質も罪責も負わせていないというペラギウス主義の見解や、堕落した性質は負わせているが罪責（過失という意味で）は負わせていないというアルミニウス主義の見解に対し、カルヴァン主義の体系においては、神は人間に、堕落した性質も罪責も負わせているとされる。カルヴァン主義の立場は、ローマ5：12-19でのパウロの主張の非常に字義的（じぎてき）な理解に基づいている。そのパウロの主張とは、アダムを通して罪が世に入り、その罪を通して死が入り、こうして死がすべての人に伝わった、なぜならすべての者が罪を犯したからだ、というものである。一人の人の罪を通して、すべての者が罪人となったと理解する。

ここでアダムと我々との結びつき、または関係の性質に関し疑問が生じる。それゆえ、アダムの最初の罪と我々の罪深さとの間の結びつき、または関係の性質に関してもそうである。この問いに答えるため数多くの試みがなされた。二つの主な方法では、この関係を契約上の代表者性（federal headship）と自然的代表者性（natural headship）という見地から見る。

契約上の代表者性という見地からアダムの我々との結びつきを見る方法は、一般に霊魂の起源についての創造説と関係している。この見解によれば、人間は身体的本質は遺伝的に親から受け継ぐが、霊魂は各個人のために神が特別に創造なさるものであり、誕生の際（または別の適当な時期）に身体と結合する。それゆえ、我々は心理的にも霊的にも、アダムを含む先祖のうちには存在しなかった。しかしながら、アダムは我々の代表であった。そのため彼の行動の結果は、子孫にも受け継がれた。アダムは、言わば我々すべてに代わって被験期間中の身であった。そしてアダムが罪を犯したゆえに、我々すべては罪責をもつ腐敗した者として扱われている。神とアダムとの間に結ばれた契約に基づいて、代表としてのアダムがしたことを我々が実際にそして個人的に行ったかのように取り扱われる。

もう一つの、我々とアダムの結びつきを見る主要な方法では、自然的（もしくは現実的）代表者性の観点から見る。この見解は霊魂の起源についての霊魂伝移説と関係している。これによると、我々は身体的性質を親から受け継ぐのと同じように、霊魂も受け継ぐ。それゆえ、我々は先祖のうちに胚（はい）や精子の形で存在していた。つまり、真の意味でアダムの中にいた。アダムの行動は、単に一人の孤立した個人の行動であったのではなく、人類全体の行動であった。それゆえ、アダムから腐敗した本性と罪責を受け継いだことに関して、不公平なことや不適切なことはない。我々は自分たちの罪の当然の結果を受けているからである。これがアウグスティヌスの見解である[15]。

4. 原罪 ── 聖書的で現代的なモデル

原罪の聖書的で現代的なモデルを構築する上で、重要な聖句は、ローマ5：12-19である。パウロは、死は罪の結果であると主張している。12節は特に決定的である。「こういうわけで、ちょうど一人の人によって罪が世界に入り、罪によって死が入り、こうして、すべての人が罪を犯したので、死がすべての人に広がった」。これらの言葉の正確な意味が何であれ、アダムの罪のゆえに人類のうちに死が発生した、とパウロが語っているのは確かである。彼はまた、死は普遍的なものであり、このことの原因

---

[15] Augustine, *A Treatise on the Merits and Forgiveness of Sins, and the Baptism of Infants* 1.8-11（アウグスティヌス『罪の功績と赦し、および幼児の洗礼についての論文』）。

は人類の普遍的な罪であると述べている。しかし後になって、すべての人の死の原因は、一人の人アダムの罪であると言う。「一人の違反によって多くの人が死んだ」（15節）、「一人の違反により、一人によって死が支配するようになった」（17節）と。問題は、アダムの罪によって死が普遍的になったという言明を、すべての人間の罪によって死が普遍的になったという言明と、どのようにして関連づけるかである。

12節の最後の文節でパウロはすべての人の個人的な罪について語っている、という説が示されてきた。我々すべては個々に罪を犯し、それによって、我々自身の行動を通して、アダムが自らの行動を通して陥ったのと同じ個人的罪責に陥るのであると。するとこの節は次のように訳される。「このようにして死はすべての者に入ってきた。というのもすべての者が罪を犯したからである」。個人的な行動に対する責任の原則とそれ自身に対する責任の原則に沿って言えば、すべての人は罪責があるためにすべては死ぬのであり、つまりそれはそれぞれが自分自身で罪を犯したためにすべての人には罪責があるという意味である。

この解釈には、いくつか問題点がある。一つは12節の「罪を犯した」の訳である。この解釈がもし正しいのなら、「罪を犯す」は、あることが継続して起こっていることを示す現在形で書かれるほうがふさわしい。さらに、「すべての者が罪を犯す」で言及されている罪は、「一人の人によって罪が世界に入り」で言及されている罪とは異なっていることになる。15節と17節で言及されている罪と異なるのと同様である。それに加えて、後半の二つの文節もまた説明する必要が出てくる。

12節の最後の文節（英訳聖書では「すべての人が罪を犯したので」――訳注）を理解するもう一つの方法がある。これらの問題点を避けながら、15節と17節を通して、何らかの意味を見つけ出すやり方である。「罪を犯した」と訳されているギリシア語の動詞は単純不定過去形である。この時制は、通常、ある一つの過去の行動を指す。パウロがもし罪の継続する過程を指すことを意図したのなら、現在形と未完了形が利用できた。しかし彼は不定過去形を選んだのだから、それを額面どおり受け取るべきである。確かに、すべての人間の罪とアダムの罪とを同じものとみなすなら、すでに指摘した問題点はかなり簡単になる。そうすると、12節と15、17節との間の葛藤はなくなる。さらに、14節に提示された潜在的な問題は解決される。そこには「死は、アダムからモーセまでの間も、アダムの違反と同じようには罪を犯さなかった人々さえも、支配しました」とあるが、重要なのはアダムの罪を模倣したり繰り返したりすることではなく、その罪にあずかることである。

12節の最後の節は、我々がある意味においてアダムの罪と関わりがあると告げている。それはある点で我々の罪でもあると。しかし、それはどういう意味なのか。一方において、アダムはすべての人のために行動したという契約上の代表者性の見地から理解できるかもしれない。神と我々の代表であるアダムとの間には一種の契約があり、そのためアダムのしたことは、我々を束縛するのであると。けれども、アダムの罪に我々が関わることは、自然的代表者性という見地からのほうが理解できるかもしれない。すなわち、我々人間の本性の全体は、身体的性質も霊的性質も、物質的性質も非物質的性質も、最初の夫婦から継承していて親から、さらに遠い祖先から、受けている、という立場である。これに基づいて、我々は、アダムのうちに実際に存在したのであり、それゆえ我々は皆、アダムの行動において罪を犯したのである。そうだとすると、原罪の結果として我々が有罪判決を受け、死刑に処されることに不正はない。

しかしながら、ここで赤ん坊と子どもの状態という問題を追加すべきである。今論じてきた推論が正しいとすると、人はすべ

て、罪の結果としての腐敗した本性と罪責とをもって人生を開始することになる。このことは、もしこれらの小さい者たちが「恵みと義の賜物をあふれるばかり受け」る（17節）意志的な決断をする前に死んだなら、失われて永遠の死に定められることを意味する。

　赤ん坊や道徳的な判断力をもちえない者の立場をどのように理解するかというのは難しい問題である。このことに関し、我々の主は、彼らを有罪判決を受けている者とみなしていなかったように思われる。実際、彼らを神の国を受け継ぐ人々の模範として引き合いに出しておられる（マタイ18:3、19:14）。ダビデは死んだわが子ともう一度会うことになると信じていた（Ⅱサムエル12:23）。このような考察を基にすると、子どもは罪深く、有罪判決を受けた、失われた者であると主張することは困難である。

　我々が概説してきた教理の中にある主要点を要約しよう。聖書は、特にパウロの手紙において、すべての人はアダムの罪のゆえに腐敗した本性を受け継ぎ、そして神の目から見て罪ある者であると主張している、と我々は論じた。さらに、原罪の転嫁についてはアウグスティヌスの見解（自然的代表者性）を支持した。我々はみな、アダムの人格のうちに未分化で一様な形で存在していた。アダムはエバとともに人類全体であった。したがって、罪を犯したのはアダムだけではなく、人類である。我々はみな、個人的にではないとはいえ、その罪に関わりをもっており、その罪に責任がある。それに加えて、聖書の教えでは子どもは、少なくとも道徳的、霊的事柄に責任をもてる年齢に達するまでは、この罪のゆえに神に有罪を宣告されることはない、と論じた。今、原罪の教理が、これらの要素すべてを公正に扱う形で考えられ、また表現することができるかを問わなければならない。

　パウロがローマ5章で、我々に対するアダムの関係とキリストの関係との並行描写は印象的である。Ⅰコリント15:22にも同様のことが述べられている。「アダムにあってすべての人が死んでいるように、キリストにあってすべての人が生かされるのです」。両者がそれぞれしたことは、ある並行的な形で我々に影響を与えている（アダムの罪が死に導くように、キリストの義の行為はいのちへと導く）とパウロは主張している。この並行関係は何であろうか。もしアダムに対する告発と罪責とが、我々の側が彼の行為を意識的に選択するということなしに、我々に転嫁された（我々にはそう考える傾向があるかもしれない）なら、そのことはキリストの義と贖いのわざの転嫁にも当てはまるはずである。しかし、キリストの死は、受肉を通して彼が人となったことだけにより我々を義とするのであって、彼のみわざを我々が意識的に個人的に受け入れるかどうかとは、関係ないのだろうか。そして、アダムの罪が我々すべてに転嫁されたように、キリストの恵みは我々すべてに転嫁されたのであろうか。福音主義者たちの通常の答えは「否」である。失われた人と救われた人の二種類の区別があり、キリストのみわざを受け入れるという決心のみが人生の中で救いを有効にするというたくさんの証拠がある。しかし、これが当てはまる場合には、アダムの行動に基づく罪責の転嫁は、我々を含むアダムの存在があるにもかかわらず、何らかの意識的な選択を必要とするのではないだろうか。「無意識の信仰」がないのなら、「無意識の罪」はありうるのだろうか。また、死ぬ赤ん坊について何を言えるのであろうか。彼らはあの最初の罪にあずかったが、とにかく受け入れられ、救われている。キリストのみわざを（ついでに言えばアダムの罪も）意識的に選び取ることはなかったが、呪いの霊的影響は彼らの場合は否定されているのである。

　私の理解の現在の形は次のとおりである。我々みながアダムの罪に関わっていたので、堕落後の彼の堕落した性質と、彼の罪に付随する罪責と有罪宣告の両方を受け継いだ。

しかしながら、この罪責については、キリストの義の転嫁の場合と同じく、我々の側での何か意識的、意志的な決断があるに違いない。そうなるまでは、罪責の条件つき転嫁があるのみである。それゆえ、責任のとれる年齢に人が到達するまでは、罪の宣告はない。子どもが純粋に道徳的な決断ができるようになる前に死んだなら、アダムの罪の条件つき転嫁は現実のものとならない。その子どもが主とともに経験する未来は、道徳的責任をとれる年齢に到達し、キリストの贖いの死に基づく、提供された救いを受け入れた結果として罪が赦された者たちが経験するのと同じ種類の、主とともにある存在のあり方である。

> 我々が自らの腐敗した本性を受け入れる、または承認するときに、我々はアダムの罪の責任と罪責を負う者となる。

　我々の幼児的無垢を終わらせ、最初の罪の承認、堕落の承認を構成する意志決定の本質は何であろうか。この質問に対する一つの答えは、自分自身で罪を犯すまで、最初の罪の最終的な転嫁はない、自分で罪を犯すことでアダムの罪を承認する、というものである。アルミニウス主義の見解とは異なり、この立場では、最初の罪の瞬間において我々は、自分自身の罪"とともに原罪"の両者において罪責を負う。ただし、もう一つの立場がある。キリストのみわざを受け入れることと、アダムのわざを受け入れることとの間の並行関係をより十分に保つと同時に、最初の罪に対する我々の責任をより明白に指摘するという点で好ましい立場である。それによると、我々が自らの腐敗した本性を受け入れる、または承認するときに、我々は責任と罪責を負う者となる。我々一人一人の人生には、自分には罪へと傾く傾向があることに気づくときがある。その時点で我々はずっとそこにいた罪深い性質を憎むかもしれない。そしてその場合、我々はそれを悔い改め、福音についての認識があるならば、赦しときよめを神に求めるかもしれない。少なくともそこでは、自分の罪深い体質を拒否している。しかし、もしその罪深い本性に黙って従うなら、事実上、それを良いものといっているのである。その腐敗に対し暗黙の承認を与えることで、我々は再び大昔のエデンの園での行動を承認、または協力している。我々は自分自身の罪は何も犯すことがなくても、その罪において有罪となるのである。この見解は、原罪の教義を聖書に基づいて提示する上で、さまざまな要素に最も合致しているように思われる。

研究課題

- 罪の広範さに関する旧約聖書の教えと新約聖書の教えとの間に、どのような類似点と相違点があると理解できるか。
- 全的堕落によってまさに意味されているものは何か。
- ペラギウス主義とは何か。この立場にどのように反論するか。この立場は、現代文化の中に生きている多くの人の考えをどのように反映しているか。
- アルミニウス主義とカルヴァン主義を比較対照せよ。
- あなたがアダムの罪に関与した結果として、あなたが罪人であることについてどのように感じるか。著者が提示しているモデルは、そこから生じる困難のいくつかを取り除くことにつながるか。

第5部

キリストの人格とわざ

第23章 キリストの神性

本章の目的

1. イエス・キリストの神性に関する十分な理解とそれがキリスト教信仰にとってもつ重要性を明らかにする。
2. イエス・キリストの神性に関する聖書の教えを確認し、説明する。
3. イエス・キリストについての二つの見解、すなわちエビオン主義とアリウス主義を見分け、それらがイエス・キリストの神性に関する歴史的、聖書的な教えからどのような形で逸脱しているかを記述する。
4. バランスのとれたキリスト論を展開するために、キリストの神性に関して意味されている事柄を系統立てて述べる。

本章の概要

キリストの神性は、キリスト教信仰に関する論争と信念体系の頂点に位置している。エビオン派やアリウス派などの異端的な見方では、キリストを神的性質をもたない一人の独特な人間として描いてきた。関連する聖書箇所は、この見方が正しくないことを明らかに示している。キリストの神性は信仰者にとって、神についての知識、新しいいのち、神との個人的関係、およびキリストをそのようなお方として礼拝に値する方であることに関して真の価値をもっている。

本章のアウトライン

1. **聖書の教え** 231
   (1) イエスの自己意識 231
   (2) ヨハネの福音書 233
   (3) ヘブル人への手紙 234
   (4) パウロ 234
   (5)「主」という用語 234
   (6) 復活の証拠 235

2. **キリストの全き神性の信仰からの歴史における逸脱** 236
   (1) エビオン主義 236
   (2) アリウス主義 236

3. **機能論的キリスト論** 237

4. **キリストの神性が意味すること** 237

人間は、神を愛し、仕え、神と交わりを持つように創造されたことを見てきた。また、人間はこのような神の意図を達成することに失敗していることも見てきた。別の言葉で言えば、すべての人は罪を犯したということをである。しかしながら、神は我々を愛していたので、意図していた状態と関係に我々を回復させるために、キリストを通して行動することを選んだ。したがって、キリストの人格とわざについての我々の理解は、人間および罪についての教理から直接生じる。

キリスト教神学において最も論争され、しかも重要な話題の一つは、キリストの神性である。それは我々の信仰の中心に位置する。なぜなら、我々の信仰は、イエスが実際に人間のからだをまとった神であり、今まで生きていた中で最も独特の方であるとはいえ、単なる並はずれた人間でない、ということに依拠しているからである。

教会史においてずっと、イエスの神性に対するさまざまな挑戦が起こってきた。新しくは、イスラム教が攻撃的な挑戦者となっている。イスラム教は、イエスは偉大な預言者の一人であると主張する。イエスは十字架で死んだのではなく、だれか他の者が身代わりとなったのであり、死者の中からよみがえったのではないと。適切な権威はどこにあるのかという、より大きな問題が、イスラム教と正統的キリスト教とを分けているが、聖書がイエスについて何を教えているかを明確に理解することが肝心である。

1. 聖書の教え

他の教理もそうであるように、我々の第一義的な資料源は聖書の証言である。ここには多種多様な資料や強調点が見られるが、逸脱した意見はない。この考察に関係する言及をすべて調べることは不可能であるが、少なくともサンプルを抽出することはできる。

(1) イエスの自己意識

キリストの神性についての聖書の証拠を見るにあたり、イエス自身の自己意識から始める。イエスはご自身についてどのように考え、信じていたのか。ある者たちは、イエスが自分を神であると主張しなかったと論じる。イエスのメッセージの全体が御父についてであって、自身についてではなかった。それゆえ、我々はイエス"を"信じるようにではなく、イエス"とともに"信じるように招かれているのであると[1]。イエスが神性を明白に公然と主張したのでないことは事実である。「わたしは神である」と多くの言葉を用いて言うことはなかった。しかしながら、そこに確かに見られるのは、神より低い者にはふさわしくない主張である。たとえば、イエスは、「彼の御使いたち」を遣わすと言った（マタイ13:41〔直訳。文脈から、「彼」とは「人の子」すなわちイエス自身のことであるとわかる 訳注〕）。他の箇所で彼らは「神の御使いたち」（ルカ12:8-9、15:10）と言われている。この箇所は特に意義深い。というのは、イエスが御使いたちだけでなく、御国をもご自身のものとして述べているからである。

もっと意義深いのは、イエスが主張した特権である。特に、罪を赦すと主張したことで、神を汚したと非難されることになった。中風の人が四人の友人によって屋根を通って降ろされたとき、イエスの最初の発言は、「子よ、あなたの罪は赦された」（マルコ2:5）であった。律法学者たちの反応は、彼らがイエスの言葉にどのような意味を付け加えたかを示唆している。「この人は、なぜこのようなことを言うのか。神を冒瀆している。神おひとりのほかに、だれが罪を赦すことができるだろうか」（7節）。

---

1 Adolf von Harnack, *What Is Christianity?* (New York: Harper & Bros., 1957), 144（ハルナック『基督教の本質』山谷省吾訳、岩波文庫、1939年）。

彼らの反応は、イエスの発言を「神的な特権、実際に罪を赦す力の行使[2]」として解釈したことを示している。このことにロバート・スタインは注目する。イエスは他の特権も主張した。マタイ25:31-46で、世の罪をさばくことを語った。栄光の座に着き、羊をやぎから分けると。確かにこれは、神のみが行使できる力である。

イエスが主張し、行使した権威は、安息日に関しても明らかに見ることができる。神が安息日を神聖なものとして定めた（出エジプト20:8-11）。神のみがこの規則を廃棄もしくは修正できた。だが、イエスの弟子たちが安息日に麦の穂を摘み、パリサイ人たちが安息日の規則（少なくとも彼らの解釈での規則）が破られていると抗議したとき、何が起きたか。イエスは、ダビデが祭司のためにとってあったパンを食べて律法の一つを破ったことを指摘した。それから手近の状況に直接目を向けて主張した。「安息日は人のために設けられたのです。人が安息日のために造られたのではありません。ですから、人の子は安息日にも主です」（マルコ2:27-28）と。イエスは、安息日の位置を定義し直す権利をはっきりと主張した。事実上神と等しい者のみに属する権利をである。

また、イエスが御父との普通ではない関係を主張するのを見る。特にヨハネの福音書で報告されている言葉がそうである。たとえば、御父と一つであると主張し（ヨハネ10:30）、ご自身を見て知ることは御父を見て知ることであると主張する（ヨハネ14:7-9）。また、ヨハネ8:58の宣言の中には先在の主張がある。「まことに、まことに、あなたがたに言います。アブラハムが生まれる前から、『わたしはある』なのです」とイエスは答えた。「わたしはいた」でなく「わたしはある」と言ったことに注目すべきである。レオン・モリスは、ここで「明確な始まりを持つ存在様式」と「永遠の存在様式」の間に暗黙の対照があることを示唆している[3]。出エジプト3:14-15で主が名乗った「わたしはある」という定式的表現をイエスが暗にほのめかしている可能性はかなりある。この場合、出エジプト記と同じく、「わたしはある」は存在を示す定式である。イエスの主張の中には我々から見てかなりあいまいなものもある。しかし、敵対する者たちがそれらをどのように解釈したかについては疑問の余地はない。アブラハムより前に自分は存在していたというイエスの主張に対する、ユダヤ人の即座の反応は、石をとって投げつけようとすることであった（ヨハネ8:59）。確かにこれは、イエスは神を冒瀆したと受けとめたことを示している。というのは、石打ちは神を冒瀆した者に対する規定であったからである（レビ24:16）。イエスを石打ちにしようとしたのが、単に好ましくないことを言われて怒ったからであるなら、律法から見て殺人未遂の罪に問われていたはずである。

いくつかの点で、イエスの自己理解の最もはっきりしたしるしは、裁判と有罪宣告との関連において見ることができる。ヨハネの記事によれば、彼は「自分を神の子とした」（ヨハネ19:7）ということで訴えられた。マタイは、裁判で大祭司が次のように言ったと報告している。「私は生ける神によっておまえに命じる。おまえは神の子キリストなのか、答えよ」（マタイ26:63）。イエスは答えた。「あなたが言ったとおりです。しかし、わたしはあなたがたに言います。あなたがたは今から後に、人の子が力ある方の右の座に着き、そして天の雲とともに来るのを見ることになります」（64節）と。これは福音書の中で見つかる最も明確な神性の宣言である。

---

[2] Robert H. Stein, *The Method and Message of Jesus' Teaching* (Philadelphia: Westminster, 1978), 114.

[3] Leon Morris, *The Gospel according to John: The English Text with Introduction, Exposition, and Notes* (Grand Rapids: Eerdmans, 1971), 473（L・モリス『ヨハネ福音書』上・中・下、中村保夫訳、聖恵授産所出版部、1994、1996、1997年）。

イエスは、自分が神であると主張したとの訴えに異議を唱えなかったばかりか、弟子たちがご自身に神性を帰することも受け入れた。このことの最もはっきりした例は、「私の主、私の神よ」（ヨハネ20：28）というトマスの言明に対する反応である。もしそれが誤解であったなら、ここではそれを正すすばらしいチャンスがあったが、イエスはそうしなかった。

イエスの自己評価を示す付加的（ふかてき）事柄がある。一つは、イエスがご自身の言葉を当時の聖書であった旧約聖書と並置するやり方である。「……と言われていたのを、あなたがたは聞いています。しかし、わたしはあなたがたに言います。……」（たとえばマタイ5：21-22、27-28）と何度も言う。ここでイエスは、ご自身の言葉をあえて旧約聖書と同じレベルに置いている。イエスは旧約聖書の預言者たちが与えたのと同様の権威ある教えを制定する力を自らのうちにもっていると主張しているのである。

イエスはまた、ほのめかしと直接的な言明と行為とによって、生と死を支配する力をもっていることを主張している。ヨハネ5：21で「父が死人をよみがえらせ、いのちを与えられるように、子もまた、与えたいと思う者にいのちを与えます」と主張している。おそらく最も力強い言明は、マルタに対する次の言葉に見いだされる。「わたしはよみがえりです。いのちです。わたしを信じる者は死んでも生きるのです」（ヨハネ11：25）。

> イエスは、自分を御父と等しい存在として、神のみが行う権利をもっているのと同じ事柄を行う権利を所有する者として理解していた。

イエスは特に、ご自身の自己理解を伝える表現をご自身に当てはめた。これらの表現の一つが「神の子」である。この称号はさまざまな異なった意味をもつことができるが、イエスは「それに新しい内容を盛り込み、自らの無比な人格と神との関係を述べた[4]」。それはイエスが他の人間の関係とは全く区別された関係を御父ともっていたことを意味した。ユダヤ人たちは、イエスがそれによって「単に量的にではなく質的に、単に程度ではなく種類において[5]」異なるユニークな子としての立場を主張していることを理解していた。たとえばヨハネ5：2-18を読むと、イエスが安息日にいやしを行ったことを弁明して、ご自身のわざを御父のわざと結びつけたとき、ユダヤ人たちは非常な敵意をもって反応した。ヨハネが説明するように、「そのためユダヤ人たちは、ますますイエスを殺そうとするようになった。イエスが安息日を破っていただけでなく、神をご自分の父と呼び、ご自分を神と等しくされたからである」（18節）。上記のことから、ある種の批判的前提を根拠とする場合を除けば、次の結論を避けることは難しい。すなわち、イエスが自分を御父と等しい存在として、神のみが行う権利をもっている事柄を行う権利を所有する者として理解していた、という結論である。

(2) ヨハネの福音書

新約聖書全体を調べてみると、イエスについて記者たちが述べていることは、イエスの自己理解およびご自身についての主張と完全に一致していることがわかる。もちろん、ヨハネの福音書は、イエスの神性への言及のゆえに注目される。序文が特にこの思想を表現している。ヨハネは「初めにことばがあった。ことばは神とともにあった。ことばは神であった」と述べる。「こ

---

4 George E. Ladd, *The New Testament and Criticism* (Grand Rapids: Eerdmans, 1967), 177（G・E・ラッド『新約聖書と批評学』榊原康夫・吉田隆訳、改革派神学研修所出版、聖恵授産所出版部発行、1991年）。

5 Stein, *Method and Message*, 132.

とば」を神と同一視するとともに、「ことば」を神と区別してもいる。ここでは単純な唯一神論や様態的モナルキア主義を描いているのではない。この福音書の残りの部分が序文の主眼点を支持し、詳説している。

(3) ヘブル人への手紙

ヘブル人への手紙においてもまた、イエスの神性について強い主張が見られる。最初の章で記者は、御子は神の栄光の輝きであり、神の本性の完全な現れであると語る（ヘブル1：3）。御子を通して神は世界を創造したのであるが（2節）、この御子はまた、力あるその言葉によって万物を保って（または運んで）いる（3節）。詩篇45：6の引用である8節で、御子は「神よ」と呼びかけられている。ここで論じられているのは、御子が御使いよりも（1：4-2：9）、モーセよりも（3：1-6）、大祭司よりも（4：14-5：10）優れているということである。イエスがまさっているのは、単なる人間や御使いではなく、より高いもの、すなわち神であるからである。

(4) パウロ

パウロはイエスの神性にひんぱんに言及している。コロサイ1：15-20に御子は見えない神のかたち（15節）であると書いている。万物は御子のうちに、御子によって、御子のために成り立っている（17節）と。19節でパウロは、この議論の方向に結論をもたらす。「なぜなら神は、ご自分の満ち満ちたものをすべて御子のうちに宿らせ（たからです）」と。コロサイ2：9ではこれと非常に似た考えを述べている。「キリストのうちにこそ、神の満ち満ちたご性質が形をとって宿っています」と。

パウロはまた、イエスが先になした宣言のいくつかを確証している。旧約聖書においてさばきは神に属するものとされている。パウロは、ときには神のさばきに言及すると同時に（たとえばローマ2：3）、「生きている人と死んだ人とをさばかれるキリスト・イエス」（Ⅱテモテ4：1）と「キリストのさばきの座」（Ⅱコリント5：10）についても語っている。

先に論じた箇所である（109頁を見よ）ピリピ2：5-11は、キリスト・イエスの神性を明白に主張している。イエスが神の「かたち」（モルフェー［morphē］）であり、またそのようなかたちにおいて存在すると語っている（6節）。聖書ギリシア語および古典ギリシア語で、この語は「何かをそうあらしめる一連の特徴全体」を指す。またこの聖句全体は、レジナルド・フラーが主張するように、「三重のキリスト論的パターン」を提示している。すなわち、神であるイエスが、ご自身を空しくして、人となり、そののち再び神の立場にまたは御父と等しい立場に高く挙げられたということである[6]。

(5) 「主」という用語

キリストの神性を支持する議論には、もっと一般的なタイプがある。新約聖書の記者たちはキュリオス（kyrios「主」）という語をイエスに、特によみがえりと昇天の状態のイエスに帰している。この語は特にキリスト論的な意味合いなしに用いることはもちろん可能であるが、その一方で、この語がイエスに適用されるときには神性を意味することを示す、考慮すべき事柄がいくつかある。第一に、七十人訳（旧約聖書のギリシア語訳）においてキュリオスは、ヤーウェという名と普通その名の代わりに用いられた敬称アドナイ（'adonai）の通常の訳語である。さらに、新約聖書でイエスを主と呼んでいる箇所の幾つかは、旧約聖書の、神を表すヘブル語の名称の一つが用いられている本文の引用である（たとえば使徒2：20-21とローマ10：13［ヨエル2：31-32参照］、Ⅰペテロ3：15［イザヤ8：13参照］）。これらの箇所は、使徒たちがイエスに最高の意味で「主」という称号を与えるつもり

---

[6] Reginald H. Fuller, *The Foundations of New Testament Christology* (New York: Scribner, 1965), 232.

第23章　キリストの神性

であったことを明らかにしている。最後に、新約聖書中でキュリオスは、父なる神、主権者なる神（たとえばマタイ1:20、9:38、11:25、使徒17:24、黙示4:11）とイエス（たとえばルカ2:11、ヨハネ20:28、使徒10:36、Ⅰコリント2:8、ピリピ2:11、ヤコブ2:1、黙示19:16）の双方を呼ぶのに用いられている。ウィリアム・チャイルズ・ロビンソンは、イエスが「高く挙げられた主と呼ばれるとき、神と全く同一化されているため、父を意味するのか、御子を意味するのか、ある節では明らかでない（たとえば使徒1:24、2:47、8:39、9:31、11:21、13:10-12、16:14、20:19、21:14。参照18:26、ローマ14:11）[7]」と注釈している。特にユダヤ人にとって、キュリオスという語は、キリストが御父と等しいことを示唆していた。

(6) 復活の証拠

イエスの神性を実証しようとして我々がとってきた方法は、ある人たちには無批判のものと見えるかもしれない。聖書のより急進的な調査方法による諸発見を考慮せずに聖書を用いるからである。しかしながら、イエスの神性を樹立するもう一つの方法がある。批評学的な問題一つ一つに異議を唱えていく困難には陥らない方法である。ここでヴォルフハルト・パネンベルクのキリスト論に、特に著書『イエス——神と人[8]』に展開されたキリスト論に目を向けよう。近年の、福音主義とそれ以外の学者の間にある傾向は、イエスの復活が起こったかどうかの蓋然性（がいぜんせい）を純粋に歴史的根拠に基づいて結論づけるというものである[9]。パネンベルクはこの同じ道をたどるが、それに続いて、イエスの復活の事実がイエスの神性立証のためにどのように主張されているかを示す。パネンベルクの主張は、啓示と歴史についての彼の見解を考慮してのみ理解することができる。パネンベルクにとって、歴史全体は啓示的である。こうして、歴史が自然な経過をたどったときにのみ啓示は完全に起きたと言うことができる。そのときにのみ啓示が起きていた場所が見えるからである。ジグソーパズルのピースのように不完全な部分しかないので、歴史は今のところ我々にとって啓示的価値がないと考える人もいる。しかしながら、復活は、予期的に起こった、歴史の終末であるがゆえに、時の中であっても我々に啓示を与える[10]。

パネンベルクは、復活はそれがその一部である歴史的伝統の観点から理解されなければならないと考えている。出来事が不変数とみなされ、その解釈が時とともに変化する変数とみなされるのが普通のことになってしまった一方で、彼は両者を結びつける。一つの出来事の意味とは、その出来事が自らの歴史の中に入ってくる人々によって、その出来事に付加（ふか）される意味である。パネンベルクは、当時のユダヤ人にとってイエスの復活が神性を示していたと指摘する。イエスの復活の証拠としてパネンベルクは、キリスト教の出現を指さす。パウロはその出現を復活のキリストの顕現

---

7 William Childs Robinson, "Lord," in *Baker's Dictionary of Theology*, ed. Everett F. Harrison (Grand Rapids: Baker, 1960), 328–29（『神学事典』神学事典翻訳編集委員会訳、聖書図書刊行会、1972年所収）。

8 Wolfhart Pannenberg, *Jesus—God and Man* (Philadelphia: Westminster, 1968)（W・パネンベルク『キリスト論要綱』麻生信吾・池永倫明訳、新教出版社、1982年、再版2003年）。

9 実例は、Stephen T. Davis, ed., *The Resurrection: An Interdisciplinary Symposium on the Resurrection of Jesus* (New York: Oxford University Press, 1997); William Lane Craig, *The Son Rises: The Historical Evidence for the Resurrection of Jesus* (Chicago: Moody Press, 1981); *Did the Resurrection Happen? A Conversation with Gary Habermas and Antony Flew*, ed. David Baggett (Downers Grove, IL: InterVarsity, 2009).

10 Wolfhart Pannenberg, "Dogmatic Theses on the Doctrine of Revelation," in *Revelation as History*, ed. Wolfhart Pannenberg (New York: Macmillan, 1968), 134（W・パネンベルク編著『歴史としての啓示』大木英夫他訳、聖学院大学出版会、1994年）。

にまでさかのぼった。キリスト教の出現がもし「死人からの復活という終末的希望の光において考察するときにのみ理解されるのなら、その場合、たとい私たちがそのことについて詳細なことは何も知らないとしても、そうしたしるしが、史実的な出来事なのである[11]」。

パネンベルクは、イエスの死の直後のエルサレムでの復活宣言が非常に重要であった、という点でパウル・アルトハウスに同意する。ごく初期のキリスト者共同体の内部に、空の墓についての信頼できる証言があったに違いない。パネンベルクはまた、イエスの復活というキリスト者のメッセージに対するユダヤ人の反論に、イエスの墓が空ではないという主張が全くないことも観察している[12]。それゆえ、復活の歴史性を立証するのに十分な証拠があり、それ自体がイエスの神性の証拠なのである[13]。

2. キリストの全き神性の信仰からの歴史における逸脱

イエスが誰であり、何であるか、特に御父とどのような関係にあるかを理解しようと教会が苦闘する中で、いくつかの逸脱した解釈が起こった。

(1) エビオン主義

異端のユダヤ人キリスト者の宗派であるエビオン派は、イエスの真の神性または存在論的神性を否定した。エビオン派によると、イエスは普通の人間であり、その所有していた義と知恵の賜物は、並はずれたものであったが、超人的なものでも超自然的なものでもなかった。彼らは処女降誕を否定し、イエスはヨセフとマリアの間に通常の形で誕生したと主張した[14]。バプテスマの際、キリストがイエスの上に鳩の形で下った。これは人格的、形而上学的な現実というよりは、人間イエスの中の神の力と影響の存在として理解されるべきであった。イエスの生涯の終わり近くに、キリストはイエスから退いた。したがって、イエスは、少なくともしばらくの間、神の力が存在し、普通ではない活動をしていたとはいえ、第一義的には人間であったとされる。

エビオン派のイエス観は、イエスの神性を信じることと唯一神論的な神観との間の緊張を解決できる利点を備えていたが、そのための犠牲は大きかった。エビオン主義は、聖書の素材の大半、すなわちイエスの先在、処女降誕、質的にユニークな立場と機能についての言及すべてを無視あるいは否定しなければならなかった。教会の観点からすると、これはあまりにも大きすぎる譲歩だった。

(2) アリウス主義

アリウスという名のアレクサンドリアの長老の教えは、イエスの神性について教会が暗黙のうちに抱いている見解に対する最初の大きな脅威となった。325年のニカイア会議および後続の会議で教会から異端宣告されたとはいえ、アリウス主義はさまざまな形で今日にまで居残っており、中でも有名なのがエホバの証人として知られている運動である。

アリウス派によるイエス理解の中心概念は、神の絶対的な独比性と超越性である[15]。神は万物の唯一の源であり、全宇宙で唯一の、創造されたのではない存在である。神のみが神性に関する諸属性を所有している。神以外の万物は創造のわざを通して存在するに至り、その創造によって神は無から存在を呼び出したのである。御父のみが創造

---

[11] Pannenberg, *Jesus—God and Man*, 98（パネンベルク『キリスト論要綱』）。

[12] Ibid., 100–101.

[13] Ibid., 89.

[14] Justin Martyr, *Dialogue with Trypho* 47（ユスティノス『トリュフォンとの対話』）。

[15] Athanasius, *On the Councils of Ariminum and Seleucia* 16（アタナシウス『アリミヌムとセレウキアの会議について』）。

されたことのないもの、永遠の存在であるとされる。したがって「ことば」は、最初で最高の存在であるとはいえ、創造された存在である。「ことば」は完璧な被造物であり、他の被造物と同じ部類に入っているわけではない一方、自存ではないと。

アリウス派は、かなり広範囲に収集した聖書からの引用に自分たちの見解の基礎を置いた[16]。そこには、キリストが御父より劣っているとほのめかしているように思える聖書本文（たとえばイエスが「父はわたしよりも偉大な方」と言っているヨハネ14:28）、そして御子に弱さ、無知、苦難といった不完全さを帰する本文（たとえばマルコ13：32「その日、その時がいつなのかは、だれも知りません。天の御使いたちも子も知りません。父だけが知っておられます」）が含まれる。これより多少極端でないのが半アリウス派で、「ことば」と御父の相違性よりは相似性（そうじせい）を強調した。彼らは進んでこう言った。「ことば」は性質（または本質）において御父と似ている（ホモイウーシオス [homoiousios]）が、御父と同質（ホモウーシオス [homoousios]）ではないと。

アリウス主義神学に対する主な応答は二つある。一つは、本章の前のほうでキリストの神性を実証する根拠とされたような証拠群を、アリウス主義者たちが無視するか、あるいは不適切に取り扱っていることに注目することである。もう一つは、アリウス主義の見解を支持する根拠とされてきた聖書箇所をより細かく見ることである。全体としては、受肉の期間中の御子の従属にふれた聖書の種々の言明をアリウス主義者は誤って解釈してきた。御子が一時的に、機能に関して御父に従属するという描写を、御子の本質に関する言明であると誤って解釈してきた。

3. 機能論的キリスト論

イエスの完全な神性という教理を変更したものは、教会史の最初の数世紀にのみ見られるわけではない。20世紀後半の興味深いキリスト論的展開の一つは、「機能論的キリスト論」の発生であった。この語は、イエスが誰であるかよりもイエスが何をしたかに強調点があることを意味する。基本的に、機能論的キリスト論は自らを、ギリシア思想に根ざしたものとして見られる、後期のより形而上学的または思弁的な範疇ではなく、純粋に新約聖書の根拠に基づくものと主張している[17]。しかしながら、機能論的キリスト論は、聖書の証言の一部の特徴を見落とし、他の特徴を歪曲しているので、今日のための適切なキリスト論ではない。機能論的キリスト論が主張するように、新約聖書がイエスの人格または本性よりも機能またはわざをはるかに強調しているかどうかは疑問である。新約聖書において存在論的概念は、明確にではないとしても暗に示されている。どんなキリスト論も十分に適切なものとなるためには、存在論的事柄と機能論的な事柄の両方に取り組んで統合しなければならない。

4. キリストの神性が意味すること

キリストの神性という教理は、いくつかの意義深い事柄を意味している。

1. 神に関する真の知識をもつことができる。イエスは「わたしを見た人は、父を見たのです」（ヨハネ14:9）と言った。預言者たちが神からのメッセージをたずさえてやって来た一方、イエスは神"であった"。神の愛、神の聖さ、神の力がどのようなも

---

16 Athanasius, *Four Discourses against the Arians*（アタナシウス『アリウス派に対する四つの講話』）。

17 たとえば、Oscar Cullmann, *The Christology of the New Testament*, rev. ed. (Philadelphia: Westminster, 1963).

のであるかを知ろうとするなら、必要なのはキリストを見ることだけである。

2. 贖罪が我々に提供されている。キリストの死は、今まで生きていたすべての罪人にとって十分である。死んだのが単なる有限の人間ではなく、無限の神だからである。いのちであり、いのちを与えて支える方であり、死ぬ必要がなかった神が死んだのである。

3. 神と人間とは再び結ばれた。神のもとから人類のところに来たのは御使いや人間ではなく、神ご自身が、罪によってできた深い淵を越えたのである。

4. キリストを礼拝することはふさわしいことである。キリストは単なる最高の被造物ではなく、御父と同じ意味で同じ程度まで神である。御父と同じように、我々の賛美と賞賛と従順に値する。

神の愛、聖さ、力を知るために、必要なのはキリストを見ることだけである

いつの日かすべての者が、イエスが誰であり何であるかを認めるようになる。キリストの神性を信じる者たちは、キリストが誰であるかをすでに認め、それに従って行動している。

美しき救い主！
国々の主！
神の御子、人の子！
栄光と誉れ
賛美、崇敬は
今と今後永久になんじのもの！
("Beautiful Saviour", 1677〔聖歌88番、讃美歌1954年版166番、讃美歌21の482番の原詞の英訳の一部——訳注〕)

研究課題

- なぜキリストの神性はキリスト教信仰にとってそれほど重要なのか。あなたの答えを支持する聖書箇所を用いよ。
- イエスはご自身の神性を支持するようなどんなことを語ったか。
- キリストの神性を弱めるどのような見解が展開してきたか。それらは今日もまだ教えられているのか。
- キリストの神性に関してどのような意味合いが引き出されるだろうか。
- これらの意味はあなたのキリスト教信仰にとってどのように重要か。

第24章 キリストの人性

本章の目的

1. キリストの人性の教理の重要性を評価する。
2. キリストの人性の肉体的、情緒的および知的証拠を求めて聖書資料を綿密に調べる。
3. キリストの人性を否定または制限した初代教会の異端であるドケティズム（仮現論）とアポリナリオス主義を理解する。
4. 処女降誕の聖書的証拠と神学的意義を明らかにし、説明する。
5. イエスの無罪性を調べ、確認する。
6. イエスの人性を示唆する六つの事柄を評価する。

本章の概要

　キリストの人性の教理にはキリストの神性の教理ほどの論争がなかった一方、イエスの人性を否定あるいは減少させるいくつかの見解が存在してきた。イエスが処女降誕を通して人間のかたちをとったことは、キリストの超自然性の証拠として重要である。イエスの無罪性は一つの特別な問題となっている。罪を犯さなかったのなら、イエスは人間ではありえない、とある者たちは主張するが、このような結論に至る必要はない。イエスの全き人性を受け入れることによって、いくつかの示唆が与えられる。

本章のアウトライン

1. **キリストの人性の重要性** 240

2. **聖書の証拠** 240
   (1) 身体面での人間としての性質 240
   (2) 心理面での人間としての性質 241

3. **イエスの人性に関する初期の異端** 243
   (1) ドケティズム 243
   (2) アポリナリオス主義 244

4. **処女降誕** 244
   (1) 聖書の証拠 245
   (2) 神学的意義 245

5. **イエスの無罪性** 247

6. **イエスの人性が意味すること** 249

イエス・キリストの人性という話題は、ある意味において、神性ほど注意を引かず、論争を起こさなかった。それは一見して自明の事柄と思われた。イエスがどのような者であったとしても、確かに人間であったには違いないからである。20世紀にイエスの神性は根本主義者（ファンダメンタリスト）と近代主義者（モダニスト）の間での主要な論争点であったが、イエスの人性は、神性のような厳密で広範囲な注目を受けなかった。疑いをもたれないような事柄について議論されることはあまりなく、少なくとも主な争点ほどの奥行きをもって議論されることはあまりないからである。それでも歴史的にイエスの人性という話題は、神学的対話では神性と同じほど重要な役割を果たしてきた。特に教会の初期の時代においてはそうであった。そして実際面では、正統主義神学に対していくつかの意味でより大きな危険を提示している。

によって達成された。受肉において神性と人性が一人のうちに結び合わされたのである。しかし、もしイエスが本当は我々の一人でなかったのなら、人性は神性と結ばれておらず、我々は救われない。キリストの死によって成し遂げられたわざの有効性、あるいは少なくとも人間としての我々に対するその適用可能性は、イエスの人性の現実性に依存しているからである。そのわざの有効性がイエスの神性の純粋性に依存しているのと同じである。

その上、イエスのとりなしのわざは、イエスの人性に依存する。もしイエスが真に我々の一員であり、人間の誘惑と試練をすべて経験したのであるなら、彼は人間である我々の葛藤を理解し、感情移入することができる。他方、もし人間でなかったのなら、あるいは人間として不完全な存在であったのなら、自分が代表する者たちのために祭司として真にとりなすことはできない。

1. キリストの人性の重要性

イエスの人性の重要性は、評価されすぎることはない。受肉におけるこの課題は我々の救いに関わることであるからである。人間にとっての問題は、神との間の隔たりである。確かにその隔たりは存在論的である。神は人間よりはるかに優れた存在であり、助けがなければ人間理性によって知ることはできないほどである。神を知るべきであるなら、神が人間にご自身を知らせるために何か主導権を取らなければならない。ところが、問題は単に存在論的なものだけではない。両者の間には、霊的で道徳的な隔たりもある。人間の罪によって造り出された隔たりである。人間には、自分自身の道徳的努力によって自分の罪に立ち向かい、神のレベルに自らを引き上げることはできない。もし両者に交わりがあるべきならば、他の方法で結び合わせられなければならない。これは、伝統的な理解によれば、受肉

2. 聖書の証拠

(1) 身体面での人間としての性質

聖書には、イエスが全き人間であり、我々一人一人を構成する人性の本質的要素に何一つ欠けることがなかったという十分な証拠がある。第一に、イエスは完全に人間のからだをもっていた。イエスは誕生した。天から下って、突然地上に現れたのではなく、人間の母親の胎内に宿り、他の子どもと同じように出生前に養われた。その受胎は男性が関わらないという点で独特だったが、それ以後のプロセスは明らかにすべての人間の胎児が経験するものと同じであった。イエスはまた、マタイとルカの福音書における系図が示すように、典型的な家系をもっていた。先祖があり、おそらくそこから遺伝子を受け継いでいた。他のすべての人間が先祖から遺伝子を受けるのと同じである。

イエスが身体面で人としての性質をもっていたことは、その誕生だけでなく生涯も示している。イエスは「神と人とにいつくしまれ、知恵が増し加わり、背たけも伸びていった」（ルカ2:52）とある。肉体的に成長し、食物と水によって養われた。無制限な身体的力をもっていたのではない。それでも、イエスのからだはいくつかの点で我々よりも完全に近かったかもしれない。イエスのうちには、健康に影響を与えるいかなる罪もなかったからである。イエスは、他の人間と同じ生理機能と同じ身体的制約をもっていた。飢え（マタイ4:2）や渇き（ヨハネ19:28）や疲れ（ヨハネ4:6）を経験した。最後に、イエスはみなと同じように身体的に苦痛を経験し、そして死んだ。これは十字架の物語全体で明らかであるが、おそらく最も明白にわかるのはヨハネ19:34で、脇腹を槍で突き刺すと血と水が混じって出てきたとあり、イエスがすでに死んでいたことを示している。確かにイエスは、むちで打たれ、頭にいばらの冠をかぶせられ、手（または手首）と足に釘を打ちつけられたとき、（あなたや私なら確かにそうなるように）身体的な苦痛を味わった。

さらに、イエスが人間を表す用語をご自身を表すのに用いていたことに気づく。はっきりと主張されているのはヨハネ8:40で、ユダヤ人に「あなたがたは、神から聞いた真理をあなたがたに語った者〔原語は「人」とも訳される——訳注〕であるわたしを、殺そうとしています」と言っている。他の人々も、イエスに言及してそのような言葉を使用している。パウロは、原罪に関する議論の中でイエスとアダムを比較し、イエスに「一人（の人）」という表現を三回用いている（ローマ5:15、17、19）。似たような思想と表現がⅠコリント15:21、47-49に見られる。

聖書はまた、イエスが肉体をとったこと、すなわち人間となったことに言及している。ヨハネは、「ことばは肉となって、私たちの間に住まわれた」（ヨハネ1:14〔NIV訳注〕）と書いた。ヨハネはこのことを第一の手紙で特に強調した。その手紙の目的の一つは、イエスが正真正銘の人であったことを否定する異端と戦うことであった。「イエス・キリストが肉において来たことを認める霊はみな、神からのものです。イエスを認めない霊はみな、神から出たものではありません」（Ⅰヨハネ4:2-3〔NIV訳注〕）。

身体的性質に加えて、イエスは、他の人間に見られるのと同じ種類の情緒的、知的特質を持っていた——イエスは考え、論じ、そして人間の感情のすべてを経験した。

当時の人々はイエスを純粋に身体的に知覚し、イエスが肉体をもっていたことを示している。ヨハネはⅠヨハネ1:1でこのことを鮮やかに表現している。「初めからあったもの、私たちが聞いたもの、自分の目で見たもの、じっと見つめ、自分の手でさわったもの、すなわち、いのちのことばについて」と。ヨハネはここでイエスの人間としての性質の現実性を立証しようとしている。彼は実際にイエスの声を聞き、イエスを見て、さわった。触覚は、ギリシア人によって五感の中で最も基本的で最も信頼できるものと考えられていた。それは直接的な知覚であり、知覚する者と知覚される対象物との間に媒介がないからである。こうして、ヨハネが「自分の手でさわったもの」について述べるとき、イエスの顕現がいかに完全に身体的なものであったかを強調しているのである。

(2) 心理面での人間としての性質

もしイエスが身体的に真の人間であったのなら、心理的にも完全に純粋に人間であった。聖書は、他の人間に見られるのと同じ種類の情緒的、知的特質をイエスに帰し

ている。イエスは考え、論じ、そして人間の感情のすべてを感じた。言うまでもなく、イエスは愛した。弟子の一人は「イエスが愛しておられた」弟子（ヨハネ13：23）と呼ばれている。飢えたり、病んだり、失われたりしている人々にイエスは同情もしくはあわれみを感じた（マタイ9：36、14：14、15：32、20：34）。ここでイエスの反応を表すのに使われているギリシア語は、字義的には「内的器官または内臓器官において動かされる」という意味である。イエスは人間の苦境によって感情を刺激された。裏切りと十字架の直前のときのように、悲しみ、心を騒がせることもできた（マタイ26：37）。喜びも経験した（ヨハネ15：11、17：13、ヘブル12：2）。怒ることもでき、人々のことを嘆き悲しみ（マルコ3：5）、憤りさえした（マルコ10：14）。

もちろん、これらの感情の中には、それ自体ではイエスが人間であったことの証明にはならないものもある。神の本性について論じたときに観察したように、神は確かに愛と同情を感じ、同様に罪に対して怒りと憤りを覚えるからである。しかしイエスの反応のあるものは、人間独特のものであった。たとえば、肯定的状況と否定的状況の両方に対して驚きを現している。百人隊長の信仰（ルカ7：9）とナザレの住民の不信仰に驚嘆している（マルコ6：6）。イエスが心を悩ましたことにふれている箇所も、同様に有益である。ここに我々は、イエスが多種多様な状況に対して特別に人間らしい反応を示したのを見る。特に、通らなければならない死についての感覚がそうであった。ゲツセマネの園では明らかに悩み、苦しんでおり、また、ひとり残されることを望まなかったように見える（マルコ14：32-42）。十字架の上での「わが神、わが神、どうしてわたしをお見捨てになったのですか」（マルコ15：34）という叫びは、人間の孤独の表現そのものであった。

イエスの最も人間的な反応の一つは、ラザロの死の際に起きた。マリアや彼女と一緒にいる者たちが泣いているのを見たイエスは、「霊に憤りを覚え、心を騒がせ」（ヨハネ11：33）。涙を流した（35節）。墓で「再び心のうちに憤りを覚え」た（38節）。この箇所の描写は生き生きとしている。ヨハネがイエスの心の内のうめきを描くために、馬が鼻を鳴らすことを表す語を選んだからである。イエスは明らかに、我々のように深い悲しみと後悔を感じることのできる人間の性質をもっていた。

イエスの知的特質という主題に目を向けると、イエスがかなり驚くべき知識をもっていたことがわかる。過去・現在・未来を普通の人間には手の届かない程度まで知っていた。たとえば、友（ルカ9：47）と敵（ルカ6：8）の両方の考えを知っていた。サマリアの女が今まで5人の夫をもち、今は結婚していない男と一緒に暮らしていることを知っていた（ヨハネ4：18）。ラザロがすでに死んでいることを知っていた（ヨハネ11：14）。

ただし、この知識に制限がなかったわけではない。イエスはしばしば質問をしたが、知らなかったから聞いた、という印象を福音書から受ける。確かにある人々、特に教師は、答えをすでに知っているのに質問をすることがある。けれどもイエスは、自分がもっていない情報を必要としたから質問をしたように見える[1]。たとえば、てんかんの少年の父親に、「この子にこのようなことが起こるようになってから、どのくらいたちますか」（マルコ9：21）と聞いた。どうやらイエスは、どのくらいの間病気であったかという、適切な治療のために必要な情報を知らなかったらしい。

聖書の証言はさらに先へと進む。少なくとも一つの事例において、イエスはある特定の事柄を知らないとはっきり宣言した。

---

[1] Leon Morris, *The Lord from Heaven: A Study of the New Testament Teaching on the Deity and Humanity of Jesus* (Grand Rapids: Eerdmans, 1958), 45（L・モリス『天よりの主イエス』井戸垣彰訳、聖書図書刊行会、1964年）。

再臨について論じているとき、「その日、その時がいつなのかは、だれも知りません。天の御使いたちも子も知りません。父だけが知っておられます」(マルコ13:32) と言ったのである。また、イエスの「人間としての宗教生活」にも注目しなければならない。この言葉はある人々には奇妙に、また少し冒瀆的にさえ聞こえるかもしれないが、それでも正確である。イエスは会堂での礼拝に出席し、定期的あるいは習慣的にそうした (ルカ4:16)。その祈りの生活は、人間として御父に依存していることを明白に示していた。イエスは規則正しく祈った。ゲツセマネの園でのように、時には長い時間、非常に激しく祈った。十二弟子を選ぶという重要な段階の前に一晩中祈った (ルカ6:12)。イエスは、導きと力と、悪からの守りを御父に依存していることを感じていた。

したがって、弟子たちや新約聖書の各書の記者たちにとって、イエスの人性について疑問がなかったことは明らかである。この点はあまり議論されることがなかった。それは (ヨハネの手紙第一が書かれた状況を除いては) ほとんど疑いを引き起こさなかったからである。側近の者たちは日常生活をイエスとともに送り、イエスを自分たちと同じく完全に人間であるとみなしていた。イエスが人間であることを自分たちで立証できた。そしてイエスの復活後のある機会に、イエスが幽霊ではないかという疑問が出てきたとき、イエスはご自身が本当に人であることを彼ら自身で確かめよと招いた。「わたしの手やわたしの足を見なさい。まさしくわたしです。わたしにさわって、よく見なさい。幽霊なら肉や骨はありません。見て分かるように、わたしにはあります」(ルカ24:39)。イエスは、罪を犯すことと罪の赦しを求めて祈ることを除いては、彼らのしたことすべてをした。彼らと食事をともにし、血を流し、睡眠をとり、叫んだ。もしイエスが人間でなかったなら、きっと誰も人間であることはできない。

3. イエスの人性に関する初期の異端

(1) ドケティズム

しかしながら教会の初期の時代に、イエスは完全な人間であるという理解からの逸脱がいくつか起こった。イエスの人性の現実性に対するそのような否定は、ヨハネの手紙第一が激しく反対した状況にすでに見られる。ドケティスト (仮現論者) として知られる特定のキリスト者の集団に加えて、イエスの人性の基本的否定が、グノーシス主義やマルキオン主義を含む、キリスト教内部の多くの運動に浸透していた[2]。

ドケティズムはその名称を、「と思われる、見える」を意味するギリシア語の動詞ドケオー (dokeō) からとっている。その中心的命題は、イエスは人間のように見えただけである、というものである。物質はすべて悪であり、神は完全に純粋で聖であるから、神が真に物質的になることはありえなかった。すべてを超越する神が、このような腐敗した影響力と結びついたはずがない。神が真に受肉するなら神の本性にいくつかの修正が必然的に起こっていたはずだが、神は苦痛を感じず不変であるゆえ、そのような制限を受けることはできなかった。ご自身を人間生活の経験にさらすことはできなかったのである。それゆえイエスの人性、身体的性質は幻覚であり、現実ではなかった。イエスは人間というよりも幽霊や幻影のようなものであったという[3]。

この特殊なキリスト論は、神性と人性が一人の中で結びついていたという考えの中にある緊張を解決した。神性は真実で完全であったが、人性は単なる見せかけであっ

---

[2] Tertullian, *On the Flesh of Christ* 5 (テルトゥリアヌス『キリストの肉体について』)。

[3] J. F. Bethune-Baker, *An Introduction to the Early History of Christian Doctrine* (London: Methuen, 1903), 80.

たと言うことで、解決したのである。しかし教会は、この解決があまりにも大きな代価を払って成し遂げられたことを察知した。イエスの人性を失い、そのことによってイエスと我々との真のつながりを失ってしまうという代価をである。今日ドケティズムの純粋な例を見いだすことは難しいが、ドケティズム的傾向はさまざまな思想体系の中で起きている。

(2) アポリナリオス主義

シリア出身の4世紀の主教アポリナリオスは御子イエス・キリストの統一性を支持することに非常に関心をもっていた。もしイエスが二つの完全な本質をもっていたのなら、神的ヌース（nous「魂、精神、理性」）だけでなく人間のヌースももっていたに違いない、とアポリナリオスは論理的に考えた。この二重性は不条理であると彼は考えた。そこでヨハネ1:14の極端に狭い解釈（「ことばは肉となった」〔直訳 訳注〕。つまり肉とは、それに関わる人間の本性の一面にすぎない）に基づいたキリスト論を構築したのである[4]。アポリナリオスによると、イエスは複合的な統一体であった。構成の一部（イエスのある要素）は人間であり、残りは神的であった。彼（「ことば」）は人性全体をとったのではなく、単に肉、すなわち身体をとった。ただしこの肉は、それ自体によっては生命を与えられない。生命を与える「いのちの閃光（せんこう）」がなければならない。これが神的なロゴスであった。ロゴスが人間の魂の代わりになったのである。こうして、イエスは身体的には人間であったが、心理的にはそうではなかった。人間の身体をもっていたが、人間の魂はもたなかった。イエスの魂は神的であった[5]。

それゆえ、イエスは人間ではあったが、他の人間と少し異なっていた。イエスは人間の意志をもたなかった。したがって罪を犯すことができなかった。人格は神的な魂によって完全に制御されていたからである[6]。ローレイン・ベットナーは、人間の心がライオンのからだに移植されるという類比を用いている。その結果できた存在は、ライオンや動物の心理によってではなく、人間の心理によって統治される。これは、おおざっぱにではあるが、イエスの人格についてのアポリナリオス主義の見解に対応している[7]。

アポリナリオス主義は、この問題に対し巧妙ではあるが、受け入れることのできない解決策であることが明らかになった。イエスの二重の本性が、実際には一つの本性となってしまう傾向があり、神的な魂が人的なものを飲み込んでしまった。その結果アポリナリオス主義の教理は、381年のコンスタンティノポリスの会議で異端とされた。

4. 処女降誕

復活の次に、イエスの生涯で最も議論され、論争の的となっている出来事は、処女降誕、すなわちキリストが人間のかたちを取った手段である。19世紀後半から20世紀初頭にかけて、処女降誕は根本主義者（ファンダメンタリスト）と近代主義者（モダニスト）の論争の最前線にあった。ファンダメンタリストはこの教理を本質的な信仰であると主張した。モダニストはこれを非本質的なもの、または支持できないものとして拒否するか、文字どおりでない形に再解釈した。処女降誕はファンダメンタリストにとってキリストの質的な独比性と神性とを保証するものであったのに対し、モダニストにとってはキリストの霊的現実性か

---

[4] J. N. D. Kelly, *Early Christian Doctrines* (New York: Harper & Row, 1960), 291.

[5] Ibid., 292. アポリナリオスが二分説をとったか三分説をとったかについては論争がある。

[6] Ibid., 293.

[7] Loraine Boettner, *Studies in Theology* (Grand Rapids: Eerdmans, 1947), 263.

ら生物学的問題へと注意をそらしているように思われた[8]。

ここで我々が話しているのは、まさに「処女懐胎（しょじょかいたい）」である。本書でのこの言葉は、マリアの胎にイエスが宿ったことは性的関係の結果ではないことを意味している。マリアはイエスをみごもったとき処女であり、生まれるときまでそうであった。聖書が、ヨセフがイエスの誕生後までマリアと性的交渉をもたなかったことを示しているからである（マタイ1：25）。マリアは彼女に臨んだ聖霊の超自然的影響を通して妊娠したが、そのことは、イエスが神とマリアとの結合の結果であったことを意味しない。また、通常の誕生ではなかったという意味でもない。

(1) 聖書の証拠

処女降誕の教理は、聖書におけるただ二つの明白な言及に基づいている。マタイ1：18-25とルカ1：26-38である。新約聖書にはほかに、処女降誕に言及している、あるいは少なくとも処女降誕を示唆しているか前提としているとある者たちが論じる箇所もあり、マタイ（1：23）が引用するイザヤ7：14の預言もある。だが、このような箇所を考慮に入れたとしても、関連する言及の数はかなり少ない。しかし、聖書は一度ではなく二度も処女降誕を事実として認めているのだから、証拠としては十分である。我々は聖書を霊感を受けたもの、権威あるものと信じているので、マタイ1章とルカ1章から処女降誕は事実であると確信している。

(2) 神学的意義

処女降誕の重要性については、この教理への信仰が維持されなければならないと主張する人々の間でさえ、意見の相違がある。もちろん、あるレベルでは、処女降誕が重要なのは単に実際に起きたと告げられているからである。処女降誕の必要性を理解できてもできなくても、聖書がそれは起こったと言っているのなら、起こったと信じることは重要である。そうしないのは聖書の権威を暗黙のうちに拒否することだからである。しかし、処女降誕はもっと具体的な形で重要なのではないか、と問わなければならない。

ある人々は、この教理は受肉に不可欠であると論じる。処女降誕なくして神と人間との結びつきはない[9]。もしイエスが男女のふつうの性的結合の結果であったのなら、人間であったにすぎず、神＝人ではないと。だが、これは本当なのか。人間の親が二人いても、あるいは親が一人もいなくても、神であり人間であることはできたのではないか。アダムが神によって直接創造されたように、イエスも特別に直接創造されることは可能だった。したがって、イエスが二人の人間の親をもち、それにもかかわらず全き神＝人であることはありえたはずである。けれども神が行ったのは、一つの特別創造により、通常男性によって与えられる人間の構成要素（こうして処女降誕が起きる）と、それに加えて神的要素（こうして受肉が起きる）の双方を供給するこ

---

[8] Harry Emerson Fosdick, *The Man from Nazareth as His Contemporaries Saw Him* (New York: Harper & Bros., 1949), 158-60（H・E・フォスデック『ナザレ人イエス』栗原基訳、日本基督教教青年会同盟、1954年）。

[9] Tertullian, *Adversus Marcionem* 4.10.（テルトゥリアヌス『マルキオン反駁』）。カール・F・H・ヘンリー（Carl F. H. Henry）は次のように語るとき、この立場に近づいている「もちろん、空の墓が復活とまったく同一ではないのと同様、処女降誕は受肉と等しく同一ではないことは認められるかもしれない。一方はもう一方なしに肯定されるかもしれない。しかし、その結びつきは密接で、実際に不可欠であるため、もし処女降誕または空の墓が否定されるなら、受肉または復活が疑問視されるか、あるいは聖書の教えと歴史的教えにおける形式とはずいぶん違った形式で肯定されるかになる可能性がある。処女降誕は、受肉の本質的で歴史的表示であるとも言えよう。受肉の神的本質と人間的本質に似ているだけでなく、救いにとっての神のこのわざの性質、目的、意味を明らかにしてもいる」("Our Lord's Virgin Birth," *Christianity Today*, December 7, 1959, 20）。

とであった。処女降誕に必要なのは、人間の男親なしに標準的な人間が存在するに至ったということだけである。このことは受肉なしに起こりえたし、また処女降誕なしの受肉もありえた。ここで重要なのは、イエスが神でもあり人でもあることは処女降誕に依存しなかったという点である。

しばしばなされる二番目の提言は、処女降誕はイエスの無罪性に不可欠であったというものである[10]。もしイエスが母親が与えるものと父親がふつう与えるものの両方を所有していたなら、ほかの我々のように、堕落したそれゆえ罪深い性質をもったであろう、と。だがこの主張は、我々も男親がいなかったなら罪をもたなかったと示唆しているように思われる。そしてこのことは、次の二つの意見のうちどちらかを意味する。すなわち、①母親ではなく父親が堕落の源である。この考えは、女性は堕落した性質をもっていない(あるいはもっていても子に伝達しない)ということを事実上、示唆している。②堕落は両親の本性から来るのではなく、生殖が起きる性行為からもたらされる。しかし、後のほうの選択肢を支持するものは聖書の中にない。詩篇51:5の「ご覧ください。私は咎ある者として生まれ／罪ある者として　母は私を身ごもりました」という言明は、詩篇の記者が生命の発端から罪深かったことを意味するにすぎない。受胎の行為それ自体がそれだけで罪深いことは意味しない。

そうすると、残るのは最初の選択肢である。すなわち、罪の伝達は父親と関係している、というものである。ところがこれにも聖書的根拠はない。"アダム"の罪(ローマ5:12)がすべての人間を罪人にした、というパウロの言明の中に支持が見つかるかもしれないが、パウロはまた、「だまされて過ちを犯した」のはアダムではなくエバだとも言っている(Ⅰテモテ2:14)。女性よりも男性の中により多くの罪深さが見られるというしるしはない。

次のような疑問が生じる。もし人類すべてが原罪によって汚染されているのなら、マリアはその多少の結果をイエスに与えたのではないか、と。イエスは堕落した性質をもってはいたが、いかなる"実際の"罪も犯さなかったと論じられてきた[11]。これへの返答として、御使いがマリアに「聖霊があなたの上に臨み、いと高き方の力があなたをおおいます。それゆえ、生まれる子は聖なる者、神の子と呼ばれます」(ルカ1:35)と言ったことを指摘しておく。おそらく聖霊の影響力が強力で、事実上きよめの働きをしたので、マリアから堕落した性質や罪責がイエスに伝達されることはなかった。この特別なきよめの影響力がなかったなら、イエスは我々すべての者がもっている堕落した本性を所有したであろう。さて、もし聖霊がマリアからイエスに腐敗が伝えられるのを防いだのなら、ヨセフによって伝えられることも防げたのではないだろうか。したがって、イエスの無罪性は処女降誕に依存しなかったという結論になる。

三番目の提案は、処女降誕はキリストの受肉や無罪性に不可欠ではないが、受肉の現実を象徴するという点で大きな価値があるというものである[12]。他の奇蹟、とりわけ復活がキリストの超自然性を証明するために機能するのと同じようなやり方で、証拠的な要素である。これに基づいて、処女降誕は存在論的に必要ではなかったことになる。すなわち、処女降誕はイエスが神であるために必要ではなかった。しかし、認識論的に、すなわち、イエスが神であるこ

---

[10] Hans von Campenhausen, *The Virgin Birth in the Theology of the Ancient Church* (Naperville, IL: Alec R. Allenson, 1964), 79–86.

[11] カール・バルトは、今我々が所有しているのと同じ堕落した性質をイエスは引き受けたという立場を保持しているようである。イエスの罪のなさは決して実際の罪を犯さないことにあった(*Church Dogmatics* I/ 2 [Edinburgh: T & T Clark, 1956], 151-55) (K・バルト『教会教義学』全34巻、井上良雄他訳、新教出版社、1959年―)。

[12] Edward J. Carnell, "The Virgin Birth of Christ," *Christianity Today*, December 7, 1959, 9–10.

とを知るためには必要である。

この第三の提案に対する支持は、処女降誕が使徒の働きの中の福音的説教では言及されていないという事実にある。そうすると、処女降誕はたぶん第一レベルの教理（つまり救いに不可欠なもの）の一つではない。補助的あるいは支援的教理である。不可欠な諸教理への信仰を創造するか支える助けになるもの、あるいは他の諸教理に見いだされる真理を強めるものである。

1. 処女降誕の教理は、我々の救いが超自然的なものであることを思い起こさせる。ヨハネは、信じて神の子どもとなる権威を受ける者たちは「血によってではなく、肉の望むところでも人の意志によってでもなく、ただ、神によって」生まれると主張した（ヨハネ1:13）。救いは人間の努力によるものではなく、人間の業績でもないことが強調されている。だから処女降誕は、人間には救いの過程の第一歩を始める力さえないことも指摘している。人類は自分の救いを確保できないばかりか、救い主を人間社会に導き入れることさえできなかった。

2. 処女降誕はまた、救いが全く神からの恵みの賜物であることも思い起こさせる。マリアに関しては、このことに特にふさわしいというところはなかった。確かにマリアは信仰と献身など、神が用いることのできる特質を表していた（ルカ1:38、46-55）。しかし、提供できる特別なものは本当にもっておらず、夫さえいなかった。明らかに子どもを産む条件が整っていない者が神の御子を産むために選ばれるということは、救いが人間の業績ではなく神からの賜物であり、そのうえ受けるに値しない賜物であることを思い起こさせる。

3. 処女降誕は、救い主イエスの独比性の証拠である。処女降誕なしの受肉は可能であったが、その誕生（あるいは少なくとも受胎）の奇蹟的な性質は、イエスが控えめに言っても、特別な方法で神に選ばれた、非常に特異な人であったことを示す役に立っている。

4. ここには自然に対する神の力と主権のもう一つの証拠がある。神はいくつかの場合に（たとえばイサク、サムエル、バプテスマのヨハネの誕生）、母親が不妊であったり出産できる年齢を過ぎているときに子どもを授けた。確かにこれらは奇蹟的な誕生であった。しかしながら、それよりも驚くべきものがこの誕生である。処女降誕に関し一見不可能な働きを神ができることは、罪人を新生させるという一見不可能な務めを成し遂げる神の力を象徴している。イエスご自身が救いについて「それは人にはできないことですが、神にはどんなことでもできます」（マタイ19:26）と言ったように。

5. イエスの無罪性

イエスの人性に関してさらに重要な課題は、イエスが罪を犯したのか、または罪を犯すことが本当にできたのか、という疑問である。イエスは罪を犯さなかったと聖書ははっきり述べている。ヘブル人への手紙の記者は、イエスが「罪は犯しませんでしたが、すべての点において、私たちと同じように試みにあわれた」（ヘブル4:15）と言う。イエスは、「敬虔で、悪も汚れもなく、罪人から離され、また天よりも高く上げられた大祭司」（7:26）として、そして「傷のない」（9:14）方として描かれている。イエスをもちろんよく知っていたペテロは、イエスを「神の聖者」（ヨハネ6:69）と宣言し、イエスが「罪を犯したことがなく、その口には欺きもなかった」（Ⅰペテロ2:22）と教えた。ヨハネは「この方のうちに罪はありません」（Ⅰヨハネ3:5）と言った。パウロもキリストを「罪を知らない方」（Ⅱコリント5:21）と断言した。

イエスご自身は、義なる方であることを明白に、そして暗黙のうちにも主張した。聴衆に「あなたがたのうちのだれが、わたしに罪があると責めることができますか」（ヨハネ8:46）と尋ねると、答える者はい

なかった。弟子たちに自分の罪を告白し、赦しを求めるようにと教えたが、イエスが罪を告白し、自分のために赦しを求めたことがあるという報告は何もない。神を冒瀆したということを除いて、イエスに対する有罪の訴えはなかった。そして言うまでもなく、イエスが神であるなら、イエスがしたこと（たとえば罪は赦されたと宣言したこと）は冒瀆ではなかった。イエスの無罪性の絶対的な証拠ではないが、十字架刑に値するとの訴えに関して無実であったという証言は十分にある。ピラトの妻は「あの正しい人と関わらないでください」（マタイ27:19）と警告した。十字架上の強盗は、「この方は、悪いことを何もしていない」（ルカ23:41）と言った。ユダでさえ「私は無実の人の血を売って罪を犯しました」（マタイ27:4）と言った。聖書は一様にイエスの無罪性を証言していると結論しなければならない[13]。

しかし、イエスは罪を犯すことができたのであろうか。聖書は、神は悪を行わず、誘惑されることがない（ヤコブ1:13）と告げている。そうであるなら、イエスは神であるのだから、罪を犯すことは本当に可能であったのか。もし可能でなかったとしたら、受けた誘惑は本物だったのか。ここで我々は、信仰の偉大な奥義の一つであるイエスの両性に出会いつつある。それについては次章でもっと細かく調べることにする。そうはいっても、イエスは罪を犯すことができたが、そうしようとしなかったことは確実である、とここで指摘しておくことは適切である[14]。正真正銘の葛藤と誘惑が存在したが、結果は常に疑う余地はなかったのである。

イエスは我々と同じ人間であるだけではない。我々以上に人間なのである。

誘惑に屈しない人は、誘惑を本当に感じているのだろうか。レオン・モリスは、誘惑に抵抗する人は誘惑の力を完全に知っていると論じる。無罪性は、誘惑が強くないことよりも誘惑がより強いことを指し示すと。「ある特定の誘惑に屈伏する者は、その誘惑の力の強さを完全に経験していないのである。誘惑がまだ余力を残しているのに、彼は早くも降参してしまった。誘惑に屈伏しない人、つまりある特定の誘惑に関して、まだ罪を犯していない人だけがその誘惑を限界まできわめ知ったと言える[15]」。

ところが疑問はまだ残る。「罪を犯さない人間は本当に人間なのか」と。もし人間ではないと言うなら、罪を人間の本性に不可欠な部分であると主張している。このような見解は、人間が神によって創造されたと信じる者なら誰でも深刻な異端とみなすに違いない。これでは神が罪の原因となり、本質的に邪悪な自然を創造したことになってしまう。反対に、罪は人間の本性に不可欠なものの一部ではないという立場を我々がとる限り、「イエスは我々と同じ人間なのか」と問う代わりに、「我々はイエスと同じ人間なのか」と問うほうがよいかもしれない。我々一人一人のもっているような人間の本性は、人間の本性として純粋なものではないからである。神によって創造さ

---

[13] もちろん、イエスが実際に罪を犯したと主張する者はいる。その一人はネルス・フェレー（Nels Ferré）で、イエスの振舞いの中に御父への完全な信頼が欠けていることを探知し、これは不信仰の罪を構成するという。しかしフェレーの釈義は欠点があり、罪に対する見方は、聖書的と言うよりは実存的概念の影響を大いに受けている。*Christ and the Christian* (New York: Harper & Row, 1958), pp. 110-14（N・フェレー『キリストとキリスト者』緒方純雄訳、新教出版社、1961年）を見よ。

[14] これは自由意志について本書で論じたことを思い起こさせる。すなわち、我々は自由に選ぶことができるが、神はすでに我々の選択を確実にしている、という主張をである（127-30頁を見よ）。

[15] Morris, *Lord from Heaven*, 51–52（モリス『天よりの主イエス』）。

れた真の人間性は、我々においては腐敗し、だめになっている。純粋な人間は今まで三人しかいなかった。アダムとエバ（堕落前）、そしてイエスである。それ以外の存在としての我々はみな、人間性が壊れた、腐敗したものである。イエスは我々と同じ人間であるだけではない。我々以上に人間なのである。我々の人間性はイエスの人間性を計る基準ではない。イエスの人性は真実であり混じりけがなく、我々を計る基準である。

6. イエスの人性が意味すること

イエスの全き人性という教理は、キリスト教信仰と神学にとって大きな意義をもっている。

1. イエスの贖罪の死は我々にとって真に価値がある。十字架の上で死んだのは、人類にとって部外者ではなかった。我々の一員、したがって我々のために真に犠牲をささげることができる者だった。旧約聖書の祭司と同じように、イエスは仲間のために犠牲をささげる人間であった。

2. イエスは、真に我々に同情し、とりなすことができる。イエスは我々があうかもしれないすべてのことを経験した。我々が飢え、疲れ、孤独であるとき、充分理解してくれる。ご自身がそのすべてを通ったからである（ヘブル4:15）。

3. イエスは人間性の真の性質を表した。我々は、人間とは何かについて、自分や周囲の人々を調べて帰納法で結論を出すことになりがちであるが、これは人間性の不完全な例にすぎない。イエスは、完全な人間性について語るだけでなく、それを自ら示している。

4. イエスは我々の模範となることができる。彼は天上のスーパースターではなく、我々の暮らしているところで暮らしていた。それゆえにキリスト者生活の模範として仰ぐことができる。人間の行為に関する聖書的な基準は、我々には達成するのが難しいように思われるが、イエスにおいてそれは人間の可能性の範囲内にあると見せられている。もちろん、そこには神の恵みへの完全な依存がなければならない。御父に祈り、この方により頼む必要をイエスが覚えたということは、我々も同じように御父に頼まなければならないことを示す。

5. 人間の本性は善である。我々が禁欲主義に傾き、人間の本性、特に肉体的性質を生来的に悪しきもの、少なくとも霊的、非物質的なものより劣ったものとみなすとき、イエスご自身が完全な人性をとったという事実が、人間が悪ではなく、善であることを思い起こさせてくれる。

6. 神は超越的なだけの存在ではない。ただ、人類からはるか遠くに離れ存在しているだけの方ではない。神がかつて我々の中で実際に真の人間として生活することができたのなら、今日でも同様に人間の領域の中で行動することができ、行動していても、驚くにはあたらない。

ヨハネとともに我々は、受肉が真実かつ完全であったことを喜ぶ。「ことばは人となって、私たちの間に住まわれた。私たちはこの方の栄光を見た。父のみもとから来られたひとり子としての栄光である。この方は恵みとまことに満ちておられた」（ヨハネ1:14）と。

研究課題

- イエスの人性の教理はなぜ重要なのか。
- 異端のドケティズム（仮現論）とアポリナリオス主義を、教理や教会史を学んだことのない人にも理解できるように説明せよ。
- 処女降誕はキリスト教神学にとってなぜ重要なのか。
- イエスの無罪性という概念を、特にイエスが罪を犯すことのできた可能性とともに弁証するよう求められたとすると、どう答えるか。

- あなたの人間性はどのような点でイエスのものと似ているか。またどのような点で違うか。

第25章 キリストの人格の統一性

本章の目的

1. イエスという一人の人格における神・人両性の統一の意義と、この統一性に関わる複雑さについて述べる。
2. イエス・キリストの人格の統一に関する聖書資料についての知識を示す。
3. イエス・キリストの人格を説明しようとする五つの試みを明らかにし、それについて述べる。
4. イエス・キリストの一人格における二性の教理についての十分な理解と、キリスト教神学との関連性を表現する。

本章の概要

イエス・キリストの人格の教理は、その神性と人性を記述する時点で終わるのではない。これら二性の統一は、キリスト教神学の理解にとって広範囲な影響をもっている。人類学的な理解を通して、人間はイエス・キリストにおける統一性という見解を否認あるいは過度に強調しようとしてきた。しかし聖書資料と歴史資料は、キリストは一人格のうちに統一された人性と神性とをもっているという見解を支持している。

本章のアウトライン

1. この課題の重要性と困難 252

2. 聖書資料 252

3. 初期の誤った解釈 253
   (1) ネストリオス主義 253
   (2) エウテュケス主義 254

4. 問題解決のための他の試み 255
   (1) 養子論 255
   (2) ケノーシス主義 255
   (3) 勢力的受肉の教理 255

5. 一人格二性の教理の基本的理念 255

1. この課題の重要性と困難

イエスが完全な神であり、完全な人であったと結論を出したあと、我々はまだ大きな課題と直面している。それはイエスという一人の人格の中での二性の関係である。これは三位一体や、人間の自由意志と神の主権との関係と並んで、神学的問題中の最も難しいものの一つである。また最も重要な課題でもある。キリスト論一般が重要であるのは、受肉が神と人類との間にある形而上学的、道徳的、霊的な隔たりに橋渡しをすることを伴うゆえである、ということはすでに説明した。この隔たりの橋渡しは、イエス・キリストのうちでの神性と人性の統一にかかっている。というのは、もしイエスは神であり人であったが二性は統一されていなかったのなら、隔たりは狭くなったとしても依然としてそこにあるからである。神と人類との分離は、いまも克服されていない困難ということになる。十字架上で達成された贖いがもし人類にとって効力があるとすれば、それは人間イエスのわざでなければならない。しかし、そのわざが無限で完全に聖なる神との関係においてすべての人間の罪を贖うために必要な無限の価値をもつべきであるなら、それは神であるキリストのわざでもなければならない。救い主の死が、統一された神＝人のわざでないのなら、どちらかの点で不十分となる。

イエスのうちで神と人が統一されているという教理は、理解が困難である。それは、相反する属性を定義上もつ二つの性質の結合を仮定しているからである。一方で、神として、キリストは知識、力、存在において無限である。神であるなら、すべてのことを知っているに違いない。自らの力にふさわしい対象であるすべてのことを行うことができる。同時にあらゆる場所に存在できる。しかし他方、もし人間であったなら、知識において制限を受けていたことになる。何でも行うということはできない。そして一度に一つの場所にだけ存在するという制限を受けていたことは確かである。作業に用いる聖書資料が相対的に少ないため、問題はさらに込み入ってくる。聖書には二性の関係について直接述べているところはない。我々のすべきことは、イエスの自己概念、行動およびご自身についての多様な教訓的言及から推論を引き出すことである。

2. 聖書資料

イエスの思想、行動、目的の二元性にふれた聖書箇所がないことに注目することから始める。それとは対照的に、全体としての神格のうちの多様性を示唆する箇所はある。たとえば、創世1:26「神は仰せられた［単数］。『さあ、人をわれわれの［複数］かたちとして……造ろう［複数］。』」。同様の箇所が、人数の変更なしに、創世3:22と11:7に見いだされる。三位一体の一位格が他の位格に呼びかける例が、イエスの御父への祈りに加えて詩篇2:7と40:7-8にある。しかしイエスは自分自身のことを常に単数で語った。これは特にヨハネ17章の祈りにおいて顕著である。イエスはご自身と御父とは一つであると言っているが（21-22節）、ご自身のうちの複数性については言及していない。

聖書には、イエスの神性にも人性にもそれとなくふれられていながら、明らかに一つの主体を指している箇所がある。それらの中には、ヨハネ1:14（「ことばは人となって、私たちの間に住まわれた……恵みとまことに満ちておられた」）、ガラテヤ4:4（「神はご自分の御子を、女から生まれた者、また律法の下にある者として遣わされました」）、Ⅰテモテ3:16（「キリストは肉において現れ、／霊において義とされ、／御使いたちに見られ、／諸国の民の間に宣べ伝えられ、／世界中で信じられ、／栄光のうちに上げ

られた」）がある。最後の本文は特に意義深い。イエスの地上での受肉と、受肉の前と後での天における臨在の双方に言及しているからである。

神と人類との間にある形而上学的、道徳的、霊的な隔たりの橋渡し、つまり我々の救いは、イエス・キリストのうちでの神性と人性の統一にかかっている。

他の箇所は、イエスのわざが人性と神性のどちらか一方による独占的な機能ではなく、一つの統一された主体による機能であることを明らかにする形でそのわざに焦点を当てている。たとえば、キリストのわざに言及する中で、ヨハネはこう言っている。「しかし、もしだれかが罪を犯したなら、私たちには、御父の前でとりなしてくださる方、義なるイエス・キリストがおられます。この方こそ、私たちの罪のための、いや、私たちの罪だけでなく、世全体の罪のための宥めのささげ物です」（Ⅰヨハネ2：1-2）。人性（4：2）と神性（4：15、5：5）の両方を前提としているイエスのこのわざは、一人の人格の働きであり、この人は、同じ手紙の中で御父が世の救い主として遣わした御子として描かれている（4：14）。さらに、イエスがその称号の一つで呼ばれているいくつかの箇所は、たいそう意義深い。たとえば、聖書にはイエスの人間としての活動に言及する中で神的称号が使われる状況がある。パウロは言う。「この知恵〔奥義のうちにある、隠された神の知恵〕を、この世の支配者たちは、だれ一人知りませんでした。もし知っていたら、栄光の主を十字架につけはしなかったでしょう」（Ⅰコリント2：8）。コロサイ1：13-14でパウロは記している。「御父は、私たちを暗闇の力から救い出して、愛する御子のご支配の中に移してくださいました。この御子にあ

って、私たちは、贖い、すなわち罪の赦しを得ているのです」。ここでは神の御子の王としての立場が、十字架と復活という身体における贖いのわざと並置されている。逆に、イエスが地上での宣教の間自らを指してしばしば用いた「人の子」という称号は、イエスの天的立場を指し示す箇所に出てくる。たとえばヨハネ3：13に、「だれも天に上った者はいません。しかし、天から下って来た者、人の子は別です」とある。これらの箇所はすべて、イエス・キリストという一人格が地上の人間であると同時に、受肉した先在の神的存在であったとする立場と矛盾しない。この二性が交互にイエスの活動を導いたということは示唆されていない[1]。

3. 初期の誤った解釈

　二性の関係について熟考されるようになってきたのは、教会史の比較的後期である。二性の純粋性と完全性についての議論が論理的に先に行われた。ニカイア会議（325年）とコンスタンティノポリス会議（381年）で教会がこれらの疑問に決着をつけると、二性の詳細な関係を調べることは妥当なことだった。要するに、論争されている問題は、「イエスが完全な神であり完全な人間であると宣言することは、実は何を意味しているのか」だった。考えられる解答を提案し検証する過程で、教会はその中のあるものをふさわしくないものとして拒否した。

(1) ネストリオス主義

　一つの解答を提示した神学者が、コンスタンティノポリスの総主教ネストリオスであった。はっきりしているのは、教会がネストリオス主義として非難した見解が正統的立場に充分達していなかったこと、その

---

[1] G. C. Berkouwer, *The Person of Christ* (Grand Rapids: Eerdmans, 1955), 293.

見解がおそらくネストリオスに従うある者たちによって支持されていたことである[2]。ただし、指導的な学者たちの判断によると、ネストリオス自身は「ネストリオス主義者」ではなかったが、用語の選択のまずさが攻撃的な反対者の反対と組み合わさったため、彼の見解が不当な非難を受けることになった[3]。

ネストリオスは428年に総主教に任命されたすぐ後、マリアをセオトコス（[theotokos]「神を産む者」）と呼ぶことの妥当性を判断する責任を負わされた。ネストリオスは、セオトコスがアンスロポトコス（[anthrōpotokos]「人を産む者」）という語を伴うのでないかぎり、セオトコスが妥当であるかどうかの判断に気が進まなかった。彼の考えは当時は独創的なものではなかったのであるが、いくつかの不適当な言葉遣いを選んだことが、ネストリオスにとって問題を引き起こした。彼は、神が母親をもつことはありえないし、いかなる被造物も神格の一員を発生させることは確かにできないと認めていた。それゆえ、マリアは神を産んだのではなく、神の器となる人を産んだのである。ネストリオスは、後にカルケドン会議による公式（二性の一人格における統一）に同意すると告白しているが、しかし、統一（union）より「結合（conjunction）」の点から考えることを好んだ。おそらくネストリオスの思想の要約として最も可能性があるのは、キリストの人格のうちに分裂があることを意識的に支持したり、公然と教えたりしなかった一方、彼の言っていることはそれを暗示しているように見えた、というものである[4]。ネストリオスの声明と彼の見解に対する反応から、ネストリオス主義は伝統的に、神であり人である方を別個の二つの人格に分割する異端、として描かれるようになった。この異端はエペソ会議（431年）で非難された。

(2) エウテュケス主義

エウテュケス（375年頃 – 454年）はコンスタンティノポリスの修道院長であった。エウテュケスの教えた教理を正確に確認することは容易ではない。彼は、主イエス・キリストは誕生後、一性のみを所有していたと宣言した。その神の本性が受肉し人となった、と。エウテュケスは二性という考えを、聖書と教父たちの意見に反するとして拒否した。ただし処女降誕には賛同し、キリストが完全な神であると同時に完全な人であったと認めていた。彼の基本的な主張は、受肉以前は二性が、受肉以後は一性があった、というものであったと思われる[5]。

エウテュケスの見解は、イエスの人性は神性に吸収され、事実上除去されたと教えた運動の基礎を構成した。事実上、エウテュケス主義はドケティズムの一つの形である。イエスの本性を、人性と神性が融合してできた全く異なったもの、第三の実体、言わば雑種と見る、異なった解釈もあった。エウテュケスの思想は（少なくとも彼の表現した形では）混乱していた。そして、それが彼自身の取った立場であったらしい。

---

[2] J. F. Bethune-Baker, *An Introduction to the Early History of Christian Doctrine* (London: Methuen, 1903), 274–75.

[3] Friedrich Loofs, *Nestorius and His Place in the History of Christian Doctrine* (New York: Lenox Hill, 1975), 41, 60–61; J. F. Bethune-Baker, *Nestorius and His Teaching* (Cambridge: Cambridge University Press, 1908), 82–100.

[4] A. B. Bruce, *The Humiliation of Christ in Its Physical, Ethical, and Official Aspects*, 2nd ed. (New York: A. C. Armstrong, 1892), 50–51.

[5] Jaroslav Pelikan, *The Christian Tradition: A History of the Development of Doctrine*, vol. 1, *The Emergence of the Catholic Tradition (100–600)* (Chicago: University of Chicago Press, 1971), 262–63（J・ペリカン『キリスト教の伝統——教理発展の歴史』第1巻、鈴木浩訳、教文館、2006年）。

4. 問題解決のための他の試み

(1) 養子論

「一人格における二性」の問題を解決しようと初期に、そして繰り返しなされた試みが養子論である。最も単純な形で述べると、これは、ナザレのイエスが生涯の初期には単なる人間であったという考えである。しかしある時点で、たぶんイエスのバプテスマの折（または復活のとき）に、神はイエスを「養子」にした。神が人間になるというよりは人間が神になるケースであった[6]。養子論者は自分たちの立場を支持するために、イエスが神によって生まれたという聖書思想に集中する（たとえばヨハネ3:16）。しかし、聖書の完全な教えを真剣に受けとめる人々は、キリストの先存在、誕生前の物語、処女降誕を含めて、この見方に対する大きな障害があることに気づく。

(2) ケノーシス主義

19世紀にある人々が、受肉の理解のかぎは「［イエスが］ご自分を空しくし」た（ピリピ2:7）という表現に見いだされるべきだと提案した。ケノーシス主義（「からにする」を意味するギリシア語はケノー［$keno\bar{o}$］）と呼ばれるこの見解によると、イエスがご自身から取り出してからにしたものは、神の御姿（6節）であった。三位一体の第二位格は、明確に神的属性（全能、遍在など）を脇に置いて、代わりに人間の特質をまとった。実のところ、受肉は、神性の一部を人間の特徴と交換することからなっていた[7]。愛やあわれみなどの道徳的な特質は維持されていた。ケノーシス主義ではまた、イエスが神であり人であるというのは、同時にそうであるのではなく、連続的にそうなのであるとされる。ある特定の属性に関してイエスは神であり、その後人間となり、それからまた、神となるのであると。この見解は問題の一部を解決する一方で、先に引用した、聖書記者たちがイエスを神と人間の両方であるとみなしていたことの証拠を説明できない。その上、この理論は革新的に見えるが、受肉が継続しているように見えることを示す箇所（たとえばⅠテモテ3:16を見よ）が、この主張を擁護することを許さない。

(3) 勢力的受肉の教理

一人格における二性という問題を解決しようとする最後の試みは、勢力的受肉（dynamic incarnation）の教理と呼ぶことができよう。この立場は、神＝人イエスにおける神の臨在は、三位一体の第二位格と、ナザレのイエスという個人の間の人格的な位格的結合という形をとらなかった、と主張する。むしろ、受肉はイエスという人格のうちでの神の力の活発な臨在として考えるべきであると[8]。受肉についてのこの解釈を前提とすると、キリストと我々との相違は単に量的なもので、質的なものではないことになる。だが、この解釈が聖書で強調されているいくつかの点と対立することに注目しなければならない。それは、イエスのうちに身体的に神の内住が満ち満ちていること（コロサイ2:9）、キリストの先存在（ヨハネ1:18、8:58）、イエスが御子であることの独自性（3:16）である。

5. 一人格二性の教理の基本的理念

一人格における二性という、キリスト論における困難な問題を解決しようという試みのいくつかを再検討してきた。この教義の古典的な声明はキリスト教界すべての標

---

[6] Robert L. Ottley, *The Doctrine of the Incarnation* (London: Methuen, 1896), 2: 151–61.

[7] Hugh Ross Mackintosh, *The Doctrine of the Person of Jesus Christ* (New York: Scribner, 1914), 463–90.

[8] この見方の20世紀の形は、Donald Baillie, *God Was in Christ* (New York: Scribner, 1948) を見よ。

準であり、451年にカルケドン会議で策定された。この声明は、以下について語る。

> 同一なるキリスト、御子、主、ひとり子、"混乱もなく"、"変化もなく"、"分割もなく"、"分離もなく"、二性において知られ、その本性の区別は、統一によって少しも取り除かれることなく、各本性の特性は保持され、一つの人格（プロソポン〔prosōpon〕）と一つの本質（ヒュポスタシス〔hypostasis〕）において合体し、二つの人格に分離も分割もされず、同じ御子、ひとり子、神なることば、主イエス・キリストである。いにしえの預言者らとイエス・キリストご自身がご自身について我らに教え、教父たちの信条が伝えたとおりに[9]。

この声明は、ネストリオス主義の異端とエウテュケス主義の異端の両方を避け、人格の統一をも、二性の完全性と分離性をも主張している。しかし、これは緊張を高める役に立つだけである。二性間の正確な関係は何か。イエスを二人格に分割せず両方を維持し、それぞれが分離したユニークな一連の属性をもちつづけるようにすることはどうしたらできるのか。そして、二性を融合して混合物や雑種にしてしまうことなく、イエスは意識の中心を一つだけもつ一人の人格であると主張することは、どのようにしたらできるのであろうか。カルケドンの結論は、「混乱もなく、変化もなく、分割もなく、分離もなく」と本質的に否定的である。「一人格における二性」が何を意味しないかを告げるものである。ある意味でカルケドン信条は解答ではなく、質問である。我々はさらに問わなければならない。受肉の教理の本質的原則は何か、そしてそれらをどのように理解するべきか、と。以下のような重要な点が、この偉大な奥義を理解する助けとなる。

[9] Philip Schaff, *The Creeds of Christendom* (New York: Harper & Bros., 1919), 2:62.

1. 受肉は、神的諸属性の放棄というよりも、人的諸属性の付加である。ピリピ2:6-7は、イエスがご自身の中から神的属性のうちあるものを、おそらく神性自体をも取り除いてからにしたという意味であると、しばしば考えられてきた。この解釈によると、イエスは神より劣るものになることによって人間となった。しかしながらピリピ2:6-7の我々の解釈では、イエスがご自身を空しくされたものは、神的モルフェー（morphē）、つまり神の本性ではない。この箇所はいかなる時点でも、イエスが神的本性を所有することをやめたとは言っていない。このことはコロサイ2:9を考慮に入れると、より明らかになる。「キリストのうちにこそ、神の満ち満ちたご性質が形をとって宿っています」。ではイエスが「ご自分を空しくし」たとはどのような意味であろうか。

イエスは本性において御父と同質であることをやめない一方で、地上での生涯の期間、御父に機能的に従属するようになった。

一つのコップの中身を別のコップに注ぐのと同じように、神性を人性に注ぎ込むことでご自身を空しくされたのではないかと言う者もいた。しかしこれは、イエスがご自身の神性を人性に開けたときに神性をどの器から注ぎ込んだのかを確認するのに失敗している。ピリピ2:6-7へのより良いアプローチは、「しもべの姿をとり」という句をケノーシスの状況的説明として考えることである。そうすると7節前半は「しもべの者の姿をとることによってご自分を空しくして」と訳される。「しもべの者の姿をとること」は、イエスがどのようにしてご自分を空しくしたか、あるいはケノーシスを構成する何をしたのかの説明である。本文は、ご自身が何を空しくされたのかを

特定していないが、「しもべの姿」が「神としてのあり方」(6節)と鋭く対照的であることに注目すべきである。イエスがご自身を空しくされたものは、神の御姿ではなく、神としてのあり方であった、と我々は結論を下す。イエスは本性において御父と同質であることをやめない一方で、地上での生涯の期間、御父に機能的に従属するようになった。

2. 二性の統一とは、独立しては作用しなかったという意味である。イエスはあるときに神性を、他のときに人性を行使したのではない。その行動は常に神性―人性の行動であった。このことは、人性が神性に機能の上で制限を課したことを理解する鍵となる。たとえば、イエスはあらゆるところにいる(遍在)力をなおもっていた。しかし受肉の存在として、人間の身体を所有していることにより、その力の行使を制限された。このことを、三位一体の第二位格の勢力 (power) と能力 (capacities) が縮小されたと考えるべきではない。むしろ、勢力と能力の行使の上に環境が制限を引き起こしたと考えるべきである。

次のような類比を想像してみよう。世界最速の短距離走者が二人三脚競争に参加する。彼は足の一本をパートナーの足と結びつけて走らなければならない。身体能力は減少しないが、その能力を行使する条件は厳しい制限を受けている。たとえパートナーが世界第二の速さの短距離走者だとしても、別々に競争する場合よりタイムはずっと遅いであろう。

これが受肉のキリストの状況である。ランナーが束縛を解くことができるのに競技が続く間自らを制限することを選ぶのと同じように、キリストの受肉は自発的に選び取った制限であった。人性を帯びる必要はなかったが、受肉の期間中はそうすることを選んだ。

3. 受肉を考えるとき、神性と人性についての伝統的な諸概念から始めてはならず、両者はイエス・キリストにおいて最も十分な形で知られると認めることから始めなければならない。ときどき我々は、それは事実上不可能という先入観をもって受肉にアプローチする。我々には人性が何であり、神性が何であるかはわかっており、二性はもちろん定義上、両立しない。一方は有限であり、他方は無限であると。しかし、これは誤った場所から始めている。人間の本性に関する我々の理解は、自分自身と周囲にいる他の人間を帰納的(きのうてき)に調査することで形成されてきた。ところが、誰一人として神が意図していた、あるいは御手から出てきた人性の状態にもない。人性は、アダムとエバの罪によって破壊され、腐敗している。受肉においてイエスが人性をとったと我々が言うとき、そのような種類の人性について語っているのではない。イエスの人性は、罪深い人間の人性ではなく、アダムとエバが創造されて以来堕落前まで所有していた人性であった。イエスは単に我々と同じく人間であったのではなく、我々以上に人間であった。霊的には、我々が栄化されるときに所有する人性の典型であった。イエスは真の人性の本質を最も完全に啓示しているからである。

イエス・キリストはまた、我々にとって神性についての知識の最上の源である。我々は、神が本当はどのような方であるかを知っていると思っている。しかし、神が最も啓示され、知られるのは、イエスにおいてである。ヨハネが言ったように、「いまだかつて神を見た者はいない。父のふところにおられるひとり子の神が、神を説き明かされたのである」(ヨハネ1:18)。こうして、神性とはどのようなものかというイメージは、第一義的にイエス・キリストにおける神の啓示を通してくる。

神性と人性との統一の可能性との関連で、聖書の中で与えられている人性の明白なイメージを心に留めておく必要がある。神のかたちとして、人間はすでに神に最も似た被造物である。人類をご自身のかたちに創造する神の目的の一部が、やがて起きる受

第5部 キリストの人格とわざ

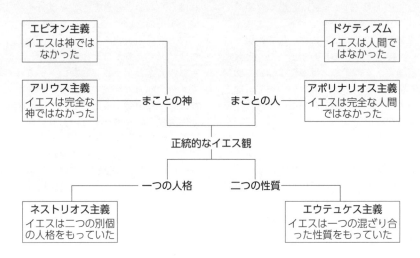

図3　キリストの人格に関する六つの基本的異端

肉を容易にすることであったことは十分考えられる。

　受肉の主導権を、言わば、下からよりも上から来るものと考えることは重要である。受肉を理解するにあたっての問題は、我々が、人間がどうして神になったりできるのかと自らに尋ねているという事実に一部由来しているのかもしれない。それがあたかも人間が神になること、または人性に神性を加えることであるかのように、である。しかしながら、神にとって人間になること（より正確には、自らの神性に人性を加えること）は、不可能ではない。神は制限を受けないゆえに、より低いものに自分を合わせることが可能であるが、低いものは、より偉大なもの、またはより高いところまで上ることはできない。人間が上にのぼって神性に至ったのではなく、神が人間を神性に高めたのでもなく、むしろ神が自らを低くして人性をとったのである。この事実をおさえておくことは、我々が受肉を想像する際の助けとなる。

　イエスを非常に複雑な人格と考えることも助けとなる。我々は単刀直入な人を知っている。ほかに、もっと複雑な性格の持ち主もいる。そういう人は、より広い経験や多様な教育的背景、より複雑な気質をもっているかもしれない。

　さて、無限に拡大された複雑さというものを想像すると、いわば「イエスの個性」、一人格における二性を垣間（かいま）見ることができよう。イエスの個性は、神性を構成するいろいろな資質と属性を含んでいるからである。この点が、イエスの人格は、人間の資質と神の資質が混じり合って第三のものになったのではないことを思い起こすために役立つ。むしろ、神的属性の特徴に加えて、完全かつ罪のない人性のすべての資質または属性をも備えた人格であった。

　受肉をより理解する助けとなる聖書の真理のいくつかの局面に注目してきた。ジョークの基本は七つあるだけで、どんなジョークもそのうちの一つのバリエーションにすぎない、と言われることがある。キリストの人格に関する異端についても同様のことが言えよう。基本は六つあり、どれもキリスト教の最初の400年間に登場した。図3に示されているように、それらは、イエスの神性の真実性を否定する（エビオン主義）または完全性を否定する（アリウス主

義）か、イエスの人性の真実性を否定する（ドケティズム）または完全性を否定する（アポリナリオス主義）か、イエスの人格を分割する（ネストリオス主義）か、本性を混同する（エウテュケス主義）かのいずれかである。キリストの人格についての正統的教理から逸脱しているものはみな、これらの異端のうちの一つのバリエーションにすぎない。受肉の教理の内容を正確に特定することは困難かもしれないが、聖書の教えを忠実に守ることで、これらの歪曲を注意深く避けることができるであろう。

研究課題

- 人性と神性はどのようにして一人の人格の中で一緒にすることができるのか。そしてなぜそうすることが必要なのか。
- イエス・キリストの人格の統一性を聖書はどのように説明しているか。
- イエス・キリストの人格についてネストリオス主義とエウテュケス主義は何と言っているか。そして互いにどう違うのか。
- 一人格における二性という教理を理解するためにどんな要素が必要か。
- イエスが人間でも神でもあるということは、神とのあなたの関係にとってなぜ重要なのか。

第5部　キリストの人格とわざ

第26章 キリストのわざへの序論

本章の目的

1. 受肉と死を含む、キリストのわざにおける謙卑（けんぴ）の段階を明らかにし、説明する。
2. 復活と昇天と御父の右への着座と再臨を含む、キリストのわざにおける高挙（こうきょ）の段階を明らかにし、説明する。
3. すべての信仰者に対する、イエス・キリストの啓示、支配、和解の機能を明らかにし、説明する。
4. 贖罪の五つの説を明らかにし、説明する。

本章の概要

キリストのわざは、三位一体においてキリストが担っている役割に無比な形で適合している。時間的に、キリストのわざには二つの主要な段階がある。謙卑と高挙である。伝統的にイエスのわざは、彼が行う三つの基本的機能という観点から分類されてきた。すなわち、啓示的役割、支配、和解のわざである。和解のわざの基本的な側面は贖罪である。歴史的に、贖罪の意味について多くの論争がなされてきた。贖罪についての説により、扱っている要素は異なっていた。これらの要素は皆、贖罪に明白に現れており、贖罪の説明に含まれていなければならない。

本章のアウトライン

1. **キリストのわざの諸段階** 261
   (1) 謙卑 261
      ① 受肉 261
      ② 死 262
   (2) 高挙 262
      ① 復活 262
      ② 昇天および御父の右に着座すること 263
      ③ 再臨 264

2. **キリストの諸機能** 264
   (1) キリストの啓示的役割 264
   (2) キリストの支配 265
   (3) キリストの和解のわざ —— とりなしと贖い 266

3. **贖罪に関する多様な説** 267
   (1) ソッツィーニ説 —— 模範としての贖罪 267
   (2) 道徳感化説 —— 神の愛の証明としての贖罪 268
   (3) 統治説 —— 神の正義の証明としての贖罪 268
   (4) 賠償説 —— 罪と悪との力に対する勝利としての贖罪 269
   (5) 満足説 —— 御父に対する償いとしての贖罪 270

キリストの人格、すなわち神性と人性について徹底的に研究することで、キリストがその比類なき本性によって我々のために何をしてくれたかを、より理解できるようになる。もちろん、キリストは、常に三位一体の永遠の第二位格であった。しかしながら成し遂げなければならない任務のために、すなわち我々を我々の罪から救うために、受肉したのである。

イエス・キリストの人格と本性に関する前理解なしに、彼のなしたわざを十分理解することはできない。キリストが誰であったかが、彼をそのなすべきことに特にふさわしい者とした。

1. キリストのわざの諸段階

イエスのわざを探究していくと、二つの基本的な段階の中でなされていることがわかる。伝統的に謙卑の段階と高挙の段階と呼ばれているものである。同様にこれらの段階はそれぞれ、一連の行程から構成されている。ここにあるのは、イエスが栄光から下へと向かう二つの行程（受肉と死）、それから先の栄光へと戻り、さらにそれを超えたものへと昇っていく行程である。

⑴ 謙卑

① 受肉

イエスの受肉という事実は、ヨハネ1:14のように、ときには率直な形で述べられる。ヨハネ1:14で使徒は「ことばは人となって」と簡潔に述べている。他の場合は、イエスが何をあとに残したか、または何をご自身に受けたかのどちらかに強調点がある。前者の例はピリピ2:6-7で、イエス・キリストは

> 神の御姿であられるのに、
> 神としてのあり方を捨てられないとは考えず、
> ご自分を空しくして、しもべの姿をとり、
> 人間と同じようになられました。

後者の例はガラテヤ4:4で、「神はご自分の御子を、女から生まれた者、律法の下にある者として遣わされました」。

地上に来るにあたりイエスが放棄したものは、計り知れない。「神との対等性」（ピリピ2:6NIV訳注）という、御使いの絶えざる賛美、および父と聖霊との直接的な臨在を必然的に伴う立場から、それらのものが何もない地上にやって来た。たとえキリストがこの世が提供できる最高の栄華の中に来臨されていたとしても、天からの下降はやはり途方もないことであっただろう。しかしキリストがやって来たのは、人間の状況の最高のところではなかった。むしろ、しもべ、奴隷の姿をとった。きわめて普通の家族のもとに来た。人目につかないベツレヘムという小さな町に生まれた。さらに驚くべきことに、馬小屋というみすぼらしい状況で生まれ、飼い葉桶に寝かされたのである。

イエスは律法の下に生まれた。律法の創始者であり、その主である方が律法に服する者となり、律法すべてを成就した。まるで役人が、彼の下にいる人々が従わなければならない制定法を制定し、彼自身も従わなければならないかのように、低い身分に降っていかれた。イエスが律法に服従する者となる準備は完了していた。こうして生後八日目に割礼を受け、ふさわしい時に母のきよめの儀式のために宮に連れて行かれた（ルカ2:21-39）。律法に服従する者となることにより、イエスは律法の下にある者たちを贖い出すことができたとパウロは言う（ガラテヤ4:5）。

謙卑の期間の間、神的属性はどうであったのか。三位一体の第二位格は人間性を加えるか取ることにより、ご自身の中から神との対等性を空しくしたのであるということをすでに示唆した（256-57頁を見よ）。そうすることにより、イエスは神的属性を単独で行使することを放棄した。これは、

神的属性のある部分（またはすべて）を明け渡したという意味ではなく、それらを自分のために行使する能力を自発的に放棄したという意味である。御父により頼むことにおいて、および全き人間性を所有することとの関連においてのみ、行使することができた[1]。イエスが神的属性を行使するには、御父と自分の双方の意志が必要であった。貸金庫がよいたとえになるであろう。それを開けるには、銀行側と預金者側の二つの鍵が必要である。これと同様に、イエスが神的力を行使しようとするなら、そのためにある行動が起こることについて双方の意志が同意していなければならなかった。だとすると、計り得ないほどの謙卑が、人間の性質を負うことに関係していたことになる。イエスは天にいるときにもっていたすべての能力を、自由かつ単独で行使することができなかった。

② 死

イエスの謙卑において下へ向かう究極的な行程は死であった。「いのち」（ヨハネ14:6）であり創造者であり、いのちを与え、そして死への勝利を構成する新しいいのちを与える方が死に服する者となったのである。罪を犯さなかった方が、死という罪の結果もしくは「報酬」を味わった。人となることでイエスは死の可能性に服する者となった。すなわち、死ぬ存在となったのであり、死は可能性であるだけではなく、現実のものともなった。

さらにまた、イエスは単なる死を味わっただけでなく、はずかしめをも受ける死を味わった！　ローマ帝国が極悪人のためにとっておいた刑を経験したのである。それは時間のかかる苦痛に満ちた死、事実上拷問による死であった。これに加えて、侮辱に満ちた状況があった。群衆によるあざけりとなじり、宗教的指導者によるののしり、そしてローマ兵たちが侮辱をさらに増した。

死はイエスの宣教の終わりであるように思われた。イエスは任務に失敗したのだと。イエスの声は静かになり、そのためもはや説教することも教えることもできず、そのからだはいのちがなく、癒やすことも、死者をよみがえらせることも、嵐を鎮めることもできなかった。

⑵ 高挙

① 復活

イエスの死は謙卑の最下の点であった。復活をとおして死に打ち勝ったことは、高挙の過程へと戻る第一歩であった。復活は特に意義深い。というのは、死を与えることは、罪と罪の力がキリストに対してできた最悪のことであったからである。死がキリストを捕らえておけなかったことは、キリストの勝利の完全性を象徴している。悪の諸勢力が殺した誰かが死んだままでいないのなら、悪の諸勢力にそれ以上何ができるのであろうか。

復活は非常に重要なものであるため、多くの論争を引き起こしてきた。もちろん、実際の復活を目撃した人間はいない。復活が起きたときイエスは墓の中でひとりだったのだから。しかしながら、二つのタイプの証拠が見られる。第一は、イエスが横たえられた墓が空であり、遺体が決して出てこなかったことである。第二は、さまざまな人がイエスが生きているのを見たと証言したことである。これらの証言の最も自然な説明は、イエスが確かに再び生きていたということである。その上、弟子たちが恐れおののく敗北者から復活を宣べ伝える戦闘的な説教者に変わったことを説明する他の（少なくともより良い）方法は存在しない[2]。

ここで特に注意する価値のある問題は、

---

[1] Augustus H. Strong, *Systematic Theology* (Westwood, NJ: Revell, 1907), 703–4.

[2] Daniel Fuller, *Easter Faith and History* (Grand Rapids: Eerdmans, 1965), 181–82. 参照 Wolfhart Pannenberg, *Jesus— God and Man* (Philadelphia: Westminster, 1968), 96–97（W・パネンベルク『キリスト論要綱』麻生信吾・池永倫明訳、新教出版社、1982年、再版2003年）。

復活のからだの性質である。この事柄に関しては相矛盾する証拠があるように思われる。一方において、血肉のからだは神の国を相続することにならないと言われており、天では物質的なからだをもつことがないという他の示唆もある。他方では、復活後イエスは食事をし、その姿は明らかに認識できた。その上、手の釘の跡と脇腹の槍の傷は、なおも肉体をもっていたことを暗示している（ヨハネ20：25-27）。この矛盾と見える点を調和させるのなら、イエスはこの時点で復活していたが、まだ昇天していなかったことを心に留めておくことが重要である。我々の復活のときには、からだは一気に変えられる。しかしイエスの場合、復活と昇天という二つの出来事は、崩されて一つになるというよりは分離されている。したがって復活の時点でイエスがもっていたからだは、さらに昇天の際に、より完全な変容を経ることになっていた。またパウロがⅠコリント15：44で「御霊に属するからだ」と呼んでいるものになることになっていた[3]。

けれども、イエスの復活後のからだは、昇天後のあり様より本質的に物質的であったかもしれないが、彼の復活は処女降誕と同様、本質的に生物学的な事柄あるいは物質的な事実と考えるべきではない。むしろ復活は、罪と死とそれに伴うあらゆる影響に対するイエスの勝利であった。高挙の基礎的な行程、すなわちイエスが全人類の罪を自発的に負うことで自らにもたらされた呪いから解放されることであった。

② 昇天および御父の右に着座すること

イエスの謙卑における第一の行程は、天においてもっていた身分を放棄し、地上の境遇にやって来ることである。高挙における第二の行程は、地上の状態を離れて御父とともにいる立場を取り戻すことであった。イエス自身、いくつかの機会に、御父のもとへ帰ることを予告した（ヨハネ6：62、14：2、12、16：5、10、28、20：17）。ルカは実際の昇天を最も詳しく記述している（ルカ24：50-51、使徒1：6-11）。ヘブル人への手紙の記者と同様に（1：3、4：14、9：24）、パウロも昇天について書いている（エペソ1：20、4：8-10、Ⅰテモテ3：16）。

近代以前、昇天とは一つの場所（地球）からもう一つの場所（天）へ移ることと通常考えられていた。しかしながら今の我々は、空間とは天が地上から単に上にあるというものではないことを知っているし、地上と天との違いも単に地理的なものではなさそうに思われる。ある種の宇宙船で十分に遠くかつ速く飛ぶだけでは神には到達できない。神は実在の異なった次元の中にいて、ここからそこへ移るには、単なる場所の変化ではなく状態の変化が必要である。それゆえイエスの昇天は、単なる物質的、空間的な変化でなく、霊的な変化でもある。そのときイエスは、からだの復活とともに始まった変容の残りの部分を経験した。

昇天の意義は、イエスがこの地上での生活と結びついた状況をあとに残したことである。こうして、地上での肉体的、心理的な両面の痛みは、もはやイエスのものではない。通過した反対、敵意、不信仰、不真実は、御使いの賛美と直接の御父の臨在に置き換えられている。地上にいる間耐えたあざけりや非難と何と対照的なことか！

イエスが地上を去らなければならない決定的な理由があった。一つは、我々の将来の住みかを準備するためであった（ヨハネ14：2-3）。もう一つの去っていかなければならない理由は、三位一体の第三位格である聖霊が来るためである（ヨハネ16：7）。聖霊を遣わすことは必須であった。というのは、イエスが弟子たちとともに働くこと

---

[3] イエスの復活のからだについてのさらに完全な議論は、Millard J. Erickson, *The Word Became Flesh: A Contemporary Incarnational Christology* (Grand Rapids: Baker, 1991), 565-76 を見よ。ここでとられている立場は、James Orr, *The Resurrection of Jesus* (New York: Hodder & Stoughton, 1908), 196-202 の立場と本質上同じである。

ができたのは外的な教えと模範を通してだけであるが、聖霊は彼らのうちでわざをなすことができたからである（ヨハネ14:17）。その結果、信仰者たちは、イエスがなしたわざより、さらに大きなわざさえできるようになる（ヨハネ14:12）。そして聖霊の働きを通して、三位一体の神が彼らとともにいてくださることとなる。こうして、イエスは、彼らと永遠にともにいる（マタイ28:20）と言うことができた。

イエスの昇天は、今では御父の右に座していることを意味する（マタイ26:64、使徒2:33-36、5:31、エペソ1:20-22、ヘブル10:12、Ⅰペテロ3:22、黙示録3:21、22:1を見よ）。右の座は、卓越性と力の場所である。ヤコブとヨハネがイエスの右に、さらに左にも座ることを願ったことを思い起こそう（マルコ10:37-40）。イエスが神の右に座っていることは、休息や無活動を示すものと解釈するべきではない。権威と活動的な支配の象徴なのである。右の座とは、イエスが我々のために御父にいつもとりなしをしている（ヘブル7:25）場でもある。

③ 再臨

高挙の一面がまだ残っている。聖書は、将来のある時点にキリストが戻ってくることをはっきりと示している。正確な時期は知らされていない。そのときキリストの勝利は完成する。キリストは勝利の主、万物の審判者となる。主の支配は今の時点ではある意味で潜在的なものにすぎず、多くの者は受け入れないが、そのときには完全なものとなる。イエスご自身が、再臨は栄光のうちになされると言った（マタイ25:31）。低い、へりくだった姿で、恥辱さえ受けて来た方が完全に高められて戻って来る。そのとき、まさに、すべてがひざをかがめ、すべての口がイエス・キリストは主であると告白するのである（ピリピ2:10-11）。

2. キリストの諸機能

歴史的に、キリストのわざを預言者、祭司、王という三つの「職能」（offices）との関連で分類することが慣例となっていた。次の真理を保持することが重要である。イエスが人類に神を啓示し、神と人類を互いに和解させ、人類を含む被造物全体を支配しており、また将来支配する、という真理をである。正確な称号ではないとしても、これらの真理は、もし我々が、キリストがその宣教において達成することの全体を認識するつもりなら、保持しなければならない。ここではキリストの啓示、支配、和解という三つの機能について語ることを選んだ。キリストのわざのこれらの局面を、キリストの任務として考えることはふさわしい。なぜならイエスはメシア、油注がれた者であったからである。

(1) キリストの啓示的役割

キリストの宣教の働きへの言及のうち多くが、御父と天的な真理についての啓示を強調している。そして確かに、イエスは、ご自身が預言者であることをはっきりと理解していた。ナザレでの宣教が受け入れられなかったとき、「預言者が敬われないのは、自分の郷里、家族の間だけです」（マタイ13:57）と言ったからである。イエスが預言者であることは、イエスが説教するのを聞いた者、少なくともイエスに従った者たちによって認められていた。さらに、エルサレムへの勝利の入場の際、群衆は「この人はガリラヤのナザレから出た預言者イエスだ」（マタイ21:11）と言った。

イエスが預言者であったということ自体、預言の成就であった。ペテロは具体的に、申命18:15のモーセの予告とイエスを同一視している。「あなたがたの神、主は、あなたがたの同胞の中から、私のような一人の預言者をあなたがたのために起こされ

る」（使徒3:22）。イエスの預言者としての宣教の働きは、神から遣わされたという点では他の預言者のようであった。それでも彼らとは意義深い違いがあった。イエスは神ご自身の臨在のもとから来た。したがって、御父と一緒にいたので、特に御父を明らかにすることができた。そこでヨハネは次のように言っている。「いまだかつて神を見た者はいない。父のふところにおられるひとり子の神が、神を説き明かされたのである」（ヨハネ1:18）。

預言者として、イエスは御父と天的な真理を啓示する。王として、イエスは全宇宙を支配する。祭司として、彼は我々の救いを可能にする。

イエスの預言者としての宣教の働きは、その独比性にもかかわらず、いくつかの面で旧約の預言者たちの働きと似通っていた。イエスのメッセージは多くの点で彼らのメッセージと似ていた。破滅と審判の宣告があり、良い知らせと救いの宣言があった。マタイ23章でイエスは律法学者とパリサイ人を偽善者、蛇、まむしと呼んでさばきを宣告している。確かに罪を責める預言者的メッセージが、イエスの説教に顕著に見られた。ただしイエスは良い知らせも宣言した。旧約の預言者の中では、特にイザヤが神からの良い知らせを語った（イザヤ40:9、52:7）。同様に、イエスはマタイの福音書13章で、天の御国を実に良い知らせとする言葉で表現している。すなわち天の御国は、畑の中に隠された宝（44節）や、高価な真珠（46節）のようであると。

キリストの啓示のわざは、時間と形式において広い範囲に及んでいる。受肉以前にさえ始まっていた。ロゴスとして、イエスはすべての人を照らす、世に来ようとしている光である。それゆえ、ある意味ですべての真理がイエスから、イエスを通して来

た（ヨハネ1:9）。イエスの啓示的なわざの第二の、そして最も明らかな時期は、言うまでもなく、地上滞在の間の預言者的働きである。ここで啓示の二つの形が一緒になった。イエスは神の真理の言葉を語った。しかしながら、それを超えて、イエス自身が真理であり、神であった。そのためイエスがなしたことは、神の真理と現実性との宣言だけでなく、それらの具体的開示でもある。三番目に、教会を通して続いているキリストの啓示のわざがある[4]。イエスは教会に、進行中の任務の中での臨在を約束した（マタイ28:20）。イエスの宣教は多くの方法で聖霊によって継続し、完成する。御霊はイエスの名において遣わされ、イエスに従う者たちにすべてのことを教え、イエスが話したことすべてを思い起こさせる（ヨハネ14:26）。聖霊の啓示の働きは、イエスの働きと別個のものではない。多分このことは、ルカが、自分の第一の書がイエスの「行い始め、また教え始められた」すべてのことと関係しているという（使徒1:1）、幾分理解しにくい主張をした理由である。使徒たちが真理を宣言したとき、イエスは啓示のわざを彼らを通して実行していた、と我々は結論づける。

イエスの最後の、そして最も完全な啓示的みわざは未来にある。イエスが戻ってくる時が来ようとしている。キリストの再臨を表す語の一つは「啓示」（アポカリュプシス〔apokalupsis〕）である[5]。その時にははっきりと直接的に見る（Ⅰコリント13:12）。我々はキリストをありのままに見ることになる（Ⅰヨハネ3:2）。その際、神を完全に知り、キリストが語った真理を完全に知る妨げとなるものは取り除かれる。

(2) キリストの支配

福音書はイエスを王、全宇宙の支配者と

---

[4] Charles Hodge, *Systematic Theology* (Grand Rapids: Eerdmans, 1952), 2: 463.

[5] George E. Ladd, *The Blessed Hope* (Grand Rapids: Eerdmans, 1956), 65–67 を見よ。

して描いている。イザヤは、ダビデの王座につく未来の支配者を予期していた（イザヤ9:7）。ヘブル人への手紙の記者は、詩篇45:6-7を神の御子に当てはめている。

> 神よ。
> あなたの王座は世々限りなく、
> あなたの王国の杖は公正の杖。
>
> （ヘブル1:8）

新しい世界で人の子は栄光の座につくとイエスご自身が述べた（マタイ19:28）。天の御国をご自分のものと主張した（マタイ13:41）。

イエスの役割をほとんど未来だけのものと考える傾向がある。というのは、現在周囲を見回すと、イエスが活動的に支配している様子は見えないからである。けれど、これに反し、キリストが今日支配している証拠があることに注目する必要がある。特に自然界はキリストに服従している。万物はキリストを通して存在に至り（ヨハネ1:3）、キリストを通して存在を継続している（コロサイ1:17）のだから、彼は自然宇宙を支配している。しかし、現代の人間たちにキリストの支配が及んでいる証拠はあるのだろうか。いかにも、それはある。キリストが支配する神の御国は、教会の中に存在している。キリストは、そのからだである教会のかしらである（コロサイ1:18）。キリストが地上にいたとき、神の御国は弟子たちの心の中にあった。そして今日の信仰者がキリストの主権に従っているところではどこでも、救い主は支配の機能、すなわち王的機能を行使している。

以上の点を考慮すると、キリストの支配とは、単に最終的な高挙だけに関するものではないとわかる。高挙の最終行程、すなわち力をもって再臨するとき、との結びつきにおいてこそ、キリストの支配が完成することになる。ピリピ2章の賛美歌は、キリストが次のようなものを与えられていることを強調している。

> すべての名にまさる名を与えられました。
> それは、イエスの名によって、
> 天にあるもの、地にあるもの、
> 地の下にあるもののすべてが膝をかがめ、
> すべての舌が
> 「イエス・キリストは主です」
> 　と告白して、
> 父なる神に栄光を帰するためです。
>
> （9-11節）

すべてのものが、喜んで熱心にか、あるいは気が進まずいやいやながらにか、キリストの支配の下に置かれる時が来ようとしている。

(3) キリストの和解のわざ ── とりなしと贖い

和解者としてのキリストの働きの一つの側面は、とりなしの奉仕である。イエスがこの地上にいる間に弟子たちのためにとりなしをした数多くの例を聖書は記録している。最も詳述されたものは、そのグループのための大祭司の祈りであり（ヨハネ17章）、その中で、ご自身の喜びが弟子たちのうちに満ちあふれるようにと祈った（13節）。彼らがこの世から取り去られるようにとは祈らず、悪い者から守られるようにと祈った（15節）。彼らがみな一つとなるようにとも祈った（21節）。これに加えて、この最後の祈りは、弟子たちの言葉を通して信じるようになる人々のためのものであった（20節）。

イエスはこのようなとりなしを、御父とともに天にいる間、すべての信じる者のために続けている。ローマ8:33-34でパウロは、誰が我々を罪ありとするのか、または訴えるのか、と質問を発している。それがキリストでありえないことは確かである。御父の右の座にいて、我々のためにとりなしているからである。ヘブル7:25に、キリストはいつも生きていて、ご自分によって神に近づく人々のためにとりなしをしてい

るとあり、9:24 に、我々のために神の前に現れてくれるとある。

このとりなしの焦点は何か。イエスは我々が義と認められるために、御父にご自身の義を提示する。また、前に義と認められたが罪を続けて犯す信仰者のために、ご自身の義を申し立てる。そして最後に、特に公生涯の期間の例からそう思われることであるが、キリストは、信仰者がきよめられて悪しき誘惑者の力から守られることを父に願っている。

キリストの和解の働きにはもう一つの、より根本的でさえある側面、彼のとりなしの基盤となる側面がある。贖罪において、我々はキリスト教信仰の非常に重要な点に到達する。贖罪は、いうなればキリスト教神学の客観的な面から主観的な面への転換点であるからである。ここにおいて我々は、キリストの本性から我々のための活動的なわざへと焦点を移す。ここにおいて組織神学が我々の生活に直接当てはめられる。贖罪が我々の救いを可能にした。贖罪は本書のこれから先の研究のおもな基礎でもある。つまり、教会論は救いの集合的な面を取り扱い、終末論はその未来の局面を取り扱う。

我々のもつ神論とキリスト論が、贖罪に関する我々の理解を色づけることになる。一方で、もし神が非常に聖く正しく、厳しい要求をする存在であるなら、人間は神をたやすく満足させることはできず、神を満足させるために何かが人間のためになされなければならないことになる。もう一方で、もし神が「時には人間を少しは楽しませてやらなければならない」という甘い、寛大な父であるなら、人間に少しばかりの励ましと指導を与えれば十分であろう。もしキリストが単なる人間であるなら、キリストのなした働きは模範として役立つだけで、我々のために何も提供できなかったことになる。しかし、もしキリストが神であるなら、我々のためのそのわざは、我々が自分のためにできることを測り知れないほど超えていた。模範となっただけでなく、我々のための犠牲ともなった。人間についての教理も、広い意味で罪論を含んでおり、贖罪をどう理解するのかに影響を及ぼす。もし人間が基本的には霊的に損なわれていないのなら、おそらく少しばかり努力すれば神が求めることを実現できる。それゆえ、指導、励まし、動機づけが人間の必要とするものを構成することになり、その結果、贖罪の本質を構成することになる。しかしながら、もし人間が完全に堕落しており、その結果どんなに願いまた努力しても正しいことをできないのならば、人間のためにもっと徹底的なわざがなされなければならないことになる。

3. 贖罪に関する多様な説

贖罪の意味と与える影響は豊かであり複雑である。そのため、贖罪についてさまざまな説が起きてきた。贖罪の事実に対する聖書の証言の豊かさを考えると、神学者によって選んで強調する聖書箇所は異なる。彼らの選んだテキストは、教理の他の領域に対する見解を反映している。以下にいくつかの説を調査することで、贖罪の意味の複雑性を識別できるようにする。と同時に、どれか一つだけでは不完全さと不充分さを発見するようになる。

(1) ソッツィーニ説 ── 模範としての贖罪

16世紀に生を受けたファウスト・ソッツィーニとレーリオ・ソッツィーニは、今日ユニテリアンが最もよく代表している教えを展開した。二人は代理的満足または代償（vicarious satisfaction）という思想を拒絶した[6]。ソッツィーニ主義者たちは、その代わりに I ペテロ 2:21 を指し示した。「このためにこそ、あなたがたは召されました。

---

6 Faustus Socinus, *De Jesu Christo servatore* 1.1（ファウスト・ソッツィーニ『救済者イエス・キリスト』）。

キリストも、あなたがたのために苦しみを受け、その足跡に従うようにと、あなたがたに模範を残された」。ソッツィーニ主義の視点から見ると、イエスの死は人間の二つの必要を満たす。第一に、神への全き愛の模範のための必要を満たす。救いを経験するにはそのような愛を示さなければならないのである。第二にイエスの死は激励を与える。神への全き愛という思想は、あまりにも崇高で、ほとんど達成できないものに思われる。しかしイエスの愛は、このような愛が人間の達成できる領域内にあることの証明である。主にできたことは我々にもできる！

しかしソッツィーニ主義の見解は、次の事実と取り組まなければならない。すなわち、聖書でイエスの死を扱う多くの箇所が、賠償、犠牲、祭司性、罪を担うこと等について語っているという事実とである。実のところ、ソッツィーニ主義者の好むテキスト（Ⅰペテロ2:21）の3節あとに続く、次の言明に注目したい。「キリストは自ら十字架の上で、私たちの罪をその身に負われた。それは、私たちが罪を離れ、義のために生きるため。その打ち傷のゆえに、あなたがたは癒やされた」(24節)。このような言明はどのように理解されるのか。これに対して通常、ソッツィーニ主義者とその確信に立つ他の者たちは、贖罪とは比喩的概念にすぎない、と答える[7]。彼らによると、神と人間とが意図されていた関係を回復するために必要なのは、イエスの教えと、イエスの生涯、特に死において示された模範、の両方を個人的に採り入れることである、という。

(2) 道徳感化説 ── 神の愛の証明としての贖罪

道徳感化説は、キリストの死を神の愛の証明とみなす。この説を最初に発展させたのはペトルス・アベラルドゥスであったが、ホーレス・ブッシュネル（1802-76）がそれを米国で、ヘイスティングズ・ラシュドール（1858-1924）が英国で、広めるまで多くの支持は得られなかった。彼らの見解では、神の本性は実質的に愛である。そして正義、聖さ、義などの特質を軽視する。したがって、人間は神の正義と刑罰を恐れる必要はない。それゆえ人間の問題とは、彼らが神の律法を破ったので神が彼らを罰する（まさしく罰しなければならない）ということではない。むしろ人間の態度が人間を神から離れさせている、というのである。

我々の神からの分離と疎外は多くの異なった形をとるであろう。我々の不従順が神にとって痛みの源であることに我々は気づいていないかもしれない。または、今まで起こったすべてのことにもかかわらず、神がなお愛してくださっていることに気づいていないかもしれない。我々は神を恐れているかもしれないし、神との関係の中にある問題について、あるいは世間一般にある問題についても神を責めているかもしれない。しかしながら、もし悔い改めて、信頼と信仰をもって神に頼るなら、和解が生じる。神の赦す力に困難はないからである。困難は我々のうちにある[8]。ブッシュネルは、罪を我々がいやされなければならないある種の病気とみなす。キリストが来たのは我々の中にあるこの欠陥を矯正するためであったと見る。キリストが死んだことは、我々に対する神の愛の完全な範囲を示している。そのような愛に気づくことは、神に対する無知と恐れを癒やすのに役立つと。

(3) 統治説 ── 神の正義の証明としての贖罪

贖罪についての上記の諸見解は、神を基本的に同情的で甘い存在として描いていた。神に喜ばれる状態に回復されるために必要なのは、ただ最善を尽くすか、神の愛に応

---

[7] Ibid., 1.3.

[8] Hastings Rashdall, *The Idea of Atonement in Christian Theology* (London: Macmillan, 1920), 26.

答することだけという立場に立つ。しかしながら、統治説によれば、神の律法は真剣に受け取るべきものであり、律法違反や無視は軽々しく扱うべきものではない。

統治説の見解のおもな唱道者はフーゴ・グロティウス（1583-1645）で、聖職者としてではなく弁護士として訓練を受けたことによる。グロティウスは、神はある種の法を定めた聖くそして義なる存在であると理解した。罪とは、これらの法への違反である。支配者として神は、罪を罰する権利をもつ。罪は生来、刑罰に値するものだからである[9]。とはいえ、神の行動は神の支配的な属性に、すなわち愛に照らして理解しなければならない。

グロティウスによれば、神は罰する権利をもっているとはいえ、そうする必要性や義務はない。法を緩和して、違反ごとに具体的な刑罰を要求する必要がないようにすることは、神にとって可能である。しかし神は統治の利益を維持するような形で行動した。ここでの神の役割は、債務者または主人であるよりも支配者である。債務者は、望むならば債務を帳消しにするかもしれない。主人は自分の意志によって罰したり、罰しなかったりするであろう。しかし支配者は、規則違反を単に無視したり見逃したりしてはいけない。神は、むしろ自分の権威の下にある者たちにとっての最善の益を目的として行動しなければならない[10]。それゆえ、罪の赦しの根拠を提供し、同時に道徳的統治の構造を維持するために贖罪が必要であった。つまりキリストの死を通して神は、もし我々が罪を犯し続けるなら、神の正義が我々に何を受けることを求めるかを示した。キリストが負った苦難の光景は、罪を犯すことを思いとどまらせるのに十分である。そしてもし我々が罪から離れるなら、我々は赦してもらうことができ、神の道徳的統治は保たれる。すると、キリストの死のゆえに、宇宙の道徳的性格を破ることなしに、神は罪を赦すことができることになる。

統治説を調査していくと、はっきりした聖書的根拠を欠いているという印象を受ける。むしろ、弁護士精神が働いて聖書の一般的な諸原則に焦点をあて、それらからある種の推論を引き出すのを見る。罪を赦す際に道徳的統治と律法が維持されるようにとの神の関心により、キリストの死が求められた、という説を直接支持するものとして引用される一箇所はイザヤ42:21である。

> 主はご自分の義のために望まれた。
> みおしえ（NIVでは「彼の律法」または「彼の法」——訳注）を広め、
> これを輝かすことを。

しかし、この節はそれ自体で贖罪という考えを扱っていない。このように、他の説が贖罪の本質に関する明白な聖書の言明を採用して他よりもその言明を強調するのに対して、統治説は、聖書の一般的な教えと原則の中のあるものから、推論的な作業をしている。

(4) 賠償説 ── 罪と悪との力に対する勝利としての贖罪

教会の初期の歴史において標準的な見解であったと最も主張されている説は、おそらく、いわゆる賠償説（the ransom theory）である。グスタフ・アウレンはこれを古典的見解[11]と呼んでおり、多くの点でこの名称は正しい。アンセルムスとアベラルドゥスの時代までそれがさまざまな形で教会の思想を支配していたからである。アウ

---

[9] Hugo Grotius, *A Defense of the Catholic Faith concerning the Satisfaction of Christ against Faustus Socinus* (Andover, MA: Warren F. Draper, 1889), chap. 5.

[10] Ibid., chaps. 2–3.

[11] Gustaf Aulén, *Christus Victor: An Historical Study of the Three Main Types of the Idea of the Atonement*, trans. A. G. Hebert (New York: Macmillan, 1931), 20（G・アウレン『勝利者キリスト　贖罪思想の主要な三類型の歴史的研究』佐藤敏夫・内海革訳、教文館、1982年）。

グスティヌスが贖罪を理解した主要な方法でさえあった。したがってこの説は、彼の名前がつけられ、賛辞を享受することとなった。

賠償説を初期に発展させた主な人物はオリゲネスである。オリゲネスは聖書歴史を偉大な宇宙的ドラマの描写とみなした。善の力と悪の力との間の宇宙的格闘においてサタンが人間に対する支配を確立したとされる。サタンは世界の中で今、支配的な力である。世界的支配者として、その権威は簡単に無視することはできない。神は、悪魔が用いた諸方策を使うまでに身を落とすことはしないからである。神には、いうなれば人類を「盗み」返す気はない。オリゲネスと賠償説を支持する他の者たちが最もより頼む聖句は、自分が来たのは、多くの人のための、贖いの代価（a ransom）として自分のいのちを与えるためだというイエスの言葉（マタイ20:28、マルコ10:45）である。この代価は誰に払われたのであろうか。確かに、神がご自身に身代金（a ransom）を払うことはない。むしろ、悪しき者に対して支払われたに違いない。身代金、すなわちイエスの魂が支払われるまで我々を捕らえたのは悪しき者であったからである[12]。オリゲネスによれば、サタンは自分がイエスの魂の主人になることができると考えた。しかしイエスの復活がそうでないことを証明した。オリゲネスはまた、悪魔は、キリストの教えと奇蹟によって部分的には解放された人類が、その死と復活によって完全に救出されることに気づかなかったとも示唆している。そこでサタンは人類を解き放ったが、結局は、人類と引き換えに受け取ったキリストを捕まえておけないことに気づいたのであった[13]。

しかし、聖書が教えているのは、サタンの敗北と神の勝利が保証されたのはサタンへ身代金が支払われたからではなく、キリストが我々を律法の呪いから解放するために我々の身代わりとなったからということである（ローマ6:6-8、ガラテヤ3:13）。キリストは、我々の罪の刑罰を負うことで、一度きりで律法の要求すべてを満足させ、我々を支配するサタンの支配、つまり我々を律法の呪いと非難の下に置く力を根本から無効にした。したがってキリストの死は、実際に悪の勢力に対する神の勝利だったが、ただそれは代償であったがゆえである。

(5) 満足説 ── 御父に対する償いとしての贖罪

本章で調べているすべての説の中で、キリストの死の主要な影響を最も明白に目的とみなすものは、商業的贖罪説（the commercial theory）とか満足説（the satisfaction theory。償罪〔しょうざい〕説という訳もある ── 訳注）として通常知られているものである。それは、キリストが死んだのは父なる神の本性そのものの中にある原則を満たすためであるということを強調する。したがって贖罪はいかなる形でもサタンへの支払いを含まなかったことになる。

アンセルムスは主著『クール・デウス・ホモ』で贖罪を扱っている。題名（直訳は「なぜ神が人間に？」〔もう少しわかりやすく訳すと「神は何故、人となられたのか」 ── 訳注〕）はこの論文の基本的方向を示している。アンセルムスは、そもそも神がなぜ人の本性をとったかを見いだそうと試みる。アンセルムスの贖罪理解（および受肉理解）は、根本的に罪についての彼の教えに基づいている。アンセルムスによると、罪とは、基本的には、神に帰すべきものを神にささげ損なうこと、すなわち神に権利があるものを取り、神をはずかしめることである。我々罪人は、神から取ったものを神に返さなければならない。しかし、持ち去ったものをただ返せば十分というわけでもない。神のものを取ることで、神を傷つけたからである。そして取ったものが返されたあとでも、負わせた損害についてなん

---

[12] Origen, *Commentary on Matthew* 13.28（オリゲネス『マタイの福音書注解』）。

[13] Ibid.

らかの償いまたは補償をしなければならない[14]。これと比較できるよい例は、窃盗犯は被害者の財産を回復することに加えて、懲罰的損害賠償金を支払うか刑期を全うしなければならない、と規定する現代の司法判断である。

神の侵害された栄誉は、神が人類を罰する（有罪判決を下す）か、あるいは彼らのためになされた償いを受け入れることによって再び正しくされる[15]。この償いはどのようにして達成されたのか。人間には自分たちのために償いを行えるはずはなかった。最善を尽くしたとしても、神に帰すべきものを神に与えたにすぎないからである。償いが効果的であるためには、すべての被造物がなしうるよりも大きな償いがなされなければならなかった。被造物にはすでに要求されたことしかできないからである。そうすると、神だけが償いをすることができた。しかしながら、もしそれが神との関係で人間の役に立つべきであるとすれば、人によってなされなければならなかった。それゆえ、償いは、神であると同時に人である誰かによってなされなければならなかった。結果として、受肉が論理的必然となる[16]。

キリストが死んだのは父なる神の本性そのものの中にある原則を満たすためである。

神であり、同時に罪のない人であるキリストは、死を受けるに値しない。それゆえ、キリストがご自身のいのちをその一員である人類のために神にささげることは、彼に要求されていることを超えていた。したがって、人類の罪のための神への純粋な償いの役目を果たすことができた。それは、支払いとして十分であったのだろうか。もちろん十分であった。なぜなら、神＝人である方ご自身の死は、神として自らのいのちを支配する力をもち（ヨハネ10:18）、死ぬ必要はなかったゆえ、無限の価値をもっている。実に、彼のからだが少しでも傷を受けたのなら、それは無限の価値に関わることであった[17]。

キリストの死が多様な形で解釈されることを見てきた。今まで調べた説のそれぞれは、キリストのわざの意義深い側面をとらえている。いくつかの理論には大きな反対意見があるかもしれないが、それぞれの理論が真理の一側面を持っていることを認識している。その死においてキリストは、①神が我々に望む献身の完全な模範を与え、②神の愛の大きな広がりを示し、③罪の深刻さと神の義の峻厳（しゅんげん）さを強調し、④罪の力と死の力に勝利して、我々をその権力から解放し、⑤我々の罪のために御父に償いをした。これらのすべてを我々人間はしてもらう必要があり、キリストは全部したのである。ここで問わなければならない。このうちで最も基本的なものは何か、他を可能にする一つのものとはどれか、と。次章でこの疑問を取り扱う。その作業を行うにつれて、御父との交わりに我々を入れるためにキリストがなしたことを十分に深く認識するようになるであろう。

研究課題

- キリストのわざを理解しようとするとき、受肉することで自らを卑しくしたとはキリストにとって何を意味したのか。今日の信仰者にとっては何を意味するか。
- 聖書の啓示に照らして、王であり祭司であるとはキリストにとって何を意味するか。王と祭司は全く異なった機能なのか。

---

14 Anselm, *Cur Deus homo?* 1.11（聖アンセルムス『クール・デウス・ホモ――神は何故に人間となりたまひしか』長沢信寿訳、岩波文庫、1948年）。

15 Ibid., 1.13.

16 Ibid., 2.8.

17 Ibid., 2.10.

- キリスト教信仰の他の教理に照らし合わせて、贖罪はどのように理解されるべきか。
- ソッツィーニ主義の贖罪理解によると、イエスの死が満たす二つの必要とは何か、またそれはなぜか。
- 贖罪に関する償罪説にあなたはどのように応答するか。

第27章 贖罪の中心的主題

本章の目的

1. 贖罪の五つの背景要因を思い起こし、それらが贖罪観にどのように影響を与えているのかを明らかにする。
2. 贖罪について論じている新約聖書の教えを明らかにし、説明する。
3. 贖罪の基本的な意味と、その意味の信仰者にとっての重要性を明らかにし、説明する。
4. 刑罰代償説に対する反論を五つ挙げて説明し、次にこれらの反論に伴う聖書的、合理的な問題点を指摘する。
5. 全人類のための代償的贖罪が意味するものを明らかにし、説明する。

本章の概要

神の本性、律法の位置、人間の状態、キリスト、旧約聖書の犠牲制度についての教理は、贖罪観に大きな影響を与えている。福音書で、イエス・キリストは自らを身代金、身代わり、犠牲として見ている。パウロはキリストの贖罪のわざを、人間の罪に対する神の怒りへの宥め、あるいは和らぎとして描いた。それゆえ贖罪を人間に対する神の関係における犠牲、宥め、身代わり、和解を含むものとして理解できる。贖罪について、この関係を最もよく表現しているのが刑罰代償説である。

本章のアウトライン

1. **背景的要因** 274
   (1) 神の本性 274
   (2) 律法の位置 274
   (3) 人間の状態 274
   (4) キリスト 275
   (5) 旧約聖書の犠牲制度 275

2. **新約聖書の教え** 276
   (1) 福音書 276
   (2) パウロ書簡 277

3. **贖罪の基本的意味** 279
   (1) 犠牲（いけにえ） 279
   (2) 宥め 279
   (3) 代償（身代わり） 280
   (4) 和解 281

4. **刑罰代償説への反論** 281
   (1) 神の本性の歪曲 282
   (2) 代償（身代わり）の道徳性または正当性 282
   (3) 神の偽善 283
   (4) 文化によって条件づけられた性質 283
   (5) 個人主義的すぎる見解 283

5. **代償的贖罪が意味すること** 284

第5部 キリストの人格とわざ

前章で贖罪についてのいくつかの説を吟味する中で、各説がキリストの贖罪のわざの意義ある一面を把握していることに注目した。我々は今、それらの側面のうちどれが、そのわざの第一義的、あるいは最も基本的な次元なのか、すなわち他の次元が支持、また依存しているものなのかを問わなければならない。

1. 背景的要因

他の諸教理に対する我々の見解は、贖罪についての結論に必然的に強い影響を及ぼす。そこで、贖罪の教理を構築する際の背景を振り返ることから始めよう。

(1) 神の本性

聖書の各節が脈絡（前後関係）の中に現れるものであるように、教理もまたそうである。神学研究のあらゆる問題において、最も広い文脈は、もちろん、神論である。贖罪のように、神との関係が関わっている場合は特にそうである。神の本性は、完全で絶対的な聖さである。これは選択的あるいは恣意的な事柄ではない。神の本来のあり方である。罪は神の本性に反するので、神に嫌悪感を抱かせる。神は言うなれば罪に対してアレルギーをもつ。しかし、神は人間という被造物がご自身との交わりを楽しむことを渇望している愛の神である。この二つの属性は互いに競合していない。神は愛情のある聖さ、または聖なる愛によって特徴づけられる。

(2) 律法の位置

贖罪の教理を構築するにあたり考慮すべき第二の要因は、神の道徳的・霊的律法の位置である。律法は、神の人格と意志の表現と考えるべきである。神が愛を命じ、殺人を禁じるのは、そうすると単に決定したからではない。神はご自身が愛であるゆえに愛は良いものであると公言する。神ご自身が偽ることができないゆえに、偽りは悪である。

そうであるなら、実際には、律法とは神の本性の写しのようなものである。律法に従わないことが深刻なことであるのは、律法に何か保たなければならない固有の価値や尊厳があるからではない。これに従わないことが事実、神の本性への攻撃であるからである。したがって、律法はそれを自己目的化して従われるべきであるという態度は容認できない。むしろ律法は人格的な神と関わるための手段と理解されるべきである。

こうして、律法への侵害は、それが違反によるもの、あるいは遵守できなかったことによるものであったとしても、刑罰への責任、特に死という深刻な結果を免れない。アダムとエバは、その木の実を食べるその日に確かに死ぬ、と告げられた（創世2:15–17）。パウロによれば、「罪の報酬は死」（ローマ6:23）であり、「自分の肉に蒔く者は、肉から滅びを刈り取」る（ガラテヤ6:8）。罪と刑罰の責任との間には、明白な結びつきがある。特に上に引用した聖句の最後（ガラテヤ6:7–8）においては、罪と刑罰との間の事実上の因果関係が明らかである。ただし、どの場合も、刑罰は可能性というよりも避けがたいものと理解されている。

(3) 人間の状態

贖罪を理解するにあたってもう一つの重要な要因は、人類の本性と状態である。すでに全的堕落という事実に注目したが（221–22頁を見よ）、そこで述べた全的堕落とは、人間が可能な限り邪悪であることを意味するのではなく、むしろ自らを救うために何もすることができないということを意味した。このことから、人類のためになされるべきことを成し遂げるための贖罪は、人類のために他の誰かによってなされなければならなかった。

(4) キリスト

ここでキリストの本性についての理解が極めて重要である。キリストが神であり人でもあることはすでに主張した（本書23-25章を見よ）。イエスの人性は、その贖いの死が人間たちに適用可能であることを意味する。イエスが本当に我々の一人であったゆえ、我々を贖うことができた。イエスは我々のために何かをしようとする部外者ではなく、我々を代表する正真正銘の人間であった。このことは、パウロがガラテヤ4:4-5で述べていることに示唆されている。「神はご自分の御子を……律法の下にある者として遣わされました。それは、律法の下にある者を贖い出すためで……した」。イエスの死は、全人類を贖うのに充分な価値がある。普通の人間の死は、全人類はおろか、自分の罪を贖う価値すらない。しかし、イエスの死には無限の価値がある。神として、イエスは死ぬ必要がなかった。罪のない存在であったので、自分の罪の代償として死ぬ必要はなかった。それゆえイエスの死は、全人類の罪を贖うことができるのである。

(5) 旧約聖書の犠牲制度

キリストの贖罪の死はまた、旧約聖書の犠牲制度を背景として見なければならない。キリストの贖罪の死以前には、犯した罪を償うために定期的に犠牲をささげる必要があった。これらの犠牲が必要だったのは、罪人のうちに改革を起こすためや、罪人や他の者がそれ以上罪を犯すことをやめさせるためではなく、罪を贖うためであった。罪は本質的に刑罰に値するからである。神の律法に対する違反があり、したがって神ご自身に対する違反が存在し、これは正されなければならなかった。

旧約聖書でさまざまなタイプの贖罪を表すのに最もよく使われているヘブル語は、カーパル（kāpar）とその派生語である。この語の文字どおりの意味は「覆う」である[1]。罪人は、自分の罪と神との間に何かを介在させることで刑罰から救出された。そのとき神は罪よりも贖いの犠牲に目を留めた。罪を覆うとは、罪人に対する刑罰の要求がもはや不必要になったことを意味する[2]。犠牲が意図された効果をもたらすには、いくつかの要素が必要であった。犠牲の動物は、しみのない、傷のないものでなければならなかった。贖罪を必要とする者は、その動物を連れてきてその上に手を置かなければならなかった（レビ1:3-4）。手を上に置くことは、罪人から犠牲への罪の転嫁を象徴していた[3]。その後に、供え物や犠牲が祭司によって受け入れられた。

> イエスの人性は、その贖いの死が人間たちに適用可能であることを意味する。イエスの神性は、その死が全人類の罪を贖うことができることを意味する。

旧約聖書のモーセ律法による構成部分は、キリストの死の犠牲的・代償的な性格をかなり明確に象徴している一方、預言的な章句はさらにはるか前方へ展開している。すなわち、旧約聖書の犠牲とキリストの死とのつながりを確立しているのである。イザヤ53章はそれが最も明らかな箇所である。この預言者はメシアの人格を述べ、罪人の咎の性質と範囲を指し示したあとで、キリストの犠牲を暗示している。

> 私たちはみな、羊のようにさまよい、
> それぞれ自分勝手な道に向かって行った。
> しかし、主は私たちすべての者の咎を

---

[1] Francis Brown, S. R. Driver, and Charles A. Briggs, *Hebrew and English Lexicon of the Old Testament* (New York: Oxford University Press, 1955), 497–98.

[2] R. Laird Harris, "כָּפַר," in *Theological Wordbook of the Old Testament*, ed. R. Laird Harris (Chicago: Moody Press, 1980), 1:452–53.

[3] Gustave F. Oehler, *Theology of the Old Testament* (Grand Rapids: Zondervan, 1950), 274.

彼に負わせた。　　　　　（6節）

ちょうど旧約聖書の儀式において罪が犠牲の動物に転嫁されたように、罪人の咎は苦難のしもべへ転嫁される。すなわち、手を置くことは、信仰者がキリストの贖罪のわざを積極的に受け入れる将来を予期するものであった。

2. 新約聖書の教え

(1) 福音書

キリストの贖罪という主題について、新約聖書はさらに詳細に述べている。まず、我々の主の死の性質と目的についてのご自身の証言を見よう。イエスは公生涯の最初の時期には、ご自身の死について多く語らなかったが、終わりのころにはかなりはっきりと語った。

イエスは、父のわざをなすために父が自分を遣わされた、という深い確信をもっていた。ヨハネ10:36で父が自分を世に遣わされた、と宣言する。使徒ヨハネは、御父によって遣わされたことと御子の贖いのわざとを明白に関連させている。「神が御子を世に遣わされたのは、世をさばくためではなく、御子によって世が救われるためである」（ヨハネ3:17）と。来臨の目的は贖いであり、御父はそのわざに個人的に関わっていた。というのは刑罰をご自身の御子に下されたからである。御子は御父が自発的に遣わしたのであった。

イエスはご自身の生涯と死とは旧約の預言の成就であると強く確信していた。特にご自身の生涯と死とをイザヤ53章の明白な成就と解釈していた。最後の晩餐の席でこう言った。「あなたがたに言いますが、『彼は不法な者たちとともに数えられた』と書かれていること、それがわたしに必ず実現します。わたしに関わることは実現するのです」（ルカ22:37）。イザヤ53:12を引用することで、ご自分を苦難のしもべと同一視した。苦しみを受けることについてひんぱんに言及したことは、ご自身の死をこの世に来た第一義的な理由と見ていたことを明らかにしている。弟子たちに、人の子は多くの苦しみを受け、宗教的指導者たちに拒絶され、殺されなければならないと率直に告げた（マルコ8:31）。

イエスはご自身の死を"身代金"（a *ransom*）を構成するものと見た。身代金が誰に支払われるのか、奴隷になっていた者たちが誰の支配から解放されるのかは特定せず、ご自身のいのちを与えることが多くの者が束縛から解放される手段となることをイエスは示した（マタイ20:28、マルコ10:45）。

キリストはまた、ご自身を我々の"身代わり"（our *substitute*）と見た。この概念は特にヨハネの福音書に顕著である。イエスは言った。「人が自分の友のためにいのちを捨てること、これよりも大きな愛はだれも持っていません」（ヨハネ15:13）。これはもちろん、広範囲に適用される原則を述べていた。しかし、十字架の前夜に語ったのであるから、イエスの心に何があったかはほとんど疑うことはできない。使徒ヨハネはまた、サンヘドリンに対するカヤパのあざわらうような意見も記録している。「あなたがたは何も分かっていない。一人の人が民に代わって死んで、国民全体が滅びないですむほうが、自分たちにとって得策だということを、考えてもいない」（ヨハネ11:49-50）。関心のポイントは、カヤパの態度にではなく、カヤパが知らずして語った深遠な真理にある。イエスは国民のために死ぬだけではなく、全世界のために死ぬ。ヨハネがこのカヤパの意見に二度注意を促していることは注目に値する（18:14）。

イエスが"犠牲"（a *sacrifice*）という役割の中でご自身を見ていたことを示すものもある。イエスは偉大な大祭司の祈りの中で、「わたしは彼らのため、わたし自身を

聖別します。彼ら自身も真理によって聖別されるためです」（ヨハネ17:19）と言った。ここに出てくる動詞は犠牲に関連する文脈によく使われる語である。バプテスマのヨハネがイエスの宣教の始めにおいて述べた、「見よ、世の罪を取り除く神の子羊」（ヨハネ1:29）という言葉も、類似した意味合いを伝えている。

イエスは、ご自身がまことのいのちの源であり付与者である、という深遠な意識をもっていた。ヨハネ17:3で「永遠のいのちとは、唯一のまことの神であるあなたと、あなたが遣わされたイエス・キリストを知ることです」と言っている。永遠のいのちを与えることが、ここでは御父と御子の両方に結びつけられている。このいのちは、御子との特に密接な関係を通して受けることができ、このことを御子は、「肉を食べる」という象徴的な形でも述べた（ヨハネ6:52-58）。

イエスと福音書記者たちがイエスの死について語ったことを要約すると、次のようになる。イエスはご自身と御父との間に密接な同一性を見ていた。御父がご自身を遣わしたことを常に語った。御子と父とは一つであり、それゆえ御子がなしたわざは御父のわざでもあった。イエスはご自身のいのちを"身代金"として、罪の奴隷となっている者たちを解放する手段として与えるという目的をもってやって来た。ご自身を彼らの"身代わり"としてささげた。逆説的であるが、イエスの死はいのちを与える。我々はイエスを自らのうちに入れることによっていのちを得る。イエスの死は、旧約聖書の犠牲制度が象徴していた"犠牲"であった。以上のさまざまなモチーフは、贖罪の教理を構成するのに不可欠な要素である。

(2) パウロ書簡

パウロが記した書簡に目を向けると、贖罪の教えの豊かなコレクションを見いだす。この主題に関して福音書が述べることと一致する教えである。パウロはまたイエスの愛とわざを、御父の愛とわざと同一視し同等視している。多くの箇所を引用できる。「神はキリストにあって、この世をご自分と和解させ……た」（Ⅱコリント5:19）。「私たちがまだ罪人であったとき、キリストが私たちのために死なれたことによって、神は私たちに対するご自身の愛を明らかにしておられます」（ローマ5:8）。このように、福音書記者たちやイエスご自身と同じくパウロも、贖罪をイエスが御父から独立して行ったこととは見ていなかった。それは双方のわざなのである。さらにパウロが御父の愛を語るとき、次のように御子の愛も語っている。「というのは、キリストの愛が私たちを捕らえているからです。私たちはこう考えました。一人の人がすべての人のために死んだ以上、すべての人が死んだのである、と」（Ⅱコリント5:14。エペソ5:2も見よ）。御父の愛と御子の愛とは交換可能な語である。ジョージ・ラッドは「十字架は我々に対するキリストの愛を表明するものであるとはいえ、完全に正しいお方であるが頑固で融通の利かない御父から贖罪を無理やり引き出したものである、という考え方は新約聖書神学を曲解している[4]」と注釈している。

しかしながら、こう述べたあとで、罪に対する神の怒りという主題もパウロのうちに顕著であることに注意しなければならない。たとえば、次のことを認識することは重要である。すなわち、神がイエス・キリストにおいて備えた贖いについての箇所であるローマ3:21-26が、次のような罪に対する神の怒りの宣言で始まる理由づけの過程の頂点である。「不義によって真理を阻んでいる人々のあらゆる不敬虔と不義に対して、神の怒りが天から啓示されているからです」（ローマ1:18）。神の聖さは、罪人の有罪の条件が克服されるためには、贖罪がなされなければならないと要求する。そ

---

4 George E. Ladd, *A Theology of the New Testament* (Grand Rapids: Eerdmans, 1974), 424.

して神の愛がその贖罪を備える。

パウロは、しばしば犠牲としてのキリストの死に思いをはせ、それに言及する。Iコリント5:7で「私たちの過越の子羊キリストは、すでに屠られた」と書く。キリストの血への数多い言及も犠牲を示唆している。我々は「今、キリストの血によって義と認められた」(ローマ5:9)。「このキリストにあって、私たちはその血による贖い……を受けています」(エペソ1:7)。キリストは万物をご自身と和解させ、「その十字架の血によって平和をもたらし」た(コロサイ1:20)。しかしながら、ラッドが指摘しているように、キリストの血は実際には少量しか流されていない[5]。頭にいばらの冠をかぶせられたときと、からだに釘が打ち込まれたときに血の流失があったが、血が(水と混ざって)ほとばしり出たのは死んだあとである(ヨハネ19:34)。それゆえキリストの血への言及は、実際の物質的な血液そのものを指すのではなく、我々の罪のための犠牲として供えられた死を指している。

使徒パウロはまた、キリストが我々のため、あるいは我々の益のために死んだと主張する。神は「私たちすべてのために、ご自分の御子さえも惜しむことなく死に渡された」(ローマ8:32)。「キリストも私たちを愛して、私たちのために、ご自分を……献げてくださいました」(エペソ5:2)。キリストは、「私たちのためにのろわれた者」となった(ガラテヤ3:13。ローマ5:8、Iテサロニケ5:10も見よ)。

最後にパウロは、キリストの死を宥めとみなしている。すなわちキリストが罪に対する神の怒りを宥めるために死んだと。この点には疑問が投げかけられており、特にC・H・ドッドの著書『聖書とギリシア人』においてそうである。ドッドは自分の主張の根拠を、動詞ヒラスコマイ(*hilaskomai*)と同語源の語が七十人訳聖書でどのように使われているかに置く。彼は、ローマ3:25のような箇所に見られるものは、宥めではなく償い(expiation)であると強く主張する[6]。神はキリストの死によって宥められたのではない、むしろ、キリストが死において成し遂げたのは、罪人を罪からきよめ、罪とけがれを覆うことであったという。

しかしながらドッドの結論は、影響力をもってきたものであるとはいえ、正確であるかどうかは疑問に思われる[7]。彼の結論は、御父の怒りと御子の愛が三位一体の中で解決できない矛盾を構成しているという不正確な概念の結果であろう。その誤解は、ゼカリヤ7:2、8:22、マラキ1:9などの箇所に見られる反証をドッドがあまり真剣に受けとめていないことに現れている。そこにおいて、動詞ヒラスコマイは宥め、神を宥めることを指している。

我々はドッドとは反対に、パウロの著作の中に、神の怒りを宥める必要があったことをもし否定するならば満足な形で解釈できない箇所があることに注意する。このことは特にローマ3:25-26に当てはまる。神は昔は罪を罰しないでいた。罪に対する刑罰を要求しなかったので、罪を見過ごしたとして神が非難されるということもありえた。しかし今や神は、イエスを「宥め」(KJV。ギリシア語はヒラステーリオン[*hilastēion*])として差し出した。このことは、神が義なる方であること(神の怒りは犠牲を要求した)と、イエスへの信仰をもつ者を義とする方であること(神の愛は彼らのために犠牲を備えた)の両方を証明する。

罪に対する神の怒りについて語る次のような多くの箇所は、キリストの死が必然的

---

5 Ibid., 425.

6 C. H. Dodd, *The Bible and the Greeks* (London: Hodder & Stoughton, 1935), 94.

7 Ladd, *Theology*, 429–30 を見よ。ドッドの見解に対するより包括的な反駁は、Roger Nicole, "C. H. Dodd and the Doctrine of Propitiation," *Westminster Theological Journal* 17 (1955): 117–57 を見よ。

に宥めに関わることの証拠である。ローマ1:18、2:5、8、4:15、5:9、9:22、12:19、13:4-5、エペソ2:3、5:6、コロサイ3:6、Ⅰテサロニケ1:10、2:16、5:9。そうすると、贖罪の死についてのパウロの考え（ヒラステーリオンとしてのキリスト）とは、次のとおりである。すなわち、罪を覆い、腐敗からきよめる（償い）だけでなく、その犠牲は、罪を憎んでそれに激しく反対する神を宥めるものでもある（宥め）。

3. 贖罪の基本的意味

贖罪という主題に関する聖書の直接的な教えを再調査したので、今度はその基本的モチーフに集中する必要がある。

(1) 犠牲（いけにえ）

キリストの死を犠牲と呼ぶいくつかの箇所をすでに見た。ここでこの概念の理解を補うために、ヘブル人への手紙がその主題について語っていることに注目しよう。ヘブル9:6-15でキリストのわざは、旧約聖書の贖罪の日になぞらえられている。キリストは犠牲をささげるために聖所に入った大祭司として描写されている。ただしキリストのささげた犠牲は山羊と子牛の血ではなく、ご自身の血であった（12節）。こうして「永遠の贖い」を確保したのである。限定された効果しかない動物犠牲と、その死が永遠の効果をもつキリストの犠牲との鮮やかな対照で描き出されている。モーセ律法による犠牲は繰り返しささげられなければならなかったが、キリストの死は全人類の罪のためのただ一度の贖罪であった（12節）。

同様の思想がヘブル10:5-18にも表されている。ここにもまた、全焼のいけにえの代わりにキリストのからだがささげられたという思想がある（5節）。これはただ一度のささげ物であった（10節）。祭司による日々のささげ物（11節）の代わりに、キリストは、「罪のために一つのいけにえを永久にささげた」（12節 RSV）。13章で、記者はキリストの死を旧約の罪のきよめのささげ物になぞらえている。キリストはご自分の血で民を聖なるものとするために死んだ。それゆえ我々は、宿営の外のキリストのもとへ行き、彼の耐えたのしりを身に負うように勧められている（10-13節）。

キリストの犠牲についてユニークな点、そして心に留めるべき非常に重要なことは、キリストはいけにえであると同時にそれをささげる祭司でもあるということである。レビ的制度では二つのグループであったものが、キリストにおいて一つに結びついている。キリストがご自分の死によって始めた仲介は、我々のための祭司的なとりなしという形で今も続いている。

(2) 宥め

贖罪に関するパウロの資料について論じる際に、キリストの死が宥めであったかについての論争に注目した。ここでは、宥めという概念がパウロ書簡に限定されないことに注意しなければならない。旧約聖書の犠牲制度では、ささげ物が主の前にささげられ、そこで効果ももたらした。「祭司はそれを祭壇の上で、主への食物のささげ物の上に載せて、焼いて煙にする。こうして祭司は彼〔罪人〕のために、陥っていた罪を除いて宥めを行う。そして彼は赦される」（レビ4:35）。罪に対する神の怒りと、主に対してささげ物がなされるべきであり、それに赦しが伴うという言明を考慮すると、当然この節は神への宥めを指している[8]。

---

[8] ゲイブリエル・エイブ (Gabriel Abe) は、宥めの概念は単に西洋の概念ではなく、アフリカの伝統的な宗教によく合っていると指摘している。そこでは、「これらの犠牲がささげられるのは、罪を取り除くために怒られた神々と諸霊の怒りを和らげ、彼らの恩寵を得て、違反者と神の間の平和を回復させるためである」（"Redemption, Reconciliation, Propitiation," *Journal of Theology for Southern Africa*, no. 95 [July 1996]: 7）。

(3) 代償（身代わり）

キリストが我々のために、あるいは我々の益のために死んだことを考察した。しかし、イエスの死を代償的なものとして語るのはふさわしいであろうか。すなわち、イエスは実際に我々の代わりに死んだのか。

キリストが事実我々の代理をしたことは、いくつかの考察が示している。第一に、我々の罪がキリストの「上に置かれた」、彼は我々の咎を「負った」、我々のために「罪とされた」と語る箇所が数多くある。一つの顕著な例は、イザヤ53章にある。

> 私たちはみな、羊のようにさまよい、
> それぞれ自分勝手な道に向かって行った。
> しかし、主は私たちすべての者の咎を
> 彼に負わせた。（6節）
>
> 彼が……自分のいのちを死に明け渡し、
> 背いた者たちとともに数えられたからである。
> 彼は多くの人の罪を負い、
> 背いた者たちのために、とりなしをする。
> （12節）。

イエスを見るとすぐ、バプテスマのヨハネは「見よ、世の罪を取り除く神の子羊」（ヨハネ1 : 29）と叫んだ。パウロは、「神は、罪を知らない方を私たちのために罪とされました。それは、私たちがこの方にあって神の義となるためです」（Ⅱコリント5 : 21）と述べた。そしてペテロはイザヤ53 : 5-6、12を明らかに念頭に置いてこう記した。「キリストは自ら十字架の上で、私たちの罪をその身に負われた。それは、私たちが罪を離れ、義のために生きるため。その打ち傷のゆえに、あなたがたは癒やされた」（Ⅰペテロ2 : 24）。これらの節に共通する考えは、イエスが我々の罪を負ったということである。我々の罪はイエスの上に置かれた、あるいは我々からイエスに移された。

さらなる証拠は、キリストのわざと我々との正確な関係を指すために使われるギリシア語の前置詞である。身代わりを最もはっきり示す前置詞はアンティ（*anti*）である。この語は、救いと関係のない文脈では、「の代わりに」または「に代わって」をはっきりと意味している。たとえば、イエスは「あなたがたの中で、子どもが魚を求めているのに、魚の代わりに蛇を与えるような父親がいるでしょうか」（ルカ11 : 11）と尋ねた。キリストの死と罪人との関係を明確に述べるために前置詞アンティが使われている箇所を見ると、身代わりと同じ考えが明らかに存在する。このようにして、マタイ5 : 38の「目には目を」の主張において代償（身代わり）が考慮されているのとちょうど同じように、マタイ20 : 28の「人の子が、仕えられるためではなく仕えるために、また多くの人のための贖いの代価として、自分のいのちを与えるために来た」のような場合にも身代わりが考慮されている。A・T・ロバートソンは、マタイ20 : 28のような重要な教理的箇所が「キリストの死についての代償的な概念を教えているのは、アンティ自体が『代わりに』を意味するからではないし、それは事実ではない。そうではなく、文脈が結果として他の概念を生じさせることは不可能だからである[9]」と言う。

他の関連する前置詞はヒュペル（*hyper*）で、「の代わり」も含む多様な意味をもつ。けれども、アンティは文字通りには「の代わりに」を意味し、ヒュペルは「の益のために」を意味すると主張されてきた。G・B・ヴィーナーはこれに反論して、「たいていの場合、他者の益のために行動する人はその人の代わりに出頭するのであり（Ⅰテモテ2 : 6、Ⅱコリント5 : 15）、その結果ヒュペルは、アンティ、"の代わりに"に近似することがある[10]」と言う。

---

[9] A. T. Robertson, *A Grammar of the Greek New Testament in the Light of Historical Research* (Nashville: Broadman, 1934), 573.

ある聖書の箇所（たとえばローマ5:6-8、8:32、ガラテヤ2:20、ヘブル2:9）では、ヒュペルはおそらく「の代わりに」の意味であるが、「の益のために」という意味にもとれる。ただし、他のいくつかの箇所（特にヨハネ11:50、Ⅱコリント5:15、ガラテヤ3:13）での意味は明らかに「の代わりに」である。「の代わりに」という意味があらゆる場合に明白である必要はない。キリストの死が身代わりである十分な証拠が聖書にあるからである。

(4) 和解

キリストの死はまた、神と人類の間に存在する敵意と疎外に終わりをもたらす。神に対する我々の敵意は取り除かれる。通常聖書で強調されるのは、我々は神と和解させられた、すなわち神が積極的な役割を演じ我々をご自身に和解させた、という点である。これに基づいて道徳感化説の提唱者たちは、和解とは厳密には神のわざである、と主張する[11]。この人々は正しいのであろうか。

これに答えるために、まず注目する必要があるのは、聖書がある人に別の人と和解するよう切望するとき、懇請されている人が必ずしも敵意を抱いているとは限らない、という事実である[12]。マタイ5:23-24のイエスの言葉は、この主張を裏づける。「ですから、祭壇の上にささげ物を献げようとしているときに、兄弟が自分を恨んでいることを思い出したなら、ささげ物はそこに、祭壇の前に置き、行って、まずあなたの兄弟と仲直りをしなさい。それから戻って、そのささげ物を献げなさい」。不当に扱われたと感じて憎悪をいだいているのが兄弟のほうであることに注意すべきである。ささげ物をしようとしている者がそのような敵意をいだいていることは示されていない。それなのに、後者のほうが相手と和解することを促されている。同様に、神は憎悪をいだいていないが、和解をもたらすよう働くのは神なのである。

この点に関してもう一つ注目すべき聖書の記述は、ローマ11:15のパウロの言葉である。世界の和解は、今やユダヤ人が捨てられたゆえに可能である、とある。神が主導権を取って、イスラエルを神の好意と福音の恵みから退けている。世（異邦人）の和解は、イスラエルの拒否と対照的である。そうすると、和解は、おそらく神の行為でもある。世をご自身の好意のうちに受け入れる行為と彼らを特別に扱う行為である。人間が神の方を向くことは重要であるが、和解の過程は第一義的に、神が人間へ好意を向けてくれることを意味する。

4. 刑罰代償説への反論

前章で吟味したいくつかの説の中で、キリストの贖罪のわざの本質的な面を最もよく表現しているのは明らかに満足説である。キリストは神の本性としての正義を満足させるために死んだ。この見解は一般に「刑罰代償説」と呼ばれる。ご自身を我々の身代わりとすることで、イエスは我々が受けるべき刑罰を実際に身に負い、御父を宥め、神と人類との和解をもたらしたというのである。関連する聖書箇所は明らかに贖罪の「刑罰代償説」の方向を指しているが、それでもいくつかの反論がなされている。近年、異議申し立てが拡大され、鋭くなってきている[13]。

---

10 G. B. Winer, *A Treatise on the Grammar of New Testament Greek*, 3rd rev. ed. (9th English ed.) (Edinburgh: T & T Clark, 1882), 479.

11 Peter Abelard, *Commentary on the Epistle to the Romans 5: 5*.

12 John Murray, *Redemption—Accomplished and Applied* (Grand Rapids: Eerdmans, 1955), 34-38（J・マーレー『キリスト教救済の論理』松田一男・宇田進共訳、小峯書店、1972年）。

13 刑罰代償的見解の聖書的根拠を支持する簡潔な議論と反対意見の多くに対する弁明は、I. Howard Marshall, "The Theology of the Atonement," in *The Atonement Debate: Papers from the London Sympo-*

(1) 神の本性の歪曲

ある神学者たちにとって、神の怒りという考えは、神の根本的性質、すなわち神が愛であることをあいまいにするものである[14]。ここに二重の批判がある。つまり、怒りに満ちた批判的な神という描写は、聖書の描写に対し不誠実であるという批判と、他人の罪のために無実の人を罰するのは不公平であるという批判である。この神学的問題のさらなる次元は、穏やかで愛情深い御子と、暴力的で批判的な御父との間に導き入れられる明らかな不一致である。反論のもう一つの側面は、宥めの概念に関するものである。愛の御子が御父を説得して、罪に対する怒りと懲罰から、愛にあふれた赦しの精神に至らせることは、神の心の中、あるいは三位一体の位格の間の内的葛藤の徴候とみなされる[15]。

> ご自身を我々の身代わりとすることで、イエスは我々が受けるべき刑罰を実際に身に負い、御父を宥め、神と人類との和解をもたらした。

この異議に答える際に、キリストが"御父の"愛によって遣わされたことを示す多くの箇所を思い起こすことは有益である。したがって、宥めが怒りに満ちた神を愛の神に変えたというわけではない。御父の聖さと義と正義は、罪のための支払いを要求したが、御父の愛がそれを提供した。これはヨハネの第一の4章10節ではっきりと示されている。「私たちが神を愛したのではなく、神が私たちを愛し、私たちの罪のために、宥めのささげ物としての御子を遣わされました。ここに愛があるのです」。

したがって、宥めは神の愛と慈しみを損なうものではない。刑罰の支払いを要求することで、神はご自身の聖さと正義がどれほど偉大なものであるかを実証した。その支払いをご自身で提供することにより、ご自身の愛の程度を明らかにした。パウロがローマ3:26で述べているように、それは「ご自分が義であり、イエスを信じる者を義と認める方であることを示すため、今この時に、ご自分の義を明らかにされた」のである。

(2) 代償（身代わり）の道徳性または正当性

第二の反論は、御父が御子に我々の身代わりとして刑罰を負わせるというのは、不公平で不正な感じがするというものである。法廷にたとえると、裁判官が、被告が有罪であるとわかるとすぐに、被告ではなく無実の者のほうを罰する手続きをとるというのを想像してみてほしい。これは間違ったことではないだろうか[16]。

この批判は、三位一体の位格の非聖書的な分離に基づいている。人間の罪に対する刑罰は無実で不本意な御子に強制されるものではない。イエスは言った。「わたしが再びいのちを得るために自分のいのちを捨てるからこそ、父はわたしを愛してくださいます。だれも、わたしからいのちを取りません。わたしが自分からいのちを捨てる

---

sium on the Theology of the Atonement, ed. Derek Tidball, David Hilborn, and Justin Thackeri (Grand Rapids: Zondervan, 2008), 49–68 を見よ。マーシャルによるさらに詳しい主張は、著書 *Aspects of the Atonement: Cross and Resurrection in the Reconciling of God and Humanity* (Colorado Springs: Paternoster, 2007) を見よ。

[14] Steve Chalke and Alan Mann, *The Last Message of Jesus* (Grand Rapids: Zondervan, 2003), 182 を見よ。これが刑罰代償的見解に対する著者たち自身の批判になるのか、それともその見解の風刺画を描写したものなのかが、議論の対象となった。

[15] Albrecht Ritschl, *The Christian Doctrine of Justification and Reconciliation* (Edinburgh: T & T Clark, 1900), 3: 473.

[16] *Racovian Catechism*, trans. Thomas S. Rees (London: Longman, Hurst, Rees, Orme, and Brown, 1818; repr., Lexington: American Theological Library Association, 1962), 5.8.

のです。わたしには、それを捨てる権威があり、再び得る権威があります。わたしはこの命令を、わたしの父から受けたのです」（ヨハネ10:17-18）。イエスは自分のいのちを捨てることを御父に強制されたのではない。自発的にそうしたのであり、そのために御父を喜ばせたのである。第二の答えは、キリストのわざは御父のわざでもあるということである。いくつかの聖書箇所が御父と御子は一つであることを示している。こうして、御父は自分以外の誰かに刑罰を負わせたのではないことになる。神が裁判官であると同時に罰金を払う者であることは明らかである。法廷のたとえで言うと、裁判官が判決を被告に下すと、無実の、今まで無関係だった者が現れて罰金を払うか刑に服する、ということではない。むしろ、裁判官が判決を被告に下すと、法衣を脱いでその場を離れ、被告の代わりに刑に服するということである。

(3) 神の偽善

なぜ神は単に罪を赦すだけではないのか。我々人間が単に善意の行為によって赦し合うことができるのなら、神も同じことをすることはできないのか[17]。しかしながらこれは、神が不当な扱いを受けた単なる個人ではなく、司法体系の公的執行者でもあるということを考慮していない。神にとって、刑罰なしに罪責を除去あるいは無視することは、事実上、宇宙の道徳的性格そのものを、すなわち善悪の区別を破壊することになる。それに付け加えて考慮すべきことは、誰かが我々に罪を犯す場合、少なくともその責任の一部は自分にあること、そして他の多くの機会に自分も他人に罪を犯していることに気がつく、ということである。しかし、誘惑したり間違ったことをしない神には、我々の罪をそれほど恐ろしくないように思わせる不完全な要素はない。

(4) 文化によって条件づけられた性質

贖罪の刑罰代償的見解へのもう一つの批判は、社会が封建主義に基づいて構成されていた時期に、この説が実際に発展したことに注目する。近代的な刑罰代償説が由来するアンセルムス版の刑罰代償説では、封建領主に栄誉を帰す義務は非常に重要な問題になった。こうしてアンセルムスはそのモデルに基づく神との個人的な関係を考えつくようになった[18]。この見方は教会の使命を妨げるものである。復讐の神という考えは、今日の人にとっては不快である。一部の批評家は、刑罰代償的見解の人気は近代的な見方と結びついており、そのようなものとしてはポストモダンの世界にはほとんど語りかけるものがないと主張する[19]。

この聖なる神という概念は、確かに、今日の多くの人には受け入れがたいものである。ただし、ある程度までこれは常に当てはまることである、ということに留意すべきである。福音に対するつまずきとなるものは常にあり、これからもありうる。我々はこの教理を不必要に攻撃的な形で述べないように注意しなければならないが、同時に、聖書的見解を人間中心の、そしてある点で自由で放縦な文化に適応させることは、これらの見解を神の啓示された真理以下のものにする過程なしにはできない。

(5) 個人主義的すぎる見解

神との個人的な関係と個人的な罪を強調することは、罪のより広範な社会的側面を無視していると批判する人もいる。そのうえ、世界の他の地域の人々、特に罪に基づく社会ではなく恥に基づく社会の人々に受け入れられるには、その起源とその調子においてあまりにも西欧的すぎると[20]。確か

---

17 Faustus Socinus, *De Jesu Christo servatore* 1.1.（ファウスト・ソッツィーニ『救済者イエス・キリスト』）。

18 Joel B. Green and Mark D. Baker, *Recovering the Scandal of the Cross: Atonement in New Testament and Contemporary Contexts* (Downers Grove, IL: InterVarsity, 2000), 126–36.

19 Ibid., 28–29.

に、宣教師は受取人の言葉で始めなければならないのと同じように、贖罪についての多面的な説明のある面は対話の始まりとして使われる必要があるかもしれない。にもかかわらず、同時に贖罪の刑罰代償的次元は単なる西欧の概念ではない。それは聖書そのものに基づくものである。

5. 代償的贖罪が意味すること

キリストの贖罪についての代償説は、その多岐にわたる面を理解すると、豊かで深い意味をもつ真理である。救いを理解するためにいくつかの主要な示唆を与えてくれる。

1. 刑罰代償説は聖書の教える全人類の全的堕落を裏づける。大切な御子を死に渡すことが絶対的に必要でなかったのなら、神はそのようなことまではしなかった。人間には自分自身の必要に応えることが全くできない。

2. 神の本性は一面的なものではなく、また異なる面の間にどんな緊張関係もない。神は、単に厳しいだけの義なる方ではないし、単に与えるだけの愛なる方でもない。罪のための犠牲が備えられなければならないほどに義なる方であり、その犠牲を自ら備えるほどに愛なる方である。

3. 恵みによる以外に、キリストの死による以外に救いの道はない。キリストの死は無限の価値をもち、それゆえあらゆる時代のすべての人類のすべての罪を覆う。これとは対照的に、有限な犠牲はそれをささげる個人の罪を完全に覆うことすらできない。

4. 信仰者にとって神との関係には保証がある。その関係の基礎、すなわちキリストの犠牲的死は、完全かつ永遠なものである。我々の感情は変化するであろうが、神との関係の根拠は揺るがない。

5. 我々の受けた救いを軽々しく考えてはならない。それは無償で与えられるが、高価なものである。すなわち、神が究極の犠牲を払った。それゆえ、神がなしてくださったことに対し、常に感謝すべきである。応答としてこの方を愛し、その惜しみなく与える性格を見習うべきである。

> 私たちが神を愛したのではなく、
> 神が私たちを愛し、
> 私たちの罪のために、
> 宥めのささげ物としての御子を遣わされ
>   ました。
> ここに愛があるのです。（Ⅰヨハネ4:10)

研究課題

- パウロは新約聖書の書簡の中で、キリストの死をどのように見ているか。
- 贖罪の基本的な意味にはどのような要素が関わっているか、またそれはなぜか。
- 贖罪の刑罰代償説に対する反論とはどのようなものか、それにどう応えるか。
- 贖罪の刑罰代償説からキリスト教神学にとってどのような意義を引き出せるか。
- この章から神の本性について何の価値を認めることを学んだか。

20 Ibid., 153–70.

第6部

聖　霊

第6部 聖霊

第28章 聖霊の人格

本章の目的

1. 聖霊について学ぶことが重要である理由を少なくとも三つ述べる。
2. 聖霊の教理を理解することがこれまで、そしてこれからも困難であり続けるのはなぜか、その理由を挙げる。
3. 聖霊の本性（神性と人格性）を理解する。
4. 聖霊の教理が意味していることを評価する。

本章の概要

聖霊について聖書には組織的に記述されていないため、三位一体の中の第三位格についての教理は議論の的となってきた。御霊が重要な存在であるのは、信仰者と神との触れ合いをもたらすからである。聖書にある証拠から、聖霊の神性と人格性を発見することができる。本書の学びから、聖霊の人格とわざについて幾つかの結論を引き出すことができる。

本章のアウトライン

1. **聖霊の教理の重要性** 287
2. **聖霊理解の困難な点** 287
3. **聖霊の本性** 288
   (1) 聖霊の神性　288
   (2) 聖霊の人格性　290
4. **聖霊の教理が意味すること** 291

この組織神学の学びの最終段階の部分は、すでに吟味した教理との関係において見られるべきである。本書は、最高の存在である神と、計画と創造と存在するすべてのものに対する配慮における神のわざから始めた。次に、被造物の中で最も優れたものである人間を、神によって意図された運命と、神の計画からの逸脱という観点から検討した。また、どのような結果が人類に及んだか、そして神が人類の贖いと回復のために何を備えてくださったかも見た。創造、摂理、救いの提供、これは神の客観的なわざである。ここからは、神の主観的なわざ、すなわち人間に対する救いのわざの適用に移る。まず、人間が受け、体験した救いとは実際どのような特徴をもつかを調べる。次に信仰がとる集合的な形、すなわち教会を詳しく見る。そして最後に、神の計画の完成、すなわち終わりの事柄に目を向ける。

聖霊において三位一体が信仰者にとって人格的なものとなる。

もう一つ、この組織神学の学びを、三位一体の各位格の働きに焦点を当てて見る方法もある。御父は創造と摂理の働きにおいて強調され（第3部）、御子は罪深い人間の贖いを成し遂げ（第4-5部）、聖霊は神の被造物に贖いのわざを適用することで、救いを現実のものとする（第6-8部）。三位一体の第三位格の理解は、救いの教理を照らすことになる。

1. 聖霊の教理の重要性

聖霊について学ぶことが我々にとって特別に重要である理由はいくつかある。一つは、聖霊において三位一体が信仰者にとって人格的なものとなるからである。御父は超越的で天のはるか離れたところにおられ、同様に御子も、歴史の中で遠く引き離され、比較的知ることのできないお方となっている。しかし聖霊は、信仰者の生活の中で活動し、我々のうちに住んでいる。現在、三位格全体が我々のうちに働くのは、特に三位一体のこの位格を通してである。

聖霊について学ぶことが特別に重要である第二の理由は、我々が、三位一体の他の位格よりも聖霊の働きが顕著な時代に生きているからである。御父の働きは旧約聖書の時代に最も目立ち、御子の働きも福音書に書かれている時代と昇天までに最も目立っていた。一方、聖霊は、ペンテコステの時代以降ずっと、舞台の中心を占めている。つまり「使徒の働き」と書簡に書かれている時代、そしてそれに続く教会史の時代である。

聖霊の教理が重要である三つ目の理由は、経験的であることを重視する文化において、自らのうちに神の臨在を感じ、キリスト者生活が特別に実感できるものになるのは、おもに聖霊の働きを通してだからである。

2. 聖霊理解の困難な点

聖霊に関する研究は特に重要であるが、我々の聖霊に関する理解はしばしば他の大半の教理と比べてより不完全で混乱したものとなっている。その理由の中には、聖霊に関する聖書の明白な啓示が、御父や御子についてよりも少ないということがある。おそらく、聖霊の働きの大部分が、御子を宣べ伝え、御子に栄光を帰すこと（ヨハネ16:14）であることも原因の一部である。他の教理とは違い、聖霊に関しては体系的に論じられていない。広範囲に取り扱っているのは、事実上、ヨハネ14-16章のイエスの講話だけである。聖霊について言及されるのは、ほとんどの場合、他の問題に関連してである。

具体的なイメージの欠如がさらなる問題

となっている。父なる神というのは、かなり理解し易い。父親というものの姿は、ほとんど誰もがよく知っている。御子も実際に人間の形を取って現れ、人々がそれを観察し、記録に残しているので、概念としてとらえることは難しくない。しかし、御霊には形がなく、視覚化することが困難である。また、残念ながら英欽定訳その他の昔の英語訳が、聖霊に "Holy Ghost" という訳語を当てたため、この問題をさらにこみいったものにしている（英語で ghost はもともと「霊、魂」を意味したが、現代ではおもに「幽霊、お化け」を意味する──訳注）。

それに加えて、今の時代、御霊は御父と御子に仕えるという働きをなし、御父と御子の意志（もちろん御霊の意志でもある）を実行しているという事実から問題が生じている。さて、この一時的な機能上の従属──地上での働きの期間の御子の従属と、今の時代における御霊の従属──から、本質においても劣るところがあるという結論を引き出してはならない。それなのに実際は我々の多くが、御霊を御父と御子より本質的に劣った存在とみなすという非公式な神学をもっている。事実上、三位一体は、御父と御子は大文字で（FATHER、SON）、聖霊は小文字で（holy spirit）イメージされている。この間違いにはアリウス派との類似が見られる。アリウス派は、御子が地上での宣教の間、御父に服従していたと述べる聖書箇所から、御子は身分と本質において御父に劣ると結論づけた。

20世紀後半には、一般に、また信徒のレベルで聖霊の教理はすべての教理の中で、最も物議をかもすものになった。その結果、そのような議論が論争につながるかもしれないという恐れのため、御霊についての議論を躊躇する傾向が生まれてきた。「カリスマ的キリスト者」とは、ある集団では威信のしるしであるが、他の集団では恥辱である。

3. 聖霊の本性

(1) 聖霊の神性

聖霊の神性は、御父と御子の神性ほど容易には確立されない。とはいえ、聖霊が御父や御子が神であるのと同じ形で同じ程度に神であるとの結論に導く根拠となるものがいくつかある。

まず、聖霊へのさまざまな言及は、神への言及と置き換えうることに注目すべきである。使徒5章で、アナニアとサッピラが土地を売り、持ってきたお金を受け取った全額だと説明した。ペテロはアナニアを責めて言った。「アナニア。なぜあなたはサタンに心を奪われて聖霊を欺き、地所の代金の一部を自分のために取っておいたのか」（3節）。次の節で「あなたは人を欺いたのではなく、神を欺いたのだ」と断言している。ペテロの心の中では、「聖霊を欺くこと」と「神を欺くこと」とは互いに置き換え可能な表現であったと考えられる。「聖霊」と「神」を置き換え可能なものとして使っているもう一つの例は、パウロがキリスト者のからだについて論じている箇所である。Ⅰコリント3:16で「あなたがたは、自分が神の宮であり、神の御霊が自分のうちに住んでおられることを知らないのですか」と書いている。6:19では「あなたがたは知らないのですか。あなたがたのからだは、あなたがたのうちにおられる、神から受けた聖霊の宮であり……」と、ほとんど同じ言い方をしている。パウロにとって明らかに、聖霊が内住するとは神が住むことであった。「神の宮」という表現と「聖霊の宮」という表現を同等に置くことで、パウロは聖霊が神であることをはっきりさせている。

さらに聖霊は神の属性ないし特質を所有している。その一つが全知である。パウロはⅠコリント2:10-11にこう書いている。

それを、神は私たちに御霊によって啓示してくださいました。御霊はすべてのことを、神の深みさえも探られるからです。人間のことは、その人のうちにある人間の霊のほかに、いったいだれが知っているでしょう。同じように、神のことは、神の霊のほかにはだれも知りません。

そしてイエスはヨハネ16：13で、ご自身に従う者が御霊によってすべての真理に導き入れられると約束している。

新約聖書には、聖霊の力についての記述も目立つ。ルカ1：35の処女懐胎への言及で「聖霊」と「いと高き方の力」という語句は、構文上並行また同義である。パウロは、自分の宣教の成し遂げたことが「しるしと不思議を行う力と、神の御霊の力によって」（ローマ15：19）達成されたことを認めていた。さらにイエスは、人間の心と人格を変える能力を聖霊が持っていると言った。すなわち我々のうちで確信（ヨハネ16：8-11）と再生（ヨハネ3：5-8）の働きをするのは御霊であると。以上の箇所は、御霊が全知であると明確に肯定しているわけではないが、神のみがおそらく持っている力を御霊が持っていることを確かに示唆している。

聖霊を御父および御子と一緒に扱うさらにもう一つの属性は、永遠性である。ヘブル9：14で御霊は「とこしえの御霊」と言われており、この御霊を通してイエスはご自身を捧げたとある。しかし、神のみが永遠であり（ヘブル1：10-12）、すべての被造物は有限である。したがって聖霊は神でなければならない。

神の属性を持つことに加えて、聖霊は一般的に神に帰されるある特定のわざを行っている。聖霊は創造のみわざをなし、同時にそれを保持し摂理のうちにそれを導くことの両方において被造物に関わってきたし、今もまた関わり続けている。詩篇の作者は以下のように述べている。

あなたが御霊を送られると　彼ら〔その前の節に列挙されたあらゆる被造物〕は創造されます。
あなたは地の面を新しくされます。
(詩篇104：30)

聖霊の役割に関して聖書で最も内容豊かな証言は、人間の上に、あるいは内に働く霊的なわざである。イエスが再生を聖霊の働きとしたことは（ヨハネ3：5-8）すでに見た。このことは、テトス3：5にあるパウロの主張で確認されている。さらに御霊はキリストを死者の中からよみがえらせ、そして私たちをもよみがえらせる。すなわち神が御霊によってよみがえらせるのである（ローマ8：11）。

聖書を与えることも、聖霊の神的働きである。Ⅱテモテ3：16でパウロは「聖書はすべて神の霊感によるもので、教えと戒めと矯正と義の訓練のために有益です」と書いている。ペテロも聖書を我々に与えることにおける御霊の役割について語っているが、最終的に生成された文書に対してよりも記者に対する影響を強調している。「預言は、決して人間の意志によってもたらされたものではなく、聖霊に動かされた人たちが神から受けて語ったものです」（Ⅱペテロ1：21）と。

聖霊の神性についての論争で最後に検討課題は、明白な同等性に基づく、御父と御子との聖霊の間柄である。最もよく知られている証拠の一つは、大宣教命令の中に次のように規定されているバプテスマ定式である。「ですから、あなたがたは行って、あらゆる国の人々を弟子としなさい。父、子、聖霊の名において彼らにバプテスマを授け〔なさい〕」（マタイ28：19）。もう一つの証拠はⅡコリント13：13にあるパウロの祝祷で、そこでは、霊的な賜物について論じるパウロが神の三位格を同格に扱っているⅠコリント12：4-6が証拠であるのと同様である。ペテロも同じように、第一の手紙

での挨拶の中で、救いの過程におけるそれぞれの役割に注目しながら三位格を一つに結び合わせている。「父なる神の予知のままに、御霊による聖別によって、イエス・キリストに従うように、またその血の注ぎかけを受けるように選ばれた〔散って寄留している〕人たちへ」（Ⅰペテロ1:2)。

(2) 聖霊の人格性

聖霊は、非人格的な力ではない。東洋の宗教の影響で西欧文化に汎神論的傾向が入りつつある時代には、この点は非常に重要である。聖霊は人格であり、そのことを示唆するすべての特質を持ち合わせていることを、聖書はいくつかの方法で明らかにしている。

御霊が人格であることの証拠として、第一に、御霊を指して男性代名詞が用いられていることがある。ギリシア語のプネウマ(*pneuma*「霊」) は中性であり、そして代名詞は先行詞と人称、数、性が一致することになっているから、聖霊を表すには中性代名詞が使われるはずである。ところがヨハネ16:13-14で、イエスは聖霊の働きについて述べる際、中性代名詞を使うと思われるところで、男性代名詞を使っているのである。すぐ近くの文脈で先行詞と考えられる名詞は、「真理の御霊」(13節) 以外にない。ヨハネがイエスの講話を報告するのに、この時点で文法的な誤りを犯したか（ヨハネの福音書のどこを見ても、同じような間違いは見当たらないので、これは考えにくい）、それとも、イエスが語っているのは人格であって物ではないことを伝えようと、わざわざ男性代名詞を使ったかのどちらかである。

聖霊が人格である証拠の第二の面は、聖書のいくつかの箇所で、聖霊の働きが何らかの形で、他の明らかに人格的な行為者の働きを連想させることである。ヨハネ14:26、15:26、16:7で、パラクレートス(*paraklētos*「助言者、弁護する者」〔新改訳では「助け主」と訳されている——訳注〕) という語が聖霊に当てはめられている。いずれの文脈でも、何か抽象的な影響力を念頭においているのでないことは明らかである。イエスのことも、パラクレートスであると明言されているからである（Ⅰヨハネ2:1〔新改訳では「とりなしてくださる方」と訳されている——訳注〕)。最も重要なのはヨハネ14:16にあるイエスの言葉であり、もう一人のパラクレートスを弟子たちに与える御父に祈ると言っている。ここで「もう一人」と訳されている語は「同じ種類のもう一つのもの」を意味する[1]。イエスが、御霊が来ることを自分自身が去ることと結びつけて言っている（たとえば16:7）点を考慮すると、これは、御霊がイエスの代わりであり、同じ役割を担うことになるという意味である。機能が類似していることは、聖霊がイエスと同様、人格でなければならないことを示している。

イエスと聖霊の両方が行い、そのことを通して御霊が人格であることを示すもう一つの機能は、三位一体の他の位格の栄光を現すことである。ヨハネ16:14でイエスは、御霊が「わたしの栄光を現されます。わたしのものを受けて、あなたがたに伝えてくださるのです」と言っている。同じような表現がヨハネ17:4に見られ、そこでは大祭司の祈りの中で、イエスは地上での働きの間、御父の栄光を現したと述べている。

聖霊を人格的行為者と同じグループに入れている中で一番興味深い例は、御父と御子の両方と結びつけている聖書箇所である。一番よく知られているものの中に、再びマタイ28:19のバプテスマ定式とⅡコリント13:13の祝祷がある。ユダは「しかし、愛する者たち。あなたがたは自分たちの最も聖なる信仰の上に、自分自身を築き上げなさい。聖霊によって祈りなさい。神の愛のうちに自分自身を保ち、永遠のいのちに導く、私たちの主イエス・キリストのあわれみを待ち望みなさい」(20-21節) と命じる。

---

[1] Richard Trench, *Synonyms of the New Testament* (Grand Rapids: Eerdmans, 1953), 357–61.

ペテロはその手紙の読者を「父なる神の予知のままに、御霊による聖別によって、イエス・キリストに従うように、またその血の注ぎかけを受けるように選ばれた」（Ⅰペテロ1：2）者たちと呼んでいる。聖霊はまた、イエスの宣教でのいろいろな出来事の中でも、御父および御子と結びつけられている。イエスがバプテスマを受けたとき（マタイ3：16-17）、三位一体の三位格すべてがそこにいた。イエスは、ご自身が悪霊を追い出すことは御父と御霊に関わりがあると言った（マタイ12：28）。これらの出来事で聖霊が御父および御子と結合されていることは、御父と御子が人格であるように聖霊もまた人格であることを示している。

御霊が人格的特徴を持っていることは我々にとって聖霊の人格性を示す三つ目のしるしである。最も注目すべきものの中には、伝統的に人格の三つの基本的要素とみなされている知性、意志、および感情がある。御霊の知性と知識について述べているさまざまな聖書箇所の中から、ここではヨハネ14：26を引用する。その箇所でイエスは、「助け主、すなわち、父がわたしの名によってお遣わしになる聖霊は、あなたがたにすべてのことを教え、わたしがあなたがたに話したすべてのことを思い起こさせてくださいます」と約束している。御霊が意志を持つことを証言しているのはⅠコリント12：11で、いろいろな霊的賜物は、「同じ一つの御霊がこれらすべてのことをなさるのであり、御霊は、みこころのままに、一人ひとりそれぞれに賜物を分け与えてくださるのです」と述べている。御霊が感情を持つことは、エペソ4：30でパウロが御霊を悲しませるなと警告していることから明らかである。

聖霊も人間のように影響を受けることがあり、そのことは消極的な意味で人格性を示す。アナニヤとサッピラのように聖霊に対して嘘をつくこと（使徒5：3-4）もできる。パウロは聖霊を悲しませる罪（エペソ4：30）と御霊を消す罪（Ⅰテサロニケ5：

19）について語っている。ステパノは自分に敵対する者たちを、いつも聖霊に逆らっていると非難する（使徒7：51）。単なる力には抵抗は可能であるが、人格性を持たないものに嘘をついたり、悲しませたりすることはできない。そして、最も明白なのは、聖霊を冒瀆するという罪が存在することである（マタイ12：31、マルコ3：29）。イエスが示唆しているこの罪は、御子に対する冒瀆よりも深刻なものであり、確かに非人格的なものに対して犯すということは不可能である。

さらに聖霊は、人格にしかできない道徳的な行為と奉仕に携わる。これらの活動の中には教えること、再生、捜索、語ること、とりなし、命令、証言、導き、照明、啓示がある。ローマ8：26は興味深い、普通でない一節である。「同じように御霊も、弱い私たちを助けてくださいます。私たちは、何をどう祈ったらよいか分からないのですが、御霊ご自身が、ことばにならないうめきをもって、とりなしてくださるのです」。確かにパウロは人格的存在のことを考えている。イエスも聖霊のことを語るときはそうである。たとえばヨハネ16：8でこう言っている。「その方が来ると、罪と義とさばきについて、世を有罪と宣告します」（NIV1984年版）。

今まで考察してきた事柄から一つの結論が引き出される。聖霊は単なる力ではなく人格をもつお方であり、その人格をもつお方は神であり、父と子と同じくらい完全に同じ意味において神なのである。

4. 聖霊の教理が意味すること

聖霊がどなたであり、どのようなお方なのかの正しい理解からは、いくつかの意味がもたらされる。

1. 聖霊は人格であり、漠然とした力ではない。したがって、我々が人格的な関係を持つことができるお方であり、我々が祈る

ことができる、また祈るべきお方である。

2. 聖霊は完全に神であるので、御父と御子にささげるのと同じ栄光と尊敬を受けるべきである。御父と御子を礼拝するように聖霊を礼拝することは適切である。聖霊の役割がときとして御父と御子の役割に従属するからといって、いかなる意味においても聖霊が本質的に御父や御子に劣ると考えてはならない。

3. 聖霊は御父と御子と一つである。聖霊の働きは、三位格が共に計画したことを表現し執行することである。三位格とその活動の間に緊張関係はない。

4. 神は遠く離れているのではない。聖霊において三位一体の神は、一人一人の信仰者の中に実際に入るほど近くに来ている。今では受肉のときよりももっと親しく我々に関わっている。御霊の働きを通して真の意味でインマヌエル、「神が私たちとともにおられる」となったのである。

御霊をほめよ！　イスラエルの慰め手、
御父と御子から我々を祝福するために遣わされた方を
御父と御子と聖霊をほめよ
三位一体の神をほめよ
(Elizabeth Rundle Charles, "Praise Ye the Triune God," c.1858)

研究課題

- 聖霊について考える場合、その人格とわざを学ぶ理由として何を挙げることができるか。
- 聖霊の教理について考えることには、特にどのような困難が関連するか。
- 聖霊が神であるという聖書にある証拠は何か。
- 聖霊が人格をもつ存在であることを肯定することはなぜ重要なのか。
- 聖霊に関して何を学んだか。

第29章 聖霊の働き

本章の目的

1. 旧約聖書における聖霊の働きを調べる。
2. イエスの生涯と働きにおける聖霊の働きを描写説明する。
3. 聖霊の働きがキリスト者の人生の初めから終わりまでの間、信仰者の生活にどのような影響を与えるのかを示す。
4. 今日における奇蹟的賜物の現れを評価する。
5. 今日における聖霊の働きの意義について、いくつかの結論を得る。

本章の概要

旧約聖書における聖霊の働きについていくらか論争があったが、旧約と新約の双方の時代を通じて聖霊が働いていたことは明らかである。特に、聖霊はイエスの生涯と働きにおいて顕著に現れている。さらに聖霊は、神が悔い改めと信仰とに招いている人々の生活のうちで働き続けている。近年、聖霊の賜物に対する態度の変化に伴い、奇蹟的な賜物はいくつかのグループで重要な役割を果たすようになっている。そのような賜物をどのように見るべきかに関し、いくつかの評価が必要である。

本章のアウトライン

1. 旧約聖書における聖霊のわざ　294
2. イエスの生涯における聖霊のわざ　295
3. キリスト者の生活における聖霊のわざ　297
   (1) キリスト者生活の始まり　297
   (2) キリスト者生活の継続　297
4. 今日の奇蹟的賜物　299
5. 聖霊のわざが意味すること　304

第6部 聖霊

聖霊のわざに、キリスト者は特別な関心をいだいている。神が信仰者の生活に個人的に関わり活動するのは、特にこの働きを通してだからである。さらに、近年、聖霊に関して最も大きな論争の的となっているのは、教理のこの側面である。この論争は聖霊の、より目立った特別な賜物のいくつかに集中しているが、ここでの議論の論拠とするにはあまりにも狭い。論争を巻き起こしている問題は、御霊のより全般的な働きを背景にして見なければならない。

1. 旧約聖書における聖霊のわざ

旧約聖書は漸進的啓示の初期の段階を反映しているため、旧約聖書において聖霊を特定することはしばしば困難である。実際、「聖霊」という言葉は旧約聖書ではほとんど使われていない。むしろ、通常使われるのは「神の霊」という表現である。旧約聖書で三位一体の第三位格に言及するとき、ほとんどの場合、「霊」と「神」という二つの名詞の組み合わせを用いている。この二者の構成からは、別の位格が関与していることは明らかではない。「神の霊」という表現は、神の意志、あるいは精神、活動を指すだけであると理解することも十分可能である[1]。しかしながら、旧約聖書の「神の霊」への言及が聖霊を指していることを新約聖書がはっきりさせている場合もある。新約聖書のそれらの箇所で最も目立つものの一つが使徒2:16-21である。ここでペテロは、ペンテコステのとき起こっていることは預言者ヨエルの「すべての人にわたしの霊を注ぐ」(使徒2:17)という言明の成就であると説明する。確かにペンテコステの出来事は、「しかし、聖霊があなたがたの上に臨むとき、あなたがたは力を受けます」(使徒1:8)というイエスの約束の実現であった。要するに、旧約聖書の「神の霊」は聖霊と同義語である[2]。

旧約聖書の時代、聖霊が働く主な領域がいくつかあった。第一は創造である。「地は茫漠として何もなく、闇が大水の面の上にあり、神の霊がその水の面を動いていた」(創世1:2)。創造に関して継続される神の働きは、御霊の働きとされている。ヨブは次のように言う。

> その息〔または霊〕によって
> 天は晴れ渡り、
> 御手は逃げる蛇を刺し殺す。
>   (ヨブ26:13)

御霊が全般にわたり働いておられる、もう一つの分野は、預言と聖書を与えることである[3]。旧約聖書の預言者は、自分たちが語りまた記すのは、御霊が臨んだ結果であると証言した。エゼキエルが最もはっきりと証言している。「その方が私に語りかけると、霊が私のうちに入り、私を自分の足で立たせた。そのとき、私は自分に語りかけることばを聞いた」(エゼキエル2:2。参照8:3、11:1、24。Ⅱペテロ1:21も見よ)。

さらにもう一つ、旧約聖書における神の霊の働きは、いろいろな任務のために必要な技能を伝えることにあった[4]。たとえば、幕屋を建設し設備品を備えるためにベツァルエルを任命する際に、神は「彼に、知恵と英知と知識とあらゆる務めにおいて、神の霊を満たした。それは、彼が金や銀や青

---

[1] J・H・レイヴン (J. H. Raven) は、旧約聖書における「神の霊」への言及は聖霊と特に関係はないと主張する。「ここには、神格の中の位格の区別はない。旧約聖書における神の霊とは、活発な影響を及ぼしている神自身である」(*The History of the Religion of Israel* [Grand Rapids: Baker, 1979], 164)。

[2] 詩篇104:30のような箇所を聖霊への個人的言及とする見解は、Leon Wood, *The Holy Spirit in the Old Testament* (Grand Rapids: Zondervan, 1976), 19–20 を見よ。

[3] Eduard Schweizer, *The Holy Spirit*, trans. Reginald H. and Ilse Fuller (Philadelphia: Fortress, 1980), 10–19.

[4] Wood, *Holy Spirit*, 42–43.

銅の細工に意匠を凝らし、はめ込みの宝石を彫刻し、木を彫刻し、あらゆる仕事をするためである」（出エジプト31：3-5）と言ったと書かれている。統治も御霊の賜物であったと思われる。ファラオでさえ、ヨセフのうちに御霊が存在することを認めた。「そこで、ファラオは家臣たちに言った。『神の霊が宿っているこのような人が、ほかに見つかるだろうか』」（創世41：38）。士師の時代、聖霊の力と賜物による統治は特に劇的であった[5]。なされたことの多くは、今日なら「カリスマ的指導力」と呼ばれるものによって達成された。ギデオンの召命についての記述にはこうある。「主の霊がギデオンをおおったので、彼が角笛を吹き鳴らすと、アビエゼル人が集まって来て、彼に従った」（士師6：34）。士師の時代の御霊の働きは、おもに、戦争をする上での特殊な技能を与えることであった。御霊はまた、イスラエルの初期の王たちにも特別な能力を与えた。たとえば、ダビデが油を注がれたときはそれとともに神の霊が下った（Ⅰサムエル16：13）。

しかしながら、御霊は劇的な出来事の中においてのみ見られるわけではない。国民を指導する資質や戦争での英雄的行為に加え、イスラエルの人々の霊的生活の中にも存在した。このこととの関連で神の霊は「良き霊」と呼ばれる。神に呼びかけながらエズラはイスラエルの人々に、荒野で先祖たちのために必要なものが供給されたことを思い出させた。「あなたは、彼らを賢くしようと、ご自分の良き霊を与え、彼らの口からあなたのマナを絶やさず、彼らが渇いたときには水を与えられました」（ネヘミヤ9：20）。御霊の慈しみ深い善性は、御霊を「聖なる霊」と呼ぶ箇所にも見られる。自らの罪が消し去られることを願ってダビデはこう祈る。

私を　あなたの御前から投げ捨てず

あなたの聖なる御霊を
私から取り去らないでください。

（詩篇51：11）

旧約聖書は聖霊を、ご自身が臨むまたは住まう者のうちに聖さと慈しみ深さという道徳的、霊的特質を生み出すものとして描いている。ある事例、特に士師記では、聖霊の臨在は断続的で、特定の活動ないし使命と関わっているように思われる。

御霊についての旧約聖書の証言は、聖霊の働きがより完全なものとなる時がやって来つつあることを予期している[6]。このことの一部は来るべきメシアと関連しており、メシアの上に御霊が、程度においても様式においても並外れたかたちでとどまることになる。イエスはイザヤ61章の最初の数節（「神である主の霊がわたしの上にある。／貧しい人に良い知らせを伝えるため、／……主はわたしに油を注（がれた）」）を引用し、そのことが今やご自身において成就されていると言う（ルカ4：18-21）。しかしながら、メシアに限定されない、もっと一般的な約束がある。それはヨエル2：28-29に見られる。

その後、わたしは
すべての人にわたしの霊を注ぐ。
あなたがたの息子や娘は預言し、
老人は夢を見、青年は幻を見る。
その日わたしは、男奴隷にも女奴隷にも、
わたしの霊を注ぐ。

ペンテコステの日にペテロはこの預言を引用し、今や成就したと述べた。

2. イエスの生涯における聖霊のわざ

イエスの生涯には、御霊の力強い臨在と活動が行きわたっているのが見てとれる。

---

5 Ibid., 41.

6 George Smeaton, *The Doctrine of the Holy Spirit* (London: Banner of Truth Trust, 1958), 33-35.

イエスが肉体を持つ存在となられた、ごく初期の事態でさえ聖霊の働きであった[7]。天使は、マリアに子どもができることを知らせたあと、「聖霊があなたの上に臨み、いと高き方の力があなたをおおいます。それゆえ、生まれる子は聖なる者、神の子と呼ばれます」（ルカ1:35）と説明した。バプテスマのヨハネがイエスの働きを告知したときも、聖霊の位置の重要性が強調されている。ヨハネが強調したのは、単に水によって授ける自分のバプテスマとは異なり、イエスは聖霊によってバプテスマを授けるということである（マルコ1:8）。

御霊はイエスの公的な働きのまさに始まりから劇的な形で存在している。その始まりには、バプテスマのとき聖霊が知覚できる形でイエスに下るということがあった（マタイ3:16、マルコ1:10、ルカ3:22、ヨハネ1:32）。その直後、イエスは「聖霊に満ち」ていた（ルカ4:1）。それは、公的な働きの発端での大きな試み、もしくは一連の試練へと導くものであった[8]。イエスは聖霊に導かれ、試みが起こる状況の中に入った。マルコの福音書は「すぐに、御霊はイエスを荒野に送り出した」（1:12〔NIV訳注〕）と強い言い方をしている。イエスは御霊によって事実上「追いやられた」（新改訳 訳注）のである。ここで注目に値することは、イエスの生涯における聖霊の存在が、イエスを悪の力と直ちに直接対決させたことである。

イエスの他の働きもすべて、聖霊の力と導きを通して行われた。このことはイエスの教えに顕著に当てはまる[9]。ルカは、試みの後「イエスは御霊の力を帯びてガリラヤに帰られた」（4:14）と語る。それから続いて、あらゆる会堂で教えた。

イエスの教えに当てはまることは、イエスの奇蹟、特に、悪霊の追い出しにも当てはまる。ここには、聖霊と、この世に働く邪悪な霊との対決が示されている。あるときパリサイ人たちが、イエスは悪霊のかしらによって悪霊を追い出していると主張した。イエスはその主張の内的矛盾を指摘し（マタイ12:25-27）、それから、「しかし、わたしが神の御霊によって悪霊どもを追い出しているのなら、もう神の国はあなたがたのところに来ているのです」（28節）と反論した。パリサイ人の言葉に向けた「御霊に対する冒瀆」（31節）という非難と、「聖霊に逆らうことを言う者は……赦されません」（32節）という警告は、まさにイエスが行ったことが聖霊の力でなされたことを明らかにしている。

教えや奇蹟だけでなく、この時点でイエスの生活全体が「御霊のうちに」あった。72人が宣教の働きから戻って来て、悪霊どもでさえイエスの名において自分たちに服従すると報告したとき（ルカ10:17）、イエスは「聖霊によって喜びにあふれ」（21節）た。彼の感情も「御霊のうちに」あった。

聖霊の臨在がイエスの生涯の中で成長していったという証拠はない。聖霊が下る体験が連続することはなく、受胎とバプテスマだけである。しかしながらより一層、御霊の臨在を帯びていかれた。またイエスの生涯にいかなる種類であれ恍惚（こうこつ）状態に陥る現象があったとか、それを主題にしたイエスの教えがあったという証拠はない。コリントで教会が出会った問題や、使徒の働きに記録されているペンテコステの現象とその後の諸経験を考えれば、救い主個人の生涯にも彼の教えにもそのような御霊の賜物の現れを示唆するものがないことは、驚きである。

---

[7] Karl Barth, *Dogmatics in Outline* (New York: Philosophical Library, 1949), 95（K・バルト『教義学要綱』新教セミナーブック1、井上良雄訳、新教出版社、1993年）。

[8] Schweizer, *Holy Spirit*, 51.

[9] Dale Moody, *Spirit of the Living God* (Nashville: Broadman, 1976), 40–41.

3. キリスト者の生活における聖霊のわざ

(1) キリスト者生活の始まり

イエスの教えを見ると、個々人がキリスト者生活を始める際の聖霊の働きが特に強調されている。イエスは、人間の視点からのキリスト者生活の始まりである回心と、神の視点からのキリスト者生活の始まりである再生の両方において、御霊の活動は欠くことができないと教えた。

回心とは、人間が神のほうを向くことである。それは消極的要素と積極的要素から成る。悔い改め、すなわち罪を捨てることと、信仰、すなわちキリストの約束とわざとを受け入れることである。イエスは特に悔い改めについて、具体的には罪の自覚について語った。罪の自覚は悔い改めの必須条件である。イエスは「その方〔助け主〕が来ると、罪と義とさばきについて、世を有罪と宣告します。罪についてというのは、彼らがわたしを信じないからです。義についてとは、わたしが父のもとに行き、あなたがたがもはやわたしを見なくなるからです。さばきについてとは、この世を支配する者がさばかれたからです」(ヨハネ16:8-11 NIV1984年版) と言った。聖霊のこの働きなくして回心はありえない。

我々は、回心と再生における御霊の活動を通してキリスト者生活を始める。

再生とは個人の奇蹟的な変革であり、霊的な力の注入である。イエスはニコデモに、御父に受け入れられるために欠かせない再生が超自然的な出来事であること、それを生み出す主体が聖霊であることを非常にはっきりと示した (ヨハネ3:3、5-6)。肉 (つまり人間の努力) にはこの変革をもたらすことはできない。またこの変革は人間の知恵によっては理解することさえできない。事実、イエスは聖霊のこのわざを風が吹くことにたとえている。「風は思いのままに吹きます。その音を聞いても、それがどこから来てどこへ行くのか分かりません。御霊によって生まれた者もみな、それと同じです」(8節)[10]。

(2) キリスト者生活の継続

御霊のわざは人が信仰者となったときに終わるのではない。逆に、それは始まりにすぎない。御霊は他にもキリスト者生活が続く中でいくつかの役割を果たす。

1. 御霊の他の役割の一つは、力を与えることである。イエスが「まことに、まことに、あなたがたに言います。わたしを信じる者は、わたしが行うわざを行い、さらに大きなわざを行います。わたしが父のもとに行くからです」(ヨハネ14:12) と言ったとき、弟子たちはびっくり仰天させられただろう。このときまでに自らの弱さや足りなさに十分気づいていた弟子たちにとって、主ご自身がなさったよりも大きなわざをするなどということは、信じられないことのように思われた。しかしペテロは聖霊降臨の日曜日に説教し、3千人が信じた。我々が知る限り、イエスご自身はこれほどの反応を得たことはない。おそらく公的な働き全体を通して、これほど多くの真の回心者を集めたことはなかった! ただし弟子たちの成功の秘訣は、能力や強さにあったのではない。イエスは弟子たちに聖霊の降臨を待てと命じ (使徒1:4-5)、聖霊は、イエスが約束した力を、予告していたことを行う能力を彼らに与えると話した (8節)。

2. イエスの約束のもう一つの要素は、聖霊は、信仰者のうちに宿るということであ

---

[10] ニコデモに対するイエスの言葉に関する議論は、Henry B. Swete, *The Holy Spirit in the New Testament: A Study of Primitive Christian Teaching* (London: Macmillan, 1909), 130–35 を見よ。

る（ヨハネ14:16-17）。イエスはずっと教師であり指導者であったが、その感化は言葉と模範による、外からのものであった。しかし御霊は、より強い影響を人に及ぼすことができる。内住しているので、人の思考と感情のまっただ中に入り込み、イエスが約束したようにすべての真理に導き入れることができるからである（ヨハネ16:13-14）。

3. 御霊は明らかに教育的な役割を担っている。同じ講話の前のほうに、御霊は弟子たちに、イエスがすでに与えた言葉を思い起こさせ、はっきり説明するとある（ヨハネ14:26）。聖霊による照明というこの働きは、一代目の弟子たちのためだけにあったのではなく、今日の信仰者たちが聖書を理解するのを助けることも含んでいる。

4. 特に興味深いもう一つの点は、聖霊のとりなしのわざである。イエスが大祭司として我々のためにとりなしてくれていることはよく知っている。パウロは、聖霊も同じようにとりなしの祈りをしていることについて語っている。「同じように御霊も、弱い私たちを助けてくださいます。私たちは、何をどう祈ったらよいか分からないのですが、御霊ご自身が、ことばにならないうめきをもって、とりなしてくださるのです。人間の心を探る方は、御霊の思いが何であるかを知っておられます。なぜなら、御霊は神のみこころにしたがって、聖徒たちのためにとりなしてくださるからです」（ローマ8:26-27）。こうして信仰者は、祈り方がわからないときに、聖霊が主のみこころがなるよう思慮深くとりなしてくださる、と確信を持つのである。

5. 聖霊は信仰者の生活の中で聖化の働きもする。聖化とは、神の目の前にすでに保有している立場を、実際に信仰者の生活において反映する、道徳的および霊的性格の継続的な変容を意味する。ローマ8:1-17でパウロは聖霊のこの働きについて詳しく述べている。

御霊のうちにある生活こそ、神がキリスト者のために意図しているものである。パウロはガラテヤ5章で、御霊にある生活を肉にある生活と対比している。読者たちに、肉の欲望を満足させるのではなく御霊によって歩くようにと指示する（16節）。もしこの指示を心に留めるなら、御霊は「御霊の実」と総称される一連の特質を彼らのうちに生み出すことになる（22-23節）。これらの資質、そっくりそのままが人間の生活の中における自助努力によって生み出されるということはありえない。それは超自然的なわざである。御霊ご自身が肉に反するものであるように、これらは肉の働き──19-21節にある罪のリスト──に反するものである。そうすると聖化における聖霊のわざは、肉の行いの克服という消極的な働き（ローマ8:13）であるだけでなく、積極的にキリストに似た者を生み出すことでもある。

6. 御霊はまた、キリストのからだの中の信仰者たちへ特別な賜物を授ける。パウロの手紙に、そのような賜物の三つの異なるリストが出てくる。ペテロの手紙第一にも簡単なリストがある（図4を見よ）。これらのリストをある程度観察する必要がある。まず、どのリストも御霊の賜物を述べているが、基本的な方向づけが異なる。エペソ4:11は、実際には教会のさまざまな役職のリスト、あるいは教会への神の贈り物である人々のリストである。ローマ12:6-8とⅠペテロ4:11は、教会でなされているいくつかの基本的な機能の目録を作っている。コリント人への手紙第一のリストは、どちらかといえば、むしろ特別な能力に関するものである。これらの箇所が「御霊の賜物」を語るとき、異なった意味を考えている可能性がある。したがって、この表現を単一の概念や定義にまとめようとするべきではない。第二に、これらの賜物が生来の資質なのか、あるいは後天的に賦与された才能であるのか、またその双方を組み合わせたものであるのか、はっきりしない。第三に、信仰や奉仕といった賜物はキリスト者すべ

図4　御霊の賜物

ローマ12:6-8	Ⅰコリ12:4-11	エペソ4:11	Ⅰペテロ4:11
預言	知恵	使徒	語ること
奉仕	知識	預言者	奉仕
教え	信仰	伝道者	
勧め	癒やし	牧師また教師	
分け与え	奇蹟を行う		
指導	預言		
慈善	霊を見分ける力		
	種々の異言		
	異言の解き明かし		

てに望まれる特質であり、活動である。このような場合、記者はその分野での並外れた能力のことを考えているようである。第四に、四つのリストがどれも、他のリストに見られる賜物を全部含んではいないので、全体として考えられる御霊の賜物すべてを挙げているわけではないと考えられる。つまり、これらのリストは、個別にそして集合的に、神が教会に与えたさまざまな賜物の実例なのである。

この時点でもう一つ大切なのが、賜物の性質とそれらを行使する方法の両方に関するパウロのいくつかの意見に注目することである。これらの所見はⅠコリント12章と14章に現れている。

1. 賜物はからだ（教会）に与えられる。からだ全体の徳を高めるためのものであって、それを持っている教会員個人の楽しみや利益のためだけではない（12:7、14:5、12）。
2. すべての賜物を持っている個人はいない（12:14-21）し、すべての人に同じ賜物が与えられているわけでもない（12:28-30）。したがって教会員は互いに互いを必要とする。
3. 等しく目立つわけではないが、すべての賜物が重要である（12:22-26）。
4. 聖霊はさまざまな賜物をみこころの人に、みこころのままに分け与える（12:11）。

4. 今日の奇蹟的賜物

近年、いくつかのもっと華々しい賜物が特別の注目を浴び、かなりの議論を巻き起こしている。これらは並外れた賜物と呼ばれたり、奇蹟的賜物、特別な賜物、しるしの賜物、カリスマ的賜物と呼ばれたりする。カリスマタ（*charismata*）とは基本的に賜物を意味するから、最後のカリスマ的賜物は少々くどい表現である。最もよく話題に上るのが、信仰による癒やし、悪霊の追い出し、そして特にグロッソラリア（glossolalia）すなわち異言を語ることである。最も論争を生む問いは、聖霊は今日もなお教会にこれらの賜物を分け与えているのか、そしてもし分け与えているなら、それは規範的なものなのか（つまりすべてのキリスト者が受けて用いることができ、そうすべきなのか）である。

教会史の初期にはカリスマ的なグループが現れた。一番有名なのはモンタノス派で、2世紀の後半に栄えた。モンタノスはバプテスマを受けたときに異言を語り、預言し始めた。彼は、パラクレートスすなわちイエスが約束した聖霊が、自分を通して語っていると宣言した。モンタノスと女弟子二人は聖霊の代弁者と信じられた。モンタノス派は、自分たちの預言が聖書を解明する

ものであり、また霊感された預言者がキリスト者共同体の中に現れ続けると教えた[11]。

モンタノス派のようなグループの影響は教会に長くは続かなかった。何世紀にもわたって、聖霊とそのわざには比較的少ない重点しか置かれなかった。しかし19世紀の終わりに、少なくともいくつかのグループの中で、神学の中で聖霊に事実上卓越した役割を与える進展があった。1896年にはすでに、アメリカ合衆国ノースカロライナ州で幾度かの異言を語ることすなわちグロッソラリアの現象が観察されていた。カンザス州トペカの小さな聖書学校の校長チャールズ・パーハムは、留守の間、学生たちに聖霊のバプテスマについて研究するようにと宿題を与えた。パーハムが帰ってくると、全員一致で次のような結論を出していた。すなわち、回心と新生に続いて聖霊のバプテスマがあるべきこと、異言を話すことは人がこの賜物を受けたしるしであることを聖書は教えている、というものである[12]。

しかしペンテコステ主義の実際の発生は、ホーリネスの黒人伝道師ウィリアム・J・シーモアが組織した集会で起こり、1906年に始まった。これらの集会はロサンジェルスのアズサ通り312番地にあった元メソジスト教会で行われたので、「アズサ通りの集会」と呼ばれるようになった[13]。ここに端を発したペンテコステ現象はアメリカ全土に広まり、さらに他の国々へ、特にスカンジナヴィア諸国へ広まった。近年はこのタイプのペンテコステ主義が、ラテンアメリカや他の第三世界の国々で勢力を保っている。

長い間ペンテコステ運動は、キリスト教世界の中で比較的孤立した存在であった。低所得層出身の人々が密集している教派に見られるものがほとんどであった。しかし1950年代の初めにこれが変化しはじめた。以前はありそうになかったところで、グロッソラリアが行われ始めた。監督派（聖公会）やルター派、そしてカトリックの教会でも聖霊の働きの特別な現れが強調された。ネオ・ペンテコステ運動とかカリスマ運動とも呼ばれるこの運動と、20世紀の初めに起こって今日も続いているオールドライン・ペンテコステ主義との間には、著しい違いがある。ネオ・ペンテコステ主義はより超教派的な運動で、中産階級と中の上の階級から多くの参加者を引きつけている[14]。この二つの集団は、カリスマ的賜物の用い方も異なっている。オールドライン・ペンテコステのグループでは、何人かのメンバーが一斉に話したり声に出して祈ったりするかもしれない。カリスマ派キリスト者の場合はそうではなく、個人的な祈りの時だけ賜物を用いる人もいる。通常、賜物を公に表すのは、会衆全員が集まる礼拝よりも特別なグループの中においてである。

特別な賜物の問題を正確に理解し取り扱うべきであるなら、問題の両面を吟味する必要がある。これらの賜物の中でグロッソラリアが最も目立つので、それに集中することにする。これから出す結論は他の賜物を評価することにも役立つ。グロッソラリアを擁護する言い分は、「使徒の働き」の叙述的な箇所に非常に頼っており、かなりわかりやすい。その議論は普通、次のような観察事項から始まる。すなわち、使徒の働きに記録されている回心と再生のエピソードに続いて、聖霊による特別な満たしまたはバプテスマが起こることが通例となっていること、それは通常、知らない言語を語ることとして現れることである。そして聖霊がこの賜物を教会に与えることをやめるということは示されていない[15]。

---

[11] Tertullian, *On the Resurrection of the Flesh* 63（テルトゥリアヌス『肉の復活について』）。

[12] Klaude Kendrick, *The Promise Fulfilled: A History of the Modern Pentecostal Movement* (Springfield, MO: Gospel, 1961), 48–49, 52–53.

[13] Ibid., 64–68.

[14] Richard Quebedeaux, *The New Charismatics: The Origins, Development, and Significance of Neo-Pentecostalism* (Garden City, NY: Doubleday, 1976), 4–11.

[15] Donald Gee, *The Pentecostal Movement, Including*

第29章 聖霊の働き

グロッソラリアを支持して、経験に基づく議論もしばしば用いられる。その賜物を体験した人や、誰かが用いるのを見た人は、その経験について主観的な確信を持っている。そういう人たちは、賜物がキリスト者の霊的生活に及ぼす利益、特に祈りの生活を力づける点を強調する[16]。

加えてグロッソラリア擁護者は、グロッソラリアを用いることは聖書のどこにも禁じられていないと主張する。コリントの人々へ手紙を書く中でパウロは、賜物の適切な使用を非難しているのではなく、その乱用だけを非難しているのであると。実際パウロは「私は、あなたがたのだれよりも多くの異言で語っていることを、神に感謝しています」（Ⅰコリント14:18）と言っている。

聖霊が今もなおカリスマ的な賜物を与えているという考えを拒否する人たちは、歴史的に見て驚異的な賜物はやんだと主張する。教会史のほとんどを通じて、事実上知られないものだったと[17]。少数ではあるが、現在グロッソラリアはないと主張する人たちの中に、Ⅰコリント13:8の「異言ならばやみます」を根拠に使う人たちがいる。預言や知識と違って、異言は終わりの時まで引き続き与えることを意図されたものではなく、すでにやんでいると主張するのである[18]。それゆえ、異言は、完全なものが現れたらすたれる（9-10節）不完全な賜物への言及には含まれていないことになる[19]。

ヘブル2:3-4を根拠に、奇蹟的賜物は過ぎ去ったと主張する神学者もいる。「この救いは、初めに主によって語られ、それを聞いた人たちが確かなものとして私たちに示したものです。そのうえ神も、しるしと不思議とさまざまな力あるわざにより、また、みこころにしたがって聖霊が分け与えてくださる賜物によって、救いを証ししてくださいました」。ここで論じられていることの主眼は、奇蹟的賜物の目的は、啓示と受肉を証言し、それによって本物であることを確認するためであったということである。その目的が実現されたとき、奇蹟は必要なくなり、単に消え去ったということになる[20]。

否定的な論拠の二つ目は、グロッソラリアと似ているが、明らかに聖霊の特別な賜物とは解釈できないものの存在である。たとえば似たような現象が他の宗教にも見られることが知られている。あるブードゥー教の魔術医たちのしていることはよい例である。心理学も、異言を話すことと、洗脳や電気ショック療法が原因で強い暗示にかかった場合とに共通点があると認めている[21]。

特に関心を集めているものの一つが、言語学者によるグロッソラリアの研究である。グロッソラリアの擁護者の中には、コリントの異言と今日の異言は単なる無関係に思える音節の発言であると言う者もいるし、コリントの異言と今日の異言は、ペンテコステのときと同じように、実際使われてい

the Story of the War Years (1940–47), rev. ed. (London: Elim, 1949), 10.

[16] Laurence Christenson, *Speaking in Tongues and Its Significance for the Church* (Minneapolis: Bethany Fellowship, 1968), 72–79（ラリィ・クリスティンソン『異言——なぜ教会のために必要か』山本光明訳、生ける水の川、1994年）。

[17] Anthony Hoekema, *What about Tongue-Speaking?* (Grand Rapids: Eerdmans, 1966), 16–18.

[18] この議論の根拠となっているのは、Ⅰコリント13:8で「異言」に使われている動詞と「預言」と「知識」に使われている動詞との間の区別である。まったく異なる言葉が関係しているだけでなく、前者の場合は中間態が、後者の場合は受動態が使用されている。

[19] Stanley D. Toussaint, "First Corinthians Thirteen and the Tongues Question," *Bibliotheca Sacra* 120 (October–December 1963): 311–16; Robert Glenn Gromacki, *The Modern Tongues Movement* (Philadelphia: Presbyterian & Reformed, 1967), 118–29.

[20] Benjamin B. Warfield, *Miracles: Yesterday and Today* (Grand Rapids: Eerdmans, 1953), 6.

[21] William Sargent, "Some Cultural Group Abreactive Techniques and Their Relation to Modern Treatments," in *Proceedings of the Royal Society of Medicine* (London: Longmans, Green, 1949), 367–74.

た言語であると主張する者もいる。実際の言語と主張する人たちは、グロッソラリアの多くの事例が言語として分類されるのに十分な数の特徴を示してはいないという科学的批判に答えなければならない[22]。

　この論争の両サイドが持ち出す考察事項を責任をもって扱う方法はあるのだろうか。この問題はキリスト者生活の仕方に、さらにはキリスト者生活の流儀あるいは気風そのものにも意義深い影響を及ぼすため、上の質問はどうしても無視できない。この領域で独断的な結論を引き出すことはほとんどできないが、いくつかの重要な考察は可能である。

　聖霊のバプテスマに関しては、まず、使徒の働きは、新生に続く特別な御霊のわざについて語っている。しかし、使徒の働きが扱っているのは過渡期であるように見える。そのとき以後、回心または再生と聖霊のバプテスマは通例、同時に起こっている。パウロはIコリント12: 13に「私たちはみな、ユダヤ人もギリシア人も、奴隷も自由人も、一つの御霊によってバプテスマを受けて、一つのからだとなりました。そして、みな一つの御霊を飲んだのです」と書いている。12節から、この「一つのからだ」がキリストであることは明白である。それゆえパウロは13節で、我々は御霊によりキリストのからだにつくバプテスマを受けることでその一員となると言っていると考えられる。御霊によるバプテスマは、回心や新生と同じでないとすれば、少なくとも、それらと同時に起こることのようである。

　しかし、使徒の働きには、回心または再生と御霊のバプテスマとが明らかに別々である事例もあるが、これはどうなのか。使徒の働きが過渡期を扱っているという前の段落での考察に沿って、これらの事例が実際に聖霊を受ける前に再生されていた人々を含む、というのが私の解釈である。彼ら

は旧約聖書時代最後の信仰者であった[23]。彼らは受け取った啓示を信じ、神を恐れていたのであるから、再生していた。しかし、御霊は受けていなかった。御霊が来るという約束は、イエスが昇天するまで成就しなかったからである（すでに新約の秩序の下で確かに再生していたイエスの弟子たちでさえ、ペンテコステまで御霊によってバプテスマを受けていなかったことを覚えていてほしい）。しかしペンテコステのとき、旧約の秩序の下ですでに再生していた者たちがキリストを受け入れると、彼らは御霊に満たされた。それが起こったとたん、再生した旧約の信仰者はもはや存在しなかった。ペンテコステの出来事以降、ユダヤ人の間に回心後に聖霊を受けたという明確な例は見られない。ユダヤ人の集団に起こったこと（使徒2章）は、サマリア人にも（使徒8章）異邦人にも（使徒10章）起こった。それ以後、再生と御霊のバプテスマは同時に起こっている。使徒19章に出てくるアポロの弟子たちの場合は、不完全な伝道で信じたケースのようである。彼らは悔い改めのバプテスマであるヨハネのバプテスマを受けていただけで、聖霊の存在は聞いたこともなかったからである。これらの四つの事例のいずれにおいても、受け手が求めて受けたという聖霊のバプテスマはなかったし、また聖霊の賜物がグループのすべての人に賦与されたわけではなかったとする示唆もない。以上の解釈案は、Iコリント12:13のパウロの言葉にあるように、聖書のどこにも、聖霊の、あるいは聖霊によってバプテスマを受けるようにとは命じられていないという事実と、使徒の働きの記録の双方に満足いくかたちで適合している。

　私の判断では、今日のカリスマ的現象が本当に聖霊の賜物なのかどうかを確信をもって決定することはできない。異言がやむ

---

[22] William J. Samarin, *Tongues of Men and Angels: The Religious Language of Pentecostalism* (New York: Macmillan, 1972), chaps. 4–6.

[23] さらに詳しい取り扱いは Frederick Dale Bruner, *A Theology of the Holy Spirit* (Grand Rapids: Eerdmans, 1970), 153–218 を見よ。

という予告が実現する時を示す証拠は聖書に全くない。明確、かつ決定的な歴史的証拠も何もない。どちらの側にも証拠はたくさんある。それぞれのグループは、相手が出してくるデータは無視して、自分たちに有利なデータを驚くほどたくさん引き合いに出せる。しかしながら、この歴史的決定的証拠の欠如ということが問題なのではない。一方で、たとえ歴史が異言の賜物はやんだと立証しても、神がそれを回復させることを妨げるものはない。一方で、その賜物が教会のさまざまな時代を通して存在してきたという歴史的証拠は、必ずしも現在の現象を実証するものではない。

そうであるなら、それぞれの事例を真価に基づいて評価する必要がある。これは、キリスト者であると告白している人の霊的体験や霊的生活を我々がさばくということではない。ただ、聖霊が働く特別の経験をしたと主張する人が、みな本当にその経験をしたと考えることはできないということである。科学的研究で、御霊によらない類似の体験が十分に見つかっており、すべての主張を単純に信じてはならないという警告となっている。確かに、特異な宗教的体験がすべて神からのものであるということはありえない。神がほとんど教派に関係なくすべてを大目に見る存在で、キリスト信仰を告白せず実際に反対しているような者にもご自身の霊の特別な啓示を与えるのでない限りはそうである。聖書の時代に悪魔の力が神の奇蹟をまねすることができたとすれば（たとえばエジプトの魔術師たちはある程度まで同じような災害を起こすことができた）、今日もそうである可能性はある。ただし、逆に、そのような賜物は今日のためのものではなく、今の時代に起こるはずはないという主張を決定的なものにする事例もない。したがって、普遍的命題から結論を引き出して断言するという形でグロッソラリアの主張は偽物であると判定することはできない。実際、聖霊に対する冒瀆についてのイエスの警告を考えると、特定の現象を悪魔の活動のせいにするのはきわめて危険なことかもしれない。

結局のところ、御霊は今日も特別な賜物を与えていると聖書が教えているかどうかは、実はたいして重要ではない。というのは、たとえ御霊が今日も特別な賜物を与えているとしても、賜物を追い求めて生きるべきではない。御霊が主権をもって与えるのであり、誰に与えるかを決めるのは御霊だけである（Ⅰコリント12:11）。御霊が特別な賜物を与えることを選ぶなら、我々が期待しようが求めようが、それと関係なく与える。我々に命じられているのは（エペソ5:18）、御霊に満たされなさい（ギリシア語の命令形の型は進行中の行為を暗示している）である。これは、聖霊をどれだけ得るかという問題ではない。我々はみな御霊を完全な形で得ている。むしろ、御霊が我々の生活をどれだけ占有するのかという問題である。一人一人が、聖霊に完全に生活を支配してもらうことを熱望するべきである。そうなったとき我々の人生は、神が得させることを意図する賜物をそれが何であれ、明らかに示すものとなり、また神の力をいただいて、我々を通して神が示したいと望んでいるあらゆる実を結び、あらゆるわざを行う。前にも見たように、すべてのキリスト者に同じ賜物が与えられているわけではなく、ある賜物に他の賜物より意義があるということもない。そのことを忘れてはならない。

御霊に満たされることは、御霊をどれだけ得るかという問題ではない。むしろ、御霊が我々の生活をどれだけ占有するのかという問題である。

多くの意味で、賜物を受けることより大事なものは、御霊の実である。パウロの見解では、これらの徳目は、キリスト者のうちで御霊が働いていることの現実の証拠で

ある。個人の生活の中にある愛と喜びと平和は、御霊との生き生きとした経験を示す一番確実なしるしである。特にパウロは、どんなに華々しい賜物でも愛より望ましいものはないと力説している（Ⅰコリント13:1-3）。

だが、実際の事例に関して、正しい手順はどのようなものか。今日、聖書に書かれているグロッソラリアという賜物であると主張されるものが公の場で用いられているのである。まず、それが本物かどうかの結論を先に出すべきではない。次に、パウロがずっと昔に示した手順に従うべきである。こうして、もし誰かが異言を語るなら、グループ全体の徳が高められるために、解き明かす人がいるべきである。一度に一人が語り、一つの集会で多くても二人か三人が語るべきである（Ⅰコリント14:27）。異言を語る人にせよ他の人にせよ、解き明かす者がそこにいなければ、異言を語りたい人は教会では黙っていて、異言を用いるのは神との個人的交わりのときに限定するべきである（28節）。一方で異言を語ることを禁じてはならない（39節）が、もう一方で、この賜物を求めるようにとの命令はどこにもない。

最後に、注目すべきことは、聖書で強調されているのは賜物を受ける者よりも与えるお方であるということである。神はしばしば人間を介さずに奇蹟的わざを行う。たとえばヤコブ5:14-15には、教会の長老たちは病気の人のために祈るべきであると書いてある。病人を救うと言われているのは、信仰の祈りであって、奇蹟を行う人間ではない。賜物がどのようなものであろうと、究極的に重要なのは、教会の徳を高め、神に栄光を帰すことである。

5. 聖霊のわざが意味すること

聖霊のわざに含まれている意味は以下のとおりである。

1. 我々が持っている賜物は、聖霊から授かった。すなわち、自分で努力して身につけたものではないことを覚えておくべきである。聖霊の計画を実現する上で用いることが意図されている。

2. 聖霊はキリスト者生活と奉仕において信仰者を励まし力づける。自分はふさわしくないということで、おじけづいたり、自信を失ったりすべきではない。

3. 聖霊はご自身の賜物を、賢明に主権をもって教会に分与する。特定の賜物を持っているか持っていないかで、誇ったり悔やんだりすることはない。聖霊の賜物は、それを求める人やふさわしい人へのほうびではない。

4. 一つの賜物が皆に与えられるのではなく、一人がすべての賜物を持つのでもない。一人一人の信仰者が霊的な面で十分成長するためには、からだとしての交わりが必要である。

5. 我々は、神の言葉を理解し、神のみこころのうちに導き入れてもらうために、聖霊に頼ることができる。

6. 三位一体の神に対するように、御父と御子に対してだけでなく、聖霊に対しても祈りを向けることはふさわしい。そのような祈りでは、聖霊が我々のうちになしているユニークな働きを感謝し、特にその働きを続けてくださるよう求めるべきである。

研究課題

- 旧約時代における聖霊の働きをどのように説明するか。
- イエスの生涯において聖霊はどのようにして働いたか。このことから聖霊の働きについて何を学べるか。
- キリスト教信者の生活の中で、聖霊はどのように働くか。新生の体験とそれに続く成熟へ向けての成長を熟考せよ。
- あなたが御霊の奇蹟的な賜物を考えるとき、その賜物は信者と教会の生活の中でどのような役割を果たすべきか。あなた

の立場の正しさを弁護せよ。
- あなたの神との関係において、聖霊のとりなしの働きのどの面が最も重要か。

第30章 聖霊に関する近年の諸問題

本章の目的

1. 近年、預言が聖霊の働きと関係してきたさまざまな関わり方を明らかにする。
2. キリスト教以外の宗教における聖霊の活動、特にエイモス・ヨングの著作に見られる聖霊の活動をつまびらかにし、評価する。
3. 聖霊以外の諸霊の活動、特に、「霊の戦い」運動が理解しているような諸霊の活動を評価する。

本章のアウトライン

1. 今日における聖霊と預言　307
2. 聖霊と他の世界宗教　310
3. 聖霊と他の「霊」　313

本章の概要

近年の、聖霊の活動に対する関心の復活は、いくつかの形式をとり、それぞれの形式が価値ある洞察をもたらしたが、同時に幾つかの問題点をも内包している。ある人々は、聖霊の導きを通して、預言の賜物をもつどの信仰者も神からの言葉を語ると主張する。エイモス・ヨングは、聖霊がキリスト教を超えて他の宗教の中で活動している可能性があると仮定している。聖霊以外の霊も世界で活動していると主張する人々もいる。そのような中、「霊の戦い」運動は、さまざまな形において、悪しき霊が神に敵対し、神の民を傷つけることを意図していると主張している。

先に注目したように、20世紀と21世紀において、聖霊に対する関心と活動の復興が起きてきた。これらのことのいくつかはより古い問題が復活したものであったが、しかしあるものは時代の文化的要素や、全般的な神学的要素の独特の課題と関わる部分もあった。

いくつかの重要な点において、聖霊への関心の喚起を助長している。その一つとして、ポストモダンの時代において生の主観的で経験的な次元が強調されることは、キリスト者の実際の生活の中で、特にキリスト者に関係する三位一体の位格としての聖霊と互いに深く関連し合っている。聖霊についての聖書資料は、御父と御子についての多くの言及と比べると少ないが、御霊の働きとキリスト者の生活における主観的次元が強調されることで補われている。そのことはまた、聖霊についての教理的理解が、聖書資料よりも人間の個人的な経験に焦点を当てがちになることを意味する。

1. 今日における聖霊と預言

聖霊に関して関心の高い領域の一つは、現代における預言の賜物の現れである。ある人々は、新約聖書における預言を語るという現象は、新約聖書正典の完結とともに終わったのではなく、今日の教会でも起こっており、それは教会生活の望ましい要素である。それゆえ、預言を語ることは奨励され育まれるべきだ、と主張している。

この見解によると、旧約聖書で預言と呼ばれるものと新約聖書で預言と呼ばれるものとの区別が必要となる。基本的にこのアプローチでは旧約聖書の預言は、神からの霊感を受けて先のことを語ることを含み、その中には未来の予告もあるが、すべて神から特別に啓示されたメッセージを表していると言う。そういうものとして、それには権威があり、間違いがなく、聖霊の霊感のもとで記録されるとき聖書となる。しかしながら新約聖書では、権威ある、神から特別啓示された真理を宣言する役割は、預言者ではなく使徒によってなされた。新約聖書では使徒が旧約聖書の預言者と同等の存在であった。そして新約聖書の教会では、預言はより一般化されていた。すなわち、どの信仰者に対しても預言は授けられ、実践される可能性があった。

今日の預言の賜物の実践を唱道する者のほとんどは、その預言は聖書の権威と同等とみなされるべきではない、と主張している。聖書はこれらの人たちの事実上その全員において、完全に神の言葉であると考えられており、したがって権威があり、誤りがない。しかし、預言の言葉は不完全で純粋ではなく、信頼したり従ったりするべきでない要素も含んでいるとも言われる。そういうわけでⅠテサロニケ5：20-21でパウロは、預言することについて語りながら、すべてのことを吟味し、良いものをしっかり保つよう読者に語っている[1]。このことは、良くない、真実でない、権威のない預言も存在していたことを示唆する。預言は啓示に対する人間の応答、あるいは啓示についての報告である[2]。

現代の福音主義における預言賛成派の立場には、より穏健な様式とより急進的な様式の両方が存在する。ウェイン・グルーデムは、この見解のうちのより穏健な立場を代表している。彼は賜物を「それは神からのものであるという感覚をもつような方法で、神が突然思い出させるもの、またはだれかの思いや考えに印象を与えるもの[3]」として見る。たとえば、ある人が特別に誰かのために祈るよう導かれていると感じ、後になって、祈った人は特に気づかなかった特別な必要があったことを教えられる、というようなことである。

---

[1] Wayne Grudem, *The Gift of Prophecy in the New Testament and Today*, rev. ed. (Wheaton: Crossway, 2000), 257.

[2] Ibid., 76.

[3] Ibid., 320.

現在の預言の賜物に対する、より急進的なアプローチはジャック・ディアによるものである。聖書知識が濾過機（ろかき）の役目を果たして、体験を解釈したり制限したりする危険性があるとディアは言う[4]。彼は、神が夢や幻、ただひとりに聞こえる声、自分の内側で聞こえる声、通常の経験をも通して語ると信じている[5]。特に、特定の出来事についてあらかじめ知ること、また人の心のうちの他の人の知らない罪の存在を知ることを強調する。彼は、「神はあなたに……と告げるよう、私に語られた」といった語り方からもたらされる危険性を認識している。こういった危険を避けるために、幾つかのガイドラインが存在する。神からの語る許可を求める、謙遜をもって語る、啓示と解釈と照明を区別することなどである[6]。

今日における預言を唱導する者たちは、評価の手段として、前提や先入観が我々の信念や行動を支配することを許す危険性を正しく指摘している。つまり、我々が自然を基礎にして予測のつかない事柄について、実際に神に求めたり祈ったりしないのは、かなり自然主義的な世界観への順応の結果であると。

これらの神学者が述べているような経験の中には、カリスマ派以外の多くの人も慣れ親しんでいる経験もある。我々の多くが感じたことは、純粋に客観的な情報の知識を超えた状況や人に対する洞察である。たとえば、牧師として私は、「先生が説教をしてくださると、私の魂をのぞき込んで、そこにあるものを見ておられるかのようです」とある女性から言われたことを覚えている。我々の多くは、時々純粋に合理的な考慮が何であるかということと矛盾しつつも、神がある方法で我々を導いているという強い確信を持つことがある。カリスマ派でない人たちはしばしばこれを照明（特に聖書の意味や適用の理解へと導かれること）、識別、またはその種の何かと呼ぶ。基本的に相違は、カリスマ派でない人たちがこれらを、カリスマ派ほど劇的ないし危機的経験と受けとめる方向では見ない、ということである。また多くの場合、聖書の教えや出来事を今日の状況に文字どおりに適用しようと考えるより、聖書の原則を今日の状況に適用するという観点から考える傾向もある。

確かに、このように聖霊がキリスト者生活や教会において人格的で活動的である、ということを思い起こすことは重要かつ必要である。しかしながら、このアプローチには幾つかの問題や危険がある。その一つは、他の聖霊論的な課題に関し、唱道者がしばしば主観的かつ経験的な次元に訴えることである。預言の役割が新約聖書時代を越えて継続しているというはっきりした証拠は聖書にはない。誰もが認めるように、これは沈黙からの議論であるが、しかしこの例では立証責任は預言を肯定する側にあり、したがって証拠が欠けていることは重大な問題になる。預言は永続的な賜物となることを意図されていると主張する支持者たちは、実際には聖書に基づいて言い分を述べていない。むしろ、預言とされている事例は、新約聖書時代を生きるキリスト者であることは新約聖書の事例をかなりの程度で文字どおりに反復する、ということを前提として従うべき規範とされている。

時には、新約聖書の教会と今日の教会の事情の相違について、真の考察がほとんどなされていないことがある。使徒の働きにおける教会は新約聖書の著作をすぐには利用できなかった。実際、それらの著作のうち多くは書かれている途中にあった。神は今、預言が必要とされていることの幾つかについて恒久的な備えを提供している。私にはここで、神の間接的な作業過程あるいは二次的要因に対する不適切な評価がある

---

[4] Jack Deere, *Surprised by the Voice of God: How God Speaks Today through Prophecies, Dreams, and Visions* (Grand Rapids: Zondervan, 1996), 120–21.

[5] Ibid., 114–56.

[6] Ibid., 190–216.

ように思われる。興味深いことに、ディアは、神が救助してくれるのを待っているゆえに、ボートとヘリコプターで人からの救助を受け入れることを丁重に断る男性を引き合いに出すことによって、この問題がもつ可能性を認めている[7]。

誤りを含む預言の言葉という問題も存在する。この見方を提唱するほとんどの人が、誤りの問題を認めている。このことを啓示そのものというより、啓示の報告の事柄とすることは、控えめに言っても興味深い。たとえそれをグループによる判断の事柄としても、問題を完全に解決することにはならない。というのは、信じているものに関して大多数が方向を変えるときなどには、より大きなグループの内部で小さなグループが位置を変えたり重なり合ったりしているからである。互いに矛盾する可能性のある預言という困難は、第二の預言が来たときに最初の預言者はそれに従うべきであると言うことによって解決される。さて、ここに、このタイプの見解すべてがもっているのと同じ種類の困難が存在する。すなわち、もし私が持っている預言が、あなたの預言は間違っているというものだったらどうなるのか。このようなことは起こるべきではない。少なくとも、使徒の働きの教会にはなかったことである。

イエスは、自らの与えた啓示に関連して聖霊が後に行うわざに関して約束をしているが、預言運動はそれらの約束にあまり注意を払っていない。たとえば、以下のものに留意しよう。

> しかし、助け主、すなわち、父がわたしの名によってお遣わしになる聖霊は、あなたがたにすべてのことを教え、わたしがあなたがたに話したすべてのことを思い起こさせてくださいます。
>
> （ヨハネ14:26）

しかし、その方、すなわち真理の御霊が来ると、あなたがたをすべての真理に導いてくださいます。御霊は自分から語るのではなく、聞いたことをすべて語り、これから起こることをあなたがたに伝えてくださいます。御霊はわたしの栄光を現されます。わたしのものを受けて、あなたがたに伝えてくださるのです。父が持っておられるものはすべて、わたしのものです。ですからわたしは、御霊がわたしのものを受けて、あなたがたに伝えると言ったのです。

（ヨハネ16:13-15。ヨハネ15:26も見よ）

これらの言明には、おもに最初の聴衆に属しているもので、またあるものはその後の世代のイエスの弟子たちにも当てはまる。カルヴァンなどの宗教改革者たちは、「ことば」と御霊の統合を重んじた。おそらく、このことは啓示として考えるよりも、聖霊の霊感によって与えられた聖書の照明として考えるべきである。それは、新しい真理というよりも洞察の事柄なのである。

確かに、神が個人的で主観的な、さらには驚くべき方法で導いたり案内したりしてくださると語るのは妥当なことである。しかしながら、これは私に対するメッセージのことであり、他の人に適用するべきものではない。聖書にはある人が他の人に助言する事例が確かにあるが、一般的に神はある人についての意志をだれか他の人にではなく、その人自身に啓示する。

神があるグループについてのご自身の意志を「啓示する」というようなことはある。しかし、これは「使徒の働き」のパターンに基づくと、グループがグループとしてコミュニケーションを受けるという問題である。他人を説得する指導者がいるかもしれないが、それは単なる宣言ではなく説得の問題である。御霊は確信させる方、確信をもたらすお方であり、イエスが「その方が来ると、罪について、義について、さばきについて、世にその誤りを認めさせます」

---

7 Ibid., 114.

（ヨハネ16:8〔新改訳第3版 訳注〕）と指摘しているとおりである。ここでイエスが述べているのは、この講話における他の言明を考慮すると、特に罪についての確信のことであるが、より広い範囲に適用できるように思われる。

このような預言運動のアプローチは、聖書の時代以後の心理学や社会学による幾つかの洞察を考慮に入れていない。このことは、実際に近代の観点からもポストモダンの観点からも起こっている。近代の観点から見ると、霊的な働きとある人々が主張している事柄について心理学が代わりとなる説明を提供している。そのうちの幾つかは、聖霊との客観的な結びつきというよりも、主観的・心理学的現象に関するもののように思われる。ポストモダンの観点から見ると、我々の知識はみな、文化的かつ歴史的状況によって条件づけられていることを思い起こさせられる。聖霊による力強い印象として知覚されたものが、実際は我々自身の個性、また偏見である場合もある。ある牧師が、もし会衆が採用しないなら、自分はこの教会にとどまるべきか確信がもてないと示唆しつつ、神から提案するよう導かれていると感じた五つの構想をその教会に提示した。牧師は「私は変化が好きなだけです――どんな種類の変化でも」と注釈したが、彼が神の導きであると確信したものがおそらく、彼自身の人格特性の現れであることには気づいていなかった。その教会は牧師の提案をすべて受け入れたのだが、それにもかかわらず、二年もたたないうちに牧師は異なったタイプの奉仕のために教会を去った。

預言運動についての有効な洞察は、落とし穴のうちのいくつかに陥ることなく採り入れることができるだろう。経験というものは、あまり信用のできない基準である。理由の一部は、我々の中にはここにまとめられた経験と矛盾する経験を持っている人もいるからである。たとえば、御霊の働きとは私が意識しないものであるが、しかしそれを求めて祈っていることに気づいてきた。私自身が貧しい説教であったと受けとめたものや、またさらに私が意識して意図しなかったかたちにおいて祝福された人たちを見てきた。言い換えると、「預言的」次元は時には宣言する側よりも受容する側の中に存在するということである。

私が人々のために祈るとき、その人たちの状況をはっきり知ってではなく、その正確な必要を知らずに祈ることがよくある。これは、パウロが「同じように御霊も、弱い私たちを助けてくださいます。私たちは、何をどう祈ったらよいか分からないのですが、御霊ご自身が、ことばにならないうめきをもって、とりなしてくださるのです。人間の心を探る方は、御霊の思いが何であるかを知っておられます。なぜなら、御霊は神のみこころにしたがって、聖徒たちのためにとりなしてくださるからです」（ローマ8:26-27）と書いたときに言及しているものであると考えられる。この節が、直接に「神を愛する人たち、すなわち、神のご計画にしたがって召された人たちのためには、すべてのことがともに働いて益となることを、私たちは知っています」（28節）という主張のすぐ前にあることはおそらく重要な意味を持っている。

2. 聖霊と他の世界宗教

伝統的に、キリスト教の他の世界宗教との関係は重要な問いであった。特に、キリスト教が他の文化に広がっていったときなど、これらのさまざまな宗教との接触がきわめて一般的なものとなってきたときには、緊急を要する問いとなった。過去において、そのような問いはいつもキリスト論と救済論の領域（つまり、キリストは救いにおける排他的手段であるのかどうか）で取り扱われてきた。そこでは三つの立場が明確にされてきた。排他主義は、キリスト教は真理であり、その信仰と実践に明らかに同意

する者のみが救いを受けるという見方である。包摂主義は、救いはただイエス・キリストまた教会を通してのみ与えられるが、自覚的にキリスト教に関わることなくキリスト者である人もいるかもしれないと主張する。多元主義は、すべての宗教は実際は同じことを語っているので、異なる諸宗教は要するに同じ到達点に辿り着く、代替可能な道筋であると教える。

> キリスト教の他の世界宗教との関係についての議論は、聖霊論に関して続けられている。すなわち、明白なキリスト教以外の宗教において聖霊は活動しているのかいないのか、どのくらいの範囲で、どのようなかたちにおいて活動しているのか、という観点から進められている。

しかしながら、この議論は聖霊論に関しても続けられている。すなわち、明白なキリスト教以外の宗教において聖霊は活動しているのかいないのか、どのくらいの範囲で、どのようなかたちにおいて活動しているのか、という観点から進められている。アジア系アメリカ人でペンテコステ派のエイモス・ヨングは、宗教の神学に対する聖霊論的アプローチは「宗教的多元主義(神学的、また理論的次元)理解の助けとなるだけでなく、宗教的他者性(実際的、また相互主観的次元)に関与できるようにする……[それは]神の普遍的な臨在と活動としての聖霊の普遍的な臨在をもって始まる[8]」と信じている。

ヨングはこの出発点を、使徒2:17の、「すべての人に」御霊を注ぐとの言及の上に置いている。この言及を「一方では遍在的な適用を持ち、他方では諸宗教の世界を包摂すること[9]」と理解している。聞いた人みなが、メッセージが自分の言語で語られるのを聞いたことは、創世記のバベルの塔の出来事との関連で見られるべきである。このことは、この「御霊の注ぎ出しは言語の多様性を贖う」ことを意味する。この言語の多様性はまた、文化の多様性に関連している。そして文化は宗教と切り離せないほど関連しているので、「言語的および文化的多様性の原則は必然的に宗教的多様性の原則を含む。したがってペンテコステの物語は、人間の言語と文化だけでなく、人間の宗教性をも贖うものと理解されうる[10]」。このことは、人間の言葉すべてや文化のあらゆる側面が聖められているのではないのと同様、人間の宗教性すべてが聖められていることを意味するものではない。しかしながら、ペンテコステの物語には「聖霊論的観点で宗教を理解する[11]」ための基盤があることを意味している。

ヨングの見方は、幾つかの鍵となる要素を含んでいる。一つは、宗教の動的な性質である。回心は点としてではなく、進行中の過程として理解されるべきである。これは伝承にもあてはまる。そのためヨングは、自分の聖霊論的アプローチは「『宗教』や『宗教的伝承』を名詞としてではなく、動詞として認めること」を可能にすると語る。「それらは人間の『伝承すること』の過程によって形成され、それゆえに、超越的なものと考えられる実在に対する人間の多様な応答と活動によって形づくられる」と[12]。この聖霊論的アプローチにおいては、慣習(儀式、敬虔、献身、道徳等)は教理に従属させられるというより、教理と同等に、あるいはもっと重要なものにさえなる[13]。

---

8 Amos Yong, "A P(new) matological Paradigm for Christian Mission in a Religiously Plural World," *Missiology: An International Review* 33, no. 2 (April 2005): 176.

9 Ibid.

10 Ibid., 177.

11 Ibid.

12 Ibid., 178.

13 Ibid., 178–79.

ヨングは、宗教間の対話という問題を持ちだす。彼は、キリスト者が他の言語を話せるようにした聖霊は、他の宗教を内側から理解できるようにもすることができると信じている[14]。このことは、宣教戦略にとって重大な意味合いを持つ。宣教師が伝統的に、他の信仰をもつ人々との関係で対話と宣言両方に従事したのに対し、聖霊論的アプローチはもう一つの宗教からその人の状況に入ることを意味する。そこには、自身の献身が深められる経験をし、自分の信仰の間違った要素を認識する一方で、他者の信仰についての誤解を取り除くという利点が伴う[15]。ヨングが強く勧める対話は、そこにおいて単に自分の信仰を宣言する機会を得るために相手に耳を傾けるふりをするのではなく、むしろ、世界と人生を仏教徒やヒンズー教徒が見るように見るために相手の信仰の中に入り込もうとする対話である。対話のためのこの種の「回心」(単に自分の信仰を他の文化の中で具体化する事例)が、結果として十分宗教的な意味で相手の信仰に事実回心することになる可能性は認めつつ、そのようなことは起こりそうにないとヨングは確信している。この全体が聖霊論的な宗教の神学は、聖霊の働きとキリストの御霊への信仰を基盤としているからである[16]。

ある人たちは、聖霊は他の宗教の中に存在し活動していると見る体系においてキリスト教の独自性はどうなるのかという問いを発してきた。しかしながら、質的な独自性とは、それぞれの宗教が他の宗教と異なる特徴を有することを意味している。ヨングは、真実の啓示はキリスト教にのみ見いだされると判断しようとする試みについて懸念している。彼は、人間には啓示の信憑性を判断する基準を立てようとする、保証に対する欲求があると主張する。しかし、

覚えておくべきことは、「もし御霊についての聖書の叙述に一貫した特徴があるとしたら、それは御霊を人間の価値体系によって支配することはできないということである。むしろ、風のように、御霊が来ることと去ることは予測できない。この予測不可能性は、神の啓示の人間による解釈だけに適用されるのではなく、御霊の存在や活動を他の霊の存在や活動と識別しようとする際の規範や基準にも適用される[17]」。真の啓示が何であり、そうでないものが何であるかをあらかじめ判断することはできないということである。

ヨングの立場には賞賛すべき点が多々ある。確かに、効果的な宣教活動には共感的な質問と傾聴(けいちょう)が含まれるべきであるというのである。さらに、堕落によって人間の中の神のかたちが跡形もなく消えたのではないのと同様に、御霊はキリスト者の交わり以外では、必ずしも完全にいなくなっているのではない。一般恩恵というものがあるのであり、聖霊の働きはその一部である。ただし、この聖霊論における以上の価値ある要素を認めたあとに、ヨングの主張について再考すべきことが多く見えてくる。一つには、使徒2章のペンテコステの箇所からこの十分に展開された聖霊論を獲得する過程には、解釈と論理の両面において多くの隔たりがある。さらに彼は、近年と現在の文化にある幾つかの要素を、認めようとせず、いやおそらくは気づきさえせず、当然のものと思っているように思われる。

顕著な例として、ヨングが宗教を論ずるときに名詞よりも動詞を好むことがあげられる。20世紀は名詞に対して際立った軽蔑を示し、動詞または形容詞を好んだという。この前提はもっともであるが、このような広範囲に及ぶ結論がそれを基礎とするべきであるなら、この前提の正当性を立証する必要がある。ヨングは自分の言い分を裏づ

---

14 Ibid., 179–80.

15 Ibid., 181–82.

16 Ibid., 182–83.

17 Ibid., 188.

けるために、たとえば安全への欲求に訴えるなど、行動科学を選択的に用いている。最後に、神の恵みを通す管としてのキリスト教の特異性の度合いをより正確に説明しようとするヨングの努力に関し、事実としてあいまいさ、さらにはためらいさえあるように思われる。

3. 聖霊と他の「霊」

近年、世界における他の霊の存在と活動への関心が際立って増している。「霊の戦い」運動では、これはさまざまな形態をとる。現代のカリスマ運動の第三の波にはそれが顕著に現れている。また、それは邪悪な霊の存在を強く感じているアフリカの多くのキリスト教の鮮やかな特徴でもある。アメリカでの普及を助けたのはフラー神学校の二人の教授、チャールズ・クラフトとC・ピーター・ワグナーである。二人は元宣教師で世界的な視点からキリスト教を学び、キリスト者と悪との闘争と接触するようになった。

一般的に言って、「霊の戦い」という用語は、キリスト者は、神の力と悪の力の間の闘争に関与しているという事実を指す。そのためクリントン・アーノルドは、この用語を「キリスト者として我々の共通の闘争を特徴づける方法[18]」と定義している。今日、多くの人によって発展させられて、この見方は、霊的存在が地上とより広い宇宙的な規模両方で起こっていることの中で非常に大きな役割を果たすという世界観を特徴としている。キリスト者生活は、天使と考えるにしても諸霊と考えられるとしても、悪しき存在との闘争に焦点が合わせられている。この運動はフランク・ペレティの書いた小説[19]を通して広く知られること

になった。それは小説であるが、具体的な設定がなされており、これが今日の世界の中で実際に起こっていることを代表しているという印象を伝える意図があるように思われる。

多くの場合この見方は、近代主義的（啓蒙主義的という意味）世界観によって抑圧されてきた世界観の復興と見られる。その近代主義的世界観は霊的世界、特に悪霊を事実上排除してきた。グレゴリー・ボイドは、悪の問題を解決するため、この見方を自らの「開かれた神論」と調和させている。ボイドの理解では、神についての古典的な理解は、聖書的な、それゆえ全知全能の（あるいはすべてを支配する）神を前提とする思想をギリシア哲学の思想が圧倒するのに任せてきた。そこに人間も関わってくるという異説もあるものの、起こることすべては必ず神の意志の一部であるのだから、邪悪な出来事も何らかの形で神の意志によるものでなければならないことになる。これとは対照的に、ボイドは悪を、大部分が個人的な邪悪な力によって引き起こされるものとして見ている。したがって、これらの邪悪な出来事に照らして神を正当化しようとする必要はない。問題は、むしろ悪の勢力との闘いに関わることについてである。悪霊はその戦いで、自然と人間を代理として活用する。そのことを、一部は実際に人間を支配することによって行う。それは単に人間の思考に影響を与えるという小規模なもの、あるいは悪霊つきという、より過激な規模でキリスト者にとりつく場合もある。悪霊はまた、信仰者を病気にしたり、社会的、政治的な制度やプロセスを通して働くなど、自然を利用することもある。信仰者の務めは、これらの邪悪な勢力の活動を認識し、霊的な戦いにおいてそれらに抵抗して、悪霊を叱りつけ、悪霊にとりつかれている人から悪霊を追い出し、霊の戦い

---

[18] Clinton Arnold, *Three Crucial Questions about Spiritual Warfare* (Grand Rapids: Baker, 1997), 27.

[19] Frank E. Peretti, *This Present Darkness* (Westchester, IL: Crossway, 1986) (F・E・ペレティ『この暗闇の世界』上・中・下巻、田村恵子訳、サムソン・パブリケーションズ、2006-2007年）。

の他の行為に従事することである[20]。

地球上で善の力と悪の力の間で続く闘争を超えて、宇宙的次元も存在する。いわば、天においては、一方には悪霊、他方には諸霊もキリスト者をも含む善の力があって、双方の間の戦いが進行中なのである。キリスト者がこの大きな闘いを知り、そのために武装し、それに参加することが重要である。この地球外レベルでの戦闘は、ワグナーが「戦略レベルの霊の戦い」（strategic-level spiritual warfare）または SLSW[21]と呼ぶものをも含む。

> 「霊の戦い」という概念は、霊的存在が地上とより広い宇宙的な規模両方で起こっていることの中で非常に大きな役割を果たすという世界観を特徴としている。

霊の戦いの考え方のより過激な形態では、しばしば、この邪悪な霊的世界の組織がかなり詳細に説明されている。そして組織には階層がある。それに加えて、ダニエル10章をもとに地域を支配する霊が存在すると信じての霊的地図づくりが行われる。人間の誘惑と罪の特定の領域を管轄する霊も存在するとされる[22]。

同様の運動は発展途上国のキリスト者の間にも見られる。たとえばアフリカでは、悪霊の存在に対する強い信仰がある。伝統的なアフリカ文化は霊の力を重視しており、したがって、キリスト者が悪霊に打ち勝つことができれば、福音伝道は信頼性を得る。

さらに、伝統的なアフリカの宗教は、祖先の霊が自分のために活動してくれることを信じている。

霊の戦いは、進行している霊的闘争の現実性に注意を呼びかけることによって、キリスト教全般に大きく貢献した。近代の文化は、超自然的力の現実性を排除するか、少なくとも無視する傾向があり、世界にある悪のすべてを自然主義的に説明できる原因に還元してきた。多くのキリスト者はこの同じ見方に順応する傾向があり、悪魔的活動の可能性をあまり考えていない。罪と誘惑への意識の低下は、このような反応の一部になっている。聖書は、悪魔が存在すること、そしてこの悪魔が悪霊たちや汚れた霊の力を持っていることを明らかにしている。悪魔とその軍は必死になって、神と神に従う者たちに霊的に反対している。キリスト者は、この霊的闘争に参加するよう、聖書記者たちによって繰り返し奨励されている。

しかし、このタイプのキリスト者生活には慎重に吟味し、疑問を呈さなければならない点がいくつかある。一つには、キリストが死と復活において決定的に悪の勢力に打ち勝ったことを覚えておくことの重要性である。そして、この勝利は最終的に終末の場で完全に実現されることである。さらに、それに加えて、我々は自然からもたらされる病気の原因の果たす役割についてかなりの洞察を得ている。特定の病気がサタンの圧迫の結果であると先験的に判断する必要はない。この闘争モデルはモダニズムよりポストモダニズムに一致していると考えるのが一般的であるかもしれないが、進行している霊的闘争についての記述の多くは、ポストモダン時代よりもプレモダン（近代以前）時代と共通していることにも留意すべきである[23]。真のポストモダン思想は、科学的、医療的事柄に関する現代の正しい洞察を無視しない。ある霊的戦いの

---

[20] Gregory A. Boyd, *God at War: The Bible and Spiritual Conflict* (Downers Grove, IL: InterVarsity, 1997).

[21] C. Peter Wagner, *Confronting the Powers: How the New Testament Church Experienced the Power of Strategic-Level Spiritual Warfare* (Ventura, CA: Regal, 1996).

[22] C. Peter Wagner, ed., *Engaging the Enemy: How to Fight and Defeat Territorial Spirits* (Ventura, CA: Regal, 1996).

[23] Boyd, *God at War*, 66.

指導者が、説教で自らの「魂の暗い夜」について述べた。彼はそのために数か月間務めを休む必要があったという。心理学の基礎だけ理解している人にとっても、彼の説明はかなりうつ病の臨床症状のように聞こえたが、本人はその可能性を考えたことがないようだった。神は直接的に即座にも働くし、間接的に手段を通しても働くということを覚えておかなければならない。医師の熟練した努力を通して神が働くときは、神が奇蹟的に介入するときと同じくらい、神的癒やしの事例なのである。奇蹟的介入のほうが華々しいかもしれないが、神が我々の幸福のために提供している手立てをおろそかにするとき、我々は神に栄光を帰しているとはいえない。

しかし、それより深刻なのは、この理論の一部と新約聖書の実践、特にイエスの実践との食い違いである。霊の戦いの実践をかなり安直に新約聖書と同一視することは、よく言っても疑問である。ある意味において、勝利がすでに勝ち取られているという教えにすでに注目した。そのため、たとえばイエスの悪霊との出会いを見ると、闘争は存在していない。ロバート・グーリッジが説明しているように、「イエスに悪霊を征服する必要はない。最初から悪霊の振舞いは、イエスの前での彼らの状況が絶望的であるという彼らの認識を示している。彼らは交渉者としてよりも懇願する者として彼に来る[24]」。さらに、霊の戦いの文学のいくつかに見られる悪霊払いは、聖書の出来事の現代版というよりも魔術の方式に似ているように見える[25]。そのうえ、悪の力と地域を支配する霊の力とが軍隊形式の組織であることの強調は、聖書の記述にはほとんど、またまったく前例がないものである。グーリッジがペレティの見解に対する評価を要約して述べているように、「キリスト者生活の根本的な記述として霊の戦いを強調することには、『平和の君』を『司令官』に、つまり福音書とパウロ書簡のキリスト論よりもユダヤ教黙示文学のメシアへの期待に合う役割に変える危険性がある。それは、キリストの人格とわざ、福音をその個人的、社会的な意味合いとともに宣べ伝える信仰者の役割、悪魔とその軍勢、悪の性質について、多数の歪みをもたらす[26]」。ポール・ヒーバートは、この意見の不一致は聖書をアニミズム社会の部族的世界観やゾロアスター教、マニ教、ヒンズー教などの宇宙二元論に基づくインド・ヨーロッパの世界観など、聖書とは異質の世界観のレンズを通して読むことからきている、と理解している[27]。

そういうわけで、我々は、「霊の戦い」運動は特にアフリカのような場所で見られる邪悪な霊的力の現実と活動を正しく再強調しているが、これらの事柄に関する聖書の教えを深刻に歪める危険性があるという結論に至る[28]。実際、グーリッジが指摘しているように、C・S・ルイスが悪魔に関して言及している二つの間違いのうち二番目の、悪魔を「信じて、過度の、そして不健全な興味を覚えること[29]」という誤りにつながる可能性がある。このようにして、

---

[24] Robert A. Guelich, "Spiritual Warfare: Jesus, Paul and Peretti," *The Journal of the Society of Pentecostal Studies* 13, no. 1 (Spring 1991): 40.

[25] Ibid., 61.

[26] Ibid., 63.

[27] Paul G. Hiebert, R. Daniel Shaw, and Tite Tiénou, *Understanding Folk Religion: A Christian Response to Popular Beliefs and Practices* (Grand Rapids: Baker, 1990), 269–78.

[28] バランスがとれた、そして微妙な意味合いを注意深くこめた声明は、ローザンヌ世界宣教委員会が招集した2000年8月ケニアのナイロビでの霊の戦いに関する、課題に基づく会合による「われらを悪より救い出したまえ――協議会声明」を見よ。オンラインで利用可能――www.lausanne.org/ en/ documents/ all/ nairobi-2000/ 179-overview.html (『誰もが知りたいローザンヌ宣教シリーズ No.61 霊の戦い――その聖書的・包括的理解に関するナイロビ声明』安黒務訳、正木牧人「補論」、関西ミッション・リサーチ・センター、2000年)。

[29] C. S. Lewis, *Screwtape Letters* (New York: Macmillan, 1962), 3 (C・S・ルイス『悪魔の手紙』守安綾・蜂谷昭雄訳、新教出版社、1978年)。

逆説的なかたちで、キリスト者がサタンの戦闘計画の犠牲者になるべく誘い入れられてしまうかもしれないのである[30]。

研究課題

- 預言の賜物の現代の現れを肯定する人々によって、預言はどのように定義されているか。
- 近年の預言の賜物へのアプローチに関する幾つかの疑問点とは何か。
- ヨングの聖霊論的アプローチに基づく宣教戦略にはどのような影響が予想されるか。
- 霊の戦い運動の世界観を聖書はどのように支持し、あるいはそれに異議申し立てしているのか。
- あなたが直面している霊的戦いを乗り越える際に、何に価値があるのかを見いだしたか。

---

[30] Guelich, "Spiritual Warfare," 63.

第7部
救 い

第31章 救いの諸概念

本章の目的

1. 救いについてのさまざまな考えがどのような細かい点で異なるのかを明らかにし、説明する。
2. 救いについての五つの概念を明らかにし、叙述する。
3. 救いについての五つの概念を比較対照し、どれが聖書の証拠を最もよく説明しているかを評価する。

本章の概要

さまざまな救いの概念が長い年月をかけて発展してきた。そして、それぞれの概念は救いのさまざまな側面を強調している。それらは、救いが時間とどのように関係しているか、扱われるべき必要の本質と所在、救いの媒体、救いにおける運動の方向、救いの範囲について異なっている。救いについての今日の五つの概念には、解放の神学、実存論的神学、世俗神学、現代ローマ・カトリック神学、福音主義神学が含まれる。

本章のアウトライン

1. 救いの諸概念が意見を異にする点　319
   (1) 時間的次元　319
   (2) 必要の本質と場所　319
   (3) 救いの媒体　319
   (4) 救いにおける運動の方向　320
   (5) 救いの範囲　320

2. 現代における救いの諸概念　320
   (1) 解放の神学　320
   (2) 実存論的神学　321
   (3) 世俗神学　322
   (4) 現代ローマ・カトリック神学　323
   (5) 福音主義神学　324

第31章 救いの諸概念

救いとは、キリストのみわざを人間の生活に適用することである。しかるに、救いの教理は、人間の最も重要な必要に関係しているので、特段の訴えるものと今日的な意味をもっている。「救い」という言葉に慣れ親しんでいる人たちには、それが何を意味するか、ある程度はっきりしているだろう。しかし、キリスト教界の中でさえ、救いに何が伴うかについてかなり大きな違いがある。これらの考えのより顕著な理解を調べる前に、意見の異なるさまざまな理解の概略を見ておくことが助けになると思う。そうすることで、諸説を分析する際にどのような範疇を用いることができるのかがわかるようになる。

1. 救いの諸概念が意見を異にする点

(1) 時間的次元

救いは、クリスチャンの人生の始めに起こる一つの出来事であるとか、キリスト者生活の始めから終わりまで続く過程であるとか、未来の出来事であるとか、さまざまな考えがある。救いはキリスト者生活を始めたときに基本的に完了しているとみなすキリスト者がいる。そのような人たちは、「救われた」という言い方をする傾向がある。また、救いは過程であると見て「救われつつある」と言う人もいるし、救いを未来において受け取るものと考えて「救われるであろう」と言う人たちもいる。このような見方の二つまたは三つ全部を組み合わせることも可能である。その場合、救いの独立した面（たとえば義認、聖化、栄化）が別々のときに起こると理解されている。

また、救いに関わる時間的枠組みの種類も決定すべきである。特定の行動が一つの瞬間または一定期間にわたって行われる可能性があるため、救いとその構成要素の側面は次のような異なる形で考えられる。

1. 点の連続　．．．
2. 中断の入る過程の連続
　＿＿＿　＿＿＿　＿＿＿
3. 重複する過程の連続
　＿＿＿＿＿＿＿＿＿
　　＿＿＿＿＿＿＿＿＿
4. はっきり区別できる要素を持った一続きの過程
　｜　｜　｜　｜　｜

(2) 必要の本質と場所

次の問題は、扱わなければならない必要の、本質と場所に関わる。伝統的な見解では、人間の基本的な欠陥は、神からの分離であり、それゆえ垂直的であると考える。必要なのは、神と被造物との壊れた関係を回復することである。以上が救いについての福音主義的見解である。二つ目の見解では、人間の第一の問題は水平的なものである。これは、個人の他者に対する不完全な適応、または全体としての社会の内部での調和の根本的欠如とも言える。救いとは人類の中の不和を取り除くこと、個人的関係と社会的関係を癒やすことである。「関係の神学」は個人の不適応と小グループの問題というレベルでこの過程に関わっている。解放の神学が関心を持っているのは、人種や性別や経済的立場の異なる層の間での闘争である。第三の見解では、人間の第一の問題は内面的なものであるとされる。人は罪悪感、劣等感、不安感という思いに悩まされており、それらは取り払われるべきであるという。「適応」、「自己理解」、「自己受容」、「自尊心の成長」がここでのスローガンである。

(3) 救いの媒体

救いはどのようにして得られるのか、また伝達されるのかという問いも非常に重要である。ある人々は救いの伝達を、事実上、物理的過程とみなしている。これは、救いや恵みは物理的対象を用いて得られると

信じる、一部のサクラメンタリズム（秘跡主義、礼典主義）の制度に当てはまる。たとえば伝統的なローマ・カトリック主義では、ユーカリスト（the Eucharist）のパンをからだの中に取り入れることで、恵みが実際に伝達され受けられると信じている。サクラメント（秘跡）の価値は聖体（せいたい）を受け取る人の内側の姿勢や状態にある程度依存するが、恵みは第一義的に外的な身体上の行為を通して受けられる。一方、救いは道徳的行為によって伝えられると考える人たちもいる。この場合、救いとは、事態を変化させることで作り出される。救いについてのこのような考えは、社会的福音運動や解放の神学に見られる。福音主義神学は、救いは信仰によって媒介されるという、第三の考えを主張する。信仰とはキリストの成し遂げたわざを自分のものとすることであると。この過程において、受け手はある意味において受動的である。

(4) 救いにおける運動の方向

救いにおける運動の方向についても考えておきたい。神の働きとは、個々人を救い、そのようにしてもたらされた個人的変革が外の社会へ展開し、贖われた者たちがその一部をなしている世界を変えることなのか。あるいは、我々の社会の構造を変え、その上で、それらの変えられた構造を用いて、社会を構成している人間を変えることなのか。

19世紀の終わりから20世紀初期の社会的福音運動は、人間の基本的な問題は歪んだ人間性にあるのではなく、邪悪な社会環境にあると確信した。そこで、個人を治そうとするのではなく、病に陥れる状況を変えなければならない、とした。社会的福音を提唱する人々は、一種の精神的な公衆衛生活動を提唱していたと言える。

回心を強調するキリスト者のグループはこれとは逆のアプローチを支持した。社会の諸悪は、邪悪な人間たちが社会を構成している結果である。このような個々人が変えられるときにのみ、社会が変わる本当の希望があるという。

(5) 救いの範囲

救いの範囲は、救いを社会というより個々の人間に適用されると考える人たちにとっての課題である。誰が、そして何人救われるか、が問われている。特定主義の立場では、救いは神の恵みに対する個人的な応答に基づくと見る。そして、すべての人が肯定的に神に応答するわけではないので、結果的に、ある人は救われ、ある人は滅びると主張する。一方、万人救済主義（普遍主義）の立場は、神がすべての人間を元来意図されていたご自身との関係へと回復させると主張する。万人救済主義の立場には二つの種類がある。人は楽観的な特定主義者であることで万人救済主義者になりうる。つまり、救われるためにはイエス・キリストを個人的に受け入れる必要があるという立場と、すべての個人がそうするという立場の両方を取りうるのである。しかし残念なことに、過去にすべての人がキリストを受け入れたとは思えない。実際、数え切れないほどの数の人々がそうする機会さえ持ち得なかった。したがって、意識しなくても救われる条件が満たされる手段のようなものがあるのでなければ、このような方法ですべての人が救われると考えることはできない。万人救済主義のもっと一般的な立場では、神は最終的に、すべての人間をご自身との永遠の交わりに受け入れてくださるはずだと考える。

2. 現代における救いの諸概念

(1) 解放の神学

現在、救いに関して独自の見解を提唱している非常に重要な運動の一つは、「解放の神学（liberation theologies）」と総称される神学の集まりである。この運動は黒人神

学、フェミニスト神学、第三世界の神学、に下位区分できる。特にこの三つのうち最後のものが解放の神学（liberation theology）と呼ばれる。いくつかの大きな違いが時折これらのグループの間で矛盾を引き起こしたが、救いの性質についての見解のいくつかの基本的な特徴を辿ることを可能にするゆえに、それらの間には十分な共通点が存在する。

共通して強調されている点の一つは、社会の基本的問題は力のある者たちによる無力な者たちへの圧制と搾取である、という考えである。救いはそのような圧制からの救出（または解放）にあるとされる。解放の手段は具体的な状況の性質にふさわしいものとなる。

> 福音主義的見解では、人間の第一の問題は神からの分離であり、神の言葉はキリストのうちに見いだされる救いを提示する神の手段であり、信仰は我々がその救いを受け入れる手段である。

解放の神学が人間の苦境を分析する源は二つある。第一に、資本主義者あるいは「開発主義者」が経済的、政治的事柄を扱う方法（問題すべては発展途上国が先進国の決めた道を進んでいくにつれて自動的に解決する）はもともと間違っていると同時に不適切である、という共通理解がある。解放の神学者たちにとって、社会のエリート層の繁栄をも含めるかたちで、先進国の経済発展が、あまり恵まれていない人たちの犠牲の上に達成されていることがますます明らかになっている。そのため彼らは決してその苦境から脱出することはできない。第二に、聖書が虐げられた者に共感しているという感覚がある。解放の神学者たちは、自分たちの聖書へのアプローチに偏りがあると認めつつも、聖書の記者もこの偏りを共有していたと答える。神の贖いの働きの

第31章 救いの諸概念

歴史は、虐げられた人々の集団の歴史である。イスラエルの人々はエジプトで虐げられ、後の歴史でより強力な国々によって虐げられた。聖書のほとんどが無力な者の視点から書かれているという事実から、解放の神学は、神の救いのメッセージは特にそのような人々に関わるものであるという結論を出す。

では解放の神学から見た救いの具体的な性質とは何か。これらの神学では救いを、第一義的に一人一人の死後のいのちであるとは考えない。その主張によると、聖書は今の時代に神の国を実現することのほうにはるかに多く関心を向けている。永遠のいのちにしても、通常、新しい社会秩序という文脈の中に置かれており、歴史から取り出されるものというよりも、歴史の極致において参加するものとみなされている。すべての人が抑圧から救われることが歴史における神の働きの目標であり、したがって神を信じる者は、政治的な努力はもちろん必要なら革命を起こしてでも、あらゆる手段を講じてこの任務を果たさなければならない。

(2) 実存論的神学

20世紀のさまざまな神学は、実存主義哲学を根拠にしているか、それを用いて組み立てられているという意味で、実存的である。このような意味での実存論的神学をはっきり代表しているのは、ルドルフ・ブルトマンであろう。ブルトマンは新約聖書を解釈するにあたり、実際に実存主義哲学者マルティン・ハイデガーの思想を基礎とした神学を構築しようとした。ブルトマンはハイデガーから本来的実存と非本来的実存という概念を借用する。彼は「現代人」には二つの傾向があると言う。一方には、生活の中で自己志向に導かれ、幸せと安全、有益と利益への自分の願望を満たす傾向がある。これは、身勝手と僭越を示している。つまり、人間は他人の関心事や必要を尊重しないだけでなく、自分の人生についての

神の命令や要求にも不従順なのである。そして神の存在を否定するか、あるいは神の存在を信じていても、自分に従順と献身を要求する正当な権利が神にあることは否定する[1]。

「現代人」のもう一つの傾向は、自律性である。これは、富の蓄積、科学技術の拡散、個人または集団としての影響力の行使の追求を通して、自分の努力で真の安全が得られるという信念である。残念ながらこれは、死や自然災害といった、打ち勝つことのできない障害のため、達成できない希望である。人間は利己的で自律的な行為を続けることで、人間に意図されたすべてを拒否あるいは否定している[2]。

では、本来的実存、あるいは救いとは何か。神の言葉は「人をその利己心から、またおのがために築き上げた仮想的な確かさから、呼び出す……世界を超越し、また科学的な思考を超越した神へと召すのである。同時に、それは人を真実なる自己自身に呼び出す[3]」。救いは「自己自身からの転向、あらゆる保証の放棄」によって神に従うことと解釈されている。つまり救いとは、ある人たちが再生をそのようなものとして理解しがちであるものだが、実は魂の実体の変革ではない。また、義認の伝統的な理解である、神の目から見て義であるという法廷宣言でもない。むしろ我々の"実存"（*Existenz*）、全人生観、生活行動全体の根本的変革ということなのである[4]。

ブルトマンによる特異な実存論的神学は、それが依拠していた非神話化論の綱領とともに、人気を失ったが、実存主義哲学の要素は後の神学の中に多くの形で生きている。「合理主義」への反対、「ヘブル的」精神対「ギリシア的」精神の対照的扱い、包括的な説明への抵抗、直接の個人的な関心に神学を適用すること等々は、実存哲学の要素が存在し続けている多くの証拠の一部である。

(3) 世俗神学

神学が作り上げられていく文化的環境全体が変化している。かつて、神の活動は宇宙の存在とその中で起こることを説明するもの、神は人間の直面する問題を解決してくれる存在と考えられていた。しかし今日人々が実際に信頼するのは、見えるもの、今ここにあるもの、超越的ないし超感覚的な存在を想定しない説明である。人々は世俗的になった。つまり、無意識のうちに、事実、神の居場所のないライフスタイルを採り入れている。この世俗的なものの見方の一部は、基礎的な実用主義の結果である。科学の努力で人間の必要は満たされ、宗教はもはや必要なものでも有効なものでもなくなった。したがって現代は脱キリスト教時代（post-Christian era）なのである[5]。

このような状況に対して教会が取りうる対応には二通りある。一つはキリスト教と世俗主義を競争相手、二者択一のものと見ることである。20世紀には、キリスト教の神学者が違った対応を取ることが次第に増えてきた。これは世俗主義を競争相手ではなく、キリスト信仰の成熟した表れとみなす。このアプローチをとった先駆者の一人がディートリヒ・ボンヘッファーであった。晩年彼は、「非宗教的キリスト教」と自ら呼ぶ立場を発展させた[6]。神は、最も高尚な被造物をご自身から独立させようと教育

---

1 Rudolf Bultmann, *Jesus Christ and Mythology* (New York: Scribner, 1958), 39–40（R・ブルトマン『キリストと神話』山岡喜久男・小黒薫訳、新教出版社、1960年）．

2 Ibid., 45.

3 Ibid., 40.

4 Ibid., 19–22.

5 Paul Van Buren, *The Secular Meaning of the Gospel* (New York: Macmillan, 1963), 1–20; Langdon Gilkey, *Naming the Whirlwind: The Renewal of God-Language* (Indianapolis: Bobbs-Merrill, 1969), 3–29.

6 Dietrich Bonhoeffer, *Letters and Papers from Prison*, ed. Eberhard Bethge, enlarged ed. (New York: Macmillan, 1972), 278–80（E・ベードゲ編『ボンヘッファー獄中書簡集・抵抗と信従』村上伸訳、新教出版社、1988年）．

している。賢明な親が子どもが自分たちから独立するのを助けるように、神は世俗化において、人類を自分たちだけで十分やっていけるようにするために努力してきた。ボンヘッファーの思想は他の人に取り上げられ練り上げられた。英国のジョン・A・T・ロビンソンとアメリカの神の死の神学者たちが、その世俗神学の主な提唱者である[7]。

世俗神学は、救いとは世から取り去られることと神からの超自然的な恵みを受けることから成るという伝統的な理解を否定する。むしろ、救いとは宗教"を通しての"救いというより宗教"からの"救いである。自分の可能性に気づいてそれを用いること、神から独立し、成人となり、自分を肯定し、世界と関わるようになること——これが救いの真の意味である。

(4) 現代ローマ・カトリック神学

いかなる主題についてでも、現代のローマ・カトリックの考え方の特徴を述べるのは難しい。かつてはほとんどの課題についてローマ・カトリック主義の中に統一された公式の立場があったが、今は大きな相違点のみが目立つ。公式の教理的基準はまだ残ってはいるが、今では補足が加えられており、後からの主張によって矛盾をきたしていると思われる場合もある。それらの後からの主張には、第2バチカン公会議の結論や、カトリックの学者個人が発表した意見もある。教会の伝統的な立場を背景に、これらの言明をいくつか見ておく必要がある。

カトリックは、教会が神の恵みが注がれる唯一の経路であるとする公式の立場をずっと取ってきた。それによると、この恵みは教会のサクラメントを通して伝達される。公認の、または組織された教会の外にいる者は受けることができない。教会は自らを神の恵みを分配する排他的な特権を持つものとみなした。

今日、救いのために教会とつながることが必要であるというこの伝統的な立場は変更されてきている。たとえば、イヴ・コンガールは事実上、教会にはさまざまな度合いの会員が存在すると主張した[8]。人類の大多数は教会との目に見えるそして公式の関係を持ってはいないが、それにもかかわらず見えない会員として存在していると。第2バチカン公会議はコンガールと似た立場を採用した。すなわち、神の民は目に見える、位階制度（いかいせいど）を持つ教会に限定されてはいない。神の民は、教会との関わりの程度に応じて以下の三つに分類される。

1. 教会に「組み込まれ」ているカトリック信者。
2. 教会に「結びつけられ」ているカトリック以外のキリスト者。その立場はローマ・カトリックの信者ほど確固たるものではないが、彼らの教会は本物であり、完全に神から分離されているわけではない。
3. 教会に「関係づけられ」ている非キリスト教徒[9]。

第三のグループにはラーナーが「匿名のキリスト者」と呼ぶ人たちが含まれる。人々が見えるカトリック教会（さらに言えばあらゆるキリスト教会）の外にいるからといって、その人たちが皆、神の恵みから離れているわけではない。キリストはそのような人々のためにも死んだのであり、この恵みを否定するべきではない。

---

[7] たとえば、John A. T. Robinson, *Honest to God* (Philadelphia: Westminster, 1963) (J・A・T・ロビンソン『神への誠実』小田垣雅也訳、日本基督教団出版部、1964年) を見よ。

[8] Yves Congar, *The Wide World My Parish: Salvation and Its Problems* (Baltimore: Helicon, 1961), 101–4.

[9] "Dogmatic Constitution on the Church," in *The Documents of Vatican II*, ed. Walter M. Abbott (New York: Herder & Herder, 1966), 35 (「教会憲章」[『第2バチカン公会議公文書全集』南山大学監修、サンパウロ、1986年所収])。

救いの性質についても教会内で議論が行われてきた。伝統的なプロテスタントが持っている義認の概念に、より寛容な立場を示すようになっている。これに関してはハンス・キュンクによるカール・バルトの神学の研究が特に重要になってきた。過去においてカトリックは、プロテスタントで言う義認と聖化を一つの概念とし、義化の恵みと捉えてきた。しかしキュンクは、義認の客観的面と主観的面について語る。前者はプロテスタントで普通、義認と言うものである。救いのこの側面において人は受け身で、神が能動的である。後者はプロテスタントが普通聖化と呼ぶものとだいたい同じであり、ここでは人間が活動的である[10]。キュンクは、バルトは前者を強調し、トリエント公会議は後者を強調した、と述べる。それゆえにバルトとトリエント公会議は実質的な対立はないという[11]。

以上を要約すると、近年のカトリック教会は、見える教会の外にいる人々、そしておそらく自分をキリスト者とは全く主張しない人々の中にも、恵みを受けている人たちがいる可能性に心を開くようになった。その結果、救いに関するカトリックの理解は、伝統的概念に比べて幾分幅広くなっている。加えて、現代の理解は、通常プロテスタントと結びつけられていた次元をも含んでいる。

(5) 福音主義神学

伝統的正統主義あるいは福音主義の救いに関する立場は、人間の苦境に関する正統的理解と密接に関係している。この理解では、人間と神との関係が第一義的なものとされる。それが正しくないと、人生の他の面にも悪い影響が及ぶと。

福音主義者の理解では、聖書は人間の罪の問題には二つの主要な面があることを示している。第一に罪とは神との壊れた関係である。人間は、神の律法が定めた限界を超えることにより、あるいはそこに明らかに命じられていることを行えないことにより、神の期待に添えないでいる。律法からの逸脱はその結果、罪責を持つ状態あるいは刑罰を受ける責任を生じる。第二に、人の本性そのものは律法から逸脱した結果、損なわれている。今や悪へ向かう性癖、罪を好む性質を持つ。この傾向は普通、堕落と呼ばれ、しばしば内なる方向感覚喪失と葛藤として自らを現す。そのうえ、我々は対人関係というネットワークの中で生活しているので、神との関係が断たれると、その結果他の人との関係も乱される。また、罪は集団的次元も帯びている。それゆえ、社会構造全体が個人や少数派に困難や不正を及ぼす。

救いは神との関係を修復すると同時に、根本的に腐敗した心の性質を変える。

救いの教理のいくつかの側面は、神との関係における人間の立場に関連している（救いのさまざまな側面の時間的関係の図は、図5を見よ）。個人の法的立場は、罪責のある状態から罪責のない状態へと変わる必要がある。これは人が神の目から見て正しいあるいは義であると宣言されること、神の要求事項を完全に満たしているとみなされることである。ここで使われる神学用語は「義認」である。人はキリストと法的に一体とされることにより、義と認められる。しかし単なる罪責の免除だけでは十分ではない。なぜなら人と神との関係の特徴であるはずだった、温かく緊密な関係が失われているからである。この問題は子とされることによって是正される。そのことによって人は神の愛顧を受ける関係に回復され、愛に満ちた御父が提供するすべての恩恵を自分のものと主張できる。

---

10 Hans Küng, *Justification: The Doctrine of Karl Barth and a Catholic Reflection* (New York: Thomas Nelson, 1964), 222–35, 264–74.

11 Ibid., 275–84.

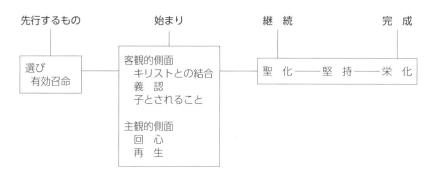

図5　救いの諸側面

　神との関係を修復する必要に加え、人の心の状態を変える必要もある。罪に向かう性癖から、正しく生きたいという好ましい願望へという、人生の方向の基本的変化を「再生」、または文字通り「新生」と呼ぶ。人の性格の実際の変化、好ましい霊的エネルギーの注入が関係している。しかしながらこれは霊的生活の始まりにすぎない。個人の霊的状態は次第に変化していく。つまり実際に聖い者となっていく。この漸進的な個人的変化は「聖化」(「聖くすること」)と呼ばれる。聖化は最終的に死後のいのちにおいて完成へと至り、そのとき信仰者の霊的性質は完全になる。これを「栄化」と呼ぶ。そして個人が神の恵みによって最後の最後まで信仰と献身を保つことが「堅持」(perseverance.「堅忍(けんにん)」とも訳す——訳注)である。

　神学の福音主義的な構築によれば、救いの手段とは何なのか。あるいはより広い意味で言うと、恵みの手段とは何なのか。福音主義的見解では、神の言葉は救いのすべての事柄にとって不可欠な部分である。ペテロは神の言葉の有益な役割についてこう語っている。「あなたがたが新しく生まれたのは、朽ちる種からではなく朽ちない種からであり、生きた、いつまでも残る、神のことばによるのです。……これが、あなたがたに福音として宣べ伝えられたことばです」(Ⅰペテロ1:23、25)。したがって、神の言葉は、読まれたとしても説教されたとしても、キリストのうちに見いだされる救いを提示する神の手段である。信仰は我々がその救いを受け入れる手段である[12]。パウロはこのことをエペソ2:8-9で明確に述べている。「この恵みのゆえに、あなたがたは信仰によって救われたのです。それはあなたがたから出たことではなく、神の賜物です。行いによるのではありません。だれも誇ることのないためです」と。したがって、行いは救いを受ける手段ではない。むしろ、行いは本物の信仰の自然な結果、および証拠である[13]。行いを生み出さない信仰は真の信仰ではない。逆に、信仰とキリストとの正しい関係から生じていない行いは、さばきの時には何の関係もない。

　福音主義神学において救いの範囲とは何か。つまり、誰が救われるのか。また、すべての人が救われるのか。すべての人が救われるという立場は、ときどき教会の中で支持されてきた。この章の前半で述べたように、この立場は万人救済主義として知られている。しかし、歴史上の教会の通常の見解と、大部分の福音主義者が支持する見

---

[12] Edward J. Carnell, *The Case for Orthodox Theology* (Philadelphia: Westminster, 1959), 70.

[13] Alexander Ross, *The Epistles of James and John* (Grand Rapids: Eerdmans, 1954), 54–55.

解では、一部または多くの人が救われる一方で、一部は救われない。教会がこの立場をとったのは、すべての人が救われるのを見たくなかったからではなく、ある人たちが失われるという趣旨の明確な言明が聖書にあると信じていたからである。

　他の課題で行ったのと同様、本書は救いに関しても福音主義の立場をとる。神は個別的なものであれ全体的なものであれ、人間の必要を心にかけておられるが、イエスは、一時的な必要性の供給よりも、個人の永遠の霊的幸福の方が限りなく重要であることを明らかにした。罪についての聖書の描写ならびに、人間の永遠の霊的幸福に関する神の第一の関心事に関し、もし神からの好意の回復を経験しようとするなら、人はその本性の根本的な変化が必要であるということが一貫して語られている。そしてそれらの主張は救いについての福音主義の見解を支える説得力ある根拠を構成している。

研究課題

- 救いの諸概念がこれほど多くの細かい点で異なるのはなぜか。
- 解放の神学が人間の苦境を分析する二つの源とは何か。それらの源は、救いの本質についての見方にどのような影響を与えるか。
- 救いに関するローマ・カトリックの立場はどのように変わったか。
- 福音派の立場によると、救いには何が関係しているか。
- あなたが救いを経験しているなら、自分の人生における救いの過程をどのように説明するか。

第32章 救いに先立つもの ── 予定

本章の目的

1. 予定の教理を定義し説明する。
2. カルヴァン主義者とアルミニウス主義者の予定論を比較、対照、分析する。
3. 予定の問題に対し、意味のある解決策を構築する。
4. 予定の教理から生じる、少なくとも四つの結論を明らかにする。

本章の概要

予定とは神が人を永遠のいのちか永遠の死に選ぶことである。この教理の基本的な問題は、ジャン・カルヴァンとヤコブス・アルミニウスの組織的な論述において最も明確に説明されている。そこに、一つの解決策を提案するとともに、この教理の四つの意味合いを明らかにする。

本章のアウトライン

1. **予定についての異なる見解** 328
   (1) カルヴァン主義 328
   (2) アルミニウス主義 330

2. **解決案** 332

3. **予定が意味すること** 334

第7部 救い

キリスト教信仰の教理の中で、最も不可解で、最も理解されていないものの一つは予定の教理であるということは疑いない。多くの人にとってはわかりにくく、異様なものにさえ思える。人によっては、人間の理解力を超えたものを調べるという不必要な研究に見える。このような神学上のあら探しに、実践的な意味はほとんどないと考えられている。この教理についてのジョークは、他のキリスト教教理についてのジョーク全部を合わせたよりもたくさんあるのではないだろうか。しかし、どんなに難しくわかりにくくても、聖書に啓示されている以上、キリスト者はその意味を研究すべきである。

図6　予定についての用語

「予定（predestination）」という用語は正確には何を意味するのだろうか。「予定」を、「運命を定める（foreordination）」や「選び（election）」と同じものとして使う人もいるが[1]、本書の目的のために、「予定」はその特殊性のゆえに「運命を定めること」と「選び」の中間に位置づけられる。「運命を定めること」は、図6に見られるように最も包括的な用語であり、個々の人間の運命から石の落ちることまで、起こることすべてに関する神の意志を示す。「予定」は、神が個人を永遠のいのちまたは永遠の死に選ぶことを指す。「選び」はある者を永遠のいのちに選ぶという、予定の肯定的な面であり、「遺棄」は否定的な面である。

1. 予定についての異なる見解

(1) カルヴァン主義

予定の教理は、アウグスティヌスからカール・バルトまでさまざまな神学者によって展開されてきたが、ジャン・カルヴァンとヤコブス・アルミニウスの対照的な系統的論述は最も明確に焦点を当て、基本的な問題が何であるかについて鮮明に見せてくれている。カルヴァン主義と呼ばれるものは、長年にわたっていろいろな形をとった。ここでは、それらすべてに共通の幾つかの特徴を調べていくことにする。その完全な体系を要約するためにしばしば使用される記憶の助けとなる語群の各語の頭字を組み合わせた頭字語に、TULIP がある。それは全的堕落（total depravity）、無条件の予定（unconditional predestination）、限定的贖罪（limited atonement）、不可抗的恵み（irresistible grace）、堅持（perseverance）の頭文字を並べたものである[2]。これらの表現には多少異なる解釈があり、またこれらの概念のすべてが現在の考慮事項に不可欠であるわけではないのだが、これらの概念をこの予定に関するカルヴァン主義者の見解検討の枠組みとして活用する。

カルヴァン主義者は、全人類が罪の中に失われていると考える。全的堕落とは、一人一人が罪深いため、どのように恵みが差し出されても応答できないことを意味する。

---

[1] たとえばベンジャミン・B・ウォーフィールド（Benjamin B. Warfield）は、「『運命を定める』と『予定する』は全くの同義語であり、どちらを選ぶかはただ好みによって決定される」との立場をとった（"Predestination," in *Biblical Doctrines* [New York: Oxford University Press, 1929], 4)。ウォーフィールドは「選び」を、本書で「予定」と呼んでいるものを指すのに用いている。

[2] たとえば、Edwin H. Palmer, *The Five Points of Calvinism* (Grand Rapids: Baker, 1972)（エドウィン・パーマー『カルヴィニズムの五特質』鈴木英昭訳、つのぶえ社、1987年）; Duane Edward Spencer, *TULIP: The Five Points of Calvinism in the Light of Scripture* (Grand Rapids: Baker, 1979)を見よ。

この状態は我々にまったくふさわしいものであるが、これには、道徳的腐敗（そしてそれゆえの道徳的無能性）と刑罰を受ける責任（罪責）の両方が含まれている。すべての人がこの状態で人生をスタートする。そのため「原罪」と呼ばれる。時には、罪人は善を行う能力を失っており、回心することができないという意味で、「全的無能性」(total inability) という表現を用いることもある[3]。この状態の普遍性と深刻さを語っている聖書箇所は多い（たとえばヨハネ6:44、ローマ3:1-23、Ⅱコリント4:3-4、そして特にエペソ2:1-3）。

カルヴァン主義の二つ目の主要な概念は、神の主権性である。神はすべてのものの創造者であり主であり、したがって意図することを何でも行う自由がある[4]。神は誰にも従属せず、誰に対する責任もない。このことの関連でよく引用される聖書箇所の一つが、ぶどう園の労働者のたとえ話である。五時ごろに雇われた人たちが一日の始まりに雇われた人に約束されたのと同じ額の賃金をもらった。先に雇われた人たちが、この不当と思われる行為に文句を言うと、主人はその一人にこう答える。「友よ、私はあなたに不当なことはしていません。あなたは私と、一デナリで同意したではありませんか。あなたの分を取って帰りなさい。私はこの最後の人にも、あなたと同じだけ与えたいのです。自分のもので自分のしたいことをしてはいけませんか。それとも、私が気前がいいので、あなたはねたんでいるのですか」（マタイ20:13-15）。もう一つの重要な意味を持つ箇所は、パウロによる陶器師と土のかたまりの比喩である。神は不公平だと文句を言う人に対して、パウロはこう答える。「人よ。神に言い返すあなたは、いったい何者ですか。造られた者が造った者に『どうして私をこのように造ったのか』と言えるでしょうか。陶器師は同じ土のかたまりから、あるものは尊いことに用いる器に、別のものは普通の器に作る権利を持っていないのでしょうか」（ローマ9:20-21）。この神の主権性という概念は、人間の無能さとともに、選びというカルヴァン主義的教理の基礎をなしている。

カルヴァン主義によると、選びとは、神が特別な好意を与えるために、ある人々を選ぶことである。イスラエルが神の特別な契約の民として選ばれたことや、特別な役職のために人が選ばれることがこれに当たる。しかし、ここで我々にとって第一義的に重要な意味は、ある人々を神の霊的な子どもとする、またそのようにして永遠のいのちの受領者とするという意味での選びである[5]。神がある人々を救いに選んだという聖書的証拠の一つはエペソ1:4-5に見られる。「すなわち神は、世界の基が据えられる前から、この方〔イエス・キリスト〕にあって私たちを選び、御前に聖なる、傷のない者にしようとされたのです。神は、みこころの良しとするところにしたがって、私たちをイエス・キリストによってご自分の子にしようと、愛をもってあらかじめ定めておられました」。イエスは、弟子たちを永遠のいのちへと選ぶ主導権がご自身にあったことを示唆した。「あなたがたがわたしを選んだのではなく、わたしがあなたがたを選び、あなたがたを任命しました。それは、あなたがたが行って実を結び、その実が残るようになるため……です」（ヨハネ15:16）。さらに、御父がイエスに与えた者は皆、イエスのところに来る。「父がわたしに与えてくださる者はみな、わたしのもとに来ます。そして、わたしのもとに来る者を、わたしは決して外に追い出したりはしません」（ヨハネ6:37）。

救いのための神の選択または特定の個人

---

[3] Loraine Boettner, *The Reformed Doctrine of Predestination*, 8th ed. (Grand Rapids: Eerdmans, 1958), 61-82（L・ボエトナー『カルヴィン主義豫定論』田中剛二訳、長崎書店、1937年）．

[4] Benjamin B. Warfield, "Perfectionism," in *Biblical Doctrines*, 62-64.

[5] Ibid., 65.

の選びが絶対的または無条件であるという解釈は、他の文脈における神の行動、たとえばイスラエル民族の選びと一致している。ヤコブを選び、エサウを拒絶したことは、この選びで貫かれている。パウロはローマ9章で、これらの選びがことごとく神のもので、決して選ばれた民に依存しないことを印象的に論じている。出エジプト33 : 19で神がモーセに述べた、「わたしはあわれもうと思う者をあわれみ、いつくしもうと思う者をいつくしむ」という言葉を引用してからパウロは、「ですから、これは人の願いや努力によるのではなく、あわれんでくださる神によるのです」と注釈する（ローマ9 : 15-16）[6]。

カルヴァン主義者から見た選びの特徴を、すでにいくつか見た。一つ目は、選びは神の主権的意志あるいは慈しみ深く良い意向を表現したものであるということである。選ばれる者のいかなる功績にも、その個人が信じるようになるという予見にも基づかない。選びとは信仰の原因であって結果ではない。二つ目に、選びは有効である、ということである。神が選んだ者たちは、間違いなく神への信仰を持つようになる。そのことについて言えば、その信仰は最後まで保持され、選ばれた者はすべて確実に救われる。三つ目に、選びは永遠の初めからのものであり、個人が存在している生のある時点で決定されるものではない、ということである。選びは神が常にそれをなそうと意志してきたことである。四つ目に、選びは無条件である。人間が特定の行為をすることや、神の定めたある条件を満たすことによるものではない。神はただ彼らを救うことを意志し、そしてそれを成し遂げる。最後に、選びは不変である。神はご自身の考えを変えない。選びは永遠の初めからのもので、神の無限のあわれみから出ている。神には考えを変える原因や理由がない[7]。

たいていの場合カルヴァン主義者は、選びは自由意志と矛盾しないと強調する。すなわち自分たちがその用語を理解しているかぎりにおいて、である。しかし、アルミニウス主義的意味で人間が自由意志を持つということは否定する。カルヴァン主義者は、罪が、自由を取り去ったとは言わないまでも、少なくとも自由を適切に行使する能力を取り去ったと考える。たとえばローレイン・ベットナーは、堕落した人間を、翼の折れた鳥にたとえている。その鳥は、飛ぶ「自由はある」が飛べない。同じように、「生まれつきの人は、神のもとに行く自由はあるができない。罪を愛しているときにどうして罪を悔い改めることができるのか。神を憎んでいるときにどうしてみもとに行くことができるか。これが意志の不能であり、人はそのために苦悩している[8]」。神が特別の恵みをもって、ご自身が選んだ者たちのところに来るときにのみ、彼らは応答することができる。

カルヴァン主義者の間でも種々差異のある一つの領域は遺棄の概念である。神はある人々を救いに、他の人々を失われるように選ぶと信じる二重予定を主張する人もいる。神は永遠のいのちを受けるはずの人を積極的に選び、他の人は素通りし、自ら選んで罪を犯すままにする、と言う人もいる[9]。どちらの場合も結果は同じであるが、後者の見解では、選ばれなかった者が失われるのは、神が積極的にそう決めたのではなく、彼ら自身が罪を選んだからである。つまり、彼らを失われた状態に指名（commission）するというよりも、永遠のいのちを受ける状態から脱落（omission）することを神が許容した、と考える。

(2) アルミニウス主義

アルミニウス主義とは、種々の副次的立場を含めた呼び名である。アルミニウス自

---

[6] Ibid., 53–54.

[7] Louis Berkhof, *Systematic Theology* (Grand Rapids: Eerdmans, 1953), 114–15.

[8] Boettner, *Predestination*, 62.

[9] Augustus H. Strong, *Systematic Theology* (Westwood, NJ: Revell, 1907), 789–90.

身の福音主義的見解から左寄りの自由主義まで、その幅は広い。アルミニウス主義には、救いの過程で行いが必要であることを強調する従来のローマ・カトリック主義も含まれる。たいていの場合、アルミニウス主義というと、もっと保守的あるいは福音主義的な形のもののことを考えるが、ここではほとんどのアルミニウス主義者の立場を包みこめる広い意味で解釈する。

この見解の主張する内容はある程度さまざまであるが、一つの論理的出発点がある。それは、神はすべての人が救われることを望んでいるという概念である[10]。アルミニウス主義者たちは、聖書がはっきりとそう主張している箇所をいくつか指し示す。罪人の死を神が喜ばないことは、ペテロの言明から明白である。「主は、ある人たちが遅れていると思っているように、約束したことを遅らせているのではなく、あなたがたに対して忍耐しておられるのです。だれも滅びることがなく、すべての人が悔い改めに進むことを望んでおられるのです」(Ⅱペテロ3:9)。パウロも同様の感情を反響させる。「そのような祈りは、私たちの救い主である神の御前において良いことであり、喜ばれることです。神は、すべての人が救われて、真理を知るようになることを望んでおられます」(Ⅰテモテ2:3-4。エゼキエル33:11、使徒17:30-31も見よ)。

教訓的な言明だけでなく、神の命令や勧めの多くに見られる普遍的な特徴も、神が全人類の救いを望んでいることを表現している。旧約聖書の中には普遍的な招きがある。たとえば、以下のようである。

> ああ、渇いている者はみな、
> 水を求めて出て来るがよい。
> 金のない者も。
> さあ、穀物を買って食べよ。
> (イザヤ55:1)

イエスの招きも同じように制限がなかった。「すべて疲れた人、重荷を負っている人はわたしのもとに来なさい。わたしがあなたがたを休ませてあげます」(マタイ11:28)。この場合、もし、すべての人が救われるということが、神の意図でないなら、神は不誠実な申し出をしているに違いないということになる。

アルミニウス主義の二つ目の主要な信条は、すべての人は信じることができる、または救いの条件を満たすことができるということである。もしそうでなければ、救いへの普遍的な招きはほとんど意味をなさなくなる。しかし、この神学に、すべての人が信じることができるという概念が入る余地があるのだろうか。罪人の全的堕落という考え方を修正あるいは削除するならその余地はある。または、ウェスレーやその他の人たちのように、「先行的恩恵」という概念を採り入れることもできる[11]。

一般に理解されているように先行的恩恵とは、すべての人に区別なく与えられる神の恵みのことである。神がすべての人の上に日光と雨を送ってくださることにそれが見られる。また、至る所で人間の中に見いだされる善の根拠にもなっている。さらにこの恵みは、罪の効果を中和するために普遍的に与えられている。神がすべての人にこの恵みを与えたので、誰でも救いの提供を受け入れることができる。そうであるとしたら、必然的結果として神の恵みを特定の個人に、特別に適用する必要はなくなる。

三つ目の基本的な概念は、人々を救いに選ぶことにおける予知の役割である。たいていのアルミニウス主義者は、「選び」という用語と、個々人は救われるように運命を定められているという考えとを維持したいと願っている。これは、神がある人々を

---

[10] Samuel Wakefield, *A Complete System of Christian Theology* (Cincinnati: Hitchcock and Walden, 1869), 387, 392.

[11] Richard Watson, *Theological Institutes; or, A View of the Evidences, Doctrines, Morals, and Institutions of Christianity* (New York: Lane & Scott, 1850), 2: 377.

他の人々より好んでいるに違いないことを意味する。アルミニウス主義者の見方では、神はある人たちを選んで救いを受け取るようにするが、他の人たちは単に見過ごす。神が予定した人たちとは、彼らがイエス・キリストにおいてなされた救いの提供を受け入れるのを、無限の知識において神が予見できる人々である。この見解は、聖書の中の予知と、運命を定めることまたは予定とが、聖書において密接に結びついていることを基礎としている。根拠として持ち出される主な箇所はローマ8:29である。「神は、あらかじめ知っている人たちを、御子のかたちと同じ姿にあらかじめ定められたのです。それは、多くの兄弟たちの中で御子が長子となるためです」。これを支持するテキストはⅠペテロ1:1-2で、ペテロは「父なる神の予知のままに……選ばれた人々」に呼びかけている。どちらの言及も、運命を定めることが予知に基づき、予知の結果であることを示している[12]。

最後に、アルミニウス主義者は、予定を無条件または絶対的であるとするカルヴァン主義的理解に異議を唱える。その反論の中には、本質において論理的というよりは実際的なものもある。反論の多くは、カルヴァン主義とは運命論的なものという考えに帰着する。もし神が、起こるべきことをすべて決定しているのなら、それは本当に人間がすることに何か違いを生むのか。道徳的な行為は的外れのものとなる。我々が選ばれている場合、我々がどのように生きるかということは重要になるのか。我々は行いに関係なく救われるのだから。

カルヴァン主義は宣教や伝道活動へと向かわせる衝動を否定する、というさらなる反論もある。神が救われる人をすでに選んでおられ、その数を増やすことはできないのなら、福音を宣べ伝える意味はどこにあるのか。選ばれた者はどんなことがあっても救われるのであり、多からず少なからず定められた人数がキリストのもとに来る。そうであるならばなぜ、わざわざ基金を募ったり、宣教師を送ったり、福音を宣べ伝えたり、失われている者のために祈ったりするのか。そのような活動は確かに無益な行為といえるではないか[13]。

最後の反論は、カルヴァン主義的な教理は人間の自由と矛盾する、というものである。我々の考え、選択、行動は実のところ我々が行っているのではないことになる。自由ではなく、外からの力、つまり神によって引き起こされている。そうなると我々は実は、人間という言葉が持つ伝統的な意味での人間ではなくなる。自動で動く人形かロボット、機械である。しかしながらこのような捉え方は、我々が自分について知っていることとすべての点で違うし、他の人について考えることとも異なる。また、我々にはほかのことをなす自由がなかったのだから、神が我々に向かって善を行ったからとほめ、悪を行ったからと責めることには意味がなくなる[14]。

2. 解決案

今、救いに関する神の聖定というやっかいな事柄について、何か結論を引き出せるだろうか。注意すべき点は、ここでは神の聖定全般を取り扱っているわけではないということである。つまり、神があらゆる時間と全宇宙の中で起こる一つ一つの出来事を確かなものにしているかどうかを取り扱っているのではない。ある人々が神によって恵みを特別に受ける者として選び出されるのかという問題だけを考えている。

聖書は選びをいくつか違った意味で述べている。選びは、特別に愛顧を受ける民として神がイスラエルを選んだことを指すこ

[12] H. Orton Wiley, *Christian Theology* (Kansas City, MO: Beacon Hill, 1958), 2:351.

[13] John Wesley, "Free Grace," in *Works of John Wesley*, 7:376.

[14] Wakefield, *Complete System*, 326–35; Wesley, "Free Grace," 376–77.

第32章　救いに先立つもの——予定

ともある。個人を特権や奉仕を持つ特別の立場へと選定することを指す場合もあるし、もちろん救いへの選びを指すこともある。選びにいろいろな意味があるのだから、その一つだけに限定して論じようとすることは、必ず、主題内容を切り詰めてしまうという結果をもたらす。

> 聖書箇所の印象的な収集が、神がある人々を救いに選んだこと、また、救いの提供に答えるかどうかは神のこの先行する決定によることを示唆している。

　神がある人々を永遠のいのちを持つように特別に選んだという聖書の教えより論理的に前に来るものは、生まれながらにして失われ、目が見えず、信仰をもって救いの機会に応答することのできない人間の生々しい姿である。パウロはローマ人への手紙の、特に3章で、人類が自らの罪のためにどうしようもないほど神から切り離されている様子を描いている。人間はこの状態から自分を救い出すために何もできないし、自分の状態が全く見えないので、実際抜け出そうとも思わない。カルヴァン主義者と保守的なアルミニウス主義者はこの点で同意している。人間は、生まれつきの状態では神から見て義とされるような良い行いができないだけではない。霊的視力のなさ（ローマ1：18-23、Ⅱコリント4：3-4）と感受性の鈍さに悩まされている。

　もしそうであるなら、神の特別な行為がなければ、誰も福音の招きに応答できないことになる。ここで多くのアルミニウス主義者が、人間の無能性が聖書で教えられていると認めつつ、先行的恩恵という概念を導入する。先行的恩恵には、罪が知的面にもたらす効果を無効にする普遍的効力があって、その結果信じることを可能にすると信じられている。問題は、普遍的可能化というこの概念の明確で適切な基礎となるものが聖書の中にないことである。なぜある人は信じるのかという疑問に戻ると、神がある人々を救いに選んだこと、また、救いの提供に答えるかどうかは神のこの先行する決定と主導権によることを示唆する聖書箇所を収集したものは印象的である。たとえばイエスは、ある人々が聞いても悟らないようにたとえで話すと説明したとき、続いて弟子たちに、「しかし、あなたがたの目は見ているから幸いです。また、あなたがたの耳は聞いているから幸いです」（マタイ13：16）と言った。これを、弟子たちは他の聴衆ほど霊的に無能ではなかったという意味に解釈する人もいるかもしれない。しかしマタイ16章を見ると、これに伴う意味をもっとよく把握できる。イエスは弟子たちに、人々が自分を誰だと言っているかと尋ねた。弟子たちは、バプテスマのヨハネ、エリヤ、預言者の一人（14節）と、いろいろな意見を列挙した。しかしペテロは「あなたは生ける神の子キリストです」（16節）と告白した。それに対するイエスの次の言葉は有益である。「バルヨナ・シモン、あなたは幸いです。このことをあなたに明らかにしたのは血肉ではなく、天におられるわたしの父です」（17節）。弟子たちと、霊的に見えず聞こえない人たちとを区別したのは、神の特別な行動であった。このことはイエスの次の言葉とも一致する。「わたしを遣わされた父が引き寄せてくださらなければ、だれもわたしのもとに来ることはできません。わたしはその人を終わりの日によみがえらせます」（ヨハネ6：44）、「あなたがたがわたしを選んだのではなく、わたしがあなたがたを選び……ました」（ヨハネ15：16）。イエスは、この引き寄せることと選ぶことは有効であると語っている。「父がわたしに与えてくださる者はみな、わたしのもとに来ます。そして、わたしのもとに来る者を、わたしは決して外に追い出したりはしません」（ヨハネ6：37）、「父から聞いて学んだ者はみな、わたしのもとに来ます」（45節）。我々の信仰は神の

主導権によるという概念は、使徒の働きにも出てくる。その中でルカは、ピシディアのアンティオキアで異邦人たちが救いについて聞いたとき、「異邦人たちは、それを聞いて喜び、主のみことばを賛美した。そして、永遠のいのちに定められていた人たちは、みな、信仰に入った」(使徒13:48)と述べている。

また、神が運命を定めていることは神の予知に基づく、というアルミニウス主義者の主張に説得力がない。というのは、ローマ8:29とⅠペテロ1:1-2で「あらかじめ知っている」「予知」に言及しているのは、ヤーダー(yada')というヘブル語が念頭にあると思われるが、このヤーダーは、前もっての知識や事前の認識以上のものを意味するからである。これには積極的で親しい関係という意味合いがある。誰かを好意をもって見ること、または愛することを暗示し、性的関係にさえ使われる言葉である[15]。そうすると、ここで考えられていることは、誰かが行うことを中立な立場で前もって知ることではなく、その人を積極的に選ぶことである。このヘブル語の意味を背景にして、ローマ人への手紙とペテロの手紙第一での予知への言及は、予定のための根拠としてではなく、予定の確証としての予知を提示しているように思われる。

だが、救いの普遍的提供と、聞く者に対して信じよという一般的招きはどうなのか。アルミニウス主義者たちはときには、カルヴァン主義の主張に立つと、誰かが救いを受け入れることを選んでも、救われることが許されない場合があるのではないかと論じる。しかしカルヴァン主義の理解によると、これは決して起こらない。特別な力が与えられなければ、誰も救われたり、神のもとへ行ったり、信じたりする気になれないからである。神はすべての人に心から救いを提供している。しかし、我々は皆、罪の中に浸かっているので手助けなしには応答できない。

> 召された者たちは応答しなければならないのではなく、神の提供しているものがあまりにも魅力的なので、召されている者たちは進んで応答するのである。

そのような状態で真の自由はあるのだろうか。これに関しては、本書の、神の計画との関係における人間の自由についての一般的な議論(128-29頁を見よ)を参照していただきたい。ただし今は、救いという重要な問題に関する霊的能力、また選択の自由を特に問題にしている。そしてここでおもに考察するのは堕落である。もし、今まで論じたように、再生していない状態にある人間が完全に堕落していて神の恵みに応答できないのなら、救いの提供を自由に受け入れるかどうかという問題は起こらない。誰も自由でないのだから! むしろ問うべきは、特別に召された人は果たして恵みの提供を自由に拒むのか、である。ここでとられる立場は、召された者たちは応答"しなければならない"のではなく、神の提供しているものがあまりにも魅力的なので、召されている者たちは"進んで"応答するようになる、というものである。

3. 予定が意味すること

予定の教理を正しく理解することで、この教理の持ついくつかの重要な意味が見えてくる。

1. 神が定めたことは必ず起こると確信することができる。神の計画は実現され、選

---

[15] Francis Brown, S. R. Driver, and Charles A. Briggs, *Hebrew and English Lexicon of the Old Testament* (New York: Oxford University Press, 1955), 394; Paul Jacobs and Hartmut Krienke, "Foreknowledge, Providence, Predestination," in *The New International Dictionary of New Testament Theology*, ed. Colin Brown (Grand Rapids: Zondervan, 1975), 1: 692–93.

ばれた者は信仰に入る。

　2. ある人たちがキリストを拒否しても我々は自身を非難する必要はない。イエスご自身でさえ話を聞く者皆を獲得したのではない。イエスは、御父が与えた人は皆自分に来る（ヨハネ6: 37）、そして御父が与えた人だけが来る（44節）と理解していた。できる限りのことをしたのなら、後のことは主に任せることができる。

　3. 予定は、伝道と宣教への動機を無効にするものではない。誰が選ばれていて誰が選ばれていないかわからないのだから、引き続きみことばを広めていかなければならない。我々の宣教の労苦は、選ばれた者を救いに入れるための神の手段である。神が目的を定めるときは、その目的に至る方法も定める。奉仕活動が神の手段であると知ることは、努力のための強い動機となり、成功するという確信を与える。

　4. 恵みは絶対的に必要である。アルミニウス主義はしばしば恵みを強調するが、我々カルヴァン主義の体系では、神がある人を永遠のいのちへ選ぶことの根拠は、ご自身の主権的意志以外にない。神を説得して救いを許可させるものは個人のうちに全くない。

研究課題

- この章では、「運命を定めること」、「選び」、「予定」、「遺棄」という用語はどのように使われているか。
- カルヴァン主義者の見方とアルミニウス主義者の見方をどのように区別するか。
- あなたはどのように予定についての見解を構築し、それを擁護するか。
- 予定の教理から教えられることは何か、それをどう評価するか。
- あなたの立場に関係なく、予定の教理の最も励まされる側面は何であると思っているか。

第33章 救いの始まり ── 主観的側面

本章の目的

1. 救いをもたらすための、有効召命の必要性を認識する。
2. 回心という人間の応答の本質的性質を述べ、また悔い改めと信仰という相互に関連する概念を区別する。
3. 新しいいのちと変革をもたらす、再生という神の働きを調べる。
4. 有効召命、回心、再生から生じる意味を六つ挙げ説明する。

本章の概要

救いは有効召命、回心、再生の三段階をもって始まる。聖霊を通して、神は信仰のない者を救いへと召し出す。その召しに対する人間の応答とは、罪からキリストを信じる信仰へと向きを変えることである。信仰（faith）には、あることを事実であると信じること（belief）も含まれる。神は、その人をキリストにある新しいいのちへと再生させるという形で応える。我々を救い、霊的存在として再生させる神のわざに、我々はただただ畏敬の念をいだく。

本章のアウトライン

1. **有効召命** 337

2. **回心** 338
   (1) 悔い改め 339
   (2) 信仰 341

3. **再生** 342
   (1) 聖書の記述 343
   (2) 再生の意味 343

4. **有効召命、回心、再生が意味すること** 344

第33章 救いの始まり——主観的側面

　救いの教理は、聖書の教えと人間の経験という、大きくて複雑な領域を網羅している。それゆえ、さまざまな局面の間の相違を識別し描写していく必要がある。その資料を系統立てて整理する方法はいろいろあるが、ここでは、救いを始まり、継続、完成という観点から見ていく時間的体系を用いた。本書の33章と34章は共にキリスト者生活の始まりを扱う。回心と再生（33章）はキリスト者生活の始まりの主観的な面であり、我々の内的性質、霊的状態の変化を扱っている。回心は、この変化を人間の視点から見たものであり、再生は、神の視点から見たものである。一方、キリストとの結合、義認、子とされること（34章）はキリスト者生活の始まりの客観的な面であり、おもに個人と神との間の関係に言及している。

1. 有効召命

　前章で、予定に関する込み入った課題の全体を調べ、神はある人々を救いに選ぶのであり、彼らが回心するのは神の側がそう決定した結果であると結論づけた。つまり、すべての人間は罪の中に失われており、霊の目が見えず、信じることができないため、神の永遠の決定と時間の中に生きる個人の回心との間に、神による何らかの行動が介入する必要があるのである。この神の活動を特別な召命（special calling）、もしくは有効召命（effectual calling）と呼ぶ。

　聖書を見ると、救いへの普遍的召命、すべての人に与えられる招きが存在する。イエスは「すべて疲れた人、重荷を負っている人はわたしのもとに来なさい。わたしがあなたがたを休ませてあげます」（マタイ11:28）と言った。さらにイエスが「招かれる人は多いが、選ばれる人は少ないのです」（マタイ22:14）と言ったのは、おそらく神の普遍的な招きのことに触れていた。しかしここで、召しと選びが区別されていることに注目してほしい。神の特別な召命もしくは有効召命の対象は、選ばれた者なのである。

　特別な召命とは、神が特別に効果的な方法で選ばれた者たちとともに働き、彼らが悔い改めと信仰とをもって応答できるようにし、また確実にそうするようにするということを意味する。特別な召しを受ける状況はさまざまである。聖書には、イエスが弟子の中心となった人たちに特別な招きをしている様子が描かれている（たとえばマタイ4:18-22、マルコ1:16-20、ヨハネ1:35-51を見よ）。またイエスは特別な関心のためにザアカイを選び出した（ルカ19:1-10）。これらの場合、イエスが周りの群衆は気づかない、特別な説得力を持つ、直接的で個人的な方法でご自身の要求を提示したのであることに疑いはない。神によるもう一つの劇的なアプローチはサウロの回心に見られる（使徒9:1-19）。神の召しはもっと静かな形をとるときもある。リディアの場合がそうであった。「主は彼女の心を開いて、パウロの語る事に心を留めるようにされた」（使徒16:14）。

特別な召命、もしくは有効召命とは、選ばれた者たちとともに働く神の特別に効果的な働きであり、彼らが悔い改めと信仰とをもって応答できるようにし、また確実にそうするようにする。

　特別な召命は、大部分は聖霊による照明の働きであり、召しを受ける人が福音の真の意味を理解できるようにする。御霊のこの働きが必要であるのは、すべての人の特徴となっている堕落が、啓示された神の真理を把握することを妨げているからである。Ⅰコリント2:6-16を注釈して、ジョージ・ラッドは次のように述べている。

　　御霊の最初の働きは、人が贖いという

神のわざを理解できるようにすることである。……これ［十字架］は、ギリシア人には愚かを、ユダヤ人にはつまずきを意味する出来事であった。しかし御霊に教え導かれた者たちにとっては、神の知恵である。言い換えれば、パウロは、キリストの死という歴史的出来事に隠されている意味（「神はキリストにあって、この世をご自分と和解させ……た」、Ⅱコリント5:19）を認めているのであり、その意味は人間の目には明らかでなく、超自然的な照明によってのみ受け入れることができる。……聖霊の照明によってのみ、人は十字架の意味を理解でき、したがって御霊によってのみ、人は処刑されたイエスは主でもあると告白できる（Ⅰコリント12:3）[1]。

つまり、特別な召命もしくは有効召命には救いのメッセージの特別な提示が伴うということである。これには、罪の結果を消し去り、本人が信じることができるようにする力がある。それはまた、きわめて魅力的であるので、人は信じるようになる。特別な召命は多くの点でアルミニウス主義者が言う先行的恩恵と似ている。しかしながら、その概念とは二つの点で異なる。すべての人間にではなく選ばれた者にのみ与えられるという点と、必ず効果的に、受け手の肯定的応答に至るという点において、である。

2. 回心

キリスト者生活は、その本質と定義そのものによって、以前の生き方とはかなり異なるものを表現している。罪と罪過の中に死んでいるのとは対照的な、"新しい"いのちである。それは一生涯続くものであり、永遠にわたるものでさえあるが、はっきり

とした始まりの時点がある。中国の哲学者老子は「千里の道も一歩から」と言ったといわれているが、キリスト者生活も同じである。キリスト者生活の第一歩は、回心と呼ばれる。悔い改めて自分の罪から離れ、キリストを信じ、キリストの方を向く行為である。

罪から離れるというイメージは、旧約聖書にも新約聖書にも見られる。エゼキエル書に、イスラエルの民に対する次のような主の言葉がある。「それゆえ、イスラエルの家よ、わたしはあなたがたを、それぞれその生き方にしたがってさばく ── 神である主のことば ──。立ち返り、あなたがたのすべての背きから身を翻せ。不義に引き込まれることがないようにせよ。あなたがたが行ったすべての背きを、あなたがたの中から放り出せ。このようにして、新しい心と新しい霊を得よ。イスラエルの家よ、なぜ、あなたがたは死のうとするのか。わたしは、だれが死ぬのも喜ばない ── 神である主のことば ──。だから立ち返って、生きよ」（エゼキエル18:30–32）。エペソ5:14でパウロは次のように違った比喩を用いているが、言わんとしているところは基本的に同じである。

> 眠っている人よ、起きよ。
> 死者の中から起き上がれ。
> そうすれば、
> 　キリストがあなたを照らされる。

使徒の働きでは、ペテロが人生の方向を変えよと唱えている。「ですから、悔い改めて神に立ち返りなさい。そうすれば、あなたがたの罪はぬぐい去られます」（使徒3:19）。現代の伝道者はよく「回心させられる」（Be converted）と言うが、今引用した箇所で命令は能動態でなされていることは注目に値する。つまり「回心しなさい！」（Convert!）と言っているのである。

回心とは、悔い改めと信仰という、区別はできるが不可分の側面を持った、一つの

---

[1] George E. Ladd, *A Theology of the New Testament* (Grand Rapids: Eerdmans, 1974), 490–91.

実体である。悔い改めとは、信仰のない者が罪から離れることで、信仰とはキリストの方を向くことである。この二つはそれぞれ、同じ出来事の消極的な面と積極的な面である[2]。ある意味で、一方はもう一方なくして不完全であり、一方がもう一方を動機づける。罪に気づいてそこから離れると、キリストへと向きを変えて、用意されているキリストの義を受けることが必要とわかる。逆に、キリストを信じることで自らの罪に気づき、悔い改めへと導かれる。

聖書には回心に要する時間については特に記されていない。ある場合（たとえばペンテコステ）には激変的な決断が、ほとんど瞬時に起こったと思われる。ただしある人々にとっては、回心はむしろ徐々に進む過程であった（たとえばニコデモ。ヨハネ19:39を見よ）。同様に、感情面でも回心に伴うものに大きな違いがありうる。リディアがキリストの方を向いたのは、本質的にきわめて慎ましく静かな体験であったと思われる（使徒16:14）。ところがほんの数節後に、地震の後、囚人が一人も逃げていないと聞き、恐れに震えながら「救われるためには、何をしなければなりませんか」（30節）と叫ぶピリピの看守の話が出てくる。この二人の回心体験は全く違うが、最終結果は同じであった。

ときに、神の働き方にはいろいろあるということを教会が忘れることがあった。アメリカ開拓期には、ある種のタイプの説教が定型概念化された。人生は不確実で困難なことが多く、巡回伝道者もたまに来るだけであった。それゆえ、説教を聞く人は直ちに決心することを強要された[3]。そのため回心とは危機的状況での決断と考えられるようになった。確かに神が個人に対してそのような方法で働かれることはよくあるが、性格、背景、そのときの状況の違いで、回心のタイプが大きく違うこともある。回心のときの付随する状況や外的な要素がだれにとっても同じであると主張したりしないことが大事である。

また大事なのは、回心（conversion）と改心（conversions）を区別することである。個人が救いの提供に応答してキリストの方を向くという、人生でただ一度の大事な瞬間がある。また、信じた者が罪の生活に逆戻りしないように特定の行為や信念を捨てるべきときもほかに幾度かある。しかしながら、これらの出来事は、取られた一つの大きなステップの二次的な再確認である。キリスト者生活の中で改心は何度もあるかもしれないが、回心はただ一度である。

(1) 悔い改め

回心の消極的な面は、罪の放棄ないし罪との絶縁である。これが本書で言う悔い改めの意味である。それは自分の罪に対する、敬虔な悲しみの気持ちに基づく。悔い改めと信仰について調べていく際に、この二つが実は互いに切り放せないものであることを覚えておくべきである。まず悔い改めを扱うことにする。それは、今扱っている主題がこれから扱う主題に先行しているからである。

悔い改めという思想を表すヘブル語には二つある。一つはナーハム（naham）で、「あえぐ、ため息をつく、うめく」を表す。これが「嘆く、悲しむ」を意味するようになった。自分の性格や行いをよく考えることで引き起こされる感情を指すときは、「後悔する」とか「悔い改める」という意味になる[4]。興味深いことに、ナーハムが「悔い改める」という意味で出てくるとき、この動詞の主語は通例、神である。最もよ

---

[2] Charles M. Horne, *Salvation* (Chicago: Moody Press, 1971), 55; Fritz Laubach, "Conversion, Penitence, Repentance, Proselyte," in *The New International Dictionary of New Testament Theology*, ed. Colin Brown (Grand Rapids: Zondervan, 1975), 1:354.

[3] W. L. Muncy Jr., *A History of Evangelism in the United States* (Kansas City, KS: Central Seminary, 1945), 86–90.

[4] Francis Brown, S. R. Driver, and Charles A. Briggs, *Hebrew and English Lexicon of the Old Testament* (New York: Oxford University Press, 1955), 636–37.

第7部 救い

い例は創世6:6である。「それで主は、地上に人を造ったことを悔やみ、心を痛められた」。

人間が示すべき真の悔い改めは通常シュブ（shub）という言葉で表される。この語は預言者からイスラエルに向けての、神に立ち返れという呼びかけに広く使われる。それは意識的な道徳的分離、罪を捨て、そして神との交わりに入ることの必要性を強調している[5]。

新約聖書にも、悔い改めを表す主な用語が二つある。メタメロマイ（metamelomai）という語は「心配や懸念、後悔の感情を持つ」という意味である[6]。それは悔い改めの感情面、悪いことをしてしまったという後悔の気持ちや自責の念を強調している。イエスはこの言葉を二人の息子のたとえ話で用いた。兄はぶどう園に行って働いてくれないかと父に言われたとき、「『行きたくありません』と答えたが、後になって思い直し、出かけて行った」（マタイ21:29）。弟のほうは行くと言ったが行かなかった。イエスは祭司長とパリサイ人（イエスが話しかけていた相手）を弟に、悔い改めた罪人たちを兄にたとえた。メタメロマイという語は、ユダがイエスを裏切ったことに対する自責の念にも使われている（マタイ27:3）。メタメロマイは、ユダの場合のように、自分の行為に対する後悔と自責の念だけを表すことができるようである。あるいはたとえ話の兄のように、振舞いの実際の変化を伴う真の悔い改めを示すこともできる。ユダとペテロは、自分の罪に対して対照的な反応をした。ペテロはイエスのもとに返り、交わりを回復した。ユダの場合は、罪の自覚が絶望と自殺をもたらしただけであった。

新約聖書で悔い改めを表すもう一方の主な用語はメタノエオー（metanoeō）で、文字通りには「あることについて違った考え方をする、心を変える」ことを意味する。これはまた、初代教会の説教の中で鍵となる用語でもあった。ペンテコステのときペテロは群衆に、「それぞれ罪を赦していただくために、悔い改めて、イエス・キリストの名によってバプテスマを受けなさい。そうすれば、賜物として聖霊を受けます」（使徒2:38）と強く迫った。

これらの箇所から、悔い改めは救いの前提条件であることは明らかである。多数の聖句と多様な文脈および文化的状況によって、悔い改めがキリスト教の福音の不可欠な部分であることが示されている。それはバプテスマのヨハネとイエスの説教においても顕著であった（マタイ3:2、4:17）。またパウロはアレオパゴスで哲学者たちへのメッセージの中で宣言した。「神はそのような無知の時代を見過ごしておられましたが、今はどこででも、すべての人に悔い改めを命じておられます」（使徒17:30）と。この最後の言明は特に意義深い。"どこでも""すべての"人に」と普遍的である。悔い改めは福音のメッセージにとって、取り除くことのできない要素である。

悔い改めとは、自らの罪に対する敬虔な悲しみであり、そこから向きを変えようという決心を伴う。ただ、さまざまな動機に基づいた、自分の不正行為に対する後悔の他の形態もある。罪を犯して結果が不快なものであれば、我々は自分がしたことを後悔するかもしれない。しかしこれは真の悔い改めではない。単なる後悔（penitence）である。真の悔い改めとは、神に不正を行い、神を傷つけたことを理由に自らの罪を悲しむことである。この悲しみは、その罪を捨てたいという心からの願いが伴う。

聖書が悔い改めの必要性を繰り返し強調していることは、ディートリッヒ・ボンヘッファーが「安価な恵み」（あるいは「安易な信仰主義」）[7]と呼ぶものに反対する決定的な論拠である。ただイエスを信じ、提

---

[5] Ibid., 996–1000.

[6] Otto Michel, μεταμέλομαι, in *Theological Dictionary of the New Testament*, ed. Gerhard Kittel, trans. and ed. Geoffrey W. Bromiley (Grand Rapids: Eerdmans, 1967), 4: 626.

第33章　救いの始まり──主観的側面

供される恵みを受け入れるだけでは十分でない。内なる人に真の変化がなければならない。必要なのは神の恵みの存在を信じることだけだとしたら、キリスト者になることを願わない人などいない。しかしイエスは、「だれでもわたしについて来たいと思うなら、自分を捨て、日々自分の十字架を負って、わたしに従って来なさい」（ルカ9:23）と言った。もし意識的な悔い改めがないなら、罪の力から救われているという真の自覚はない。それに対応する深みも献身もない。弟子の資格をできるだけ簡単にして弟子の数を増やそうという企てはすべて、代わりに弟子の質を弱める結果となる。

(2) 信仰

悔い改めが、自らの罪から向きを変える回心の消極的面であるのと同様に、信仰は、キリストの約束と働きをつかむ積極的な面である。信仰はまさに福音の中心にある。なぜなら、それは神の恵みを受けることを可能にする伝達手段だからである。

旧約のヘブル語では、信仰という思想をおもに動詞形で伝えている。おそらくそれは、ヘブル人が信仰を、人が所有する何かではなく、行う何かとみなしていたためである。具体的に言うと、ヘブル語において信仰についての概念は、誰かあるいは何かに、そして通常は神か神の約束の言葉に、確信をもって依存すること、または寄り掛かることである。

新約聖書では、信仰という思想を表す主要な単語はピステウオー（pisteuō）という動詞、および語源を同じくする名詞ピスティス（pistis）である。このピステウオーには二つの基本的な意味がある。まず、「誰かが言うことを信じる、言明（特に宗教的性格のもの）を真実として受け入れる」という意味である[8]。Ⅰヨハネ4:1に用例がある。「愛する者たち、霊をすべて信じてはいけません。……その霊が神からのものかどうか、吟味しなさい」。この動詞の劇的な使用例は、百人隊長に対するイエスの言葉である。「行きなさい。あなたの信じたとおりになるように」（マタイ8:13）。以上やその他数え切れない例（たとえばマタイ9:28、マルコ5:36）が証明しているのは、信仰には、あることが真実であると信じることが含まれる。確かにヘブル人への手紙の記者は、ある真理を認知するという意味での信仰が救いには不可欠であると宣言している。「信仰がなければ、神に喜ばれることはできません。神に近づく者は、神がおられることと、神がご自分を求める者には報いてくださる方であることを、信じなければならないのです」（ヘブル11:6）と。

少なくとも同等に重要なのが、ピステウオーとピスティスが「単なる信憑性や信念とは異なる人格的信頼[9]」を指している例である。この意味に使われているかどうかは、通常どの前置詞が使われているかで識別が可能である。マルコ1:15ではエン（en「中に、おいて」）という前置詞が使われている。すなわち、バプテスマのヨハネが捕らえられて後、イエスはガリラヤで説教し、「悔い改めて福音を信じなさい」と言った。使徒10:43には前置詞エイス（eis「中に、中へ」）が使われている。「預言者たちもみなイエスについて、この方を信じる者はだれでも、その名によって罪の赦しが受けられると、証ししています」。同じ構文がマタイ18:6、ヨハネ2:11、使徒19:4、ガラテヤ2:16、ピリピ1:29、Ⅰペテロ1:8、Ⅰヨハネ5:10に見られる。使徒ヨハネは、イエスの名を信じることについて語っている。

---

7 Dietrich Bonhoeffer, *The Cost of Discipleship* (New York: Macmillan, 1963), 45–47（『キリストに従う』ボンヘッファー選集Ⅲ、森平太訳、新教出版社、1966年）。

8 Rudolf Bultmann, "πιστεύω," in *Theological Dictionary of the New Testament*, ed. Gerhard Friedrich, trans. and ed. Geoffrey W. Bromiley (Grand Rapids: Eerdmans, 1968), 6: 203.

9 G. Abbott-Smith, *A Manual Lexicon of the Greek New Testament* (Edinburgh: T & T Clark, 1937), 361–62.

「しかし、この方を受け入れた人々、すなわち、その名を信じた人々には、神の子どもとなる特権をお与えになった」（ヨハネ1:12。2:23、3:18、Ⅰヨハネ5:13も見よ）と。この構文はヘブル人にとって特別な意義があった。彼らが人の名をその人と事実上等しいものとみなしていたからである。つまり、イエスの名について信じる、あるいはイエスの名を信じるとは、人格的な信頼をイエスに置くことであった[10]。

以上の考察をもとに、救いに必要な信仰とは、そうであると信じることとその方の存在を信じること、すなわちそれは事実に同意することとそのお方を信頼すること、の両方を含むというのが我々の結論である。この二つを共に持ち続けることが不可欠である。我々が信頼すべき神はご自身を啓示するが、その啓示の少なくとも一部は、ご自身についての情報の伝達を通してなされ、我々はその情報に同意すべきである。

時には、信仰は理性と対立するもの、確認のできないものとして描かれることがある。確かに、信仰は疑いの余地のない証拠により、先例を基礎として確立されたものではない。しかし、いったん信仰を持つと、さまざまな裏づけとなる証拠を推論し認識することが可能となる[11]。つまり信仰は知識の一つの形式であって、理性に反してではなく、理性と協力して働く。このことと関連するのが、バプテスマのヨハネが二人の弟子を送って、「おいでになるはずの方は、あなたですか。それとも、ほかの方を待つべきでしょうか」（ルカ7:19）と尋ねさせたときの、イエスの応答である。イエスは二人に、彼らが見た奇蹟、彼らが聞いたメッセージをヨハネに報告せよと答えている。事実上ヨハネに、「ここに信じることができるようになるために必要な証拠がありますよ」と言った。

回心を、神が主導権をもって始めたことに対する人間の応答として描いてきたが、悔い改めと信仰さえも神からの賜物である。イエスは、悔い改めを前提とする回心が聖霊の働きであることを明確にした（ヨハネ16:8-11）。イエスはまた「わたしを遣わされた父が引き寄せてくださらなければ、だれもわたしのもとに来る［つまり信仰を働かせる］ことはできません。わたしはその人を終わりの日によみがえらせます」（ヨハネ6:44）と言った。このように、悔い改めも信仰も、信仰者の生活の中での神の恵み深い働きなのである。

3. 再生

回心は、神からの救いの申し出と人間へのアプローチに対する、人間の応答を指す。再生とは回心のもう一つの面であり、完全に神のわざである。それは、神が個々の信仰者を変え、彼らがキリストを受け入れるときに彼らの生活に新しい霊的活力と方向性を与えることである。

> 再生は、神が個々の信仰者を変革することであり、彼らの生来の傾向を逆転させ、彼らの生活に新しい霊的活力を与え、そして彼らをもともと意図していた状態に回復させる。

再生の教理の根底にあるのは、人間の本性が変革を必要としているという前提である。人間は霊的に死んでおり、したがって新生つまり霊的な誕生が必要なのである[12]。信じない者は、霊的真理を知覚することができないだけでなく、盲目な状態や罪に対する自然な傾向を変えるために何もすることができない。ローマ3:9-20の罪深い人間の姿の説明を読むと、人の内部の単なる修

---

10 Ladd, *Theology of the New Testament*, 271–72.

11 Augustine, *Letter* 137.15（アウグスティヌス『書簡』）; Ladd, *Theology of the New Testament*, 276–77.

12 Ladd, *Theology of the New Testament*, 290.

第33章　救いの始まり──主観的側面

正とか調整ではなく、むしろ何らかの根本的な変化や変容が必要であることは明らかである。

(1) 聖書の記述

聖書における新生の描写は数多く、生き生きとして多様である。旧約聖書にも、神の更新の働きについて驚くべき言及がある。神は、「わたしは彼らに一つの心を与え、あなたがたのうちに新しい霊を与える。わたしは彼らのからだから石の心を取り除き、彼らに肉の心を与える。こうして、彼らはわたしの掟に従って歩み、わたしの定めを守り行う。彼らはわたしの民となり、わたしは彼らの神となる」（エゼキエル11：19-20）と約束している。

新約聖書で、再生という概念を最も正確に伝えている言葉はパリンゲネシア（palingenesia）である。新約聖書に二回だけ出てくる。一回はマタイ19：28で、歴史の完成の一部となる「万物の更新」（NIV。新改訳2017では「新しい世界」──訳注）を指している。もう一回はテトス3：5で、そこでは救いを指している。すなわち、我々の救い主である神は「私たちが行った義のわざによってではなく、ご自分のあわれみによって、聖霊による再生と刷新の洗いをもって、私たちを救ってくださいました」と。ここに再生という聖書的概念がある。

新生という概念を解説したものの中で最もよく知られ、最も広範囲のものは、ヨハネ3章のイエスのニコデモとの会話に見られる。イエスはニコデモに「人は、新しく生まれなければ、神の国を見ることはできません」（3節）と言った。話し合いの後の時点でイエスは「あなたがたは新しく生まれなければならない、とわたしが言ったことを不思議に思ってはなりません」（7節）と解説した。同じ会話の中でイエスは「御霊によって生まれる」ことについて語った。これは、個人の人生を変革する超自然的なわざを念頭に置いていた。神の国に入るために不可欠なこの働きは、人間の努力や計画によっては達成することができない。それは「神から生まれる」とか「神のことばによって生まれる」ことであるとも言われている（ヨハネ1：12-13、ヤコブ1：18、Ⅰペテロ1：3、23、Ⅰヨハネ2：29、5：1、4）。誰でもこの経験をした者は、新しく創造された者である（Ⅱコリント5：17）。パウロは聖霊による更新（テトス3：5）、生かされること（エペソ2：1、5）、死者の中からの復活（エペソ2：6）について語っている。生命を与えるために来たというイエスの言明（ヨハネ6：63、10：10、28）にも同じ思想が含まれている。

(2) 再生の意味

新生という考えが出てくる事例を挙げるのはかなり簡単であるが、その意味を特定するのはそれほど簡単ではない。しかしながら、新生は理解が難しいということに驚くべきではない[13]。ニコデモにイエスは、その概念が難しいことを示した。それは風のようなもので、どこから来てどこへ行くかはわからないが、音は聞こえると（ヨハネ3：8）。新生は感覚によって知覚されないだけでなく、概念自体が生来のものの抵抗にでくわす。

この概念の理解における問題にもかかわらず、再生に関していくつかの主張をすることができる。まず、再生には何か新しいもの、その人の生来の傾向全体の逆転が含まれている。再生は今ある特徴を単に拡大することではない。再生には、現存する特質を死に至らしめる、または十字架につけるという一面がある。パウロは御霊にあるいのちを肉にあるいのちと対比して「キリスト・イエスにつく者は、自分の肉を、情欲や欲望とともに十字架につけたのです。私たちは、御霊によって生きているのなら、御霊によって進もうではありませんか」（ガラテヤ5：24-25）と言っている。このほかに個人の死、あるいは個人の特定の面の

---

[13] Millard J. Erickson, "The New Birth Today," *Christianity Today*, August 16, 1974, 8–10.

死について述べている箇所に、ローマ6:1-11、ガラテヤ2:20、6:14などがある。

新生は肉を死に至らしめるものとして、罪の影響力を消すことを意味する。このことは、エペソ2:1-10でのパウロの主張に最もはっきり表れている。変革が必要とされる死んだ状態とは、罪の結果である。我々はその罪のうちに生き、空中の権威を持つ支配者に導かれている。再生は我々にとって全く新しいものを伴うが、その結果、人間性とは異質なものが生じるのではない。むしろ、新生とは、人間の本性がもともと意図されていた状態、つまり堕落の時に罪が人類に入る以前の状態への回復である。新しいいのちの始まりであると同時に、かつてのいのちと活動の回復でもある。

さらに、新生そのものは瞬間的なものであると思われる。新生の説明には、それが単発の出来事ではなくプロセスであることを示唆するものは何もない。未完成のものと述べている箇所はどこにもない。聖書は信仰者を「新しく生まれつつある」者ではなく、「新しく生まれた」とか「新しく生まれている」者として語っている（ヨハネ1:12-13、Ⅱコリント5:17、エペソ2:1、5-6、ヤコブ1:18、Ⅰペテロ1:3、23、Ⅰヨハネ2:29、5:1、4）。新生の起こった正確な時間を特定することは不可能かもしれないし、それに先だって非常に多くのことが起こるかもしれないが、新生そのものは瞬時に起こるようである[14]。

再生は瞬間的に完了するが、それ自体が目的なのではない。霊的衝動の変化として、再生はその人の生涯を通して続く成長過程の始まりである。この霊的成熟の過程が聖化である。パウロは手紙の読者に対し、彼らが以前は死んでいたが今は生きていると指摘し、「実に、私たちは神の作品であって、良い行いをするためにキリスト・イエスにあって造られたのです。神は、私たちが良い行いに歩むように、その良い行いを

---

[14] Augustus H. Strong, *Systematic Theology* (Westwood, NJ: Revell, 1907), 826–27.

あらかじめ備えてくださいました」（エペソ2:10）と付け加える。ピリピ1:6では、始められたことが継続し完成することについて述べている。

新生は超自然的な出来事である。それは人間の努力で成し遂げることができるものではない。イエスはそのことをヨハネ3:6で明確にしている。「肉によって生まれた者は肉です。御霊によって生まれた者は霊です」と。再生はとりわけ聖霊の働きである。救いを計画し、始めたのは御父であり、実際に完成させたのは御子である。しかし信仰者の人生に救いを適用し、人間に対する神の意図を実現させるのは、聖霊である。

再生の教理はキリスト教信仰を特異な位置に置く。一方でキリスト者は、人間は善であるという現在の世俗的信念と、そこから来る楽観的な期待を拒否する。再生を強く主張するのは、外部からの助けと完全な変革なしには、人類の中から本物の善が大規模に生まれてくる可能性はないという宣言である。その一方でキリスト者は、人間の生まれつきの力を悲観的に評価するにもかかわらず、楽観的である。つまり、超自然的な助けによって人間は変革させられ、原初の善に回復されることが可能である。イエスが「それは人にはできないことですが、神にはどんなことでもできます」（マタイ19:26）と言ったのは、人間の心を変え、神の国に入ることを可能にする神の力についてだった。

4. 有効召命、回心、再生が意味すること

有効召命、回心、そして再生の意味するところは次のとおりである。

1. 社会の改革や教育で人間の本性を変えることはできない。三位一体の神の超自然的な働きによって変革されなければならない。

2. 誰が新生を経験するかを予測したり制

御したりすることは誰にもできない。それは最終的に神のみわざである。回心さえも神の有効召命にかかっている。

3. キリスト者生活を始めるには、自己の罪深さを自覚し、自己中心の生き方を捨てる決意が必要である。

4. 救いに至る信仰は、神の本性と神のみわざに関する正確な信念を必要とする。ただし正しい信念だけでは足りない。神に対する自らの積極的な献身も必要である。

5. ある人の回心の経験は、他の人とは根本的に異なるかもしれない。大切なのは、本物の悔い改めと信仰があることである。

6. 新生は、それが起こるときには感じられない。それはむしろ、霊的なことに今までと違って敏感になり、人生の方向が新しくなり、神に従う力が増し加わることで確証される。

研究課題

- 個人の救いにおける有効召命の役割は何か。なぜ有効召命は救いに不可欠なのか。
- 回心の意味とは何か。また悔い改めと信仰とは、回心とどのような関係があるか。
- 信仰と知識との関係をどのように説明するか。
- 再生とは何か。そして、それは他の救いの部分とどのように関係しているか。
- この研究から、あなたが以前に知らなかった救いについてどのようなことを学んだか。

第34章 救いの始まり ── 客観的側面

本章の目的

1. キリストとの結合を定義し、説明する。
2. キリストとの結合に関する聖書の教えと不適切なモデルを比較し、そこから教えられることに留意する。
3. 義認を定義し、説明する。
4. 法廷的教理としての義認を吟味検討し、信仰と行いの関係を明確に理解する。
5. 子とされることを定義し、説明する。

本章の概要

救いの客観的な側面には、キリストとの結合、義認、子とされることという三つの重要な要素がある。キリストとの結合とは、一般的に言えば救いの全体を包括する用語である。しかし、それは夫と妻の間の結婚関係に似たキリストとの親密な関係を参照することにより、具体化することができる。義認において、神はキリストの義を信仰者に転嫁し、信仰者に対する神のさばきを無効にする。最後に、子とされることとは、義と認められた信仰者が実際に神の好意を受ける身分を受け取り、神の家族に子として迎え入れられることである。

本章のアウトライン

1. **キリストとの結合** 347
   (1) 聖書の教え 347
   (2) 不適切なモデル 348
   (3) 結合の特徴 348
   (4) キリストとの結合が意味すること 350

2. **義認** 350
   (1) 義認と法廷的義 350
   (2) 法廷的義認の教理への反論 352
   (3) 信仰と行い 355
   (4) 罪の引きずる結果 356

3. **子とされること** 356
   (1) 子とされることの性質 357
   (2) 子とされることの恩恵 357

第34章 救いの始まり――客観的側面

先に、我々は、キリスト者生活の始まりにおける、その人の実際の霊的状態を含む側面、すなわち主観的側面を調べた。この章では神との関係における個人の身分ないし立場の変化、つまり救いの開始の客観的な側面を考察する。

1. キリストとの結合

(1) 聖書の教え

　ある意味で、キリストとの結合は救い全体を包括する用語であり、他のいろいろな教理は下位の部分を構成している[1]。この用語および概念は、再生や義認、聖化といった他の概念にばかり目が行くために、しばしばおろそかにされるが、キリストと信仰者が一つであると述べている箇所がいかに多いかに注目することは有益である。この関連で一番の基本となる箇所では、信仰者とキリストはお互いの「うちに」（原語in。「にあって」「にある」という訳語もある――訳注）あるものとして描かれている。一方には、信仰者はキリストのうちにいると明確に述べている箇所がたくさんある。たとえばⅡコリント5:17には「ですから、だれでもキリストのうちにあるなら、その人は新しく造られた者です。古いものは過ぎ去って、見よ、すべてが新しくなりました」とある。エペソ1:3-4にそのような節が二つある。「私たちの主イエス・キリストの父である神がほめたたえられますように。神はキリストにあって、天上にあるすべての霊的祝福をもって私たちを祝福してくださいました。すなわち神は、世界の基が据えられる前から、この方にあって私たちを選び、御前に聖なる、傷のない者にしようとされたのです」。その二節後には、「それは、神がその愛する方にあって私たちに与えてくださった恵みの栄光が、ほめたたえられるためです。このキリストにあって、私たちはその血による贖い、背きの罪の赦しを受けています。これは神の豊かな恵みによることです。この恵みを、神は……私たちの上にあふれさせ」（6-8節）とある。同様の表現がⅠコリント1:4-5、15:22、エペソ2:10、Ⅰテサロニケ4:16に現れる。

　もう一方では、キリストは信仰者の中にいると言われている。パウロは「この奥義が異邦人の間でどれほど栄光に富んだものであるか、神は聖徒たちに知らせたいと思われました。この奥義とは、あなたがたの中におられるキリスト、栄光の望みのことです」（コロサイ1:27）と言っている。ガラテヤ2:19b-20では、信仰者の中にキリストが臨在することが、多少違った形で表されている。「私はキリストとともに十字架につけられました。もはや私が生きているのではなく、キリストが私のうちに生きておられるのです。今私が肉において生きているいのちは、私を愛し、私のためにご自分を与えてくださった、神の御子に対する信仰によるのです」。また、イエスのぶどうの木と枝のたとえがあり、キリストと信仰者が互いに内住し合うことが強調されている（ヨハネ15:4-5）。信仰者が持つ霊的なものはすべて、キリストが内側にいることに基づいている。我々の栄光の望みは、我々の中にいるキリストである。我々の霊的活力は内住するキリストから来る。他の箇所には、信仰者とともにいるというキリストの約束が含まれる（マタイ28:20、ヨハネ14:23）。最後に、信仰者は以下のものを「キリストと」共有すると言われている。すなわち、苦難（ローマ8:17）、十字架刑（ガラテヤ2:19）、死（コロサイ2:20）、葬り（ローマ6:4）、生かされること（エペソ2:5）、よみがえり（コロサイ3:1）、栄化と相続（ローマ8:17）をである。

---

[1] John Murray, *Redemption—Accomplished and Applied* (Grand Rapids: Eerdmans, 1955), 161（J・マーレー『キリスト教救済の論理』松田一男・宇田進訳、小峯書店、1972年）。

(2) 不適切なモデル

以上のことを念頭に置きつつも、我々は信仰者とキリストとの間の結合に何が含まれているのかを正確に尋ねる必要がある。というのは、これらの引用箇所の言葉遣いはわかりやすいとは言えないからである。どのような意味で、キリストが我々のうちにおり、我々がキリストのうちにあると言えるのか。これらの表現は完全な隠喩なのか、それとも文字通りに当てはまることが存在するのか。

今まで提案されてきた説明のいくつかは、この教理の意味するものを正確に伝えてはいない。その中には、我々とキリストとの結合は形而上学的であるとする見解がある。そこで土台となっているのは、我々が神と本質において一つであるという汎神論的概念である。しかしながら、この説明は聖書の教えを超えている。

二つ目のモデルでは、我々とキリストとの結合は神秘的なものとされる[2]。このモデルでは、信仰者とイエスの関係は非常に深く、吸収同化されているので、信仰者は事実上個性を失っている。これとは対照的に聖書は、信仰者に対するキリストの影響力がいかに大きくても、二人は二人のままであることを明確にしている。両者が一つに溶け合うことはなく、どちらか一方がもう一方の人格の中に埋没することもない。

三つ目のモデルでは、我々とキリストとの結合を、友人同士あるいは師弟の結びつきのようなものとして見る。同じ関心を共有し同じ理想に自分をささげることで、心理的一体化が起こる。二番目のモデルが、キリストと信仰者のつながりをあまりにも強くしすぎて誤っているとすれば、この三番目のモデルは、あまりにも弱いものにしている。

四つ目の不適切なモデルはサクラメント的な見解で、信仰者はサクラメント（礼典、秘蹟）を受けることでイエス・キリストの恵みを獲得するという[3]。人は主の晩餐にあずかり、キリストの肉を食べ、その血を飲むことで、実際に自分のうちにキリストを取り込むのであると。このモデルの根拠は、主の晩餐を制定したときのイエスの言葉、「これはわたしのからだです……これは……わたしの……血です」（マタイ26:26-28、マルコ14:22-24、ルカ22:19-20。ヨハネ6:53も見よ）の文字通りの解釈にある。これらの箇所を完全に文字通りの意味にとることは正当な根拠がないことのように思えるし、事実上途方もない結論に至る（たとえば、イエスの肉と血が、イエスのからだの一部であると同時にユーカリスト［サクラメンタリストは主の晩餐をしばしばそう呼ぶ］のパンとぶどう酒であるということ）。この見解のさらにやっかいな点は、人間の仲介者がサクラメントを執り行うということにある。この概念はヘブル9:23-10:25の、イエスが仲介者の必要を廃止し、今や直接イエスのもとに行くことができるという言明と矛盾する。

(3) 結合の特徴

キリストとの結合という概念は、どういう意味で積極的なのか。この概念を把握するために、結合の特徴のいくつかに注目したい。このことを完全に理解できるということは期待してはならない。なぜならパウロが「この奥義は偉大です」（エペソ5:32）と言ったからである。彼は、この結合についての知識は、神からの特別な啓示による以外に、人間には得がたいものであるという事実に言及していた。

---

2 Adolf Deissmann, *Paul: A Study in Social and Religious History*, 2nd ed. (New York: George H. Doran, 1926), 142–57（A・ダイスマン『保羅の研究 文化、宗教史概論』W・G・サイプル、郡山源四郎訳、教文館出版部、1930年）。ダイスマンが「ウニオ・ミスティシズム（unio-mysticism）」と名づけている、より極端な形では、この見解は汎神論に近い。

3 Eric Mascall, *Christian Theology and Natural Science: Some Questions on Their Relations* (New York: Longmans, Green, 1956), 314–16.

我々とキリストの結合の第一の特徴は、本質において法的なものであることである。御父が律法の前で我々を評価するまたはさばくとき、我々だけを見るのでない。神は常に信仰者をキリストとの結合において見、二人を一緒にして評価する。それゆえ、「イエスは義であるがその人間は義ではない」とは言わない。二人を一人とみなし、事実上、「彼らは義である」と言う。信仰者はキリストに組み入れられ、キリストは信仰者に組み入れられる（排他的にではないが）。お互いの資産は今では共有されている。法律上、両者は今や一つである。

第二に、この結合は霊的である。このことには二つの意味がある。一つの意味においてこの結合は聖霊によってもたらされる。キリストと御霊の間には、密接な関係があり、それはしばしば認められるよりも密接なものである。ローマ8:9-10にキリストと御霊が互いに置き換え可能として描かれていることにも注目すべきである。「しかし、もし神の御霊があなたがたのうちに住んでおられるなら、あなたがたは肉のうちにではなく、御霊のうちにいるのです。もし、キリストの御霊を持っていない人がいれば、その人はキリストのものではありません。キリストがあなたがたのうちにおられるなら……御霊が義のゆえにいのちとなっています」（Ⅰコリント12:13も見よ）。ジョン・マーレーは、「もし、キリストの霊がわたしたちのうちに宿っておられるなら、それはキリストがわたしたちのうちに宿っておられるということに等しい。彼は御霊によって、わたしたちのうちに宿っておられるのである」と言っている。御霊は「結合の絆」であると[4]。

第二の意味において、キリストとの結合は聖霊によってもたらされると同時に、霊と霊の結合でもある。三位一体のような、一つの本質における異なった人格の結合ではない。イエス・キリストの受肉のような、一つの人格における異なった本性の結合でもない。二つの金属片を溶接するような物理的接合ではない。ある意味で、互いに相手を消さない、二つの霊の結合である。信仰者を肉体的に強くしたり賢くしたりするのではなく、人間のうちに新しい霊的活力を生み出す。

最後に、我々とキリストの結合は、生命の維持に必要である。キリストのいのちが実際に我々のいのちに流れ込んで、内なる性質を新しくし（ローマ12:2、Ⅱコリント4:16）、霊的強さを分け与える。イエスの、ぶどうの木と枝の比喩には字義通りの真理がある。ぶどうの枝が木からいのちを受けていなければ実を結ぶことができないように、キリストのいのちが内に流れ込んでいなければ霊の実を結ぶことはできない（ヨハネ15:4）。

キリストとの結合という考えを説明するために、いろいろな類比が使われてきた。その中には肉体の領域からの類比がいくつかある。口移しの人工呼吸では、一人が実際にもう一人の代わりに呼吸する。人工心臓は、心臓手術の間、身体の細胞に血液を（それゆえに酸素やさまざまな必須栄養物を一緒に）供給するという、生命維持の機能を果たす。また超心理学の領域を用いると、思考はどのようにしてかある個人から他の人へ伝えることができるという証拠がある。さて、精神も含め、我々の本性すべてを設計し創造したのはキリストなのであるから、我々のうちに、我々には十分理解できない形で住んでいて、思考と感情そのものに働きかけることができるとしても驚くにあたらない。最後の説明は、聖書自身からお墨付きを得ているものであるが、夫と妻というたとえである。二人は肉体的に一つになるだけではなく、理想的には頭も心も非常に親密になって、深く共感し理解し合う。以上の類比はどれも、それだけで的確な理解を与えてくれるものはないが、総合的に見ることでキリストとの結合について理解が広げられるかもしれない。

4 Murray, *Redemption*, 166（マーレー『キリスト教救済の論理』）。

(4) キリストとの結合が意味すること

キリストとの結合は、我々の生活にとっていくつかの意味を持っている。まず、我々は義とみなされている。パウロは、「こういうわけで、今や、キリスト・イエスにある者が罪に定められることは決してありません」(ローマ8:1)と書いた。キリストとの法的結合により、我々は律法の前で、また神から見て正しい立場にある。我々は、神の御子イエス・キリストと同じくらい義人である。

第二に、我々は今やキリストの強さのうちに生きている[5]。パウロは「私を強くしてくださる方によって、私はどんなことでもできるのです」(ピリピ4:13)と断言した。また「今私が肉において生きているいのちは、私を愛し、私のためにご自分を与えてくださった、神の御子に対する信仰によるのです」(ガラテヤ2:20。Ⅱコリント12:9も見よ)と主張した。

キリストと一つであるとは、苦難をも受けることも意味する。弟子たちは、イエスが飲んだ杯を飲み、イエスが受けたのと同じバプテスマを受けることになると告げられた(マルコ10:39)。伝承が正しいなら、弟子のほとんどは殉教している。イエスは弟子たちに、迫害に出会っても驚かないようにと命じていた(ヨハネ15:20)。パウロはこのような見通しにもひるむことはなかった。実際、彼の目標の一つはキリストの苦しみにあずかることであった。「私はキリストのゆえにすべてを失いました……私は、キリストとその復活の力を知り、キリストの苦難にもあずかって、キリストの死と同じ状態になり[たいのです]」(ピリピ3:8, 10)。

最後に、我々にはキリストとともに支配することが予期されている。権威と名誉の地位を願った二人の弟子は、代わりに苦しみを約束された(マルコ10:35–39)。しか

---

[5] George E. Ladd, *A Theology of the New Testament* (Grand Rapids: Eerdmans, 1974), 492–93.

しイエスは弟子たち全体に、試みのときに自分について来てくれたので、イエスの御国でその食卓に着いて食べたり飲んだりし、「王座に着いて、イスラエルの十二の部族を治める」(ルカ22:30)ことになるとも言った。パウロも同様の主張をした。

> 耐え忍んでいるなら、
> キリストと共に王となる。
> (Ⅱテモテ2:12)

この世ではしばしば試練があり、苦しみさえある。しかし、それらに耐える手段が与えられている。そしてキリストとともに苦しむ者には栄光に満ちた未来が前途に待ち受けている。

2. 義認

罪と堕落の結果、人類は二重の問題を抱えている。第一に、人間の本性は根本的に腐敗させられている。我々の道徳的品性は罪のゆえに汚染されている。呪いのこの第一の側面は再生によって無効となり、人間性の方向と一般的傾向とは完全に変えられる。第二に、神が期待されたものを満たすことができなかったので、罪責または刑罰を受ける責任は残る。義認が関わるのは、二重の問題のこの第二の側面である。義認とは、神がご自身の目から見て罪人たちを義と宣言する行為である。我々は救されており、我々に対する神の律法の要求はすべて満たされたと宣言されている。このことは、今日かなり実践的な意味を持っている。私はどのようにしたら神と正しい関係をもてるのか、どうしたら罪人である私が聖く正しい審判者に受け入れられるのか、という疑問を扱っているからである。

(1) 義認と法廷的義

義認とは個人が義の状態に回復されることなので、義認を理解するにはまず、聖書

における義という概念を理解する必要がある。旧約聖書では、動詞ツァーダク(tsadaq)が「義である、正しい」あるいは「所与の規範に一致する」を意味している[6]。どういった規範が考慮されているのかは、状況によって異なる。家族関係が背景となっている場合もある。ユダは舅としての責任を果たさなかったので、ユダよりタマルが正しかった（創世38:26）。またサウルを殺すことを拒んだダビデは正しいと言われた（Ⅰサムエル24:17、26:23）。君主と家臣の関係という基準を守っていたからである。明らかに、義とは、ある関係のために設定された基準に基づいて生きることと理解されている。究極的には、神ご自身の人格と本性が義の尺度または基準である。

義認とは、神がご自身の目から見て罪人たちを義と宣言する行為である。それは信仰者にキリストの義を転嫁する法廷的行為である。

旧約聖書では、法廷や法律との関連で義の概念が頻繁に出てくる。正しい人とは、裁判官に罪なしと宣言された人である。裁判官の仕事は、罪を犯した人に有罪を、罪のない人に無罪を宣告することである[7]。「人と人との間で争いがあり、その人たちが裁判に出頭して、正しいほうを正しいとし、悪いほうを悪いとする判定がなされ［る］」（申命25:1）。神は人間にとって、審判される方である（詩篇9:4、エレミヤ11:20）。無罪判決を受けた人々は、神と正しい関係にある、つまり、その関係において期待されることを成し遂げたと判断された。そして、旧約聖書の意味では、義認は人が無実であることを確証し、その根拠に立脚し、真実であることを宣言することを含む。その人は正しい、すなわち律法を全うしていると。

新約聖書は、旧約聖書のこの義認観をさらに進めることとなる。つまり、パウロは、神が不敬虔な者を義と認める（ローマ4:5）と述べるに至った。そうなのである。もしそのような進展部分なしにパウロのように言うことは、とんでもない、恥ずべきことであった。正義が要求するのは、不敬虔な者に有罪を宣告することである。不義な者を義と認めたり、無罪を宣告したりする裁判官は、自ら不正を行っていることとなる。であるから、反対に、神が不敬虔な者を義と認めることにおいて、ご自身が義であると示したのなら（ローマ3:26）、そのような義認は律法の行いとは別のものであることも理解する必要がある。新約聖書で義認とは神の宣告行為であり、"キリストの贖いの死が十分なものであることを根拠に"、神は信仰者に対して、自分たちと関係のある律法の要求をすべて満たしたと言い渡す。義認は信仰者にキリストの義を転嫁する法廷的行為である。聖さを個人に実際に注ぎ込むことではない。裁判官が被告を無罪とするときのように、その人を義と宣言することである[8]。その人を義なるものにすることでも、実際の霊的状態を変更することでもない。

義認が本質上、法廷あるいは宣告に関わるものであるという主張を支持する要素が以下のようにいくつかある。

1. 義とは律法あるいは契約の前での公式の立場に関することであるという概念と、裁判官とはその点において我々の立場を決定し宣言する者であるという概念。

---

6 Francis Brown, S. R. Driver, and Charles A. Briggs, *Hebrew and English Lexicon of the Old Testament* (New York: Oxford University Press, 1955), 842–43; J. A. Ziesler, *The Meaning of Righteousness in Paul* (Cambridge: Cambridge University Press, 1972), 18.

7 Ladd, *Theology of the New Testament*, 440.

8 Ziesler, *Righteousness*, 168.

2. ローマ8:33-34のような箇所で、「義と認める」(ディカイオオー〔dikaioō〕)と「罪に定める、罪ありとする」が並置されていること。「だれが、神に選ばれた者たちを訴えるのですか。神が義と認めてくださるのです。だれが、私たちを罪ありとするのですか。死んでくださった方、いや、よみがえられた方であるキリスト・イエスが、神の右の座に着き、しかも私たちのために、とりなしてくださるのです」。ここでは「義と認める」と「罪に定める」とは並行している。罪に定めるという行為は確かに、誰かの霊的状態を変えることではなく、罪や悪を何かの方法で吹き込むことでもない。人の悪を告発し、有罪を立証するだけのことである。それに対応して、義と認める行為は信仰者たちに聖さを吹き込むことではなく、彼らを正しいと宣言することである。罪に定めることが宣言的な行為であるのなら、義と認めることもまたそうであるに違いない。
3. ディカイオオーが「弁護する、弁明する、正しいと認める(あるいは証明する)」を意味している箇所。神と関連しての人間の行為について使われる場合もある。ルカは、イエスの説教を聞いたとき「イエスの教えを聞いた民はみな、取税人たちでさえ、神の道が正しいことを認めた」(ルカ7:29〔NIV。新改訳欄外注参照――訳注〕。35節も見よ)と報告している。

以上のデータから、義認とは、裁判官が被告に無罪宣告をする行為と同様の、神の法廷的行為ないし宣告行為であると結論する。

(2) 法廷的義認の教理への反論

義認とは本来法廷的なものであるという見解に対しては反論が寄せられてきた。反論を扱うにつれて、義認の意味をもっと明確に把握することになる。ウィリアム・サンデイとアーサー・ヘッドラムは、神はどのようにして不敬虔な者を義と認める(すなわち義と宣言する)ことができたのか、と疑問を呈している。これは、神が罪人を罪を犯していなかったかのように扱う、言い換えれば、神が罪人が本当の姿以外の何かであるかのように見せかけるという虚構の話ではないか。義認をこう解釈することは、たとえ自己欺瞞にすぎないとしても、神に欺瞞の罪を着せることのように見える、と[9]。ヴィンセント・テイラーはこの考えを取り上げて、義が罪人に転嫁されることなどありえないと主張して次のように述べる。「もし信仰によって人が義とみなされるのなら、それは、この用語の信頼できる意味では、その人が義であるからであって、別の人が本人の代わりに義であるからではないに違いない[10]」。

これに対し我々は、義認という行為は、神が罪人を罪人ではない何かであると告知することではないと答える。義認には構成し位置づけるという側面もある。神が行うことは、キリストの義を我々に転嫁(分与ではなく)することによって、我々を実際に義なるものとして構成し位置づけることだからである。ここで「義」という言葉の二つの意味を区別しなければならない。人は律法を一度も犯したことがなければ義であると言える。そのような人は律法を完全に履行しているので、罪はない。しかし、たとえ律法を犯したとしても、規定された罰金がいったん支払われていれば、義とみなされることができる。この二つの状況には違いがあり、その違いが指摘しているのは、義認(justification)を神が私を「まるで私が一度も罪を犯したことがないかのよ

---

9 William Sanday and Arthur C. Headlam, *A Critical and Exegetical Commentary on the Epistle to the Romans*, 5th ed., International Critical Commentary (Edinburgh: T & T Clark, 1958), 36.

10 Vincent Taylor, *Forgiveness and Reconciliation* (London: Macmillan, 1952), 57.

うに」("just as if I had never sinned") みなすことと定義するだけでは不十分であることである（just as if I は一続きに発音すると justification の動詞形 justify の発音に似ている——訳注）。人間は前者の意味で義ではなく、後者の意味で義である。罪に対する罰金が支払われており、したがって律法の要求が満たされているからである。だとすると、信仰者が義であるというのは作り話ではない。キリストの義が彼らに帰されているからである。この状況は、二つの企業が合併したときに起こることとやや似ている。すなわち、それらの別々の資産は一つにされ、その後は相互所有として扱われる[11]。

代償的贖罪の教理と法廷的義認という教理に対して時々出される反論の一つは、徳を人から別の人へ移すことは決してできない、というものである。けれどもキリストと信仰者はお互い距離を置いて立っているのではない。そのため、神が信仰者を真正面から見るときは、ご自身の義をまとったキリストも同時に見ることはできず、見えているふりをするだけ、ということではない。むしろ、キリストと信仰者は結合されており、その結果、いわばキリストの霊的資産と、信仰者の霊的負債と資産は合併している。そのため父なる神は信仰者を見るとき、その人だけを見るのではない。信仰者をキリストと一緒に見るのであり、義認という行為において、両者を共に義と認めるのである。神が「彼らは義である！」と言っているかのようにである。神は信仰者に実際に当てはまることを宣言しているのであり、そのことは、神が信仰者をキリストと一つとして、構成し位置づけることを通してもたらされる。この結合は、結婚すると資産と負債を併合する夫婦のようなものである。財産を合有不動産権により保有していれば、一方の資産が他方の債務を払拭して正味の純残高を残すことができる。

すると義認は、二者ではなく三者に関わるものである。しかも三者全員の自発的行為である。イエスは自身を与え、罪人と結合することを進んで志願した。罪人の側にも、この関係に入ろうという自覚的決意がある。そして御父は進んでそれを受け入れる。誰も強制されていないということは、すべてが完全に倫理的で合法的であることを意味する。

義認が神の賜物であることを示す聖書箇所はたくさんある。最も知られているものの一つはローマ6:23である。「罪の報酬は死です。しかし神の賜物は、私たちの主キリスト・イエスにある永遠のいのちです」。もう一つはエペソ2:8-9である。「この恵みのゆえに、あなたがたは信仰によって救われたのです。それはあなたがたから出たことではなく、神の賜物です。行いによるのではありません。だれも誇ることのないためです」。義認は全く受けるに値しない分不相応なものである。業績ではない。いただくものであって、達成するものではない。信仰でさえも、神が救いという報酬を与えなければならない良きわざを構成するものではない。それは神の賜物である。救いの原因ではなく、救いを受け取る手段なのである。また、ある人々の考えとは反対に、信仰は、常に救いの手段であった。ユダヤ人の父祖アブラハムのことを語る中で、パウロは、アブラハムは行いによってではなく信仰によって義とされたと指摘している。この点を肯定的にも否定的にも主張している。パウロは、アブラハムが「神を信じた。それで、それが彼の義と認められた」（ガラテヤ3:6）と断言する。続いて、行いによって義と認められることができるという考えを否定する。「律法の行いによる人々はすべて、のろいのもとにあります。……律法によって神の前に義と認められる者が、だれもいないということは明らかです」(10-11節)。だから神は新しい救いの手段を導入してはいない。つまり、常に同じ方法で働いておられるのである。

---

[11] Ziesler, *Righteousness*, 169.

第7部 救い

　ある人たちは、法廷的義認の思想はこの著述におけるパウロの目的に対する誤った理解に基づいていると主張している。20世紀後半に「パウロ研究の新しい視点」が起こり、救いのために功徳を積むという律法主義的なアプローチをするユダヤ教に反対していたという伝統的なパウロ解釈は間違っていると示唆した。それによると、パウロは、彼によって回心した異邦人が割礼を受けなければならないと主張するユダヤ主義者と戦っていた。ユダヤ教は行いによって救いを得る宗教ではなく、むしろ善行は神が恵みによりイスラエルとの契約を確立してくださったことに対する応答と教えられていた。これは、E・P・サンダースが「カヴェナンタル・ノミズム（covenantal nomism）」と呼んでいるものである[12]。したがって、パウロの義認の教理は中心的なものではなく、当時のユダヤ主義者との論争という具体的な課題を扱うために発展した教理であったという[13]。

　しかしながら、簡潔に述べると、転嫁された義の概念はパウロの著作に先行するものであり、それゆえ彼はそれを創始したのではなく、見事に詳述したのである。さらに、パウロは、ユダヤ主義者と直面するずっと以前から自分の回心を、行いによってもたらされる義認とは別の信仰による義認と同一視していた。最後に、パウロはユダヤ主義者との論争がおさまった後もこの教理を強調し続けている。これらのことから考慮すると、それを単にこの特別な状況を扱うために創出された教理として理解することはほとんどあり得ない[14]。

　この教理に対するさらにもう一つの反対は、パウロは我々の罪がキリストに転嫁されていると教えているが（Ⅱコリント5:19-21、ローマ4:8）、続いてその逆は教えていないという。神が義とみなすのは我々に転嫁されたキリストの義ではなく、むしろ我々の信仰（キリストにあって、ではあるが）である。義との関係で転嫁について語っている箇所は、ガラテヤ3:6、ローマ4:3、5-6、9、11、22-24である。しかしながらある人々は、それらの箇所はキリストの義が我々の義とみなされると言っているのではなく、我々の信仰が義とみなされると言っていると主張する[15]。

　しかしながら、議論が行われている広い文脈が重要であることに留意すべきである。ロバート・ガンドリーは、パウロが義認を論じている思想の枠組みは「帳簿的枠組み」というより「契約的枠組み」であると主張している。ガントリーは、帳簿という概念が我々の違反がキリストへ移動したことを理解するのには適切であると認めているが、義が信仰者のものとされることを理解するには適切ではないと言う[16]。しかし、パウロは借金や働き等々について語っており、それは確かに契約的枠組みよりも帳簿的枠組みに関連する。これらの聖句をより自然に理解するときに分かることは、信仰が我々に帰した義を構成するのではなく、キリストの義を得るための手段であるということである[17]。

　転嫁された義か分与された義かという問題は、通常プロテスタントとカトリックの間の古典的な論争よりも、より微妙な差異をもつかたちで新しい文脈において起こり続けている。義認は外なる義を移すことで

---

[12] E. P. Sanders, *Paul and Palestinian Judaism: A Comparison of Patterns of Religion* (Philadelphia: Fortress, 1977), 422–28.

[13] Ibid.

[14] Reginald H. Fuller, "Justification in Recent Pauline Studies," *Anglican Theological Review* 84, no. 2 (Spring 2002): 413–14.

[15] Robert H. Gundry, "The Nonimputation of Christ's Righteousness," in *Justification: What's at Stake in the Current Debate?*, ed. Mark Husbands and Daniel J. Trier (Downers Grove, IL: InterVarsity, 2004), 18.

[16] John Piper, *Counted Righteous in Christ: Should We Abandon the Imputation of Christ's Righteousness?* (Wheaton: Crossway, 2002), 55n3.

[17] Ibid., 63–64. セクション全体（53-64）が、「義としての信仰」という見方に対する徹底的な釈義的応答を構成している。

はなく、キリストの義に事実参与することであると主張されることもある。その結果、罪が贖われるだけでなく、罪の力に対しても死ぬのであると[18]。あるいは、回心の時点で起こる義認と最後の審判のときの義認が区別されることもある。その議論では、審判は人のなした行いを考慮に入れるものである。行いは、単に報酬の基盤ではなく、神の前での人の最終的立場を決定する基盤でもあるとされる[19]。N・T・ライトは、パウロの書いた幾つかの箇所を吟味して、未来の審判の基盤を構成するこの要素が多くの神学者によって見過ごされてきたと主張する。その神学者たちには、義認についての宗教改革的な見解を聖書的な教え全体として取り扱う傾向があったと[20]。

そして、これは、より保守的な「新しい視点」の学者と彼を批評する者たちの間の違いの決定的な要素のように思われる。ライトは、最後の審判は第二の義認あるいは最終的な義認と考えるべきであると主張している。最初の義認は、救いの信仰の時点で起こり、それは信仰者に神が転嫁するキリストの義のみを基礎としている。しかし、最終的な義認の根拠は、信仰者と神との間の契約に対する信仰者の忠実な遵守、すなわち少なくとも部分的に、マタイ25:31-46に記されているような正しい行いに基づいている[21]。

法廷的義認についてのこれらの微妙な差異を示す言明に共通する要素は、古典的プロテスタントの見方はあまりにも鋭い形で義認と聖化と呼ばれるものを分離させすぎてきたという批判である。これはある場合には、パウロの見方はユダヤ的な円形的な思考方法を基盤としているのに、ギリシア的な直線的なカテゴリーを通してそれを読んでいることに起因している[22]。

この見解は、神の救いのわざが変えられた人とその人の聖い生活の中で生じるべきであることを思い起こさせてくれる。しかしながら、それは反対の見解に法廷的義認の概念に固有のものよりも鋭い区別を与え、そしてそれからより強い結論を主張することによってその分離を修正しようとしている。パウロは真に義認と聖化という概念を区別しているが、これは一方が他方なしに存在できるとか、反律法主義の基盤を与えているとかを意味しているわけではない。さらに、法廷的義認を批評する者たちはしばしば、自分たちの前提の多くが現代の知的環境から派生していることを理解し損ねている。そして、聖書の資料の中にそれらを読み込んでいる。このことはユダヤ人と西欧人という区別にかなりはっきりと見て取れる。それは少なくとも五十年前かそれ以上前のジェイムズ・バーや他の人たちの著作以来、疑わしいものと思われてきたものである。ゆえに、この異議申し立ては不適切であると判断しなければならない。

(3) 信仰と行い

恵みによる救いという原理は、信仰は行いとどのような関係があるのかという問題を提起する。本書がとってきた立場では、行いは救いを生み出すものではない。ただし、聖書の証言は、次のことも示している。義認に至らせるものは信仰であるが、義認は、生み出された新しい被造物の本性にふさわしい行いを生み出すべきであり、必ず生み出すということである。恵みによる救いに関する古典的な箇所であるエペソ2:8-9を引用するときは、そこで止めないで10

---

[18] Sanders, *Paul and Palestinian Judaism*, 464–65.

[19] Paul A. Rainbow, *The Way of Salvation: The Role of Christian Obedience in Justification* (Bletchley, UK: Paternoster, 2005), xvi.

[20] Tom Wright, *Justification: God's Plan and Paul's Vision* (London: SPCK, 2009), 160.

[21] Ibid., 161–62. この見方に対する批評は、John Piper, *The Future of Justification: A Response to N. T. Wright* (Wheaton: Crossway, 2007), 100–116 を見よ。

[22] Don Garlington, "Imputation or Union with Christ: A Response to John Piper," *Reformation and Revival* 12, no. 4 (Fall 2003): 76; Brad H. Young, *Paul the Jewish Theologian: A Pharisee among Christians, Jews, and Gentiles* (Peabody, MA: Hendrickson, 1997), 40–42.

節も引用するとよい。そこにはこの恵みの結果が指し示されている。「実に、私たちは神の作品であって、良い行いをするためにキリスト・イエスにあって造られたのです。神は、私たちが良い行いに歩むように、その良い行いをあらかじめ備えてくださいました」。ヤコブはこのことをさらに力強く述べている。「信仰も行いが伴わないなら、それだけでは死んだものです」（ヤコブ2:17。26節も見よ）と。パウロとヤコブとの間には緊張関係があるというかなり一般的な見解にもかかわらず、どちらも本質的に同じことを主張している。つまり、義認に至る信仰の真実さは、そこから出てくる結果によって明らかになると。もし良い行いがないなら、真の信仰も義認もなかったのである。

(4) 罪の引きずる結果

一つ問題が残る。罪が赦され罪人が義と認められた後も、罪の結果はずっと残っているように思われる。ダビデがその一例である。バテ・シェバと姦淫し、ウリヤを殺害した罪は取り去られたのでダビデは死なないと告げられた。しかし、バテ・シェバに生まれた子はダビデの罪のために死ぬ、と告げられたのである（Ⅱサムエル12:13-14）。それは真の赦し、完全な赦しと言えるものなのだろうか。このような場合、まるで神が赦しを少し控えたので、罰が少し残っていたかのようではないか。そしてもしそうだとすれば、真の恵みはあるといえるのか。

義認に至らせるものは信仰であるが、義認は、良い行いを生み出すべきであり、必ず良い行いを生み出す。

ここで罪の一時的な結果と永遠の結果を区別する必要がある。人が義と認められると、永遠の死を含めて、罪の永遠の結果はすべて無効にされる。しかし罪の一時的な結果は、個人に降りかかるものも、人類全体に降りかかるものも、必ずしも取り除かれるわけではない。こうして我々は、肉体の死など、創世記3章の呪いの要素を今も経験している。これらの結果の多くは、肉体的または社会的のいずれかであり得る因果関係において我々の罪から生じる。神は普通、これらの法則が成し遂げるものを防ぐために奇蹟的に介入することはしない。であるから、たとえば酔っ払った状態で、おそらく怒っている人が自分の家族を殺したが後に悔い改め赦されたとしても、神は家族を生き返らせはしない。犯した罪のために生涯家族を失ったままである。ここに警告がある。神の赦しは無限で誰でも手に入れることができるが、罪は軽く扱うべきものではない、ということである。赦されても、それは依然として重大な結果をもたらす。

3. 子とされること

義認の効力は、第一義的には否定的なものである。すなわち我々に対する判決の破棄である。不幸なことに、放免されるだけで、積極的な立場を同時に手に入れることはないこともありうる。しかし義認はそうではない。我々は罰を受ける責任から解放されているだけでなく、神の愛顧を受ける立場に回復されてもいる。この、疎外と敵意の身分から受容と愛顧の身分への移行を、子とされること（adoption）と呼ぶ[23]。このことは新約聖書の何箇所かで言及されている。最もよく知られているのはヨハネ1:12であろう。「しかし、この方を受け入れた人々、すなわち、その名を信じた人々には、神の子どもとなる特権をお与えになった」。パウロは、我々が子とされることは神の計画の一部の実現であると述べている

---

[23] Murray, *Redemption*, 132–34（マーレー『キリスト教救済の論理』）。

(エペソ1:5)。そしてガラテヤ4:4-5でパウロは、義認と子とされることを結びつけている。「しかし時が満ちて、神はご自分の御子を、女から生まれた者、律法の下にある者として遣わされました。それは、律法の下にある者を贖い出すためであり、私たちが子としての身分を受けるためでした」。

西欧の思考であまり重視されてこなかった救いの一面は、イエスが多くの兄弟姉妹の長子であることである（ローマ8:29）。これは、我々がイエスのものであった神性を獲得さえするということを意味するのではないが、地上での宣教の間イエスが享受した御父の子に対する恩恵に我々が招き入れられたことを確かに意味する。イエスの役割は、ヘブルの思想にも共通する、兄についてのアフリカの概念によく似ている[24]。

(1) 子とされることの性質

我々が子とされることにはいくつかの特徴がある。第一に、これは、回心、再生、義認、キリストとの結合と同時に起こる。加えて、そのとき以後、キリスト者として生き、行動している状況である。子とされることは、再生や義認と論理的には区別されるが、実際には分離可能ではない。義と認められ再生した者だけが子とされており、子とされた者だけが義と認められ再生している[25]。子とされることは身分と状況の両方の変化を伴う。形式上の意味では、子とされることとは宣言的な事柄、我々の法的身分の変更である。我々は神の子どもとなる。さらにそれに加えて、神の愛顧を実際に経験する。子としての身分の霊（ローマ8:15NIV1986年版参照——訳注）と呼ばれるものを享受する。キリスト者は愛と信頼を込めて神を、恐ろしい奴隷の監督、過酷な仕事を割り当てる親方としてではなく、

父親として見る（ヨハネ15:14-15）。

我々は子とされることで、人間がかつて持っていたが失った、神との関係に回復される。我々は本来、創造により神の子であるが、いわば、神の家族から外れることへと自らの意思表明をしたのである。しかし神は我々を子とすることで、初めから意図されていたご自身との関係に回復される。

こうして、子とされることは、人間一般が神と持っている関係とはかなり違った種類の関係をもたらす。ヨハネはこの違いをはっきりと指摘している。「私たちが神の子どもと呼ばれるために、御父がどんなにすばらしい愛を与えてくださったかを、考えなさい。事実、私たちは神の子どもです」（Ⅰヨハネ3:1）。信じない者は全く持っておらず、経験もできない、子としての関係を信仰者は経験する[26]。

(2) 子とされることの恩恵

子とされることの意味ないし重要性は、信仰者の生活の中での、また生活に対する影響を調べるとき最も明白になる。もちろんその一つは赦しである。神は喜んで赦してくださる。情け深く、心優しく親切な方である（申命5:10、詩篇103:8-14）。恐れるべきではなく、信頼すべき相手である。我々が子とされることは、赦しが続くことを意味する。パウロは、神が我々を赦してくださった事実を考えて、他の人を赦すようにと勧めている。「互いに親切にし、優しい心で赦し合いなさい。神も、キリストにおいてあなたがたを赦してくださったのです」（エペソ4:32）。

子とされることには、和解も含まれる。神が我々を赦してくださっただけでなく、我々は神と和解させられている。もはや神に敵意をいだいていない。神は、我々の罪によって傷つけられた交わりをご自身から進んで回復することによって、我々に対する愛を示した（ローマ5:8、10）。子とされ

---

[24] François Kabasélé, "Christ as Ancestor and Elder Brother," in *Faces of Jesus in Africa*, ed. Robert J. Schreiter (Maryknoll, NY: Orbis, 1991), 116–27.

[25] Augustus H. Strong, *Systematic Theology* (Westwood, NJ: Revell, 1907), 857.

[26] Charles M. Horne, *Salvation* (Chicago: Moody Press, 1971), 76–77.

ることにおいて、両者が相手と和解させられている。

神の子たちには自由も与えられている。神の子は束縛感や強迫観念から従う奴隷ではない。神の子として我々は、律法に従って生きられなかったらどうなるかと恐れる必要はない。「神の御霊に導かれる人はみな、神の子どもです。あなたがたは、人を再び恐怖に陥れる、奴隷の霊を受けたのではなく、子とする御霊を受けたのです。この御霊によって、私たちは『アバ、父』と叫びます。御霊ご自身が、私たちの霊とともに、私たちが神の子どもであることを証ししてくださいます」(ローマ8:14-16)。同じような考えがガラテヤ3:10-11に表現されている。我々は自由な人間である。奴隷や召使いと同じような形で律法に対して義務を負っているのではない。

しかしながら、この自由は放縦の許可証ではない。与えられた自由を悪用する者はいつでもいる。パウロはそのような人々に警告した。「兄弟たち。あなたがたは自由を与えられるために召されたのです。ただ、その自由を肉の働く機会としないで、愛をもって互いに仕え合いなさい」(ガラテヤ5:13)。信仰者は、残酷で厳格な主人に対する恐れからではなく、優しく愛情深い父に対する愛から戒めを守る(ヨハネ14:15、21、15:14-15)[27]。

子とされることは、キリスト者が父親としての神の世話を受ける者であることを意味する。パウロは、「私たちが神の子どもである……子どもであるなら、相続人でもあります。……神の相続人であり、キリストとともに共同相続人なのです」(ローマ8:16-17)と述べた。相続人として、我々は御父の無限の資源を利用することができる(ピリピ4:19)。信仰者は、神にできることに限界はないと知って、確信をもって祈ることができる。イエスによると、空の鳥を養い、野の百合を装わせる御父は、人間の子どもたちのことをそれ以上に心にかけている(マタイ6:25-34)。神の供給はいつも賢明で親切である(ルカ11:11-13)。

ただし、神が我々を甘やかす、あるいは自由にさせてくれると考えるべきではない。神は我々の天の父であって、天のおじいさんではない。したがって、訓練は我々が子とされることの特徴の一つである。ヘブル人への手紙の中で、この主題がかなり拡大され論じられている(ヘブル12:5-11)。箴言3:11-12を引用して記者は、「訓練として耐え忍びなさい。神はあなたがたを子として扱っておられるのです。父が訓練しない子がいるでしょうか」(7節)と解説する。懲らしめは、受けたときは喜ばしいものではないだろうが、長い目で見れば有益である。愛とは他の人の究極の幸せのために配慮し、行動することである。それゆえ訓練は愛の欠如ではなく、愛の証拠と考えるべきである。

最後に、子とされることは御父の善意を伴う。我々の悪い行いが招いた罰金は支払われたのだから、確かに我々は放免されている。しかしそのことは、将来において罰を受けないという意味でしかないのかもしれない。必ずしも善意を保証するものではない。犯罪者が社会に対して負っている負債が支払われたからといって、その後社会がその人を好意や慈愛をもって見るとは限らない。それどころか疑いや不信、憎悪さえありうる。しかし御父には、我々がとても必要とし願っている愛と善意がある。御父は我々のものであり、我々は御父のものである。そして御父は子とすることを通して、ご自身の計り知れない愛が授けることのできる恩恵すべてを我々に及ぼしてくださる。

---

27 Ladd, *Theology of the New Testament*, 493–94.

研究課題

- 救いに関する三つの客観的教理、すなわちキリストとの結合、義認、子とされることを、あなたならのように定義し説

明するか。
- この三つの教理の類似しているところと相違は何か。
- 義認を法廷的教理と考えることで起こる問題は何か。それらの反論にどう答えるか。
- 子とされることの恩恵は何か。
- 子とされることは、どのような形であなたのうちに礼拝と感謝の特別な感覚を喚起することができるか。

第35章 救いの継続と完成

本章の目的

1. 聖化とは何であり、どのようにして信仰者の生活の中で達成されるのかを定義し説明する。
2. 堅持の教理を定義し説明する。
3. 堅持についてのアルミニウス主義の見解とカルヴァン主義の見解の差異を認識し、見解の相違を解決する。
4. 栄化の意味とそれがもたらす喜びと励ましを理解する。

本章の概要

神は救いという奇蹟的なわざの後、信仰者をキリストのかたちへと変貌させていく過程を継続する。聖化は、罪から向きを変えて、罪のない生活に至ることを目標に、聖さへと向かう過程である。堅持とは、神が信仰者を、残る生涯において信仰にとどまっていられるようにすることを意味する。栄化は来るべき世で完成し、そのとき我々は、まさに神が意図したとおりのものとなる。

本章のアウトライン

1. **聖化** 361
   (1) 聖化の意味 361
   (2) 聖化の特徴 361
   (3) 聖化――完全か不完全か 363

2. **堅持** 365
   (1) カルヴァン主義の見解 365
   (2) アルミニウス主義の見解 367
   (3) 問題の解決 368

3. **栄化** 371
   (1) 「栄光」の意味 371
   (2) 信仰者の栄化 372

第35章　救いの継続と完成

前の二つの章で調べたように、救いの始まりは複雑かつ深遠なものである。しかし、御子の似姿に回復しようと、神の子たちを定めている神の特別な働きは、それで終わりではない。この変貌の働きを始めた神は、それを継続し完成する。

1. 聖化

(1) 聖化の意味

聖化は信仰者の人生の中で継続する神の働きであって、実際にその人を聖いものにする。ここで言う「聖い」とは、「神の実際の似姿を帯びている」という意味である。聖化は、人の道徳的状態を神の前での法的身分と一致させていく過程である。これは再生のときに、すなわち信仰者に新しいいのちが与えられ、それが内部に据えつけられたときに始まったことの継続である。聖化とは、特にイエス・キリストによってなされたわざを聖霊が信仰者の人生に適用することである。

「聖化」という言葉には基本的な意味が二つあり、聖さについての二つの基本概念と関連がある。一つは、特定の物、人、場所の形式的特徴としての聖さである。この意味での聖さは、分離され、普通のものや世俗的なものから取り分けられ、特別な目的や使用にささげられた状態を言う。旧約聖書では、特定の場所（特に聖所および至聖所）、物（たとえばアロンの衣や安息日）、人（たとえば祭司やレビ人）が、主に対して特別に取り分けられ、聖くされた。

聖化のこの意味は新約聖書にも見られる。ペテロは自分の手紙を読む人々を「選ばれた種族、王である祭司、聖なる国民、神のものとされた民」（Ⅰペテロ2:9）と呼んでいる。ここでは、聖くされるとは「主に属する」という意味である。この意味での聖化は、キリスト者生活の一番最初に、回心の時点で、再生と義認とともに起こるものである。この意味で、新約聖書は完全な聖さに程遠い場合でも、しばしばクリスチャンを「聖徒たち」と呼んでいる[1]。たとえばパウロは、たとえ奉仕した教会の中でおそらくコリントの教会が最も不完全なものであったとしても、その教会の一人一人をこのように聖徒と呼んでいる（Ⅰコリント1:2）。

聖さあるいは聖化の第二の意味は、道徳的な良さ、または霊的価値である。この意味が漸進的に影響力を及ぼすようになる。それが意味しているものは、信仰者が立場上取り分けられている、あるいはキリストに属しているということだけではなく、その立場にふさわしく生活すべきであり、純粋で善なる生活を送るべきなのである[2]。

聖化の本質にさらに焦点を合わせるために、義認と対比することが助けになる。重要な違いがいくつかある。一つは期間に関することである。義認は即座に起こり、瞬時に完了するが、聖化は完成までに全生涯を要する過程である。また量的な違いもある。人は義と認められているか、否かであるが、多くきよめられている人と少しきよめられている人とがいる。つまり聖化には程度の差があるが、義認にはない。義認は前に見たように法廷的または宣言的行為であるが、聖化は実際に、人の性質と状態が変貌していくことである。義認は神の前における立場、神との関係に影響を与える客観的働きであるが、聖化は内なる人に影響を与える主観的働きである。

(2) 聖化の特徴

今度は聖化の特徴を見る必要がある。まず、聖化が超自然的働きであることを強調しなければならない。神によってなされることであって、我々が自分ですることではない。したがって、今語っているのは単な

---

1 G. Abbott-Smith, *A Manual Greek Lexicon of the New Testament*, 3rd ed. (Edinburgh: T & T Clark, 1953), 5.

2 Ibid.

る矯正ではない。パウロは、「平和の神ご自身が、あなたがたを完全に聖なるものとしてくださいますように。あなたがたの霊、たましい、からだのすべてが、主イエス・キリストの来臨のときに、責められるところのないものとして保たれていますように」（Ⅰテサロニケ5：23。エペソ5：26、テトス2：14、ヘブル13：20-21も見よ）と書いた。

さらに、信仰者の内部での神のこの働きは漸進的なものである。このことはたとえば、神はピリピの人たちの生活の中で働き続けるというパウロの確信に見られる。すなわち、「あなたがたの間で良い働きを始められた方は、キリスト・イエスの日が来るまでにそれを完成させてくださると、私は確信しています」（ピリピ1：6）。パウロは、十字架は「救われつつある私たちには」神の力であるとも述べている（Ⅰコリント1：18NIV訳注）。ギリシア動詞の形は、進行中の活動という観念を明確に伝えている。

この神の働きの目標はキリストご自身に似るものとなることである。これは永遠の昔から神の意図することであった。「神は、あらかじめ知っている人たちを、御子のかたちと同じ姿にあらかじめ定められたのです。それは、多くの兄弟たちの中で御子が長子となるためです」（ローマ8：29）。「同じ姿に」と訳されている言葉は、単に外面的、表面的にキリストに似ることを指しているのではない。あるものをあるものたらしめる一連の特徴または特質を意味する。さらに、それは御子との生命的な結びつきをも指し示している。我々がキリストに似たものとされることは、当事者間の距離を置いた取引のようなものではない。そうではなく、我々が所有することになるものは、キリスト"と一緒に"所有するものなのである。

聖化は聖霊の働きである[3]。ガラテヤ5章でパウロは御霊にある生活について語っている。「御霊によって歩みなさい。そうすれば、肉の欲望を満たすことは決してありません」（16節）。「私たちは、御霊によって生きているのなら、御霊によって進もうではありませんか」（25節）。また、「御霊の実」と彼が総称する特質を列挙している。「愛、喜び、平安、寛容、親切、善意、誠実、柔和、自制」（22-23節）と。同じようにローマ8章でパウロは、御霊とキリスト者について多くのことを述べている。キリスト者たちは御霊に従って歩み（4節）、御霊に属することをひたすら考え（5節）、御霊のうちにおり（9節）、御霊がそのうちに住んでいて（9節）、彼らは御霊によってからだの行いを殺しており（13節）、御霊に導かれる（14節）。御霊は彼らを神の子であると証しし（16節）、御霊はキリスト者のためにとりなす（26-27節）。信仰者のうちに働き、キリストに似たものとするのは御霊である。

以上のことから、聖化は信仰者の側にとって全く受け身のものと結論を出す人がいるかもしれない。しかしそうではない。聖化は独占的、排他的に神のみによるもの、つまりその力は全く神の聖さに基づいている[4]。その一方で、信仰者は、救いに関係する事柄において努力し、成長するよう絶えず勧められている。たとえばパウロはピリピの人々にこう書いている。「恐れおののいて自分の救いを達成するよう努めなさい。神はみこころのままに、あなたがたのうちに働いて志を立てさせ、事を行わせてくださる方です」（ピリピ2：12-13）。パウロは美徳を実践することと悪を避けることの両方を促す（ローマ12：9、16-17）。我々は、からだの行いを殺し（ローマ8：13）、自分のからだを生きた供え物としてささげる（ローマ12：1-2）べきなのである。だから、聖化は神のわざであるが、信仰者にも

---

3 Otto Procksch, "ἅγιος, ἁγιάζω, ἁγιασμός," in *Theological Dictionary of the New Testament*, ed. Gerhard Kittel, trans. and ed. Geoffrey W. Bromiley (Grand Rapids: Eerdmans, 1964), 1: 113.

4 Ibid., 111.

役割がある。すなわち罪深さを取り除くことと、聖さにおいて進歩することの両方である。

(3) 聖化 ── 完全か不完全か

教会の歴史を通じて意見の相違があった一つの大きな問題は、聖化の過程が信仰者の地上の生涯の間に完了するのか、しないのかである。我々はもはや罪を犯さない領域に到達するのだろうか。この問いに肯定的に答える者、つまり完全主義者は、信仰者が罪を犯さない状態に至ることは可能であり、実際その点に達しているキリスト者もいると主張する。これは、その人は罪を犯すことができないという意味ではなく、実際に罪を犯さないという意味である。また、このことは、恵みの手段や聖霊はこれ以上必要ないとか、誘惑や、悪へと向かう生来の傾向との戦いがもはやないとか、霊的にさらに成長する余地がないとかという意味ではない[5]。しかしながら、罪を犯さないことは可能であり、実際にすべての悪をやめている信仰者がいることを意味している。このような見解を支持する聖書箇所は十分にある。その一つはマタイ5:48で、イエスは聞き手たちに「ですから、あなたがたの天の父が完全であるように、完全でありなさい」と命じている。パウロはテサロニケの人々のために「平和の神ご自身が、あなたがたを完全に聖なるものとしてくださいますように。あなたがたの霊、たましい、からだのすべてが、私たちの主イエス・キリストの来臨のときに、責められるところのないものとして保たれていますように」（Ⅰテサロニケ5:23。エペソ4:13、ヘブル13:20-21も見よ）と祈っている。これらの聖句は、完全な聖化はすべての信仰者にとって可能であり、一部の人にとっては現実であるという、一応確からしい証拠を提供しているように思われる[6]。

完全主義者に劣らず自分たちの確信について熱心なのが、完全とは理想であってこの世では決して得ることができないと主張する人たちである。この人々は、我々は罪から完全に解放されることを願ってそのために努力すべきであるが、この世の生活で罪のない状態というのは決して現実的な目標ではないと主張する。ある聖書箇所は罪から逃れることはできないことを示唆しており[7]、そういった箇所の中で際だっているものの一つがⅠヨハネ1:8-10である。「もし自分には罪がないと言うなら、私たちは自分自身を欺いており、私たちのうちに真理はありません。もし私たちが自分の罪を告白するなら、神は真実で正しい方ですから、その罪を赦し、私たちをすべての不義からきよめてくださいます。もし罪を犯したことがないと言うなら、私たちは神を偽り者とすることになり、私たちのうちに神のことばはありません」。この箇所が信仰者たちに向けて書かれたということが、我々すべてのうちには罪があるという主張にさらに説得力を持たせている。

> 聖化は独占的、排他的に神のみによるものである一方で、信仰者は、救いに関係する事柄において労し、成長するよう絶えず勧められている。

もう一つ、非完全主義者がよく引用するのがローマ7章で、そこではパウロが自分の経験を語っている。パウロが回心後の人生を視野に入れているという仮定（すべての学者が受け入れるわけではない仮定）では、この箇所は信者が罪から解放されていないという主張に対する鮮明で力強い証言

---

5 John Wesley, *A Plain Account of Christian Perfection* (London: Epworth, 1952), 28（J・ウェスレー『キリスト者の完全』竿代忠一訳、日本ウェスレー出版協会、1963年）。

6 Charles G. Finney, *Lectures on Systematic Theology* (London: William Tegg, 1851), 604–13.

7 Augustus H. Strong, *Systematic Theology* (Westwood, NJ: Revell, 1907), 879.

のように見える。パウロは説得力のあるかたちでこのことを述べている。「私は、自分のうちに、すなわち、自分の肉のうちに善が住んでいないことを知っています。私には良いことをしたいという願いがいつもあるのに、実行できないからです。私は、したいと願う善を行わないで、したくない悪を行っています」(18-19節) と。この言葉は、すべてのキリスト者の中で最も偉大な人の一人、実際、今までで一番優れたキリスト者と多くの人が言うであろう人から発せられたものである。もし彼のような人物が大いに罪に悩まされていると告白したのなら、確かに、この完全はこの世では経験できないと結論づけなければならない。

以上の考察事項すべてのもつれを解いて、この難しいが重要な話題の結論にたどり着くにはどうしたらよいだろうか。もう一度罪の本質に注目することから始めよう。外的性質から出た行為だけが罪なのではない。我々がいだく思いや態度さえも、もしそれが全能で完全に聖い神の考えに完全に一致しているのでないなら罪であることをイエスは明らかにした（たとえばマタイ5:21-28を見よ）。このように罪というのは我々が考えがちなものよりも、かなり広く行き渡っていて微妙な性格のものである。

また我々に命じられている完全がどのような本質をもつかを決定する必要もある。テレイオイ（*teleioi*「完全」）という単語がマタイ5:48に出てくるが、これは「傷のない」とか「しみのない」という意味ではない。そうではなく、「完了している」という意味である。それなら、罪からすっかり自由になっていなくても「完全」であることは十分可能である[8]。すなわち、キリストの満ち満ちた様（エペソ4:13）と御霊のすべての実（ガラテヤ5:22-23）を、完全な形で手中に収めるのでなくても自分のものとできるのである。

目指すべき基準は、罪からの完全な自由である。その目的を達成するために神の恵みによって努力するという命令は無視することができないほど多い。そして確かに、もしこのように力を与えられることで特定の誘惑に屈することを避けることができるのなら、どんな場合も勝利できるに違いない。けれどもⅠヨハネ1章のような箇所の力強さにも注目しなければならない。これらの教訓的な箇所に加えて、聖書は率直に、男であれ女であれ偉大な神の人を罪人として描いている。したがって、罪からの完全な自由と勝利は、目指すべき基準であり理論上は可能なものであるが、信仰者がこの世でその目標に到達するかどうかには疑問が残る、というのが本書の結論である。

しかしながら、このような立場をとることにはある種の困難が伴う。その一つは、現実に可能でないのなら、勝利を得た汚れのない生活をするようにとキリスト者に繰り返し勧めることは矛盾しているように思えるということである[9]。しかし必ずしも矛盾していることにはならない。限られた期間内に到達するとは思っていなくても、自分の向かう基準、理想を持つことはある。船や飛行機で北極星に到達した人がいないことは今まで観察されてきた。しかし北極星が我々が向かう目印であり、「北」の尺度であることに変わりはない。同様に、我々はこの人生の中で完全に聖化されることは決してないかもしれないが、我々はそれを超えた永遠においてはそれに到達するのだから、今我々はできる限り完全な聖化に近づくことを目指すべきである。

もう一つの問題は、Ⅰヨハネ3:3-6のような教えの存在である。「罪を犯している者はみな、律法に違反しています。罪とは律法に違反することです。あなたがたが知っているとおり、キリストは罪を取り除くために現れたのであり、この方のうちに罪はありません。キリストにとどまる者はだ

---

[8] James Hope Moulton and George Milligan, *The Vocabulary of the Greek New Testament* (Grand Rapids: Eerdmans, 1974), 629.

[9] Finney, *Lectures*, 611–13.

れも、罪を犯しません。罪を犯す者はだれも、キリストを見たこともなく、知ってもいません」。これは完全主義者の立場を裏づけるものではないだろうか。しかし、「罪を犯している人はみな」と「罪を犯す者はだれも」という表現のギリシア語の動詞形は、反復的な行動を示していることに留意すべきである。ここの意味は、常習的に罪を犯し続けている人は律法に逆らう罪を犯しており、キリストを全く知らない、ということである。

　罪のない状態はこの世では経験できないがそれを目標としなければならないという我々の見解には、重要な実践的意味が含まれている。一方でこの立場は、罪を犯してしまってもひどく落胆したり、打ち負かされたり、さらには絶望と罪悪感をいだいたりする必要はないことを意味する。しかしもう一方で、自分に満足しすぎたり、罪の存在に無関心になったりしてはならないことも意味する。なぜなら、我々は（パウロのように、悪へと向かう傾向が自分の内部に行きわたっていることに気づき――訳注）神に誠実にそして熱心に、悪の傾向を完全に克服するようにより頼むようになるからである。

2. 堅持

　本物の再生を経験し、義とされ、神によって子とされ、イエス・キリストと結び合わされた信仰者はその関係にとどまっているのであろうか。言い換えると、キリスト者となった人はずっとキリスト者なのだろうか。そしてもしそうなら、それはどのような根拠に基づいているのか。これは実際的なキリスト者生活という観点からはかなり重要な問題である。一方で、もし救いは永遠のものという保証がないなら、信仰者は心配や不安をつのらせ、キリスト者生活における主な任務を損なうことになるかもしれない。もう一方で、もし救いが絶対に保証されており、もし我々が生活や行動にほとんど関係なく守られるのなら、その結果、福音の道徳的霊的要求に対してある種の無関心が生じるかもしれない。したがって信仰者の保証について聖書がなんと教えているかを明確にすることには時間と努力をかける価値がある。信仰者の救いは絶対に確かなものかどうかに関しては、おもに二つの立場がとられてきた。カルヴァン主義的立場とアルミニウス主義的立場である。この二つの立場には共通の概念がある。彼らは、神には力があり、誠実な方であり、約束したことを進んで守り、また守ることのできるお方であることには同意している。少なくとも普通の形態のカルヴァン主義とアルミニウス主義では、救いは人間の行いによっては達成も保持もされないことに同意している。聖霊がすべての信仰者のうちに働いていることに（御霊の臨在と活動に関して多少意見の相違はあるだろうが）同意している。どちらも、神が提供する救いは完全なものであると確信している。どちらも、信仰者は今自分が救いを得ていることを実際に知ることができると主張する。しかしそれでも、両者の間には重大な相違点がある。

(1) カルヴァン主義の見解

　カルヴァン主義者は、神がある人たちを、多くの堕落した人類の中から永遠のいのちを受けるように選び出したのであり、そのように選ばれた者は必ずその永遠のいのちを受けるようになるわけだから、彼らの救いは永遠のものでなければならないと断言する。もし選ばれた者がある時点で救いを失う可能性があるなら、彼らを永遠のいのちに選んだ神の選びは真に有効なものでなくなる。こうして、カルヴァン主義者が理解している選びの教理には、当然堅持も含まれる。

　しかしながらカルヴァン主義者が堅持の教理を保持しているのは、論理的に一貫しているという理由だけではない。数多くの

聖書の教えが、それぞれ独立してこの教理を裏づけている。その中には、神が与える救いが不滅の特質を持つことを強調している一群の聖句がある[10]。一例はⅠペテロ1:3-5である。「私たちの主イエス・キリストの父である神がほめたたえられますように。神は、ご自分の大きなあわれみのゆえに、イエス・キリストが死者の中からよみがえられたことによって、私たちを新しく生まれさせ、生ける望みを持たせてくださいました。また、朽ちることも、汚れることも、消えて行くこともない資産を受け継ぐようにしてくださいました。これらは、あなたがたのために天に蓄えられています。あなたがたは、信仰により、神の御力によって守られており、終わりの時に現されるように用意されている救いをいただくのです」。

神の愛の持続性と力を強調するいろいろな聖書箇所も、堅持の教理を裏づけている[11]。そのような証言の一つはローマ8:31-39のパウロの主張に見られ、38節と39節で頂点に達する。「私はこう確信しています。死も、いのちも、御使いたちも、支配者たちも、今あるものも、後に来るものも、力あるものも、高いところにあるものも、深いところにあるものも、そのほかのどんな被造物も、私たちの主キリスト・イエスにある神の愛から、私たちを引き離すことはできません」と。キリストは、我々に永遠のいのちを与えるだけで、後は人間の努力に任せるのではない。むしろ、我々のうちで始められたわざは、完成まで続けられる（ピリピ1:6）。さらに、キリストは我々のために御父に絶えずとりなしをし（ヘブル7:25）、御父は常にキリストの祈りを聞いている（ヨハネ11:42）。カルヴァン主義の立場を支持するものとしては、神の備えのゆえに、どのような障害や誘惑が起きてもそれに対処し克服できるという聖書的保証もある。我々の主人は、我々もさばきに直面しても立てるようにしてくださる（ローマ14:4）。誘惑に対処する道を備えてくださる（Ⅰコリント10:13）。

ただし、カルヴァン主義者がこのことに関して一番励ましを受けるのは、主の守りが直接約束されている箇所からである。最も率直にそのことを述べているものの一つは、弟子たちに対するイエスの次のような言明である。「わたしの羊たちはわたしの声を聞き分けます。わたしもその羊たちを知っており、彼らはわたしについて来ます。わたしは彼らに永遠のいのちを与えます。彼らは永遠に、決して滅びることがなく、また、だれも彼らをわたしの手から奪い去りはしません。わたしの父がわたしに与えてくださった者は、すべてにまさって大切です。だれも彼らを、父の手から奪い去ることはできません。わたしと父とは一つです」（ヨハネ10:27-30）。だからパウロは主の守りに全幅の信頼を置いていた。「しかし、それを恥とは思っていません。なぜなら、私は自分が信じてきた方をよく知っており、また、その方は私がお任せしたものを、かの日まで守ることがおできになると確信しているからです」（Ⅱテモテ1:12）。

さらに、他の教理から堅持についての見解を引き出すカルヴァン主義者も少なくない[12]。その中にはキリストとの結合の教理がある。もし信仰者たちがキリストと一つにされており、キリストのいのちが彼らを通って流れているのなら（ヨハネ15:1-11）、何ものもこのつながりを破棄できないはずである。新生、すなわち聖霊が信仰者に新しい性質を授けるという教理も、同じように堅持の教理を支持するのに役立つ（Ⅰヨハネ3:9）。もし救いが失われる可能性があるなら、再生もくつがえることになる。し

---

10 John Murray, *Redemption— Accomplished and Applied* (Grand Rapids: Eerdmans, 1955), 155（J・マーレー『キリスト教救済の論理』松田一男・宇田進訳、小峯書店、1972年）．

11 Loraine Boettner, *The Reformed Doctrine of Predestination*, 8th ed. (Grand Rapids: Eerdmans, 1958), 185（L・ボエトナー『カルヴィン主義予定論』田中剛二訳、長崎書店、1937年）．

12 Strong, *Systematic Theology*, 882.

かしこれはありうることか。聖霊が宿っている者、すなわち、すでに永遠のいのちが与えられている者に霊的死が実際に起きることがあるのか。そんなはずはない。永遠のいのちは、定義から言って永久に続くものだからである。最後に、我々は救いを確信できるという聖書の教えが、堅持を示唆している。関連する聖句にはヘブル6:11、10:22、Ⅱペテロ1:10などがある。おそらく最も明快な教えはヨハネの手紙第一に見られる。神が御子にあって永遠のいのちを我々に与えたといういくつかの証拠（御霊の証しと水と血）を挙げた後、この使徒は次のように要約する。「神の御子の名を信じているあなたがたに、これらのことを書いたのは、永遠のいのちを持っていることを、あなたがたに分からせるためです」（Ⅰヨハネ5:13）。このような確信を持つことができるということは、我々の救いが確かなものでなければならないということである。

(2) アルミニウス主義の見解

アルミニウス主義者はかなり違った立場をとる。アルミニウス主義者が引用する聖書資料のうち最も重要なものは、背教に対する警告から成っている。イエスは弟子たちに、道に迷わされる危険について警告した（マタイ24:3-14）。もし弟子たちが堕落し、その結果、救いを失うという可能性がないなら、イエスはこのような警告をしただろうか。カルヴァン主義者が自分たちの立場を擁護するのによく引き合いに出すパウロも同様に、救いには条件的性格があることを暗示した。「あなたがたも、かつては神から離れ、敵意を抱き、悪い行いの中にありましたが、今は、神が御子の肉のからだにおいて、その死によって、あなたがたをご自分と和解させてくださいました。あなたがたを聖なる者、傷のない者、責められるところのない者として御前に立たせるためです。ただし、あなたがたは信仰に土台を据え、堅く立ち、聞いている福音の望みから外れることなく、信仰にとどまらなければなりません」（コロサイ1:21-23）。ヘブル人への手紙の記者は特に激しい調子で、堕落する危険性と警戒することの重要性に、幾度か読者の注意を喚起している。一つ注目に値する例はヘブル2:1である。「こういうわけで、私たちは聞いたことを、ますますしっかりと心に留め、押し流されないようにしなければなりません」。3:12-14にはわずかに異なった命令が見られる。アルミニウス主義者は、もし信仰者に堕落する可能性がないのなら、このような警告がなぜ与えられたのか理解しがたいと言う[13]。

アルミニウス主義者は、信仰にとどまり続けよと信仰者に勧める本文も引用する。今見たような警告との関連で忠実であるようにとの勧告は頻繁に出てくるが、これらの勧告の一例はヘブル6:11-12である。「私たちが切望するのは、あなたがた一人ひとりが同じ熱心さを示して、最後まで私たちの希望について十分な確信を持ち続け、その結果、怠け者とならずに、信仰と忍耐によって約束のものを受け継ぐ人たちに倣う者となることです」。

またアルミニウス主義者は自分たちの見解の根拠を、人々は実際に背教すると教えているように見える箇所に置く[14]。ヘブル6:4-6は最もよく引用される、最も明白な箇所ではないだろうか。「一度光に照らされ、天からの賜物を味わい、聖霊にあずかる者となって、神のすばらしいみことばと、来たるべき世の力を味わったうえで、堕落してしまうなら、そういう人たちをもう一度悔い改めに立ち返らせることはできません。彼らは、自分で神の子をもう一度十字架にかけて、さらしものにする者たちだからです」。もう一つの例はヘブル10:26-27

---

13 Dale Moody, *The Word of Truth: A Summary of Christian Doctrine Based on Biblical Revelation* (Grand Rapids: Eerdmans, 1981), 350-54.

14 I. Howard Marshall, *Kept by the Power of God* (London: Epworth, 1969), 141.

である。これらの箇所は、救いを経験したがそこから離れた人々について、はっきりと語っている。

しかしながら、聖書は以上のような抽象的なレベルにとどまっていない。背教あるいは堕落した特定の個人の、具体的な例も記録している[15]。最も鮮やかな例の一つは、旧約聖書に出てくるサウル王である。イスラエルの王として選ばれ油を注がれたが、結局あまりにも不従順になったので、サウルが祈っても神は答えなかった（Ⅰサムエル28:6）。サウルは神に拒否され、王としての地位を失って悲劇的な死を迎える。

新約聖書で顕著な背教の例はユダである。イエスが最も親しい仲間、親友の一人として信仰のない者を意図的に選んだということも、判断を誤って選んでしまったということも、アルミニウス主義者には考えられないことである。そこで結論は明らかとなる。すなわち、選ばれたときユダは信仰者であった。それでもユダはイエスを裏切り、明らかにキリストへの信仰に戻ることなく、自らのいのちを絶った。確かにこれは背教の例に違いない。ほかに言及される者の中には、アナニアとサッピラ（使徒5:1-11）、「健全な良心を捨てて、信仰の破船にあ」ったヒメナイとアレクサンドロ（Ⅰテモテ1:19-20)、ヒメナイとピレト（Ⅱテモテ2:16-18)、デマス（Ⅱテモテ4:10)、偽教師とそれに倣う者たち（Ⅱペテロ2:1-2）がいる。聖書の例に加えてアルミニウス主義者はまた、歴史や自分たちの最近の経験から、一時は全く再生しているように見えたのに、その後キリスト教信仰の装いを全く捨ててしまった人々の、さまざまな聖書外の事例を指し示す。

アルミニウス主義者はカルヴァン主義の堅持理解に実際的な反論をいくつか唱えてもいる。これらの反論の一つは、カルヴァン主義の見解は、人間の自由に関する聖書的な概念と矛盾するというものである[16]。もしキリストにある者が堅持され堕落しないことが確かなら、背信を選ぶことができないに違いない。もしそうなら、自由であるとは言えない。しかし聖書は人間を自由な存在として描いている、とアルミニウス主義者は指摘する。人間は繰り返し神を選ぶことを勧められており、また、自らの行為について神から責任を負わされている存在としてはっきりと描かれているからであると。

(3) 問題の解決

この相反する立場を提唱する人たちは、それぞれ自分の立場を擁護するのになるほどと思わせる論拠を持っている。はたして、両方に真理があるのだろうか、それともどちらかを選ばなければならないのか。このジレンマに対処する一つの方法は、この二つの説各々の主な聖書的裏づけとなっている二つの重要聖句を調べることである。その聖句とは、ヨハネ10:27-30とヘブル6:4-6である。

ヨハネ10:27-30のイエスの言葉は力強く保証を宣言するものとなっている。特に28節は力強い。「わたしは彼らに永遠のいのちを与えます。彼らは永遠に、決して滅びることがなく、また、だれも彼らをわたしの手から奪い去りはしません」。「彼らは永遠に、決して滅びることがなく」という節で、ヨハネはあることが将来において起こらないことを非常に激しく宣言する方法であるギリシア語の文法的構造を使用している。直訳するとおおむね次のようになる。「彼らは、繰り返すが、絶対に少しも滅びることにはならない」。この断言の後、誰もイエスの手からまたは御父の手から信仰者たちを奪い取ることはできないという言明（28-29節）が続く。全体から見てこの箇所は、真の信仰者は堕落することが可能だという考えを可能な限りはっきりと拒絶

---

[15] Samuel Wakefield, *A Complete System of Christian Theology* (Cincinnati: Hitchcock and Walden, 1869), 463-65.

[16] Ibid., 465-66.

している。

アルミニウス主義者は、ヘブル6章はそれに劣らず自分たちの立場を強く支持するものだと主張する。この箇所は十分明快なものに思える。「一度光に照らされ、天からの賜物を味わい、聖霊にあずかる者となって、神のすばらしいみことばと、来るべき世の力を味わったうえで、堕落してしまうなら、そういう人たちをもう一度悔い改めに立ち返らせることはできません」(4-6節)。確かにここは、真に救われていたが、信仰を捨てその結果救いを失う者たちを描いているように見える。しかしこの箇所が扱っている問題と資料の複雑さから、以下のような幾つかの解釈が生まれた。

1. 記者は、真に救われたが救いを失う人々を念頭に置いている[17]。一度救いを失ったら、それを取り戻すあるいは救いへと回復される方法はないということに注目すべきである。
2. ここに描かれている人々は決して再生していなかった。単に真理といのちを味わい、神の言葉に触れていただけで、これらの天の賜物を十分には経験していなかった。確かに彼らは背教するが、霊的真理の周辺にいたのがそこから離れたのであって、決して中心から離れたわけではない[18]。
3. ここで言われている人々は真実に永遠に救われており、失われてはいない。その救いは本物で、背教は仮定である。つまり、「……なら」という部分は実際には起こらない。記者は選ばれた者がもし堕落(不可能なこと)したらどうなるかを描いているだけである[19]。

詳しく調べてみると、2.の説明は受け入れがたい。この箇所の生き生きとした描写、特に「聖霊にあずかる者となって」という言明が、ここで言われている人々が再生している(少なくともしばらくの間は)ことを否定することに強く異議を唱えている。したがって1.か3.の見解のどちらかを選ぶべきである。

解釈が難しいのは、「もしその後背教するなら」とか「もし堕落してしまうなら」と訳されるギリシア語が持つあいまいさに由来する。これはこの言葉の訳としては正しいのであるが、他にも「堕落するとき」とか「堕落するので」といったいくつかの訳も可能である。このような場合、どの意味であるかは文脈に基づいて決めなければならない。ここでの文脈で鍵となる要素が9節にある。「だが、愛する者たち。私たちはこのように言ってはいますが、あなたがたについては、もっと良いこと、救いにつながることを確信しています」。我々の主張は、4-6節で言われている人々と9節の人々とは同じであるということである。彼らは堕落する可能性のある、真に救われている人々である。4-6節は、もし堕落したら彼らの身分がどうなるかを宣言している。しかし9節は、彼らが堕落しないと述べている。可能性はあるがそうしないと！彼らが最後までとどまっていることがその真理を証明する。ヘブル人への手紙の記者は、その手紙を読む者たちが堕落しないことを知っている。彼らについてもっと良いこと、救いに伴うことを確信しているのである[20]。記者は彼らの過去の働きと愛について語り(10節)、同じ仕事を熱心に続けるよう勧めている(11節)。そこでこの箇

---

[17] Marshall, *Power of God*, 140–47.

[18] John Calvin, *Commentaries on the Epistle to the Hebrews* (Grand Rapids: Eerdmans, 1949), 135–40 (Heb. 6: 4–6)(『カルヴァン・新約聖書註解 XIII ヘブル・ヤコブ』久米あつみ訳、新教出版社、1975年所収)。

[19] Thomas Hewitt, *The Epistle to the Hebrews: An Introduction and Commentary* (Grand Rapids: Eerdmans, 1960), 110. ヘウィットは三つの見解をそれぞれ、「救われた者と失われた者説」、「非クリスチャン者説」、「仮定説」と呼ぶ。Brooke Foss Westcott, *The Epistle to the Hebrews* (Grand Rapids: Eerdmans, 1962), 165 も見よ。

[20] Westcott, *Hebrews*, 154, 165.

所のデータ全体から、記者が念頭に置いていたのは、真の信仰者で、堕落する可能性はあるが堕落しない人々であったと考えられる。

ここまで来るとヨハネ10章とヘブル6章を関連づけることができる。ヘブル6章は真の信仰者は堕落する"可能性がある"と述べており、ヨハネ10章はそう"しない"と教えている[21]。論理的には背教の可能性があるが、信仰者の場合はそれが起こらない。信仰を捨てることは可能であり、その結果ヘブル6章に描かれている運命にまみえる可能性があるが、神の恵みが背教から守る。神はこのことを、信仰者が堕落することを不可能にすることによってではなく、信仰者が堕落しないことを確実にすることによって行う。"できる"(*can*)と"しない"(*will not*)を強調することは、矛盾ではない。これは個人の自由を保っている。信仰者は信仰を否定する能力をもつが、否定しないことを自由に選ぶのである。

この時点で、もし救いが確かで永遠であるのなら、信仰者に警告や命令が与えられることにどんな意味があるのか、と問う人がいるかもしれない。答えは、それらの警告や命令は救われた一人一人が決して堕落しないようにする神の手段である、というものである[22]。これを説明するたとえとして、幼いわが子が道路に飛び出して車にはねられることを恐れている親の場合を考えてみよう。そんなことが起こるのを防ぐために親にできることの一つは、庭に柵を張りめぐらすことである。そうすれば子どもは庭から出られないが、その子の自由も取り去ることになる。どのようにしても決して庭から出ることはできないのだから。親にとってもう一つできることは、道路に出ていく危険性と注意することの重要性を子どもに教えて訓練することである。今論じている保証はこのような性質のものである。神は自由な選択自体を取り除くことで背教を不可能にするというわけではない。むしろ、聖書に書かれている警告も含め、恵みのあらゆる手段を用いて神への献身にとどまるよう動機づけるのである。信仰に励む(persevere)ことを神が可能にしてくださるのであるから、「堅持(perseverance)」という用語のほうが「保持(preservation)」より好ましい。

真の信仰者は堕落する可能性があるが、彼らはそうしない。

だが、聖書が実際に背教した例を記録しているという主張はどうなるのか。そのような例は詳しく調べると、最初に見たときよりずっと印象が薄くなる。ペテロのような例は背教というより後退と呼ぶべきである。ただし、サウル王は、古い契約の下に生きていたため、その状況を分類することは少々難しい。ユダについては、再生していなかったと思える記述が早くからある。特に、金を盗んでいたことに触れている箇所(ヨハネ12:6)を考えてみるとよい。Ⅰテモテ1:19-20のヒメナイとアレクサンドロ、Ⅱテモテ2:17-18のヒメナイとピレトへの言及は、Ⅰテモテ1:6-7のパウロの言明に照らして見る必要がある。そこは、脇道にそれて無益な議論に走っている人についての言明である。彼らは自分で何を言っているか理解していないとパウロが言っているのは、彼らが真の信仰者ではないことを意味しているのかもしれない。Ⅰテモテ1:6-7がヒメナイとアレクサンドロについての言及(19-20節)に近いこと、またアストケオー([*astocheō*]真理から「はず

---

[21] この区別は、マーシャル(Marshall)には理解できなかったように見える。彼は「仮定説」を次のようなものとみなしている。「その箇所の平易な意味を避ける、徹底的に詭弁を弄する理論。記者が読者を脅かす可能性は全くない想像上の危険を述べていた証拠は、少しもない」(*Power of God*, 140)

[22] G. C. Berkouwer, *Faith and Perseverance* (Grand Rapids: Eerdmans, 1958), 83–124.

れる」）というキーワードがⅠテモテ1:6にもヒメナイとピレトへの言及（Ⅱテモテ2:18）にも使われていることが、この二つの状況が似ていることをうかがわせる。アルミニウス主義者が引き合いに出すその他の名前（たとえばデマス）に関しては十分な証拠がないので、その人たちが堕落した真の信仰者であったと結論づけることはできない。

さらに信頼性が低いのは、かつては真の信仰者であったが堕落したと引き合いにだされる現代の人々の事例である。この場合やっかいなのは、キリスト者だと思われていたが実はそうではなかった、と自ら証言する人たちを引き合いに出すこともできるということである。さらに、ペテロの場合のような一時的な後退を、本当に信仰を捨てることとは注意深く区別しなければならない。信仰を失ったように見える人については、「その人はもう死んでいるのか」と問う必要がある。それだけではなく、外面的に信仰を告白した人すべてを真に再生した者と同一視することを聖書が正当化していない点にも注目しなければならない（マタイ7:15-23を見よ）。

堅持の教理についての本書の理解から実際に教えられることは、信仰者は自分たちの救いが永続的なものであるという確信に安んじることができるということである。自分たちを神の愛から離すことができるものは何もないと。だから永遠のいのちを予期して喜ぶことができる。しかしその一方で、我々が理解している堅持の教理には怠惰や無精を認める余地はない。「さあ、キリスト者になったのだから好きなように生活できる」と考える人がいるなら、本当に回心し再生したのか疑わしい。それどころか本物の信仰は御霊の実に現れる。救いの確信、自分はキリスト者であるという主観的確信は、聖霊がその人の人生に働いているという証拠を与えることから生じる。

3. 栄化

救いの過程の最終段階を「栄化」と呼ぶ。パウロの言葉によると、神は「あらかじめ知っている人たちを、御子のかたちと同じ姿にあらかじめ定められたのです……神は、あらかじめ定めた人たちをさらに召し、召した人たちをさらに義と認め、義と認めた人たちにはさらに栄光をお与えになりました」（ローマ8:29-30）。栄化は救いの教理と終末の教理が重なる点である。栄化はこの世を超えた来るべき世界を見ている。この話題は標準的な神学の教科書ではほとんど取り扱われず、説教で注目されることはもっと少ないが、実際的意義を多く持っている。栄化は信仰者を励まし、その希望を強固なものとする。

栄化にはさまざまな次元がある。個人的終末論も集団的終末論も含んでいる。栄化は一人一人の信仰者の霊的本性の完成を意味し、それはキリスト者が死んで主の臨在の中に移るときに起こる。栄化はすべての信仰者のからだの完成も意味し、それはキリストの再臨に関連する復活のときに起こる[23]。栄化は被造世界全体の変革までも意味する（ローマ8:18-25）。

(1)「栄光」の意味

栄化の教理を理解するには、まず「栄光」という用語の意味を知らなければなら

---

23 ジョン・マーレー（John Murray）は栄化を復活のときに限定している。彼の見解では、信仰者はすべて、キリストの再臨のときにいっしょに栄化される（*Redemption*, 174-75［『キリスト教救済の論理』］）。しかしバーナード・ラム（Bernard Ramm）は栄化を、顔と顔を合わせてキリストを知ることと関連して起こるものとみなす（*Them He Glorified: A Systematic Study of the Doctrine of Glorification* [Grand Rapids: Eerdmans, 1963], 65）。ここでの問題は「栄化」をどう定義するかである。範囲はどこまでか、どの出来事に当てはめられるのか。答えは、死とよみがえりの間の中間状態をどのような性質のものと見ているかに部分的には依拠している（39章を見よ）。

ない。これは聖書に出てくるいくつかの単語を訳したものである。その一つはヘブル語のカボード (kabod) で、際立つ特質、個々人の栄誉の披露、富貴(ふうき)、壮麗さを表す[24]。神に関して用いられるときは、特定の属性ではなく神の本性全体の偉大さを指す[25]。詩篇24:7-10は、神を栄光の王として語っている。王として神は軍勢に付き添われ、無限の輝きと美しさで特徴づけられている。

新約聖書では、ギリシア語のドクサ (doxa) が、明るさ、輝き、壮大さ、名声という意味を表している[26]。ここに、旧約聖書で栄光が神のものとされているのとちょうど同じように、イエス・キリストのものとされているのを見る。イエスは、自身が御父の栄光を現したように、御父が御子の栄光を現してくださるようにと祈った(ヨハネ17:1-5)。特にキリストの復活のうちに我々はキリストの栄光を見る(使徒3:13-15、Ⅰペテロ1:21)。キリストの再臨もまた彼の栄光の機会となる。イエス自身、来臨の栄光に満ちた性質を鮮明に描いている。「人の子が天の雲のうちに、偉大な力と栄光とともに来るのを見るのです」(マタイ24:30)。

(2) 信仰者の栄化

キリストだけでなく、すべての真の信仰者も栄化される。では正確には、信仰者の栄化にはどのようなことが伴うのか。その側面の一つは、信仰者の完全かつ最終的立証である[27]。回心の瞬間に起こった義認が未来において照明され、明らかなものとされる。これがローマ5:9-10の意味するとこ

ろである。8章でパウロは未来のさばきについて熟考し、選ばれた者たちを訴えるのは誰かと問う。キリストが我々のために死んで、今とりなしていてくれるので、訴える者は誰もいない(33-34節)。今あるものも後に来るものも、キリスト・イエスにある神の愛から我々を引き離すことはできない(38-39節)。試験のために万全の備えをした学生のように、キリスト者は、良い結果が得られることを知っているので、最後の審判を心配せず、期待して待つ。

栄化において、人はまた道徳的および霊的に完全にされる[28]。再生で始まり聖化において続く過程が将来完成することを指す聖書箇所がいくつかある。これらの主張の中で最も明快なものの一つがコロサイ1:22である。「今は、神が御子の肉のからだにおいて、その死によって、あなたがたをご自分と和解させてくださいました。あなたがたを聖なる者、傷のない者、責められるところのない者として御前に立たせるためです」。未来における傷や責められるところのない状態という概念はエペソ1:4、ピリピ1:9-11やユダ24節にも見られる。Ⅰコリント1:8には罪責のない状態について言及されている。我々の道徳的霊的完成が達成されるのは、一部は誘惑が取り除かれることによってである。すなわち、罪と悪と誘惑の根源が決定的に打ち負かされるからである(黙示録20:7-10)。

未来における栄化は、完全な知識ももたらす。Ⅰコリント13:12でパウロは、今我々が持っている不完全な知識を、来るべき完全な知識と対照させている。「今、私たちは鏡にぼんやり映るものを見ていますが、そのときには顔と顔を合わせて見ることになります。今、私は一部分しか知りませんが、そのときには、私が完全に知られているのと同じように、私も完全に知ることになります」。主と会うので我々の知識は増し加えられる。我々はもはや主の地上

---

[24] Francis Brown, S. R. Driver, and Charles A. Briggs, *Hebrew and English Lexicon of the Old Testament* (New York: Oxford University Press, 1955), 458–59.

[25] Ramm, *Them He Glorified*, 18.

[26] William F. Arndt and F. Wilbur Gingrich, eds., *A Greek-English Lexicon of the New Testament*, 4th ed. (Chicago: University of Chicago Press, 1957), 202–3.

[27] Ramm, *Them He Glorified*, 67–69.

[28] Charles M. Horne, *Salvation* (Chicago: Moody Press, 1971), 102–6.

第35章 救いの継続と完成

の宣教の間に主を知っていた人々によって書かれたものを読むだけで満足する必要はなくなる。ヨハネが言っているように、「愛する者たち、私たちは今すでに神の子どもです。やがてどのようになるのか、まだ明らかにされていません。しかし、私たちは、キリストが現れたときに、キリストに似た者になることは知っています。キリストをありのままに見るからです」（Ⅰヨハネ3：2）。

信仰者の復活に関連して、からだの栄化もある。キリストの来臨のとき、主にあって死んだ者は皆よみがえられ、そして生き残っている信仰者といっしょに変えられる。特に三つの箇所が、信仰者のからだに起こる変化を強調している。ピリピ3：20-21でパウロは「しかし、私たちの国籍は天にあります。そこから主イエス・キリストが救い主として来られるのを、私たちは待ち望んでいます。キリストは、万物をご自分に従わせることさえできる御力によって、私たちの卑しいからだを、ご自分の栄光に輝くからだと同じ姿に変えてくださいます」と述べている。Ⅱコリント5：1-5でパウロは、我々が持つことになるからだ、人の手で造られたのではなく神から来る、永遠の性質を持ったからだを思い描く。それは我々の天での住まいである。死ぬべきものはいのちに呑み込まれることになる（4節）。三つ目の箇所はⅠコリント15：38-50である。パウロは、我々が持つことになるからだと現在のからだを比較している。

1. 現在のからだは朽ちやすいもので、病気と死の支配を受ける。復活のからだは腐敗せず、病気や滅びの影響を受けない。
2. 現在のからだは卑しいもので蒔かれている。復活のからだは栄光あるものとなる。
3. 現在のからだは弱い。復活のからだは力強い。
4. 現在のからだは肉的である。復活のからだは霊的である。

パウロは、キリストの来臨のときに起こる大いなる変化は瞬時のものであると述べている。「聞きなさい。私はあなたがたに奥義を告げましょう。私たちはみな眠るわけではありませんが、みな変えられます。終わりのラッパとともに、たちまち、一瞬のうちに変えられます。ラッパが鳴ると、死者は朽ちないものによみがえり、私たちは変えられるのです」（Ⅰコリント15：51-52）。バーナード・ラムはこう注釈している。「要するに、復活のからだの四つの肯定的な属性は、そのからだの栄化と等しいとみなしてよい。この栄化は過程ではなく、成長に関わることでもなく、終わりの時に突如、劇的に起こる[29]」。

栄化されるとき、我々はあらゆる点において神が意図していたものになる。

最後に、信仰者の栄化と被造世界の更新との関係に注目すべきである。人間は被造世界の一部であるので、その罪と堕落は、人間はもちろん、被造世界にも一定の影響を与えた（創世3：14-19）。被造物は今は虚無に服している（ローマ8：18-25）。しかしパウロは、「被造物自体も、滅びの束縛から解放され、神の子どもたちの栄光の自由にあずかります」（21節）と告げる。起こるべき変革がどのような性質のものかは黙示録21：1-2にもっと具体的に述べられている。「また私は、新しい天と新しい地を見た。以前の天と以前の地は過ぎ去り、もはや海もない。私はまた、聖なる都、新しいエルサレムが、夫のために飾られた花嫁のように整えられて、神のみもとから、天から降って来るのを見た」。そのとき神は「わたしはすべてを新しくする」と宣言す

---

[29] Ramm, *Them He Glorified*, 103.

る（5節）。人間の栄化の一部は、住むための完璧な環境が与えられることである。そこが完璧であるのは、神の栄光が宿っているからである。

この世で信仰者は、自分の不完全さを感じてときにうめき苦しむ。しかし確かな希望がある。聖化の教理は、信仰者をキリストのかたちそのものに適合させることによって神の義認のわざを継続する。堅持の教理は、信仰者が保持している救いは決して失われないことを保証する。そして栄化の教理は、さらに良いものが行く手にあると約束する。我々はあらゆる点において神が意図していたものになる。我々の栄化のその一部は、死んでこの地上の存在という制限から移されることに関連して起こり、また他の一部はキリストの来臨に関連して起こる。

その後我々が完全な者となることは確かである。

> あなたにあって完全！　私のわざではなく。
> 親愛なる主よ、あなたの場所をお取りくださるように。
> あなたの血潮が私に赦しをもたらしました。
> そして今やあなたにあって完全な者です。
>
> そうです、義とされた！　祝福された思想よ！
> そして聖化された！　救いがなされた！
> あなたの血潮が私に赦しをもたらしました、
> そして栄化される、私も！
> （Aaron R. Wolfe and James M. Gray, "Complete in Thee"）

研究課題

- 聖化とは何か。またどのようにして信仰者の生活の中に達成されるか。
- 堅持の教理は信仰者の信仰にとってなぜ重要なのか。
- 堅持についてのアルミニウス主義者とカルヴァン主義者の見解の違いをどのように解決するか。
- 栄化の教理の意味は何か。
- 栄化はどのような方法であなたに希望、励まし、喜びを与えるか。

第8部

教　会

第8部 教会

第36章 教会の本質

本章の目的

1. 教会という概念を定義し説明する。
2. 教会の一致がもたらすべきものについての四つの見解を比較対照する。
3. パウロが用いたイメージを調べて、真の教会の特徴を明らかにする。
4. 教会に関する研究から教えられたことを我々の教会理解に関係づける。

本章の概要

　教会は、信仰者の間の共同体的関係を表す、数少ない目に見える形態の一つである。教会の一致が意味することについて幾つかの概念が存在する。聖書は教会を表現するために幾つかのイメージを使用している。それらのイメージのうちで重要度の高いものとして、神の民、キリストのからだ、聖霊の宮などがある。それぞれは教会について理解する上で役に立っている。

本章のアウトライン

1. **「教会」という用語の基本的な意味**　377

2. **教会の一致**　377

3. **教会の聖書的イメージ**　378
　(1) 神の民　378
　(2) キリストのからだ　380
　(3) 聖霊の宮　381

4. **意味すること**　383

第36章 教会の本質

　本書ではこの時点までに、個々のキリスト者に関係している救いの性質について論じてきた。しかし、キリスト者生活は単独のものではない。典型的な実例として、使徒の働きでは、回心が個人を信者のグループの交わりへと導くことがわかる。そのキリスト者生活の集合的側面を教会と呼んでいる。

1.「教会」という用語の基本的な意味

　教会はキリスト教教理の一つの側面である。この教理について信じる人も信じない人もほとんどすべての人が意見を述べている。その理由の一部は、社会における組織のように、教会は社会科学の方法によって観察・研究することができるからである。しかしながら、このことはジレンマをもたらす。我々は、経験的にわかっている教会の姿によって教会を定義するよう誘惑されるかもしれない。しかし、そのようなアプローチは現実と理想とを混同することにもなるので、それは興味深いアプローチであるのかもしれないが、この場合避けるのが賢明である。

　教会を研究し、定義する他の方法は、本書のこれまでの部分で用いた同じ手段、すなわち聖書資料を研究することを通してなされる。「教会」という用語の意味は、新約聖書と旧約聖書の両方を背景に研究するとき最もよく理解できる。新約聖書で教会を意味して用いられるギリシア語（エクレーシア [ekklēsia]）は、古典ギリシア語では単に都市の市民の集まりを指していた。それに最も近い旧約聖書の同義語（カーハール [qahal]）は、集まりの構成員について詳しく述べたものというより、集まるという行為の描写である。

　新約聖書で「教会」という言葉には二つの意味がある。一方では、あらゆる時代と場所にいるキリストを信じるすべての者を意味する。この普遍的な意味は、イエスが自身の教会を建てると約束したマタイ16：18と、キリストのからだというパウロによる教会のイメージ（たとえばエペソ1：22-23、4：4、5：23）に見られる。他方、「教会」は、ある特定の地域の信者の集まりを指すことのほうがより頻繁に見られる。これは明らかに、たとえばⅠコリント1：2とⅠテサロニケ1：1の意味である。

2. 教会の一致

　教会の本質を理解する助けとなるのは、教会の一致という、新約聖書で明確に教えられている教理である。一致の理想は、エペソ4：1-16での教会についてのパウロの議論と同様に、イエスの大祭司の祈りで強調されている（ヨハネ17：20-23）。また、エルサレムにある地域教会への言及（使徒4：32）や、心を合わせ思いを一つにせよとの信仰者への訴え（ピリピ2：2）にも反映されている。

　しかしながら、矛盾しているように思われるかもしれないが、今日の世界に存在する教会は一つにされているようには見えない。数え切れないほどの教派が、時にはずいぶん似ていることを教えているように見えるのに、互いに競争をしている。そして地方教会のメンバー同士の関係は、冷淡さ、さらにはあからさまな敵意が特徴となっている場合もある。それでも我々は、信仰者として一致を追求すべきであることを知っている。これは教会についてキリストが宣言した意思だから。そうであるなら、まさにキリストが何を明らかにしていたのかを問わなければならない。近年、一致がもたらすべきものについて、さまざまな考え方がある。

　あるキリスト者は教会の一致を本来、本質的に霊的なものとみなしている。彼らは、すべての信仰者が同じ主に仕え、同じ主を愛しているという現実の中に一致を見る。他の信仰者のグループと組織的につながっ

てはおらず、また外部の企てに協力することはないかもしれないが、彼らは互いに愛し合っており、自分たちと接点をもたない人々をも愛している。ある日、キリストの花嫁である教会が集められるとき、事実上の一致が明らかになるという。言い換えると、一致は見える教会よりも、普遍的で見えない教会に当てはめられている。

第二の見方は、相互の認知や交わりに焦点をあてている。このアプローチは、会衆や教派は互いに分かれてはいるが、基本的に同じ信仰のうちにあるので、可能なかたちでこの一致に観察可能な表現を与えるよう努力すべきである、と強調している。その結果、異なったグループの間で、教会員の迅速な転籍や講壇交換の交わりがなされることになる。可能なときはいつでも、会衆と教派は主に対する奉仕においてともに働く。

第三の見方は、会議による一致を推進する。各教派は、個々のアイデンティティを保持しながら、公的な連合や会議においてともに結び合わされる。彼らは自分たちの伝統や確信を証しする。しかしまた行動において力を結集しようと志す。

最後に、教会の一致とは組織的な一致を意味するという見方がある。ここでは、複数の会衆が一つの大きな教派において一つとなり、自分たちの伝統を結合して一つにする。そのような運動の一つの例がカナダ合同教会で、メソジスト派、長老派、会衆派を一つの交わりに結合した。究極の目標は、すべての教派を一つのグループに結合することである。

一般的に、近年は会議による一致への動きや組織的な一致への動き、特に後者はかなり減少している。確かに、信仰者は霊的一致が、そして可能な範囲まで相互の認知と交わりが、もたらされることを願い探求すべきである。それぞれの人と会衆は、より密接な関与と協力的活動が聖書の信念の維持と主によって与えられた任務の達成と一致する程度を決定しなければならない。

3. 教会の聖書的イメージ

次に、真の教会に存在している特質また特徴に関して調べる必要がある。パウロが教会に用いている幾つかのイメージを吟味することを通してこの主題に取りかかることにする。膨大な数のイメージがあるが[1]、特に三つを吟味する。アーサー・ウェインライトは、パウロの著作の大部分には三位一体論が暗に示されており、それはパウロが手紙をまとめているその構成の中にさえ現れていると主張している[2]。三位一体論はパウロの教会の理解の仕方にも存在している。すなわち、パウロは教会を神の民、キリストのからだ、聖霊の宮として描いている。

(1) 神の民

パウロは、信仰者たちをご自分の民にするという神の決意について次のように書いた。

> わたしは彼らの間に住み、また歩む。
> わたしは彼らの神となり、
> 彼らはわたしの民となる。
>
> （Ⅱコリント6:16）

教会は神の民で構成されている。彼らは神のもので、神は彼らのものである。

教会は神の民であるという概念は、民を選ぶ際の神の主導権を強調する。旧約聖書で神は、すでに存在している国民を自身のものとしたのではなく、自身のために一つの民を実際に"創造した"。アブラハムを選び、次にアブラハムを通してイスラエルの民を生み出した。新約聖書では、神が民

---

[1] Paul S. Minear, *Images of the Church in the New Testament* (Philadelphia: Westminster, 1960) は、そのような例を百以上提案している。

[2] Arthur W. Wainwright, *The Trinity in the New Testament* (London: SPCK, 1962), 256–60.

を選ぶというこの概念は教会内のユダヤ人と異邦人の両方を含むように広げられている。それでパウロはテサロニケの人々に次のように書いている。「しかし、主に愛されている兄弟たち。私たちはあなたがたのことについて、いつも神に感謝しなければなりません。神が、御霊による聖別と、真理に対する信仰によって、あなたがたを初穂として救いに選ばれたからです。そのために神は、私たちの福音によってあなたがたを召し、私たちの主イエス・キリストの栄光にあずからせてくださいました」（Ⅱテサロニケ2:13-14。Ⅰテサロニケ1:4も見よ）。

イスラエルを神の民として扱っている旧約聖書本文の中に、出エジプト15:13、16、民数14:8、申命32:9-10、イザヤ62:4、エレミヤ12:7-10、ホセア1:9-10、2:23がある。ローマ9:24-26でパウロは次のように、ホセアの言葉をユダヤ人と同様に異邦人も受け入れることに適用している。

> このあわれみの器として、神は私たちを、ユダヤ人の中からだけでなく、異邦人の中からも召してくださったのです。それは、ホセアの書でも神が言っておられるとおりです。
> 「わたしは、わたしの民でない者をわたしの民と呼び、
> 愛されない者を愛される者と呼ぶ。
> あなたがたはわたしの民ではない、
> と言われたその場所で、
> 彼らは生ける神の子らと呼ばれる。」

イスラエルと神の民としての教会の概念には、いくつかの意味がある。神は彼らを誇りにしている。ご自身の民を心にかけ、保護し、「ご自分の瞳のように」（申命32:10）守る。最後に、彼らが無条件に二心を抱くことなくご自身の民となることを神は期待している。ご自身の民についての主の独占的主張は、不誠実な妻ゴメルについてのホセアの独占的主張の物語の中に描かれている。神の民は全員、いわば特別の焼き印を押されている。旧約聖書では割礼が神の所有の証拠であった。イスラエルの民のすべての男の子が、回心者または改宗者の男性同様、割礼を受けることを要求された。これは彼らを神の民とするという契約の外的しるしであった。また、契約の箱が集団全体のための客観的なしるしとしての役目を果たしたのに対し、割礼は一人一人に個別に適用されるという点で、契約の主観的なしるしでもあった。

教会は神によって選ばれた民である。彼らは神のもので、神は彼らのものである。

古い契約の施行に見られる外的な肉の割礼に代えて、新しい契約の下にあるのは、内的な心の割礼である。パウロは「かえって人目に隠れたユダヤ人がユダヤ人であり、文字ではなく、御霊による心の割礼こそ割礼だからです」（ローマ2:29。ピリピ3:3も見よ）と書いた。旧約聖書において、あるいは古い契約のもとでは神の民とはイスラエル民族であったが、新約聖書では、民族としての同一性に基づいて神の民に含まれるのではなかった。「イスラエルから出た者がみな、イスラエルではないから」である（ローマ9:6）。神の民は契約に含まれているかどうかで見分けられる。神の民は、「ユダヤ人の中からだけでなく、異邦人の中からも召」された（24節）すべての者からなる。イスラエルにとって契約とは神がアブラハムと結んだ契約であり、教会にとっては、キリストによって成し遂げられ制定された新しい契約である（Ⅱコリント3:3-18）。

聖さという特別な資質が神の民には要求される。神はイスラエルが純粋であり、聖別されていることを常に望んだ。キリストの花嫁として教会も聖くなければならない。

「キリストが教会を愛し、教会のためにご自分を献げられた……のは、みことばにより、水の洗いをもって、教会をきよめて聖なるものとするためであり、ご自分で、しみや、しわや、そのようなものが何一つない、聖なるもの、傷のないものとなった栄光の教会を、ご自分の前に立たせるためです」(エペソ5:25-27)。

(2) キリストのからだ

おそらく最も広義の教会のイメージは、キリストのからだとして提示されたものであろう。このイメージは、地上で宣教していた間、その肉体がキリストの活動の中心であったのと同じように、教会が今キリストの活動の中心であることを強調している。このイメージは普遍的教会を表すのにも(エペソ1:22-23)、個々の地域の会衆を表すのにも(Ⅰコリント12:27)用いられている。キリストのからだというイメージは、信仰者の集団としての教会とキリストとのつながりを強調してもいる。その複雑さのすべてにおいて、救いは大部分キリストとの結合の結果である。本書34章で信仰者が「キリストのうちに」いることを述べている箇所を幾つか観察した。ここではその事実の逆が強調されている。信仰者のうちにいるキリストが信仰と希望の根拠なのである。パウロは「この奥義が異邦人の間でどれほど栄光に富んだものであるか、神は聖徒たちに知らせたいと思われました。この奥義とは、あなたがたの中におられるキリスト、栄光の望みのことです」(コロサイ1:27。ガラテヤ2:20も見よ)と書いている。

キリストのからだとしての教会のイメージには幾つかの側面がある。

1. キリストはこのからだのかしらであり(コロサイ1:18)、その信仰者は個々の構成員である。すべてのものはキリストにあって、キリストを通して、キリストのために創造された(16節)。キリストは始まりであり、最初に生まれた者である(15節)。神は「天にあるものも地にあるものも、一切のものが、キリストにあって、一つに集められること」を目的としていた(エペソ1:10)。キリストと結び合わされた信仰者たちは、つながっているかしらであるキリストを通して養われている(コロサイ2:19)。からだのかしら(コロサイ1:18)として、キリストは教会を治めもする。「キリストのうちにこそ、神の満ち満ちたご性質が形をとって宿っています。あなたがたは、キリストにあって満たされているのです。キリストはすべての支配と権威のかしらです」(コロサイ2:9-10)。キリストは教会の主である。

2. キリストのからだというイメージは、教会を構成するすべての人の相互関連性のことも語っている。キリスト教信仰は、主との個人的関係という点からだけで定義することはできない。Ⅰコリント12章でパウロは、特に聖霊の賜物という観点から、からだの相互関連性という概念を展開している。ここでパウロが強調しているのは、信仰者一人一人はお互いに依存し合っているということである。

からだをこのように理解すると、相互関係が生まれる。信仰者はそれぞれ他の信仰者を励まし、力づけるのである。エペソ4:11-16でパウロは、各自の他の者に対する貢献の価値という考えを発展させている。全体の純粋さがなければならない。からだのメンバーは互いの重荷を負い合い(ガラテヤ6:2)、罪の中にいるとわかった者を回復させるべきである(1節)。場合によっては、ここにあるように、罪深いメンバーに対処することは穏やかな回復を伴うかもしれない。時として交わりを汚す者を閉め出すことも必要となる。つまり実際の排斥や除名である。マタイ18:8、17でイエスは、パウロがローマ16:17とⅠコリント5:12-13でそうしたように、この可能性について語った。

3. 真実の交わりがからだの特徴であるべきである。これは単なる社会的相互関係を意味するのではなく、お互いに対する親密

な感情と理解を意味する。そこには感情移入と励まし（建徳）があるべきである。こうしてパウロは次のように書く。「一つの部分が苦しめば、すべての部分がともに苦しみ、一つの部分が尊ばれれば、すべての部分がともに喜ぶのです」（Ⅰコリント12：26）。使徒の働きの中の教会の一部の人々は持ち物すら共有していた。

不適切なかたちで強調されてきたキリストのからだの一つの側面は、交わりが時間を超えて広げられるということである。ヘブル人への手紙の著者は、雲のような多くの証人を思い起こさせており（12：1）、それは先に召された人々のことである（11章）。アフリカ人が先祖を強調することは、時間という境界線を超えた教会という思想にぴったり合う[3]。我々は、すでに召された人々、そしてこれから生まれる人々とも一つとされている。

4. からだは統一されたからだであるべきである。コリントの教会のメンバーは、どの宗教指導者に従うかで分裂していた（Ⅰコリント1：10-17、3：1-9）。社会的派閥や党派が作られ、教会の集まりで非常に目立っていた（Ⅰコリント11：17-19）。しかし、そうであってはならなかった。すべての信仰者は一つの御霊によってバプテスマを受けて一つのからだとなるからである（Ⅰコリント12：12-13。エペソ4：4-6も見よ）。

5. キリストのからだは普遍的でもある。パウロが示したように、民族的・社会的な障壁はすべて取り除かれている。つまり「そこには、ギリシア人もユダヤ人もなく、割礼のある者もない者も、未開の人も、スキタイ人も、奴隷も自由人もありません。キリストがすべてであり、すべてのうちにおられるのです」（コロサイ3：11）。同じ思想がローマ11：25-26、32、ガラテヤ3：28、エペソ2：15に見られ、特に、からだの中でユダヤ人と異邦人との区別が取り除かれる

と言われている。

6. キリストのからだとして教会はキリストの働きの拡張である。天と地においてすべての権威が自分に与えられていると述べてから（マタイ28：18）、キリストは弟子たちを伝道しバプテスマを授け教えるために遣わし、いつも、世の終わりまでも一緒にいることを約束した（19-20節）。弟子たちがキリストの働きを続けるべきこと、また、それを驚くべき程度まで行うことになると語った（ヨハネ14：12）。それゆえ、キリストの働きは、もしそれが仮になされたとしたら、彼のからだ、教会によってなされる。

⑶ 聖霊の宮

パウロの三位一体の教会概念を満たすのは、聖霊の宮という教会のイメージである。ペンテコステのとき教会を生み出したのは御霊であり、そのとき弟子たちにバプテスマを授け、3千人を回心させ教会を誕生させた。御霊はそれ以来、教会に内住し続けておられる。「私たちはみな、ユダヤ人もギリシア人も、奴隷も自由人も、一つの御霊によってバプテスマを受けて、一つのからだとなりました。そして、みな一つの御霊を飲んだのです」（Ⅰコリント12：13）。

今日、教会には、一人一人にそして教会全体に、御霊が宿っている。パウロはコリントの人々に、「あなたがたは、自分が神の宮であり、神の御霊が自分のうちに住んでおられることを知らないのですか。もし、だれかが神の宮を壊すなら、神がその人を滅ぼされます。神の宮は聖なるものだからです。あなたがたは、その宮です」（Ⅰコリント3：16-17）と書いている。他の所でパウロは信仰者を「主にある聖なる宮……御霊によって神の御住まい」（エペソ2：21-22）として描いている。

聖霊は教会の中に宿って、教会に自身のいのちを分け与える。聖霊の本性であり、「御霊の実」と言われている次のような特質が教会の中に見られるようになる。すなわち、愛、喜び、平安、寛容、親切、善意、

---

[3] François Kabasélé, "Christ as Ancestor and Elder Brother," in *Faces of Jesus in Africa*, ed. Robert J. Schreiter (Maryknoll, NY: Orbis, 1991), 116–27.

誠実、柔和、自制である（ガラテヤ5：22-23）。そのような特質の存在は、聖霊の活動、そしてある意味では教会の真正さを表している。

イエスが使徒1：8で述べたように、教会に力を伝えるのは聖霊である。御霊が力を持ってすぐに来ることになっていたので、イエスは弟子たちに、ご自身が行ったよりもさらに大きなわざを彼らが行うという驚くべき約束をすることができた（ヨハネ14：12）。こうしてイエスは、「わたしが去って行くことは、あなたがたの益になるのです。去って行かなければ、あなたがたのところに助け主はおいでになりません。でも、行けば、わたしはあなたがたのところに助け主を遣わします」（ヨハネ16：7）と告げた。罪と義とさばきについて世に悟らせるため、必要などんなことでもするのは御霊である（8節）。

御霊が一つであることで、からだの中にも一致が生まれる。これはみな同じということではなく、目的と行動において一つという意味である。初代教会は「心と思いを一つにして」（使徒4：32）と述べられている。彼らは自分たちのすべての物質的な所有物を共有することさえした（使徒2：44-45、4：32、34-35）。御霊は彼らの中に個人のアイデンティティーよりもグループのメンバーシップの強い意識を造り出した、それで彼らは彼らの所有物を「自分のもの」や「あなたのもの」ではなく「我々のもの」とみなした。

教会のうちに住む聖霊は主の導きに対する感受性を生み出す。イエスは弟子たちとともにいると約束した（マタイ28：20、ヨハネ14：18、23）。ただし、聖霊が来るために去って行かなければならないとも言っていた（ヨハネ16：7）。そこで我々は、内住の御霊はイエスが我々とともにいるための手段である、と結論する。そこでパウロは書いている。「しかし、もし神の御霊があなたがたのうちに住んでおられるなら、あなたがたは肉のうちにではなく、御霊のうちにいるのです。もし、キリストの御霊を持っていない人がいれば、その人はキリストのものではありません。キリストがあなたがたのうちにおられるなら、からだは罪のゆえに死んでいても、御霊が義のゆえにいのちとなっています」（ローマ8：9-10）。パウロはキリストが我々のうちにいるという観念と御霊が我々のうちに住むという観念とを、交換可能なものとして用いている。

聖霊はイエスの弟子たちに内住することで、弟子たちに主の教えを思い起こさせ（ヨハネ14：26）、すべての真理に導き入れた（ヨハネ16：13）。御霊のこの働きはペテロの場合において劇的に説明されている。ペテロは幻の中で大きな敷布のような物に入って地上に降ろされた、聖くない獣を殺して食べよと言われた（使徒10：11-13）。ペテロの最初の答えは、「主よ、そんなことはできません」（14節）であった。聖くない動物を食べることは禁じられているとよく知っていたからである。しかしすぐにペテロは、幻が伝えるメッセージの本質は、聖くない動物を食べるべきであるということではなく、ユダヤ人だけでなく異邦人にも福音をもたらすべきということであると気づいた（17-48節）。内住する御霊はペテロに、主が導いておられることが何であるかを気づかせ、また進んでそれに従うようにもさせた。聖霊は、自分のやり方にこだわる信仰者を、主の導きに応えさせ従わせる。

御霊はある意味で教会の主権者でもある。賜物を分配することでからだを整えるのは御霊だからである。その賜物は、種々の職務を果たすための人材である場合もあり、特別な能力の場合もある。御霊はいつ賜物を与えるか、誰にそれを授けるべきかを決める（Ⅰコリント12：11）。

最後に、聖霊は教会を聖く純粋なものとする。古い契約のもとで、神殿がその中に神が宿っていたので聖く神聖な場所であったのと同じように、新しい契約のもとで信仰者は聖霊の宮なので（Ⅰコリント6：19-

20)、彼らも聖化されている。

4. 意味すること

　教会についての学びの意味することとして、以下のものがあげられる。
　1. 教会は本来、社会学的現象としてではなく神によって設立された制度と考えるべきである。したがって、その本質はその活動の分析からではなく、聖書から決定されるべきである。
　2. 教会は三位一体の神との関係のゆえに存在する。教会の主の意思を聖霊の力によって実行するために存在する。
　3. 教会はこの世における主の臨在と宣教の継続である。
　4. 教会は、自分たちの主の霊的特質を示す、再生した信仰者たちの交わりであるべきである。純粋さと献身が強調されるべきである。
　5. 教会は神に創造されたものである一方で、不完全な人間で構成されている。教会は主の再臨まで、完全な聖さや栄化には到達しない。

研究課題

- 新約聖書で「教会」という言葉はどのように使われているか。
- 教会の一致についてのさまざまな概念のそれぞれは何を強調しているか。それぞれの長所と短所をどのように評価するか。
- 教会に関する聖書のイメージは、教会の定義とどのように関係しているか。
- 教会に関するこの学びから教えられる五つのことを述べた。それぞれの意味は何か。そして教会をより理解する上でそれぞれがどのような助けとなるか。
- 多様な意見を持ちながら教会での一致を促進するために、どのような手順を踏むべきか。

第37章 教会の役割と政治

本章の目的

1. 教会の四つの機能である、伝道、建徳、礼拝、社会的関心がどのようなものであるかを明らかにし、説明する。
2. 福音を教会のミニストリーの核心として認識し、定義する。これは教会のあらゆる機能に含まれている。
3. 監督制、長老制、会衆制という教会政治の形態を識別し評価する。
4. 政治構造を事実上排除しているグループがあることを認識する。
5. 教会政治の構造を確立する聖書的原則を明らかにする。

本章の概要

教会はこの世でキリストの働きを実行することをゆだねられている。これを達成するために、いくつかの機能が満たされなければならない。これらの機能のバランスのとれていることが、からだの健康と幸福にとって必須である。福音は教会の働きのまさに中心であり、教会のすべての機能に内在するものである。教会が発展するにつれて、教会政治のいくつかの形態が現れた。最も基本的な四つの形態は監督制、長老制、会衆制、非統治制である。

本章のアウトライン

1. 教会の機能　385
  (1) 伝道　385
  (2) 建徳　386
  (3) 礼拝　387
  (4) 社会的関心　388

2. 教会の働きの中心 ── 福音　389

3. 教会政治の形態　391
  (1) 監督制　391
  (2) 長老制　392
  (3) 会衆制　393
  (4) 非統治制　393

4. 今日のための教会政治制度　393

第37章　教会の役割と政治

教会の機能というのはたいへん重要な主題である。なぜなら教会が主によって生じさせられたのは、教会自体を目的としてではないからである。むしろ、教会に対する主の意図を成し遂げるために生じさせられた。教会はこの世で主の働きを実行すべきである。すなわち、主が行ったことを永続させ、主がまだ地上にいたなら行ったであろうことを行う。本章でまず考察するのは、教会に実行が課せられている種々の機能である[1]。次に、教会の働きの中心にあって、教会が行うすべてのことに形を与えるもの、すなわち福音を吟味する。最後に、教会政治の幾つかの種類に注目し、どれが主の働きを実行することに最も適しているかを決定する。

1. 教会の機能

(1) 伝道

弟子たちに対するイエスの最後の言葉についての両方の記事で強調されている一つの話題は、伝道である。マタイ28:19でイエスは弟子たちに「ですから、あなたがたは行って、あらゆる国の人々を弟子としなさい」と命じた。使徒1:8では「しかし、聖霊があなたがたの上に臨むとき、あなたがたは力を受けます。そして、エルサレム、ユダヤとサマリアの全土、さらに地の果てまで、わたしの証人となります」と告げた。これはイエスが弟子たちに最後に強調したことであった。イエスは伝道を、弟子たちの存在理由そのものとみなしていたことがうかがわれる。

伝道への召しは命令である。弟子たちはイエスを主として受け入れたので、自分たちをイエスの支配下に置き、イエスの求めることを何でも行う義務があった。イエスは「もしわたしを愛しているなら、あなたがたはわたしの戒めを守るはずです」と言った（ヨハネ14:15）。弟子たちが本当に自分たちの主を愛しているのなら、伝道せよという主の召しを実行するはずである。これは任意に選択できる事柄ではなかった。

しかし、弟子たちは単に自分たちの力のみによって送り出されたのではない。イエスは、「わたしには天においても地においても、すべての権威が与えられています」（マタイ28:18）という主張で任命を始めた。すべての権威をもちつつ、弟子たちをご自身の代理人に任命した。こうして彼らはすべての国々に行って伝道する権利をもった。さらにイエスは、弟子たちに聖霊が臨み、その結果、力を受けると約束した。それで任務を行う権威と力の両方が与えられた。さらに弟子たちは、イエスが自分たちだけで送り出されるのではないと確信していた。肉体において、イエスは彼らから取り去られなければならなかったが、霊においては、世の終わりまでともにいてくれる（マタイ28:20）。

この委託の範囲にも注目すべきである。その範囲はすべてを含んでいる。マタイ28:19でイエスは「あらゆる国々の人々」と言い、使徒1:8では具体的に名を挙げている。「エルサレム、ユダヤとサマリアの全土、さらに地の果てまで、わたしの証人となります」と。この委託に地理的制限はなかった。弟子たちは、福音のメッセージを至る所で、すべての国々そしてあらゆる種類の人々に伝えるべきだった。もちろん自分たちでこれを成し遂げることはできなかった。むしろ、弟子たちが誰かを回心させると、その回心者たちが今度はさらに他の人に伝道する。こうしてメッセージがさらに広範囲に広まり、ついに働きが完了する。

それゆえ、教会が主に忠実で主の心を喜ばせたいなら、すべての人に福音を届ける働きに携わらなければならない。これに

---

1 J. C. Hoekendijk, *The Church Inside Out* (Philadelphia: Westminster, 1966), 1（ホーケンダイク『明日の社会と明日の教会』戸村政博訳、新教出版社、1966年）。

は、生まれつき好きになれない人たちも含まれる。それは我々とは異なる人たちにも及ぶ。そして、直接関わりを持ち影響を与えることのできる範囲にとどまらない。真の意味においては、地域伝道と、教会拡大ないし教会開拓と、世界宣教はすべて同じことである。違いは範囲の広がりだけである。教会はこれらの領域すべてで働かなければならない。もしそうしないなら、教会の主が全く意図しなかった仕方で機能しようとしていることになるので、霊的に間違った状態になる。

(2) 建徳

教会にとって大事な二つ目の機能は、信仰者の建徳(徳育)である。イエスは伝道のほうを強調したが、信仰者の徳を高めることは論理上、伝道の前に来る。パウロはからだの建徳について繰り返し語った。たとえばエペソ4:12で、神が教会に多様な賜物を与えたのは「聖徒たちを整えて奉仕の働きをさせ、キリストのからだを建て上げるため」と述べている。信仰者は成長してキリストに達するべきであり、「キリストによって、からだ全体は、あらゆる節々を支えとして組み合わされ、つなぎ合わされ、それぞれの部分がその分に応じて働くことにより成長して、愛のうちに建てられる」(16節)。徳を建て上げる可能性があるかどうかが、語る言葉を含め、すべての活動を測る基準となるべきである。「悪いことばを、いっさい口から出してはいけません。むしろ、必要なときに、人の成長に役立つことばを語り、聞く人に恵みを与えなさい」(29節)。

また、Ⅰコリント12章のような箇所でパウロは、霊的賜物を建徳と結びつけている。教会のさまざまなメンバー全員に賜物が与えられている。それらの賜物は個人的な満足のためではなく、全体としてのからだの建徳(増強)のため与えられた(14:4-5、12)。賜物は多様であるが、からだのうちに分裂はない。これらの賜物の中には他の賜物より目立つものがあるが、だからといって他の賜物より重要であるということはない(12:14-25)。一つですべての人のためという賜物はない(12:27-31)。このことは、逆に、ひとりですべての賜物を持っている人はいないことを意味する。

さらにパウロは、霊的賜物の中で論争の的となっているものについて論じる中で、建徳のことを取り上げている。たとえば、Ⅰコリント14:4-5(新改訳第3版——訳注)では、「異言を話す者は自分の徳を高めますが、預言する者は教会の徳を高めます。私はあなたがたがみな異言を話すことを望んでいますが、それよりも、あなたがたが預言することを望みます。もし異言を話す者がその解き明かしをして教会の徳を高めるのでないなら、異言を語る者よりも、預言する者のほうがまさっています」と言う。論争の的となっている賜物を行使する際に他の人の徳を高めることが重要であるということには、さまざまな形で12節、17節、26節で再びふれている。これらの言及のうち最後のものが、問題を要約している。「そのすべてのことを、徳を高めるためにしなさい」(新改訳第3版 訳注)と。建徳とはからだに属するすべてのメンバーがお互いに建て上げ合うことであって、牧師だけが行うものではない点に注目したい。

教会のメンバーの徳を高める方法はいくつかある。その一つは交わりである[2]。新約聖書はコイノニア(koinōnia)について語っている。これは文字通りには、「すべてのものを共有して持つあるいは保つこと」である。そして事実、使徒の働き5章によると、初代教会のメンバーは持ち物すべてを共有していた。パウロは互いの経験を共有することについて語っている。「一つの部分が苦しめば、すべての部分がともに苦しみ、一つの部分が尊ばれれば、すべての部分がともに喜ぶのです」(Ⅰコリント12:26)。共有することで、痛みは軽減さ

---

2 James E. Carter, *The Mission of the Church* (Nashville: Broadman, 1974), 65–73.

れ喜びは増す。我々は互いに励まし合い、共感し合うべきである。

教会はまた、指導や教えを通してメンバーの徳を高める[3]。これは弟子づくりという広範囲にわたる任務の一部である。イエスの大宣教命令の一つは、「わたしがあなたがたに命じておいた、すべてのことを守るように」回心した者を教えることであった（マタイ28:20）。そのために神が教会に与えた賜物の一つが、神の民を奉仕のために準備し整えるための「牧師また教師」（エペソ4:11）である。教育の方法はいろいろあり、レベルもさまざまであろう。今日手に入るあらゆる合法的な方法と技術を利用するのは教会の義務である。説教は当初からキリスト教会が用いてきた教育の手段である[4]。Ⅰコリント14章でパウロが預言について語るときは、説教のことを言っていると考えられる。パウロの解説によると、預言することは教会の徳を高め、また教会を建て上げるゆえ、異言を語ることより価値がある（3-4節）。

徳を高め合うという目的のために、神は聖霊によっていろいろな賜物を分け与えることで、教会を整えている（Ⅰコリント12:11）。先に見たように（298-99頁を見よ）、新約聖書にはこれらの賜物の、かなり異なった四つのリストが載っている。信仰、奉仕、分け与えることといった、聖書の基準ではすべての信仰者が持っているはずの徳が聖霊の特別な賜物として描かれている場合、その時はいつでも、それらの徳の通常でない、あるいは並はずれた次元また程度が記者の念頭に置かれているように見える。聖霊はご自身の知恵をもってまさに必要なものを与えるので、からだは全体として適切に建て上げられ備えられる。

(3) 礼拝

教会のもう一つの活動は礼拝である。建徳は信仰者に焦点を合わせており、信仰者の益となるが、礼拝は主に心を集中させる。初期の教会は定期的に集まって礼拝を行っていた。その習慣は使徒パウロによって命じられ、勧められた。パウロがコリントの人々に、週の初めの日のたびに金銭を取り分けておくようにと指示している（Ⅰコリント16:2）ことから、彼らがその日に定期的に礼拝のために集まっていたことがうかがわれる。ヘブル人への手紙の記者は読者を、ある人々の習慣に倣って一緒に集まるのをやめたりしないようにと励ましている（ヘブル10:25）。礼拝の重点は神に置かれるが、礼拝する者たちに益を与えることも意図されている。このことは、その意味を理解できない人に解き明かす人がいないため、徳を高めることにならない祈りや歌、感謝に対するパウロの警告から推測できる（Ⅰコリント14:15-17）。

教会のさまざまな機能のそれぞれの具体的な位置にこの時点で注目することは重要である。聖書が記されていた当時、教会は礼拝と教えのために集まった。それから出て行って伝道した。礼拝で教会員は神に集中し、教えと交わりにおいて、彼らは自分自身と他のクリスチャンに焦点を合わせた。伝道では、キリスト者でない人々に関心を向けた。教会にとってこれら幾つかの活動をある程度分けておくのはよい。そうしないと一つかそれ以上の活動を押しのけてしまう。その結果、教会は損なわれる。これらすべての活動は、バランスの取れた食事のさまざまの要素のように、霊的に健康なからだを保つために欠かせない。たとえば、からだの集まりがキリスト者同士の交流に第一に向けられるようになったり、あるいは礼拝でそこに出席している信仰のない者への伝道のみが目的になると、神への礼拝が損なわれる。使徒の働きに出てくる教会はそうではなかった。信仰者たちは集まっ

---

[3] Edmund Clowney, "Toward a Biblical Doctrine of the Church," *Westminster Theological Journal* 31, no. 1 (November 1968): 71–72.

[4] Karl Barth, *The Word of God and the Word of Man*, trans. Douglas Horton (New York: Harper & Row, 1956), 97–135.

て神を賛美し、徳を高められ、それから彼らは外に出て行って世界の失われた人々に手を差し伸べた。

霊的健康のために、教会は注意深く、伝道、建徳、礼拝、社会的関心という主な機能のバランスをとるべきである。

---

(4) 社会的関心

教会のさまざまな機能を横断して存在しているものは、キリスト者としての愛と思いやりの行為を信仰者にもキリスト者以外の者にも実行するという教会の責任である。確かにイエスは貧しい人、苦しんでいる人の抱えている問題を心にかけていた[5]。病人を癒やし、死人をよみがえらせることさえあった。もし教会がイエスの働きを実行するべきであるなら、貧しい人、苦しんでいる人に対する何らかの形の働きがなされなければならない。イエスがこのことを信仰者に望んでいるのは、良きサマリア人のたとえ話（ルカ10:25-37）から明らかである。イエスがこのたとえを話した相手は、全身全霊を尽くして神を愛し、自分のように隣人を愛することで永遠のいのちを受け継ぐことができると理解しつつ、自分の隣人とは誰かと尋ねる律法の専門家であった。質問に答えつつ、イエスは隣人を自分のように愛するとは何を意味しているかについても説明した。同じようなやり方でイエスはマタイ25:31-46で、本物の信仰者と空しい告白をする者とを見分ける一つのしるしは、イエスの名によってなされイエスの模範に倣う愛の行為であると示唆した。

社会的関心の強調は書簡にも引き継がれている。ヤコブは実践的なキリスト教を特に強調している。たとえば彼が宗教をどう定義しているかを見よう。「父である神の御前できよく汚れのない宗教とは、孤児ややもめたちが困っているときに世話をし、この世の汚れに染まらないよう自分を守ることです」（ヤコブ1:27）。ヤコブは、教会内でさえ起こっていた、金持ちへのえこひいきという悪を厳しく糾弾している（2:1-11）。また行いの伴わない言葉だけの励ましを非難する。「兄弟か姉妹に着る物がなく、毎日の食べ物にも事欠いているようなときに、あなたがたのうちのだれかが、その人たちに、『安心して行きなさい。温まりなさい。満腹になるまで食べなさい』と言っても、からだに必要な物を与えなければ、何の役に立つでしょう。同じように、信仰も行いが伴わないなら、それだけでは死んだものです」（2:15-17）。

社会的関心には、不義を非難することも含まれる。アモスや他の幾人かの旧約の預言者は、その時代の悪と腐敗を語気を強めて糾弾した。バプテスマのヨハネも同様に、その当時の支配者であったヘロデの罪を非難した。それがヨハネの自由を犠牲にしたにもかかわらず（ルカ3:19-20）、そして結局は彼のいのちさえも犠牲にした（マルコ6:17-29）。

教会は貧困や苦痛、悪を見るときにはいつでも関心を示すべきである。明らかに、教会はこの分野での記録を改善するためにやるべきことがたくさんある。それでも時折、すでにどれだけのことが成し遂げられたかを見落とすことがある。英国とアメリカにある大学や病院の何パーセントが、昔キリスト者のグループによって建てられてきたか。かつて教会が行っていた慈善事業や教育機関の多くを、今日国が代わって経営し、キリスト者とキリスト者でない人の両方が払う税金で維持している。また、先進国の社会的ニーズはかつてほど深刻でないことも考慮すべきである。

再生の必要を過小評価する教会の多くは、福音主義者は人間の苦しみを軽減することに十分に関わってこなかったと主張する[6]。しかしアメリカ国内から世界へ視点を変え

---

[5] Sherwood Wirt, *The Social Conscience of the Evangelical* (New York: Harper & Row, 1968), 19–26.

ると、様相は一変する。福音主義者たちは医療、農業、教育の働きを最も援助を必要とする国で集中して行っており、世界規模の宣教事業としては主流（メインライン）教会での働き以上のものに取り組んできた。一人当たりの基準で計れば、福音派はリベラルな教会よりも多くのことをしており、確かに一般の人々よりもはるかに多くのことをしてきたことは確かである[7]。

2. 教会の働きの中心 ── 福音

教会がすることすべてに基本的な形を与える一つの要因、そのすべての機能の中心にある要素、すなわち福音、良き知らせを我々が今詳しく見ることは重要である。イエスは公的な働きの初めに、自分は福音を宣べ伝えるために特別に油を注がれたと告げた。後に使徒たちに、福音を広めることで自分の働きを継続するよう命じた。イエスは、初めから自身の教えと説教の特徴となっていた良い知らせを、信仰者たちに委ねた。マルコの福音書で、バプテスマと誘惑の後に記録されているイエスの最初の活動はガリラヤで福音を宣べ伝えることである（マルコ1:14-15）。同様にルカも、イエスがイザヤ61:1-2を読み、その預言を自身に当てはめることで、ナザレでの宣教を始めたことを記録している。

主の霊がわたしの上にある。
貧しい人に良い知らせを伝えるため、
主はわたしに油を注ぎ、
わたしを遣わされた。
捕らわれ人には解放を、
目の見えない人には目の開かれることを
　告げ、
虐げられている人を自由の身とし、
主の恵みの年を告げるために。

(ルカ4:18-19)

福音に関して新約聖書で鍵となる語はユーアンゲリオン（euangelion）で、良い知らせを意味する[8]。それは、メッセージの積極的な宣言と宣言された内容という、二つの基本的な意味を持っている。両方の意味がIコリント9:14に出てくる。「福音［内容］を宣べ伝える者が、福音［宣言する行為］から生活のささえを得る」（この箇所の二番目の「福音」は、新改訳では「福音の働き」と訳されている ── 訳注）と。多くの場合、パウロは名詞ユーアンゲリオンを修飾語なしで使っている。つまり「福音」で何を意味しているかを定義する形容詞や句、節がないのである（たとえばローマ1:16、10:16、11:28）。明らかにユーアンゲリオンには、パウロの手紙を読む者にパウロが何を意味しているかを正確に知ることのできるだけの、標準化された意味があったのである。

もしパウロと手紙の読者が福音を特定の内容を持つものと考えていたのなら、その内容とは何なのかという疑問が起こる。パウロは福音の教えについての完全で詳細な記述をどこにも与えていないが、それが何を含んでいるかを示す箇所はある。ローマ1:3-4でパウロは、福音とは「御子に関するものです。御子は、肉によればダビデの子孫から生まれ、聖なる霊によれば、死者

---

[6] Robert M. Price, "A Fundamentalist Social Gospel?," *Christian Century* 96, no. 39 (November 28, 1979): 1183–86. vol. 97, no. 3 (January 23, 1980): 78–79 にある読者の返答に注目せよ。

[7] Harold Lindsell, "The Missionary Retreat," *Christianity Today*, November 9, 1971, 26–27; William Hordern, *New Directions in Theology Today*, vol. 1, Introduction (Philadelphia: Westminster, 1966), 75–76（W・ホーダーン『転換期に立つ神学』現代神学の潮流Ⅰ、斎藤正彦訳、新教出版社、1969年）。以下も見よ。Herman C. Weber, ed., *Yearbook of American Churches* (New York: Round Table, 1941), 129–38; Millard J. Erickson, *The Evangelical Left: Encountering Postconservative Evangelical Theology* (Grand Rapids: Baker, 1997), 11–14.

[8] Gerhard Friedrich, "εὐαγγελίζομαι," in *Theological Dictionary of the New Testament*, ed. Gerhard Kittel, trans. and ed. Geoffrey W. Bromiley (Grand Rapids: Eerdmans, 1964), 2: 710–12, 721–25.

の中からの復活により、力ある神の御子として公に示された方、私たちの主イエス・キリストです」と語る。Ⅰコリント15章では読者に、どのような観点から自分が福音を宣べ伝えたかを思い起こさせている（1節）。「キリストは、聖書に書いてあるとおりに、私たちの罪のために死なれたこと、また、葬られたこと、また、聖書に書いてあるとおりに、三日目によみがえられたこと、また、ケファに現れ……十二弟子に現れ……五百人以上の兄弟たちに同時に現れ……ヤコブに現れ、それからすべての使徒たちに現れ……私にも現れてくださいました」（3-8節）。もっと短い言及は、Ⅱテモテ2:8のパウロの勧めである。「イエス・キリストのことを心に留めていなさい。私が伝える福音によれば、この方は、ダビデの子孫として生まれ、死者の中からよみがえった方です」。

パウロは福音をイエス・キリストと、神が彼を通してなしたことを中心としていると考えた。福音の本質的な要点は、神の子としてのイエスの地位、まことの人性、我々の罪のための死、葬り、復活、それに続く顕現、そして審判のための未来の再臨である。ただし福音を、神学的真理と歴史的事実を暗唱するだけのものと考えてはならない。むしろ福音は、これらの真理や事実を信仰者一人一人の状況と関係づける。こうしてイエスは「私たちの罪のために」死んだのである（Ⅰコリント15:3）。イエスの復活も、孤立した出来事ではない。すべての信仰者の全面的な復活の始まりである（ローマ1:3-4に関連してⅠコリント15:20）。さらに、来るべきさばきという事実はすべての人に関わっている。我々皆が、福音に対する個人的態度と応答を根拠に評価されることになる（Ⅱテサロニケ1:8）。

パウロにとって福音はきわめて重要であった。彼はローマの教会に、福音は「ユダヤ人をはじめギリシア人にも、信じるすべての人に救いをもたらす神の力です」（ローマ1:16）と宣言している。福音のみが救いと救いに伴うすべての祝福をもたらすことができると確信しているので、パウロは福音は絶対であり福音以外ないと主張する。それに追加したりそれから取り除いたりするものは何もないし、救いへの代わりとなる道となるものも存在しない。

福音が救いに至る唯一の道であることを知っており、パウロは福音の正当性を立証しようと決意している。ピリピの人たちに自分が「福音を弁明し立証している」と書いている（ピリピ1:7）。パウロには福音の正当性立証のため、筋の通った議論を行う用意ができていた。この特定の手紙でパウロは福音の弁明について述べている。パウロが福音を提示したことに応えて信仰者となった看守（使徒16:25-34）は、おそらくピリピの教会のメンバーであった。まさにその町で、救いへの神の力の驚異的なデモンストレーションを目撃したとき、パウロは福音を弁明することを破棄していたといえるだろうか。それでもある人々は、福音を弁明する必要はない、福音はそれ自体で立つことができる、と主張してきた。しかしこの理論はパウロ自身の活動のパターン、たとえばアレオパゴスのまっただ中での演説（使徒17:16-34）に反する[9]。弁証論的なアプローチに対する反対は、信仰を生み出す際に、聖霊が人間の心と理性を用いることを認識していない。

にもかかわらず、パウロの活動の特徴は福音の弁明だけと考えてはならない。さらに進んで積極的な態度で臨んでいる。彼はすべての国々の民に良い知らせを宣べ伝えたいと熱望した。自分の使命に抑えがたい衝動を感じていた。「福音を宣べ伝えないなら、私はわざわいです」（Ⅰコリント9:16）と。

福音は民族、社会、経済、教育の壁を越える（ローマ1:16、ガラテヤ3:28）だけでなく、何世紀もの時間に及んでもいる。すたれることのないメッセージ（ユダ3節）、

---

[9] F. F. Bruce, *The Defence of the Gospel in the New Testament* (Grand Rapids: Eerdmans, 1959), 37–48.

それが、今日教会に委託されている聖なるものである。教会が世界に提供する良い知らせは希望をもたらす。この点で教会のメッセージと働きは独特のものである。というのは、今日我々の世界にはほとんど希望がないからである。実存主義がジャン・ポール・サルトルの『出口なし』やアルベール・カミュの『シジフォスの神話』といった文学作品を大量に生み出している。新聞の社会面、経済面、政治面どれを見ても励ましとなるニュースはほとんどない。ソール・ベロウは『ハーツォグ』の中で、この時代全体の精神をうまくとらえて次のように言っている。「このジェネレーションの哲学はなにか？　神が死んだ、の思想ではあるまい。それはとうの以前に、過去の問題になっている。いまはおそらく、死は神だ、というところであろう。現ジェネレーションは考える——これがその思想の思想である——誠実なもの、傷つきやすいもの、繊細なものは永続できず、真の力を持ちえないと。このようなものには、死が待ちかまえている。コンクリートの床が、電球の落ちてくるのを待ちかまえているように[10]」。これとは対照的に教会はペテロとともに言う。私たちの主イエス・キリストの父である神がほめたたえられますように。神は、ご自分の大きなあわれみのゆえに、イエス・キリストが死者の中からよみがえられたことによって、私たちを新しく生まれさせ、生ける望みを持たせてくださいました」（Ⅰペテロ1:3）と。ここに希望があり、その希望は、我々が福音を信じそれに従うとき現実となる。福音は常に救いの方法であり、これからもそうなのであるから、教会はあらゆる犠牲を払ってそれを保持し続けなければならない。

3. 教会政治の形態

信仰者のグループが、より恒久的になり、より正式に構成されていくにつれて、教会政治への問いが自然に起こってくる。教会政治の問題とは、結局のところ、教会の中でどこに権威があるのか、誰がその権威を行使すべきなのか、という問いである。教会政治にはさまざまな形態があるが、どの形態を提唱している人も、神が究極の権威である（または究極の権威を持つ）ことには同意している。ただし、神がどのように、または誰を通してその権威を表現または行使するかで考えが異なっている。教会の歴史を通して、教会政治にはいくつかの基本的形態が存在していた。ここでの学びは、最も組織化されたもの、つまり監督制から始めて、順次組織化されていないほうへと進む。基本的な形態を慎重に調べた上で、どの形態が他より適切であるか判断したい。

(1) 監督制

教会政治の監督制という形態では、権威は特定の役職である監督（主教、司教という訳語もある——訳注）にある。監督職にはさまざまな位階がある。つまり監督の職位の数にはいろいろある。監督政治の一番単純な形態はメソジスト教会に見られ、監督の職位は一つだけである。それよりやや発展したものは英国教会または監督教会の政治構造で、またローマ・カトリック教会は最も完全な聖職位階制度を持ち、権威は最高位の司教、ローマの監督、すなわち教皇に特別に与えられている。

監督制の構造に固有の思想は、働きには異なった職位がある、あるいは任職には異なった位階があるというものである[11]。第

---

10 Saul Bellow, *Herzog* (New York: Penguin, 1976), 315（S・ベロウ『ハーツォグ』宇野利泰訳、早川書房、1970年）。

11 Leon Morris, "Church, Nature and Government of (Episcopalian View)," in *Encyclopedia of Christianity*, ed. Gary G. Cohen (Marshalltown, DE: National Foundation for Christian Education, 1968), 2: 483.

一の職位は一般の牧師または司祭である。教会によってはこの第一の職位の中に、たとえば執事と長老というように、階級とか区分がある。この職位の聖職者には、宣教に関わる基本的な務めの一切を執り行う権限が与えられている。つまり説教し、サクラメントを行う。ただしこの職位を超えて監督の職位が存在する。監督の役割は、監督に与えられている神の力を行使することである。特に神の代理人および牧者として、地域の会衆だけではなく諸教会の群れ全体を治め、世話をする[12]。監督に与えられた力の一つは牧師または司祭の任職である。

(2) 長老制

教会政治の長老制も、特定の役職に主要な権限を置くが、一つの役職やその役職についている人より、権威を行使する一連の代表組織のほうに重きを置く。長老制の構造の中で要となる役職は長老であり[13]、ユダヤ教の会堂に背景を持つ地位である。長老は新約聖書の教会にも見られる。使徒11:30に、エルサレム教会の長老たちのことが出てくる。そこには、アンティオキアの信仰者たちがエルサレムの信仰者たちに援助物資を提供し、「バルナバとサウロの手に託して長老たちに送った」とある。牧会書簡にも長老への言及がある。

新約聖書時代、民は教会を治める能力が特にあると評価した人を長老に選んだようである。教会を治める長老たちを選ぶ際に、人々は彼らの形式的行為によって、主がすでになさったことを確認することを意識していた。長老制において、キリストの権威は信仰者一人一人に分配され、信仰者はそれを自分たちを代表する長老に委任すると理解される。選挙または任命されると、長老は個々の信仰者のために、また信仰者に代わって働く。つまり教会の中で実際に神の権威が機能するのは長老のレベルにおいてである[14]。

この権威は一連の統治組織で行使される。地域教会レベルでは小会（しょうかい）(session——長老派)[15]、あるいは長老会 (consistory——改革派)[16]が意思決定グループである。一つの地区のすべての教会は中会（ちゅうかい）(presbytery——長老派) または中会 (classis——改革派) が治める。次に置かれているのは大会（たいかい）(synod) で、各中会で選ばれた同数の信徒長老と教職者で構成されている。長老教会の最高レベルには総会 (general assembly) があり、これも中会からの信徒代表と教職者代表で構成されている。各統治機関の特権はその教派の規約に明確に説明されている。

長老制が監督制と異なるのは、教職者のレベルが一つしかないという点である[17]。教える長老すなわち牧師がいるだけである。それより高いレベル、監督などは存在しない。もちろん統治上の会議の中で管理職に何人かが選ばれる。統括ないし監督するために選出（下から）され、普通、中会書記 (stated clerk of the presbytery) 等と呼ばれる。監督ではなく、そのような職のために特別な任職はない。特別な権威も職に伴わない。長老制におけるもう一つの平準化の尺度は、聖職者と信徒の慎重な協力にある。さまざまな統治上の会議のどれにも両者が含まれる。どちらも、もう一方が持っていない特別な力や権利は持たない。

---

12 Leon Morris, "Church Government," in *Baker's Dictionary of Theology*, ed. Everett F. Harrison (Grand Rapids: Baker, 1960), 126（『神学事典』神学事典翻訳編集委員会訳、聖書図書刊行会、1972年所収）.

13 R. Laird Harris, "Church, Nature and Government of (Presbyterian View)," in Cohen, *Encyclopedia of Christianity*, 2:490–92.

14 *The Constitution of the United Presbyterian Church in the United States of America*, vol. 2, Book of Order (Philadelphia: Office of the General Assembly of the United Presbyterian Church in the United States of America, 1967), chap. 9.

15 Ibid., chap. 11.

16 Louis Berkhof, *Systematic Theology* (Grand Rapids: Eerdmans, 1953), 588–89.

17 Charles Hodge, *The Church and Its Polity* (London: Thomas Nelson & Sons, 1879), 119.

(3) 会衆制

教会政治の第三の形態は、個々のクリスチャンの役割を強調し、そして地域教会の会衆を権威の座に据える。会衆制の体系の基本には二つの概念がある。自治と民主主義である。本書で言う自治とは地域教会が独立し自らを統治していることを言う[18]。地域教会に活動方針を指図できる外的力は全くない。本書で言う民主主義とは、地域教会のメンバーが皆、教会のことに発言権を持つことを言う。彼らが権威を持ち、それを行使する。権威は一個人や選ばれたグループの特権ではない。主要な教派で会衆制の政治形態を実践しているのは、バプテスト派と会衆派（組合教会）と、ほとんどのルター派グループである。

> 教会政治の理想的な形態は、聖書にある秩序の原則と万人祭司制を満たす。

自治の原則とは、地域教会がそれぞれ自分たちの牧師を招き、自分たちの予算を決めることである。外部の権威からは独立して、不動産を買い所有する[19]。民主主義の原則は、万人祭司制に基づいている。もし監督や長老に意思決定の特権が与えられていたならこの原則は放棄されてしまうと受けとめられている。キリストのわざがそのような指導者を不要にした。今や信仰者は誰でも至聖所に入ることができ、直接神に近づけるからである。さらに、パウロが思い起こさせているように、からだの各メンバーまたは各部分には、全体の繁栄のためになすべき重要な貢献がある[20]。

教会政治の会衆制という形態の中には、代議制民主主義の要素がいくつかある。特別な形で奉仕をするために、からだを構成する者たちの中から自由な選択によってある人たちが選ばれる[21]。しかし牧師招聘や不動産の売買など、大事な決定はすべて教会全体で行う。

(4) 非統治制

クエーカー（フレンド派）やプリマス・ブレザレンのような特定のグループは、教会に具体的な、あるいは目に見える政治形態を持つ必要があることを否定する。したがって事実上すべての統治秩序を排除する。代わりに、組織や制度を通してではなく、直接、信仰者個人に影響力を及ぼし導く聖霊の内的働きを強調する。

4. 今日のための教会政治制度

聖書の権威を支持しつつ、教会政治の構造を発展させようとすると、二つの点で困難にぶつかる。まず、規範的な教説を示す資料が十分でない。教会政治がどのようなものであるべきかについての規範的な説明は見当たらない。そこで記述的な箇所を調べようとすると、二つ目の問題が見つかる。新約聖書の教会についての記述には差異に幅があり、一つの権威ある型を見つけることができない。そこで我々は新約聖書に見いだされる原則に目を向け、それに基づいた統治制度を構築する努力をすべきである。

新約聖書、特にコリント人への手紙第一に明確に示されている一つの原則は、秩序の価値である。特定の働きの責任をもつ人々がいることが望ましい。もう一つの原則は万人祭司である[22]。あらゆる人が神と

---

[18] Franz Pieper, *Christian Dogmatics* (St. Louis: Concordia, 1953), 3: 475.

[19] Edward T. Hiscox, *The New Directory for Baptist Churches* (Philadelphia: Judson, 1894), 153–59.

[20] William Roy McNutt, *Polity and Practice in Baptist Churches* (Philadelphia: Judson, 1935), 21–26.

[21] James M. Bulman, "Church, Nature and Government of (Autonomous View)," in Cohen, *Encyclopedia of Christianity*, 2:478.

[22] Cyril Eastwood, *The Priesthood of All Believers* (Minneapolis: Augsburg, 1962), 238–57.

直接関わりを持つことができる。最後に、一人一人が全体にとって重要であるという考えは、新約聖書を通して暗黙のうちに暗示されており、ローマ人への手紙12章やコリント人への第一の手紙12章において明らかである。

　私の判断としては、今まで定められた原則を一番よく満たしているのは、会衆制の教会政治である。この形態は、すべての信仰者が祭司であり、霊的資格があるという原則を真剣に取る。内住の御霊が信仰者一人一人を導くという約束も真剣にとる。同時に、秩序の必要性が言われていることは、ある程度の代議制による政治が必要であることを示唆している。状況によっては、グループを代表して事を行うために指導者が選ばれなければならない。選ばれた者たちは自分が代表している人たちへの説明責任を常に意識しているべきであり、そして重要案件に関しては可能な限り、会員全体にはかって決めるべきである。

研究課題

- 教会の機能は何か、そしてそれらはお互いにどのように関連しているのか。
- 福音が教会の働きの中心にあるのはなぜか。
- パウロは著作の中で福音について何と語っているか。
- 会衆制の教会は他の会衆制の教会とどのように関係しているのか。
- 新しい会衆が彼らにどのような形態の教会政府を選ぶべきかについて助言を求めていた場合、どのように対応するか。

第38章 教会の儀式
──バプテスマと主の晩餐

本章の目的

1. バプテスマ（洗礼）に関する三つの基本的な見解、すなわち、救いに至る恵みの手段、恵みの契約のしるしおよび証印、救いのしるし、を思い起こし説明する。
2. 個々の信者にとってのバプテスマの意味を明確にし、はっきりと述べる。
3. バプテスマの対象を特定し、バプテスマの適切な様式を評価する。
4. 主の晩餐に関する四つの主要な見解とそれぞれの見解の意味を調べる。
5. 適切な主の晩餐の捉え方に関わる諸問題に答えを見つける。

本章の概要

事実上すべてのキリスト教会がバプテスマの儀式を執り行っており、バプテスマは教会の生活において重要な役割を果たしている。三つの基本的な見解がキリスト者の異なるグループから出されている。これらの問題を解決するために、バプテスマの意味、バプテスマの対象、バプテスマの様式を考察することが重要である。主の晩餐はキリスト者のどのグループにとっても不可欠である。主の晩餐は、人がキリスト教信仰に入信する際にバプテスマが始めたことを継続する。主の晩餐については四つの主要な見解があり、これらの見解によって提起されている少なくとも六つの問題を解決しなければならない。

本章のアウトライン

1. **バプテスマ──教会の入会儀式** 396
   (1) バプテスマに関する基本的な諸見解 396
      ① 救いに至る恵みの手段としてのバプテスマ 396
      ② 恵みの契約のしるしおよび証印としてのバプテスマ 397
      ③ 救いのしるしとしてのバプテスマ 398
   (2) 問題の解決 399
      ① バプテスマの意味 399
      ② バプテスマの対象 401
      ③ バプテスマの様式 401

2. **主の晩餐──教会の継続的儀式** 402
   (1) 主要な見解 402
      ① 伝統的なローマ・カトリックの見解 402
      ② ルター派の見解 403
      ③ 改革派の見解 404
      ④ ツウィングリ派の見解 405
   (2) 問題の処理 405
      ① キリストの臨在 405
      ② 儀式の効力 406
      ③ 適切な執行者 407
      ④ ふさわしい受け手 407
      ⑤ 使用されるパンとぶどう酒 407
      ⑥ 行う頻度 407

1. バプテスマ —— 教会の入会儀式

事実上すべてのキリスト教会はバプテスマを実行している。そのおもな理由は、イエスが最後の命令で使徒と教会に、「行って、あらゆる国の人々を弟子としなさい。父、子、聖霊の名において彼らにバプテスマを授け」なさい（マタイ28:19）と命じたからである。バプテスマが何らかの形でキリスト者生活の始まりと関連があり、地域の目に見える教会だけでなく普遍的な見えない教会への加入とも関連があるということには、ほとんどすべての人が同意している。それでも、バプテスマに関しては意見の不一致もかなりある。

キリスト者の間で、バプテスマに関して次の三つの基本的な問いが議論されてきた。①バプテスマの意味は何か。それは実際に何を達成するのか。②バプテスマのふさわしい対象とは誰か。イエス・キリストを意識して信仰を働かせることができる人に限られるべきか、それとも子どもや赤ん坊にも授けてよいのか。よいとするなら、その根拠は何なのか。③バプテスマのふさわしい様式とは何か。水に沈めなければならない（浸礼）のか、それとも他の方法（注ぐ、振りかける）も受け入れることができるのか。バプテスマの行為の意味と価値に関する我々の結論は他の問題に関する我々の結論を決定することに大いに役立つので、これらの質問は重要性が徐々に低下していく順に扱われる。

(1) バプテスマに関する基本的な諸見解

①救いに至る恵みの手段としてのバプテスマ

これらの問題を解決しようとする前に、キリスト者がバプテスマを解釈しているさまざまな捉え方を手短に説明しておくのは賢明なことである。あるグループでは、水によるバプテスマという行為がバプテスマを受ける人に実際に恵みを伝えると信じている。これはバプテスマによる再生という教理である。すなわち、バプテスマが変化をもたらし、人を霊的死からいのちへと導き入れると信じている。この見解の最も極端な形は伝統的なカトリック主義に見られる。しかしここでは、カトリック主義と多くの共通点を持つ古典的ルター派の立場に焦点を絞る。

サクラメンタリストによると、バプテスマは神が救いに至る恵みを与える手段であり、その結果罪が免除される[1]。ルター派の見解では、この礼典（サクラメント）は信仰がすでに存在しなければ効果がない。ただしサクラメントは神のなさることであって、我々がささげる何かではない。バプテスマは人を教会に加入させる聖霊の働きである。すなわち「私たちはみな、ユダヤ人もギリシア人も、奴隷も自由人も、一つの御霊によってバプテスマを受けて、一つのからだとなりました。そして、みな一つの御霊を飲んだ」（Ⅰコリント12:13）のである[2]。

サクラメンタリストの見方では、バプテスマは信仰者を一度きりでキリストに客観的に結合する（ローマ6:3-5）。と同時に、このサクラメントはまた、主観的な効果をももたらす。自分がバプテスマを受けており、したがって死と復活においてキリストと結び合わされていると知ることは、信仰者にとって常に励ましと霊感の源となる[3]。

ルター主義によると、バプテスマの対象者はおおよそ二つのグループに分けられる。第一に、キリストを信じるようになった成人たちがいる。明白な例は使徒2:41と8:36-38に見られる。第二に、新約聖書の時代には、子どもやさらに赤ん坊までもがバプテスマを受けている。その証拠は子どもたちがイエスに触れてもらうために連れて

---

1 Franz Pieper, *Christian Dogmatics* (St. Louis: Concordia, 1953), 3: 264.

2 Ibid., 3:270.

3 Ibid., 3:275.

第38章　教会の儀式──バプテスマと主の晩餐

来られたという事実に見られる（マルコ10：13-16）。さらに使徒の働きには全家族がバプテスマを受けたと書いてある（使徒11：14［10：48を見よ］、16：15、31-34、18：8）。当然、ここに出てくる家族のほとんどは大人だけではなかったはずである。確かに、旧約聖書の中で、彼らはイスラエルの国民の一部であったように、子どもたちは神の民の一部である[4]。

新約聖書の中で子どもがバプテスマを受けたということが、今日の実践の先例である。その上、原罪の汚染を取り除くために幼児洗礼は必要である。子どもには再生に必要な信仰を働かせることができないので、バプテスマによってもたらされるきよめを受けることが不可欠である。

ルター派の神学者たちは、幼児洗礼を行うことと、信仰によってのみ義とされるという主張とは首尾一貫しないという非難があるのを承知している。このジレンマに見えるものに、通常、二つの方法のどちらかで対処してきた。一つは、バプテスマを受けた赤ん坊は無意識の信仰を所持しているのではないかという提案である。その証拠はマタイ18：6（「わたしを信じるこの小さい者たちの一人」）、19：14、マルコ10：14、ルカ18：16-17に見られる。もう一つの決定的証拠は、バプテスマのヨハネは「まだ母の胎にいるときから聖霊に満たされ」るという預言（ルカ1：15）である[5]。明らかな矛盾に対処するための第二の手段は、子どもがバプテスマを受けたときに関わるのは両親の（あるいは教会の）信仰であると主張することである[6]。ローマ・カトリック主義ではこういったジレンマは起こらない。カトリックの教理によれば、信仰は実際に必要とされないからである。必要条件は、誰かが子どもを差し出し、そして司祭がサクラメントを適切に執り行うことだけである[7]。

ルター派の見解ではバプテスマの様式は大して重要ではない。実際、聖書時代にどのような方法が使われたのか、方法は一つだけだったのかさえはっきりわからない。この様式には本質的で不可欠な象徴性がないので、バプテスマは一つの形式に結びつけられていないとされる。

②恵みの契約のしるしおよび証印としてのバプテスマ

伝統的な改革派と長老派の神学者が主張する立場は、契約という概念と密接に結びついている。彼らはサクラメントを、人類と立てた契約を神が達成することのしるしおよび証印とみなす。旧約聖書における割礼と同じように、バプテスマは我々に神の約束を確信させる。

バプテスマというサクラメントの意義は改革派と長老派にとって、バプテスマによる再生を主張する者たちほど明確ではない。契約、すなわち神の恵みの約束は、義認と救いの根拠、源である。バプテスマは、我々がその契約に導き入れられ、その結果その恩恵を経験する信仰の行為である。バプテスマという行為は、契約に入る手段であると同時に、救われたしるしである。成人の場合、これらの恩恵は絶対的であるが、幼児の救いは条件つきで、なされた誓いを将来続けていくかにかかっている。

誰がバプテスマの対象となるかは、多くの点でサクラメンタリストの見解と同じである。それによると、信仰を持つ成人はすべてバプテスマを受けるべきである。彼らはすでに信仰をもっている。もう一方で、信仰を持つ両親の子どももバプテスマを受けるべきである。聖書は子どものバプテスマを明確に命じてはいないが、間接的に教えている。神は霊的な契約をアブラハム"とその子孫"と結んだ（創世17：7）。この契約は今日まで続いている。事実、契約の

4　Ibid., 3: 277.
5　Ibid., 2: 448-49.
6　Ibid., 3: 285.

7　Ibid., 3: 256.

仲介者はただ一人であったし、今もそうである（使徒4:12、10:43）。新約聖書時代の回心者たちは契約に参与する者、または相続人である（使徒2:39、ローマ4:13-18、ガラテヤ3:13-18、ヘブル6:13-18）。このように、新約聖書と今日の両方における信仰者の状況は、アブラハムとの契約の観点から理解される[8]。

ここで議論の重要な段階に入る。すなわち、割礼が旧約聖書で契約の証拠であったように、新約聖書ではバプテスマが契約の証拠である。バプテスマは割礼にとって代わった[9]。この置き換えを行ったのはキリストである。キリストは弟子たちに、行って伝道しバプテスマを授けよと命じた（マタイ28:19）。この二つの儀式は明らかに同じ意味を持つ。割礼が罪の切り捨てと心の変化を指し示していた。そのことは、心の割礼、すなわち肉体的な割礼とは対照的な霊的な割礼に関する多くの旧約聖書の引用に見られる（申命10:16、30:6、エレミヤ4:4、9:25-26、エゼキエル44:7、9）。同じようにバプテスマは罪を洗い去るものとして描かれている（使徒2:38）。割礼がバプテスマに取って代わられた決定的な証拠は、コロサイ2:11-12に見られる。「キリストにあって、あなたがたは人の手によらない割礼を受けました。肉のからだを脱ぎ捨てて、キリストの割礼を受けたのです。バプテスマにおいて、あなたがたはキリストとともに葬られ、また、キリストとともによみがえらされたのです。キリストを死者の中からよみがえらせた神の力を信じたからです」。

ここでさらに二つの点について観察を行う必要がある。第一に、バプテスマを本質的な意味で契約のしるしおよび証印であるとする立場を取る者たちは、大人に要求されていることを子どもに強要することは正当ではないと主張する。第二に、この見解

を保持する人々は、本当に問題となるのは人の主観的反応ではなく、救いの約束を伴う契約に客観的に入ることだと強調する[10]。

改革派と長老派によるバプテスマの扱いでは、様式は比較的重要でない。新約聖書の時代に重要だったのはバプテスマの事実と結果であり、それが行われた方法ではなかったとされる。

③ 救いのしるしとしてのバプテスマ

これから検討する第三の見解は、バプテスマを信仰者のうちに起こった内的変化のしるし、また外的象徴、表示と見る[11]。これは入会儀式であり、我々はバプテスマによってキリストの名に属する者となる[12]。キリストはバプテスマという行為を命じた（マタイ28:19-20）。それはキリストが定めたものであるから、サクラメントというより儀式と理解するのがふさわしい。つまり、バプテスマを受けてもその人のうちに霊的変化は起こらない。キリストがそれを命じられたという理由で、そしてそれが我々の救いの宣言の形として役立つという理由だけで、我々はバプテスマを実践し続ける。

バプテスマという行為は直接の霊的利益または祝福をもたらさない。特に、バプテスマによって再生させられるのではない。なぜならバプテスマは、信仰とその信仰が至る救いを前提とするからである。するとバプテスマは、人がすでに再生したという証しである。もし霊的利益があるとすれば、それは、バプテスマによって地域教会の会員あるいは参加者となるという事実である[13]。

この見解にとって、バプテスマを受ける

---

[8] Louis Berkhof, *Systematic Theology* (Grand Rapids: Eerdmans, 1953), 632–33.

[9] Ibid., 634.

[10] Charles Hodge, *Systematic Theology* (Grand Rapids: Eerdmans, 1952), 3: 552–55.

[11] H. E. Dana, *A Manual of Ecclesiology* (Kansas City, KS: Central Seminary, 1944), 281–82.

[12] Edward T. Hiscox, *The New Directory for Baptist Churches* (Philadelphia: Judson, 1894), 121.

[13] Augustus H. Strong, *Systematic Theology* (Westwood, NJ: Revell, 1907), 945.

にふさわしい者は誰かという問いは非常に重要である。バプテスマ志願者は、信仰に基づく新生をすでに経験していることになる。ここで語っているバプテスマは、"信仰者の"バプテスマであって必ずしも"成人の"バプテスマではない。救いの条件（つまり悔い改めと生きた信仰）を備えた人のバプテスマである。この立場を支持する証拠は新約聖書に見られる。第一に、控え目な主張、もしくは沈黙からの議論というものがある。新約聖書でバプテスマを受けた者としてはっきり名前を挙げられているのは、バプテスマのとき成人に達していた人だけである[14]。全家族がバプテスマを受けたとき確かに子どもも含まれていたはずであるという議論は、信仰者のバプテスマという立場を取る人たちにはあまり重要視されない。さらに聖書は、キリストを個人的、意識的に信じることがバプテスマの必須条件であることを明らかにしている。大宣教命令の中で、バプテスマを授けよとの命令は、弟子とせよという命令の後に来る（マタイ28:19）。バプテスマのヨハネは、悔い改めて罪を告白することを要求した（マタイ3:2、6）。ペテロはペンテコステの説教の締めくくりに、悔い改めと、それに続いてバプテスマを受けることを求めた（使徒2:37-41）。信仰、そしてそれに続くバプテスマというのが、使徒8:12、18:8、19:1-7のパターンである[15]。以上のことから、責任能力のある信仰者のみがバプテスマを受けるべき者であるとの結論になる。

バプテスマの様式に関しては、その差異に度合いが見られる。あるグループ、特にメノナイトは、信仰者のバプテスマを行っているが、浸礼以外の様式である[16]。ただし、信仰者のバプテスマの立場をとる者の大多数はおそらく浸礼のみを行い、通常バプテストと受けとめられている。バプテスマを個人の人生に起こった救いの象徴および証しとして理解する場合、浸礼が優勢な様式となることは不思議ではない。浸礼が、霊的死からの信仰者の復活を一番よく描いているからである[17]。

(2) 問題の解決

我々は今、この章の冒頭で提起した問題に直面している。関連する証拠すべてを考慮して、今まで簡単に述べてきた立場のどれが一番理にかなっているのか問わなければならない。

① バプテスマの意味

バプテスマは再生の手段で、救いに不可欠なものなのか。いくつかの箇所がそのような立場を支持しているように思える。しかし詳しく調べると、この立場の説得力はなくなっていく。マルコ16:16には「信じてバプテスマを受ける者は救われます」とある。しかし、この節の後半はバプテスマに全く触れていないことに注意すべきである。「しかし、信じない者は罪に定められます」とある。罪に定められることと相関関係があるのは単に信仰の欠落であり、バプテスマの欠落ではない。その上、この聖句全体（そして実際9-20節の段落全体）は、最良の写本には見いだされないものである。

バプテスマによる再生という概念、バプテスマが救いに至る恵みを受ける手段であるという考えを支持するために引用されるもう一つの箇所は、「人は、水と御霊によって生まれなければ、神の国に入ることはできません」というヨハネ3:5である。しかしここで、「水によって生まれる」ことがニコデモにとって何を意味したかを問わ

---

14 Ibid., 951.

15 Geoffrey Bromiley, "Baptism, Believers'," in Baker's Dictionary of Theology, ed. Everett F. Harrison (Grand Rapids: Baker, 1960), 86（『神学事典』神学事典翻訳編集委員会訳、聖書図書刊行会、1972年所収）．

16 John C. Wenger, Introduction to Theology (Scottdale, PA: Herald, 1954), 237-40.

17 Paul King Jewett, "Baptism (Baptist View)," in Encyclopedia of Christianity, ed. Edwin H. Palmer (Marshalltown, DE: National Foundation for Christian Education, 1964), 1: 520.

なければならない。そこから出てくる結論は、あいまいな部分もあるものの、バプテスマではなくきよめの観念のほうを支持するようである[18]。さらに全体の文脈を考慮すると、水によって生まれることは御霊によって生まれることと同義であるように見える。

バプテスマは信仰の行為であり、キリストと信仰者との結合の力強い証しである。

考慮に入れる必要のある三つ目の聖句はⅠペテロ3:21である。「この水はまた、今あなたがたをイエス・キリストの復活を通して救うバプテスマの型なのです。バプテスマは肉の汚れを取り除くものではありません。それはむしろ、健全な良心が神に対して行う誓約です」とある。この聖句が実際にはバプテスマの儀式自体に効力があることを否定していることに注目したい。バプテスマが「健全な良心が神に対して行う誓約」であるという点でのみ救われる。つまり、バプテスマは神に依拠するほかない者であることを認める信仰の行為なのである

る。バプテスマにおいて、我々が依拠する救いの真の基礎はキリストの復活にこそある。

使徒の働きには悔い改めとバプテスマを結びつけている箇所がいくつかある。おそらく最も重大なものはペンテコステのときの、「兄弟たち、私たちはどうしたらよいでしょうか」（使徒2:37）という問いに対するペテロの返答である。「それぞれ罪を赦していただくために、悔い改めて、イエス・キリストの名によってバプテスマを受けなさい。そうすれば、賜物として聖霊を受けます」（38節）と彼は答えた。しかしその後の部分で強調されているのは、3千人が彼の言葉を受け入れ、それからバプテスマを受けたことである。次に記録されているペテロの説教（3:17-26）では、悔い改め、回心、キリストを受け入れることが強調されており、バプテスマのことは語られていない。こうして、悔い改めと回心とは違い、バプテスマは救いに不可欠なものではないことになる。むしろバプテスマは回心の表現または結果であると思われる。

最後にテトス3:5を検証しなければならない。この箇所でパウロは、神が「私たちが行った義のわざによってではなく、ご自分のあわれみによって、聖霊による再生と刷新の洗いをもって、私たちを救ってくださいました」と書いている。もしこれがバプテスマを暗示しているとすれば、不明瞭である。むしろ「再生の洗い」は、罪のきよめと赦しを指しているように思われる。我々は、バプテスマが再生の手段であり、救いに欠かせない恵みの道であるという考えを支持する聖書的証拠はほとんどないと結論する。

バプテスマは契約に入るしるしとして、旧約聖書の割礼という儀式に取って代わるものである、という主張はどうなのか。ここで重要なことは、パウロが、旧約聖書の割礼はユダヤ人であることを示す外的な形式であるが、真のユダヤ人とは内面がユダヤ人である者であると断言していることで

---

[18] Leon Morris, *The Gospel according to John* (Grand Rapids: Eerdmans, 1971), 215–16（L・モリス『ヨハネ福音書』上・中・下、中村保夫訳、聖恵授産所出版部、1994、1996、1997年）。英国国教徒のモリスは、イエスはキリスト教のバプテスマのことを語っているという提言について次のように解説している。「この主張の弱点は、ニコデモはまだ秘蹟（サクラメント）として存在していなかった洗礼のことを暗に指していると、おそらく気づかなかったであろうということである。イエスが彼が言おうとしている意味を、はっきり把握することができないような言い方で語ったとは考えられないことである。彼の目的は神秘的にかくすことではなく、明らかにすることであったのである。いずれにせよ、この文章が推進していることは、霊の働きを強調することであり、教会の儀式を強調することではない」。D. W. Robinson, "Born of Water and Spirit: Does John 3: 5 Refer to Baptism?," *Reformed Theological Review* 25, no. 1 (January–April 1966): 15–23 も見よ。

ある。「かえって人目に隠れたユダヤ人がユダヤ人であり、文字ではなく、御霊による心の割礼こそ割礼だからです。その人への称賛は人からではなく、神から来ます」（ローマ2:29）。パウロは、割礼が過去のものになったと断言しているだけでなく、割礼がその一部であった枠組み全体が交換されたと断言している。もし外的な割礼の代わりになったものがあるとしたら、それはバプテスマではなく内的な割礼であることになる。

それではバプテスマの意味とは何か。この質問に答えるために、我々はまず、バプテスマとキリストの死と復活におけるキリストとの結びつきの間には強いつながりがあることに注目する。パウロはこの点をローマ6:1-11で力説している。信仰者がある特定の瞬間に実際にキリストの死と復活と結び合わされる（3-5節）。第二に、使徒の働きがしばしば、信仰とバプテスマを結び合わせている。バプテスマは通例、信じた後に続くもの、あるいは事実上信じるのと同時に起こるものである。バプテスマはそれ自体、信仰と献身の行為である。バプテスマがなくても信仰は可能である（つまり救いはバプテスマを受けているかどうかによらない）が、バプテスマは信仰に当然のごとく付随するものであり、信仰を完成させるものである。

バプテスマは、キリストが成し遂げられたみわざに関する真理についての力強い告白であり、信仰者がキリストの死と復活にあずかっていることを証しする「水における言葉」である（ローマ6:3-5）。単なる記号というより象徴である。というのは、それが伝える真理を鮮やかに描いた絵だからである。記号とそれが表すものとの間には本来つながりはない。たとえば青信号が止まれでなく進めであるのは、慣習によるにすぎない。これとは対照的に、踏み切りのところにある標識は記号以上のもので、象徴でもある。示すことが意図されているもの、すなわち道と鉄道の線路との交差を大雑把に描いたものだからである。バプテスマは象徴であって単なるしるしではない。それは、信仰者がキリストとともに死に、復活する様を実際に描いている。

② バプテスマの対象

バプテスマのふさわしい対象はだれか。ここでの問題は、幼児洗礼を固守すべきか、信仰者のバプテスマ（すなわち、バプテスマはキリストの贖いのわざを信じる信仰を告白する人に限定されるべきだという立場）を固守すべきか、である。ここでは幼児洗礼か成人洗礼かで二分しているのではないことに注目すべきである。幼児洗礼を拒絶する者たちは、バプテスマ志願者が実際に信仰を働かせていることを条件として要求する。これに対し、本書は信仰者のバプテスマこそ正しい立場であると主張する。

幼児のバプテスマの場合は、バプテスマを救いに至る恵みの手段とする見方か、旧約聖書の割礼のような、契約に入ったしるしおよび証印とする見方に基づいていることに注目したい。どちらの見解も不十分であるとわかった。それゆえ幼児洗礼は支持できないと結論を出さなければならない。バプテスマの意味が、我々に信仰者のバプテスマという立場を取らせる。

③ バプテスマの様式

言語的データだけをもとにしてバプテスマのふさわしい様式という問題を解決することは不可能である。しかし、ギリシア語バプティゾー（baptizō）の有力な意味が「浸す、または水中に沈める[19]」であることには注目すべきである。マルティン・ルターとジャン・カルヴァンでさえ、浸礼がこの言葉のもともとの意味であり、初代教会で行っていたバプテスマの原型であることを認めていた[20]。浸礼が聖書的なやり方

---

[19] Henry George Liddell and Robert Scott, *A Greek-English Lexicon* (Oxford: Clarendon, 1951), 1: 305–6.

[20] Ewald M. Plass, ed., *What Luther Says* (St. Louis: Concordia, 1959), 1: 57–58; John Calvin, *Institutes of*

であったことを示す、考慮すべき事柄がいくつかある。ヨハネがアイノンでバプテスマを授けたのは「そこには水が豊かにあったからである」(ヨハネ3:23)。ヨハネからバプテスマを受けたイエスは、「水の中から上が」った(マルコ1:10)。良い知らせを聞いてすぐエチオピアの宦官はピリポに「見てください。水があります。私がバプテスマを受けるのに、何か妨げがあるでしょうか」(使徒8:36)と言った。それから二人とも水の中に降りていった。ピリポは宦官にバプテスマを授け、二人は水から上がった(38-39節)。

疑いなく、新約聖書の時代に守られていたやり方は浸礼であった。しかしそれは、今日も浸礼を実行しなければならないという意味なのか。それとも他の可能性があるのか。様式は重要ではないと考える人たちは、バプテスマの意味とそれを行う方法との間に本質的なつながりはないと主張する。しかし、バプテスマの意味を議論したとき述べたように、もしバプテスマが単なる任意のしるしではなく、真に象徴であるなら、様式を自由に変えることはできない。

ローマ6:3-5でパウロは、バプテスマを施す方法(人を水の中に入れてそれから引き上げる)とそれが象徴するもの(罪に対する死とキリストにある新しいいのち——さらには、バプテスマは信仰者の罪に対する死と新しいいのちとの基盤を象徴する。つまりキリストの死、埋葬、復活である)の間に重要なつながりがあると主張しようとしているように見える。以上の考察から、浸礼主義が、いくつかある中で一番適切な立場であると思われる。唯一の有効性をもつバプテスマの様式とまでは言えないが、バプテスマの意味を十分に保持し、その形態を美しく描き出している。

どの様式を採り入れるにしてもバプテスマは軽く考えられるべきものではない。それはキリストと信仰者との結合のしるしである。そして、その結合の告白として、関係をより強固に固めるのに役立つさらなる信仰の行為でもあるゆえ、それは非常に重要である。

2. 主の晩餐 —— 教会の継続的儀式

バプテスマは入会の儀式であるが、主の晩餐は見える教会で継続される儀式である。主の晩餐とは、キリストご自身が、ご自身の死の記念として行うようにと教会のために制定した儀式、と予備的に定義できる。

さて、我々はただちに主の晩餐についての興味深い事実と出会う。キリスト教の事実上すべての教派が主の晩餐を行っている。しかし、そこにはさまざまな解釈が見受けられる。歴史的に、それは実際にさまざまなクリスチャンのグループを分断してきた。つまり主の晩餐はキリスト教界を一つにする要素であると同時に分断する要素ともなっている。

主の晩餐の霊的あるいは現実的価値という主題が、理論的問題についての議論の中で見失われてしまうこともあった。理論に関する疑問は重要であるから(考察すべき霊的事項に影響を与える)、簡単に捨て去られるべきものではない。しかしながら、もし専門的な問題にはまりこんで、実際に役立つ意味を扱うところまで行かないなら、キリストが主の晩餐を制定した目的全体を見失うことになる。主の晩餐の意味を理解するだけでなく、その意味を体験することが我々の目標である。

(1) 主要な見解

① 伝統的なローマ・カトリックの見解

主の晩餐に関するローマ・カトリックの公式の立場は、トリエント公会議(1545-63年)で詳しく説明された。多くのカトリ

---

the Christian Religion, ed. John T. McNeill, trans. Ford Lewis Battles (Philadelphia: Westminster, 1960), 4.16.13 (『カルヴァン・キリスト教綱要 Ⅳ／2』渡辺信夫訳、新教出版社、1965年)。

ック信者、特に西欧諸国では、現在この見解の特徴のいくつかを放棄しているが、それでもその大多数の信仰の基礎となっている。

実体変化説（化体〔かたい〕説）とは、儀式を執り行う司祭がパンとぶどう酒を聖別すると、実際に形而上学的変化が起こるという教理である。この教えによると、パンとぶどう酒の実体──実際にパンとぶどう酒そのもの──がそれぞれキリストのからだと血に変えられる。しかし、付随的な要件は変化しないままである。こうしてパンは形、手ざわり、味はそのままである。しかし聖体（the host）の一片一片の中に、キリストのすべてが完全に臨在する[21]。主の晩餐に、あるいはそう名づけられているように聖体の典礼（てんれい）（the Holy Eucharist）にあずかるすべての人は、文字通り自らの中にキリストのからだと血そのものを取り入れる。

カトリックの見解の二つ目の重要な教義は、主の晩餐が犠牲の行為を含むというものである。ミサでは十字架につけられたのと同じ意味で、礼拝者のためにキリストにより真の犠牲が再びささげられる[22]。

カトリックの見解の三つ目の教義は聖職尊奉主義で、適切に任命された司祭がその場にいて聖体を聖別しなければならないという考えである。そのような司祭が式を司るのでなければ、パンとぶどう酒はただのパンとぶどう酒のままである。しかし、資格のある聖職者が適切な方式に従うとき、パンとぶどう酒は完全に永久にキリストのからだと血に変えられる[23]。

このサクラメントの伝統的な執行において杯は聖職者だけが受け、一般信徒には与えられない。その主な理由は血がこぼれる危険性であった[24]。キリストの血が足で踏みつけられることは冒瀆になるからである。加えて、一般信徒が杯を飲む必要はないという主旨の主張が二つあった。一つは、聖職者は一般信徒の代表として行動するので、人々に代わって杯を飲むという主張である。二つ目は、一般信徒が杯を飲んでも何も得ることがないという主張である。杯がなくてもそのサクラメントは完全である。なぜならパンもぶどう酒もその一片一片にキリストの完全なからだ、魂、神性が含まれているからであると[25]。

② ルター派の見解

ルター派の見解は、ローマ・カトリックの見解と多くの点で異なっているが、すべての点で異なっているわけではない。ルターは、キリストのからだと血が物理的にパンとぶどう酒の中に存在するというカトリックの概念を維持した。ルターが拒否したのはカトリックの実体変化説であった。彼によると、微粒子は肉と血に変化しない。しかしキリストのからだと血は、パンとぶどう酒「の中に、と共に、の下に」存在する。パンとぶどう酒がキリストのからだと血になったのではなく、今我々はパンとぶどう酒に加えてそのからだと血を持っているのである。からだとパンが同時に存在し、血とぶどう酒が共存するというルターの概念を表すために「聖体共在説」という語を使った人たちがいるが、これはルターの用いた語ではない。ある実体が別の実体に浸透するという観点から考えて、ルターは、火で熱せられた鉄の棒という類比を用いた。火の実体が鉄に浸透し、高温に熱しても、鉄の実体は存在しなくなるわけではないと[26]。

ルターは、ミサについてのカトリック的

---

[21] Joseph Pohle, *The Sacraments: A Dogmatic Treatise*, ed. Arthur Preuss (St. Louis: Herder, 1942), 2: 99.

[22] Ibid., part 3.

[23] Ibid., 2: 256–60.

[24] Ibid., 2: 252.

[25] Ibid., 2: 246–54.

[26] Martin Luther, *The Babylonian Captivity of the Church, in Three Treatises* (Philadelphia: Muhlenberg, 1943), 140（ルター『教会のバビロン虜囚について』ルター著作集分冊5、岸千年訳、聖文舎、1971年）。

概念の他の面、特にミサは犠牲であるという考え方を拒否した。キリストは一度だけ死んで罪の贖いをなしたのであり、信仰者はその一度の犠牲に基づく信仰によって義と認められるのだから、犠牲を繰り返す必要はないという[27]。ルターは聖職尊奉主義も拒絶した。キリストのからだと血が臨在することは、司祭の行動の結果生じるのではない。イエス・キリストの力の結果である。

サクラメントの利益はどうなるのだろうか。この点でルターの主張はあまりはっきりしない。サクラメントにあずかることで、人は罪の赦しと信仰の確証という本当の益を経験すると主張している。しかしこの益はサクラメントのパンとぶどう酒によるのではなく、信仰によってみことばを受け入れた結果であるという[28]。ここでルターの言葉は、ほとんどこのサクラメントを単に宣言の手段とみなしているかのようである。人はその宣言に、説教に応答するのと同じように応答する。しかし、もしこのサクラメントが単に宣言の一形態であるとしたら、キリストのからだと血が物理的に臨在することにどんな意味があるのか。別の時にはルターは、実際にキリストのからだを食べることで益が与えられると主張していたように見える。ルターのこの全く異なる言明から明らかなのは、パンとぶとう酒を食することで信仰者は、他の方法では経験できない霊的利益を受けるということである。

③ 改革派の見解

主の晩餐についての主要な見解の三つ目は、カルヴァン主義的または改革派的見解である。「カルヴァン主義」と言うと普通、予定説という特定の見解に関することを思い浮かべるが、ここではそれを考えているのではない。むしろ、カルヴァンによる主の晩餐の見方のことを言っている。

改革派の見解では、キリストは主の晩餐の中に臨在するが、物質的、いや肉体的には存在していないと考える。むしろ、サクラメントにおける臨在は霊的あるいは動態的なものである。太陽を例にとって、カルヴァンは、キリストは影響力を与えるような形で臨在すると断言した。太陽は天空にとどまったままであるが、その暖かさと光は地上に存在する。そのように御霊の燦然とした光り輝きが我々のところにキリストの肉と血の交わりを運ぶ[29]。ローマ8：9-11によると、それは御霊による。そして御霊によってのみ、キリストは我々のうちに住む。実際にキリストのからだを食べ、キリストの血を飲むと考えるのはばかげている。むしろ、真に聖餐にあずかる者は、聖霊がその者たちをキリストの人格との、より深い交わりへ連れて行く際に霊的な栄養を受ける。

さらに、サクラメントのパンとぶどう酒はキリストのからだと血を表す、または象徴する一方、それ以上のことをする。証印を押すのである。ルイス・ベルコフは、主の晩餐は信仰者へのキリストの愛を保証し、契約の中のすべての約束と福音の豊かさが神の贈与により自分たちのものであるという確証を与えることを示唆している。この富すべてを個人的に要求し実際に保持することと引き換えに、信仰者はキリストを救い主と信じると述べ、主また王として従うことを誓う[30]。

そうであるなら、このサクラメントには正真正銘の、客観的な利益がある。これはあずかる者が生み出すのではなく、キリストご自身によりサクラメントにもたらされる。パンを食べ、ぶどう酒を飲むことで、それにあずかる者は、実際にキリストの活力を新たに、そして継続的に受ける。しかしこの益は自動的に受けられると考えるべきではない。サクラメントの効果は、それ

---

[27] Ibid., 161–68.

[28] Ibid., 147.

[29] Calvin, *Institutes* 4.17.12（カルヴァン『キリスト教綱要』）。

[30] Berkhof, *Systematic Theology*, 651.

第38章　教会の儀式——バプテスマと主の晩餐

にあずかる側の信仰と開かれ受け入れる心に大きく依存している。

④ ツウィングリ派の見解

主の晩餐は記念の礼典にすぎないという見解は、通常ウルリッヒ・ツウィングリと関連づけられている。ツヴィングリは、キリストの死とそれが信仰者にもたらす効力を思い起こさせるというサクラメントの役割を強調した。したがって、主の晩餐は本質的にはキリストの死の記念となる[31]。

このサクラメントの価値は、キリストの死がもたらす益を信仰によって受け取ることだけにあるとされる。主の晩餐のもたらす影響は、宣言としての影響である[32]。主の晩餐が説教と違うのは、視覚に訴える手段で告げ知らせるということだけである。どちらの場合も、すべての宣言がそうであるように、何か利益があるなら、それに応答する信仰が必要である。そうすると、サクラメントがサクラメントを受ける者にキリストをもたらすというよりは、信仰者の信仰がサクラメントにキリストをもたらすと言えよう。

(2) 問題の処理

① キリストの臨在

次に、以上の見解において提起された課題を把握し、何らかの解決に到達しようと努めなければならない。まず最初の課題は、キリストのからだと血は使用されるパンとぶどう酒に実際に存在するのか、それはどのような意味においてか、である。この問いに対し、いくつかの答えが提示されてきた。

1. パンとぶどう酒は、確かにキリストの物理的からだであり血である（ローマ・カトリックの見解）[33]。
2. パンとぶどう酒には、物理的なからだと血が含まれる（ルター派の見解）[34]。
3. パンとぶどう酒にはからだと血が"霊的に含まれる"（改革派の見解）[35]。
4. パンとぶどう酒は、からだと血を"象徴している"（ツウィングリ派の見解）[36]。

「これはわたしのからだです」、「これはわたしの血です」というイエスの言葉を最も自然にまっすぐにとる方法は、文字通りに解釈することである。ただしこの場合、次のような点を考慮すると、文字通りの解釈には実際に無理がある。

第一に、もし「これはわたしのからだです」また「これはわたしの血です」を文字通り取ると、問題が生じる。もしイエスが、パンとぶどう酒が二階の間にあったその時点で実際に自身のからだであり血であると言ったのなら、自身の肉と血が同時に二つの場所にあると断言していたことになる。イエスの肉体はちょうどパンとぶどう酒のそばにあったからである。イエスが同時に二つの場所にいたというのは受肉を否定するようなものである。受肉は、肉体を持ったイエスの人性を一つの場所に限定していた。

第二に、その後行われた主の晩餐の中にキリストはからだをもって臨在してきたと宣言する人たちにおいて、概念的な困難が生じる。ここで我々は、二つの実体（たとえば肉とパン）が同時に同じ場所に存在できる（ルター派の概念）のか、また特定の実体（たとえば血）がどのようにして普通なら持っている特徴を持たずに存在できる（カトリック的見解）のか、という問題に直面する。物理的臨在を主張する人たちは自らの見解をある種の形而上学を前提として説明するが、21世紀の人間にはとても奇妙なもの、あるいは支持できないものとさ

---

[31] Hodge, *Systematic Theology*, 627–28.
[32] Strong, *Systematic Theology*, 541–43.
[33] Pohle, *Sacraments*, 2: 25.
[34] Pieper, *Christian Dogmatics*, 3: 345.
[35] Berkhof, *Systematic Theology*, 653–54.
[36] Strong, *Systematic Theology*, 538–43.

え思える。

イエスの言葉を文字通りにとるべきではないとしたら、「これはわたしのからだです」、「これはわたしの血です」と言ったとき、イエスは何を意味していたのだろうか。イエスがそれらの言葉を述べたとき、一人一人の信仰者とご自身との関係に注意を絞っていた。他にこの話題を扱ったときは、多くの場合、ご自身の特徴を表すのに隠喩を用いた。「わたしが道であり、真理であり、いのちなのです」、「わたしはぶどうの木、あなたがたは枝です」、「わたしは良い牧者です」、「わたしはいのちのパンです」。最後の晩餐では同じような隠喩を使い、「これ〔このパン〕はわたしのからだです」、「これ〔このぶどう酒〕はわたしの血です」と言った。イエスの言明を「これはわたしのからだを象徴します〔もしくは、意味します〕」、「これはわたしの血を象徴します〔もしくは、意味します〕」と訳すこともできよう。こうすればキリストがパンとぶどう酒の中に物理的に臨在するという見解から起こる類の困難を逃れることができる。

しかし、キリストは霊的に臨在するという考えはどうなるのか。イエスがご自身の弟子たちといつでもどこでも共にいると約束したことを思い出すことは重要である（マタイ28：20、ヨハネ14：23、15：4-7）。けれど、さらに我々が信仰者として集まるときそこにいるとも約束した（マタイ18：20）。ゆえに、礼拝の一つの行為として主の晩餐は、イエスと会うための特に実りある機会である。おそらくサクラメントにおけるキリストの特別な臨在は本来、形而上学的なものという以上に影響力の強いものであろう。この点で、主の晩餐についてのパウロの記述がキリストの臨在のことを何も言っていないことは意義深い。代わりに、「ですから、あなたがたは、このパンを食べ、杯を飲むたびに、主が来られるまで主の死を告げ知らせるのです」とだけ言っている（Ⅰコリント11：26）。この箇所は、この儀式が基本的に記念的なものであることを示している。

> 主の晩餐は、キリストの死、その死の、我々の身代わりとしての犠牲という性格を思い出させるもの、主との生き生きとした関係の象徴、そして主の再臨の証言である。

では、主の晩餐をどのようなものとみなすべきか。キリストが我々と会うと約束したのであるから、我々は主の晩餐をキリストとの関係と交わりの時であると期待すべきである。このサクラメントを、キリストの臨在という点からよりも、キリストの約束と、キリストとのより近い関係の可能性という点から考えるべきである。

② 儀式の効力

キリストの臨在について言われてきたことは、主の晩餐によって授けられた恵みの本質について多くのことを暗示してきた。パウロがⅠコリント11：27-32で述べていることから、この益が自動的に与えられるのではないことは明らかである。コリントで主の晩餐にあずかった人の多くは、霊的に強められる代わりに弱くなり病気になり、死ぬ者まで出た（30節）。であるから、主の晩餐の効果は、信仰者の信仰とその儀式に示されていることに対する彼の応答に依存、また比例しているに違いない。主の晩餐の意味を正確に理解し、信仰をもって適切に応答することが儀式を効果的なものにするために必要である。

それゆえ主の晩餐が何を象徴しているかに注目することが大事である。それは特に、キリストの死と、我々の身代わりとして御父への供え物としてのその犠牲と宥めの性格を思い出させるものである。さらには、我々が主により頼み、主との生き生きした関係を持つことを象徴し、将来にある主の

第38章　教会の儀式――バプテスマと主の晩餐

来臨を指し示す。加えて、教会内での信仰者の一致とお互いの愛と思いやりを象徴する。からだは"一つの"からだなのである。

　主の晩餐を行うたびにその意味を説明するのはふさわしいことである。それにあずかる者はそれぞれ、自分の理解と霊的状態を注意深く吟味すべきである（Ⅰコリント11：27-28）。そうすれば主の晩餐は主への再献身の機会となる。

③ 適切な執行者

　聖書には誰が主の晩餐を執り行うべきかに関する指針はほとんどない。福音書の記事やパウロの議論からわかるのは、主の晩餐が教会にゆだねられてきたこと、そしておそらくは教会によって執り行われるべきということである。それゆえ、礼拝式を監督し指揮するよう教会が選んで権限を与えられた人々が主の晩餐も監督することは適切と思われる。

④ ふさわしい受け手

　聖書のどこにも主の晩餐を受ける前提条件を詳細に述べているところはない。しかし、主の晩餐が信仰者個人と主との霊的関係を少なくとも部分的には意味するのであれば、当然、神との個人的な関係が前提条件になると推論することはできる。言い換えると、主の晩餐にあずかる人は本物のキリスト者でなければならない。年齢条件を厳密に説明することはできないが、主の晩餐にあずかる者はその意味を識別できるほどに成長しているべきである（Ⅰコリント11：29）。

　あまりにも深刻な罪を犯したのでパウロが、からだから除くようにと教会に勧告した人々がいるという事実（Ⅰコリント5：1-5）から、もう一つの前提条件を推論できる。確かに、主の晩餐をゆだねられている教会は、あまりにもひどい罪の中で生きているとわかっている人からは戒規の第一段階として、パンと杯を遠ざけるべきである。ただしその他の場合は、新約聖書の教会で入会資格が何であったかわからないので、いったんサクラメントの意味とそれにあずかる根拠を説明したら、あずかるかどうかの決定は個人に任せるのが良い。

⑤ 使用されるパンとぶどう酒

　どのようなパンとぶとう酒を使うかは、参加者の関心次第である。主たる関心が最初の食事の再現であるなら、伝統的な過越の食事である、パン種を入れないパンと、おそらくぶどう酒1に対して1から20の割合で希釈されたぶどう酒を使うことになる[37]。けれども、もし参加者の主たる関心が象徴を保持することであるなら、パン種を使った一かたまりのパンとぶどうジュースを使うかもしれない。パンのかたまりが一つということは教会の一致を象徴し、かたまりを割くことはキリストのからだを割くことを意味する。ぶどうジュースはキリストの血を十分に象徴している。

　単に変化を求めて風変わりな代替品を使うことは避けるべきである。たとえばポテトチップスとコーラでは最初のものとほとんど似たところがない。ほとんど変化のない行為が繰り返され、その意味に気づくことなく習慣で参加するだけということと、やり方をがらりと変えてキリストの贖いのわざにではなく技巧に関心が集まるということとの間で、バランスをとるべきである。

⑥ 行う頻度

　どのくらいの頻度（ひんど）で主の晩餐を守るべきかも、聖書に明確な教えはない事柄である。週ごとに、つまり教会での集まりのたびに行っていたのであろうが、初代教会での実践についての正確な記述はない。具体的な情報が欠けていることを考慮して、聖書の原則と現実的な考察をもとに決定することにする。

　主の晩餐は、それが示す真理を思い巡らす時間と時間の間に長い間隔を置かないよ

---

[37] Robert H. Stein, "Wine-Drinking in New Testament Times," *Christianity Today*, June 20, 1975, 9-11.

うにしばしば守るべきであるが、頻繁に行いすぎて取るに足りないことになってしまったり、当たり前になりすぎて意味をよく考えないで動作を済ませることになったりしないようにするべきである。教会は主の晩餐を頻繁に行って参加しやすいようにし、何回あずかるかはそれぞれの信仰者に決めさせてはどうか。

適切に執り行われる主の晩餐は、信仰者の信仰と愛を奮い起こす手段であり、そのとき信仰者は主の死の不思議さと、主を信じる者は永遠に生きるという事実を再び考えるのである。

> そしてどうしてありえようか、私が
> 救い主の血潮の益を得るということが？
> 主の苦痛を引き起こした私のために死なれたのか
> 主を死に至るまで悩ました私のために？
> 驚くべき愛！　どうしてありえようか
> わが神よ、なんじがわがために死にたもうということが
> (Charles Wesley, "And Can It Be That I Should Gain," 1738〔讃美歌第二編230番の原詞──訳注〕)

研究課題

- バプテスマに対するカトリックとルター派の立場はどう違うか。
- 長老派と改革派のバプテスマの解釈をどのように説明するか。これらの神学者たちはバプテスマと割礼との間にどんな関係を見ているか。
- バプテスマを救いのしるしとみなしている三番目の立場は、他の二つの立場とどう違うか。
- ローマ・カトリック、ルター派、改革派、ツウィングリ派の主の晩餐に対する見解を比較対照せよ。
- あなたは主の晩餐をどのように信じるか。

第9部
最後の事柄

第39章 導入的事柄と個人終末論

本章の目的

1. 近年、終末論への関心が集まっている理由のいくつかを明らかにする。
2. 終末論を学ぶときに重要な九つの考慮すべき事柄を確認する。
3. 死を定義し、肉体の死と霊的死との区別を示す。
4. 中間状態の最近の三つの見方（魂の眠り、煉獄、即座の復活）を考察し、この教理に関連した困難な問題の解決策を提案する。

本章の概要

終末論の研究は、事実上の逃避から教理への全面的な没頭に至るまで、信仰者の間でさまざまな反応を引き起こしてきた。どちらの極端も好ましくない。すべての人に対し、死という終末的現実が実在する。すべての人が肉体の死にあずかる一方で、信仰者でない者は霊的死をも経験する。中間状態という困難な問題に今日の三つの視点から取り組み、その問題に対する解決策を提示する。

本章のアウトライン

1. 終末論への序論 411

2. 死 413
 (1) 死の現実性 413
 (2) 死の本質 414
 (3) 肉体の死 ── 自然か、不自然か 415
 (4) 死の影響 415

3. 中間状態 416
 (1) この教理の難しさ 416
 (2) 中間状態についての現代の諸見解 417
  ① 魂の眠り 417
  ② 煉獄 418
  ③ 即座の復活 420
  ④ 解決策の提案 420

4. 死と中間状態の教理が意味すること 421

1. 終末論への序論

終末論（eschatology）とは伝統的に、最後の事柄に関する研究を意味してきた。したがって歴史の完了、神のこの世での働きの完成に関する諸問題を取り扱うものである。多くの場合、それは文字どおり神学研究において考察される最後の主題である。

19世紀末から20世紀を通じて、終末論はそれまでにないほど綿密に研究された。最近終末論が注目されていることには、多くの理由がある。一つは科学技術の急速な発展とそれに伴う文化一般の変化である。時代に取り残されないために、会社や公共機関は未来を予測し、備えをする必要がある。そこから全く新しい学問分野が生まれた。それは「未来論」である。次の10年に、あるいは次の世紀に、家は、輸送機関は、通信機関はどのようになっているのかという好奇心から推測が生まれ、そして調査が始まる。それに対応して、もっと広い意味での、宇宙規模の、未来に対する興味がある。存在全体のために、未来は何を用意しているのか。

終末論が目立ってきた二つ目の大きな理由は、第三世界の台頭である。現在の第三世界は希望のない状態かもしれないが、その未来は大きな約束と可能性を秘めている。キリスト教は第三世界で急速に成長し続けており、実際、どこよりも急速である。そういうことを背景にして、未来に対する期待感と胸躍る思いは、歴史の完成への関心よりも終末論への関心をかき立てている。

さらに、共産主義または弁証法的唯物論が勢力を増したために、神学者たちはどうしても未来に焦点を当てざるをえなくなった。共産主義は明白な歴史観を持つ。歴史をある究極の目標に向かって進行していくものと見るのである。弁証法がその目的を達していくにつれて、歴史は一つの段階から次の段階へと動いていくことになる。エルンスト・ブロッホの『希望の原理[1]』は、マルクス主義をより良い未来に導くこの世の希望として描き、さまざまなキリスト教神学者に大きな影響を与えた。ユルゲン・モルトマンのような神学者は、マルクス主義に代わる、さらに優れた希望の根拠を提示するよう、迫られていると感じた。

心理学の中のある学派も、希望を強調し始めた。一番有名な例は、実存主義と精神分析療法を混ぜ合わせた、ヴィクトール・フランクルのロゴセラピーであろう。第二次世界大戦中の強制収容所での体験からフランクルが得た結論は、人間には生きる目的が必要であるということであった。希望を持っている人、「彼の存在の『なぜ』を知っている」人は「ほとんどいかなる『いかに』にも耐えうるのである[2]」。非常に現実的な意味で、存在の理由、存在の目的は未来と関連づけられ、その人が起こると予期していることと関連づけられているからである。

最後に、しばらく人類の上を漂っている核による破壊という恐怖が、未来に関する研究をかき立てた。また、我々が直面している生態系の危機による影響も、核戦争による影響ほど急速なものではないが、やはり人類の未来を危険にさらしている。これらの事実から、今のことだけを考えて現在だけに生きることはできないことがはっきりする。未来について考えなければならないのである。

神学者、牧師が終末論をどう扱っているかを調べると、二つの対照的な傾向が見られる。一方に、「終末論狂（しゅうまつろんきょう）」と呼ばれる終末論への没頭がある。ある牧師が毎週日曜日の夜、ヨハネの黙示録からの説教を19年間行ったという

---

[1] Ernst Bloch, *Das Prinzip Hoffnung* (Frankfurt am Main: Suhrkamp, 1959)（E・ブロッホ『希望の原理』山下肇他訳、全3巻、白水社、1982年）。

[2] Viktor Frankl, *Man's Search for Meaning* (New York: Washington Square, 1963), 127（V・E・フランクル『夜と霧』霜山徳爾訳、みすず書房、1961年）。

報告がある！　終わりの時を詳しく描いた大きな図表を用いて、教えを拡充することもある。現在の政治的・経済的出来事、特にイスラエル民族に関係したことが、聖書の預言と同一視される。その結果、ある説教者たちは、片手に聖書を、他方の手に新聞を持っている姿で風刺漫画に描かれる。

これとは方向性と内容がずいぶんと違う別の種類の終末論没頭がある。これは神学全体を終末論的なものととらえるアプローチである[3]。キリスト教信仰を完全に終末論的なものとみなすので、「終末的」という言葉が実質上すべての神学的概念に付けられる。しかしながら、このようなとらえ方に従う人たちの見解では、終末論の中心的主題とは未来ではなく、新しい時代が始まっているという考え方である。

終末論狂の対極にあるのが「終末論恐怖症」とも呼べるもので、終末論を恐れたり嫌悪したり、少なくとも終末論について話し合うことを避ける。ある場合には、終末論恐怖症は、聖書中の預言的資料すべてを確定的に解釈し、歴史上の重要な事件すべてを聖書の預言と重ね合わせる者たちへの反動である。終末論をこのようにかなりセンセーショナルに取り扱う人々と同列に見られたくないために、この話題を全く避ける説教者や教師もいる。他の場合、終末論恐怖症は、終末論に関する話題の多くがわかりにくく、扱いづらいことを反映している。

終末論に夢中になる、あるいは避けるという両極端のどこかに我々の立場を置かなければならない。終末論の本当の目的を覚えておくなら、適切な中間に位置する立場が見つかる。パウロはⅠテサロニケ４章に、再臨のことを書く理由を示している。愛する人々が死んで、少なくともある程度は有害で不必要な悲しみを経験している兄弟たちがいた。パウロは、亡くなった愛する人

[3] Jürgen Moltmann, *The Theology of Hope* (New York: Harper & Row, 1967)（モルトマン『希望の神学』高尾利数訳、新教出版社、1968年）。

たちについて何の望みもない、信仰をもっていない人のように嘆いてほしくなかった（13節）。再臨の様子を描き、その確かさを読む人に納得させてから、「ですから、これらのことばをもって互いに励まし合いなさい」（18節）と勧めている。神の言葉の中の終末論的真理が、他の啓示同様、慰めと確証を与えるものだということを、簡単に忘れてしまうことが時折ある。

神の言葉の中の終末論的真理の目的は、慰めと確証を与えることである。

我々が終末論の研究に従事するとき、いくつかの考慮すべき事柄に留意することが重要である。

1. 終末論は組織神学における大切な話題である。それゆえ、それを無視してはいけない。その一方で、終末論はいくつかある教理の中の一つであって、教理全体を終末論に変換してはならない。

2. 終末論の真理は、入念で、真剣かつ徹底的な心の傾注と研究調査に値する。同時に、こういった事柄を興味本位に詮索することがないように注意しなければならない。また、神の言葉のあいまいで難しい部分の意味を理解しようとする際には、不適切な推論を避けるべきである。そして、聖書の原典の明確さはさまざまなので、我々の結論の確実さの程度もさまざまであるということを、念頭に置いておかなければならない。

3. 終末論は未来だけに関わるものではないということを認める必要がある。イエスは新しい時代を到来させた。そして、悪との戦いは今なお歴史の中で演じられているが、悪の力に対する勝利はすでに獲得されている。

4. 未来に起こることをあらかじめ述べた預言の中には、イエスの公的な働きにおいてさえも、すでに成就したとみなすことが

決してできない要素があるという真理を、上に述べた洞察と併せ持つべきである。我々は未来に対して心を開き、未来を期待して生きるべきである。

5. 終末論的出来事に関する聖書の一節は、生の実存的な説明以上のものである。終末の出来事には確かに実存的意義があるが、その意義は、描かれている出来事がどれだけ事実に即しているかにかかっており、またこの意義はその描かれている出来事の事実性の適用である。それらは本当に実現することになる。

6. 人間として我々は、この地上で、そして歴史の中で起こるはずの終末論的出来事をもたらすことにおいて、役割を担う責任がある。この責任を、ある人たちは伝道という観点から見て、またある人たちは社会活動という観点から見る。しかし、我々が役割を果たしていくとき、終末論が基本的には、時間と空間を超えた新しい領域、新しい天と新しい地に関わるものであることも忘れてはならない。この御国は神の超自然的なみわざによって到来を告げられるのであって、人間の努力で達成されるものではない。

7. 終末論のもつ真理は、将来を見越して我々に用心深さと警戒心を喚起させるべきである。そして、起ころうとしていることに備えることは、主が我々に割り当てた活動に励むように導く。聖書を徹底的に学び、注意深く世の中の進展を見つめて、神の働きを見分け、惑わされないようにするべきである。ただし、性急に、特定の歴史的出来事を聖書の預言の成就だと決めつけたり、ある終末的出来事がいつ起こるかを予測したりしてはならない。

8. 終末的事柄に関して確信をもつことは大事であるが、それらの事柄の重要性はそれぞれ異なることを覚えておくのもよい。キリストの再臨や死後の生命といった基本的な事柄について一致していることは非常に大事である。一方、千年期、患難時代といった、あまり中心的なことではなくまたはっきりと説明されていない問題について特定の立場をとることを、正統派かどうかの基準にしたり、キリスト者の交わりや一致の条件としたりするべきでない。意見の一致しない点ではなく、一致する点を強調するべきである。

9. 終末についての諸教理を研究するときは、霊的意義と実際的適用を強調すべきである。それらの教理は、聖い生活をし、奉仕に励み、未来に希望をいだかせる動機となる。議論のための話題ではなく、奉仕するための源とみなされるべきである。

2. 死

終末論を語る場合、個人的終末論と宇宙的終末論とを、すなわち個人の未来に控えている体験と、人類の未来に、ひいては全被造物の未来に控えている体験とを区別する必要がある。前者は死ぬとき各自に起こる。後者はすべての人に同時発生的に、宇宙的規模の出来事と関連して、具体的にはキリストの再臨と関連して起こる。

(1) 死の現実性

すべての人の未来について否定できない一つのことは、死が避けられないという事実である。これはヘブル9:27にはっきりと述べられている。「人間には、一度死ぬことと死後にさばきを受けることが定まっている」と。この思想はⅠコリント15章全体をも貫いている。そこに書かれているのは、死の普遍性とキリストの復活の効果である。死はキリストの復活によって打ち負かされ、死のとげは除かれた（54-56節）といわれているが、我々は死なないと暗示する箇所はない。パウロは確かに死を予測していた（Ⅱコリント5:1-10、ピリピ1:19-26）。

死は現実のものであり、確実にやってくることを、誰もが少なくとも頭では認めているが、自分の死が避けられないものであるということには向き合いたくない場合が

多い。葬儀場では多くの人が正式に敬意を表し、あとは棺からできるだけ離れていようとする。我々は肉体の死を現実のものであると認めることを避けるために、非常に多くの婉曲語法を採り入れている。人は死ぬのではなく、息を引き取る、あるいは去って行くといわれる。墓地というものはもはやなく、あるのは霊園やメモリアル・パークである。しかし、キリスト者は、死が現実であり、真に不可避であることを直視する。したがって、パウロは、死がこの世に常に存在することを認めている。「私たち生きている者は、イエスのために絶えず死に渡されています。それはまた、イエスのいのちが私たちの死ぬべき肉体において現れるためです。こうして、死は私たちのうちに働き、いのちはあなたがたのうちに働いているのです」（Ⅱコリ4:11-12）

(2) 死の本質

しかし、死とは何か。どう定義すべきなのか。聖書のいろいろな箇所が死、すなわち肉体の生命の停止について語っている。たとえばマタイ10:28で、イエスは肉体の死を、肉体と魂両方の死と対照させている。「からだを殺しても、たましいを殺せない者たちを恐れてはいけません。むしろ、たましいもからだもゲヘナで滅ぼすことができる方を恐れなさい」。他にもプシュケー（「いのち」）を失うことについて語っている箇所がある。たとえばヨハネ13:37-38である。

> ペテロはイエスに言った。「主よ、なぜ今ついて行けないのですか。あなたのためなら、いのちも捨てます。」イエスは答えられた。「わたしのためにいのちも捨てるのですか。……」

最後に、死は伝道者12:7には、肉体と魂（または霊）との分離として述べられている。

土のちりは元あったように地に帰り、
霊はこれを与えた神に帰る。

新約聖書では、ヤコブ2:26も死を肉体と魂の分離として語っている。ここで扱っているのは、いのちが肉体に宿るというついもの状態をやめることである。しかしながら、これは存在の終わりではない。聖書によれば、生と死は存在と非存在ではなく、存在の二つの異なった状態と考えるべきである[4]。死とは異なった存在状態への移行であって、ある人々が考えるようないのちの消滅ではない。

肉体の死に加えて、聖書は霊的な、永遠の死について語っている。霊的死とは人が神から離れることである。永遠の死とはこの分離の状態が決定的になること、すなわち、罪深い状態のまま永遠に失われることである[5]。聖書は霊的死の状態について、はっきりと述べている。それは霊的な事柄に反応できない、あるいはそのような鼓舞激励に対する感性までも完全に失った状態である。このことをパウロはエペソ2:1-2で念頭に置いている。「あなたがたは自分の背きと罪の中に死んでいた者であり、かつては、それらの罪の中にあってこの世の流れに従い、空中の権威を持つ支配者、すなわち、不従順の子らの中に今も働いている霊に従って歩んでいました」。しかしヨハネの黙示録が「第二の死」について述べるとき、永遠の死のことを考えている（たとえば、21:8）。この第二の死は通常の肉体の死とは別のものであり、肉体の死の後に来るものである。黙示録20:6から、信仰者は第二の死を経験しないことがわかる。「この第一の復活にあずかる者は幸いな者、聖なる者である。この人々に対して、第二の死は何の力も持っていない。彼らは神とキリストの祭司となり、キリストとともに

---

[4] Louis Berkhof, *Systematic Theology* (Grand Rapids: Eerdmans, 1953), 668.

[5] Augustus H. Strong, *Systematic Theology* (Westwood, NJ: Revell, 1907), 982.

千年の間、王として治める」。第二の死は、神の臨在からの分離という永遠の刑罰期間であり、肉体が死ぬときに、霊的に死んでいる人の失われた状態が決定的になることである。

(3) 肉体の死 ── 自然か、不自然か

人間は死ぬべき者として造られたのか不死の者として造られたのか、もし罪を犯さなくても死んだのか、について多くの議論がなされてきた[6]。我々は、肉体が死ぬことは、人間の最初の境遇にはなかったという立場をとる。しかし、死は、人間が罪を犯した場合、つまり、禁断の木から取って食べたり触ったりした場合の脅威として、常にそこにあった（創世3:3）。死ぬといわれていた死は少なくともその一部は霊的死であったに違いないが、肉体の死も意味していたように見える。というのは、男と女は、いのちの木からも取って食べて永遠に生きないようにとエデンの園から追放されなければならなかったからである（創世3:22-23）。もう一つの証拠として、Ⅰコリント15章でパウロが次のようにいうとき、少なくとも部分的に、肉体の死についてはっきりと述べている。「死が一人の人を通して来たのですから、死者の復活も一人の人を通して来るのです」（21節）。なぜなら肉体の死は、キリストの復活によって逆襲され打ち負かされた悪の一つであるからである。したがって、この聖句は、肉体の死が人間の罪のゆえに入ってきたことを証明している。それは、神が最初から人類に意図していたものではない。

肉体の死が罪の結果であるのだから、人間は永遠に生きる可能性をもって創造されたように思える。しかしながら、生まれつき不死であったわけではない。つまり、その本性によっては、永遠に生き続けることはできなかった。むしろ、もし罪を犯さなかったなら、いのちの木にあずかり、その結果、永遠のいのちを受けていた。人間は、死ぬ可能性があるという意味において、死すべき者であった。そして罪を犯したとき、その潜在力または可能性が現実となった。条件つきの不死をもって創造されたとも言える。永遠に生きることもできたが、そうするかどうかは確かではなかった。

(4) 死の影響

信仰のない者にとって、死は呪い・刑罰・敵である。死によって存在が消滅したり終わったりはしないが、神からも、永遠のいのちを得る機会からも切り離されてしまう。しかし、キリストを信じる者たちにとっては、死は違った特徴を持つ。信仰者もまた肉体の死を味わうが、死の呪いは過ぎ去っている。キリストは十字架で死ぬことによりご自身が呪われた者となってくださった（ガラテヤ3:13）。それゆえ、信仰者はまだ肉体の死に服してはいるが、死の恐ろしい力、死の呪いを経験することはない（Ⅰコリント15:54-57）。

死を全くの敵とみなすとき、キリスト者でない人たちは死に何の肯定的なものも見いだせず、恐れてあとずさりする。しかしパウロは死に対して全く違う態度をとることができた。死を、征服された敵、今は主の意思を行うことを強いられているかつての敵対者、と見た。そこでパウロは死を望ましいものとみなした。自分を主の臨在の中に連れて行ってくれるからである。ピリピの人たちには次のように書いた。「私の願いは、どんな場合にも恥じることなく、今もいつものように大胆に語り、生きるにしても死ぬにしても、私の身によってキリストがあがめられることです。私にとって生きることはキリスト、死ぬことは益です。……私の願いは、世を去ってキリストとともにいることです。そのほうが、はるかに望ましいのです」（ピリピ1:20-23）。

だが一体なぜ、信仰者はいまだに死を経

---

6 たとえば、Augustine, *Anti-Pelagian Writings*, in *A Select Library of the Nicene and Post-Nicene Fathers of the Christian Church*, vol. 5, ed. Philip Schaff (New York: Scribner, 1902).

験することを要求されるのか。もし、霊的な死や永遠の死と同様に肉体の死も、罪に対する刑罰であるのなら、罪とその究極的な結果（永遠の死）から解放されるとき、なぜ、その有罪宣告の象徴、つまり肉体の死も、免除されないのか。エノクとエリヤが死を経験しないで主とともにいるために取り去られたのなら、なぜそのように移されることが、信仰をキリストに置くすべての人の体験にならないのか。

　罪の一時的な結果と永遠の結果を、ここで区別することが必要である。個人としての罪の永遠の結果は、我々が赦されたとき無効にされているが、一時的な結果、少なくともその一部はまだ残っている。これは義認という事実を否定するものではなく、神は歴史の流れを逆転させないことを証明しているにすぎない。我々個々人の罪にいえることは、アダムの罪または人類の罪に対する神の取り扱いにも当てはまる。原罪と個人的な罪に対する審判と罪責は、すべて取り除かれている。だから霊的および永遠の死は取り消されている。それでも肉体の死は、単に人間の実在の状況の一つとなっているので、経験しなければならない。今や死は、誕生・成長・苦しみと同じように人生の一部であり、死もまた苦しみと同様に究極的には罪が原因である。いつの日か、罪のすべての結果が取り除かれるが、その日はまだである。聖書は現実として、肉体の死がすべての人に訪れるという事実を否定しはしないが、信じる者と信じない者とではその死の意義が違うと主張している。

3. 中間状態

(1) この教理の難しさ

　中間状態は、とても意義深いと同時に問題もある教理である。したがって、この多少変わった教理を注意して調べることは二重の意味で重要となる。「中間状態」とは人間の死と復活の間の状態をいう。人はこの期間にはどのような状態に置かれているのか、という疑問が起こる。

死は信仰者にとって望ましいものである。それは、死が彼らを主の臨在の中に連れて行ってくれるからである。

　死別を経験するとき、この疑問に現実的な答えを持っていることはきわめて重要である。墓地のそばで「おばあちゃんは今どこにいるの？　何をしてるの？　もうイエス様と一緒にいるの？　おじいちゃんとまた一緒になれたの？　私たちが何をしているかおばあちゃんにわかるの？」と聞かれたことのある牧師や親は少なくない。こういった質問は無益な推測や好奇心から出てくるものではない。それを尋ねる個人にとっては、きわめて重要なことである。この事柄に通じているキリスト者にとって、慰めと励ましを与える良い機会となるはずである。不幸なことに、多くのキリスト者は有益な答えを知らないため、この機会をとらえようとしない。

　上のような状況で多くのキリスト者が答えることのできない理由は、おもに二つある。第一は、中間状態に関する聖書の記述が相対的に少ないことである。二つ目の理由は、中間状態の教理の周りで神学的論争が発達してきたからである。20世紀より前に、正統派はかなり首尾一貫した教理を成り立たせていた。人間は肉体と魂（または霊）からできているというある種の二元論を信じて、保守的な人々は人間の一部は死後も生きると主張した。肉体は分解するが、非物質的な魂は、意識ある人格的存在として生き続ける。キリストが再臨するとき、新しくされた、または変えられたからだの復活があり、魂と結びつけられる。このように、正統派は、魂の不死と肉体の復活の

両方を固守した[7]。

しかしながら、自由主義は肉体の復活という思想を否定し、それを魂の不死と置き換えた。この見解を取る人たちは、未来の復活を信じなかったので、キリストが肉体をとって再び来られることも信じなかった[8]。新正統主義はかなり異なる見方を取った。未来に対する新正統主義の希望は、からだの復活を期待することにある。この見解の基礎にあるのは、人間は完全な統一体であるという一元論的考えである。すなわち、存在とはからだの存在を意味し、死を乗り越えてからだから離れて存在する、分離する霊的実在というものはないという[9]。つまり自由主義は魂の不死を固守したが、新正統主義はからだの復活を固守した。どちらの派も、自分たちの見解が互いに排他的であるということには同意した。つまり二者択一の問題で、どちらも可能であるとは考えなかった。

(2) 中間状態についての現代の諸見解

① 魂の眠り

今度は中間状態について、近年のさまざまな理解を調べてみよう。長年かなりの人気を得ていた一つの見解は、「魂の眠り（soul sleep）」といわれるものである。これは、魂は死んでから復活するまでの間、無意識の状態で休んでいるという考えである。16世紀に多くのアナバプテストやソッツィーニ主義者たちは、明らかにこの見解に賛成していたようである。今日、同様の立場はセブンスデー・アドベンティストによって支持されている[10]。しかし、アドベンティストの場合、「魂の眠り」という言葉はやや誤解を招く。アンソニー・フーケマは、「魂の消滅（soul-extinction）」のほうがよいのではないかと述べている。アドベンティストの見解では、人は死ぬとき眠りにつくのではなく、実際には完全に存在しなくなり、何も残らないからである[11]。「魂」が、ここでは「人」の同義語として使用されていることを我々が理解している限り、フーケマのアドベンティストの立場を魂絶滅として特徴づけることは、まったく正しいと言える。

魂が眠るという主張は多分に、聖書が死について語るときに眠りという比喩を頻繁に使う事実に拠っている。ステパノの死は眠りとして描かれている（使徒7:60）。パウロは、「ダビデは、その生きていた時代において神のみこころに仕えたとき、眠りについた」（使徒13:36〔NIV。口語訳、新共同訳も参照――訳注〕）と述べる。パウロはこの同じ比喩的表現をⅠコリント15章で四回（6、18、20、51節）、Ⅰテサロニケ4:13-15で三回〔NIV。口語訳、新共同訳も参照――訳注〕用いている。イエスご自身がラザロについて、「わたしたちの友ラザロは眠ってしまいました。わたしは彼を起こしに行きます」（ヨハネ11:11）と言い、その後で、ラザロが死んだことを言っているのだとはっきりと述べられた（14節）。この比喩を文字どおりに理解したため魂の眠りという概念が生まれるに至った。

魂の眠りに賛成する人たちの主張によると、人は一元的な存在で、いくつかの構成要素に分けられるものではない。したがって肉体が機能を停止すると、魂（つまりその人全体）が存在しなくなる。肉体の死を超えて生きつづけるものはない。そうすると、魂の不死とからだの復活の間には緊張

---

[7] James Addison, *Life beyond Death in the Beliefs of Mankind* (Boston: Houghton Mifflin, 1931), 202.

[8] Harry E. Fosdick, *The Modern Use of the Bible* (New York: Macmillan, 1933), 98-104（抄訳はフォスヂツク『現代の聖書観梗概』栗原基訳、開拓社、1925年）。

[9] Emil Brunner, *The Christian Doctrine of the Church, Faith, and the Consummation* (Philadelphia: Westminster, 1962), 383-85, 408-14（E・ブルンナー『教会・信仰・完成についての教説』〔ブルンナー著作集第4巻・第5巻、近藤勝彦・大村修文訳、教文館、1997 98年〕）。

[10] *Seventh-Day Adventists Answer Questions on Doctrine* (Washington, DC: Review & Herald, 1957), 13.

[11] Anthony Hoekema, *The Four Major Cults* (Grand Rapids: Eerdmans, 1963), 345.

関係はないことになる。この見解の単純明快さにはかなり魅力がある。しかし、問題がいくつかある。

問題の一つは、聖書に、死と復活の間の、人格的で意識をもった存在についての言及がいくつかあることである。最も詳しい箇所は、金持ちとラザロのたとえ話である（ルカ16:19-31）。もう一つの箇所は、イエスが十字架上の強盗に言われた「まことに、あなたに言います。あなたは今日、わたしとともにパラダイスにいます」（ルカ23:43）という言葉である。さらに、死んでいく人々が自分の霊を神にゆだねると言っている。イエスご自身が「父よ、わたしの霊をあなたの御手にゆだねます」と言われた（ルカ23:46）。

二つ目の問題は、死を眠りとして述べている聖書箇所が、復活の前の死者の状態を文字どおり描写していると結論づけることは妥当なのか、ということである。むしろその「眠り」は、単に生命の停止を婉曲的に表現したものと理解すべきであるように思われる。イエスがラザロについて眠りという象徴を使ったこと（ヨハネ11:11）とその後の説明（14節）が、この解釈を支持する。もし「眠り」が本当に比喩以上のものであるのなら、立証が必要である。

魂の眠りという学説にとってもう一つの問題は、人間の本性は一元的であるという見解には、概念上困難が伴うことである。もし本当に死を乗り越えるものが人間の中に何もないのなら、我々の自己同一性の根拠はどこにあるのか。魂が、すなわちその人全体が、消滅することになるのなら、復活で生き返るものは何か。よみがえったのが死んだ本人であると何を根拠にいえるのか。復活後の人を死ぬ前の人と同一人物であるとみなすことは、よみがえらされたからだがその根拠になると思われる。しかし、このことはさらに二つの困難をもたらす。全く同じ分子が集まって復活後の人を形成するということがどのようにしてできるのか。死ぬ前の人間を構成していた分子は、おそらく破壊されているか、新しい化合物となっているか、あるいは誰かほかの人のからだの一部となってさえいるかもしれない。このことの関連で火葬は特に難しい問題をもたらす。だがそれ以上に、死ぬ前の人間と復活した後の人間を、よみがえったからだを根拠にして同一視するなら、それは人間の本性は本来物質的ないし肉体的であると主張することである。以上すべての理由から、魂の眠りという学説は不適切なものとして拒否されなければならない。

② 煉獄

煉獄という教理はもともとローマ・カトリックの教えであるから、カトリックの教義全般という脈絡の中で見る必要がある。その神学によると、死んだ時点ですぐに個人の永遠の身分が決まる。一方で、邪悪な状態で死んだ者たちはまっすぐに地獄に行き、そこで自分は取り消し不可能なほどに失われていることにすぐに気づく[12]。彼らに対する罰は本質的に永遠に続き、至福を失ったという思いと、実際の苦しみという二つによって成り立っている。苦しみは個人の邪悪さに応じたものであり、復活後はさらにひどくなる[13]。他方、恵みと告解の完全な状態の中にいる人、つまり死ぬとき完全にきよめられている人は即、そのまま天国に行く。天国は一つの状態であるとも場所であるとも述べられているが、基本的には状態と考えられるべきである[14]。恵みの状態の中にいたが、霊的にまだ完全でない者たちは煉獄に行く。ヨーゼフ・ポーレは煉獄を次のように定義している。「神の恵みのうちにこの世を去ったが、微罪（びざい）から完全に自由ではない、あるいは自らの違反に対する償いを十分に支払っていない者たちのための、一時的な刑罰の状

---

[12] Joseph Pohle, *Eschatology; or, The Catholic Doctrine of the Last Things: A Dogmatic Treatise* (St. Louis: Herder, 1917), 70.

[13] Ibid., 52–61.

[14] Ibid., 28.

態[15]」。

トマス・アクィナスは、死後のきよめは刑罰としての苦しみを通してなされると主張した。この世でなら贖罪の行いによってきよめられるが、死後はもはやそれができない。地上で行いを通して完全な純粋さに達することができなかった程度に応じて、来るべき世でさらにきよめられなければならない。「これが煉獄、またはきよめの場所を我々が仮定する理由である[16]」とトマスは述べた。煉獄にいる魂が、まだ地上にいる信仰の厚い人たちによって、天へと向かう進歩を手助けしてもらう手段が三つある。ミサと祈りと良いわざである[17]。この三つの手段で、煉獄での苦しみが十分に効果を現すために必要な期間が短くなる。残っている微罪がなくなり、魂が霊的完成に到達すると、魂は解き放たれて天国へと移る。

ローマ・カトリック教会は伝承と聖書の両方を根拠に煉獄の存在を信じている。死者のために祈り、ミサを捧げ、施しをするという古くからの伝統があった。テルトゥリアヌスは死者のための記念ミサに言及しており、これは煉獄を信じていたことを示唆する習慣である[18]。聖書的根拠として引き合いに出される第一の箇所は、マカバイ記二 12:43-45 である。

〔ユダ・マカバイは〕次いで、各人から金を集め、その額、銀二千ドラクメを贖罪の献げ物のためにエルサレムへ送った。それは死者の復活に思いを巡らす彼の、実に立派で高尚な行いであった。もし彼が、戦死者の復活することを期待していなかったなら、死者のために祈るということは、余計なことであり、愚かしい行為であったろう。だが彼は、敬虔な心を抱いて眠りについた人々のために備えられているすばらしい恵みに目を留めていた。その思いはまことに宗教的、かつ敬虔なものであった。そういうわけで、彼は死者が罪から解かれるよう彼らのために贖いのいけにえを献げたのである。
(日本聖書協会『聖書 新共同訳』より)

新約聖書で一番よく引用される本文はマタイ 12:32 で、そこでイエスは「人の子に逆らうことばを口にする者でも赦されます。しかし、聖霊に逆らうことを言う者は、この世でも次に来る世でも赦されません」と言っている。ローマ・カトリックの人々は、いくつかの罪（すなわち、聖霊に逆らうことを言う以外の罪）は来るべき世界で赦されるということを、この箇所は示唆していると主張する。この解釈はアウグスティヌス[19]や他のある教父たちが支持した。またⅠコリント 3:15 を引用するカトリック教徒もいる。「だれかの建てた建物が焼ければ、その人は損害を受けますが、その人自身は火の中をくぐるようにして助かります」。

我々が煉獄という概念を拒絶する主要な点は、カトリックとプロテスタントを一般に分ける点である。論拠とされる主要な本文は聖書外典の中にあるが、プロテスタントは外典を聖書の正典として受け入れない。またマタイ 12:32 からの推論はいささか乱暴で、この箇所は来るべき世で赦される罪があるということは全く暗示していない。さらに、煉獄という概念は、行いによる救いを示唆している。人間は自分の犯した罪を、少なくともその一部は償うべきである、と考えているからである。しかしこの考えは、ガラテヤ 3:1-14 やエペソ 2:8-9 を含む、聖書にはっきり述べられている多くの教えに反する。したがって、煉獄という概念、

---

15 Ibid., 77.

16 Thomas Aquinas, *Summa contra Gentiles* 4.91（トマス・アクィナス『対異教徒大全』）。

17 Pohle, *Eschatology*, 95.

18 Tertullian, *On Monogamy* 10（テルトゥリアヌス『結婚の一回性について』〔『キリスト教教父著作集 第16巻』木寺廉太訳、教文館、2002年所収〕）。

19 Augustine, *Confessions* 9.13（聖アウグスティヌス『告白』上・下、服部英次郎訳、岩波書店、1976年）。

そして死んだ後の執行猶予と償いの期間のようなものを仮定するいかなる見解も拒否されなければならない。

③ 即座の復活

近年唱えられた、目新しくて独創的な考えは、即座の復活（an instant resurrection）、もっと正確に言うと、即座の着衣（an instant reclothing）という思想である。これは、死ぬとすぐに信仰者は、約束されていた復活のからだを受け取るという確信である。この見解を完璧に練り上げたものの一つはＷ・Ｄ・デービスの『パウロとラビ的ユダヤ教』の中に見られる。デービスは、パウロは我々の復活に関して、二つの異なる考え方をしていたと主張する。Ⅰコリント15章でパウロは、未来においてからだが復活すると考えている。しかしⅡコリント5章では、この主題についてもっと進んだ理解が見られる。3節で語っている、着ていないことへの恐れは、死のこちら側でもあちら側でも着ているという悟りに取って代わられた、という[20]。つまりデービスによれば、パウロはコリント人への手紙第二を書いたとき、もはや中間状態を信じていなかったことになる。むしろ、死ぬと直ちに最終の状態に移され、瞬時に天的なからだを受け取ると信じていたのだと。

しかし、デービスは問題を解決したのだろうか。彼は、人間は本質的に完全な単一体であるという前提の下で論じた。

実はパウロの人間論は、未来における復活も、肉体から分離しての生存も、その両方を保持することを認めていた。それらは矛盾する考えではなく、全体の補完的な部分である。また、デービスの解決方法は、彼が主張するほど聖書的なものではない。というのは、パウロが我々のからだが変えられることを第二の降臨に伴う未来の復活と結びつけている聖書箇所がいくつかある

からである（たとえばピリピ3:20-21、Ⅰテサロニケ4:16-17）。パウロは再臨を解放と栄化の機会としても重視している（たとえばローマ2:3-16、Ⅰコリント4:5、Ⅱテサロニケ1:5-2:12、Ⅱテモテ4:8）。そしてイエスご自身も死者がよみがえらされる未来の時を強調した（ヨハネ5:25-29）。この問題に対するデービスの解決案は、誤った前提の結果としてパウロの著作に注入されたのであって、さらなる問題を引き起こしたにすぎない、と結論づけなければならない。

④ 解決策の提案

中間状態という問題に付随するいろいろな問題を解決する方法が何かあるだろうか。すなわち、からだの復活と、死んでから復活するまで意識をもって生きつづけることを示唆する聖書の証言を相互に関連させる手段が何かあるだろうか。以下のいくつかの考察事項を心に留める必要がある。

1. ヨアヒム・エレミアスは、新約聖書がゲヘナとハデスを区別していることを指摘した。ハデスは死から復活までの期間、不正な者を受け入れる。一方ゲヘナは最後の審判のとき決定される永遠の刑罰の場所である。ゲヘナの苦しみは永遠である（マルコ9:43、48）。さらに不敬虔な者たちの魂は、ハデスではからだの外にあるが、ゲヘナではからだと魂は、復活のとき再結合されており、どちらも永遠の火で滅ぼされる（マルコ9:43-48、マタイ10:28）。これは初代教会のある教父たちの見解とは違う。その見解では、死んだ者は正しい人も正しくない人もすべて同じようにシェオルあるいはハデスに下る。それは一種の薄暗い、ぼんやりとした状態で、その中で彼らはメシアの到来を待つという[21]。

---

[20] W. D. Davies, *Paul and Rabbinic Judaism: Some Rabbinic Elements in Pauline Theology* (London: SPCK, 1970), 317–18.

[21] Joachim Jeremias, "γέεννα," in *Theological Dictionary of the New Testament*, ed. Gerhard Kittel,

2. 義なる死者はハデスに下らないと示唆する箇所がある（マタイ16:18-19、使徒2:31、[詩篇16:10の引用]）。
3. むしろ義人は、少なくともその魂は、パラダイスに受け入れられる（ルカ16:19-31、23:43）。
4. パウロはからだを離れていることを主とともにいることと等しいとみなしている（Ⅱコリント5:1-10、ピリピ1:19-26）。

これらの聖書の考察に基づいて、死の時に信仰者はすぐに祝福の場所と状態に行き、不信者は不幸、苦痛、および罰の経験に入ると結論づけることができる。はっきりした証拠はないが、これが信じる者と信じない者が最後の審判の後に行く場所のようである。というのは主が臨在なさるのは（ルカ23:43、Ⅱコリント5:8、ピリピ1:23）、天国以外にありえないと思えるからである。それでも、中間状態と最終状態の場所は同じであるかもしれないが、その人はやや不完全な状態にあるので、パラダイスとハデスの経験は最終状態で経験するものと比べ、それほど激しくはない。

肉体を離れた存在があるという考え方は、本質的に支持できないものではない。人間は、物質的（肉体的）状態か非物質的状態かで存在することが可能である（197-98頁を見よ）。この二つの状態を、魂あるいは霊がからだから独立して存在できるという二元論の立場から考えることができる。化合物のように、いわば「からだ－魂（the body-soul）」は、ある状況（具体的には死のとき）では分解することができるが、それ以外では完全に一つである。または、異なる存在の形態という見方で考えてもよい。物質とエネルギーのように、人間の物質的状態と非物質的状態には互換性がある。これらの類推はどちらも可能である。ポール・ヘルム[22]やリチャード・パーティル[23]等の人たちが、自己矛盾でも不条理でもないからだを離れた生存の概念を編み出した。聖書の教えが示す、からだを離れた中間状態は、理性的にも筋が通っているというのが我々の結論である。

4. 死と中間状態の教理が意味すること

死と中間状態の教理が意味しているものは以下の通りである。

1. 主が戻ってくるときに生きている者以外のすべての者に、キリストを信じていても信じていなくても、死はやって来る。我々はこの事実を真剣に受けとめ、それに応じて生きなければならない。

2. 死は敵であるが（神は最初、人間が死ぬことを意図しておられなかった）、今では打ち負かされ、神に捕らえられている。それゆえ恐れる必要はない。死の呪いはキリストの死と復活によって取り除かれているからである。我々は平安をもって死と向き合うことができる。今や死が主を信じる者をみもとに連れて行く主の計画に仕えていると知っているからである。

3. 死と復活の間には中間状態があり、そこで信仰者は神の臨在を、信仰のない者は神の不在を体験する。ここでの体験は最終の状態ほど激しいものではないが、質的には同じである。

4. この世でも来るべき世でも、信仰者と神との関係の基礎は恵みであってわざではない。それゆえ、我々の不完全さのゆえに、神の完全な臨在の中に入る前に、死後の浄化のようなものが要求されるのではないかと恐れる必要は全くない。

---

trans. and ed. Geoffrey W. Bromiley (Grand Rapids: Eerdmans, 1964), 1: 657–58.

[22] Paul Helm, "A Theory of Disembodied Survival and Re-embodied Existence," *Religious Studies* 14, no. 1 (March 1978): 15–26.

[23] Richard L. Purtill, "The Intelligibility of Disembodied Survival," *Christian Scholar's Review* 5, no. 1 (1975): 3–22.

研究課題

- 終末論を研究すべきいくつかの理由とは何か。
- 「終末論狂」、「終末論恐怖症」とは何か。
- なぜ信仰者は死を経験するのか。信仰者と不信者にはどのような相違があるのか。
- 中間状態についての最近の見解を比較・対照せよ。
- キリスト者であった死んだ愛する人の現在の状態について尋ねる信者にどのように答えるか。キリスト者以外の人についても同じことを考えよ。

第40章 再臨とその結果

本章の目的

1. 関連する聖書箇所から推論できる、再臨の特徴を明らかにし説明する。
2. 利用可能な聖書の資料に基づき、からだの復活を明らかにし、定義する。
3. 聖書の文脈全体を通して、最後の審判という出来事を明らかにし説明する。

本章の概要

　聖書は再臨の時に起こる三つの特殊な出来事を略述している。再臨という出来事そのもの以外に、復活もあり、それは最後の審判という出来事に先立つ。これらの出来事の目的は神の御手の下にあり、それに向かって導かれるのもこのお方である。そして信仰者が神理解のうちに保持している希望は、これらの出来事が起きるときに実現する。

本章のアウトライン

1. **再臨** 424
   - (1) 出来事の明瞭さ 424
   - (2) 時の不明瞭さ 424
   - (3) 再臨の特徴 425
     - ① 人格的 425
     - ② 肉体的 425
     - ③ 目に見える形で 425
     - ④ 予期されない 426
     - ⑤ 勝利と栄光に満ちて 426
   - (4) 再臨の単一性 426
   - (5) 再臨の切迫性 428

2. **復活** 429
   - (1) 聖書の教え 429
   - (2) 三位一体の神のみわざ 430
   - (3) 現実にからだをもって 430
   - (4) 義人と悪人双方の復活 431

3. **最後の審判** 432
   - (1) 未来の出来事 432
   - (2) 審判者イエス・キリスト 432
   - (3) 審判の対象 433
   - (4) 審判の基礎 433
   - (5) 審判の最終性 434

4. **再臨とその結果が意味すること** 434

すでに本書で定義した宇宙的終末論における最も重要な出来事の中に、再臨とその結果、すなわち復活と最後の審判がある。

1. 再臨

死の確実性以外に、正統派の神学者のほとんどが同意している終末論の唯一の教理がキリストの再臨である。それは終末論になくてはならないものである。それは、キリスト者の希望の根拠であり、神の計画の完成が始まったことを示す唯一の出来事である。

(1) 出来事の明瞭さ

多くの聖句が、キリストが戻って来ることをはっきりと示している。終末に関する偉大な講話（マタイ24-25章）で、イエス自身が再び来ることを約束している。「そのとき、人の子のしるしが天に現れます。そのとき、地のすべての部族は胸をたたいて悲しみ、人の子が天の雲のうちに、偉大な力と栄光とともに来るのを見るのです」（24：30）。この同じ講話の中でほかにも何回か「人の子の到来」（27、37、39、42、44節）に触れている。その週の終わりに、イエスはカヤパの前の審問でこう言った「しかし、わたしはあなたがたに言います。あなたがたは今から後に、人の子が力ある方の右の座に着き、そして天の雲とともに来るのを見ることになります」（マタイ26：64）。マタイは他の福音書記者よりも多くのことを記録しているが、マルコとルカとヨハネの福音書も、再臨についてのイエスの解説をいくつか含んでいる。たとえばマルコ13：26とルカ21：27は、マタイ24：30の並行記事である。またヨハネは、二階の広間でイエスが弟子たちに「わたしが行って、あなたがたに場所を用意したら、また来て、あなたがたをわたしのもとに迎えます。わたしがいるところに、あなたがたもいるようにするためです」（ヨハネ14：3）と約束したと述べている。

イエスの言葉に加えて、新約聖書には、イエスの再臨に関し、他にも多くの直接的な言明がある。再臨は使徒の使信（ケリュグマ）の一部であった。「ですから、悔い改めて神に立ち返りなさい。……そうして、主の御前から回復の時が来て、あなたがたのためにあらかじめキリストとして定められていたイエスを、主は遣わしてくださいます。このイエスは、神が昔からその聖なる預言者たちの口を通して語られた、万物が改まる時まで、天にとどまっていなければなりません」（使徒3：19-21）。パウロが非常にはっきり単刀直入に述べているのは、Ⅰテサロニケ4：15-16である。「私たちは主のことばによって、あなたがたに伝えます。生きている私たちは、主の来臨まで残っているなら、眠った人たちより先になることは決してありません。すなわち、号令と御使いのかしらの声と神のラッパの響きとともに、主ご自身が天から下って来られます。そしてまず、キリストにある死者がよみがえり……」。ほかの直接的な言明はⅡテサロニケ1：7、10、テトス2：13に見られる。他の聖書記者も再臨に言及している。ヘブル9：28、ヤコブ5：7-8、Ⅰペテロ1：7、13、Ⅱペテロ1：16、3：4、12、Ⅰヨハネ2：28である。確かに、再臨は新約聖書の中で最も広く教えられている教理の一つである。

(2) 時の不明瞭さ

再臨という事実は、聖書の中に力強く断言されているが、いつ起こるかは断言されていない。神は一定の時を定められたが、その時は啓示されていない。イエスは、いつ戻ってくるかは自身も天使たちも知らないし、弟子たちも決して知ることがないと述べた（マルコ13：32-33、35、マタイ24：36-44も見よ）。イエスが天に上げられる直前に、今イスラエル王国を回復されるのかという弟子たちの質問に答えていたときに話された事柄の一つは、自身の戻って来る

時期のことであったように見える。「いつとか、どんな時とかいうことは、あなたがたの知るところではありません。それは、父がご自分の権威をもって定めておられることです」(使徒1：7)。弟子たちの好奇心を満足させる代わりに、イエスは、世界中でご自身の証人になるべきであると命じた。イエスの再臨の時期が明らかにされないことは、再臨の時期の意外さとそれに伴う用心深さの必要性が強調されていることを説明している (マタイ24：44、50、25：13、マルコ13：35)。

(3) 再臨の特徴

① 人格的

キリストの再臨の性格が人格的なものであるということは、再臨についての言及の中では当然のこととされている。たとえば、イエスは「また来て、あなたがたをわたしのもとに迎えます。わたしがいるところに、あなたがたもいるようにするためです」(ヨハネ14：3)と言う。「主はご自身が天から下って来られます」(Ⅰテサロニケ4：16)というパウロの言明は、再臨が本質的に人格的なことであることを疑う余地をほとんど残さない。イエスが昇天するときの御使いの言葉、「あなたがたを離れて天に上げられたこのイエスは、天に上って行くのをあなたがたが見たのと同じ有様で、またおいでになります」(使徒1：11)は、イエスの再臨が、離れていかれたのとまさしく同じ、人格的なものであることを確証している。

② 肉体的

イエスが戻ってくるという約束はペンテコステのときの霊的な到来で実現されたと主張する人たちがいる。結局のところ、イエスは「見よ。わたしは世の終わりまで、いつもあなたがたとともにいます」(マタイ28：20)と言ったのである。また「だれでもわたしを愛する人は、わたしのことばを守ります。そうすれば、わたしの父はその人を愛し、わたしたちはその人のところに来て、その人とともに住みます」(ヨハネ14：23)とも言った。ある解釈者たちは、再臨にパルーシアというギリシア語の言葉が使われていることを非常に重要視する。この言葉が基本的に「臨在」を意味することを指摘した上で、「主が来られる」とは、イエスが我々とともに存在することをいっているのであって、将来のいつかに来ることではないと主張する。

再臨は、キリスト者の希望の根拠であり、神の計画の完成が始まったことを示す唯一の出来事である。

ペンテコステ以降キリストは確かに、新生の瞬間から一人一人の信仰者とともにおられ、彼らの内に内住しておられる。しかしいくつかの事柄を考察すると、この霊的な臨在を、イエスが約束された再臨の完全な意味とみなすことはできないことは明らかである。確かにパルーシアの基本的な意味は「臨在」であるが「来訪」という意味もあり、新約聖書ではこの意味が最も目立っている。これはこの言葉がどのような文脈で使われているかを調べればわかる。さらに新約聖書に出てくるほかの用語、特にアポカリュプシスとエピファネイアははっきりと「来訪」を指す[1]。また使徒1：11の、イエスは離れていったときと同じあり様で戻ってくるという言明は、からだをもって戻ってくることを示している。しかし、おそらく最も説得力のある議論は、イエスの再臨の約束の多くはペンテコステの後、60年後にもなされたということである。

③ 目に見える形で

エホバの証人は、キリストは1914年10月1日に地上の支配を始めたと主張する。た

---

[1] George E. Ladd, *The Blessed Hope* (Grand Rapids: Eerdmans, 1956), 65–70.

だし、イエスは昇天以来、目に見えるからだを持っていないので、これは見える形での地上への再臨ではない。また、キリストが御座に昇ったのは天においてのことだから、文字どおりの再臨でもない。そうだとするとキリストの臨在とは、本質的に見えない影響力ということになる[2]。

エホバの証人の再臨に関する考えと聖書の記述を調和させるのは困難である。使徒1:11にもう一度注目したい。キリストが離れていったのと同じあり様でまた来られるということは、必ず見える形で来られるということである。なぜなら弟子たちはイエスが天に上げられるのを見ていたからである（9-10節）。再臨に関する他の記述を見ると、キリストの再臨がかなり目立つものであることがはっきりとする。たとえばマタイ24:30は次のように述べている。「人の子が天の雲のうちに、偉大な力と栄光とともに来るのを見るのです」。

④ 予期されない

再臨の前には、荒らす忌まわしいもの（マタイ24:15）、大きな苦難（21節）、太陽は暗くなる（29節）、といったいくつかのしるしが起こるが、それらはイエスが再臨する正確な時を示すものではない。したがって、多くの人にとってイエスの再臨は全く予期しないこととなる。イエスの教えは、再臨が非常に遅いために、無頓着になってしまう人が出てくることを示唆している（マタイ25:1-13。Ⅱペテロ3:3-4対照）。しかしついに再臨が起こるとき、それはあまりにも早いので準備の時間もない（マタイ25:8-10）。ルイス・ベルコフが説明しているように、「キリストが再臨されたときどれだけ驚くかは、その人がどれだけ用心深かったかに反比例することを、聖書は暗示している[3]」。

⑤ 勝利と栄光に満ちて

キリストの再臨についてのさまざまな描写を見ると、その再臨の栄光に満ちた性質は、初臨のときの卑しいへりくだった状況とは全く対照的であることがわかる。キリストは偉大な力と偉大な栄光を帯びて雲に乗って来られる（マタイ24:30、マルコ13:26、ルカ21:27）。キリストは御使いたちを伴って現われ、御使いのかしらがその到来を告げる（Ⅰテサロニケ4:16）。キリストは、栄光の位に着き、すべての国々の民をさばかれる（マタイ25:31-46）。この状況の皮肉は、地上でのその滞在の終わりにさばかれたキリストが、逆にその再臨においてはすべての人をさばく方となるということである。

⑷ 再臨の単一性

影響力をもつある大きな保守派のキリスト者のグループでは、キリストの到来は実は二つの段階で起こると教えている。その段階とは、携挙（けいきょ）（the rapture）と顕現、あるいは聖徒「のために来られること」と聖徒「とともに来られること」、である。この二つの出来事は、大体七年続くと信じられている大患難（the great tribulation）で分けられる。この人々は、患難期前再臨説をとる者たち（pretribulationalists）と呼ばれ、ほとんどがディスペンセーション主義者である。

彼らの見解では、携挙、または聖徒「のために来られること」は秘密である。教会以外の人々には気づかれない。これは患難の前に起こることなので、携挙の前には、いかなる預言も成就してはならない。したがって携挙はいつでも起こりうる。すなわち、通常の用語でいうならば、切迫（せっぱく）している。携挙により教会は大患難の苦しみを受けない。そして、七年間の終わりに、主は再び戻ってきて、彼の教会を彼と一緒に大勝利に導く。これはだれの目にも明らかな、栄光に富み、世界中の人が

---

[2] *Let God Be True* (Brooklyn: Watchtower Bible & Tract Society, 1952), 141.

[3] Louis Berkhof, *Systematic Theology* (Grand Rapids: Eerdmans, 1953), 706.

認める出来事である[4]。それからキリストは地上に千年王国を築く。

患難期前再臨説とは対照的に、キリストの再臨は一回で、統合された出来事であるという見方もある。患難期前再臨説をとる者たちは、ある預言を携挙に、ある預言を顕現に当てはめるが、この人々は再臨に関する預言すべてを一つの出来事に当てはめる[5]。

この問題をどう解決するべきか。この課題に関係する多数の考察は次章で検証することにして、今は一つの大事な考察事項を吟味したい。それは二度目の来臨を表す語彙に関するものである。再臨を表す三つの重要な用語は、パルーシア（parousia）とアポカリュプシス（apokalypsis）とエピファネイア（epiphaneia）である。患難期前再臨説をとる者たちは、パルーシアが指すものは携挙、すなわち再臨の最初の段階であり、患難が始まる前にこの世から救い出されるという信仰者の祝福された希望であると主張する。他の二つの用語は患難時代の終わりに、キリストが聖徒たちとともに来られることを指すという。

しかし、綿密に検討すると、再臨を示す用語は、患難時代前再臨説という区別を支持するものではない。たとえばⅠテサロニケ4：15-17にパルーシアという用語がある出来事を示すために用いられているが、その出来事を携挙と考えることは困難である。

> 私たちは主のことばによって、あなたがたに伝えます。生きている私たちは、主の来臨〔パルーシア〕まで残っているなら、眠った人たちより先になることは決してありません。すなわち、号令と御使いのかしらの声と神のラッパの響きとともに、主ご自身が天から下って来られます。そしてまず、キリストにある死者がよみがえり、それから、生き残っている私たちが、彼らと一緒に雲に包まれて引き上げられ、空中で主と会うのです。こうして私たちは、いつまでも主とともにいることになります。

ジョージ・ラッドが言うように、「これらの節の中に、キリストが秘密にやって来ることを見いだすのは非常に困難である[6]」。それに加えて、パルーシアという用語はⅡテサロニケ2：8でも使われているが、そこには、患難の後にキリストが来ることによって、不法の人、反キリストが公に滅ぼされるとある。さらにイエスはパルーシアについて、「人の子の到来は、稲妻が東から出て西にひらめくのと同じようにして実現するのです」（マタイ24：27）と語った[7]。

他の二つの用語も患難期前再臨説の考え方と合わない。教会が待ち受けている祝福された希望とはおそらくアポカリュプシスやエピファネイアではなくパルーシアであるが、パウロは、手紙の読者が「熱心に私たちの主イエス・キリストの現れ〔アポカリュプシス〕を待ち望むようになっています」（Ⅰコリント1：7。参照Ⅱテサロニケ1：6-7）と感謝している。そしてペテロはアポカリュプシスと関連する信仰者の喜びと報いについて、「むしろ、キリストの苦難にあずかればあずかるほど、いっそう喜びなさい。キリストの栄光が現れるときにも、歓喜にあふれて喜ぶためです」（Ⅰペテロ4：13）という。このどちらの言及でも（1：7そして1：13も）、ペテロが手紙を書いている信仰者たち（教会の構成員）は、キリストのアポカリュプシスのときに栄光と栄誉を受けるといっている。しかし、患難期前再臨説によると、教会はパルーシアのとき、すでに報いを受けているはずである。

最後に、パウロは エピファネイアを信仰者の希望の対象であるとも述べている。

---

[4] John F. Walvoord, *The Return of the Lord* (Findlay, OH: Dunham, 1955), 52–53.

[5] Ladd, *Blessed Hope*, 67.

[6] Ibid., 63.

[7] Ibid.

テトスに宛てて、信仰者たちは「祝福に満ちた望み、すなわち、大いなる神であり私たちの救い主であるイエス・キリストの、栄光ある現れ［エピファネイア］を待ち望」（テトス2:13）みつつ敬虔な生活をするべきであると書いている。エピファネイアの同様の用法がⅠテモテ6:14とⅡテモテ4:8に見られる。こうして、さまざまな用語が用いられているからといって再臨に二段階あるとはいえない、という結論になる。むしろ、用語がそれぞれ交換可能であることは、明らかに一つの出来事を指し示している。

(5) 再臨の切迫性

それに加えて扱わなければならない問題は、再臨とは切迫したものなのかどうかである。いつでも起こりうるものなのか、それともまず成就されなければならない預言があるのか。

あるキリスト者たち、特にキリストが患難の前に聖徒たちのために来るという立場を取る人たちは、再臨はどの瞬間にも起こりうると信じている。そうだとすると、不意打ちをくらわないように、その可能性に対して常に備えていなければならない。この立場を支持するために、次のような論拠が用いられる。

1. イエスは弟子たちに、自身はいつ戻ってくるのかわからないのであるから、それに備えよと強く勧めた（マタイ24-25章）。しかし、大患難のように、キリストが再臨する前に起きなければならない他の出来事があるなら、我々は少なくともそれらの他の出来事が起こるまでは再臨が起こらないことを知っている[8]。

2. 主の再臨は近いのだから、熱心に待ち望むべきであるということが繰り返し強調される。多くの箇所（たとえばローマ8:19-25、Ⅰコリント1:7、ピリピ4:5、テトス2:13、ヤコブ5:8-9、ユダ21節）は、到来が非常に近く、今にも起こるかもしれないことを暗示している[9]。

3. 我々は祝福された望みを待ち望んでいる（テトス2:13）とパウロが主張しているのだから、神の計画において次の出来事は主の再臨でなければならない。もし次の段階が再臨ではなく大患難であったなら、恐れたり心配したりするのが当然の反応である。神の予定表では次の出来事は我々の主の再臨なのであるから、それがいつでも起こりうることではないという理由は何もない[10]。

しかしながら、よく調べてみると、これらの議論には十分な説得力が欠けている。ご自身が来られることに気をつけているようにというキリストの命令や、思いがけないときにはっきりした兆候もなく来るという警告は、それが切迫していることを必ずしも意味するのだろうか。すでに約2千年という期間が介在している。どれだけの遅れがあるのか分からず、それゆえキリストの再臨の正確な時期も分からないのだが、それがまだ起こっていないことを知ることはできる。いつ起こるのかが分からなくても、起こらない特定の時間を知るのを妨げることにはならない。

さらにイエスの言明は、それがなされたとき、再臨が切迫していることを意味していなかった。イエスは少なくとも三つのたとえ話（遠い国に行った身分の高い人、ルカ19:11-27。賢い娘と愚かな娘、マタイ25:5。タラント、マタイ25:19）で、遅れがあることを示した。同じように、しもべのたとえ（マタイ24:45-51）では、しもべたちが自分の品性を証明するには時間が必要である。加えて、再臨の前には、ある出来事が起こっていなければならなかった。たとえば、ペテロは年を取って弱くなり（ヨハネ21:18）、福音は全世界に宣べ伝えられ（マタイ24:14）、神殿は破壊される

---

[8] J. Barton Payne, *The Imminent Appearing of Christ* (Grand Rapids: Eerdmans, 1962), 86.

[9] Ibid., 95–103.

[10] Walvoord, *Return of the Lord*, 51.

(24:2)。イエスが「目を覚ましていなさい」、「その時をあなたがたは知らない」と言ったことは、ある出来事が起こるのを許すために遅れがあるということと矛盾しない。

これは、切迫性を語ることが不適切だと言っているのではない。ただし、切迫しているのは、再臨という一つの出来事というより、それを取り巻く出来事の複合体のほうである。この複合体が切迫している（imminent）のであり、再臨そのものは「近い将来起こる[11]」（impending）、というべきなのである。

2. 復活

キリストの再臨の主な結果は、個人的終末論の立場からいうと、復活である。これは死に直面した信仰者の希望の根拠となるものである。死は避けられないものであるが、信仰者は死の力から救い出されることを楽しみにして待っている。

(1) 聖書の教え

聖書ははっきりと信仰者の復活を約束している。旧約聖書には復活を直接述べている箇所がいくつかあり、最初のものはイザヤ26:19である。

> あなたの死人は生き返り、
> 私の屍は、よみがえります。
> 覚めよ、喜び歌え。土のちりの中に
> 　とどまる者よ。
> まことに、あなたの露は光の露。
> 地は死者の霊を生き返らせます。

ダニエル12:2は信仰者と悪者の双方の復活を教えている。「ちりの大地の中に眠っている者のうち、多くの者が目を覚ます。ある者は永遠のいのちに、ある者は恥辱と、永遠の嫌悪に」。復活という思想は、エゼキエル37:12-14にもはっきり述べられている。

直接的言明に加えて、旧約聖書は、死またはシェオルからの救出を期待できることを暗示している。詩篇49:15には以下のように語られている。

> しかし　神は私のたましいを贖い出し
> よみの手から　私を奪い返してくださる。

この箇所ではからだについて何も言われていないが、シェオルでの不完全な存在が我々の最終的な状態なのではないという期待がある。詩篇17:15には、神の臨在のうちに目覚めることが語られている。

新約聖書の啓示を旧約に読みこみすぎないように注意すべきであるが、イエスと新約の記者たちが、旧約聖書は復活を教えていると主張していたことは重要である。復活を否定するサドカイ人から質問されたとき、イエスは、聖書と神の力について知識が欠けているために思い違いをしていると叱責し（マルコ12:24）、それから、旧約聖書をもとに復活はあると主張した。「死人がよみがえることについては、モーセの書にある柴の箇所で、神がモーセにどう語られたか、あなたがたは読んだことがないのですか。『わたしはアブラハムの神、イサクの神、ヤコブの神である』とあります。神は死んだ者の神ではなく、生きている者の神です。あなたがたは大変な思い違いをしています」（26-27節）。ペテロ（使徒2:24-32）とパウロ（使徒13:32-37）は、詩篇16:10をイエスの復活を預言したものと見た。ヘブル11:19は、神が人を死者の中からよみがえらせることができると信じたアブラハムの信仰を賞賛している。

---

11 ダグラス・ムー（Douglas J. Moo）は、オックスフォード英語辞典の「切迫」の定義を引用し、「脅迫的に近づいている、頭の上にぶら下がっている、崩壊する、あるいは追い越す準備ができている、その出来事が手近にある、まもなく来る」という意味で、この立場に立っている（"Posttribulation Rapture Position," Three Views on the Rapture [Grand Rapids: Zondervan, 1996], 207）。

もちろん、新約聖書はもっとはっきりと復活を教えている。ヨハネは、イエスが復活について直接語ったことをいくつか報告している。最もはっきりした宣言の一つはヨハネ5章にある。「まことに、まことに、あなたがたに言います。死人が神の子の声を聞く時が来ます。今がその時です。それを聞く者は生きます。……このことに驚いてはなりません。墓の中にいる者がみな、子の声を聞く時が来るのです。そのとき、善を行った者はよみがえっていのちを受けるために、悪を行った者はよみがえってさばきを受けるために出て来ます」(25、28-29節)。ヨハネ6:39-40、44、54とラザロのよみがえりの物語（ヨハネ11章、特に24-25節）でも復活が肯定されている。

新約聖書の書簡も復活を証言している。パウロは将来からだを伴う復活があることをはっきりと信じ、また教えていた。最も代表的で最も広範囲に及ぶ箇所はⅠコリント15章である。特に51節と52節でその教えが力説されている。「聞きなさい。私はあなたがたに奥義を告げましょう。私たちはみな眠るわけではありませんが、みな変えられます。終わりのラッパとともに、たちまち、一瞬のうちに変えられます。ラッパが鳴ると、死者は朽ちないものによみがえり、私たちは変えられるのです」。復活はⅠテサロニケ4:13-16にもはっきりと教えられており、Ⅱコリント5:1-10にも示唆されている。またパウロが議会に出頭したとき、「兄弟たち、私はパリサイ人です。パリサイ人の子です。私は死者の復活という望みのことで、さばきを受けているのです」（使徒23:6）と宣言してパリサイ人とサドカイ人との間に意見の相違を作り出した。パウロはフェリクスの前でも同じことを宣言した（使徒24:21）。ヨハネも復活の教理を支持している（黙示録20:4-6、13）。

(2) 三位一体の神のみわざ

三位一体の各位格が信仰者の復活に関わっている。パウロは、父なる神は御霊によって信仰者をよみがえらせると告げている（ローマ8:11）。キリストの復活と一般の復活には特別な関連がある。その点をパウロはⅠコリント15:12-14で特に強調した。「ところで、キリストは死者の中からよみがえられたと宣べ伝えられているのに、どうして、あなたがたの中に、死者の復活はないと言う人たちがいるのですか。もし死者の復活がないとしたら、キリストもよみがえらなかったでしょう。そして、キリストがよみがえらなかったとしたら、私たちの宣教は空しく、あなたがたの信仰も空しいものとなります」。コロサイ1:18でパウロはイエスのことを「御子は初めであり、死者の中から最初に生まれた方です」と述べている。黙示録1:5（NIV、KJV、口語訳も参照——訳注）でヨハネも同じように、イエスを「死者の中から最初に生まれた方」といっている。この表現は、イエスがその集団の中で時間的に最初であるということよりは、その集団より優れていることを指している（参照コロサイ1:15「すべての造られたものより先に生まれた方です」）。キリストの復活は信仰者の希望と確信の根拠となるものである（Ⅰテサロニケ4:14）。

(3) 現実にからだをもって

新約聖書には、からだが生き返ると断言する箇所がいくつかある。その一つはローマ8:11である。「イエスを死者の中からよみがえらせた方の御霊が、あなたがたのうちに住んでおられるなら、キリストを死者の中からよみがえらせた方は、あなたがたのうちに住んでおられるご自分の御霊によって、あなたがたの死ぬべきからだも生かしてくださいます」（ピリピ3:20-21も見よ）。復活の章であるⅠコリント15章では、「血肉のからだで蒔かれ、御霊に属するからだによみがえらされるのです。血肉のからだがあるのですから、御霊のからだもあるのです」（44節）と言っている。パウロはまた、復活はすでに起こっているという見方、すなわち遺体がまだ彼らの墓に横た

わっているという事実と両立しない霊的な形での復活であるという見解は、異端であることを明らかにしている。「真理から外れてしまい、復活はすでに起こったと言って、ある人たちの信仰をくつがえしている」（Ⅱテモテ2:18）ヒメナイとピレトの見解を非難する際に、この点を主張している。

さらに、復活はからだを伴ったものであると推論させる、間接的な証拠がある。信仰者の贖いは、魂だけでなくからだも含むものとして述べられている（ローマ8:22-23）。Ⅰコリント6:12-20でパウロは、からだの霊的な意義を指摘している。我々のからだはキリストのからだの一部である（15節）。からだは聖霊の宮である（19節）。「からだは淫らな行いのためではなく、主のためにあり、主はからだのためにおられるのです」（13節）。ここでからだが強調されていることを考えると、すぐ後に来るのがからだの復活を支持する主張であることは明らかである。「神は主をよみがえらせましたが、その御力によって私たちも、よみがえらせてくださいます」（14節）。この箇所全体の結論は、「ですから、自分のからだをもって神の栄光を現しなさい」（20節）である。

> キリストが再臨するとき、我々の元のからだはよみがえり、変革される。そのからだは人間の形態をとどめつつ同時に栄化される。

復活がからだを伴うことを間接的に主張するもう一つの論拠は、イエスの復活が現実にからだを伴っていたことである。イエスが弟子たちに現れたとき、彼らは脅え、霊を見ているのだと思った。イエスは「なぜ取り乱しているのですか。どうして心に疑いを抱くのですか。わたしの手やわたしの足を見なさい。まさしくわたしです。わたしにさわって、よく見なさい。幽霊なら肉や骨はありません。見て分かるように、わたしにはあります」（ルカ24:38-39。ヨハネ20:27も見よ）と言って弟子たちを安心させた。墓が空で、イエスの敵たちがイエスの遺体を決して示せなかった事実は、イエスの復活がからだを伴っていたことのさらなる徴候である。すでに見たように、キリストの復活と信仰者の復活の間にある特別な関連が、我々の復活もからだを伴うことを明らかにしている。

復活のからだは元のからだと何らかの関連がある。つまり、それは元のからだに由来するのであるが、しかし、変革または変容をも伴っている。これは丸太か切り株の石化作用と似ている。元の物体の輪郭は残るが、構成は全く異なる。復活のからだの正確な本質がわからないため、理解は難しい。しかし、そのからだは人間の形態をとどめつつ同時に栄化されたものである。我々は地上で持っていた不完全さや欠乏から解放される。

⑷ 義人と悪人双方の復活

復活への言及のほとんどは信仰者の復活を指している。イザヤ26:19は復活について、それが報酬であるかのように示唆している。イエスは「義人の復活」（ルカ14:14。ルカ20:35も見よ）について語っている。ピリピ3:11でパウロは、「何とかして死者の中からの復活に達したいのです」という願いと希望を述べている。共観福音書にも、パウロの書いたものにも、信仰のない者が死者の中からよみがえるとはっきり述べている箇所はない。

その一方で信仰のない者の復活を暗示する箇所はいくつもある。ダニエル12:2には「ちりの大地の中に眠っている者のうち、多くの者が目を覚ます。ある者は永遠のいのちに、ある者は恥辱と、永遠の嫌悪に」とある。ヨハネはイエスの同様の主張を報告している。「このことに驚いてはなりません。墓の中にいる者がみな、子の声を聞

く時が来るのです。そのとき、善を行った者はよみがえっていのちを受けるために、悪を行った者はよみがえってさばきを受けるために出て来ます」（ヨハネ5:28-29）。パウロはフェリクスの前で弁明して次のように言った。「ただ、私は閣下の前で、次のことは認めます。私は、彼らが分派と呼んでいるこの道にしたがって、私たちの先祖の神に仕えています。私は、律法にかなうことと、預言者たちの書に書かれていることを、すべて信じています。また私は、正しい者も正しくない者も復活するという、この人たち自身も抱いている望みを、神に対して抱いています」（使徒24:14-15）。信仰者も信仰のない者も共に最後の審判に臨み、それと関わる。それゆえ、両者とも復活する必要があるというのが我々の結論である。同時によみがえるのか、異なる二回のよみがえりがあるのかは、次の章で論じる。

3. 最後の審判

再臨は大いなる最後の審判をももたらす。これは、キリストから離れており、その結果、不正な人々の部類に入ると判決される人にとっては、未来に関する最も恐ろしい可能性の一つである。しかしながら、キリストのうちにある人々にとって、それは彼らの人生を立証するものなので、楽しみにして待ちこがれているものである。最後の審判は我々の霊的状態あるいは立場を確かめるためにあるのではない。それはすでに神に知られている。むしろ、最後の審判は我々の立場を明らかにし、また公にするのである[12]。

(1) 未来の出来事

最後の審判は未来に起こる。時には、神は自身のさばきをすでに明らかにされている。義人エノクとエリヤを天に上げてご自身とともにいるようにされたり、地を滅ぼす洪水を送られたり（創世6-7章）、アナニアとサッピラを打たれた場合である（使徒5:1-11）。フリードリッヒ・シェリングは、とりわけ、世界の歴史は世界の判断であると主張した。言い換えるなら歴史の中で起こる出来事は、事実上世界に対する審判である。それでも、さばきについて聖書がいわんとしていることはそれだけではない。ある出来事が将来起こることになる。イエスはマタイ11:24でそれをほのめかされた。「おまえたちに言う。さばきの日には、ソドムの地のほうが、おまえよりもさばきに耐えやすいのだ」。別の機会に、未来の復活に関連してさばきを執行するとはっきりと語った（ヨハネ5:27-29）。マタイ25:31-46には、このさばきがもっと詳しく描かれている。ヘブル人への手紙の記者ははっきりと直接的に述べている。「人間には、一度死ぬことと死後にさばきを受けることが定まっているように」（9:27）と。ほかにも、使徒17:31、24:25、ローマ2:5、ヘブル10:27、Ⅱペテロ3:7、黙示録20:11-15等に明確に述べられている。

聖書は、さばきは再臨の後に起こると明記している。イエスは「人の子は、やがて父の栄光を帯びて御使いたちとともに来ます。そしてそのときには、それぞれその行いに応じて報います」（マタイ16:27）と言った。この考えはマタイ13:37-43、24:29-35、25:31-46、Ⅰコリント4:5にも見いだされる。

(2) 審判者イエス・キリスト

イエスは自身が栄光の座に着いて、すべての国々の民をさばく様子を語った（マタイ25:31-33）。神はヘブル12:23で審判者と記されているが、他のいくつかの言及から、

---

12 Gottlob Schrenk, "δικαιοσύνη," in *Theological Dictionary of the New Testament*, ed. Gerhard Kittel, trans. and ed. Geoffrey W. Bromiley (Grand Rapids: Eerdmans, 1964), 2: 207.

この権威を御子に委任していることが明らかである。イエス自身が「また、父はだれをもさばかず、すべてのさばきを子に委ねられました。……また父は、さばきを行う権威を子に与えてくださいました。子は人の子だからです」（ヨハネ5:22、27。使徒10:42も見よ）と言った。またパウロはコリントの人々に「私たちはみな、善であれ悪であれ、それぞれ肉体においてした行いに応じて報いを受けるために、キリストのさばきの座の前に現れなければならないのです」（Ⅱコリント5:10）と書いた。Ⅱテモテ4:1は、生きている者と死んでいる者をキリストがさばかれることになると主張している。

詳細は語られていないが、信仰者はキリストとともにさばきを行うようである。マタイ19:28とルカ22:28-30でイエスは弟子たちがイスラエルの十二部族をさばくと告げ、また、信仰者は王座に着いて世界をさばくと言われている（Ⅰコリント6:2-3、黙示録3:21、20:4）。

(3) 審判の対象

すべての人がさばきを受ける（マタイ25:32、Ⅱコリント5:10、ヘブル9:27）。パウロは「私たちはみな、神のさばきの座に立つことになるのです」（ローマ14:10）と警告している。すべての秘密が暴露され、今まで起こったことのすべてが評価を受ける。ある人々は、信仰者の犯した罪も含まれるのかと問うてきた。信仰者は義と認められているのだから、含まれる必要はないように思われると。しかし罪が再確認されるという言明はすべての人に当てはまる。この件についてのルイス・ベルコフの次のような見方は、おそらく正確である。「聖書は我々に、それ〔信仰者の罪〕はそうなる〔現される〕ということを信じさせる。もちろん、"赦された"罪として現されるのであるが[13]」。

さらに、この時点で邪悪な天使たちもさばかれる。ペテロは「神は、罪を犯した御使いたちを放置せず、地獄〔タルタロス〕に投げ入れ、暗闇の縄目につないで、さばきの日まで閉じ込められました」（Ⅱペテロ2:4）と書いている。ユダ6節もほとんど同じことを主張している。一方、良い天使はさばかれるべき者をみな集めることで審判に参加する（マタイ13:41、24:31）。

(4) 審判の基礎

審判の場に来る者は、地上での生活という面からさばかれる[14]。パウロは我々はみなさばきの座に現れる、「私たちはみな、善であれ悪であれ、それぞれ肉体においてした行いに応じて報いを受けるために、キリストのさばきの座の前に現れなければならないのです」（Ⅱコリント5:10）と言った。イエスは、復活のときすべての人が出てきて、「そのとき、善を行った者はよみがえっていのちを受けるために、悪を行った者はよみがえってさばきを受けるために出て来ます」と言った（ヨハネ5:29）。マタイ25:31-46から、善い行いをすることこそ重要なのだと推論する人がいるかもしれないが、イエスは、善い行いをしてきたと言う者やそうであると見える人であっても、離れて行けと言われる者がいることを暗示した（マタイ7:21-23）。

評価を行うときに基礎となる基準は、啓示された神のみ旨である。イエスは「わたしを拒み、わたしのことばを受け入れない者には、その人をさばくものがあります。わたしが話したことば、それが、終わりの日にその人をさばきます」（ヨハネ12:48）と言われた。律法を詳しく聞いたことのない者たちでさえもさばかれる。「律法なしに罪を犯した者はみな、律法なしに滅び、律法の下にあって罪を犯した者はみな、律法によってさばかれます」（ローマ2:12）。

---

[13] Berkhof, *Systematic Theology*, 732.

[14] Floyd V. Filson, "The Second Epistle to the Corinthians," in *The Interpreter's Bible*, ed. George A. Buttrick (Nashville: Abingdon, 1978), 10: 332.

(5) 審判の最終性

審判はいったん下されたら、恒久のもので、取り消せないものとなる。正しい人と不敬虔な者は、それぞれ最終的な場所へと送られる。判決を変えることができるという気配は全くない。イエスは最後の審判に関する教えを締めくくるにあたって、自身の左側にいる人々は「永遠の刑罰に入り、正しい人たちは永遠のいのちに入るのです」(マタイ25:46) と告げた。

4. 再臨とその結果が意味すること

再臨が意味することは、以下のとおりである。

1. 歴史はただ進んでいくのではなく、神の導きのもとで完成に至る。最後には神の目的が実現される。
2. 我々は信仰者として、主が確かに来られるのを待つべきであり、それを期待しつつ働くべきである。
3. 我々の地上のからだははるかに良いものへと変えられる。今我々が知っている不完全なものは消え、永遠のからだには痛みも病気も死もない。
4. 正義が行われるときが来ようとしている。悪は罰せられ、信仰と忠誠は報われる。
5. 再臨の確実さとそれに続くさばきの最終性を考えれば、神の御旨に従って生きることが絶対に必要である。

研究課題

- なぜ再臨の時は不明瞭なのか。
- 再臨はどのような特徴を有しているのか。またそれが重要性を帯びるのはなぜなのか。
- 旧約聖書と新約聖書のからだの復活に関する教えの違いはどのような点にあるか。
- 聖書によると、最後の審判において、正確に言えば何が起こるのか。
- 希望はないという世俗に見られる主張にどう答えるか。

第41章 千年期と患難時代についての見方

本章の目的

1. 終わりの時代に関連する、千年期についての三つの見解を明らかにし、説明する。
2. 三つの千年期諸説を分析・評価し、聖書の教えに一番近い見解を選ぶ。
3. 患難時代についての二つの見解を明らかにし、説明する。また、患難時代についての幾つかの調停的な立場を簡潔に論じる。
4. 患難時代についての諸見解を分析評価し、どれが聖書の教えに最も近いかを判断する。

本章のアウトライン

1. **千年期についての諸見解** 436
   (1) 千年期後再臨説 436
   (2) 千年期前再臨説 437
   (3) 無千年期説 440
   (4) 問題を解決する 442

2. **患難時代についての諸見解** 443
   (1) 患難期前再臨説 443
   (2) 患難期後再臨説 445
   (3) 調停的立場 447
   (4) 問題を解決する 448

本章の概要

　千年期（the millennium）とは、イエス・キリストの地上での支配を指す。世の終わりに関し、千年期については三つの見解が展開されてきた。無千年期説とは、キリストの地上支配はないという立場である。千年期後再臨説とは、千年期はキリストの再臨に先立っているとみなす。最後に、千年期前再臨説とは、千年期の直前に再臨があると主張する。千年期前再臨説は、患難時代と教会の役割についての論争も引き起こしてきた。患難期前再臨説を唱える者たちは、全世界に大患難が起こる前にキリストが教会を携挙されると信じている。それとは対照的に、患難期後再臨説に立つ者たちは、患難期の後にキリストは再臨されると主張する。

キリストの再臨と他の特定の出来事との年代的関係に関するかなりの論争が、長年にわたってキリスト教神学の中でなされてきた。この論争は特に、次の二つの主要な問いを含む。①千年期というイエス・キリストの地上支配はあるのか。もしあるとすれば、再臨が起こるのはその期間の前か後か。キリストの地上支配はないという見解は無千年期説（amillennialism）と呼ばれる。キリストの再来をもって千年期が始まるという教えは千年期前再臨説（premillennialism）、再臨が千年期を終結させるという考えは千年期後再臨説（postmillennialism）と呼ばれる。次に、②キリストは大患難の前に教会をこの世から取り去るために来るのか（患難期前再臨説［pretribulationism］）、それとも患難時代の後にだけ戻ってくるのか（患難期後再臨説［posttribulationism］）。この二つ目の問いは、おもに千年期前再臨説の中に見られる。千年期についてのそれぞれの見解、次に患難時代についての見解を順に検討する。

1. 千年期についての諸見解

(1) 千年期後再臨説

千年期後再臨説は、福音の宣教は成功するので、世界は回心するという信念に基づいている。キリストの統治、その領域は人間の心であるが、それはいずれ完全かつ普遍的なものとされる。「御国が来ますように。みこころが天で行われるように、地でも行われますように」という祈願が実現する。平和が広まり、悪は事実上なくなる。そして、福音が十分な効果をもたらしたとき、キリストが戻ってこられる。そうであるなら、千年期後再臨説は基本的に楽観主義的見解であるといえる。

それゆえ、教会が世界を勝ち取るという任務に成功しているように見えていた時期、千年期後再臨説は最も人気を博していた。

4世紀に、ティコニウスという人がこの見解を提案し、アウグスティヌスはティコニウスの見解を採用した。19世紀後半には特に人気が高かった。この時期は、社会的状況に進歩が見られただけでなく、世界宣教が非常に効果を発揮していた。したがって、まもなく世界中にキリストの福音が宣べ伝えられると考えてもおかしくなかった。

先に述べたように、福音は成功裏に広まるというのが千年期後再臨説のおもな主張である。この考えは聖書のいくつかの箇所に基づいている。たとえば旧約聖書では詩篇47、72、100篇、イザヤ45:22-25、ホセア2:23が、すべての国々が神を知るようになることを明らかにしている。さらに、イエスは何度か、福音は再臨の前に全世界に宣べ伝えられると言われた（たとえば、マタイ24:14）。大宣教令はキリストの権威によって実行されることになっている（マタイ28:18-20）から、必ず成功するはずである。福音が広まるという考え方には、たくさんの聴衆が回心するので、社会情勢の変容も含まれる。ある場合には、御国が広まっていくと信じる信仰が、何か世俗的な形態をとっていることがある。その結果、一人一人の回心よりも、社会の変革のほうが御国のしるしとみなされる。社会的変革を強調する点で、自由主義者は、千年期的見解をとる限りでは、普通、千年期後再臨説をとっていると言えたが、千年期後再臨説をとる者がすべて自由主義者であったわけではない。彼らの多くは、人類が再生された個人の集団となるという、前例のない数の回心を想像した[1]。

千年期後再臨説の考えでは、神の国は未来の天的領域というより、今ここにある現実として見られる（図7を見よ）。マタイ13章のイエスのたとえ話は、この王国の本質についての考え方を示している。御国はパン種のようなもので、ゆっくりと、しかし確実に全体に広がっていく。その成長は

---

[1] Charles Hodge, *Systematic Theology* (Grand Rapids: Eerdmans, 1952), 3: 800–812.

広範囲に及び（全世界に広がる）、強烈である（はっきりわかるようになる）。その成長は非常にゆっくりとしているので、千年期の始まりにはほとんど気づかない人もいる。成長は一定ではないかもしれない。実に御国は一連の危機を通して進むのかもしれない。千年期後再臨説をとる者たちは、福音が究極的に勝利すると信じているので、挫折と見えるものも受け入れることができる[2]。

図7　千年期後再臨説

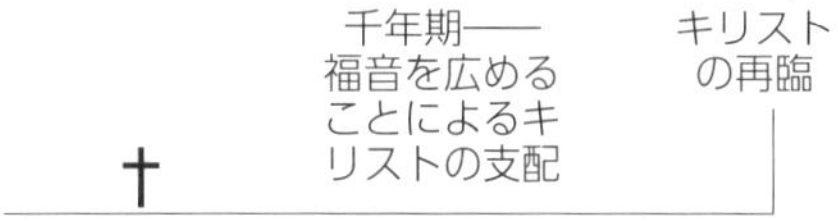

```
       千年期──              キリスト
       福音を広める            の再臨
       ことによるキ
  †    リストの支配
```

千年期後再臨説の見解では、千年期は長い年月にわたるものであるが、文字どおりに千年である必要はない。実際、千年期後再臨説による千年期の見方は、千年という期間と二つの復活に触れている黙示録20章ではなく、聖書の他の箇所を根拠とすることのほうが多い。御国が徐々にやって来るという考え方自体が、千年期の長さを計算することを難しくしている。要するに、千年期とは長引いた期間であり、その間キリストが、たとえ身体において不在でも、地上を支配するのである。千年期後再臨説を他の千年期の見解と区別する一つの根本的な特徴は、キリストの再臨の前の状況が悪くなるのではなく良くなる、と期待することである。したがって、それは基本的に楽観的な見方となる。したがって20世紀にはあまり当てはまっていない。千年期後再臨説に確信をいだいている者たちは、21世紀の悲惨な状況を御国の成長の中にある一時的な変動にすぎないとみなす。彼らは、我々が考えていたほど再臨は近くないのだ、と言う。しかし多くの神学者や牧師や一般信徒にとって、この議論に説得力はあまりない[3]。

(2) 千年期前再臨説

千年期前再臨説は、イエス・キリストによる地上支配は約千年間（あるいは少なくともかなりの期間）であるという概念を支持している。千年期後再臨説と違って千年期前再臨説では、キリストはそのときには肉体を伴って存在していると考える。人格的に目に見えるからだを伴って再臨し、千年期を始められると信じている。そうであるならば、千年期はまだこれから起こることと見なければならない（図8を見よ）。

千年期前再臨説は、おそらく教会の最初の3世紀には有力な千年期の見方であった。この時代の千年期説──「千」を表すギリシア語からとって「キリアズム」（chiliasm. 千年至福説）と呼ばれることが多い──の大部分には、どちらかというと官能的・快楽的な雰囲気があった。千年期は、偉大な繁栄と豊かさのとき、地の更新と栄光に輝くエルサレム建設のときとなるという[4]。中世に入ると千年期前再臨説はかなり珍しいものとなった。

図8　千年期前再臨説

19世紀の中ごろ、保守派の中で千年期前再臨説が流行し始めた。これは、自由主義者が千年期に関しては千年期後再臨説をとっており、自由主義に関するものは何でも

---

[2] Loraine Boettner, "Postmillennialism," in *The Meaning of the Millennium*, ed. Robert G. Clouse (Downers Grove, IL: InterVarsity, 1977), 120–21.

[3] Ibid., 132–33.

[4] A. J. Visser, "A Bird's-Eye View of Ancient Christian Eschatology," *Numen* 14 (1967): 10–11.

疑いの目をもって見る人たちが保守派の中にいたことが理由の一つである。聖書解釈や終末論においてディスペンセーション主義的な考え方が広まりつつあったことも、千年期前再臨説を後押しした。保守系バプテスト、ペンテコステのグループ、単立のファンダメンタリスト諸教会の間でかなりの支持を得ている。

千年期前再臨説にとって鍵となる聖句は黙示録20:4-6である。

> また私は多くの座を見た。それらの上に座っている者たちがいて、彼らにはさばきを行う権威が与えられた。また私は、イエスの証しと神のことばのゆえに首をはねられた人々のたましいを見た。彼らは獣もその像も拝まず、額にも手にも獣の刻印を受けていなかった。彼らは生き返って、キリストとともに千年の間、王として治めた。残りの死者は、千年が終わるまでは生き返らなかった。これが第一の復活である。この第一の復活にあずかる者は幸いな者、聖なる者である。この人々に対して、第二の死は何の力も持っていない。彼らは神とキリストの祭司となり、キリストとともに千年の間、王として治める。

千年期前再臨説をとる者たちは、千年という期間と、その最初と最後の二度の復活の証拠がここにあると見る。この箇所全体を文字どおりに、首尾一貫して解釈するべきであると主張する。両方の復活を指して同じ動詞エゼサン (*ezēsan*「生き返った」) が使われているので、二つは同じ種類のものに違いないと。無千年期説をとる者は、さらにいえば千年期後再臨説をとる者も、普通、二つは違った種類の復活であると言うことを強いられる。普通の解釈では、最初の復活は霊的な復活、つまり再生で、第二の復活は文字どおりの、肉体的、身体的復活であるという。つまり、第一の復活にあずかった者は第二の復活も経験することになる。しかし千年期前再臨説をとる者は、この解釈を支持できないものとして拒否する。ジョージ・ラッドは、エゼサンが5節でからだを伴う復活を意味するなら、4節でもからだを伴う復活を意味するはずである、もしそのように扱うことができないとしたら、「我々は釈義の原則の喪失に直面することになる5」と述べている。

もちろん、単語の意味は前後関係によって変わりうる。しかし、この場合、エゼサンは二回とも一緒に用いられており、ここにあるのは同じ種類の二つの復活であり、千年という期間を挟んで二つの異なるグループが関わっている。また、前後関係から、第一の復活にあずかる者たちは第二の復活には関わらないらしい。千年の終わりまでよみがえらないのは、「残りの死者」である。

千年期の性質がどのようなものかを観察することも大切である。千年期後再臨説をとる者は、千年期は徐々に、おそらくほとんど感知されずにやってくると考えるが、千年期前再臨説をとる者は突然の大変動が起こるものとして描いている。千年期前再臨説の見解では、イエス・キリストの支配は千年期の当初から完成している。悪は実質上除かれている。

そうすると、千年期前再臨説によると、千年期は世界の中ですでに働いている傾向の延長ではない。そうではなく、今経験している状況を激しく打ち破るものである。たとえば、そのとき世界平和が実現する。これは現在の状況とは大違いである。現在はほとんど世界平和など考えられず、進展は見られない。だがそのとき、世界的調和は人間のみに限られるのではない。「ともにうめき、ともに産みの苦しみをし」、贖われることを待ち望んできた自然は、堕落による呪いから解放される (ローマ8:19-23)。動物たちも互いに調和して暮らすよ

---

5 George E. Ladd, "Revelation 20 and the Millennium," *Review and Expositor* 57, no. 2 (April 1960): 169.

うになり（イザヤ11:6-7、65:25）、自然の破壊的な力は静められる。聖徒たちはキリストとともにこの千年期を治める。彼らの支配が正確にどのような性質のものであるかは説明されていないが、忠実さの報いとして、キリストのものである栄光に、キリストとともにあずかる。

千年期前再臨説をとる者はまた、千年期はそのすぐ前に来るもの、つまり大患難とは全く違うと主張する。患難時代は今までにない困難と混乱の時で、宇宙規模の騒乱と迫害、そして大きな苦しみがある。千年期前再臨説をとる者たちの間で、教会が患難時代に存在するかどうかに関しては意見が分かれているが、キリストが来て千年期を建て上げられる直前の世界が最悪の状態であるということに関しては一致している。千年期は対照的に平和と義の期間となる。

一つの特別な千年期前再臨説のアプローチであるディスペンセーション主義は、正統主義神学としては比較的新しいが、保守派の中での影響はかなりのものである。それゆえ、言及するに値する。ディスペンセーション主義とは、統合された解釈体系のことである。すなわち、一つ一つの特定の部分もしくは教義は、他の部分、もしくは教義と密接に関連している。したがって、終末論におけるさまざまな結論は、別の教義との連携の中ででき上がっている。

ディスペンセーション主義者には、自分たちの学説をまず何よりも聖書解釈の方法論であると考える傾向がある。その中核にあるのは、聖書は文字どおりに解釈されなければならないという確信である。これは、明らかに比喩を用いている箇所であっても文字どおりにとるべきということではなく、そのままで意味が通るなら、さらなる解釈を施すべきではないという意味である[6]。これは、部分的に、預言が全く文字どおりに解釈され、かなり細かいところまで解釈されることがしばしばあるということを意味する。具体的には、「イスラエル」は教会ではなく、国家ないし民族としてのイスラエルを指すと常に解釈される。

ディスペンセーション主義は神の言葉に一連の「ディスペンセーション」（dispensations. 摂理）、すなわち神がそのもとでこの世を管理している経綸（economies）、の証拠を見いだす。これらのディスペンセーションは、神がご自身の目的を啓示する際の連続的な段階である。それぞれが異なった救いの手段を伴うわけではない。救いの手段はいつの時代も同じである。すなわち、信仰を通して恵みによって救われるのである。ディスペンセーションの数に関しては意見が一致しないが、最も一般的な数は七つである。ディスペンセーション主義者の多くは、ある特定の聖書箇所がどのディスペンセーションに当てはまるかに気づくことが最も重要であると強調する。たとえば、千年期のために定められた教訓を用いて今の生活を管理しようとすべきではないということになる[7]。

また、伝統的なディスペンセーション主義者たちはイスラエルと教会との区別に大きな強調を置く。彼らの見解では、神はイスラエルと無条件の契約を結んだ。つまり、彼らに対する約束は、ある条件を満たすかどうかには左右されない。イスラエルは神の特別な民であり続け、終わりの日には神の祝福を受ける。民族的・国家的・政治的イスラエルは決して教会と混同されてはならない。また、イスラエルに与えられた約束を、教会に当てはまるもの、教会において成就されるものとみなしてはならない。両者は二つの別々の実体である[8]。いわば神は、イスラエルを主役とする神の取り扱いのドラマを中断しておられるのであるが、必ず未来のある時点でイスラエルを主役としたドラマを再開される。イスラエルに関してまだ成就されていない預言は、民族と

---

6 John Walvoord, "Dispensational Premillennialism," *Christianity Today*, September 15, 1958, 11–12.

7 Charles C. Ryrie, *Dispensationalism Today* (Chicago: Moody Press, 1965), 86–90.

8 Ibid., 132–55.

してのイスラエルそのものにおいて成就される。教会の中で成就されるのではない。事実、旧約聖書の預言では教会について触れられていない。教会は事実上、イスラエルを主役とする神のドラマ全体の中における、幕間の挿入のようなものである。そのとき、ディスペンセーション主義において千年期は特別な意味をもつ。神がイスラエルを主役とするドラマを再開するときには、それに先立って（患難期の直前）教会はこの世から取り去られる、つまり「携挙される」。したがって千年期は著しくユダヤ的な性格を帯びるものとなる。イスラエルに関して成就していない預言はすべてこのとき実現する。

(3) **無千年期説**

無千年期説とは、文字どおりには、千年期はない、キリストの地上支配はない、という考えである。再臨のすぐ後に最後の大審判が起こり、義人と悪人とは直接、最終的な状態に至る（図9を見よ）。無千年期説は今まで考察したどちらの見解よりも単純である。これを擁護する人たちは、千年期前再臨説はおもに一箇所、しかもあいまいな聖書箇所を根拠にしているが、自分たちの説は、終末に関するかなりはっきりとした多くの箇所を根拠に組み立てられていると主張する。

無千年期説は単純で、中心をなす教えも明快ではあるが、多くの点で把握しにくい。その理由の一部は、最も目立つ特徴が概して否定的なもので、肯定的な教えがいつも説明されているわけではないからである。何かを主張することで際だっているよりも、ときに千年期前再臨説を否定することで際だっているところがあった。また、無千年期説をとる者は黙示録20:4-6という非常に問題の多い箇所を取り扱う際、かなり多様な説明を持ち出す。そのため、これらの説明は基本的に同じ見解を反映しているのか、それとも終末論的かつ黙示的な文献に対してかなり違った理解を反映しているのか、

時々疑問を抱かせられる。最後に、無千年期説と千年期後再臨説は共通の特徴が多いため、いつも区別できるわけではない。実際、無千年期説と千年期後再臨説を区別するのに役立つ特定の課題に取り組んだことのないさまざまな神学者——その中にはアウグスティヌス、ジャン・カルヴァン、ベンジャミン・B・ウォーフィールドがいる——が、両方の陣営から、彼らが自分たちの先駆者であると主張されてきた。どちらの見解も、黙示録20章の「千年」は象徴的にとらえるべきだと信じている。両者ともしばしば、千年期とは教会の時代であるという。ただし、千年期後再臨説をとる者は無千年期説をとる者と違って、千年期にはキリストの地上支配があると主張する。

無千年期説を理解しようとする際の問題からいうならば、無千年期説の歴史をたどることが難しい。教会の歴史における、最初の19世紀間のほとんどで、千年期後再臨説と無千年期説は全く区別されなかったようである。20世紀に千年期後再臨説の人気が落ち始めると、無千年期説が次第に取って代わるようになった。千年期前再臨説のほうよりもずっと千年期後再臨説に近かったからである。したがって、無千年期説は第一次世界大戦以来、時代の人気を最も享受してきた。

無千年期説をとる者が黙示録20章を取り扱うとき、普通黙示録全体を視野に入れる。ヨハネの黙示録という書をいくつかの部分から成るものと見る。一番よくいわれるのは七つである。これらの部分は時間的期間を順番に扱っているのではなく、同じ期間、すなわちキリストの初臨と再臨の間の期間を要約したものである[9]。これらの部分のそれぞれにおいて、記者は同じテーマを取り上げて詳しく述べていると信じられている。もしそうだとすると、黙示録20章は教会の歴史の最後の期間だけを述べたものではなく、教会史全体に対する特別な見方と

---

9 Floyd Hamilton, *The Basis of Millennial Faith* (Grand Rapids: Eerdmans, 1942), 130–31.

いうことになる。

図9 無千年期説

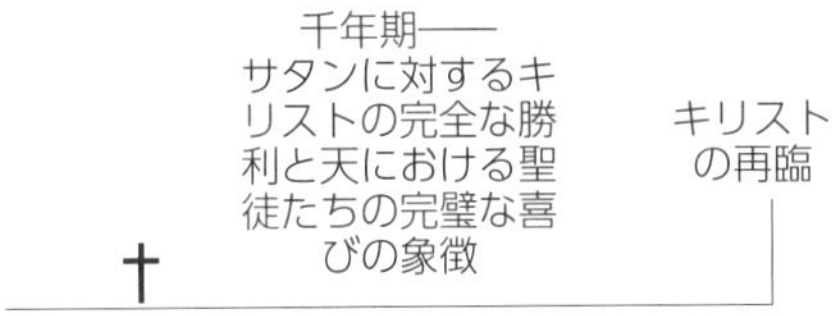

千年期──
サタンに対するキリストの完全な勝利と天における聖徒たちの完璧な喜びの象徴 ── キリストの再臨

　無千年期説をとる者は、ヨハネの黙示録が全体として非常に象徴的であることも我々に思い起こさせる。彼らは、最も熱狂的に千年期前再臨説を支持する者であっても、黙示録の中にあるすべてのものを文字どおりとることはしないという。たとえば、鉢や封印やラッパは普通象徴と解釈されている。無千年期説をとる者はこの原則を単純に拡大して、黙示録20章の「千年」も文字どおりではないかもしれないと主張する。さらに、千年期が聖書のここ以外では言及されていないことを指摘する[10]。

　ここで疑問が起こる。もし千年という数字を文字どおりにではなく象徴として解釈するなら、何を象徴しているのか。無千年期説をとる者で、ウォーフィールドによる次の解釈を用いる者は少なくない。「聖なる数字七は同様に聖なる数字三と組合して、聖なる完全の数字十を作り、そしてこの十が三乗されて千になるとき、預言者は、全くの完成という考えを我々の精神に伝えるために言えることはすべて言ったと述べている[11]」。そうすると、黙示録20章の「千年」への言及は完全または完成という考えを伝えていることになる。2節でその数字はキリストのサタンに対する勝利の完成を表す。4節では、現時点において贖われた者たちが天でもっている完全な栄光と喜びを示している[12]。

　しかしながら、無千年期説の釈義上の一番の問題は、千年ではなく二度の復活である。二度の復活について無千年期説にはさまざまな意見があるが、ただ一つ共通しているのは、二つの異なったグループに関係する、二つの肉体的復活のことをヨハネは語っている、という千年期前再臨説の主張を否定する点である。無千年期説による最も一般的な解釈によると、最初の復活は霊的なもの、二度目の復活はからだを伴うもの、あるいは肉体的なものである。このことをかなり詳しく論じた人はレイ・サマーズである。サマーズは黙示録20:6（「この第一の復活にあずかる者は幸いな者、聖なる者である。この人々に対して、第二の死は何の力も持っていない」）から、最初の復活は第二の死に対する勝利であるという結論を出す。終末論に関する議論では、第二の死は肉体的でなく霊的なものとみなすのが慣習であるから、最初の復活も霊的なものであるはずである。第一の死は、暗示されているだけで語られていないが、当然肉体の死でなければならない。もし第二の死が第一の復活と相互に関係づけられるように、第一の死が第二の復活と相互に関係づけられるべきであるなら、第二の復活は肉体的なものでなければならない。そうすると第一の復活とは新生である。第二の復活は、「復活」という言葉を使うとき普通考えている、からだを伴う、つまり肉体の復活である。第一の復活にあずかる人は皆、第二の復活にもあずかる。しかし第二の復活を経験する人が皆、第一の復活にあずかっているわけではない[13]。

　この見解に対する千年期前再臨説からの批判として最も一般的なものは、第一の復

---

[10] William Hendriksen, *More Than Conquerors* (Grand Rapids: Baker, 1939), 11-64; Anthony Hoekema, "Amillennialism," in *Meaning of the Millennium*, 156-59.

[11] Benjamin B. Warfield, "The Millennium and the Apocalypse," in *Biblical Doctrines* (New York: Oxford University Press, 1929), 654.

[12] W. J. Grier, "Christian Hope and the Millennium," *Christianity Today*, October 13, 1958, 19.

[13] Ray Summers, "Revelation 20: An Interpretation," *Review and Expositor* 57, no. 2 (April 1960): 176.

活を霊的なもの、第二の復活を肉体的なものととることは、同じ文脈の中で同一の用語エゼサンを違った意味に解釈していることになり矛盾する、というものである。無千年期説をとる者の中にはこの批判を受け入れて、二つの復活は同じ種類であるという立場を発展させようとしている者たちがいる。ジェイムズ・ヒューズはそのような見解を打ち立てた。彼は、第一の復活が霊的であったのと同様に、第二の復活も霊的であったという。20:5（「残りの死者は、千年が終わるまでは生き返らなかった」）から推論して、不正者は千年期の終わりに生き返ると推論する聖書注解者たちもいるが、ヒューズは問題の箇所を「彼らは千年の間、そしてその後も、生きていなかった」と解釈する。霊的に生き返ることは決してないが、このグループは二度目の死に苦しむ。キリストとともに治めるために正しい魂が昇天する第一の復活と違って、第二の復活は事実上仮説である。ただし、第一の復活と同様、本質的には霊的である。このようにヒューズは、二回登場するエゼサンに何とか一貫性をもたせた解釈を与える[14]。

無千年期説のもう一つの特徴は、預言、特に旧約の預言を、千年期前再臨説に見られるよりも一般化して考える点である。無千年期説をとる者は預言を未来主義的・字義的にではなく歴史的または象徴的に扱うことがしばしばである。通例のこととして、預言は、千年期前再臨説の思想においては重要視されているが、無千年期ではそれほど重要視されていない。

最後に、普通無千年期説は、千年期後再臨説に典型的に見られる楽観主義を示さないことを看取すべきである。福音の宣教は成功すると信じているかもしれないが、この点に関し大いなる成功は無千年期の学説には必要ない。文字どおりのキリストの支配、王が来る前の王国の到来は期待していないからである。これは、無千年期説が千年期前再臨説のように、再臨の前に状況が極端に悪化すると考えている、といっているのではない。それでも無千年期説の中に、そのような可能性を除外するものはない。また再臨に先立つ千年期がないので、主の再臨は近いのかもしれない。ただ、無千年期説をとる者たちは、千年期前再臨説の特徴としてよく挙げられる、再臨のしるしを熱心に探すというようなことをほとんどしない。

(4) 問題を解決する

これらの諸見解で意見に相違をきたす問題は大きく複雑であるが、詳しく分析するとかなり絞り込むことができる。この論述の中において、他の学問と同じようなことを気づかされる。それは、神学においても、すべての資料から裏づけられる決定的な一つの見解を見つけることは往々にして不可能なことである。そのような状況でなしうることは、ほかより少しでも問題の少ない見解を見つけることである。

千年期後再臨説の見解は今の時代では、19世紀の終わりや20世紀初めよりもあまり支持されていない。千年期後再臨説が福音宣教に関して楽観的であることは、やや不適切に思われる。世界には、キリスト教信仰を実践している人の人口比率が非常に少ない地域がある。さらに、従来のタイプのキリスト教の宣教活動に対し閉鎖的な国は少なくない。

千年期後再臨説を強く否定する聖書的根拠もある。イエスご自身が戻ってこられる前に悪がはびこり多くの人の信仰が冷えるというイエスの教えは、千年期後再臨説の楽観主義と鋭く対立するように思われる。また、キリストが肉体を伴う臨在なしに地上で支配するという明確な描写が聖書にないことも、この立場のもう一つの大きな弱点のように見える。

以上のことから、無千年期説と千年期前

---

[14] James A. Hughes, "Revelation 20: 4–6 and the Question of the Millennium," *Westminster Theological Journal* 35 (1973): 300.

第41章　千年期と患難時代についての見方

再臨説のどちらかを選択することが残る。問題は、千年期に関する聖書の言及ということになる。すなわち、それらの言及は、より単純な無千年期説の考え方ではなく、より複雑な千年期前再臨説の考え方を採用するための十分な根拠たりえるだろうか、ということである。千年期前再臨説を支持する考え方の全体はただ一つの聖書箇所に基づいているが、教理はただ一つの聖書箇所を基礎とするべきではない、と主張されることがある。しかし、ある見方が他の見解よりも特定の箇所をよりよく説明でき、両方の見解が聖書の残りの部分を同じくらいよく説明できるとしたら、前者の見方は後者よりも確かに適切であると判断されるべきである。

ここで注目すべきことは、千年期前再臨説が対処できない聖書箇所はない、つまり適切に説明できない聖書箇所はないという点である。一方、二つの復活への言及（黙示録20章）が無千年期説に困難をもたらすことはすでに見た。ここで取り上げたような、二つの違った種類の復活または二つの霊的復活という無千年期説の説明は、通常の解釈学の原則を曲げている。

また千年期前再臨説の解釈は、一つの聖書箇所だけに基づいているのでもない。この箇所を暗示するものが、いくつかの場所に見られる。たとえばパウロは、「アダムにあってすべての人が死んでいるように、キリストにあってすべての人が生かされるのです。しかし、それぞれに順序があります。まず初穂であるキリスト、次にその来臨のときにキリストに属している人たちです。それから終わりが来ます。そのとき、キリストはあらゆる支配と、あらゆる権威、権力を滅ぼし、王国を父である神に渡されます」（Ⅰコリント15：22-24）と書いている。パウロはここで「それから」と訳される副詞（エペイタ [epeita] とエイタ [eita]）を使っているが、それらは時間的順序を示している。同時に起こる出来事を示すトテ（tote）という副詞も使えたが、

そうしなかった[15]。また、二つの復活についてはっきり述べているのは黙示録20章のみであるが、他の箇所で、選ばれたグループの復活（ルカ14：14、20：35、Ⅰコリント15：23、ピリピ3：11、Ⅰテサロニケ4：16）、あるいは二段階の復活（ダニエル12：2、ヨハネ5：29）がほのめかされていることに気づくべきである。したがって、無千年期説より千年期前再臨説の見解がより適切な解釈であると我々は判断する。

2. 患難時代についての諸見解

もう一つの問題は、大患難として知られる複雑な出来事へのキリストの再臨の関係である。理論上、千年期前再臨説をとる者はみな、キリストが来られるのに先立って七年間（この数字は文字どおりにとる必要はない）の大きな騒乱があると主張している。問題は、別の来臨があって、大患難に先立って教会がこの世から取り去られるのか、それとも教会は患難時代を通ってその後初めて主と結び合わされるのか、である。キリストが患難時代に先立って教会をご自身のもとへ連れていかれるという見解は患難期前再臨説と呼ばれる。患難時代の後に教会を連れていかれるという見解は患難期後再臨説と呼ばれる。これらを調停する立場もいくつかあるが、この章の結論のところで簡単に触れることにする。実際には、これらの違いは千年期前再臨説をとる者たちだけが引き起こすものである。千年期前再臨説をとる者には、千年期後再臨説や無千年期説の擁護者たち以上に、終わりの時に関して細かいところまで注意を向ける傾向がある。

(1) 患難期前再臨説

患難期前再臨説をとる人たちは、他の立

---

[15] Joseph H. Thayer, *Greek-English Lexicon of the New Testament* (Edinburgh: T & T Clark, 1955), 188, 231, 629.

場と明確に区別される独特の考え方をしている。その第一は患難時代の性質に関してである。それはまさに"大きな"患難で、歴史の中でこれに比べられるものはない。これは移行の期間であり、異邦人に対する幕間の神のドラマが終わり、千年期とその中で起こるいろいろな出来事が準備される。患難時代はどのような意味においても、信仰者を訓練したり教会をきよめたりするときであると理解されるべきではない。

患難期前再臨説の二つ目の大事な思想は、教会の携挙である。それによると、キリストは大患難の始まりに(実際にはその直前に)来て、この世から教会を取り去られる。この来臨はある意味で秘密である。信仰のない者の目はそれに気づかない。携挙はⅠテサロニケ4:17に描かれている。「それから、生き残っている私たちが、彼ら[キリストにある死者]と一緒に雲に包まれて引き上げられ、空中で主と会うのです。こうして私たちは、いつまでも主とともにいることになります」。キリストは携挙の際、患難時代の終わりに教会と一緒に来臨するときとは異なり、地上まで完全に降臨されることはないということに注目すべきである(図10を見よ)[16]。

そうすると、患難期前再臨説は、キリストは二段階で来られると主張していることになる。あるいは二度来臨されると言うことさえできる。また、復活は三つあることになる。第一は携挙のときの義なる死者の復活である。そのときに生きている信仰者たちが死んでいる人々に優先することはないとパウロが教えているからである。それから患難時代の最後に、患難時代に死んだ聖徒たちの復活がある。最後に、千年期の終わりに、信じなかった者たちの復活がある[17]。

以上のすべてが、患難時代には教会が存在しないことを意味する。パウロがテサロニケの人々に、信じない人々の上に神が注がれる怒りを経験することはないと約束しているので、我々も救出を期待することができる。すなわち、「神は、私たちが御怒りを受けるようにではなく、主イエス・キリストによる救いを得るように定めてくださったから」(Ⅰテサロニケ5:9)であり、イエスは「やがて来る御怒りから私たちを救い出してくださる」(Ⅰテサロニケ1:10)のである。

図10　患難期前再臨説

キリストの再臨(教会のために)		キリストの再臨(教会とともに)	
†	患難期		千年期

ところが、マタイ24章には、選ばれた者の中には患難時代に存在する者がいるという言及があるが、どういうことなのか。弟子たちが、イエスの来臨と世の終わりにはどんな前兆があるのかと尋ねた(24:3。参照使徒1:6)。これはユダヤ人たちを対象にして語られた講話である。したがって、イエスのここでの議論は、おもにイスラエルの未来に関係している。福音書が「教会」とか「キリストのからだ」またはそれに類した表現ではなく、一般的な「選ばれた者」という用語を使っていることには意味がある。患難時代に存在するのは教会ではなく選民ユダヤ人なのである。イスラエルと教会というこの区別は患難期前再臨説の決定的で重要な部分であり、ディスペンセーション主義と近い関係がある。患難時代を、神が主として教会を取り扱う時代から、そもそもの選民、つまりイスラエル民族と

---

16 John F. Walvoord, *The Rapture Question* (Findlay, OH: Dunham, 1957), 101, 198.

17 Charles L. Feinberg, *Premillennialism or Amillennialism? The Premillennial and Amillennial Systems of Interpretation Analyzed and Compared* (Grand Rapids: Zondervan, 1936), 146.

の関係を再び確立する時代への転換の時と見ている[18]。

最後に、患難期前再臨説においては、主の来臨の切迫性が際だっている[19]。主の来臨は患難時代に先立つのであるから、携挙の前に成就するものは何もない。いつでも、次のどの瞬間にも、キリストが教会のために来られることがありうる。

イエスは、ご自身が戻ってくるときを知らないのだから注意しているようにと聴衆を促された（マタイ25:13）。十人の娘のたとえ話はこのメッセージを伝えるものである。ちょうどノアの時代のように、前兆となるどのようなしるしもない（マタイ24:36-39）。主が来られるのは夜の泥棒のようであり（マタイ24:43）、あるいは、思いがけないときに帰ってくる主人のようである（マタイ24:45-51）。突然の分離がある。そのとき、二人の男が畑で働いており、二人の女が臼を引いているであろう。どちらの場合も、一人は取られ、一人は残される。携挙をこれ以上明らかに描写することはできない。いつでも携挙は起こりうるのだから、注意深く熱心な活動こそがふさわしい[20]。

ほかにもキリストの来臨が切迫していると信じさせる根拠がある。次に生起する大きな出来事がキリストの再臨である場合にのみ、教会は祝福された望みをもつことができる（テトス2:13）。もし終末に起きる次の出来事が、反キリストと大患難となっているのなら、パウロは教会に、苦しみ・迫害・苦悩を予期せよと言ったであろう。しかしそうではなく、キリストの来臨という事実によって慰め合うようにとテサロニケの人々に教えている（Ⅰテサロニケ4:18）。教会が希望をいだいて待ち望んでいる次に起こる出来事とは、それは教会のためにキリストが来られるということである。だから、いつ起ころうともそれを妨げるものはない[21]。

最後に、患難期前再臨説は、少なくとも二つの審判があるという立場をとる。教会は携挙のときにさばかれ、忠実さに対する報酬を渡される。ただし、千年期の終わりに羊とやぎが分けられるとき、それには関わらない。教会の地位はすでにゆるぎないものとなっているという。

(2) 患難期後再臨説

患難期後再臨説をとる人たちは、大患難が終わるまで、キリストが教会のために来られることはないと主張する（図11を見よ）。

図11　患難期後再臨説

	キリストの再臨	
†	患難期	千年期

「携挙」という用語を使うことを避ける。なぜなら、①それは聖書に出てくる表現ではなく、②教会が患難時代から逃れる、または助け出されることを示唆しており、そのような考えは患難期後再臨説の本質に反するからである。

患難期後再臨説の第一の特徴は、終末の出来事の解釈が、患難期前再臨説に見られるほど文字どおりではないことである[22]。たとえば患難期前再臨説をとる人たちは、ダニエル9:27のシャブア（*shabua'*「週」）という単語を、大患難の期間が文字どおり七年間であることを示すものととるが、患

---

[18] E. Schuyler English, *Re-thinking the Rapture: An Examination of What the Scriptures Teach as to the Time of the Translation of the Church in Relation to the Tribulation* (Neptune, NJ: Loizeaux, 1954), 100–101.

[19] Walvoord, *Rapture Question*, 75–82.

[20] Gordon Lewis, "Biblical Evidence for Pretribulationism," *Bibliotheca Sacra* 125 (1968): 216–26.

[21] John F. Walvoord, *The Return of the Lord* (Findlay, OH: Dunham, 1955), 51.

[22] George E. Ladd, "Historic Premillennialism," in *Meaning of the Millennium*, 18–27.

難期後再臨説をとる人のほとんどは、患難がかなりの期間続くとだけ主張する。同様に、患難期前再臨説をとる人は一般に、千年期に対して具体的な考えをもっており、実際に、千年期はキリストの足が文字どおりオリーブ山の上に立ったとき始まるべきである（ゼカリヤ14:4）という。患難期後再臨説による千年期の理解は、それよりはるかに一般化されており、たとえば千年期は必ずしも千年の長さとは限らない。

患難期後再臨説によると、教会は大患難の間も存在し、大患難を経験する。マタイ24章の「選ばれた者（elect）」という用語は（患難時代の後、天使たちは選ばれた者たちを集める。29-31節）、聖書の他の箇所での使われ方を考慮して理解されるべきで、そこでは「信仰者」を意味している。ペンテコステ以来、「選ばれた者」という語は教会を指している。主は患難期の間、教会を患難のただ中で保護されるのであって、患難から取り去られるのではない。

患難期後再臨説をとる人たちは、神の怒りと患難とを区別する。一方で神の怒りは、聖書の中で悪者の上に下るものと語られている。「御子に聞き従わない者はいのちを見ることがなく、神の怒りがその上にとどまる」（ヨハネ3:36。ローマ1:18、Ⅱテサロニケ1:8、黙示録6:16-17、14:10、16:19、19:15も見よ）と。他方、信仰者は神の怒りを経験しないことになる。「私たちが、御子のいのちによって救われる」（ローマ5:9。Ⅰテサロニケ1:10、5:9も見よ）[23]。ただし、聖書は、信仰者が患難を経験することを明らかにしている（マタイ24:9、21、29、マルコ13:19、24、黙示録7:14）。これは神の怒りではなく、神の民に対する悪魔と反キリストと悪者の怒りである[24]。

患難は、あらゆる時代を通して教会が経験してきたことであった。イエスは「世にあっては苦難があります」（ヨハネ16:33）と言われた。他に重要な言及は使徒14:22、ローマ5:3、Ⅰテサロニケ3:3、Ⅰヨハネ2:18、22、4:3、Ⅱヨハネ7節である。患難期後再臨説をとる人たちは、一般の患難と大患難との区別を否定はしないが、その違いは程度の違いのみであって種類の違いではないと信じている。教会はその歴史を通して患難を体験してきたのだから、大患難をも経験するとしても驚くには当たらない。

患難期後再臨説をとる人たちは、信仰者がやがて起ころうとしている困難から逃れる、または守られると聖書に書かれていることを認めている。たとえば、ルカ21:36でイエスは「必ず起こるこれらすべてのことから逃れて、人の子の前に立つことができるように、いつも目を覚まして祈っていなさい」と弟子たちに命じている。ここで使われている単語はエクフューゴー（ekpheugō）で、「……のまっただ中から逃れ出る」という意味である。同じような言及が黙示録3:10に見られる。そこで患難期後再臨説をとる人たちは、次のように論じる。教会は患難のまっただ中で守られるのてあって、患難を免れるのではない[25]。この点に関しては、エジプトに疫病（えきびょう）が下っていた間のイスラエル人たちの経験を思い出す。

患難期後再臨説をとる人たちはまた、パウロがⅠテサロニケ4:17で我々が空中で主と会うと語っているところを違う仕方で理解している。患難期前再臨説をとる人たちは、この出来事は携挙であると主張する。キリストは教会"のために"ひそかに来られて、信仰者をご自身と一緒に雲の中に引き上げ、患難時代が終わるまで天に連れていかれると。しかし、ジョージ・ラッドのような患難期後再臨説をとる人たちは、聖書の他の箇所での「会う」（アパンテーシス [apantēsis]）という用語の使われ方から、

---

23 George E. Ladd, *The Blessed Hope* (Grand Rapids: Eerdmans, 1956), 122; Robert H. Gundry, *The Church and the Tribulation* (Grand Rapids: Zondervan, 1973), 48-49.

24 Gundry, *Church and the Tribulation*, 49.

25 Ibid., 55.

第41章　千年期と患難時代についての見方

それに賛成しない。聖書でこの単語が確実に出てくるのはほかに二回だけである（マタイ27:32はテキスト上疑わしい）。その言及のうち一つは、賢い娘と愚かな娘のたとえ話の中にあり、それは明らかに終末論的なたとえ話である。花婿が来ると、「そら、花婿だ。会い［アパンテーシス］に出て来よ」（マタイ25:6［NIV 訳注］）という知らせがなされた。この状況で、この単語は何を意味するのか。娘たちは花婿に会いに出て行って、花婿と一緒に出発したのではない。むしろ会いに出て行って、一緒に婚宴に戻って来るのである。もう一つの箇所（使徒28:15）は、終末論的ではない史実を述べた記述の中にある。パウロとその一行はローマにやって来るところであった。ローマにいる信仰者のグループが、彼らが近くまで来ていると聞いてアピイ・フォルムとトレス・タベルネまで会い（アパンテーシス）に出て行った。これがパウロを勇気づけ、それから一行はパウロとともに旅を続けローマに戻った。以上の用法をもとにラッドは、アパンテーシスという単語は、誰かに会うために途中まで出て行き、その人たちに同行して、出発した所に戻る、歓迎のための一行を示唆していると論じる。したがって我々が主と空中で会うというのは、さらって行かれるのではなく、主と会ったら直ちに、意気揚々と側近の一部として主と共に地上に戻ることである。会って方向を変えるのは教会であって主ではない[26]。

患難期後再臨説をとる人たちは、患難期前再臨説をとる人たちほど終末の事柄を複雑に理解していない。たとえば、患難期後再臨説では再臨は一回だけである。キリストが教会のために来られることと、患難時代の終わりとに間があいていないので、もう一度信仰者を復活させる必要がない。復活は二つしかない。①患難時代が終わって千年期が始まるときの信仰者の復活と、②千年期が終わるときの不敬虔な者の復活である。

患難期後再臨説をとる人たちは、終わりのときの複雑な出来事を基本的に単一のものと見る。この複雑な出来事は切迫していると信じているが、ただし、その到来がいつでも起こりうるという意味で切迫しているとは普通考えない。彼らは来臨を「近い将来起こる（impending）」こととして語るほうを好む[27]。彼らの祝福された望みとは、信仰者が大患難の前に地上から取り去られるという期待ではなく、たとえ何が起こっても主は必ず信仰者を保護し守ってくださるという確信である[28]。

(3) 調停的立場

患難期前再臨説にも患難期後再臨説にも困難が付随しているので、多くの調停的立場が作り出された。主な三つの説が注目されているかもしれない。一番受け入れられているのが、患難期中間ととる見解（the midtribulational view）である。この立場では、教会は患難時代のあまりひどくない部分（通常前半分、すなわち三年半）を通るが、それからこの世から取り去られる[29]。この見解に立つ学説では、教会は患難時代を経験するが、神の怒りが注がれる前に取り去られる、という（図12を見よ）。二つ目の種類の調停的立場は、部分的携挙という見解である。この立場では、連続して数回の携挙が起こる。ある人数の信仰者の準備ができるといつでも、地上から取り去られる[30]。三つ目の調停的立場は、切迫的患

---

26 Ladd, *Blessed Hope*, 58–59.

27 Gundry, *Church and the Tribulation*, 29–43.

28 Ladd, *Blessed Hope*, 13.

29 James Oliver Buswell Jr., *A Systematic Theology of the Christian Religion* (Grand Rapids: Zondervan, 1962–63), 2: 445–57; Norman B. Harrison, *The End: Rethinking the Revelation* (Minneapolis: Harrison, 1941), 118.

30 Robert Govett, *The Saints' Rapture to the Presence of the Lord Jesus* (London: Nisbet, 1852), 126–28; George H. Lang, *The Revelation of Jesus Christ: Select Studies* (London: Oliphant, 1945), 88–89.

難期後再臨説である。キリストの来臨は患難期後まで起こらないが、患難時代はすでに始まっている可能性があるので、いつ再臨してもおかしくないと考える[31]。以上の調停的立場はどれもあまり多くの支持者を得たことがなく、特に最近はそうである。したがって本書では詳細に扱うことをしない[32]。

図12　患難期中間ととる見解

(4) 問題を解決する

考慮すべき事柄をすべて評価すると、患難期後再臨説の立場が最も可能性が高いものと思える理由がいくつかある。

1. 患難期前再臨という立場では、かなり作為的で聖書の裏づけを欠くと思われる区別がいくつもなされる。再臨を二段階に分けること、三つの復活を想定すること、イスラエル民族と教会をはっきりと区別すること等は、聖書の釈義上支持することが難しい。イスラエル民族に関する預言は教会と関係なく成就され、したがって千年期は明確にユダヤ的性格をもつ、という患難期前再臨的見解は、新しい契約の導入で起こった根本的な変化を描く聖書の記述と簡単に調和させることができない。

2. いくつかの、特に終末について書かれている聖書箇所は、患難期後再臨説の立場から解釈したほうがよい。そういった箇所には、患難時代に選ばれた人々が存在する（マタイ24:29-31）が、激しい患難からは守られる（黙示録3:10）ことを示すものや、キリストの現れに伴う現象の記述、空中で主と会うことへの言及（Ⅰテサロニケ4:17）が含まれる。

3. 聖書の教えの全般的な趣旨は患難期後再臨説の見解のほうにより適合する。たとえば、聖書には信仰者は試練や試みを経験するという警告がたくさんある。これらの患難から取り去られるという約束はない。しかし、それらに耐え、打ち勝つ力が約束されている。

> 聖書には、患難から取り去られるという約束はないが、それらに耐え、打ち勝つ力が約束されている。

以上のことは、患難期後再臨説の立場に全く問題がないといっているのではない。たとえば、患難期後再臨説には、千年期の神学的理由づけが相対的に乏しい。千年期は何か余分なもののようにも見える[33]。しかし、全体として、証言をはかりにかけてみると、患難期後再臨説が有力に見える。

研究課題

- キリスト教の神学において、終わりの時に関し三つの千年期の見解が展開してきた。それらはどのようなものであり、どう違うのか。
- 終わりの時代に関する千年期前再臨説の見解を裏づけるために、どのような証拠が見つかるか。
- 千年期前再臨説の患難期についての見解をどのように比較対照するか。
- 患難期後再臨説のどのような特徴が他の

---

[31] J. Barton Payne, *The Imminent Appearing of Christ* (Grand Rapids: Eerdmans, 1962).

[32] これらの立場のさらに綿密な吟味は、Millard J. Erickson, *A Basic Guide to Eschatology: Making Sense of the Millennium* (Grand Rapids: Baker, 1998), 163–81 を見よ。

[33] しかし George E. Ladd, "The Revelation of Christ's Glory," *Christianity Today*, September 1, 1958, 14 を見よ。

見解よりも魅力的なものにしているのか。
- あなたはどのようにして千年期の見解に対するあなた自身のアプローチを説明するか。

第42章 最終の状態

本章の目的

1. 聖書の中で明らかに啓示されてきた、二つの最終的な人間の状態を認識し、説明する。
2. 義人の最終の状態との関係で、天について明らかにし、定義する。
3. 未来の審判における刑罰について明らかにし、定義する。
4. 最終状態に関する教理が与える衝撃と、それがキリスト者の現在の生活にどのように関わるのかを認識し、理解する。

本章の概要

個々の人間の将来の永遠の状態は、この現在の生活の中で下された決心によって決定される。義人には、主の臨在の中での永遠のいのちが結果となる。悪人には、神の御前からの追放という永遠の刑罰が結末となる。義人と悪人双方に対するさばきには、報酬また刑罰における程度差も含まれる。

本章のアウトライン

1. **義人の最終の状態** 451
   (1) 「天」という用語 451
   (2) 天の本質 451
   (3) 天における生活 —— 安息、礼拝、奉仕 452
   (4) 天に関する争点 453

2. **悪人の最終の状態** 455
   (1) 未来の審判の最終性 456
   (2) 未来の刑罰の永遠性 458
   (3) 刑罰の程度 459

3. **最終の状態に関する教理が意味すること** 460

第42章 最終の状態

最終の状態について語る場合、ある意味で個人的終末論についての議論に戻る。最後の審判で個々人が、未来永劫（みらいえいごう）経験する特定の状態に引き渡されることになるからである。それでも、人類全体が同時にそして集合的にそれらの状態に入ることになるので、実は全体的な、いや宇宙規模の終末論についての疑問にも取り組むことになる。

1. 義人の最終の状態

(1)「天」という用語

義人の未来の状態を表す言い方は、さまざまある。もちろん、最も一般的なのは「天」である。「天」に関するヘブル語とギリシア語の言葉（シャーマイム [shamayim] とウーラノス [ouranos]）は、聖書の中で基本的に三つの違った意味で使われている。まず第一は宇宙論的な意味である[1]。「天と地」という表現が宇宙全体を表すのに使われる。創造の記事の中に、「はじめに神が天と地を創造された」（創世1:1）とある。第二に、「天」は事実上、神の同義語である[2]。例としては、「私は天に対して罪を犯し、あなたの前に罪ある者です」（ルカ15:18、21）という放蕩息子の父に対する告白があげられる。

「天」の三つ目の意味で、本書の目的にとって最も意義があるものが、神の住まいという意味である[3]。それゆえ、イエスは弟子たちに「天にいます私たちの父よ」（マタイ6:9）と祈るように教えた。イエスはよく「天におられるあなたがたの父」（マタイ5:16、45、6:1、7:11、18:14）と「天におられるわたしの父」（マタイ7:21、10:32、33、12:50、16:17、18:10、19）について語った。イエスは天から来たと言われている（ヨハネ3:13、31、6:42、51）[4]。天使は天から来て（マタイ28:2、ルカ22:43）、天に戻る（ルカ2:15）。彼らは天に住み（マルコ13:32）そこで神を見（マタイ18:10）、父の御旨を完全に実行する（マタイ6:10）。また天の軍勢とも呼ばれている（ルカ2:13）。

キリストの姿が現されるのは天からである（Ⅰテサロニケ1:10、4:16、Ⅱテサロニケ1:7）。キリストは信仰者に永遠の住まいを用意するため、天へと去った（ヨハネ14:2-3）。天は神の住まいであるので、信仰者が永遠にいる所であることは明白である。したがって信仰者は天への備えをするべきである。「自分のために、地上に宝を蓄えるのはやめなさい。そこでは虫やさびで傷物になり、盗人が壁に穴を開けて盗みます。自分のために、天に宝を蓄えなさい。そこでは虫やさびで傷物になることはなく、盗人が壁に穴を開けて盗むこともありません」（マタイ6:19-20）。

(2) 天の本質

時折、特に世間一般の説明では、天国は主に非常な程度での身体的快楽の場所、そこは我々が地上で最も望んでいるすべてが究極の程度まで満たされる場所として描かれる。そこで、天は単に地上的（世的でさえある）状態を増幅したにすぎないものに見える。しかし、正しい見方は、天の基本的な性質を神の臨在として見ることであり、そこから天のすべての祝福がもたらされる。

神の臨在とは、我々が神を完全に知るようになることを意味する。パウロは、今は「私たちが知るのは一部分、預言するのも一部分であり、完全なものが現れたら、部

---

1 Helmut Traub, "οὐρανός," in *Theological Dictionary of the New Testament*, ed. Gerhard Friedrich, trans. and ed. Geoffrey W. Bromiley (Grand Rapids: Eerdmans, 1967), 5:514-20.

2 Ibid., 5:521-22.

3 Francis Brown, S. R. Driver, and Charles A. Briggs, *Hebrew and English Lexicon of the Old Testament* (New York: Oxford University Press, 1955), 1030.

4 Leon Morris, *The Lord from Heaven* (Grand Rapids: Eerdmans, 1958), 26-29（L・モリス『天よりの主イエス』井戸垣彰訳、聖書図書刊行会、1964年）。

分的なものはすたれるのです。……今、私たちは鏡にぼんやり映るものを見ていますが、そのときには顔と顔を合わせて見ることになります。今、私は一部分しか知りませんが、そのときには、私が完全に知られているのと同じように、私も完全に知ることになります」（Ⅰコリント13:9-12）と注釈している。我々は初めて、神と直にまみえ、神を知ることになる（Ⅰヨハネ3:2）。

また天には、すべての悪が取り去られるという特徴もある。神はご自身の民とともにいて、「彼らの目から涙をことごとくぬぐい取ってくださる。もはや死はなく、悲しみも、叫び声も、苦しみもない。以前のものが過ぎ去ったからである」（黙示録21:4）。我々に罪を犯させようとする悪の源泉もまた消えてしまう。「彼らを惑わした悪魔は火と硫黄の池に投げ込まれた。そこには獣も偽預言者もいる。彼らは昼も夜も、世々限りなく苦しみを受ける」（黙示録20:10）。完全に聖い神としみのない子羊との臨在は、いかなる種類の罪も悪もなくなることを意味する。

> 天の基本的性質は神の臨在である。我々の天における生活は、安息、礼拝、奉仕から成る。

栄光は神の本性そのものなので、天は偉大な栄光の場となる[5]。イエスの誕生の知らせには、以下のような言葉が伴った。

いと高き天[6]で、
　栄光が神にあるように。
地の上で、平和が

みこころにかなう人々にあるように。
（ルカ2:14〔ＮＩＶ訳注〕）

キリストの再臨は大いなる栄光のうちにあり（マタイ24:30）、そしてキリストは栄光の座に着く（マタイ25:31）。はかり知れない広大さや輝く光を示唆するイメージは、想像を絶する素晴らしさ、偉大さ、卓越性、そして美の場所としての天国を描き出している。神のもとを出て天から下ってくる新しいエルサレムは純金（通りまでも純金）でできていて、高価な宝石で飾られているものとして描かれている（黙示録21:18-21）。ヨハネの幻は、最も価値があり最も美しいと考えられるものを隠喩として使っているが、天の実際の壮麗さは、おそらく我々の今までの経験をはるかに超えているもののように思われる。新しいエルサレムを照らす太陽も月も必要ない。「神の栄光が都を照らし、子羊が都の明かりだからである」（黙示録21:23。22:5も見よ）。

⑶ **天における生活** ── 安息、礼拝、奉仕

天での贖われた人々の活動についてはほとんど語られていないが、我々の将来の存在がどうなるのかについて、かすかに見えるものがある。我々の天での生活の特質の一つは安息である[7]。安息とは、ヘブル人への手紙で使われる用語としては、単なる活動の中止ではなく、非常に大事な目標に達する体験である。それで、約束の地という「安息」（ヘブル3:11、18）に至る途中の荒野の巡礼のことが何度も語られている。信仰者にも同じような安息が待っている（ヘブル4:9-11）。そうであるなら天とは、キリスト者の巡礼の完成、肉と世と悪魔と

---

[5] Bernard Ramm, *Them He Glorified: A Systematic Study of the Doctrine of Glorification* (Grand Rapids: Eerdmans, 1963), 104–15.

[6] ここのギリシア語本文にウーラノス（*ouranos*）という語は、実際には出てこない（新改訳2017では「いと高き天」は「いと高き所」と訳されている──訳注）。

[7] ここでは、天における生活は人格的、意識的、個別的な実在となると仮定しており、聖書における言及すべてはそのことを前提としているように見える。我々の未来の存在は神の記憶の中にのみ生きるものとなるという見解については David L. Edwards, *The Last Things Now* (London: SCM, 1969), 88–91 を見よ。

の戦いの終わりである。天で行うべき働きはあるが、敵対する勢力に対する戦いは含まれない。

天での生活のもう一つの側面は礼拝である[8]。それを生き生きと描いたものが黙示録19章にある。

> その後、私は、大群衆の大きな声のようなものが、天でこう言うのを聞いた。
> 「ハレルヤ。
> 救いと栄光と力は私たちの神のもの。
> 神のさばきは真実で正しいからである。
> 神は、淫行で地を腐敗させた
> 　大淫婦をさばき、
> ご自分のしもべたちの血の報復を
> 　彼女にされた。」
> もう一度、彼らは言った。
> 「ハレルヤ。
> 彼女が焼かれる煙は、
> 　世々限りなく立ち上る。」
> すると、二十四人の長老たちと四つの生き物はひれ伏して、御座に着いておられる神を礼拝して言った。
> 　「アーメン。ハレルヤ。」　　　（1-4節）

すると御座からの声が、大群衆に神を賛美せよと勧め（5節）、彼らはそのようにした（6-8節）。

天には明らかに奉仕の要素もある[9]。イエスがヨルダンの向こうのユダヤ地方にいたとき、弟子たちに、彼らはイエスとともにさばきをすると言った。「まことに、あなたがたに言います。人の子がその栄光の座に着くとき、その新しい世界で、わたしに従って来たあなたがたも十二の座に着いて、イスラエルの十二の部族を治めます」（マタイ19:28。ルカ22:28-30も見よ）。マタイ25:14-30の管理人のたとえ話では、忠実な働きに対する報酬は、働きのための、より大きな機会の提供である。このたとえ話は終末論的背景の中で話されているので、この地上でなされた忠実な働きの報酬が天での働きであることを示唆しているのではないか。黙示録22:3は、子羊は「そのしもべたち」〔直訳　訳注〕によって礼拝されると述べている。

また、天には信仰者の間にある種の共同体、または交わりがあることも示唆されている。「しかし、あなたがたが近づいているのは、シオンの山、生ける神の都である天上のエルサレム……天に登録されている長子たちの教会、すべての人のさばき主である神、完全な者とされた義人たちの霊、さらに、新しい契約の仲介者イエス……です」（ヘブル12:22-24）。また「完全な者とされた義人たちの霊」への言及にも注目すべきである。すなわち、天は霊性が完成される場所なのである[10]。

(4) 天に関する争点

天に関して議論される問いの一つが、天とは場所なのか状態なのか、である。一方で、天の第一の特徴が神との親しさと交わりであることと、神は純粋に霊であること（ヨハネ4:24）に注目すべきである。空間は我々の宇宙の特徴であるが、神は空間を占めないので、天は場所というより状態、霊的状況であるように思われる[11]。その一方で、我々はある種のからだ（「霊的からだ」ではあるが）を持つことになり、イエスもおそらく栄光のからだを持ち続けている。これは、場所を必要とすると思われる要素である。加えて、天と地が並行して言及されている箇所から、地と同じく天も当然場所であると考えられる。こういった言及で最も慣れ親しまれているのが、次の箇所である。

---

8 Ulrich Simon, *Heaven in the Christian Tradition* (New York: Harper, 1958), 236.

9 Morton Kelsey, *Afterlife: The Other Side of Dying* (New York: Paulist, 1979), 182-83.

10 J. A. Motyer, *After Death: A Sure and Certain Hope?* (Philadelphia: Westminster, 1965), 74–76.

11 W. H. Dyson, "Heaven," in *A Dictionary of Christ and the Gospels*, ed. James Hastings (New York: Scribner, 1924), 1: 712.

> 天にいます私たちの父よ。
> 御名が聖なるものとされますように。
> 御国が来ますように。
> みこころが天で行われるように、
> 地でも行われますように。
>
> (マタイ6:9-10)[12]

ただし、天とは別の領域であり、実在の別の次元であることは、心に留めておかなければならない。天は場所でもあり状態でもあるが、第一義的には状態である、と言うのがおそらく一番安全である。天が天であるしるしとなるものは、特定の場所ではなく、むしろ祝福、罪のないこと、喜び、平安という状態である[13]。したがって天での生活は、今の我々の存在よりも現実的なものとなる。

二つ目の争点は肉体的な楽しみについての疑問と関わっている。イエスは、復活のときに、おそらく来世の生活では、結婚したり結婚させたりすることはないことを示唆した（マタイ22:30、マルコ12:25、ルカ20:35）。性行為はこの世では結婚に限定されるべきであるので（Ⅰコリント7:8-11）、天には性行為がないという論拠がここにある。パウロが処女性に高い価値を置いている（Ⅰコリント7:25-35）ことは、同じ結論を示唆している[14]。飲み食いについてはどうか。黙示録19:9は「小羊の婚宴」に言及している。キリストと教会を花嫁と花婿と呼ぶことが、キリストを子羊と呼ぶのと同じように象徴的表現であるということを考えると、おそらく婚宴も象徴的表現であろう。イエスは復活のからだで食事をした（ルカ24:43、参照ヨハネ21:9-14）が、復活はしてもまだ天に上げられていなかったので、おそらくからだの変化がまだ完成していなかったことを覚えておくべきである。そうすると、もし食べることも性行為もないのなら、天にはどんな楽しみがあるのか、という疑問が湧く。しかし、天での経験は地上で経験するどんなものにも勝るということを理解すべきである（Ⅰコリント2:9-10）。天での経験とは、たとえば、永遠で絶対的な献身の相手として選んだ特別な個人との性的結合を経験することに勝る、超性的（suprasexual）なものと考えるべき可能性が高い[15]。

三つ目の争点は、完全についての疑問と関係する。地上で生活している間、我々は成長し進歩し発展することから満足を得る。ということは、天で完全な状態でいるのは、むしろ退屈で満足できない状況ではないか[16]。ここで覚えておくべきことは、成長しなければ満足はありえないという主張は、現在続いている生活から引き出した推論であり、その点に関して誤っていることである。この世では、完全に満たない制限された時点で成長が抑止されると、そのときはいつでも欲求不満と退屈が生じるものである。しかし、もし人が100パーセント達成し、不十分さや不完全さを全く感じない状態に達するなら、おそらく欲求不満は起こらない。天での安定した状態とは、目標に達しないまま固定された状態ではなく、これ以上の成長のない完全な状態である。それゆえ我々は天では成長しない。しかし、そのときに神から受け取っている完全な品性を発揮し続ける。ジョン・ベイリーは、「結実"への"発展」に対抗する「結実"における"発展」について述べている[17]。

---

[12] Alan Richardson, *Religion in Contemporary Debate* (London: SCM, 1966), 72.

[13] Austin Farrer, *Saving Belief* (London: Hodder & Stoughton, 1967), 144.

[14] Simon, *Heaven*, 217

[15] C. S. Lewis, *Miracles* (New York: Macmillan, 1947), 165-66（C・S・ルイス『奇跡 信仰の論理』柳生直行訳、みくに書店、1965年）。ルイスは "trans-sexual（越性的、超性的）" という語を、我々がここで "suprasexual" に付けたのとほぼ同じ意味とともに使っている。

[16] たとえば Lord Alfred Tennyson の詩 "Wages" を見よ。

[17] John Baillie, *And the Life Everlasting* (New York: Scribner, 1933), 281.

天にいる贖われた者たちは、どのくらいのことを知っているのか、あるいは思い出すのかという疑問もある。この世で親しかった者たちのことを覚えているのだろうか。天に対する一般の関心のほとんどは、愛する人たちと再会したいという思いからである。親戚や親しい友がいないと気づくのか。この世でなした罪深い行為や、しなかった敬虔な行為を思い出すのか。もし思い出すのなら、そのことすべてによって後悔し嘆くことにならないか。これらの質問に関して、我々は必然的にある程度の無知を告白しなければならない。サドカイ人が皆兄弟である7人の夫に先立たれた女性のことを尋ねた際のイエスの答えからは（ルカ20：27-40）、そのような家族単位があるようには見えない。しかし山上の変貌の際に、弟子たちは明らかにモーセとエリヤを認めることができた（マタイ17：1-8、マルコ9：2-8、ルカ9：28-36）。この事実は、互いを認識できる、何か個性を現すものがあることを示唆する[18]。しかし、過去の失敗や罪と、愛する者がいなくなったことを思い出すことはないと推論することもできる。なぜならそれは、「神は彼らの目から涙をことごとくぬぐい取ってくださる。もはや死はなく、悲しみも、叫び声も、苦しみもない。以前のものが過ぎ去ったからである」（黙示録21：4）との記述と相容れない悲しみをもたらすからである。

　五つ目の疑問は、天で受ける報酬はさまざまなのかである。報酬に程度の違いがあるらしいことは、たとえばミナのたとえ（ルカ19：11-27）に明らかである[19]。10人のしもべがそれぞれ、主人から1ミナ与えられた。最終的に一人一人違った額のミナを主人に返し、その忠実さに応じて報酬を受けた。このことを支持する聖句には、ダニエル12：3やⅠコリント3：14-15などがある。

　天で受ける報酬に違いがあること、あるいは満足に度合いがあることは、通常、客観的な状況の観点から描かれている。たとえば、とても忠実なキリスト者は御父の家で大きな部屋を与えられ、あまり忠実でない信仰者は小さめの部屋を受けると考えることができる。しかし、もしそうだとすると、報酬の違いに気づき、もっと忠実になれたかもしれないのにと常に考えることで、天での喜びが減ってしまうのではないか。加えて、数は少ないが、天での生活に実際は違いはない証拠とされる描写もある。皆が礼拝し、さばきをなし、仕えている様子が描かれている。この時点で多少の推論は可能である。報酬の違いは外面的あるいは客観的状況にあるのではなく、そのような状況を主観的にどのように感じるか、あるいは評価するかにあるのではないか。こうして、皆が同じ活動、たとえば礼拝に携わるが、他の人よりもそれを楽しむ人がいるだろう。おそらくこの世で礼拝をほかの人以上に楽しんだ人は、次の世で他の人よりも礼拝に大きな満足を見いだす。これは、音楽会で受ける喜びに人によって違いがあるのと似ている。皆の耳に同じ音の波動が届くが、退屈（あるいはもっとひどいもの）から恍惚まで、反応には幅がある。反応の幅はこれより狭いと思われるが、同じような状況が天の喜びに関しても言えるのではないか。喜びの幅に違いがあることには誰も気づかず、したがって、機会を無駄にしたことを悔やんで天の完全さが曇ることはない。

2. 悪人の最終の状態

　過去にもそうであったが、今日、悪者の未来の状態についての疑問はかなりの論争を引き起こしている。永遠の刑罰という教理は、ある人々にとっては時代遅れ、また

---

[18] Motyer, *After Death*, 87.

[19] S. D. F. Salmond, "Heaven," in *A Dictionary of the Bible*, ed. James Hastings (New York: Scribner, 1919), 2: 324.

は半キリスト教的と見える[20]。問題の一部は、神の愛と神のさばきとの緊張関係のように見えるものに起因する。しかし、永遠の刑罰の教理をどのようにみなそうとも、それは聖書にはっきりと教えられていることである。

聖書は不義なる人の未来の状態を描くのにいくつかの比喩を用いている。イエスは、「それから、王は左にいる者たちにも言います。『のろわれた者ども。わたしから離れ、悪魔とその使いのために用意された永遠の火に入れ』」（マタイ25:41）と言った。同様に、その者たちの状態を「外の暗闇」として描いた（マタイ8:12）。悪者の最終の状態はまた、永遠の刑罰（マタイ25:46）、苦しみ（黙示録14:10-11）、底知れぬ穴（黙示録9:1-2、11）、神の怒り（ローマ2:5）、第二の死（黙示録21:8）、永遠の滅びと主の御顔からの排除（Ⅱテサロニケ1:9）としても語られている。

地獄の一つの基本的な特徴があるとすれば、それは天国とは対照的に、神の不在または彼の臨在からの追放である。それは肉体的な苦しみにしても精神的な苦痛にしても、その両方にしても、極度の苦しみの経験である[21]。他の側面には孤独感が含まれる。神の栄光と偉大さを見、神がすべての主であることを認め、その上で切り離されているという感覚である。この分離が永遠のものであるという認識がある。同じように、人の道徳的霊的自己の状態も永遠に変わらない。その人が人生の終わりにそうであった状態が永遠に続く。良いほうへの変化を期待する根拠は全くない。したがってその人は絶望に襲われる。

(1) 未来の審判の最終性

来るべき審判が最終的なものであると認識することが重要である。最後の審判で評決が下されるとき、悪者は"最終の"状態に割り当てられる[22]。このことはある人々には、理性に反するもの、そして聖書にさえ反するものと思われる。ここで我々は万人救済主義の概念、すなわちすべての人が最終的に救われるという見解に遭遇する。この世で救いの提供を拒んだ人は、死んだあとキリストが再臨すると、自分の状況によって目を覚まされ、その結果キリストと和解すると主張する人さえいる[23]。

> その人が人生の終わりに道徳的、霊的にそうであった状態が永遠に続く。

この問題は容易に解決されない。聖書本文は矛盾しているようにも見える。いくつかの箇所は、救いが普遍的であること、すなわち誰も失われないと断言またはほのめかしているように見える。たとえば、パウロは以下のように語っている。

> それは、イエスの名によって、
> 天にあるもの、地にあるもの、
> 地の下にあるもののすべてが膝をかがめ、
> すべての舌が
> 「イエス・キリストは主です」
>   と告白して、
> 父なる神に栄光を帰するためです。
> 　　　　　　　　　　（ピリピ2:10-11）

---

[20] Nels Ferré, *The Christian Understanding of God* (New York: Harper & Bros., 1951), 233–34（N・フェレー『キリスト教の神』杉瀬祐訳、新教出版社、1962年）。

[21] Charles Hodge, *Systematic Theology* (Grand Rapids: Eerdmans, 1952), 3: 868.

[22] J. A. Motyer, "The Final State: Heaven and Hell," in *Basic Christian Doctrines*, ed. Carl F. H. Henry (New York: Holt, Rinehart and & Winston, 1962), 292.

[23] Origen, *De principiis* 1.6.2; 3.6.3（オリゲネス『諸原理について』小高毅訳、創文社、1978年）。万人救済主義の現代的言明は John A. T. Robinson, *In the End, God* (New York: Harper & Row, 1968), 119–33 を見よ。

さらに、「なぜなら神は、ご自分の満ち満ちたものをすべて御子のうちに宿らせ、その十字架の血によって平和をもたらし、御子によって、御子のために万物を和解させること、すなわち、地にあるものも天にあるものも、御子によって和解させることを良しとしてくださったからです」（コロサイ1:19-20）。万人救済主義を支持して引用される追加箇所には、ローマ5:18、11:32、Ⅰコリント15:22などがある。しかしながら、多くの他のテキストは万人救済主義に矛盾しているように見える。たとえば、「こうして、この者たちは永遠の刑罰に入り、正しい人たちは永遠のいのちに入るのです」（マタイ25:46）がある。マタイ8:12、ヨハネ3:16、5:28-29、ローマ2:5、Ⅱテサロニケ1:9は同様のテーマを反響させている。

矛盾と見える事柄に折り合いをつけることはできるのだろうか。ここでの実りの多い企ては、万人救済主義的な聖句を限定的救済主義的な聖句と合うように解釈することである。たとえば、ピリピ2:10-11とコロサイ1:19-20は、すべての人が救われて神との交わりに回復されるとは述べていない。宇宙の混乱した秩序が正され、万物が神に服すると述べているだけである。しかしこのことは、反逆する者たちに勝利して、不本意ながらの服従を強いることによっても達成できる。実際に交わりに戻ることを必ずしも指すわけではない。

アダムの罪の普遍的な影響とキリストの救いのわざとを比較している箇所には、キリストのわざに普遍的な次元が適用される際に条件を付ける要素がある。ローマ5:18（「こういうわけで、ちょうど一人の違反によってすべての人が不義に定められたのと同様に、一人の義の行為によってすべての人が義と認められ、いのちを与えられます」）の場合、17節が「恵みと義の賜物をあふれるばかり"受けている人たちは"、一人の人イエス・キリストにより、いのちにあって支配するようになるのです」（"　"は筆者が加えたもの）と明確に述べている。さらに、15節と19節には、「すべて」ではなく「多くの」という用語が使われている。パウロは同じように、Ⅰコリント15:22（「キリストにあってすべての人が生かされる」）の、「すべて」の意味を限定している。というのは、次の節でこう付け加えているからである。「しかし、それぞれに順序があります。まず初穂であるキリスト、次にその来臨のときに"キリストに属している人たち"です」（"　"は筆者が加えたもの）。事実パウロはその前から、信仰者について語っていることを明らかにしていた。「そして、もしキリストがよみがえらなかったとしたら……そうだとしたら、キリストにあって眠った者たちは、滅んでしまったことになります」（17-18節）。

万人救済主義的な聖句がまだ一つ残っている。ローマ11:32は、神がすべての人を救うと言っているように思われる。「神は、すべての人を不従順のうちに閉じ込めましたが、それはすべての人をあわれむためだったのです」。しかし実際には、神のあわれみは、すべての人の贖いとして御子を与え、すべての人へ救いの提供を広げることの中に示されている。神のあわれみはすべての人間に示されているが、受け入れる者だけが神のあわれみを経験し、そこから益を受ける。このように、救いはすべての人の手の届くところにあるが、すべての人が救われるわけではない。

最後に、聖書のどこにも第二のチャンスは示唆されていない。確かに、もし審判の後に信じる機会があるのなら、それは神の言葉の中に記述されているだろう。代わりに我々が見いだすものは、それとは逆の明確な言及である。聖書で審判の際の判決を描写した箇所には最終性が付随している。たとえば、「のろわれた者ども。わたしから離れ、悪魔とその使いのために用意された永遠の火に入れ」（マタイ25:41）とある。金持ちとラザロのたとえ話（ルカ16:19-31）は、最終の状態よりも中間状態に関す

るものであるが、彼らの状態が絶対的なものであることを明らかにしている。異なる状態の間を移動することさえできない（26節）。したがって結論として、万物更新説（restorationism）、すなわち第二のチャンスがあるという考え方は拒否しなければならない。

(2) 未来の刑罰の永遠性

信じない者への未来の審判が覆せないだけではなく、与えられる刑罰も永遠のものである。我々は、すべての者が救われるという考えを拒否するだけではなく、刑罰を永遠に受ける者はいないという主張も拒否する。しかし霊魂絶滅説（annihilationism）として知られる学派では、すべての人が救われるわけではないが、未来に存在するのは一つの種類の人々だけと主張する。救われている人は終わることのない生命を持ち、救われていない人は消滅ないし絶滅する。全く存在しなくなるというのである。この立場は、すべての人が救いを受け、永遠の至福を受けるに値するわけではないと認めてはいるが、永遠の苦しみに値する者は一人もないと主張する。

霊魂絶滅説にはいろいろな形式がある[24]。名称に最もふさわしい形式は、死における邪悪な人の絶滅を罪の直接的な結果と見る。人間はもともと不滅であり、永遠の命を持つはずであったが、罪の影響を受けている。厳密には、絶滅説には二つの亜類型（サブタイプ）がある。第一のものは絶滅を罪の自然な結果と見る。罪は自己破壊をもたらす。贖われていない人々は特定の長さの時間の後、おそらく個人の罪深さに比例して、いわば摩滅してしまう。純正な絶滅説のもう一つのタイプは、神は罪深い人に永遠の命を与えることができず、与えようともしないという考えである。刑罰は無限である必要はないので、神は、十分な量の罰を下

した後、単に個々人の自己を破壊する。本来の絶滅説ではどちらの亜類型でも、魂また自己は、罪を除いて不滅であったことに留意しておくことは大切である[25]。

霊魂絶滅説の問題は、聖書の教えと矛盾することである。旧約聖書にも新約聖書にも、終わりのないあるいは消えない火への言及がある。イエスはイザヤ66:24のイメージを借りて、地獄での罪人への刑罰を述べている。

> 彼らを食らううじ虫が尽きることがなく、
> 火も消えることがありません。
>
> （マルコ9:48）

このような箇所は、刑罰が果てしのないものであることを明らかにしている。それを受ける者を焼き尽くして、それで終わるのではない。

さらに「とこしえの」とか「永遠の」、「永久の」といった言葉が、悪者の未来の状態を表す名詞に当てはめられている例がいくつかある。すなわち、火または燃えること（イザヤ33:14、エレミヤ17:4、マタイ18:8、25:41、ユダ7節）、嫌悪（ダニエル12:2）、滅び（Ⅱテサロニケ1:9）、鎖（ユダ6節）、苦しみ（黙示録14:11、20:10）、刑罰（マタイ25:46）である。マタイ25:46に見られる対句法は特に注目に値する。「こうして、この者たちは永遠の刑罰に入り、正しい人たちは永遠のいのちに入るのです」。もし一方（いのち）が永遠の期間に及ぶものであるなら、もう一方（刑罰）もそうでなければならない。

聖書が永遠の死について述べている（悪人は復活させられないという意味に解釈する人もいるかもしれない）だけでなく、永遠の火、永遠の刑罰、永遠の苦しみについても述べているという事実から、問題が起こる。有限の刑罰で満足せず、人間を永遠に苦しませ続けるとは、いったいどんな神

---

[24] Benjamin B. Warfield, "Annihilationism," in *Studies in Theology* (New York: Oxford University Press, 1932), 447–50 を見よ。

[25] *Seventh-Day Adventists Answer Questions on Doctrine* (Washington, DC: Review & Herald, 1957), 14.

なのか。その刑罰は罪と全く不釣り合いに思える。おそらく、すべての罪は神に対する有限の行為である。慈しみ深く善であり、公正で、愛である神の存在を信じる信仰と永遠の刑罰とをどのようにして一致させるのか。この疑問は軽く退けてはならない。神の本性の真髄に関わるものだからである。

まず、我々が留意しておくべきこととは、罪を犯すときはいつでも無限という要因に、例外なく関係しているということである。つまり、すべての罪は神に対する反抗であり、無限の存在の意志に対抗する有限の存在の意志の反逆なのである。すべてのものが帰されるべきお方に対し果たすべく、人間に課せられた義務を果たし得ないことである。したがって罪を、有限の刑罰がふさわしい有限の行為とのみ考えることはできない。

さらに、もし神がこの世で目標を達成しようとしているのであれば、人間が永遠の刑罰の影響を受けないようにする自由はなかったのかもしれない。神が全能であるとは、考えうるあらゆることができるという意味ではない。たとえば、論理的に矛盾することや不合理なことはできない。四つの角を持つ三角形を作ることはできないのである[26]。そして、神がご自身との交わりのうちに永遠に生きることを意図した被造物は、もし造り主と離れて生きることを選んだなら、永遠の苦悩を経験するように造られなければならなかったのではないだろうか。人間は神とともに永遠に生きることを意図されたのであり、もしこの運命を曲げるのなら、その行為の結果を永遠に経験することとなる。

神が誰をも地獄に送らないことにも気づくべきである。神は誰も滅びるべきではないと望んでいる（Ⅱペテロ3:9）。地獄の苦悩を経験することは人間の選択による。本人の罪が人を地獄に送るのであり、キリストの死の恩恵を拒むことがそこから逃れる邪魔をする。C・S・ルイスが説明したように、罪とは人間が一生をかけて神に「向こうへ行って、放っておいてくれ」と言うことであり、地獄とは最後に神が人間に「望むものを得てよい」と言うことである。地獄とは神がその人を、望んだとおり、好きにさせておくことである[27]。

(3) 刑罰の程度

最後に、イエスの教えが、地獄での刑罰には程度の差があることを示唆しているという点に注意すべきである。イエスは、ご自身の奇蹟を目撃したが悔い改めなかった町々を叱責した。「ああ、コラジン。ああ、ベツサイダ。……おまえのうちで行われた力あるわざがソドムで行われていたら、ソドムは今日まで残っていたことだろう。おまえたちに言う。さばきの日には、ソドムの地のほうが、おまえよりもさばきに耐えやすいのだ」（マタイ11:21-24）。忠実な執事と不忠実な執事のたとえ話にも同じようなことがほのめかされている。「主人の思いを知りながら用意もせず、その思いどおりに働きもしなかったしもべは、むちでひどく打たれます。しかし、主人の思いを知らずにいて、むち打たれるに値することをしたしもべは、少ししか打たれません。多く与えられた者はみな、多くを求められ、多く任された者は、さらに多くを要求されます」（ルカ12:47-48）。

ここには、知っていることが多ければ責任も大きく、そして責任を果たさなければ罰も重くなるという原則があるように見える。地獄での刑罰の程度の違いは、客観的状況よりも、神から離れているという苦痛を主観的に感じることのほうにおそらく関わるものである。これは天での報酬の程度はさまざまであるという本書での考え方と似ている。刑罰の程度がさまざまであると

---

[26] C. S. Lewis, *The Problem of Pain* (New York: Macmillan, 1962), 28（C・S・ルイス『痛みの問題』C・S・ルイス宗教著作集3、中村妙子訳、新教出版社、1976年第1版、2004年改訂新版）。

[27] Ibid., 127–28.

いうことは、地獄とは、神が罪人を、今の人生において自分で形成した特定の性格をもったままにしておくことであるという事実をある程度反映している。邪悪な自己と永遠に暮らさなければならないことから経験する悲惨さは、悪を選ぶときに正確に何をしていたかについての認識の程度に比例する

3. 最終の状態に関する教理が意味すること

　最終の状態に関する教理が意味することには、以下のことが含まれる。
　1. 我々がこの人生の中で下す決定は、ある期間だけではなく、未来永劫我々の状態を支配する。それゆえ決断を下すときには特別の注意と慎重さを働かせるべきである。
　2. この世の状態は、パウロが言っているように一時的なものである。来るべき永遠と比べると色あせ、相対的に重要なものでなくなる。
　3. 未来の状態の本質は、この世で知っているどんなものよりもはるかに強烈である。それらを描くために用いられているイメージはどれも、前途に置かれているものを完全に伝えるには非常に不十分である。たとえば天は、地上で知っているあらゆる喜びをはるかに超えたものである。
　4. 天の至福は、この世の楽しみを単に強化したものと考えてはならない。天の主要な側面は、信仰者が主とともにいることである。
　5. 地獄とは肉体的な苦しみの場所というより、むしろ主と完全かつ最終的に分離された恐ろしい孤独である。
　6. 地獄とは、第一義的には不信者に対し、執念深い神により下された罰としてではなく、キリストを拒絶する人々によって選ばれた罪深い人生の当然の結果としてとらえるべきである。
　7. すべての人間は天国か地獄に送られるが、報酬と刑罰には程度の差があるようである。

研究課題

- 最後の審判とは何か。そしてキリスト教神学にとって、最後の審判をそれほどまでに重要なものにしているのは何か。
- 「天」という語は聖書の中でどのように使われているか。
- 聖書で示唆されているところでは、悪人の刑罰には何が関係しているか。
- 霊魂絶滅説の亜類型とは何か。この見方の中にあるいくつかの問題点は何か。
- 最終の状態に関するあなたの個人的な見解は、あなたの神学にどのように影響するか。

聖句索引

旧約聖書

創世記
 1章　140, 187, 188, 188
 1-2章　166
 1-3章　178
 1:1　91, 134, 136, 451
 1:2　136, 294
 1:10　137
 1:12　137
 1:18　137
 1:20　178
 1:21　137, 178
 1:24　178
 1:25　137
 1:26　111, 184, 185, 187, 189, 252
 1:26-27　177, 184
 1:27　111, 184, 191
 1:27-28　187
 1:28　48, 177, 204, 210
 1:31　137, 181
 2:7　59, 177, 178
 2:15-17　274
 2:16-17　201
 2:17　100, 162, 212
 2:24　29, 62, 111
 3章　92, 169, 356
 3:2-3　162
 3:3　415
 3:4-5　205
 3:8　48, 208
 3:11　215
 3:12　215
 3:14　178
 3:14-19　373
 3:16　162
 3:16-19　43
 3:17　162
 3:18　162
 3:19　162, 178, 212, 212
 3:20　191
 3:22　213, 252
 3:22-23　415
 4章　179
 4:26　91
 5:1　184
 5:1-2　191
 5:2　184
 6章　125, 211
 6-7章　432
 6:5　219, 221
 6:6　94, 125, 163, 340
 8:21　219
 9:6　184, 191, 211
 11:7　252
 17:1　95
 17:7　397
 18:25　100
 22:12　94
 35:18　195
 38:26　351
 41:8　195
 41:37-39　37
 41:38　295
 45章　149

出エジプト記
 3:6　62
 3:14　49, 90, 91
 3:14-15　232
 12:40-41　69
 15:11　99
 15:13　379
 15:16　379
 19章　167
 20章　188
 20:2-3　108, 138
 20:3　92, 202
 20:4　108
 20:5　208
 20:7　92
 20:8-11　232
 20:14　163
 23:22　208
 31:3-5　295
 33:19　330
 34:16　104

レビ記
 1:3-4　275
 4:35　279
 24:16　232

民数記
 14:8　379
 23:19　96, 102

申命記
 4:42　220
 5:10　104, 357
 6章　108
 6:4　109, 111
 6:5　109
 6:6　108
 6:7　108
 6:8-9　109
 7:7-8　103
 7:10　208
 10:16　398
 18:15　264
 25:1　352
 25:13-15　102
 30:6　398
 32:9-10　379
 32:10　379
 32:35　211
 33:2　167, 167

ヨシュア記
 7章　211
 9:16-21　102
 10:12-14　154

士師記
 6:34　295
 6:36-40　152

ルツ記
 4:7　55

サムエル記第一
 2:6-7　147
 8:3　101
 13:14　219
 15:23　202
 15:29　101
 16:13　295
 18:10　69
 24:17　351
 26:23　351

サムエル記第二
 10:18　69
 12:13-14　356
 12:23　227
 14:20　167
 23:2　59
 24:1　69
 24:16　168

列王記　第一
 8:46　219
 17-18章　147
 17:21　195

列王記　第二
 6:6　154
 6:17　168, 171
 13:18-19　79n5
 19:35　168

歴代誌　第一
 19:18　69
 21:1　69

歴代誌　第二
 4:2　67, 71

エズラ記
 7:27　148

ネヘミヤ記
 9:6　144
 9:20　295

ヨブ記
 1:12　150, 167
 2:6　150, 167

9:5-9　147
12:23　147
22章　162
26:13　136, 294
33:4　136
37章　147
38章　122n4
38:4　122n4
38:7　167
42:2　122n2
42:3　122

詩篇
2:7　252
5:5　208
5:9　219
8篇　187, 188
8:5　187
8:5-6　187
8:7-8　187, 188
9:4　352
10:7　219
11:5　208
14篇　219
14:3　223
16:10　421, 429
17:15　429
18:40　208
19篇　36, 41, 42
19:1　35, 41, 137
19:1-4　36
19:1-6　41
19:2　41
19:3　41
19:7-9　100
19:7-14　41
19:13　149
20篇　92
20:7　92
20:9　92
24:7-10　372
27:10-11　122
31:5　195
31:14-15　147
34:7　168
36:1　219
37篇　122
37:37　219
40:7-8　252
42:6　195
45:6　110, 234
45:6-7　166
47篇　436

47:7-8　147
49:15　429
51篇　219, 221
51:2　221
51:5　221, 246
51:6　221
51:10　221
51:11　295
53篇　219
53:3　223
57:10　104
61:5　102
61:8　102
65:3　122
66:7　147
66:13　102
68:17　167
69:4　208
69:21　122
69:25　59
72篇　436
72:18　167
81:12-13　150
82:6　61
84:11　153
86:5　104
86:15　105
89:5　166
89:7　166
90:1-2　93
91篇　122, 146
91:11　168
94:1　211
96:5　136
100篇　436
100:3-5　181
100:5　27
102篇　96
102:25　110
102:26-27　96
103:8-14　357
103:13　104
103:19　147
103:20　167
103:20-22　147
104篇　36, 144
104:14　147
104:21-29　147
104:24　95
104:30　136, 289, 294n2
107:10-16　211
109:8　59
110:1　110

119:91　124
121篇　122
130:3　219n1
139:7-12　93
139:13-15　192
139:16　122, 123, 149
140:3　219
143:2　219
145:16　103
147:5　95
147:8-15　147
148:2　166, 167
148:5　166

箴言
3:11-12　358
3:19-20　122n4
6:16-17　208
11:5　219
16:4　122
16:33　147
29:10　208

伝道者の書
3:21　195
5:4-5　102
7:20　219n1
12:7　195, 414

イザヤ書
1:24　211
6:1-4　99
6:1-5　84
6:5　99
6:8　111
7:14　245
8:13　234
9:7　266
10:5-12　147
10:20-21　211
11:6-7　439
14:24　124
14:27　122, 124
20:1　72
22:11　122, 123
26:19　429, 431
33:14　458
37:16　136
37:26　122
40:9　265
40:12　122n4
40:12-13　136
40:13-14　123

42-48章　95
42:21　269
44:6　93
44:8　95
44:24　136
44:28　85
45:1　85
45:12　136
45:22-25　436
48:11　124
52:7　265
53章　275, 276, 280
53:5-6　280
53:6　219, 276, 280
53:12　276, 280
55:1　331
55:8-9　84
59:7-8　219
61章　295
61:1-2　389
61:2　211
62:4　379
63:4　211
63:10　208
65:25　439
66:24　458

エレミヤ書
4:4　398
9:25-26　398
10章　101
10:5　101
10:10　90, 101
10:11　90
10:11-12　136
10:12-13　122n4
11:20　352
12:7-10　379
12:8　208
17:4　458
17:9　215, 221
18:1　52
23:20　122n2
23:23　84, 93
23:24　83, 93
30:4　59
32:15　96
32:17　96
46:10　211

哀歌
2:4-5　208
3:22-23　96

聖句索引

エゼキエル書
2:2　294
8:3　294
11:1　294
11:19　221
11:19-20　343
11:24　294
12:1　52
12:8　52
12:17　52
12:21　52
12:26　52
18:30-32　338
20:9　124
25:14　211
33:11　331
37:12-14　429
44:7　398
44:9　398

ダニエル書
2:21　147
2:47　37
3:26　37
4:13　166
4:17　166
4:23　166
4:24-25　147
9:27　445
10章　314
12:1　122
12:2　429, 431, 443, 458
12:3　455

ホセア書
1:1　52
1:9-10　379
2:23　379, 436
9:15　208

ヨエル書
1:1　52
2:28-29　295
2:31-32　234

アモス書
3:1　52, 59
5:12　101
5:15　101
5:24　101

ヨナ書
1:3-16　37

4:11　122

ゼカリヤ書
1:6　122n2
7:2　278
8:17　208
8:22　278
14:4　446

マラキ書
1:9　278
3:6　96

新約聖書

マタイの福音書
1章　245
1:18-25　245
1:20　235
1:22　122
1:23　245
1:25　245
2:15　122
2:23　122
3:2　340, 399
3:6　399
3:16　296
3:16-17　291
4:2　241
4:3　170
4:14　122
4:17　340
4:18-22　337
4:24　171
5:16　124, 451
5:17　53
5:18　60
5:21-22　201, 221, 233
5:21-28　364
5:23-24　281
5:27-28　201, 221, 233
5:38　280
5:45　103, 150, 451
5:48　363, 364
6章　202
6:1　451
6:2　202
6:5　202
6:9　451
6:9-10　454
6:10　451
6:16　202
6:19-20　451

6:25　103, 195
6:25-30　147
6:25-34　358
6:26　103, 109, 145
6:28　103
6:30　109, 145
6:30-33　103
6:31-33　145
7:3　215
7:11　451
7:15-23　371
7:21　451
7:21-23　433
8章　170
8:5-13　153, 171
8:12　456, 457
8:13　341
8:17　122
8:29　170
8:31　170
9:19-20　171
9:20-22　153
9:28　341
9:35　105
9:36　104, 190, 242
9:38　235
10:1　171
10:6　190
10:9-10　69
10:28　146, 195, 197, 414, 420
10:28-31　177
10:28-32　145
10:29　94
10:29-31　149
10:30　94
10:32　451
10:33　451
11:21-24　459
11:24　432
11:25　235
11:27　116
11:28　126, 331, 337
12:17　122
12:22　170
12:24　170, 215
12:25-27　296
12:27　170
12:28　110, 171, 291, 296
12:32　296, 419
12:45　170
12:50　451

13章　265, 436
13:13-15　77
13:15　77
13:16　334
13:19　170
13:24-30　170
13:35　122, 135
13:37-43　432
13:38　170
13:39　170
13:39-42　168
13:41　110, 231, 266, 433
13:44　265
13:46　265
13:57　264
14:14　105, 155, 242
14:22-33　153
15:32　242
16章　334
16:14　334
16:16　334
16:17　334, 451
16:18　377
16:18-19　421
16:22　78
16:26　195
16:27　432
17:1-8　455
17:15　170
17:15-18　171
17:19-20　171
18:3　227
18:6　341, 397
18:8　380, 458
18:10　168, 451
18:14　451
18:17　380
18:19　451
18:20　406
18:21-22　105
19:4　135
19:4-5　62
19:4-6　29
19:8　135
19:14　110, 227, 397
19:23-26　109
19:24　110
19:26　95, 247, 344
19:28　266, 343, 433, 453
20:13-15　329
20:27　29
20:28　270, 276, 280
20:34　242

21:4 122	25:34-40 214	6:6 152, 242	1:15 397
21:11 264	25:41 172, 456, 457, 458	6:8 69	1:26 167
21:29 340	25:41-46 214	6:17-29 388	1:26-38 168, 245
21:31 110	25:46 214, 434, 456,	6:34 105	1:35 246, 288, 296
21:43 110	457, 458	8:18 77	1:38 247
22:14 337	26:24 122	8:31 276	1:41-44 192
22:30 454	26:26-28 348	8:38 167	1:46-47 195
22:32 62	26:37 242	9:2-8 455	1:46-55 247
22:36-40 188	26:42 151	9:17 170	2:1 151
22:43-44 62	26:53 167, 168	9:20 170	2:11 235
22:44 62	26:56 122	9:21 242	2:13 166, 451
23章 265	26:63 232	9:23-24 171	2:13-14 167
23:10-12 29	26:64 115, 232, 264, 424	9:25 170, 171	2:14 452
23:23 222	27:3 340	9:29 171	2:15 451
24章 444, 446	27:4 248	9:43 420	2:21-39 261
24-25章 424, 428	27:5 72	9:43-48 420	2:52 241
24:2 60, 429	27:19 248	9:48 420, 458	3:19-20 388
24:3 444	27:32 447	10:6 135	3:22 296
24:3-14 367	27:46 109	10:13-16 397	4:1 296
24:9 446	27:54 53	10:14 242, 397	4:14 296
24:14 428, 436	28:2 451	10:35-39 350	4:16 243
24:15 426	28:18 381, 385	10:37-40 264	4:18-19 389
24:21 135, 426, 446	28:18-20 28, 436	10:39 350	4:18-21 295
24:27 424, 427	28:19 110, 289, 290,	10:45 270, 276	5章 154
24:29 426, 446	385, 396, 398, 399	12:13-17 191	5:8 53, 99
24:29-31 446, 448	28:19-20 93, 111, 381,	12:17 109	5:24-26 155
24:29-35 432	398	12:24 429	6:8 242
24:30 110, 372, 424,	28:20 264, 265, 347,	12:24-27 109	6:12 243
426, 452	382, 385, 387, 406, 425	12:25 454	7:9 242
24:31 168, 433		12:26-27 429	7:13 191
24:36 167	**マルコの福音書**	12:28-31 188	7:19 342
24:36-39 445	1:8 296	12:30 202	7:29 352
24:36-44 424	1:10 296, 402	13:7 123	7:35 352
24:37 424	1:12 296	13:10 123	8章 170
24:39 424	1:14-15 389	13:19 135, 446	8:27 170
24:42 424	1:15 341	13:20 110	9:3 69
24:43 445	1:16-20 337	13:24 446	9:23 341
24:44 424, 425	1:25 171	13:26 424, 426	9:28-36 455
24:45-51 428, 445	1:26 170	13:32 237, 243, 451	9:39 170
24:50 425	1:41 104, 191	13:32-33 424	9:47 242
25:1-13 426	2:5 231	13:35 424, 425	10:17 296
25:5 428	2:7 231	14:21 122	10:21 296
25:6 447	2:8-10 110	14:22-24 348	10:25-37 388
25:8-10 426	2:27-28 232	14:32-42 242	10:26-27 188
25:13 425, 445	3:5 242	14:62 110	10:27 195
25:14-30 204, 453	3:22 170	15:34 242	11:9-10 153
25:19 428	3:29 110, 291	16:7 105	11:11 280
25:31 167, 168, 264, 452	4:39-41 147	16:9-20 399	11:11-13 358
25:31-33 110, 432	5章 170	16:16 399	11:15 170
25:31-46 232, 355, 388,	5:2-4 170		11:19 170
426, 432, 433	5:5 170	**ルカの福音書**	11:20 171
25:32 433	5:36 341	1章 245	11:50 135
25:34 135	6:5-6 171	1:13-20 168	12:8-9 110, 231

12:47-48　459	2:11　341	8:44　135, 167, 170	14:17　78, 264
13:32　171	2:23　342	8:46　247	14:18　382
14:14　431, 443	3章　343	8:58　232, 255	14:21　358
15章　103	3:3　297, 343	8:59　232	14:23　116, 347, 382, 406, 425
15:3-7　151	3:5　399	9章　154	
15:10　110, 168, 231	3:5-6　297	9:2-3　163	14:24　112
15:18　451	3:5-8　289	10章　145, 370	14:26　78, 112, 116, 265, 290, 291, 298, 309, 382
15:21　451	3:6　344	10:3　78	
16:19-31　196, 418, 421, 457	3:7　343	10:10　343	14:27　116
	3:8　110, 297, 343	10:17-18　283	14:28　237
16:22　168, 169	3:13　253, 451	10:27-30　145, 366, 368	14:31　103
16:26　458	3:16　103, 115, 255, 457	10:28　343, 368	15章　103
18:16-17　397	3:17　276	10:28-29　368	15:1-11　366
19:1-10　337	3:18　342	10:30　112, 232	15:4　349
19:11-27　428, 455	3:23　402	10:34　61	15:4-5　347
20:27-40　455	3:31　451	10:34-35　61	15:4-7　406
20:35　431, 443, 454	3:36　209, 446	10:35　60	15:8　124
21:20-22　122	4:6　241	10:36　276	15:11　242
21:27　424, 426	4:18　242	11章　430	15:13　276
21:36　446	4:21　90	11:11　417, 418	15:14-15　357, 358
22:3　170	4:24　90, 104, 453	11:14　242, 417	15:16　127, 329, 333
22:19-20　348	4:34　190	11:24-25　430	15:20　350
22:22　122, 125, 130	5章　430	11:25　233	15:26　112, 116, 290, 309
22:28-30　433, 453	5:2-18　233	11:33　242	15:26-27　78
22:30　350	5:18　233	11:35　242	16:5　263
22:37　276	5:21　116, 233	11:38　242	16:7　112, 116, 263, 290, 382
22:42　190	5:22　433	11:42　366	
22:43　451	5:25　430	11:49-50　276	16:8　78, 291, 310, 382
23:40　78	5:25-29　420	11:50　281	16:8-11　110, 289, 297, 342
23:41　248	5:26　91	12:6　370	
23:43　196, 418, 421	5:27　433	12:27　195	16:10　263
23:46　195, 418	5:27-29　432	12:28　50	16:13　78, 289, 290, 382
24:25-27　61	5:28-29　430, 432, 457	12:38　122	16:13-14　112, 290, 298
24:38-39　431	5:29　433, 443	12:48　433	16:13-15　112, 309
24:39　90, 243	5:30　190	13章　28	16:14　78, 287, 290
24:43　454	5:39-42　222	13:14　28	16:28　112, 263
24:44-45　61	6:37　125, 329, 334, 335	13:15　28	16:33　446
24:50-51　263	6:38　190	13:16　28	17章　190, 252, 266
	6:39-40　430	13:21　195	17:1　190
ヨハネの福音書	6:42　451	13:23　242	17:1-5　372
1:1-3　134	6:44　125, 329, 334, 335, 342, 430	13:37-38　414	17:2　125
1:3　136, 205, 266		14-16章　78, 117, 287	17:3　101, 277
1:9　265	6:45　334	14:2　263	17:4　190, 290
1:12　342, 356	6:51　451	14:2-3　263, 451	17:5　190
1:12-13　343, 344	6:52-58　277	14:3　424, 425	17:6　125
1:13　247	6:53　348	14:6　262	17:9　125
1:14　241, 244, 249, 252, 261	6:54　430	14:7-9　232	17:12　122
	6:62　263	14:9　53, 112, 237	17:13　242, 266
1:18　90, 255, 257, 265	6:63　116, 343	14:12　263, 264, 297, 381, 382	17:15　266
1:29　277, 280	6:69　247		17:19　277
1:32　296	6:70　116	14:15　358, 385	17:20　266
1:33-34　112	8:29　115	14:16　112, 116, 290	17:20-23　377
1:35-51　337	8:40　241	14:16-17　298	17:21　112, 266

465

17:21-22　190, 252
17:22　190
17:24　135, 190
18:9　122
18:14　276
19:7　232
19:24　122
19:28　122, 241
19:34　241, 278
19:36　122
19:39　339
20:17　263
20:21-22　112
20:25-27　263
20:27　431
20:28　233, 235
21:9-14　454
21:18　428
21:25　58

使徒の働き

1:1　265
1:4-5　297
1:6　444
1:6-11　263
1:7　425
1:8　28, 93, 294, 297, 382, 385
1:9-10　426
1:11　425, 426
1:16　59
1:18　72
1:23-26　147
1:24　235
2章　302, 312
2:16-21　294
2:17　294, 311
2:20-21　234
2:23　123, 125, 127, 130, 148
2:24-32　429
2:31　421
2:33　115
2:33-36　264
2:36　150
2:37　400
2:37-41　399
2:38　340, 398, 400
2:39　398
2:41　396
2:44-45　382
2:47　235
3:13-15　372

3:17-26　400
3:18　59
3:19　339
3:19-21　424
3:21　59
3:22　265
4:12　398
4:25　59
4:27-28　125
4:32　377, 382
4:34-35　382
5章　288
5:1-11　368, 432
5:3　110, 170n4, 288
5:3-4　110, 291
5:4　110
5:19　168
5:31　264
7章　70
7:6　70
7:51　291
7:53　167
7:59-60　116
7:60　417
8章　302
8:7　170
8:12　399
8:26　168
8:36　402
8:36-38　396
8:38-39　402
8:39　235
9:1-19　337
9:31　235
10章　37, 302
10:3-7　168
10:11-13　382
10:14　382
10:17-48　382
10:22　167
10:36　235
10:42　433
10:43　341, 398
10:48　397
11:12　168
11:13-14　37
11:14　397
11:21　235
11:30　392
12:6-11　168
12:7-11　168
12:15　168
12:23　168

13:10-12　235
13:32-37　429
13:36　417
13:48　125, 334
14:15-17　36, 37
14:22　446
15:26　195
16:14　235, 337, 339
16:15　397
16:25-34　390
16:30　339
16:31　28
16:31-34　397
17:16-34　390
17:22-31　38
17:23　44
17:24　90, 235
17:24-25　93
17:25　91
17:26　95, 123
17:27-28　84
17:28　38, 185
17:30　220, 340
17:30-31　331
17:31　432
18:8　397, 399
18:26　235
19章　302
19:1-7　399
19:4　341
19:12　170
20:19　235
21:14　235
23:6　430
23:8-9　166
24:14-15　432
24:21　430
24:25　432
27:23　168
28:15　447

ローマ人への手紙

1章　36, 41, 44, 202
1-2章　43, 43
1:3-4　389, 390
1:16　389, 390
1:18　209, 277, 279, 446
1:18-23　333
1:18-32　36, 40, 41
1:20　35, 135
1:21　43, 77, 202, 210, 222
1:21-23　42-43

1:26-27　222
1:28　202
1:29-31　202
2章　44
2:1-16　44
2:3　234
2:3-16　420
2:4　105
2:5　209, 279, 432, 456, 457
2:8　279
2:12　433
2:14　37, 44
2:14-15　201
2:14-16　37
2:15　37, 221
2:29　77, 379, 401
3章　43, 44, 44, 219, 333
3:1-23　329
3:9　219
3:9-20　342
3:10-12　220
3:12　223
3:20　220
3:21-26　277
3:23　219, 220
3:25　278
3:25-26　278
3:26　282, 351
4:3　354
4:5　351
4:5-6　354
4:8　354
4:9　354
4:11　354
4:13-18　398
4:15　279
4:17　135
4:22-24　354
5章　223, 227
5:3　446
5:6-8　281
5:6-10　103
5:8　103, 277, 278, 357
5:8-10　209
5:9　278, 279, 446
5:9-10　372
5:10　103, 357
5:12　212, 220, 223, 225, 226, 246
5:12-19　225
5:14　226
5:15　226, 226, 241, 457

5:15-19 223	8:33-34 266, 352, 372	1:9 102	11:27-28 407
5:17 226, 227, 241, 457	8:35 145	1:10-17 381	11:27-32 406
5:18 457	8:38 166	1:18 78, 362	11:29 407
5:19 241, 457	8:38-39 145, 366, 372	1:20-21 77	11:30 406
6:1-11 344, 401	9章 330	1:23 78	12章 299, 380, 386, 394
6:3-5 396, 401, 402	9-11章 123	1:24 78	12:3 338
6:4 214, 347	9:6 379	2:6-16 337	12:4-6 289
6:6 222	9:11-13 127	2:7 78	12:4-11 110, 299
6:6-8 270	9:15-16 330	2:8 235, 253	12:7 299
6:12 222	9:18 127	2:9-10 454	12:11 116, 291, 299,
6:17 214, 222	9:20-21 329	2:10-11 288	303, 382, 387
6:23 100, 212, 215, 220,	9:20-23 123	2:11 77	12:12 302
274, 353	9:20-24 127	2:13 77	12:12-13 381
7章 363	9:22 105, 279	2:14 77, 78	12:13 302, 349, 381, 396
7:5 221	9:24 379	2:14-3:4 194	12:14-21 299
7:18 205	9:24-26 379	2:16 78	12:14-25 386
7:18-19 364	10章 44	3:1-9 381	12:18 123
7:23 221	10:9-10 14	3:14-15 455	12:22-26 299
7:24 222	10:13 234	3:15 419	12:26 381, 386
8章 362, 372	10:14 43	3:16 116, 170, 288	12:27 380
8:1 350	10:16 389	3:16-17 110, 381	12:27-31 386
8:1-17 298	11:2 126	3:19 77	12:28-30 299
8:2 215	11:8 77	4:5 420, 432	13:1-3 304
8:4 362	11:10 77	4:9 168	13:8 301, 301n18
8:5 362	11:13-15 150	5:1-5 407	13:9-10 301
8:7 209	11:15 281	5:3 195	13:9-12 452
8:9 362	11:25 150	5:5 195	13:12 265, 372
8:9-10 349, 382	11:25-26 381	5:7 278	14章 299, 387
8:9-11 404	11:28 389	5:12-13 380	14:3-4 387
8:10 222	11:32 381, 457	6章 110	14:4-5 386
8:11 289, 430	11:33 94	6:2-3 433	14:5 299
8:13 222, 298, 362, 362	11:34 124	6:12-20 431	14:12 299, 386
8:14 362	12章 394	6:13 431	14:15-17 387
8:14-16 358	12:1-2 362	6:14 431	14:17 386
8:16 362	12:2 202, 349	6:15 431	14:18 301
8:16-17 358	12:6-8 298, 299	6:19 288, 431	14:26 386
8:17 347	12:9 362	6:19-20 110, 382	14:27 304
8:18 161	12:15 180	6:20 431	14:28 304
8:18-23 213	12:16-17 362	7:5 170n4	14:39 304
8:18-25 371, 373	12:19 211, 279	7:8-11 454	15章 197, 213, 390, 413,
8:19-23 163, 438	13:4-5 279	7:25-35 454	415, 417, 420, 430
8:19-25 428	14:4 366	7:40 52	15:1 390
8:21 373	14:10 433	8:4 109	15:3 390
8:22-23 431	14:11 235	8:6 109, 136	15:3-8 390
8:26 170, 291	15:19 289	9:14 389	15:6 417
8:26-27 298, 310, 362	16:17 380	9:16 390	15:12-14 430
8:28 123, 150, 161, 210		10:12 171	15:17 29, 213
8:29 115, 123, 126, 127,	**コリント人への手紙**	10:13 366	15:17-18 457
161, 185, 332, 334, 357,	**第一**	11:7 185	15:18 417
362	1:2 361, 377	11:10 168	15:20 390, 417
8:29-30 171	1:4-5 347	11:17-19 381	15:21 241, 415
8:31-39 366	1:7 427, 428	11:23 52	15:22 227, 347, 457
8:32 278, 281	1:8 372	11:26 406	15:22-24 443

467

15:23　443
15:24　166
15:24-28　115
15:38　123
15:38-50　373
15:44　263, 430
15:47-49　241
15:51　417
15:51-52　373, 430
15:54-56　413
15:54-57　415
15:55-56　213
16:2　387

**コリント人への手紙
第二**
1:18-22　102
2:11　170n4
3章　77
3:3-18　379
3:14-15　222
3:16　77
3:18　77, 185, 191
4:2　102
4:3-4　329, 333
4:4　43, 170, 222
4:6　135
4:11-12　414
4:16　349
4:17　161
5章　420
5:1-5　373
5:1-10　413, 421, 430
5:2-4　197
5:3　420
5:3-4　197
5:4　197, 373
5:8　197, 421
5:10　234, 433
5:14　277
5:15　280, 281
5:17　343, 344, 347
5:19　277, 338
5:19-21　354
5:21　247, 280
6:15　170
6:16　378
11:14-15　170
12:7　170
12:8-9　116
12:9　350
12:9-10　153
13:5　116

13:13　110, 112, 289, 291

ガラテヤ人への手紙
1:15　64, 123
1:15-16　147
2:16　341
2:19　347
2:19b-20　347
2:20　281, 344, 350, 380
3:1-14　419
3:6　353, 354
3:6-9　44
3:8　123
3:10-11　44, 353, 358
3:10-14　44
3:13　270, 278, 281, 415
3:13-18　398
3:19　167
3:19-29　44
3:23-24　44
3:28　381, 390
4:4　252, 261
4:4-5　123, 275, 357
4:5　261
5章　298, 362
5:13　358
5:16　298, 362
5:16-24　205
5:19-21　298
5:22-23　298, 362, 364, 382
5:24　222
5:24-25　343
5:25　362
6章　163
6:1　380
6:2　380
6:7-8　163, 274
6:8　274
6:14　344

エペソ人への手紙
1:3-4　347
1:4　123, 135, 372
1:4-5　329
1:5　357
1:5-6　124
1:6-8　347
1:7　278
1:10　380
1:11　124, 148, 149
1:11-12　123
1:18　77

1:20　263
1:20-22　264
1:22-23　377, 380
2:1　343, 344
2:1-2　222, 414
2:1-3　329
2:1-10　344
2:3　220, 279
2:5　222, 343, 347
2:5-6　344
2:6　343
2:8-9　104, 222, 325, 353, 355, 419
2:10　344, 347, 355
2:15　381
2:21-22　381
3:21　93
4:1-16　377
4:4　377
4:4-6　381
4:8-10　263
4:11　298, 299, 387
4:11-16　380
4:12　386
4:13　363, 364
4:16　386
4:23-24　185
4:27　170
4:29　386
4:30　291
4:32　357
5:2　277, 278
5:6　279
5:14　338
5:18　303
5:23　377
5:25-27　380
5:26　362
5:32　348
6:11　170n4
6:12　166, 170

ピリピ人への手紙
1:6　344, 362, 366
1:7　390
1:9-11　372
1:19-26　413, 421
1:20-23　415
1:23　421
1:29　341
2章　109, 266
2:2　377
2:3　29

2:3-5　216
2:5-11　109, 115, 234
2:6　109, 234, 255, 257
2:6-7　256, 256, 261
2:7　255, 256
2:9-11　266
2:10-11　264, 456, 457
2:11　235
2:12-13　362
3:3　379
3:8　350
3:10　49, 350
3:11　431, 443
3:20-21　373, 420, 430
4:5　428
4:11　145
4:12　145
4:13　145, 350
4:19　145, 358

コロサイ人への手紙
1:9　78
1:13-14　253
1:15　234, 380, 430
1:15-20　234
1:16　166, 380
1:17　144, 205, 234, 266
1:18　266, 380, 430
1:19　123, 234
1:19-20　457
1:20　278
1:21　209
1:21-23　367
1:22　372
1:27　347, 380
2:9　234, 255, 256
2:9-10　380
2:11-12　398
2:15　166
2:19　380
2:20　347
3:1　347
3:6　279
3:10　185
3:11　381

**テサロニケ人への手紙
第一**
1:1　377
1:4　379
1:5　62
1:9　90, 101
1:10　279, 444, 446, 451

2:13　62	1:12　366	4:15　191, 212, 247, 249	**ヤコブの手紙**
2:16　279	2:8　390	5:8　115	1:13　69, 203, 248
2:18　170	2:12　350	6章　369, 370	1:14　149
3:3　446	2:13　102	6:4-6　367, 369, 369	1:14-15　203
3:5　170	2:16-18　368	6:9　369	1:17　96
4章　412	2:17-18　370	6:10　369	1:18　343, 344
4:13　412	2:18　371, 431	6:11　367, 369	1:27　388
4:13-15　417	2:26　170n4	6:11-12　367	2:1　235
4:13-16　430	3:2-4　222	6:13-18　398	2:1-11　388
4:14　430	3:15　59	6:18　95, 101	2:9　101
4:15-16　424	3:16　59, 61, 65n11, 288	7:1-11　37	2:15-17　388
4:15-17　427	3:17　59	7:9-10　192	2:17　356
4:16　166, 347, 425, 426, 443, 451	4:1　234, 433	7:21　29	2:19　109
4:16-17　168, 420	4:8　420, 428	7:24　29	2:26　356, 414
4:16-18　13	4:10　368	7:25　29, 264, 266, 366	3:9　185
4:17　444, 446, 448		7:26　247	4:1-2　216
4:18　412, 445	**テトスへの手紙**	9:1-10　29	4:4　209
5:9　279, 444, 446	1:2　101	9:6-15　279	4:7　170
5:10　278	2:11　104	9:12　29, 279	5:7-8　424
5:19　291	2:13　424, 428, 445	9:14　247, 288	5:8-9　428
5:20-21　307	2:14　362	9:23-10:25　348	5:14-15　304
5:23　194, 195, 362, 363	3:4-7　104	9:24　263, 267	5:16　152
5:24　102	3:5　288, 343, 400	9:26　135	
		9:27　146, 180, 212, 215, 413, 432, 433	**ペテロの手紙　第一**
テサロニケ人への手紙　第二	**ヘブル人への手紙**	9:28　424	1章　127
1:5-2:12　420	1章　109	10:5　279	1:1-2　332, 334
1:6-7　427	1:1-2　52, 53	10:5-18　279	1:2　110, 127, 290, 291
1:7　424, 451	1:1-3　56	10:10　279	1:3　343, 344, 391
1:8　390, 446	1:2　109, 234	10:11　279	1:3-5　366
1:9　456, 457, 458	1:3　109, 234, 263	10:12　264, 279	1:6-7　161
1:10　424	1:4-2:9　234	10:22　367	1:7　424, 427
2:8　427	1:5　110, 166	10:25　387	1:8　341
2:13　135	1:5-2:9　167	10:26-27　367	1:13　424, 427
2:13-14　379	1:8　110, 234, 266	10:27　432	1:20　127, 135
	1:10　110, 135, 136	10:30　211	1:21　372
テモテへの手紙　第一	1:10-12　288	11章　381	1:23　325, 343, 344
1:6　371	1:13　110, 166	11:3　135	1:25　325
1:6-7　370	1:14　166, 166, 168	11:6　14, 90, 341	2:9　361
1:17　90	2:1　367	11:19　429	2:21　268
1:19-20　368, 370	2:2　167	12:1　381	2:22　247
2:3-4　331	2:3-4　301	12:2　161, 242	2:24　268, 280
2:5-6　109	2:9　281	12:5-11　358	3:15　234
2:6　280	3:1-6　234	12:6　211	3:20　105
2:14　246	3:11　452	12:7　358	3:21　400
3:16　252, 255, 263	3:12-14　367	12:22　167	3:22　264
5:21　168	3:18　452	12:22-24　453	4:11　298, 299
6:14　428	4:3　135	12:23　432	4:13　427
6:15-16　90	4:9-11　452	13章　279	4:19　102
	4:12　194	13:10-13　279	5:8　170
テモテへの手紙　第二	4:13　94	13:20-21　362, 363	
1:10　123	4:14　263		**ペテロの手紙　第二**
	4:14-16　29		1:10　367
	4:14-5:10　234		1:16　424

1:19　61
1:19-21　61
1:20　61
1:20-21　59, 65n11
1:21　59, 289, 294
　2章　169
2:1-2　368
2:4　169, 433
2:9　169
2:10-12　169
3:3-4　426
3:4　135, 424
3:7　432
3:9　105, 130, 331, 459
3:12　424
3:15　105
3:16　62

ヨハネの手紙　第一
　1章　364
1:1　53, 135, 241
1:5　104
1:8-10　363
1:9　96
2:1　290
2:1-2　253
2:13　170
2:13-14　135
2:16　204
2:18　446
2:22　446
2:28　424
2:29　343, 344
3:1　357
3:2　265, 373, 452
3:4-6　364
3:5　247
3:8　135, 170
3:8-10　167
3:9　366
3:12　170
　4章　102
4:1　341
4:2　14, 112, 253
4:2-3　241
4:3　446
4:6　62
4:8　102, 104
4:10　103, 282, 284
4:13-14　112
4:14　253
4:15　253
4:16　103, 104

5:1　343, 344
5:4　343, 344
5:5　253
5:7　110
5:10　341
5:13　342, 367
5:18　170
5:20　78, 101

ヨハネの手紙　第二
　7節　446

ユダの手紙
　3節　391
　6節　169, 433, 458
　7節　458
　9節　70, 166
　14-15節　70
　20-21節　290
　21節　428
　24節　372
　25節　93

ヨハネの黙示録
1:5　430
1:8　93
3:7　101
3:10　446, 448
3:14　135
3:21　264, 433
4:11　235
5:11　167
5:11-12　167
6:10　101
6:16-17　446
7:11　167
7:14　446
8:1-4　167
8:6-9:21　168
9:1-2　456
9:11　456
12:3　170
12:9　170
13:8　135
14:10　167, 446
14:10-11　456
14:11　458
16:1-17　168
16:19　446
17:8　135
19章　453
19:1-4　453
19:5　453

19:6-8　453
19:9　454
19:11-14　168
19:15　446
19:16　235
19:20　214
20章　214, 437, 440, 441, 443
20:2　441
20:4　433, 438, 441
20:4-6　430, 438, 440
20:5　438, 442
20:6　214, 414, 441
20:7-10　372
20:8　170
20:10　170, 172, 452, 458
20:11-15　432
20:13　430
20:13-14　214
20:14　214
21:1-2　373
21:4　452, 455
21:5　374
21:6　93
21:8　414, 456
21:18-21　452
21:23　452
22:1　264
22:3　453
22:5　452
22:9　167
22:13　93
22:20　116

外典
マカバイ記　二
12:43-45　419

総索引

あ

愛、神の 177, 268, 274, 358, 366
　〜の特徴 50-51, 91–92, 98, 102–5
　イエスと〜 190-91, 242, 276-77, 404
　訓練と〜 211
　さばきと〜 209, 282, 456-459
　三位一体と〜 103, 118
　贖罪と〜 124, 268-69, 278
　救いと〜 124, 278, 282, 329, 357-58
　正義と〜 100–1, 105–6
　保持と〜 145-46
愛、人間の 50-51, 216, 304, 378, 388
　〜への罪の影響 216
　神に対する〜 92, 109, 177, 190-91, 222
アイヒロット、ワルター 189
アインシュタイン、アルバート 94
アウグスティヌス 18, 23, 116, 118, 328
　自然的代表者性について 225, 226-27
　終末論について 436, 440
　贖罪について 270, 419
アウレン、グスタフ 269
贖い、贖罪の 49, 53, 238, 252, 279, 431
　三位一体と〜 112–13
　受肉と〜 198
アガペー 50, 91, 103 →愛、神の
悪 99, 131, 158-64, 270, 296, 313-14
　〜と創造 134, 137-38, 160-61
　神の意志と〜 125–27
　終末論と〜 438-39, 452
　人間の本性と〜 198-99, 215, 219, 221, 224

アクィナス、トマス 18, 23, 39, 41, 42, 419
悪人（たち） 208, 446, 455-60
悪魔　→サタン
悪魔払い 170-71, 296, 299, 315
悪霊 169-72, 303, 313-16, 433
悪霊憑き 24, 170-71, 313-15
アズサ通りの集会 300
アタナシウス 114
アダム 87, 100, 191, 212-13, 257
　〜との神の契約 225
　〜に対する罪の影響 223-28, 457
　〜の自由意志 148, 162
　〜の創造 177-79
　〜の罪 201, 205, 212, 215, 246, 415-16
　堕落以前の〜 184, 188-89, 208, 249
　特別啓示と〜 48
新しいいのち 110, 262, 338, 344, 402
新しいエルサレム 437, 452
新しい契約 355, 379, 448
新しい時代 412
アッシャー、ジェイムズ 139
アテネ人 38, 84, 220, 340, 390
アナニアとサッピラ 110, 288, 368, 432
アナバプテスト 417
アーノルド、クリントン 313
アパンテーシス 446-47
アブラハム 51, 100, 353, 429
　〜との神の契約 95, 96, 102, 378-79, 397-8, 439-40
アフリカの伝統的宗教 279n8, 314, 315
アベラルドゥス、ペトルス 268, 269
アポカリュプシス 265, 425, 427
アポリナリオス 194, 244
アポリナリオス主義 244, 258-59
誤り、無誤性と 73-74
アリウス 236
アリウス主義 114, 236-37, 258, 288

アリストテレス哲学 87, 114–15
アルトハウス、パウル 236
アルミニウス、ヤコブス 224, 328, 330-31
アルミニウス主義
　運命を定めること 121, 129, 328, 331-32, 334
　原罪 224, 225, 228
　堅持 367-68
　死すべき運命 212n4
　先行的恩寵 224, 331, 333, 338
　人間の自由 125–26, 148, 160
　予知 126-27, 129-30, 331-32
　予定 330-32, 334
アレクサンドリア教父 194
あわれみ 104-5, 330
「安易な信仰主義」 340
「安価な恵み」（ボンヘッファー） 340
アンセルムス 39-40, 269, 270, 283
安全、確かさ、保証 216, 284, 312-313, 321-22, 366
　救いの〜 365-67, 368-71
安息、永遠の 452-53
安息日 232, 233
イエス・キリスト 53, 60, 62–63, 128, 162-63, 241-42
　〜ととりなし 240, 249, 264, 266-67, 279, 366
　〜と内在 93
　〜と内住 347-48, 381-82
　〜における二性の結合 251-59
　〜の愛 190-91, 242, 276-77, 404
　〜の栄光 78, 372, 426, 452
　〜の教え 26, 78, 95, 105, 145
　〜の義 352-55
　〜の啓示的役割 264-65
　〜の権威 28, 232-33
　〜の謙卑 261-62
　〜の行為 237, 257

〜の高挙　262-64
〜の個性　258
〜の死　262, 268
〜の自己意識　110, 231-33, 276-77
〜のしもべとしての身分　256-57, 261
〜の従属　115–16, 117, 190, 236-37, 257
〜の勝利　262, 264, 270, 314-15, 412, 441
〜の神性　108, 109–10, 112, 113, 117, 230-38, 240
〜の人性　14, 48, 50, 53, 239-50, 275
〜の力　146-47, 233, 350
〜の知識　242-43
〜の罪のなさ　201, 245-49
〜の同情　104-5, 155, 242
〜の統治　110, 264, 265-66, 404, 435-54, 435-43
〜の人間としての制限　213, 257, 262
〜の働き　253, 260-72, 381
〜のバプテスマ　113-14, 236, 255, 296, 399, 402
〜の物理的からだ　240-41
〜を表す隠喩　405-6
　悪の犠牲としての〜　163, 279
　神の御子としての〜　109-10, 112–17, 136, 233, 287-88
　犠牲（いけにえ）としての〜　29, 276-79
　苦難のしもべとしての〜　276
　審判者としての〜　110, 232, 234, 264, 426, 432-34
　聖霊と〜　296, 349
　大祭司としての〜　29, 190, 279
　父との関係　113-14, 232-34, 236-37, 276-77
　長子としての〜　357, 380, 430
　人の子としての〜　253, 266, 424
　身代わりとしての〜　276-77
　身代金としての〜　276-77
　メシア／キリストとしての〜　275, 295, 333
　模範としての〜　271
　預言者としての〜　264-65

264
位格的結合　255
遺棄　121, 330
異教　212, 223-24, 225
異言で語ること　299-304, 386-87
意志、神の　86, 121, 123-25, 134, 136
　〜の啓示　309-10, 433
　悪霊と〜　313-14
　イエスと〜　262
　祈りと〜　153
　神の知恵と〜　129-30
　さばきと〜　433-34
　聖霊と〜　291
　罪と〜　130
　人間の自由と〜　128-30
　願いと〜　105, 149, 152
　予定と〜　328
意志、人間の　124-26, 222, 309
　罪と〜　223-25, 227-28
意志作用　→意志、人間の
移植者　24-25
イスラエル　36, 59-60, 99, 101, 208, 433
　〜と神の計画　121–22
　〜と神の唯一性　108–9
　〜の選び　330, 332-33, 378-79
　〜の保持　144-45
　神との関係　105, 281
　教会と〜　439-40, 448
　終末論と〜　412, 444-45
　特別啓示と〜　51
イスラム　231
異端　258-59
一元論
　創造における〜　138
　人間の〜　195-97, 417-18
一般啓示　19, 85–86, 134, 139
　〜の不十分さ　40–43
　〜の様式　35–36
　罪と〜　43, 45
　道徳性と〜　36-37, 43-44, 45
　特別啓示と〜　36-37, 36–38, 40, 42, 43–45, 48-49
　人間の責任と〜　36-37, 43-45
一般召命　337
いのちの木　213
祈り　86-87, 144, 310, 358, 419
　イエスの〜　153, 243, 249, 266-67
　癒やしを求める〜　151, 171

三位一体と〜　108, 115, 116, 118
　聖霊に対する〜　291-92, 304
　摂理と〜　152-53
　大祭司の〜　190, 266, 277, 290, 377
意味　38, 64, 71–72, 131
癒やし　104-5, 171, 299, 314-15, 388
　〜を求める祈り　151, 171
インテリジェント・デザイン　42, 141
ヴァーデュイン、レナード　187
ヴィーナー、G・B　280
ウェインライト、アーサー　378
ウェスレー、ジョン　331
ウォーフォールド、ベンジャミン・B　63, 69-70, 440, 441
ウーシア　114–15
宇宙的終末論　424-34
宇宙論　39, 42, 49, 140
生まれ変わり　131
運命を定めること　121, 129-30, 328, 331-33, 334
永遠のいのち　163-64, 213, 277, 329, 367, 371
永遠の死　213, 214, 414-16
栄光　325, 360, 371-74, 383, 452
嬰児と幼児　226-28, 3978-, 401
エイブ、ゲイブリエル　279n8
エウテュケス主義　254, 256, 258-59
エコロジー　85–86, 142, 179-80
エデンの園　213
エバ　48, 92, 100, 178, 191
　〜の死すべき運命　213
　〜の罪　201, 205, 212, 215, 246, 415
　自由意志と〜　148, 162
　堕落以前の〜　184, 188-89, 249, 257
エビオン主義　236, 258
エピファネイア　425, 427-28
エペソ会議(431年)　254
エホバの証人　236, 425-26
選ばれた者（たち）　110, 127, 130-31, 331-33, 369
　終末論と〜　168, 330, 444-46
　福音伝道と〜　335
選び　121, 126-27, 328-29, 331-33, 338
　イスラエルの〜　330, 332-33, 378-79

472

エリオット、ハリソン・サケット 203
エリシャ 79n5, 168, 171
エリヤ 146, 416, 432, 455
エル・シャダイ 95
エレミアス、ヨアヒム 420
エローヒーム 111
黄金律 26
思い、知性（人の） 38, 43, 202, 204, 222, 291 →理性
オリゲネス 194, 270

か

改革派神学 188, 224, 309, 354-55
　主の晩餐についての 404-5, 405
　バプテスマについての 397-8
戒規 407
解釈、聖書的 52-53, 55, 79-80
　預言の〜 439, 442
解釈学 80, 178
会衆制の教会政治 393
回心 203, 205-6, 311-12, 320, 337-42
　新しい誕生としての〜 247, 324, 342-345, 366, 399
　聖霊と〜 297
回復 326, 344, 350, 380, 456-58
改変者 25
カヴェナンタル・ノミズム 354
カエサル・アウグストゥス 151
科学、学 94, 322
　教会と〜 177-79
　行動〜 15, 19, 69, 131, 139, 175, 313
　自然〜 15, 19, 134, 139
　聖書と〜 14-15, 67-68, 69-70, 139-41
　哲学と〜 141
確信 25-26, 86, 146, 151, 334, 335, 358
核による破壊 411
火葬 418
語りかけ、神の 52-53, 58-60, 62-63, 135, 265
割礼 354, 379, 397-78, 400-1
カパドキアの神学者（たち） 114-15
神 20-21, 82-88, 90-92, 96-97, 101, 274
　〜とすべての者のために望まれる救い 331, 459
　〜の「できないこと」 95, 160, 459
　〜のあわれみ 104-5, 330
　〜の偉大さ 40, 88, 89-97, 158-59
　〜の一貫性 96-97, 125
　〜の慈しみ深さ 103-4
　〜の栄光 124, 137, 161, 167, 179, 371-72
　〜の恐れ 268, 358
　〜の義 99-100, 351
　〜の聖さ 84, 85, 87, 99, 208-9, 214, 274
　〜の権威 16, 75-80
　〜の行為 49-53, 92, 124-25, 146
　〜の自己啓示 48-49, 86, 87-88
　〜の純粋さ 99-101
　〜の真実性 58, 68, 101-102
　〜の善性 88, 98-106, 158-59
　〜の全能性 42, 68, 95, 159, 459
　〜の属性 87-88, 99-105
　〜の存在 39-40, 42, 90-92
　〜の知恵 77-78, 94-95, 129-31, 186
　〜の力 95-96, 158-59, 247
　〜の忠実さ 101, 102, 105
　〜の超越性 27, 49-50, 76, 82-88, 93, 236, 249
　〜の敵 208-9
　〜の道徳的特質 99-105
　〜の独比性 42, 99, 108-9, 113, 138, 236
　〜の内在 82-88, 93, 146
　〜の予知 94, 125-27, 130, 334
　〜の臨在 452-53, 456
　〜への敬意 86
　悪の犠牲としての〜 163
　いのちとしての〜 90-91
　空間と時間における〜 92-94
　支配者としての〜 269
　人格としての〜 49, 91-92, 151
摂理 144-55
　〜の全知性 50, 68, 94-95, 186
　〜の計り知りつくしがたさ 51, 87
　〜の遍在性 92-93
　被造世界と〜の間の形而上学的な隔たり 86, 138-39
　復讐の〜 210-11, 283
　無限としての〜 92-96, 137
神々 90-91, 92, 94, 101
神の怒り 36-37, 282
　大いなる患難と〜 444, 446, 447
　罪と〜 209, 273, 277-79
神のかたち 19, 36, 111, 118, 176-77, 180, 188, 257
　イエスと〜 186, 190-91, 362
　関係論的見方 185-88, 190
　機能論的見方 185, 187-89, 190
　実質的な見方 185-86, 189, 190
　支配と〜 187-90, 191-92
　堕落と〜 184, 189
　普遍的としての〜 186, 189, 191-92
神の国 110, 231-32, 265, 266
　キリスト者たちの統治と〜 350, 439, 453
　終末論と〜 413, 427, 437
　千年期と〜 435-42, 440
神の計画 96, 120-27, 134, 161-62, 459
　〜を表す建築家という隠喩 121, 134, 136-37
　イスラエルと〜 121-22
　永遠の〜 123, 146, 451-60
　再臨と〜 424
　救いと〜 334
　人間の行為と〜 125-26
　人間の自由と〜 125-31
　無条件としての〜 126-27
　預言と〜 122-23
神の子 →イエス・キリスト
神のことば →聖書
神の子どもたち 346, 356-58
神の使者 166, 167-68
神の死の神学 323
神の主権 121-23, 126-32, 144-55, 247, 329-30, 334
　カルヴァン主義における〜 159, 160
　自由意志と〜 147-48
　摂理と〜 146-53, 148-49
　罪と〜 147-48
神の民 378-80 →教会、イスラエル

神の知恵　77-78, 94-95, 129-30, 186
神の内在　82-88, 93, 146
神の名前　49, 90-92, 111, 342
神の似姿　→神のかたち
神の律法　61, 99-100, 202, 269, 274
　　イエスの謙卑と～　261
　　内側の道徳的～　201, 220-22
　　贖罪と～　269, 274
　　正義と～　100-101, 351-52
神への恐れ　268, 358
神への降伏　139, 304
神への奉仕　91, 177, 179
　　天における～　453
カミュ、アルベール　176, 391
カヤパ　276, 424
からだ
　　キリストの～としての教会　380-81, 407
　　聖霊の宮としての～　110, 431
　　肉体の～　194-99, 222
　　霊的～　263, 430-31
　　→復活のからだ
カリスマ運動　299-302, 313
カリスマタ（御霊の賜物）　296, 299
カリスマ的グループ　79, 288, 299, 308
カリスマ的現象　296, 302-3
カリスマ的指導力　295
カルヴァン、ジャン　23, 116, 328, 404
　　啓示について　42, 309
　　終末論について　440
　　バプテスマについて　401-2
カルヴァン主義　212
　　～におけるTULIP　328-29
　　～における神の主権　159, 160
　　～における神の無条件の計画　126-27
　　～における原罪　224-25
　　～における堅持　365-67, 368
　　～における主の晩餐　404-5
　　～における救いの保証　365-67
　　～における全的堕落　224-25, 328-29
　　～における予定　125-27, 129-30, 328-30, 332, 334
カルケドン会議（451年）　256

カルケドン会議による公式　254
姦淫　163
関係、人間の　180, 216, 319, 380
　→交わり
関係の神学　319
感情　170, 198-99, 222, 339-40
　　イエスの～　296
　　神の～　209
　　聖霊の～　291
完全　363-65, 383, 454
カント、イマヌエル　39-40
監督　391-92
監督制の教会政治　391-92
ガンドリー、ロバート　354
患難、大いなる　426-28, 436, 439, 443-48
　　神の怒りと～　444, 446, 447
患難期後再臨説　444, 445-448
患難期中間　447
患難期前再臨説　426-28, 443-45, 446, 448
義、正義
　　イエスの～　352-55
　　神の～　99-100, 351
　　キリストとの結合と～　348-49
　　法廷的～　322, 322-24
機械の隠喩　146, 175
技術　19, 25, 85, 139, 181
犠牲（いけにえ）
　　旧約聖書の～の制度　18, 28, 275-76, 279
　　キリストの～　29, 276-79
　　贖罪と～　28, 29, 160, 276-80
　　ミサと～　403-4
奇蹟　85, 151, 153-55, 296
　　啓示と～　51, 155
　　超越性と～　86-87
義認　267, 322, 324, 346, 350-57
　　聖化と～　355, 361-62, 374
　　バプテスマと～　397
　　法廷的義と～　322, 323-24
記念としての主の晩餐　404-5
機能論的キリスト論　237
希望、望み　322, 367, 374, 391, 411-13
　　教会と～　380, 391
　　祝福された～　427-28, 430, 445, 447
　　復活における～　371, 417, 429
　　未来への～　14, 26, 236, 347, 374

逆説　38
究極の目的　132, 190
旧約聖書　61-63, 121-22
　　いけにえの制度　18, 28, 275-76, 279
　　贖罪について　275-76
　　復活について　429-30
キュンク、ハンス　324
教育　203, 344, 387
　　神学的～　14-15, 23-24, 27, 191
教会　168, 197, 265, 381, 407
　　～の機能　385-389
　　～の建徳　304, 386-87
　　イスラエルと～　439-40, 448
　　一致　68, 377-78, 381, 382
　　科学と～　177-79
　　神の民としての～　378-80
　　キリストとの結合　380, 406
　　キリストのからだとしての～　380-81, 407
　　三位一体と～　383
　　新約聖書　307, 308, 392, 393-94
　　政治　391-94
　　聖霊の賜物　297-99, 303-4, 380, 386-87
　　聖霊の宮としての～　110, 381-83
　　創造の教理と～　134
　　第三世界の～　45, 151
　　福音伝道　385-86, 387-88, 390
　　福音の宣言　389-91, 436
　　交わり　377-78, 380-81, 386-88, 453
　　預言と～　307-9
　　歴史　18, 23, 68-69
教会政治における秩序正しさ　393
共感、罪と　216
教訓的アプローチ、霊感への　63
共産主義　131-32, 411
協同的（あるいは同流的）霊感　52
教理　13-14, 20-21, 28, 68-69, 247
　　～における永続性の基準　27-28, 29
　　啓示　30, 54
聖さ　361
　　神の～　85, 87, 99, 208-9, 214, 274
　　神の民の～　99, 379-80,

382-83
キリアズム（千年至福説） 437
ギリシア語、コイネーの 50, 72
ギリシア思想 96, 189, 237, 313, 322, 355
ギリシア哲学 87, 114-15
キリスト教
　〜の出現 235-36
　〜の独自性 134, 312-13
　世界宗教と〜 134, 310-13
キリスト者生活と成熟 79, 198-99, 223, 249, 343-44
キリストとの結合 347-50, 366
　教会と〜 380, 406
　バプテスマと〜 396, 401, 402
キリストの血 403-4
キリストの花嫁 379, 454
ギルキー、ランドン 50
禁欲主義 138, 199, 249
悔い改め 96, 105, 215, 220, 297, 340
　神の後悔 96, 125, 340
　悔い改めの詩篇における〜 221
　救いと〜 338-39, 342, 345
　バプテスマと〜 400
寓意的解釈 30
偶然 176, 179
偶像崇拝 90–91, 101, 108–9, 138, 202
口伝 58
苦難 161, 163-64, 241, 350, 388
　永遠の〜 458
　患難と〜 439, 445
　罪と〜 416, 418-19
グノーシス主義 243
クラーク、ゴードン・H 159
クラフト、チャールズ 313
クリスチャン・サイエンス 159
グーリッジ、ロバート 315-16
グルーデム、ウェイン 307
グレゴリオス、ナジアンゾスの 114
グレゴリオス、ニュッサの 114, 194
クレメンス、アレクサンドリアの 194
グロッソラリア 299-304
グロティウス、フーゴ 269
クロマニョン人 179
訓練 211, 358, 444
携挙 426-27, 440, 444-46

部分的〜 447
経験 14, 23, 49, 54, 303, 310, 339
　〜の権威 15, 308
　神のかたちと〜 186-87
　聖霊と〜 287-88, 301, 303-4, 307
経済的闘争 203, 321
啓示 30, 35, 55, 58, 235, 309
　〜としての再臨 265, 426-427
　〜の贖罪的性質 40
　〜への応答 37, 41
　奇蹟と〜 51, 155
　行為としての〜 50-51
　合理的〜 42-43
　三位一体と〜 114
　受肉と〜 40-41, 50-51
　漸進的〜 29-30, 55-56, 294
　非命題的〜 54-55
　→一般啓示、特別啓示
系図 30, 58, 140, 240
刑罰代償説、贖罪の 281-84
啓蒙主義 313
契約 49, 121-22, 225
　アダム〜 225
　新しい〜 355, 378-79, 448
　アブラハム〜 95, 96, 102, 378-79, 397-8, 439-40
　バプテスマと〜 397-8, 400-1
契約上の代表者性 225, 226
契約的枠組み（義認） 354
経綸的見方、三位一体の 112–13
結婚 29, 454
決定論 159
ケノーシス 256
ケノーシス主義 255
ゲヘナ 420
権威 78–79, 216
　神の 16, 75–80
　教会での 391-94
　教皇の 76, 391
　三位一体の内部での 115–16
　聖書の 58–60 62–63, 68, 75–80
　原因をさかのぼること 39, 41
言語 50–51, 179, 311
言語説、霊感の 60-61, 63–64
原罪 223-28, 246, 329, 397
堅持 , 325, 360, 365-71
謙遜 28-29
限定的無誤性 67–68
行為義認 28, 44

後悔 340-41
口述筆記説、霊感の 61, 64–65
更新、刷新 202, 343, 373, 400
洪水、創世記の 105, 140, 211, 219, 432
構造的悪 162
後退 370-71
行動（諸）科学 15, 19, 69, 131, 139, 313
　社会学 45, 310, 377
　心理学 175, 301
高慢 204
合理主義 322
黒人神学 320-21
心 202, 289, 298, 325, 398
　〜の悪 215, 219, 221, 224
　〜の啓発 37, 75, 308
　〜の内部に書かれた律法 201, 220-21
個人的終末論 413-21, 451-60
ゴーセン、ルイ 70
孤独 242, 456, 460
子とされること 346, 356-358
言葉の研究 17
コルネリウス 37
コンガール、イヴ 323
コンスタンティノポリス会議（381年） 114, 195, 244, 253
コンテクスチュアライゼーション（文化脈化） 13, 16, 19–20, 22, 27–31
　今日的意味としての〜 16-18
　方法 24-25
根本主義（ファンダメンタリズム） 79, 134, 244, 437-38

さ

最後の事柄 371-74 →終末論、審判、再臨
再生 43, 205-6, 322, 325, 337, 342-45
　教会と〜 388-89
　子とされることと〜 357
　聖霊による〜 76–78, 110, 289, 297, 344
　バプテスマと〜 396, 399-401
再生 342, 399
罪責 201, 209-10, 215, 224, 226-228, 324, 350
最低限の有神論 42

再臨　13, 105, 116, 412, 423-29
　～の知識　243, 424
　～の二段階　444-45, 448
　栄化と～　264, 420, 452
　啓示としての～　265,
　　426-427
　最後の審判と～　168, 440
　主の晩餐と～　406
　切迫しているものとしての～
　　426, 428-29, 445, 447
　復活と～　372-73, 416
　ペンテコステと～　425-26
サウル　202, 368, 370
搾取　181, 321
サクラメント、礼典　396-8,
　403-4
　～とキリストとの結合
　　348-49
　恵みと～　320, 323
差し迫った再臨　426, 428-29,
　445, 447
サタン　43, 60, 167, 169-72, 452
　試みと～　170, 205, 267, 314
　贖罪と～　270
　霊的戦いと～　313-14, 441,
　　446, 452-53
殺人　184-85, 191
サドカイ人　429-30, 455
さばき、審判　39, 94, 101,
　163-64, 348-49, 352
　～の最終性　434, 456-458
　神の愛と～　209, 282,
　　456-459
　最後の～　355, 372, 421,
　　432-34, 440
　天使と～　168, 433
サマーズ、レイ　441
サラ　102
サルトル、ジャン・ポール　391
三神論　114, 118
サンダース、J・P　354
サンダース、ジョン　149
サンデイ、ウィリアム　352
三分説　194-95
三位一体　83, 87, 252, 260, 263,
　292, 383
　～と霊感　63-65
　～についての諸見解　112-15
　～の愛　103, 118
　～の教理　108-18
　～の結合　110-13, 114-15,
　　116
　～の権威　115-16

　～の従属関係　115-16, 117,
　　190, 236-37, 257
　～の証拠　110-12
　～の属性　87, 103, 116
　～の同等性　111-12, 115-16,
　　288-91
　～の不可分性　113, 114
　～の本質（実体）　114-15
　～の交わり　112, 190
　～を表す対比　117-18
　イエスのバプテスマと～
　　113-14, 291
　祈りと～　108, 115, 116, 118
　葛藤と～　278, 282
　「経綸的」対「内在的」
　　112-13
　受肉と～　115, 117, 237
　創造と～　112-13, 136-37
　パウロの祝祷における～
　　110, 112, 290
　バプテスマと～　110, 111-12
　復活と～　430
　三位一体の同等の権威　115-16
死　146, 160, 176, 373, 391, 402
　～の普遍性　180, 220,
　　225-26, 413-14, 421
　永遠の～　213, 214, 414-16
　第二の～　214, 414-15, 438,
　　441-42, 456
　魂（霊）と～　195, 414, 417
　罪の結果としての～　162,
　　212-14, 220, 225-26, 415-16
　肉体の～　197, 212-14,
　　413-16, 441-42
　霊的　212-14, 222, 414-16
シェオル　420, 429
シェマー　108-9, 111
シェリング、フリードリッヒ
　432
時間　93-94, 161, 319, 381, 424
識別　308
司教　391-92
自己欺瞞　215, 352
地獄　418-19, 420-21, 456-460
自己中心　205, 215-16, 321
シジフォス　176, 391
死者の埋葬　179
自然　45, 438
　～の神による管理　146-47
　～の中の悪　313-14
　～への礼拝　90, 138
　一般啓示と～　35-36, 38
　→創造

自然科学　15, 19, 134, 139
自然詩篇　35-36, 41, 42
自然主義的進化　141
自然神学　15, 35, 152
　一般啓示と～　38-41
自然的代表者性　225, 226-27
自然の悪　158, 162
自然法則　137, 143, 153-55
自治　393
七十人訳聖書　73, 234, 278
十戒　108, 188, 202
実在論　100
実存（Existenz）　322
実存主義　131, 176, 188, 203, 391
実存主義神学　321-22
実存的疎外　203
実体変化説　320, 348, 403, 405-6
実用主義　322
使徒　25, 123, 147, 234, 299, 307
　～による福音宣教　389, 396
　神の語りかけと～　52-53,
　　265
使徒信条　134
支配、人間の　204
資本主義　321
シーモア、ウィリアム・J　300
邪悪さ、悪　208-9, 219, 274
社会学　45, 310, 377
社会的行動　388-89, 413
社会的福音　26, 320
社会の変革、変容　344, 436
主（キュリオス）　234-35
自由、人間の　127-30, 148-49,
　160, 192
　神の計画と～　125-31
　カルヴァン主義的考えの～
　　368
　子とされることと～　358
　救いと～　369-70
　責任と～　138, 148
　罪と～　138, 162, 215, 364
　予定と～　332, 334
自由意志　95-96, 123-24, 223-24,
　248n14
　神の主権と～　147-48
　道徳的悪と～　158, 160
　予定と～　330
宗教間の対話　312
十字架刑　53, 125, 148, 150, 232,
　241, 262
自由主義　23, 40, 55-56, 195, 196,
　417, 436
自由主義神学　148, 203, 319-22

476

従順　137, 190, 358, 404
終末論　410-13
　イスラエルと〜　412, 444-45
　宇宙的〜　424-34
　選ばれた者たちと〜　168, 330, 444-46
　神の国と〜　413, 427, 437
　個人的〜　413-21, 451-60
　終末論狂　411
　終末論恐怖症　412
主教　391-92
守護天使　168-72
受肉　138, 227, 243-44, 249
　贖いと〜　198
　イエスの謙卑　261-62
　イエスの二性と〜　255-59
　三位一体と〜　115, 117, 237
　贖罪と〜　28, 105-6, 270-71, 275-78
　処女降誕と〜　245-47
　救いと〜　163, 198, 240, 252-53
　勢力的〜　255
　特別啓示としての〜　40-41, 49-53, 148
主の晩餐　320, 348, 402-8
　象徴としての〜　406, 407
シュライエルマッハー、フリードリッヒ　23
循環論法　58-59
純粋さ、聖さ　361, 380, 383, 413, 419
　道徳的〜　99-101
巡礼　452
条件付き統一体（人間の本質）197-99
条件付き不死性　213
正直　102
象徴
　主の晩餐における〜　406, 407
　バプテスマにおける〜　214, 401-2
　黙示録における〜　441
昇天　263-64, 425-26
照明　337
　聖霊による〜　76-77, 78, 298, 308-9
　霊感の〜説　60
贖罪　106, 260, 267-71, 273-79, 351, 419
　〜の意味　279-84
　神の愛と〜　124, 268-69, 278

神の律法と〜　269, 274
犠牲の、いけにえの　28, 29, 160, 276-80
旧約聖書　275-76
刑罰代償説、贖罪の　281-84
受肉と〜　28, 105-6, 275-78
代償的〜　276-77, 280-81, 353
償い　278-79
罪と〜　270-71
宥め　278-79, 282
贖罪の日　279
処女降誕　236, 239, 240, 244-47, 289
　聖霊と〜　245-46, 296
女性の地位　30
除名　380
ジョンソン、フィリップ　141
自律性　322
しるし　→奇蹟
神学　14-15, 20-21, 23, 24-25
　〜の定義　12, 13
　科学としての〜　14-15, 139
　組織〜　267, 287
　文化と〜　19-20
進化論　42, 131, 134, 139, 140-42, 203
　人間の直接の創造と〜　176, 177-79
信仰　14, 54, 171, 297, 342, 354
　〜の眼鏡　43
　行いと〜　325, 353, 355-56
　神のわざと〜　152-53
　救いと〜　43-45, 320, 330, 338-39, 341-42, 345, 353
信仰者のバプテスマ　399, 401
人種的罪　162
信条　49, 134
信じること、信条　54, 76, 86-87
　キリストにある〜　28, 339, 341-42, 345
神人同感論　94, 96, 125
神人同形論　50, 90, 94, 96, 125, 163
心身の健康　154, 198
新生　247, 325, 342-45, 366, 399
「新生した」　344
新正統主義　23, 30, 53-54, 186-87, 196, 417
新石器時代　179
進歩　26
新約聖書　61-63, 122-23
信頼　86, 146, 366

信頼　54, 100, 342
真理　13-14, 30, 38-39, 78, 265
　神の〜　58, 68, 101-102
　聖書と〜　70-71
心理学　69, 175, 309-10, 315, 411
人類学　178-79
浸礼によるバプテスマ　399, 401-2
過越　51, 278, 407
救い　86, 103, 138, 347, 439
　〜の確信　365-67, 368-371
　〜の過程　319-20, 336-345
　〜の教理　67, 227, 287
　〜の喪失　367-68
　〜の定義　319-20
　〜の範囲　320
　〜の必要　319
　〜の包括的見解　35, 311
　〜の理解　284, 353
　行いによる〜　222-23, 224, 320, 353-56, 419
　神の愛と〜　124, 278, 282, 329, 357-58
　神のかたちと〜　185
　悔い改めと〜　338-41, 342, 345
　受肉と〜　163, 198, 240, 252-53
　信仰と〜　44-45, 320, 330, 338-39, 341-12, 345, 353
　救いへの普遍的招き　330, 334, 337, 457
　特定主義　320
　人間の自由と〜　369-70
　バプテスマと〜　397-8, 399-401
　万人救済主義　320, 325, 456-57
　恵みと〜　40, 104, 247, 320, 325, 334
　予定と〜　334, 338
救いから落ちること　367-371
救いの確信　365-371
スコラ的正統主義　79
スタイン、ロバート・H　232
スチュワードシップ　179, 204
スピノザ、ベネディクトゥス　159
スペンサー、ハーバート　131
スミス、チャールズ・ライダー　208, 220
聖化　114, 267, 344, 361-365
　〜と聖霊　295-98, 361-62

477

義認と～ 355-56, 361-62, 374
　漸進的～ 325, 362
　人間の本性の～ 198-99
　恵みと～ 324, 369-70
正義 104, 269-70, 282-83, 434
　神の愛と～ 100-1, 105–6
　神の律法と～ 100-101, 351-52
　報復と～ 211
聖書 49, 58–62, 73-74, 326, 416
　～における概数 71–72
　～の教訓的な箇所 17, 27, 149, 364
　～の権威 19, 58–60, 62–63, 68, 75–80
　～の真理 70–73
　～の中の問題ある箇所 69–70, 72–73
　～の中の歴史 49, 67–68, 70–71
　～の無誤性 67–74
　～の目的 71–72, 139
　意味 17-19, 27, 30
　解釈 52-53, 55, 79–80, 439
　解放の神学と～ 320-21
　科学と～ 14–15, 67–68, 69–70, 139-42
　啓示としての～ 55–56
　憲法としての～ 15–16
　正典性 70
　統一性 17, 108–9, 110–14
　倍率 63–64
　物語の箇所 17, 37–38, 55, 149
　霊感 52-53, 57–65, 289, 294
→特別啓示
聖書解釈 16–19, 79–80, 149
聖書外典 419
聖職者（たち） 391–93, 407
聖職尊奉主義 403-4
聖書神学運動 196
聖書の事象（霊感のモデル） 63
聖書の調和 69–70
聖書の倍率 63–64
聖体共在説 403
聖体の典礼、ユーカリスト 320, 348, 403
聖徒（たち） 361
勢力的受肉論 255
聖霊 78, 263–64, 286–92, 297-99
　～と悪霊払い 170-71, 296
　～と聖書の霊感 52, 58–65,

289, 294
　～と罪の自覚 110, 309-10, 342
　～の、力を与える働き 294-95, 297-99, 304, 385
　～の啓示のわざ 265, 298
　～の従属 288, 292
　～の神性 110, 113, 117, 288-90
　～の聖書的理解 27, 76–79
　～の賜物 77, 110, 291, 298-304, 380, 381-82
　～の内住 297-98, 304, 381-82, 394
　～の働き 24–25, 78, 110, 112, 289-91, 293-96
　～の実 298, 303-4, 362, 364, 371, 381-82
　～をけがすこと 291, 296, 303
神の霊 294-95
今日における預言と～ 307-10
再生と～ 76–78, 110, 289, 297, 344
処女降誕と～ 245-46, 289, 296
諸霊と～ 313-16
人格としての～ 290-91
救いと～ 115, 297
聖化と 295-98, 361-62
世界の宗教と～ 310-13
創造と～ 136-37, 289, 294
バプテスマと～ 296, 300-1, 302, 396
世界宗教 45, 310-13
責任、人間の 188-89, 368, 413
　一般啓示と～ 36–37, 43–45
　自由と～ 138, 148
　罪についての～ 203-5, 215, 226-28, 459
セクシュアリティー 138, 204, 246, 431, 454
世俗神学 322-23
説教 387
絶対的無誤性 67
折衷主義 24
切迫的患難期後再臨説 447
摂理 144-47
　祈りと～ 152-53
　神の主権と～ 146-53, 148-49
　奇蹟と～ 153-55

統治としての～ 146-53
人間の努力と～ 152-53
保持としての～ 144-46
セブンスデー・アドベンティスト 417
宣教、使命 20, 45, 282-83, 312, 386, 388-89
　予定と～ 332-335
先行的恩恵 224, 331, 333, 338
漸次的権威、三位一体の～ 115–16
漸進的啓示 29–30, 55–56, 294
漸進的創造論 134, 140, 177–78
善性 26, 39–40, 136, 150-51, 161-62, 361
　神の～ 88, 94-95, 98–106, 158-59
　キリスト者でない人々の～ 85
　被造世界の～ 134, 137–38, 142
戦争 216
洗足 28–29
前提 16, 308
全的堕落 198, 246, 267, 274
　カルヴァン主義における～ 224-25, 328-29
　刑罰代償説と～ 284
　救いと～ 334, 338
　罪と～ 219, 221-23
　予定と～ 328-29, 331
全的無誤性 67
千年期 435-42
千年期後再臨説 435-37, 438, 440
千年期前再臨説 435-36, 437-43
　患難時代についての～的見解 443-48
全能性 42, 68, 95, 159, 459
全般的摂理 148-49
相関の方法 19
創造、被造世界 19, 85, 133-42, 162, 190, 373
　～における二元論 137–38
　～の善性 134, 137–38, 142
　ex nihilo（無から）の～ 135, 137, 138
　悪と～ 134, 137–38, 160-61
　イエスと～ 136-37, 144
　神に対する関係 83, 85–86, 87, 140
　神の摂理と～ 144, 146-47
　間接的（派生的）～ 135
　三位一体と～ 112–13, 136-37

478

人類の〜　134, 176-81
聖霊と〜　136-37, 289, 294
創造論　, 139, 225
漸進的〜　134, 140, 177-78
命令〜　140, 177
即座の復活　420
ソッツィーニ主義　267-68, 417
ゾロアスター教　159, 315
存在、実存　179, 321-22
神の〜　39-40, 42, 90-92
存在論的証明　39-40

た

大会（synod）　392
第三世界　18n2, 20, 45, 151, 300, 321, 411
代償的贖罪　276-77, 280-81, 353
大宣教命令　93, 385, 387, 436
バプテスマと〜　28, 111, 289, 399
態度　203, 268
第二の死　214, 414, 438, 441-42, 456
第二のチャンス　456-58
第二バチカン公会議　323
ダーウィニズム、ダーウィン主義　131, 141
多元論　35, 45, 311
確かさ、確信　76-77, 150
他宗教に対する聖霊論的アプローチ　311-13
達成と罪　204
タティアノス　112
ダニエル　145
ダビデ　59, 62, 147, 163, 221
〜の罪　219, 356
魂、人の　194-99, 224-25, 244, 458
〜の消滅　417
〜の不死　39, 196, 197-98
死と〜　195, 414, 417
魂の眠り　417-18
堕落　86, 162, 212-13, 228, 350
〜と神のかたち　184, 189
天使の〜　169-70
知恵文学　122
地球の年齢　139-40
知識、神の　35-36, 38, 41, 45, 48, 51, 94-95, 125-27, 129-30, 242-43, 334
知識、人間の　77, 180, 301, 342, 372-73

神についての〜　257
完全な〜　451-52
責任と〜　459
罪と〜　34, 48
中間状態　196-98, 199, 416-21
忠実さ、神の　101, 102
中毒　214
超越　27, 49-50, 76, 82-88, 93, 236, 249
奇蹟と〜　86-87
信条と〜　86-87
超自然的勢力　24-25, 151, 153-55, 314
帳簿的枠組み（義認）　354
長老制の教会政治　392
直観説、霊感の　60
ツヴィングリ、ウルリッヒ　405
罪　162, 214-15, 271, 314, 333, 364
〜についての責任　203-5, 215, 226-28, 459
〜の結果　100-1, 106, 207-17, 274, 356, 460
〜の効果　214-16, 241, 344, 350
〜の告発　78, 110, 309, 342
〜の社会的側面　283-84
〜の定義　209-10, 270-71, 459
〜の源　202-6
〜への刑罰　352-53
〜への隷属　214-15, 222
一般啓示と〜　43, 45, 49
内なる状態としての〜　220-22
神の怒りと〜　209, 273, 277-79
神の意志と〜　130
神の主権と〜　147-48
神の知識と〜　34, 48
神のわざと〜　149-50
苦難と〜　416, 418-19
原罪　223-28, 246, 329, 397
自己破壊としての〜　458
死と〜　162-63, 212-14, 220, 225-26, 415-16
贖罪と〜　270-71
信仰者の〜　433
特別啓示と〜　48-49
人間の意志と〜　224-25, 227-28
人間の自由と〜　138, 162, 214, 364
人間の有限さと〜　180-81,

203
普遍的〜　219-20
本性と〜　200-2
→全的堕落
罪（複数形）　201, 220-21
罪に定める、定められる　351-52, 399-400
罪の自覚　78, 110, 310, 342
罪のないこと　201, 245-49, 364-65
罪深さ　48, 76-77, 160, 181, 189, 219-25
釣り合いのとれた因果関係　41-42
ディーア、ジャック　308, 309
ティコニウス　436
ディスペンセーション主義　426, 438, 439-40, 444
テイラー、ヴィンセント　352
ティリッヒ、パウル　19, 23, 203
テオドトス　113
敵対　208-9, 281, 357
弟子としての身分　341
哲学　69, 115, 116
アリストテレス〜　87, 115
科学哲学　141
キリスト教〜　40, 42
破滅の哲学　131
テナント、フレデリック　202
デービス、W・D　420
デマス　368
デムスキ、ウィリアム　141
テルトゥリアヌス　112, 118
天、天国　26, 84, 263, 418, 421
〜の王国　265, 266
宇宙での霊的戦いと〜　313-14
最終状態としての〜　451-56, 460
転嫁
義の〜　227-28, 351-52, 354
罪の〜　225, 227-28
天使　110, 137, 165-66, 426, 433, 451
イエスと〜　167-68, 231
キリスト者と〜　168-69
守護〜　168-72
悪い〜　169-72, 433
天使の顕現　167
伝承、伝統　15, 23, 58
動機、罪と　201-2, 220-21, 222
陶器師と土のかたまりのたとえ　123, 127, 329

動態説、霊感の　60
統治的贖罪論　268
道徳、道徳性　48, 99–105, 137-38, 160, 210, 361
　悪と〜　158, 160, 162
　一般啓示と〜　36-37, 43-44, 45
　神の存在と〜　39
　神の内的律法と〜　221-22
　純粋さと〜　99–101
道徳感化説、贖罪の　268, 281
東方教父　194
東洋の宗教　131, 290
特殊性のレベル（霊感）　63–65
特殊な摂理　148-49
特定主義　320
特別啓示　48–56, 348, 439
　〜の人格的性質　49–50, 53–55
　〜の人間的性質　49-50
　〜の類比的性質　50-51
　一般啓示と〜　34–35, 36-38, 40, 42, 43–45, 48–49
　受肉と〜　40-41, 49-53, 148
　治療的なものとしての〜　48–49
特別召命　337-38, 345, 365
「匿名のキリスト者」（ラーナー）　323
ドケティズム（仮現論）　243-44, 254, 258-59
ドッド、C・H　278
トリエント会議（1545–63年）　324, 402
とりなし　310
　イエスの〜　240, 249, 264, 266-67, 279, 366
　→祈り
奴隷の立場　30, 261

な

宥め　278-79, 282
ニカイア会議（325年）　236, 253
肉　241, 244, 277, 297, 343-44, 452
肉体から分離した状態　195-96, 197, 420-21
肉体の死　197, 212-14, 413-16, 441-42
肉欲、情欲　204
二元論　159-60
　宇宙的終末論　315
　創造における〜　137-38

人間の本性の〜　195, 197n8, 416, 421
二重予定説　330
二神論　113
ニーバー、ラインホルド　25, 203
二分説　193, 194-95
人間、人類、人間性　36, 175-81, 191, 249, 323
　〜の回復　344, 380
　〜の行為　125–26, 130-31, 151, 187-88
　〜の従順　137, 358, 404
　〜の制限　38, 48, 67-68, 76-77, 180-81
　〜の創造　134, 176-81
　〜の同一性　179-80
　〜の満たし　177, 180, 190
　永遠としての〜　176-77, 459
　キリスト教の〜観　176-81
　実存主義的〜観　321-22
　動物としての　175, 202
　独自性　19, 114, 180, 188
　→人間の本性、関係、人間の、責任、人間の、魂、人間の、意志、人間の
人間の本性　193-99, 205
　〜の中の二元性　195, 197n8, 416, 421
　悪と〜　198-99
　統一体としての〜　417, 420-21
　物理的外観と〜　179
人間論的証明　39
認識論　55, 69
任職　391-92
妊娠中絶　192
ネオ・ペンテコステ主義　300
ネストリオス主義　253-54, 256, 258-59
ネブカドネツァル　37, 147
ノア　211, 219
望みのなさ、絶望、どうしようもない　315, 333, 456
のろい　212-14, 227, 270, 350

は

バー、ジェイムズ　355
背教　367-71
パイク、ケネス　63-64
賠償（古典的）説、贖罪の　269-70, 276-77
賠償、払い戻し　270-71

排他主義　310-11
ハイデガー、マルティン　321
パウロ　13, 64, 84, 135, 136, 337, 356-57
　〜研究についての新しい視点　354-55
　〜における福音　102, 389-90
　アダムとキリストについて　227-28
　安全について　366
　イエスの神性について　109, 234
　イエスの人間性について　241
　一般啓示について　36-38, 43, 201-2
　割礼について　400-1
　神の計画について　123
　神の予知について　126-27
　からだと魂について　196-97
　義認について　353-55
　教会の徳を高めることについて　386-87
　偶像について　109
　再臨について　427-28
　さばきについて　372-73
　死について　213, 225-26, 415
　主の晩餐について　406
　贖罪について　277-79
　聖化について　362-63, 363-64
　聖霊について　288-89
　罪について　163, 205, 219-20, 221, 225-26, 246
　内的律法について　44
　復活について　420, 430, 443
　保持について　145
　予定について　329-30
　理解について　77–78
　霊感について　52, 59, 61–62
　礼拝について　387
パウロ研究についての新しい視点　354-55
迫害　350, 439, 445
バークレー、ウィリアム　36-37
バシリウス　114
罰、刑罰　163, 164, 169, 209-12, 324
　〜に陥る傾向　224, 274, 324, 329, 350
　〜の程度　459-460
　永遠の〜　418, 456-460
　贖罪と〜　269

治療としての〜 210-11
パーティル、リチャード 421
ハデス 420-21
パネンベルク、ヴォルフハルト 235-36
パーハム、チャールズ 300
バプテスト 18n2, 393, 399, 438
バプテスマ 28, 296, 302, 395-402
　イエスの〜 113-14, 236, 255, 296, 399, 402
　キリストとの結合と〜 396, 401, 402
　契約と〜 397-8, 400-1
　三位一体と〜 110, 111-12
　象徴としての〜 214, 401-2
　信仰者の〜 399, 401
　信仰と〜 397, 399, 401, 404
　浸礼 399, 401-2
　救いのしるしとしての〜 397-8, 398-401
　救いの恵みとしての〜 396-7
　聖霊の〜 296, 300, 302, 396
　大宣教命令と〜 28, 111, 289, 399
　定式 110, 111-12, 290
　幼児洗礼 397-8, 401
破滅の哲学 131
パラクレートス 290
パリサイ人 60, 191, 232, 430
　イエスと〜 215, 222, 265, 296, 340
パルーシア 425-27
バルト、カール 54, 166, 246n11, 328
　〜の神学 23, 152
　一般啓示について 40–41
　人間における神のかたちについて 186-87, 188
半アリウス主義 237
反逆 201-2
反キリスト 427, 445, 446
汎神論 138, 159, 290, 348
万人救済主義 320, 325, 456-57
万人祭司 29, 393-34
反律法主義 355
非キリスト者 85-86, 103, 323, 415
　〜の復活 431-32
ビーグル、デューイ 63, 70
「非宗教的キリスト教」（ボンヘッファー）322
ヒッポリュトス 112

非統治制の教会政治 393
ヒトラー、アドルフ 85, 152
非難すること 388
ヒーバート、ポール 315
非命題的啓示 54-55
ヒメナイ
　〜とアレクサンドロ 368, 370
　〜とピレト 368, 370, 371, 431
ヒューズ、ジェイムズ 442
ヒューマニズム 191
ヒューム、デイヴィッド 158
病気 158-59, 373
　悪霊と〜 170, 314-15
　罪と〜 163, 213, 320
開かれた神論 148-49, 313
ヒンズー教 131, 134, 315
ファインバーグ、ジョン 129
不安 207, 216
フィリップス、J・B 83
フェミニスト神学 321
フェルスター、ヴェルナー 135
フォスディック、ハリー・エマーソン 25-26, 195
フォン・ハルナック、アドルフ 30
福音 86, 283, 338, 340-41
　〜の宣言 315, 389-91, 396, 454
　被造物と〜 45
福音主義 23, 134, 307, 388-89
福音主義神学 67, 69, 115, 331
　救いに関する〜 319, 324-25
　罪に関する〜 203-4, 227
福音伝道 86, 203, 314, 338, 385-86, 387-88, 390, 413
　千年期後再臨説と〜 436
　予定と〜 130-31, 332, 335
復讐 210-11, 283
フーケマ、アンソニー 417
不公平、不正 282-83, 329
不死性、人間の 212-13, 415, 458
不従順 201-2, 274
復活 195-96, 197-98, 289, 429-32
　〜の望み 371, 416, 429
　イエスの〜 235-36, 243, 262-63, 265, 270, 413-15, 430-31
　栄化と〜 371-87
　からだを伴う〜 196-97, 416, 430-31, 438, 441-42
　旧約聖書における〜 429-30
　再臨と〜 372-73, 416

　瞬時の〜 420
　第一の〜 214, 414, 441
　非キリスト者の〜 431-432
　二つの復活 438, 441-42, 443, 447
　三つの復活 444, 448
　霊的〜 430, 438, 441, 443
復活のからだ 417-18, 420, 434
　〜の性質 263, 372-73, 430-31, 454
物質的所有物 203, 204, 216
　初代教会と〜 381-82, 386
ブッシュネル、ホーレス 268
物理学 42, 85, 94
ブードゥー 301
ぶどうの木と枝の隠喩 347, 349
不動の動者 39, 42
部分的携挙 447
フラー、レジナルド 234
フランクル、ヴィクトル 411
フィリップス、J・B
プリンストン学派 63
ブルトマン、ルドルフ 23, 321
ブルンナー、エミール 54, 186-87, 188
プロセス神学 41-42
ブロッホ、エルンスト 411
　カトリックと〜 354-55, 419
プロテスタント神学 23, 194, 324, 355
文化的視点 13, 18-21, 25–26, 28, 30
　聖書の意味と〜 71–72
文化命令 188
ベイリー、ジョン 454
ベーエ、マイケル 141
ヘーゲル、ゲオルク 131
ベットナー、ローレイン 244, 330
ヘッドラム、アーサー 352
ペテロ 37, 53, 99, 105, 340, 382
　〜によるペンテコステ説教 123, 297, 340, 399-400
　神の予知について 123
　聖霊について 288-90
　霊感について 59, 61–62
ベルコフ、ルイス 99, 213, 404, 433
ヘルム、ポール 421
ペレティ、フランク 313, 315
ベロウ、ソール 391
変革、人間の 297, 342-45, 355-56, 436
弁証法的唯物論 131, 411

弁証論 80, 390
ペンテコステ 294, 296, 301-2, 311-12, 381
　〜におけるペテロの説教 123, 297, 340, 399-400
　再臨と〜 425-26
　預言の成就としての〜 294, 295, 425-26
ペンテコステ主義、ペンテコステ運動、ペンテコステ派 300, 438
ヘンリー、カール 73
ボイド、グレゴリー 313
暴飲暴食 204
報酬 453, 455, 460
包摂主義 35, 311
法廷的義 322, 350-55
　聖霊に対する〜 291, 296, 303
冒瀆 110, 231-32
報復、罰としての〜 211
保持 144-46
ポストモダニズム 76, 283, 310, 314-15
ポストモダン神学 55, 187, 307
ホーダーン、ウィリアム 73
ホモイウーシオス 237
ホモウーシオス 237
ポーレ、ヨーゼフ 418
ボンヘッファー、ディートリッヒ 322-23, 340
翻訳者 25, 27
本来的実存 321-22

ま

マーク、ジェイムズ 179
交わり 383, 453
　〜の条件 20, 48, 340, 357, 380, 413
　永遠の〜 457, 459
　神との〜 86, 106, 121-22, 161, 192, 208, 274
　教会 377-78, 380-81, 386-88, 453
　三位一体の〜 112, 190
マニ教 159, 315
マリア（イエスの母） 244-47, 254, 296
マルキオン主義 243
マルクス、カール 131
マルクス主義 14, 411
マーレ -、ジョン 349

満足、永遠の 455
満足説、贖罪の 270-71
ミサ、カトリックの 403-4, 419
御霊の賜物 77, 110, 291, 298-304, 380, 381-82
　教会と〜 298-99, 303-4, 380, 386-87
御霊の実 298, 303-4, 362, 364, 371, 381-82
御父 108-10, 112-17, 136-37, 210-11, 287-89
　イエスと〜 50, 53, 101, 103-4
　キリスト者と〜 86, 92, 358
　→神、イエス・キリスト、父との関係、三位一体
御使い　→天使
未来論 411
無感覚 215-16
報い　→報酬
無誤性 67-74
無条件的予定 330, 332
娘たち、たとえ話の 428, 445, 447
無千年期説 435-36, 438, 440-42, 443
迷信 152
命題的啓示 53-55
命題的神学 55
メイチェン、J・グレッサム 26
命令創造論 140, 177
　霊的な〜 333, 342
目が不自由なこと 18, 43, 77, 154, 170
恵み 104, 224, 227, 284, 323-24
　〜による救い 40, 104, 247, 320, 325, 334
　安価な〜 341
　一般的〜 312
　きよめる〜、義化の〜 324, 369-70
　サクラメントと〜 320, 323
　先行的〜 224, 331, 333, 338
　バプテスマと〜 396-7
召し、召命 337-38, 345, 365
メノナイト 399
メルキゼデク 37
黙示文学 315, 440
目的論的証明 39, 42
モーセ 91, 144, 248
モダニスト（近代主義者）対ファンダメンタリスト（根本主義者）論争 134

モダニズム（近代主義） 25, 139, 240, 244-45, 283, 314
モナルキア主義（独裁論）
　勢力的〜 113
　様態的〜 113-14
物語、聖書の 17, 37-38, 55, 149
モリス、レオン 232, 248
モルトマン、ユルゲン 411
モルフェー（型） 109, 234, 256
モルモン教徒 90, 186
モンタノス主義 299-300

や

ヤーウェ 91
約束
　イエスの〜 294, 297, 366, 382
　神の〜 95-96, 101-102, 145, 160
唯一神論 108, 110, 236
唯名論者 100
有限性、人類の 180-81
有限論 159
有効召命 337-38, 345, 365
有神論的進化 140, 177
誘惑 152, 161, 169-71, 366
　〜に抵抗すること 205-6, 363-64
　〜の終わり 372, 452
　アダムとエバの〜 205
　イエスの〜 60, 168, 205, 247-48, 296
　神と〜 203-4, 283
　サタンと〜 170, 205, 267, 314
ユークリッド 49
ユスティノス 112
ユダ、イスカリオテ 72, 122, 248, 340, 368
ユダヤ教 44, 108, 302, 354, 355, 400-1
　イエスと〜 110, 232-34, 235
　天使と〜 166, 168, 169
ユダヤ教黙示文学 315, 440
ユダヤ主義者 354
ユートピア主義 131
夢 50, 52
赦し 269, 283, 356-57, 419
　イエスの〜 105, 110, 231-32
養子論 255
様態論 113-14, 118
抑圧 203, 321

482

抑止としての刑罰　210-12
預言　52–53, 59–60, 61–62, 275, 388
　　　～の解釈　439, 442
　　　～の成就　294, 295, 425-26, 428, 440, 448
　　　神の計画と～　122–23
　　　神の予知としての～　94
　　　悔い改めと～　340
　　　今日の特別な賜物　79, 299, 300, 306-10, 386
　　　聖霊と～　289, 294-95
　　　説教と～　387
　　　予測的～　413
予知　94, 125–27, 129-30, 148, 149n5, 331-32
欲求、願い、望み　204-6, 330, 459
予定　121, 327-35
　　　～に関するカルヴァン主義　125–26, 129-30, 328-30, 332, 334
　　　宣教と～　332, 335
　　　全的堕落と～　328-29, 331
　　　人間の自由と～　332, 334
ヨナ　125, 137
ヨハネ（使徒）　62, 123, 233-34, 276, 341-42
ヨハネ、バプテスマの　277, 280, 296, 397
　　　～の説教　340, 388
　　　～のバプテスマ　399, 402
　　　イエスと～　341, 342
ヨハネの黙示録　123, 168, 411, 440-42
ヨブ　122, 150, 167, 170
ヨング、エイモス　306, 311-13

ら

ライト、N・T　355
ラウシェンブッシュ、ウォルター　26
ラザロ、イエスの友　242, 417-18, 430
ラザロ、たとえ話の　168-69, 196, 418, 430, 457-58
ラシュドール、ヘイスティングズ　268
ラッド、ジョージ　277, 278, 337, 427, 438, 446
ラーナー、カール　323
ラム、バーナード　78, 373

理神論　145-46
理性　79-80, 186, 202, 204, 222
　　　一般啓示と～　34, 38-39
　　　神の知識と～　38-39, 43, 51
　　　ギリシア哲学と～　189, 322
　　　信仰と～　76-77, 342
律法主義　201, 274, 354
流出　134, 136, 138, 160
量子力学　42
良心　221-22
ルイス、C・S　315, 459
ルター、マルティン　401-2, 403-4
ルター主義、ルター派　20, 23, 300, 393
　　　～における主の晩餐　403-4, 405
　　　～におけるバプテスマ　396-7
霊、人間の　→魂、人間の
霊感　52, 57–65, 289, 294
　　　聖霊による～　52, 58–65, 289, 294
　　　無誤性と～　67-68, 69–70
霊魂絶滅説　458
霊魂伝移説　225
霊性　138, 453
隷属　192, 358
　　　罪への～　214-15, 222
霊的賜物　77, 110, 291, 298-304, 380, 382
霊的なからだ　263, 430-31
霊的な死　212-14, 222, 414-16
霊的不自由さ　202
霊的復活　430, 438, 443
霊的盲目　333, 342
霊の戦い　306, 313-16
礼拝　86, 138, 387-88, 406, 453
　　　キリスト～　238, 243
　　　三位一体と～　108, 118
　　　自然～　90, 138
　　　聖霊～　292
　　　天使～　167
歴史　35-36, 80, 432, 434
　　　～の神の支配　95, 146-49, 416
　　　～の物質的な見方　131
　　　さばきと～　432, 434
　　　特別啓示と～　38, 51
　　　～の循環的な見方　131
歴史神学　18, 30-31
煉獄　418-19, 421
老子　338

ロゴス　244, 265
ロバートソン、A・T　280
ロビンソン、H・ホイーラー　196
ロビンソン、ウィリアム・チャイルズ　235
ロビンソン、ジョン・A・T　196, 323
ローマ・カトリック（主義）　23, 25, 30, 300, 391
　　　～における教皇の権威　76, 391
　　　～における実体変化説　320, 348, 402-3, 405-6
　　　～における主の晩餐　402-3, 405
　　　～における救い　320, 331
　　　～におけるバプテスマ　396-7
　　　～におけるミサ　403-4, 419
　　　～における煉獄　418-19, 421
　　　～の現代神学　323-24
　　　第二バチカン公会議と～　323
　　　プロテスタントと～　354-55, 419
論理　38, 58–59, 86

わ

ワイリー、オートン　224
和解　268, 273, 281, 357-58
ワグナー、C・ピーター　313, 314
わざ、行い、働き　419, 453
　　　～による救い　222-23, 224, 320, 353-56, 419
　　　信仰と～　325, 353, 355-56
「わたしはある」という定式的表現　232

欧文

"Holy Ghost"　288
TULIP（カルヴァン主義）　328-29

翻訳者あとがき

■ 序

　本書『キリスト教教理入門』は、ミラード・J・エリクソン（Millard J. Erickson）著 *Introducing Christian Doctrine*, 3rd Edition の邦訳である。そしてこの *Introducing Christian Doctrine* は、エリクソンの主著 *Christian Theology*（『キリスト教神学』）, 3rd Edition の"要約版"である。

　エリクソンの主著 *Christian Theology* は、神学校の「組織神学」の教科書として著された。①この書はその優れた内容と構成から好評を博し、広くキリスト教系大学でも教科書として用いられてきた。ただ、一つのことが課題とされていた。それは、一般の学生にはなじみのない難解な部分が含まれていることであった。それで、この本を教科書として使用していた教師たちから「それらの専門的な記述の部分を取り除いた要約版」刊行の要望が寄せられていた。

　②その必要に応えようと、エリクソンは教え子L・アーノルド・ハスタッド（L. Arnold Hustad）の協力を得て、*Christian Theology*（1st/1983, 2nd/1998, 3rd/2013）の基本的内容と構成を保持しつつ、現代思想・現代哲学・現代神学等に関する専門的な記述を中心にその70％を削除して「要約版」を編集・完成させた。それは、いわば豪華な「大人服」に躊躇なくハサミを入れ、そこから生じた"最も大切な（essential）"小さな布切れの断片だけを拾い集め、仕立て直した「子供服」の芸術である。

　③これが、大学生のみならず一般の信徒をも対象とし、聖書のみを片手に、"魂のこもった讃美歌を賛美する"かのように「キリスト教教理」を学ぶための本 ── *Introducing Christian Doctrine*（1st/1992, 2nd/2001, 3rd/2015）である。

　本書は第3版の邦訳であるが、さらに本格的に神学の学びを深めていきたい方にとっては『キリスト教神学』への"架け橋（Bridge to introduce）"である。

■ 著者エリクソンと本書

　著者エリクソンは、①1932年6月24日に米国ミネソタ州のミネアポリスの近くのスタンチフィールドで四人兄弟の末っ子として生まれた。彼の父親は、6歳のときに祖父母を含む多くの親戚と一緒にスウェーデンから米国に移ってきた。エリクソンは小さな家族の農場で成長し、灯油ランプの下で勉強した。一家はバプテストの伝統に根を下ろしており、熱心な信徒であった。彼の祖父は彼らの家に組織されたバプテスト教会の信徒牧師として仕えた。エリクソンは、この教会で幼い少年のときに福音のメッセージに冷静に応答し回心した。

　②彼は、キリスト教系のベテル大学、ミネソタ州立大学、北部バプテスト神学校に学び、卒業後フェアーフィールド・アビニュー・バプテスト教会の牧師となった。さらにガレット神学校・ノースウェスタン大学共同の哲学博士課程においてウィリアム・ホーダーンの指導を受けた。コース修了後（PhD. Northwestern University）、オリヴェット・バプテスト教会の牧師となり、ミネアポリスに戻った。1964年にホウィートン大学の聖書と弁証学の助教授となった。

　③その後エリクソンは、自らの博士論文を改訂し、それを *New Evangelical Theology*

(『新しい福音主義神学』)として出版した。彼はこの論文で示した青写真に従って数多くの論稿・論文・書籍を執筆し、それらの取り組みの集大成として Christian Theology（『キリスト教神学』）を、そしてその要約版 Introducing Christian Doctrine（『キリスト教教理入門』）を著した[1]。博士課程後のコースをドイツのヴォルフハルト・パネンベルクの下で学び、南部バプテスト神学校、ウェスタン神学校（ポートランドとサンノゼのキャンパス）、ベイラー大学を含む数多くの神学校で教えた。

■ 主著と要約版に通じる特徴

（1）本書の序文文頭において定義・表明されている通り、主著『キリスト教神学』とその要約版『キリスト教教理入門』の両書がもつ最も本質的な特質は、"有機的接合性（Articulation）"である。要約版には、主著の基本的構成と本質的内容を保持しつつ、この特質を最大限生かしつつ見事に抜粋・編集されている。それは両書の関係にとどまらず、垂直的接続関係の中で絶え間なく前進していく神学研鑽の過程全体において必須の要素である。福音主義の立場に立ち、現代思想、現代哲学、現代神学の広範な学びへと有機的関連性と連続性を有しつつ神学的研鑽を展開していこうとする、教職・信徒両者にとって、エリクソンの要約版と主著は有益な原理・原則、要素・材料に満ちている。

（2）両書の内容構成の特徴は、主著の「神学の定義」の項に「①第一義的に聖書を基盤とし、②文化一般の文脈の中で、③今日的な表現を用いて、④生の諸問題に関連づけながら、⑤キリスト教信仰の諸教理についての首尾一貫した言明をするべく努める

学である[2]」と簡潔に表現されている。

（3）また両書の神学の、福音主義への立脚と他の立場への開かれた姿勢については、パネンベルクが「この書籍は、①聖書を基盤とし、しかも②現代の哲学的かつ神学的業績と同様に、③教会の伝統との対話を継続しているところの、④非常に学究的なキリスト教教理の提示である。⑤聖書における神の霊感と無誤性を主張しつつ、⑥その議論の形式はファンダメンタリスト（根本主義）的ではなく、⑦キリスト教教理の諸問題に関心をもつすべての人々に開かれており、利用しやすい。⑧著者は、歴史的批評学的解釈に注意を払っている。⑨彼の書籍は、キリスト教信仰に関する福音主義的概略の優れた実例と⑩他の神学的立場との対話のための基盤を構築している[3]」と簡にして要を得た書評をしたためている。

■ 著作の分類と整理

なお、エリクソンの著作の分類と整理、特徴の解説は、アーノルド・ハスタッドの論稿「ミラード・J・エリクソンの著作に関する文献的エッセイ[4]」にあり、エリクソンの著作歴を立体的に理解する助けになる。ここではそれに合わせ、主著の増補改訂を軸に、三つの時期に分けてみる。

【第一期】 Christian Theology 第一版では、The New Evangelical Theology で示された神学的営為の青写真に沿い、根本主義（Fundamentalism）が内包する課題の克服が焦点とされている。

---

[1] David S. Dockery, "Millard J. Erickson: Thologian for the Church", in New Dimensions in Evangelical Thought- Essays in Honor of Millard J. Erickson, ed. David S Dockery (Illinois: Inter Varsity Press, 1998), 17-20.

[2] ミラード・J・エリクソン著『キリスト教神学』第1巻第2巻合本版、安黒務訳、宇田進監修、いのちのことば社、2003年、17頁掲載の文章に、丸数字を付け加えたもの。

[3] Millard J. Erickson, Christian Theology, 3rd (Baker, 2013) 裏表紙掲載の文章に丸数字を加えたもの。

[4] Arnold Hustad, "Bibliographic Essay on the Works of Millard J. Erickson", in New Dimensions in Evangelical Thought: Essays in Honor of Millard J. Erickson, ed. David S. Dockery (Illinois: InterVarsity Press, 1998), 443-450.

① エリクソンの初期の著作——*The New Evangelical Theology*（Revell, 1968）、*Relativism in Contemporary Christian Ethics*（Baker, 1974）、*Contemporary Options in Eschatology: A Study of Millennium*（Baker, 1977）。

② 組織神学の道具——*Readings in Christian Theology*（Baker）（3巻ものの資料集。第1巻 *The Living God*［1973］、第2巻 *The Living God, Man's Need and God's Gift*［1976］、第3巻 *The New Life*［1979］）、*Christian Theology*（Baker）（第1巻1983、第2巻1984、第3巻1985。一巻物の初版は1986に刊行）。*Introducing Christian Doctrine*（Baker, 1992）（L. A. Hustad が大学でのテキスト用に *Christian Theology* を要約した概説書）。*Does It Matter What I Believe? What the Bible Teaches and Why We Should Believe It*（Baker, 1992）（一般信徒向きの教理概説。この *Does It Matter?* シリーズとして、ほかに「神の存在」、「救い」、「キリスト者生活」に関するものも出版されている）。*Concise Dictionary of Christian Theology*（簡潔な神学用語辞典）。

③ さらに深い学びのための著作——*The Word Became Flesh: A Contemporary Incarnational Christology*（Baker, 1991）、*God in Three Persons: A Contemporary Interpretation of the Trinity*（Baker, 1995）。

④ エリクソンの三部作——*Evangelical Mind and Heart: Perspectives on Theological and Practical Issues*（Baker, 1993）、*Evangelical Interpretation: Perspectives on Hermeneutical Issues*（Baker, 1993）、*Where Is Theology Going?: Issues and Perspectives on the Future of Theology*（Baker, 1994）。

【第二期】 *Chiristian Theology* 第二版では、ポストモダン時代到来への取り組みがなされ、新しい章「ポストモダンと神学」が追加されている。この時期にはその関連著作が多くなされている。

① エリクソンの関心・取り組み——*How Shall They Be Saved?: The Destiny of Those Who Do Not Hear of Jesus*（Baker, 1996）、*The Evangelical Left: Encountering Postconservative Evangelical Theology*（Baker, 1997）、*Postmodernizing the Faith: Evangelical Responses to The Challenge of Postmodernism*（Baker, 1998）、*God the Father Almighty*（Baker, 1998）。

② *Chiristian Theology*（Baker, 1998）（先の一巻物の第一版に改訂増補を施した第二版。邦訳『キリスト教神学』の底本）、*Making Sense of the Trinity*（Baker, 2000）、*Truth or Consequences: The Promise & Perils of Postmodernism*（IVP, 2001）、*Introducing Christian Doctrine, 2nd Edition*（Baker, 2001）、*The Postmodern World*（Crossway Books, 2002）。

【第三期】 *Chiristian Theology* 第三版では、ポストモダンは既知の事柄とされ、「ポストモダンと神学」の章は削除、各章の中に吸収され、再び第一版の「聖書のメッセージの本質とその今日化」の基本が"扇の要"として確認されている。また"扇の展開"として近年の神学における諸議論——贖罪、義認、予知の問題、そして新しい章「聖霊に関する近年の諸問題」が追記されている。著者はそこでグローバルな世界宣教を背景に、今日のキリスト教界に潜在し、また広がりつつある神学的課題への処方箋を提示している。私はこの構造・構成に、永続的機能をもつエッセンシャルな神学入門書としての"扇の要——展開"原理の完成を見る。

① *What Does God Know and When Does He Know It?: The Current Controversy over Divine Foreknowledge*（Zondervan, 2003）、*Reclaiming the Center: Confront-*

ing Evangelical Accommodation in Post-modern Times（Crossway:2004）、Who's Tampering With the Trinity?: An Assessment of the Subordination Debate（Kregel Academic & Professional, 2009）。

② Christian Theology, 3rd Edition（Baker, 2013）、Introducing Christian Doctrine, 3rd Edition（Baker, 2015）（第二版に改訂増補を施した第三版の要約版。本訳書の底本）。

以上のほかに James Heflin との共著による Old Wine in New Wineskins: Doctrinal Preaching in a Changing World（Baker, 1997）と、エリクソン教授65歳の誕生を祝して出版されたエッセイ集、D. S. Dockery, ed.: New Dimension in Evangelical Thought（IVP, 1998）もある。また"下からのキリスト論"に関する論文（K. Kantzer and S. Gundry, ed.: Perspectives on Evangelical Theology［Baker, 1979］に掲載）、パネンベルクの歴史解釈に関するものと最後の審判に関する論文（Journal of the Evangelical Theological Society, 17, 1974 および同誌 28, 1985 に掲載）など、数多くの論文も著されている[5]。

■ 学びの助けとして

エリクソンの『キリスト教教理入門』を学び、それを架け橋として『キリスト教神学』へと学びを進めていく上で役立つ資料を少し紹介しておきたい。

それらの中に、(1)宇田進師の以下の著作・論稿がある。①『福音主義キリスト教と福音派』（いのちのことば社、1993年）からは、使徒的キリスト教に発し、古代教会の正統信仰、宗教改革の三大原理、その遺産の整理・体系化としての"正統主義神学"にエリクソン神学のルーツがあることを教えられる。

②「現代福音派教会の神学」［熊沢義宣・野呂芳男編『総説現代神学』日本基督教団出版局、1995年所収、196-205頁］からは、歴史的・教理的ルーツの19世紀から第二次大戦までの時期、第二次大戦から今日までの時期の組織神学者の系譜の中で、エリクソンの神学は"バプテスト"の系譜の中にあることを教えられる。

③『総説 現代福音主義神学』（いのちのことば社、2002年）からは、今日の神学的状況、注目すべき問題点、福音派の信念体系の確認のための諸材料を教えられ、エリクソンが扱っている"今日的問題の輪郭と本質"が何なのかを理解する助けとなる。

(2)また、エリクソンは聖書神学の部門においてG・E・ラッドの著作集を参考にしているので、ラッドの最後の著作、つまり絶筆となった『終末論』安黒務訳（いのちのことば社、2015年）もエリクソンの神学の深い部分を理解する一助となる。この本は、ラッドがライフ・ワークとして取り組み、多くの著作で詳しく扱ってきた内容に関する"議論の輪郭とエッセンス"が凝縮されており、それらは"エリクソンの問題意識"と"重ね絵"のように重なり合う。

(3)さらに、主著と要約版等をテキストとして、約40年間にわたり所属団体である日本福音教会（JEC）が中心となって経営する母校関西聖書学院（KBI）や生駒聖書学院（IBC）、日本福音主義神学会（JETS）等で私が行ってきた千数百の講義・講演ビデオを「一宮基督教研究所（ICI）」のユーチューブ・サイト［https://www.youtube.com/channel/UCBI0r-OtGczYSm83xbYh-VKQ］に漸次掲載していっているので参考にしていただきたい。

(4)また、2016年より2年半にわたり、大阪の高槻福音自由教会の戸田夫妻と役員会の企画立案により、礼拝奉仕と『キリスト教教理入門』をテキストにして継続的な信徒セミナーを開催させてもらった［https://www.youtube.com/watch?v=wXRJ-tWZrEw&list=PLClE1DIlx0onWF2M0Y5IbbFVGrNeSfZW］。私の願いは、現在教派を超えて多

---

[5] ミラード・J・エリクソン『キリスト教神学』第1巻第2巻合本版、宇田進監修、安黒務訳、いのちのことば社、2010年、354-355頁。

くの神学校で学ばれている主著『キリスト教神学』を、一般信徒の方にも理解できるよう編集された要約版『キリスト教教理入門』を通して、各地の福音派の諸教会で"実のある教理教育"がなされることである。今私が見ている夢は、神学校でエリクソンの「主著」を学んだ神学生たちが、それぞれ赴任した教会で「要約版」を教え、諸教会に「健全な福音理解」が満ちる（使徒5:28）ことである。そして少子高齢化で無牧の教会が増える時代において、「要約版」を学んだ兄弟姉妹の中から礼拝・家庭集会・教会学校の優れた信徒説教者が育つことである。

■ 感謝すべき人たち

（1）振り返れば、①約30年前、共立基督教研究所（KCI）に内地留学の機会を得、恩師宇田進所長からエリクソン著『キリスト教神学』をテキストとした「組織神学」をはじめ、東京基督神学校（TCTS）、東京基督教大学（TCI）の先生方を通し、神学四部門の膨大な数の諸科目の講義を受講した。そのとき同窓であった多くの神学生は現在福音派諸教会で中心的な働きを担っておられる。

② 3年間の濃厚な神学の研鑽の後、母校関西聖書学院にて「組織神学」講義を任された。高橋昭市院長に「テキストは自由に選んで良い」と言われ、所属教派のルーツとアイデンティティを考慮に入れ、エリクソン著 Christian Theology が最良の選択肢と判断した。しかしそのときは分厚い洋書しかなく、内容も膨大であったので大きな冒険であった。何か良い方策をと探していた時、要約版 Introducing Christian Doctrine を発見し、それを教科書として採用することにした。そのときから、神学生のために翻訳し、資料を作成しつつ講義していった。

③その頃、日本バプテスト教会連合（エリクソンの属する米国の Baptist General Conference の宣教師によって生まれた教派）の藤原導夫師に「著作権」について相談したところ、いのちのことば社に伝わり、下記のチームワークの中で Christian Theology, 2nd Edition の邦訳出版に結実することとなった。

（2）宇田進師は、『キリスト教神学』最後の第四巻の「監修者あとがき」に、①「このたびの出版は、ともに福音主義キリスト教にコミットする四者——安黒務師（関西聖書学院）、伊藤淑美師（聖契神学校）、森谷正志師（仙台バプテスト神学校）の三人の訳者、出版を支援してくださった福音自由教会日本宣教団、いのちのことば社出版部の本プロジェクト・スタッフ、そして不肖監修者の筆者——の協同作業の実であると申し上げることが許されるでしょう。筆者は、このことを、日本における福音の宣教と教会形成、ひいては福音主義神学の積極的展開という視点から、一つの意義ある証しと思っています」と記しておられる。そして今私は、この要約版は主著『キリスト教神学』の一部であるので、同様に"共同作業の実"ともいえると考え、これらのチームの皆さんに心よりの感謝を表明したい。②また、日本福音教会、関西聖書学院、生駒聖書学院、福音主義神学会の同労の先生方、多くの教え子からの励まし、③そして最後に、文章の流れ、表現方法、誤字、脱字等の細かい推敲（すいこう）作業を丁寧にこなしてくれた妻仁美と息子拓人、祈りと献金をもって支援し続けてくれた契史、碧、遼平に感謝したい。特に家内は、私が神学校助手の折には、保険外交員の仕事、また内地留学の折には牛乳配達・企業研修センターの清掃のアルバイト等をし、私を愛し、召命に敬意を払い、支え続けてくれた。その数えきれない内助の功なしに私はこのような生涯を送り得なかった。そして、この内地留学中に、共立基督教研究所の家族寮で生まれ、後に東京基督教大学神学科で学んだのが末っ子の拓人である。彼は今、「一宮基督教研究所」の助手、また私の右腕として翻訳・校正等を手伝ってくれている。これもまた神の不思議なみわざである。

■ 最後に

　最後に、『新改訳聖書2017』と刊行時期が重なり、予定より2年余り遅れたことをお詫びしたい。ただ、新しい時代を考えれば、本書の聖句を『新改訳聖書2017』に置き換えることができ、さらに本文の推敲をも重ねることができたことは幸いなことであった。それと、この本が、神学書としては"一風変わった字体、レイアウト"になった理由を記しておきたい。それは、私が「若手の神学生のみならず、視力の衰えを意識される中高年の熱心な信徒の方々に"一生涯の座右の書"とし、繰り返し愛読していただく」ことを強く願ったが故である。これらの願いを達成するため、数多くの字体でサンプル原稿を作成し、スリガラスによる低視力シミュレーションの結果等から「可視性（文字判別のしやすさ）」「可読性（読みやすさ）」において優れた書体「12Q 黎ミンR」を選択させていただいた。この冒険の良し悪しの評価は読者に委ねたい。また、表紙についても私からの立ってのお願いということで、『復活の島 ── 五島・久賀島キリスト教墓碑調査報告書』（五島・久賀島キリスト教墓碑調査団編纂）の84頁に掲載されている「写真17永里97号墓十字架」をデザイン化していただいた。「日本国において"小さき群れ"であるクリスチャンにとって、すさまじいキリシタン迫害の時代にも隠れて主の下に集まり、祈りと讃美をささげ続けた人たちがいた、そして自由な時代が到来したとき、喜びが爆発し、それが雨後の筍のように十字架の墓地を造らせた ── このような喜びをもって、いついかなる時にも本書『キリスト教教理入門』を学び続けていただきたい」と願った。このことにしっかり取り組めば、迫害のときにも、リバイバルのときにも"福音の本質"理解の変質を防ぎつつ、その時代に適用し生きていけるのではないか。以上のような、「私にとっての最良の英語原本 *Introducing Christian Doctrine* を超える最高の邦訳本『キリスト教教理入門』を刊行したい」という私の切なる願いに応え、最後まで惜しみなく尽力してくださったいのちのことば社のスタッフの皆さんに心より感謝している。翻訳・編集に関しては、限られた時間内で最善の努力を払ったが、問題や不備な点については、ご教示いただければ幸いである。

2019年6月

　　　　　　　　　　　　　　安黒　務

［翻訳者］
安黒務（あぐろ・つとむ）

　1954年、兵庫県出身。
　関西学院大学、関西聖書学院、東京基督教大学・共立基督教研究所卒業。遡れば、エリクソン博士と同じスウェーデン・バプテストの流れをルーツとする、スウェーデン・オレブロミッション（現在、三教派合同により、"インターアクト"に改称）系日本福音教会（JEC）の正教師。西宮福音教会・岬福音教会・堺福音教会東京チャペルでの牧会、関西聖書学院「組織神学」教師等の奉仕（1979-2015）を経て、2019年現在一宮チャペル（JEC）牧師、生駒聖書学院（IBC）講師。これまでに、日本福音主義神学会（JETS）西部部会理事（2004-2017）、『福音主義神学』誌編集委員（2006-2017）、編集長（2014-2017）、日本福音主義神学会（JETS）公式ホームページ編集管理者（2009-）等を務めてきた。
　訳書に、M・J・エリクソン著『キリスト教神学』第1巻・第2巻、『誰もが知りたいローザンヌ宣教シリーズ61号　霊の戦い――その聖書的・包括的理解に関するナイロビ声明――』、G・E・ラッド著『終末論』、C・P・ベネマ著『「パウロ研究の新しい視点」再考』。著書・論文に、『James. D. G. Dunn の"Jesus and The Spirit"に関する一考察』、『福音主義イスラエル論――神学的・社会学的視点からの一考察』（Amazon Kindle 版）、また、論文に「NPPを基盤とした"N・T・ライトの義認論"に関する一考察」（『福音主義神学』49号所収）等、多数の神学論文・論稿・ブックレットがある。
　さらに、ライフワークとして、すべてのキリスト者（信徒・神学生・教職者等）を対象に、インターネットを通して分かりやすく学べる「継続神学ビデオ教育サイト：一宮基督教研究所（ICI）」を主宰。本書『キリスト教教理入門』等をテキストにした十数年間、千数百のビデオ講演・講義・説教等を、下記のフェイス・ブックとユーチューブ・サイトで、漸次公開中。
（フェイスブック：https://www.facebook.com/tsutomu.aguro、ユーチューブ・サイト：https://www.youtube.com/channel/UCBI0r-OtGczYSm83xbYhVKQ）

（問い合わせ：tsutomuaguro@gmail.com、ICI ホームページ：http://www.aguro.jp/ ）

聖書 新改訳2017ⓒ2017新日本聖書刊行会

キリスト教教理入門

2019年12月1日発行

著　者　ミラード・J・エリクソン
訳　者　安黒　務
印刷製本　シナノ印刷株式会社
発　行　いのちのことば社
　　　　〒164-0001　東京都中野区中野2-1-5
　　　　　　電話 03-5341-6923（編集）
　　　　　　　　 03-5341-6920（営業）
　　　　　　FAX03-5341-6921
　　　　　e-mail:support@wlpm.or.jp
　　　　　http://www.wlpm.or.jp/

Japanese translation copyright ⓒTsutomu Aguro 2019
Printed in Japan
乱丁落丁はお取り替えします
ISBN 978-4-264-04082-8